KB046440

밀양문사랑

클라세계의 마그는

이헌록 몽편집

Discours de la méthode

Regulæ ad directionem ingenii

René Descartes

Discours de la méthode

■ ● 문예인문클래식

방법서설
정신지도규칙

르네 데카르트

이현복 옮김

☘ 문예출판사

이 책을 처음 출간한 것이 1997년, 어언 20여 년이 훌쩍 넘었다. 25년 동안 많은 독자가 이 번역서를 읽어주었다. 그러나 독자가 많아질수록 옮긴이의 부담은 날로 늘어만 갔다. 적지 않게 발견되는 오탈자 때문만은 아니었다.

그 당시 가졌던 번역 의도가 지금은 기억에 가물거리지만, 아마도 가독성을 높이자는 생각이 주였던 것 같다. 그래서 직역보다는 의역에 무게를 두었을 것이고, 가독성에 초점을 맞춘 이런 번역이 얼마간 그런대로 호응을 받았던 것 같다.

그러나 세월이 흘러 그 후로도 여러 권의 번역서가 출간되었다. 모두 다 쉽게 손에 잡히고 가독성이 좋아 쉽게 읽히는 책들로 보였다. 이에 따라 초판 번역의 의도는 차츰 빛이 바래갔고, 미진한 번역과 누락된 번역 그리고 과도하게 의역된 부분만 눈에 들어왔다. 그러던 참에 대중용이 아니라 학술용으로 다시 한번 번역해 보는 게 어떠냐는 주변의 권유가 있었다. 여러 사정으로 망설이던 차에, 번역서에 대한 이런저런 문제점을 친절히 지적하고 안내하는 메일을 익명의 독자로부터 받았다. 이것이 옮긴이의 마음을 움직인 결정적인 계기였다. 이름 모르는 그분에게 이 자리를 빌려 감사의 인사를 전하고 싶다.

기왕 개정판을 내려면 초역 출간 후 20년, 그래서 가급적 2017년에 맞추려고 했다. 한다고는 했지만 만사가 여의치 않았고, 이제야 원고를 출판사에 넘기게 되었다. 탈고하면서도 마음은 편치 않았다. 초역에 대한 경험 때문이었다. 개정판에서도 초판과 마찬가지로 여러 실수를 범할 수도 있다는 생각이, 그래서 또 한 번 독자를 기만할지도 모른다는 생각이 번역하는 내내 머리를 떠나지 않았다. 이 작업이 옮긴이의 부족한 역량을 넘어서는 일이라 여겨지기도 했다. 무엇보다도 이번엔 데카르트의 찡그린 얼굴이 떠올랐다. 먼젓번에도 자신을 욕보였는데, 이번에도 그럴 거냐는 표정이었다. 그럼에도 무책임하게 원고를 보내게 되었고, 염치없게도 두 번째 번역서가 나오게 되었다.

번역을 하면서 이런 짐들이 어깨를 눌렀지만, 그래도 한 가지 원칙만은 지키고 싶었다. 설령 가독성에 해를 줄지언정, 할 수 있는 만큼 원전에 충실한 번역을 하자는 것이었다. 가능한 한 원전의 모습 그대로 독자에게 보여주는 것이 저자에 대한 도리라고 생각했다. 그리고 가독성을 염려하여 자의로 번역하는 것은 역자의 과신이자 독자에 대한 예의도 아니라고 생각했다. 원전에 충실히 번역하려 했지만, 그럼에도 물론 여전히 그렇지 못한 것들이 두고두고 드러날 것이다. 이것은 전적으로 역자의 능력 부족으로, 질타를 받아야 마땅할 것이다.

무엇보다도 밝혀야 하는 것은, 문예출판사에서 새롭게 기획한 인문클래식으로 출간되는 이번 제3판은 실은 2019년의 첫 번째 개정판에 이은 두 번째 개정 번역이라는 점, 그래서 《정신지도규칙Regulae ad directionem ingenii》— 초판에는《정신지도를 위한 규칙들》로 번역한 것을, 이번에는 주변의 제안에 따라 이렇게 바꿨다 — 은 그대로 둔 채《방법서설Discours de la méthode》만을 새로 번역한 첫 번째 개정판과는 달리, 이번 두 번째 개정판에서는《정신지도규칙》또한 완전히 새로 번역했다는 점이다.《정신지도규칙》의 개정 번역 시, 중요하다고 혹은 논의의 여지가 있다고 보이는 개념이나 문장을 옮길 경우에는 영어, 프랑스어, 독일어 그리고 일본어 번역본을 참고했고, 이것들을 주해에서 제시했다. 그리고《정신지도규칙》의 개정 번역과 함께,《방법서설》의 세 가지 시론인《굴절광학La Dioptrique》,《기상학Les Météores》,《기하학La Géométrie》번역을 추가하여《방법서설》전체를 내놓고 싶었지만 여의치 않았고, 언제일지 모를 다음 기회로 미루게 되었다.

개정판에는 초판에 없는 두 개의 글을 첨부했다. 하나는 데카르트가 라틴어로 쓴《철학의 원리Principia philosophiae》를 프랑스어로 옮긴 피코Claude Picot 신부에게 그 책의 프랑스판 서문으로 사용해달라고 보낸 편지글이다. 이 글을 여기에 첨부한 이유는, 그것이《방법서설》뿐 아니라 데카르트의 철학 전체를 개관할 수 있게 해주는 글이라는 평소의 믿음 때문이었다. 다른 하나는 옮긴이가 서강대학교 부설 철학연구소에서 발표한 졸고다. 부끄럽기 짝이 없는 글이지만, 독자가 헤아려서 읽어준다면,《방법서설》과《정신지도규칙》의 내용을 이해하는 데 약간의 도움이 될지도 모른다는 생각 때문이었다.

개정 번역은 한양대학교 철학과 대학원에서 해당 원전을 함께 강독하는 것으로 시작했다. 몇몇 외국 번역본을 참조하면서, 또 국내 번역본들을 비교하면서 개념의 의미를 보다 정확히 하려 했고,

기존 초판 번역은 가급적 제쳐둔 채 새로운 문장으로 옮기려 했다. 대학원 원전 강독에서 활발한 토론과 번역 예비 작업으로 많은 도움을 준 최은호, 임장원, 김재형, 오애향, 김언정, 조채훈, 정선우 님에게, 강독의 프로토콜을 매번 작성해서 번역의 틀을 마련해주고 독일 유학을 떠난 독일 괴팅겐대학교의 김찬우 군과 본 대학의 이예진 양에게 그리고 탈고 전까지 번잡한 교열에 세심한 공을 들여주신 오애향 선생님에게 고마움을 전하고 싶다. 또 《방법서설》의 초벌 번역 전체를 꼼꼼히 살피면서 적절한 번역어를 제안하고 번역문의 논리적 구조를 보다 선명히 해주신 연세대학교 김은주 교수님, 데카르트의 자연학적 개념들과 관련해서 유익한 조언을 해주신 한양대학교 이상욱 교수님에게 감사의 인사를 드린다.

어두운 출판환경에서도 개정판 출판을 흔쾌히 허락해주신 문예출판사 전준배 대표님, 첫 번째 개정판 출간에 노고를 아끼지 않으신 진승우 과장님과 한승희 선생님, 그리고 이번 두 번째 개정판 출간에서 《방법서설》의 첫 번째 개정원고는 물론이고 새로 번역된 《정신지도규칙》의 어설픈 원고를 온갖 정성으로 다듬어주신 이효미 편집자님에게 고개 숙여 감사드린다. 또한 20여 년 전 초판으로 인연을 맺을 때부터 지금까지 언제나 환한 웃음으로 옮긴이의 마음 깊이 새겨 있는 문예출판사 고故 전병석 회장님에게, 서투른 초판을 읽어주고 애정 어린 질책을 보내주신 독자 여러분에게 경애의 인사를 전하고 싶다.

2022년 5월
이현복

본 역서는 데카르트의 초기 작품에 속하는《정신지도규칙》과《방법서설》을 번역한 것이다. 이 두 책은 모두 '방법la méthode, Methodus'을 중심 주제로 삼고 있기에 옮긴이는 이것을 한 권으로 엮었다. 이 책은 데카르트의 '형이상학'에 관한 글들을 묶은 번역서《성찰》과 동시에 작업했다. 그래서 데카르트에게 형이상학과 방법론이 그렇듯이 이 두 권의 역서는 밀접한 관계를 유지하면서 번역되었다.

《정신지도규칙》은 데카르트가 1628년경에 집필한 것으로 추정되는 미완성의 글이다. 이 책은 다른 저서와 더불어 1701년 암스테르담에서《데카르트 유고, 자연학 및 수학R. Descartes Opuscula posthuma, physica et mathematica》에 라틴어로 수록되어 출간되었고, 1678년경에 집필된 것으로 추정되는 손으로 쓴 복사본(수고본)이 독일 하노버대학Universität Hannover 도서관에 있던 라이프니츠Gottfried Wilhelm Liebniz 유고 속에서 발견되었으며, 1901년 아당 Charles Adam과 타네리Paul Tannery가 엮은 '데카르트 전집Oeuvres de Descartes'(Vol. 1~13, Paris, 1974~1986)에서 다시 라틴어로 수록되었다. 그리고 이 책은 데카르트 사후에 출간되었고, 또 그 내용의 구성이 판본에 따라 서로 상이하기 때문에, 그것이 데카르트의 저서인지에 대한 논란에서부터, 그 내용이 어떻게 정돈되어야 하는지에 대해 논란이 끊임 없이 제기되었다. 아당과 타네리가 엮은 '데카르트 전집'(전 13권) 가운데 제10권(X)을 원전으로 삼은 이 책은, 이런 사정을 감안하여 구성 형식에 대한 논란 부분을 주해에서 언급했다.

데카르트는 1633년에《세계 혹은 빛에 관한 논고 *Le monde, ou Traité de la lumière*》를 집필하였으나, 갈릴레이Galileo Galilei에 대한 재판을 바라보면서 출간을 보류했었다. 이 책의 내용을 소개함과 동시에 자신이 계발한 '방법'을 보여주고, 또 이 방법의 적용 결과를 담담하게 제시한 책이 바로 1637년에 익명으로 출간된《방법서설》이다. 이 책은 데카르트가 처음으로 네덜란드 레이던에서 출간한 것으로, 일상인들의 독서를 도모하기 위해 당시의 일상 언어인 프랑스어로 쓰였고, 데카르트가 직접 감수한 라틴어판이 1644년에 출간되었다. 이 책의 원제목은《이성을 잘 인도하고, 학문들에서 진리를 찾기 위한 방법서설, 그리고 이 방법에 관한 에세이들인 굴절광학, 기상학 및 기하학 *Discours de la méthode pour bien conduire sa raison, & chercher la vérité dans les sciences. Plus la Dioptrique, les Météores et la Géométrie., qui sont des essais de cette Méthode*》이다. 그러므로《방법서설》은 네 편의 글로 이루어진 책이지만, 본 역서는《굴절광학》,《기상학》및《기하학》을 제외한 그 서론 부분인 첫 번째 에세이만을 번역했고, 그 원전으로는 아당 타네리 판의 제6권(VI)을 사용했다. 그리고 데카르트 자신이 강조하고 있듯이, 이 책은 누구를 "가르치기 위한 논문"이 아니라, 진리 탐구를 위해 자신이 설정한 방법과 그 결실을 "보여주기 위해" 쓴 글이고, 여기에 번역된 부분은 뒤의 자연과학적 주제를 탐구하기 위한 서론에 해당하는 글이기 때문에, 그 제목을 '방법서설'로 번역했다.

데카르트의 저서 중에서 《방법서설》은 일반적으로 많이 애독되는 책인 반면, 《정신지도규칙》은 다소 덜 알려진 책이다. 그렇지만 《정신지도규칙》은 데카르트의 철학을 정확히 이해하는 데 필수 불가결한 책임이 분명하다. 이 책이 비록 미완성으로 끝나고, 또 그 형식이 산만하게 구성되어 있지만, 그 내용은 《방법서설》과 《제일철학에 관한 성찰Meditationes de prima philosophia》(이하 《성찰》)을 거쳐 《철학의 원리》에 이르기까지 두루 나타나 있기 때문에 데카르트의 자연학뿐만 아니라 형이상학에 대한 이해를 위해 반드시 읽어야 할 책이다. 《방법서설》에서 개진된 방법의 주요 규칙들이 《정신지도규칙》에서 피력된 내용의 축소판임은 물론이고, 《성찰》에서 논의되는 형이상학적 원리가 그 열매임은 두말할 여지가 없기 때문이다.

옮긴이가 이 두 책을 번역할 때 아당 타네리 판 외에도, 알키에 Ferdinand Alquié의 '데카르트: 철학 전집Descartes: Oeuvres philosophiques' (전 3권) 중 제1권(I), 하인리히 슈프링마이어Heinlich Springmeyer의 《데카르트: 인식력의 지도를 위한 규칙들, 라틴어-독일어역R. Descartes: Regeln zur Ausrichtung der Erkenntniskraft, Lateinisch-Deutsch》 (Hamburg, 1973) 및 뤼더 개베Lüder Gäbe의 《데카르트: 올바른 이성 사용과 학적 탐구의 방법에 관하여, 프랑스어-독일어역 R. Descartes: Von der Methode des richtigen Vernunftgebrauchs und der wissenschaftlichen Forschung, Französisch-Deutsch》(Hamburg, 1960)을 참조했다. 그리고 그 원문이 중요하다고 생각되거나, 원문에 비해 번역문의 의미 전달이 미흡하다고 생각되는 부분에 대해서는 주해에서 그 원

문과 약간의 주석을 첨가하는 것으로 그쳤다. 왜냐하면 에티엔 질송Étienne Gilson의 《데카르트: 방법서설. 텍스트와 해설R. Descartes: Discours de la méthode. Texte et Commentaire》(Paris, 1947)과, 벡L. J. Beck 의 《데카르트의 방법The Methode of Descartes》(Oxford, 1952) 등과 같은 데카르트의 방법론에 관한 탁월한 해석서가 이미 우리에게 주어져 있기 때문이다.

그리 만족스럽지 못한 번역을 부득이 또 한 번 내놓고 있다. 그러나 조금 꺼림칙하더라도 일단 행하기로 결심했다면 계속 추진하는 것이 보다 적게 후회할 것이라는 데카르트의 충고에 다소 위안을 받으면서 졸고를 넘기고 있다. 이나마 탈고하는 과정에서 적지 않은 도움을 준 한양대 철학과 대학원생들, 그리고 꽤나 더운 여름 날씨에도 어설픈 원고를 열심히 다듬어준 문예출판사 가족에게 감사의 말씀을 드린다.

1997년 가을 문턱에서

이 현 복

차례

주해

《철학의 원리》 프랑스어판 서문_편지

해설

일러두기

1. 이 책의 원전은 Ch. Adam & P. Tannery (ed.), *OEuvres de Descartes*, (Vol. 1~13, Paris, 1974~1986)이다. 관례에 따라 AT로 약칭하며, 권수는 로마자로 표기한다. 본문 여백에 원전의 쪽수를 표시했다.
2. 《방법서설》각 부의 제목은 옮긴이가 추가한 것이다.
3. 주석과 주해는 모두 옮긴이의 것이다.
4. 본문에서 줄표는 독자의 이해를 돕기 위해 옮긴이가 추가한 것이다.
5. 원문에서 볼드체와 이탤릭체로 강조된 단어는 한글의 가독성을 고려해 모두 볼드체로 표기했다.

• 1637년 익명으로 출간된 프랑스어 초판 원제목은 《이성을 잘 인도하고, 학문들에서 진
리를 찾기 위한 방법서설*Discours de la méthode pour bien conduire sa raison,
et chercher la vérité dans les sciences*》이고, 라틴어판 원어는 "Dissertatio de
methodo recte utendi ratione et veritatem in scientiis inverstigandi"이다.

이 서설을 한 번에 다 읽기가 너무 긴 듯하면, 사람들은 여섯 부분 [1]
으로 나눌 수 있을 것이다. 제1부에서, 사람들은 학문들에 관한 다
양한 고찰들을 발견할 것이다. 제2부에서, 저자가 탐구한 방법의
주요 규칙들을. 제3부에서, 저자가 이 방법에서 끌어낸 도덕 규칙
몇몇을. 제4부에서, 저자의 형이상학의 토대들인 신과 인간 영혼
의 현존을 증명해주는 근거들을. 제5부에서, 저자가 탐구한 자연
학적 문제들의 순서를, 특히 심장 운동 및 의학에 속하는 몇 가지
다른 어려움들에 대한 설명을, 그런 다음 또한 우리 영혼과 짐승 영
혼 간의 차이를. 그리고 마지막으로, 자연 탐구에서 지금까지보다
더 앞으로 나아가기 위해 저자가 필요하다고 믿고 있는 것이 어떤
것들이며, 어떤 이유들이 이 글을 쓰게 만들었는지를.¹

[2] 양식은 세상에서 가장 잘 분배되어 있는 것이다.[2] 왜냐하면 저마다 양식을 잘 갖추고 있다고 생각하고 있어, 다른 모든 것에 만족하기 가장 어려운 자들조차도 그것만큼은 자신들이 가진 것 이상을 욕망하지 않곤 하기 때문이다.[3] 이 점에서 모두가 속고 있다는 것은 그럴 법하지 않다.[4] 그것은 오히려 잘 판단하는 그리고 참된 것을 거짓된 것에서 구별하는 힘, 이것이 본래 사람들이 양식 혹은 이성이라고 명명하는 것인바, 모든 인간에게 자연적으로 동등하다는 것을 증시한다.[5] 그래서 우리 의견들이 서로 다른 것은 어떤 이들이 다른 이들보다 더 이성적이어서가 아니라, 오직 우리 사유를 인도하는 길들이 서로 다르고, 또 우리가 같은 것을 고찰하지 않는다는 데서 비롯된다는 것을 증시한다.[6] 왜냐하면 좋은 정신을 가지는 것으로 충분한 것이 아니라, 주요한 것은 그것을 잘 사용하는 것이기 때문이다.[7] 가장 커다란 영혼들은 가장 커다란 덕들과 마찬가지로 가장 커다란 악덕들을 행할 수 있다.[8] 그리고 아주 느리게 걷는 이들이 늘 곧은길을 따라간다면 뛰어가되 곧은길에서 벗어나는 이들보다 훨씬 더 앞으로 나아갈 수 있다.

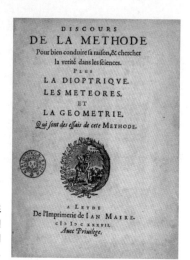

1637년에 네덜란드 레이던에서 출간된 《방법서설》초판의 속표지.

나에 대해서는,[9] 내 정신이 어떤 것에서도 보통 사람들의 정신보다 더 완전하다고 여긴 적이 한 번도 없다. 심지어 나는 몇몇 다른 이들만큼 재빠른 사유를, 또는 선명하고 판명한 상상력을, 또는 폭넓거나 생생한 기억을 갖기를 종종 바랐다. 그리고 나는 이것들 외에 정신의 완전성에 소용되는 성질들을 전혀 알지 못한다.[10] 왜냐하면 이성 혹은 양식[11]은, 그것이 우리를 인간으로 만들고 우리를 짐승들과 구별하는 유일한 것인 만큼, 나는 그것이 각자에게 전부다 있다고 믿고 싶기 때문이다.[12] 그 점에서 나는 동일한 **종의 개체들의 우유성들** 사이에서만 많고 적음이 있고, 그것들의 **형상들** 혹은 본성들 사이에서는 전혀 그렇지 않다[13]고 말하는 철학자들의 공통 의견을 따르고 싶기 때문이다. [3]

그러나 나는 다음과 같은 말을 하는 데 두려워하지 않을 것이다.[14] 내가 생각하기에, 나는 청년기부터 특정한 길에 들어서는 큰 행운을 가졌고, 이 길의 인도로 몇몇 고찰들과 준칙들[15]에 이르렀으며, 이것들로 하나의 방법[16]을 만들어냈던바, 그 방법 덕분에 내 인식을 단계적으로 증대시킬, 그리고 그것을 내 평범한 정신과 내 짧은 삶으로도 기대해볼 만한 가장 높은 곳까지 조금씩 끌어올릴 수단을 갖게 된 것으로 보인다. 왜냐하면 나는 이미 이 방법으로 다음과 같은 열매들[17]을, 즉 내가 비록 나 자신에 대해 내리는 판단들에서 자만 쪽이 아니라 불신 쪽으로 기울도록 언제나 애쓰고 있지만, 그리고 모든 인간의 다양한 행동들과 시도들을 철학자의 눈으로 바라볼 때 내게 공허하고 무용하게 보이지 않는 것은 거의 없지만, 그럼에도 내가 생각하기에, 진리 탐구에서 내가 이미 이룬 진보에 대해 극도의 충족을 느끼지 않을 수 없는 그런 열매를, 그리고 인간, 순전히 인간의 일들 가운데[18] 요지부동으로 좋고 중요한 것이 어느 하나라도 있다면, 그것은 바로 내가 선택한 것이라고 감히 믿을 정도로 미래에 대한 희망을 품지 않을 수 없는 그런 열매를 거두었기 때문이다.[19]

그렇기는 하지만, 내가 속고 있을 수도 있고, 또 어쩌면 금이나 다이아몬드로 여긴 것이 구리나 유리 조각에 지나지 않는 것일지도 모른다. 나는 우리가 우리와 연관된 것에서 얼마나 착각하기 쉬운지, 또 우리 친구들이 우리에게 호의를 가지고 있을 때 그들의 판단을 얼마나 수상쩍게 여겨야 하는지도 알고 있다.[20] 그러나 나는 기꺼이 이 서설에서 내가 어떤 길을 따라왔는지를 보여주고, 내 삶을 한 폭의 그림으로 표현할 것이다. 이로써 각자가 그것에 대해 판단을 내릴 수 있도록 할 것이며, 사람들이 갖게 될 의견들을 세상의 소문으로 접하게 되면, 그것을 나를 지도하는 새로운 수단으로 삼아, 내가 습관적으로 사용하곤 하는, 수단들에 추가할 것이다.[21]

그러므로 내 의도[22]는 각자가 자신의 이성을 잘 인도하기 위해

[4]

20

마랭 메르센Marin Mersenne 신부의 초상화. 1637년 메르센 신부에게 보낸 편지에서 데카르트는 "내가 이 책의 제목을 《방법에 관한 논고》가 아니라 《방법에 관한 서설이나 견해》로 정한 것은, 여기서 내 의도가 방법을 가르치려는 것이 아니라 단지 그것에 대해 말해보려는 것에 있다는 것을 보여주기 위함이요"라고 말하고 있다.

따라야 하는 방법을 여기서 가르치는 것이 아니라, 단지 내가 어떤 방식으로 이성을 인도하려고 애썼는지를 보여주는 것이다.[23] 교훈을 주려고 하는 자들은 교훈을 받는 이들보다 자신을 더 능숙[24]하다고 평가하기 마련이고, 그래서 그들이 아주 사소한 것에서 실수한다면 비난을 받을 것이다. 그러나, 나는 이 글을 하나의 이야기[25]로만, 혹은 여러분이 원한다면, 하나의 우화로만 내놓을 뿐이기 때문에, 여기서 사람들이 모방할 수 있는 몇몇 사례들 가운데,[26] 어쩌면 따라 해서는 안 될 이유가 있는 다른 여러 예들 또한 발견할 것이다. 나는 이 글이 아무에게도 해롭지 않으면서 어떤 이들에게는 이롭기를, 그리고 모두가 내 솔직함에 고마워하기를 희망하는 바다.

나는 유년기부터 글들에서 자양을 얻었다.[27] 그리고 사람들이 글들의 도움으로 삶에 유익한 모든 것에 대해 명석하고 확실한 인식을 획득할 수 있다고 나를 설득했기 때문에, 나는 글을 배우려는 극

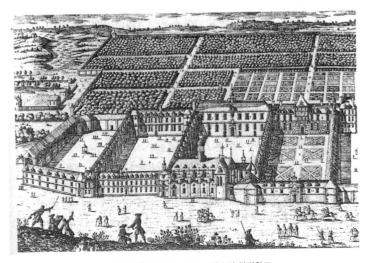

17세기의 라플레슈La Flèche 예수회 왕립학교.

도의 욕망을 가지고 있었다.[28] 그러나, 내가 대체로 학자들 축에 끼
워주곤 하는 공부 과정을 모두 끝내자마자, 나는 생각을 완전히 바
꿔버렸다. 왜냐하면 나는, 나를 지도하려고 애쓰면서, 점점 더 내
무지를 발견한 것 외에 다른 이익은 얻지 못한 것으로 보일 만큼,
많은 의심들과 오류들로 당황하고 있었기 때문이다. 그럼에도 불
[5] 구하고, 내가 있던 학교[29]는 유럽에서 가장 유명한 학교들 가운데
하나였고, 만약 지상 어느 곳에 지식인[30]이 있다면, 거기에 있어야
한다고 생각했다. 나는 거기서 남들이 배우는 것은 모두 배웠다. 심
지어 사람들이 우리에게 가르친 학문들에 만족하지 못해, 가장 기
이하고 가장 드문 것으로 평가되는 학문들을 다룬 책들까지도 내
손에 잡히는 것은 모조리 통람했다.[31] 이와 더불어, 다른 이들이 나
에 대해 내리는 판단들도 알고 있었다. 학우들 중에는 이미 우리 스
승의 후임으로 예정된 이들도 몇몇 있었지만, 사람들이 나를 그들

보다 낮게 평가했다고는 전혀 보지 않았다.[32] 그리고 끝으로 우리 시대는 이전의 어느 시대 못지않게 번성하고 좋은 정신들을 많이 배출한[33] 시대로 여기고 있었다. 바로 이런 것이 감히 나 스스로 다른 모든 것들을 판단하게 만들었고[34] 사람들이 전에 내게 희망을 갖게 한 그런 학설[35]은 어떠한 것도 세상에 존재하지 않는다고 생각하게 만들었다.

그렇다고 내가 사람들이 학교에서 전념하는 연습들[36]의 가치를 인정하지 않은 것은 아니었다. 학교에서 배우는 언어들은 옛날 문헌들을 이해하는 데 필요하다는 것, 재미있는 우화들은 정신을 일깨운다는 것, 역사들의 기억될 만한 행위들은 정신을 고양하고 신중히 읽으면 판단 형성에 도움이 된다는 것, 모든 양서의 독서는 그 책의 저자인 지난 시대 최고 교양인들과 나누는 대화, 심지어 그들의 생각들 가운데 가장 좋은 것들만 우리에게 보여주는 정제된 대화와 같다는 것, 웅변은 비길 데 없는 힘과 아름다움을 지닌다는 [6] 것, 시는 아주 매혹적인 섬세함과 감미로움을 지닌다는 것, 수학은 호기심 많은 사람을 만족시키는 데에도,[37] 모든 기술을 촉진하고 인간의 노동을 감소시키는 데에도 많이 소용될 수 있는 아주 정교한 발명들[38]을 지닌다는 것, 풍습을 다루는 글들은 많은 가르침과 덕에 관한 매우 유익한 많은 권고를 포함한다는 것,[39] 신학은 하늘에 이르는 길을 가르친다는 것, 철학은 모든 것에 대해 그럴듯하게 말하는 수단[40]을 제공하고 학식이 적은 사람들을 경탄하게 만든다는 것, 법학, 의학 및 다른 학문들은, 이것들에 힘쓰는 자에게 명예와 부를 가져다준다는 것,[41] 그리고 끝으로 그것들을 모두, 심지어 가장 미신적인 것들 그리고 가장 거짓된 것들까지도 조사하는 것이 그것들의 정당한 가치를 인식하고, 그것들에서 기만당하는 것을 경계하기 위해[42] 좋은 일임을 나는 알고 있었다.

그러나 나는 이미 언어들에, 심지어 고대 문헌들에 대한 독서에도, 그것들의 역사들에도 그리고 그것들의 우화들에도 충분한 시간을 들였다고 믿고 있었다.[43] 왜냐하면 다른 시대 사람들과 대화한다는 것은 여행하는 것과 거의 같기 때문이다. 상이한 민족들의 풍습에 관해 어떤 것을 아는 것은, 우리 풍습을 보다 건전하게 판단하기 위해, 또, 아무것도 보지 못한 이들이 그렇게 하곤 하듯이, 우리 생활양식에 반하는 것은 모두 우스꽝스럽고 이성에 반하는 것[44]으로 생각하지 않기 위해 좋은 일이다. 그러나 여행에 너무 시간을 소비하면, 결국 자기 나라에서 이방인이 되고 만다. 또 지난 시대에 일어난 것에 너무 호기심을 가지면, 현시대에 행해지는 것에 매우 무지한 채로 있게 되는 것이 보통이다. 게다가 우화들은 전혀 가능치 않은 여러 사건들을 가능한 것처럼 상상하게 만든다. 그리고 가장 충실한 역사들조차도, 설령 그것들을 보다 읽을 만하게 만들기 위해 사물의 가치를 바꾸지도 늘리지도 않는다고 해도, 적어도 가장 저속하고 덜 유명한 상황들은 거의 언제나 빼버린다. 이 때문에 그 나머지도 있는 그대로 나타나지 않으며, 거기서 끌어낸 사례들로 자신의 품행[45]을 지도하는 자들은 우리 소설의 기사들이 벌이는 엉뚱한 짓들에 쉽게 빠져들고, 자신의 힘을 넘어서는 계획들을 쉽게 떠올린다.

[7]

나는 웅변을 매우 존중했고 시를 사랑했다. 그러나 이 둘 모두가 연구의 결실이기보다는 오히려 정신의 타고난 재능이라 생각했다. 가장 강한 추리력을 가진 자들, 그리고 자신의 생각을 분명하고 이해하기 쉽도록 가장 잘 소화하는[46] 이들은, 비록 브르타뉴 지방의 사투리만을 말하고 수사학을 배운 적이 없다고 해도, 그들이 제안

1619년, 프랑크푸르트에서 거행된 페르디난트Ferdinand 2세의 대관식 장면.

하는 것을 언제나 가장 잘 설득할 수 있다. 그리고 가장 기분 좋은 착상을 지니고, 그것을 가장 잘 꾸며 감미롭게 표현할 줄 아는 이들은, 비록 시적 기술[47]을 알지 못한다고 해도, 언제나 가장 좋은 시인일 것이다.

나는 무엇보다도 수학에 마음이 끌렸는데, 그 근거들의 확실성과 명증성[48] 때문이었다. 그러나 나는 여전히 수학의 참된 용도를 전혀 알아차리지[49] 못하고 있었다. 그리고 그것이 기계적 기술들[50]에만 쓰이고 있음을 생각하면서, 그 토대들이 그토록 확고하고 견고한데도 사람들이 그 위에 보다 높은 것을 아무것도 세우지 않았다는 것에 놀라고 있었다.[51] 이와는 반대로, 나는 풍습들을 다룬 고대 이교도들의 글들[52]을 그저 모래 위에 그리고 진흙 위에 세워진 매우 화려하고 웅장한 궁전들에 비교했다. 그들은 덕을 아주 높이 끌어 [8]

1619~1620년 겨울 초입, 프랑크푸르트의 모습. 프랑크푸르트에서 페르디난트 2세의
황제 대관식을 보고 난 후에, 데카르트는 연구에 몰두할 조용한 곳을 찾았다.
그곳은 독일 울름Ulm 근처였는데, 여기에서 그는 열정에 충만한 채로
'혼자서 난로방에 들어앉아' 학문의 토대를 발견하는 일에 몰두했다.

올리고, 세상의 모든 것들을 넘어서 존중받을 만한 것들로 보이도
록 만든다.[53] 그러나 그것들을 인식하게끔 충분히 가르쳐주지 않으
며, 그들이 그토록 아름다운 이름으로 부르는 것은 종종 무감각, 오
만, 절망 혹은 존속살해일 뿐이다.[54]

　나는 우리 신학을 존경했고, 다른 누구만큼이나 하늘에 이르기
를 바랐다. 그러나 그 길은 가장 박식한 자들[55] 못지않게 가장 무지
한 자들에게도 열려 있다는 것이, 그리고 그곳으로 인도하는 계시
진리들이 우리의 이해력 위에 있다는 것이 아주 확실하다는 것을
습득한[56] 후, 나는 감히 그 진리들을 내 약한 추리 아래에 집어넣지
않았다.[57] 그리고 나는 그것들의 조사를 시도하고 이에 성공을 거
두기 위해서는 하늘의 어떤 특별한 협조를 얻는 것이 필요하다고,
인간 이상일 필요가 있다고 생각했다.[58]

　나는 철학에 대해서는 다음의 말만 해두겠다. 즉, 철학은 여러 세

기에 걸쳐 살아온 가장 탁월한 정신들이 힘써왔지만, 그럼에도 불구하고 철학에서 여전히 논쟁되지 않는 것은, 따라서 의심스럽지 않은 것은 하나도 없다는 것을 보면서, 내가 다른 이들보다 더 나은 것을 마주치기를 희망할 정도의 자부심을 전혀 갖지 않았다는 것이다. 그리고 하나의 동일한 주제에서 참인 것은 단 하나 이상이 결코 있을 수 없을 것인데, 얼마나 상이한 의견들이 학자들에 의해 지지되고 있는지를 고찰하면서, 내가 그럴듯하기만 한 것은 모두 거의 거짓으로 거부했다는 것이다.[59]

나아가, 다른 학문들에 대해서는, 그 학문들이 원리들을 철학에서 빌려오는 만큼, 그렇게 확고하지 않은 토대 위에는 견고한 것을 아무것도 세울 수 없을 것으로 판단했다. 그리고 그 학문들이 약속하는 명예나 이득도 내게 그것들을 배우도록 권하기에는 충분치 않았다. 왜냐하면 신에게 감사하게도, 나는 그 학문을 직업으로 삼아야 할 정도로 열악한 경제적 상황에 있다고는 조금도 느끼지 않았기 때문이다. 그리고 내가 견유학파처럼 명예를 경멸하라고 공언한 것은 아니었지만, 그럼에도 거짓 행세를 하지 않고는 획득을 전혀 희망할 수 없는 명예는 아주 하찮게 여겼다. 끝으로 나쁜 학설들에 대해서는, 나는 이미 그것들의 진가를 충분히 인식하고 있어서, 연금술사의 약속에도, 점성술사의 예언에도, 마술사의 사기에도, 아는 것보다 더 안다고 공언하는 자들 그 누구의 계교나 허풍에도 더 이상 기만당하지 않으리라 생각했다.

그 때문에 나는 내 스승들의 구속에서 해방될 수 있는 나이가 되자마자 글공부[60]를 완전히 떠났다. 그리고 나 자신에서, 혹은 세상이라는 커다란 책 안에서 발견될 수 있을 학문 외에 다른 것은 더 이상 찾지 말자고 결단하면서,[61] 여행을 하는 데, 궁전과 군대를 보는 데, 다양한 기질과 환경을 가진 사람들과 어울리는 데, 다양한 경험들을 쌓는 데, 운이 내게 내보인 마주침들 안에서[62] 나 자신을 시험하는 데, 그리고 내게 나타난 것들에 대해, 이것들로부터 어떤 이익을 끌어낼 수 있는지를 어디서나 반성하면서 내 남은 청춘을 보냈다. 왜냐하면 식자[63]가 자기 서재에서 사변들과 관련해 행하는 추리 안에서보다, 각자가 자신에게 중요한 그리고 잘못 판단했을 경우 바로 그 벌을 받아야 하는 사안들과 관련해 행하는 추리 안에서 훨씬 더 많은 진리를 마주칠 수 있을 것으로 여겼던바,[64] 사변들이란 그 어떤 결과도 생산하지 못하고, 식자가 그것들을 참된 것들로 보이게 하려고 애쓸수록 그만큼 더 재치와 기교를 부려야 하므로, 사변들이 상식에서 더 멀리 있을수록, 그는 어쩌면 거기서 그만큼 더 허영을 만족시킬 수도 있다는 것 외에 그에게 다른 귀결은 없기 때문이다. 그리고 나는 언제나 내 행동들에서 분명히 보기 위해 그리고 이 삶에서 확신을 가지고 걸어가기 위해, 참된 것을 거짓된 것에서 구별하는 것을 배우려는 극도의 욕망을 가지고 있었다.[65]

[10]

　내가 다른 인간들의 풍습들을 고찰하기만 한 동안에는, 나를 확신시키는 것[66]을 거의 발견하지 못했다는 것, 그리고 내가 전에 철학자들의 의견들 사이에서 알아차린 것과 거의 같은 정도의 다양성을 거기서 알아차렸다는 것은 사실이다. 그래서 내가 거기서 얻은 가장 큰 이득은, 우리에게 아주 엉뚱하고 우스꽝스럽게 여겨지더라도, 다른 큰 민족들에 의해 여전히 널리 받아들여지고 인정되는 것들이 많이 있음을 보면, 선례와 관습에 의해서만 나를 설득해 온 어떠한 것도 너무 확고하게 믿어서는 안 된다는 것을 배웠다는 것이고,[67] 이런 식으로 나는 우리 자연의 빛을 흐리게 할 수 있는,

이성에 귀를 덜 기울이게 만드는 많은 오류들부터 조금씩 해방되었다는 것이다.[68] 그러나 세상이라는 책 안에서 공부하는 데 그리고 약간의 경험을 얻으려고 애쓰는 데 몇 년을 보낸 후, 어느 날 나 자신에서 공부하자고,[69] 내가 따라야 할 길들을 선택하는 데 내 정신의 모든 힘을 바치자고 결단했다. 나는 그것을 내 나라에서도, 내 책에서도 한 번도 떨어져 있지 않았을 때보다 훨씬 더 잘 해낸 것 [11] 으로 보였다.

나는 그 무렵 독일에 있었다. 아직 끝나지 않은 전쟁이 나를 그곳
으로 불렀다.[70] 그런데 내가 황제 대관식[71]에서 부대로 복귀하던 도
중에 시작된 겨울은 나를 어느 지역에[72] 머물게 했다. 나는 그곳에
서 나를 다른 데로 돌리는 어떠한 대화도, 게다가 다행히 내 마음
을 흔드는 어떠한 근심도 정념도 없이, 온종일 난로방에 홀로 틀어
박혀 내 사유들에 대해 나 자신과 이야기를 나누면서 온전히 한가
로운 시간을 보냈다. 그 사유들 가운데, 처음 사유들 중 하나는[73] 여
러 부분들로 구성되고 서로 다른 장인들의 손으로 만들어진 작품
에는 혼자[74] 작업한 것에서만큼 완전성이 없는 경우가 종종 있음을
고찰한 것이었다.[75] 그래서 단 한 건축가[76]가 착수하고 완성한 건물
은 다른 목적으로 세워진 낡은 성벽들을 여럿이 애써 손질해 만든
것보다 대개 더 아름답고 더욱 잘 정돈되어 있기 마련임을 사람들
은 보게 된다.[77] 그래서 애초에는 촌락에 불과했지만, 시간이 흐름
에 따라 커다란 도시로 변모한 오래된 도시들은 한 기사가 자신의
구상에 따라 벌판에 설계한 균형 잡힌 도시들에 비해 균형이 아주
나쁜 것이 보통이며,[78] 그 도시들의 건물들 각각을 살펴보면서, 다

른 도시의 것들만큼의 혹은 그 이상의 기예를 가끔 발견한다고 해
도, 그렇지만 그것들이 어떻게 여기서는 크게 저기서는 작게 배치
되어 있는지를 그리고 길들을 어떻게 구불거리고 울퉁불퉁하게 하   [12]
는지를 보게 되면, 사람들은 그것들을 그처럼 배열한 것은 이성을
사용하는 몇몇 인간들의 의지라기보다는 오히려 운이라고 말하게
될 것이다.[79] 그리고 공공 미관에 도움을 주도록 사유 건물들을 감
시하는 소임을 가진 관리들이 어느 시대나 있었음을 고려한다면,
남들의 작품에 손질만 해서는 매우 완성된 것들을 만들어내기가
어렵다는 것을 잘 인식할 것이다.[80] 그래서 예전에는 반야만이다가
조금씩 개화되면서 범죄와 싸움에 시달리다 못해 어쩔 수 없이 법
을 만든 민족들은 처음 모였을 때부터 어떤 현명한 입법자의 헌법
을 준수해온 민족들만큼 제대로 통치될 수 없을 것이라고 나는 상
상했다.[81] 이는 오직 신만이 명령을 내리는 참된 종교의 상태가 다
른 모든 종교보다 비길 데 없이 더욱 잘 규율되고 있음이 아주 확
실한 것과 마찬가지다. 그리고 인간사에 대해 말하자면,[82] 예전에
스파르타가 아주 번창했다면, 그것은 그들의 법들 가운데 여럿이
매우 기이하고 심지어 미풍양속에 반하기까지 한[83] 것으로 보아,
그 각각이 좋았기 때문이라기보다는 오히려 단 한 사람에 의해서
만 고안[84]되어 그 모두가 동일한 목적을 지향했기 때문이라고 믿
고 있다. 그래서 책에 있는 학문들, 적어도 그 근거들이 개연적이기
만 하고 어떠한 증명들도 갖지 않는 학문들[85]은 서로 다른 여러 사
람들의 의견들로부터 조금씩 구성되고 불어나는 것이라서, 양식을
지닌 한 인간이 자신에게 나타나는 것들에 대해 자연스럽게 할 수
있는 단순한 추리들만큼 진리에 근접해 있는 것은 전혀 아니라고   [13]
생각했다.[86] 그리고 또한 우리 모두가 어른이 되기 전에 아이였고,

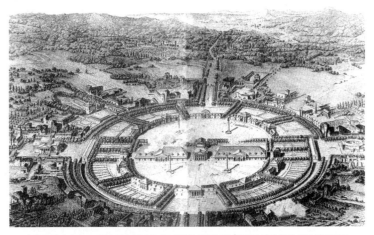

여러 장인의 손으로 만들어진 작품은 한 사람이 만들어낸 것보다 완전성이 종종 떨어진다. 마찬가지로 한 사람의 건축가가 시공하고 완성한 건물은 여러 사람들이 개조한 건물보다 더 아름답고 잘 정돈되어 있는 것이 보통이다. 이 책 33쪽을 보라. 프랑스 쇼Chaux의 도시 전경.

그래서 우리는 오랫동안 우리 욕구들과 우리 선생들의 지배를 받아야만 했는데,[87] 그것들은 자주 상반되고 그중 어떤 것도 우리에게 항상 가장 좋은 것을 권한 것은 아니었을 것이기에, 우리가 태어난 시점부터 우리 이성을 온전히 사용해왔다고 가정할 경우만큼, 그리고 오직 우리 이성에 의해 인도되었다고 가정할 경우만큼, 우리 판단이 순수하고 견고하기란 거의 불가능하다고 생각했다.

우리는 사실 사람들이 한 도시의 모든 집을 다른 식으로 개조하고 길을 더 아름답게 하려는 의도만으로 모든 집을 헐어버리는 것을 전혀 보지 못한다. 그러나 사람들은 많은 이들이 자신의 집을 다시 짓기 위해 무너뜨리고, 심지어 때로는 집이 저절로 무너질 위험이 있고 그 토대가 그렇게 확고하지 못할 때는 어쩔 수 없이 무너뜨리는 것을 곧잘 보게 된다. 이런 사례들을 통해 나는[88] 한 개인이

한 나라를 개혁하려는 의도로 그 토대부터 모조리 바꿔버리고, 나라를 다시 세우기 위해 뒤집어버리는 것은 실제로 전혀 있을 법하지 않다[89]고 확신했고, 학문의 체계 혹은 학문을 가르치기 위해 학교 내에 수립된 질서를 개혁하려는 의도 또한 마찬가지라고 확신했다. 그러나 그때까지 내 믿음에 받아들인 모든 의견들에 대해서는, 내가 한 번은 그것에서 그것들을 치우고, 나중에 거기에 더 나은 다른 것들을, 아니면 같은 것들이라 해도 그것들을 이성의 수준에 맞추고 나서야 다시 놓으려고 시도하는 것보다 내가 더 잘할 수 있는 것은 아무것도 없다고 확신했다.[90] 그리고 나는 그런 식으로 내가 그것들을 낡은 토대들 위에만 세웠던 경우보다, 또 내가 참된 [14] 것인지를 한 번도 조사함이 없이 젊어서 확신해버린 원리들에만 의거했던 경우보다, 내 삶을 훨씬 더 잘 인도하게 될 것이라고 굳게 믿었다. 왜냐하면 나는 그런 것에서 다양한 어려움들을 알아차리고 있었지만, 그래도 그것들에 치유책[91]이 없는 것은 전혀 아니었고, 또 가장 사소한 공적인 일의 개혁에서 만나게 되는 어려움들에 비할 바도 전혀 아니었기 때문이다. 그런 커다란 조직체들[92]이란 쓰러지면 다시 세우기가, 혹은 흔들리기만 해도 다시 붙들기가 너무나 힘들며, 그것의 붕괴는 아주 참혹할 수밖에 없는 것이다. 나아가, 그 조직체들의 불완전성들에 대해 말하자면, 만약 그것들이, 그것들 간에 있는 다양성만으로도 여러 조직체들이 불완전성들을 가지고 있음을 충분히 확인[93]할 수 있을 만큼, 불완전성들을 가지고 있다면, 관습[94]이 그것들을 힘차게 완화해왔음은 의심의 여지가 없다. 그리고 심지어 그것은, 현명함으로도[95] 그렇게 잘 해낼 수 없을 정도로, 많은 양의 불완전성을 부지불식간에 금했거나 바로잡아 왔다. 그리고 마침내, 그 불완전성들은 거의 언제나, 조직체들의 교체보다 더 견딜 만한 것이다.[96] 이는 산들 사이를 돌아가는 큰길들이 사람들이 많이 다닌 덕분에 조금씩 평탄해지고 편하게 되어, 그 길들을 따라가는 것이 바위 위를 기어오르고 절벽 아래로 내려가면서 더 곧장 가려고 시도하는 것보다 훨씬 더 나은 것과 마찬가지다.

이 때문에 나는, 그들의 출신 성분으로도 그들의 운으로도 공적인 일들을 관리하는 데 임명되지 않았으면서, 어떤 새로운 개혁을 [15] 노상 머릿속에서 그려대는[97] 이 뒤죽박죽이고 안달하는 기질들을 추호도 인정할 수 없다.[98] 그리고 만일 내가 이 글에 그런 어리석은 짓으로 의심 살 만한 것이 조금이라도 있다고 생각했다면, 이 글의 출판을 허락한 것을 매우 유감스러워했을 것이다. 결코 내 의도는 나 자신의 사유들을 개혁하려고 애쓰는 것, 그리고 전적으로 내게 속한 땅 안에 건물을 세우는 것 이상이 아니었다. 내 작업이 내 마음에 충분히 들어서, 여기에 그 모델[99]을 여러분에게 보여주고는 있지만, 그렇다고 내가 누군가에게 그것을 모방할 것을 권하려는 것이 아니다. 신이 자신의 은총을 더 많이 나누어준 자들은 어쩌면 더 고귀한 의도를 가질 수도 있을 것이다. 그러나 내가 정말 두려워하는 것은, 내 의도가 이미 여러 사람들에게 너무 대담한 것은 아닌가 하는 점이다. 전에 자기 믿음에 받아들인 모든 의견들을 파기하자는 결단만 해도 누구나 따라야 할 예는 아니다.[100] 그리고 세상은 그것에 조금도 어울리지 않는 두 종류의 정신의 소유자들로 거의 이루어져 있다. 즉, 실제보다 더 능란하다고 믿으면서, 자신의 판단을 서둘러 내리는 것을 자제할 수도 없고 자기의 모든 사유들을 순서에 따라 이끌어가기에 충분한 인내를 가질 수도 없는 자들[101]로 이루어져 있다. 그래서 그들이 받아들인 원리들을 의심할 자유를 그리고 통상적인 길에서 벗어날 자유를 한번 갖게 되면 언제고, 더 곧장 가기 위해 접어들어야 할 오솔길을 잡을 수 없고, 평생 길을 잃고 헤맨다. 또한 그들이 배울 수 있는 다른 어떤 이들보다 참된 것을 거짓된 것에서 구별하는 능력이 떨어진다고 판단할 정도로 이성적이거나 겸손해서,[102] 더 나은 것을 스스로 찾기보다는 오히려 그 다른 이들의 의견들을 따르는 것에 기꺼이 만족하는 자들이다.

그리고 나에 대해서는, 만약 나에게 스승이 한 명만 있었더라면, [16] 혹은 내가 가장 박식한 자들 사이에서 어느 시대에나 있어온 의견들의 차이를 전혀 알지 못했더라면, 나는 의심의 여지 없이 후자에 속했을 것이다. 그러나 학창 시절부터 나는 철학자 누군가에 의해 일컬어진 적이 없을 정도로 그렇게 기이하고 그렇게 미덥지 않은 것은 아무것도 상상할 수 없음을 배워 알았다.[103] 그리고 그 후 여행하면서, 우리 감정에 매우 반하는 감정을 가진 모든 이들이 그렇다고 야만스럽지도 미개하지도 않다는 것을, 오히려 많은 이들이 우리만큼 혹은 그 이상으로 이성을 사용한다는 것을 알게 되었다.[104] 또 어려서부터 프랑스인들이나 독일인들 사이에서 양육되어 온 같은 정신을 가진 같은 인간이 중국인들이나 식인종들 사이에서 줄곧 살아왔을 경우와 얼마나 다르게 되는지를, 그리고 우리 옷의 유행조차도, 10년 전만 해도 우리 마음에 들었고 아마 10년이 가기 전에 다시 우리 마음에 들게 될 동일한 것이 지금 우리에게 얼마나 괴상하고 우스꽝스럽게 보이는지를 고찰했다.[105] 그래서 우리를 설득하는 것은 어떤 확실한 인식보다는 바로 관습과 선례임을[106] 고찰했고, 그럼에도 불구하고 좀처럼 발견하기 힘든 진리에서는 민족 전체보다는 단 한 인간이 그것과 마주쳤다는 것이 더욱

토마스 아퀴나스Thomas Aquinas의
초상화.
명대와 뱀이 들어 있는
종교배척론자의 책 위에
아퀴나스의 왼손이
올려져 있다.

그럴 법하기 때문에, 다수의 목소리가 가치 있는 증거가 아님을 고찰했다.[107] 나는 다른 이들의 의견들보다 선호되어야 한다고 여겨지는 의견을 가진 사람을 선택할 수 없었고, 나 자신이 나를 이끌도록 시도하지 않을 수 없는 그런 상황에 놓여 있었다.

[17] 그러나, 나는 어둠 속을 홀로 걸어가는 사람처럼, 아주 천천히 가자고, 모든 것에서 신중해지자고, 그래서 아주 조금밖에 나아가지 못한다 해도, 적어도 넘어지는 것만은 제대로 경계하자고 결심했다.[108] 또한 나는 이성에 의해 도입됨이 없이 예전에 내 믿음에 슬그머니 스며들어 있을 의견들 어느 것도 처음부터 완전히 내던지려 한 것은 전혀 아니었고, 그에 앞서 내가 시도할 작업의 구상을 마련하고, 내 정신이 해낼 수 있는 모든 것의 인식에 이르기 위한 참된 방법을 찾는 데 충분한 시간을 들이려고 했다.[109]

좀 더 젊었을 때, 나는 철학의 부분들 중에서 논리학을, 수학 중에서는 기하학자들의 해석[110]과 대수학[111]을 공부했다. 이 세 가지

기예 혹은 학문[112]이 내 계획에 틀림없이 무언가 기여할 것으로 보였기 때문이다. 그러나 내가 그것들을 조사하면서 주목한 것은, 논리학에서 그 삼단논법과 다른 지침들[113] 대부분은 모르는 것을 배워 알게 하는 것이 아니라, 오히려 아는 것을 남에게 설명하는 것에 소용되고 있다는 것이며,[114] 심지어 룰루스의 기예[115]처럼 모르는 것을, 판단 없이 말하는 것에 소용되고 있다는 것이다. 그리고 논리학 안에 실제로 아주 참되고 아주 좋은 규정들[116]이 많이 들어 있긴 하지만, 그럼에도 불구하고 해롭거나 불필요한 다른 것들도 그만큼 많이 섞여 있어서, 그것들을 가려내는 일은 아직 전혀 다듬어지지 않은 대리석 덩어리에서 디아나상이나 미네르바상을 끌어내는 것과 거의 마찬가지로 힘들다는 것이다. 나아가 고대인의 해석과 근대인의 대수학에 대해 말하자면, 그것들이 아주 추상적이고 용도가 전혀 없어 보이는 주제들에만 적용되고 있다는 것 외에도, 전자는 늘 도형의 고찰에 너무 매여 있어 상상력을 매우 지치게 하지 않고는 지성을 실행시킬 수 없다는 것이고, 후자는 특정한 규칙들과 특정한 기호들[117]에 너무 사로잡혀 있어서 정신을 계발하는 학문이기는커녕 정신을 당황하게 하는 혼동되고 모호한 기예가 되고 말았다는 것이다.[118] 이것이 바로 내가 이 세 개의 이점을 포함하면서, 그것들의 결점에서 벗어난 다른 어떤 방법을 찾아내야 한다고 생각한 이유였다. 그리고 법이 많으면 종종 악행에 변명거리를 제공하므로, 법이 매우 적으면서 매우 엄격하게 지켜질 때, 국가는 훨씬 더 잘 통제되는 것과 마찬가지로, 논리학을 구성하는 그 수많은 규정들 대신, 지키는 것에 단 한 번도 소홀하지 않겠다는 확고하고 변함없는 결단[119]만 한다면 다음 네 가지로 충분할 것으로 믿었다. [18]

첫째는 내가 명증하게 참이라고 인식하지 않은 어떠한 것도 결코 참으로 받아들이지 않는 것, 다시 말해, 속단과 편견을 세심히 피하는 것, 그리고 내가 의심할 어떠한 동기도[120] 갖지 않을 만큼 명석하고 판명하게 내 정신에 나타나는 것 외에는 아무것도 내 판단에 포함시키지 않는 것이었다.[121]

둘째는 내가 조사한 어려움들 각각을, 가능한 만큼 그리고 그 어려움들을 가장 잘 해결하기 위해 요구되는 만큼, 작은 부분들로 나누는 것이었다.[122]

셋째는 가장 단순하고 가장 쉽게 인식되는 대상들에서 시작해 조금씩, 단계적으로, 가장 복합된 대상들의 인식에까지 올라가기 위해 내 사유들을 순서에 따라 인도하는 것. 그리고 심지어 자연적[19] 으로 전혀 서로 잇따르지 않는 대상들 사이에서도 순서를 가정하면서 내 사유들을 인도하는 것이었다.[123]

그리고 마지막은, 내가 아무것도 빠뜨리지 않았다고 확신할 정도로 완전한 열거와 전반적인 점검을 어디서나 하는 것이었다.[124]

기하학자들이 그들의 가장 어려운 증명들에 이르기 위해 사용하곤 하는 아주 단순하고 쉬운 그 근거들의 긴 연쇄는 나에게 다음의 것들을 상상할 기회를 주었다. 즉, 인간 인식의 범위 내에 있을 수 있는[125] 모든 것들은 그와 같은 방식으로 서로 따라 나온다는 것이고, 참이 아닌 어떤 것을 참인 것으로 받아들이는 것을 삼가기만 한다면, 그리고 그것들을 서로 연역하는 데 필요한 순서를 언제나 지키기만 한다면, 마침내 도달하지 못할 정도로 멀리 떨어진 것은 아무것도 있을 수 없고, 발견하지 못할 정도로 숨겨진 것은 아무것도 있을 수 없다는 것이다.[126] 그리고 나는 어떤 것들에서 시작해야 하는지를 찾느라 크게 고생하지 않았다. 나는 이미 가장 단순한 것들 그리고 인식하기 가장 쉬운 것들에서 시작해야 한다는 것을 알고 있었기 때문이다. 그리고 지금까지 학문들에서 진리를 탐구한 모든 이들 가운데 몇몇 증명들을, 다시 말해 확실하고 명증적인 몇몇 근거들을 찾아낼 수 있었던 이들은 오직 수학자들뿐이었음을 고찰하면서, 그들이 조사한 바로 그것들에서 시작해야 한다는 것을 나는 전혀 의심하지 않았다.[127] 물론 내가 거기서 기대한 유용성은 오직 내 정신이 진리를 즐기고 거짓 근거에 전혀 만족하지 않는 것에 익숙해지게 한다는 것뿐이었지만 말이다.[128] 그러나 내가 그렇다고 [20] 해서, 사람들이 보통 수학으로 명명하는 그 모든 특수 학문들을 배우려고 의도한 것은 아니었다.[129] 그리고 그 학문들은, 그 대상들이 다르긴 해도, 이것들에서 발견되는 상이한 관계들 혹은 비례들[130]만을 고찰한다는 점에서, 그 모두가 일치하고 있음을 보고서, 나는 그 비례들만을 일반적으로 조사하고, 내가 그 비례들을 보다 쉽게 인식하는 데 도움이 될 만한 주제들 안에서만 그것들을 가정하는 것, 또한 심지어 그 비례들을 그 주제들에만 국한하지 않고, 나중에 그것들에 어울리는 다른 모든 주제들에도 그만큼 더 잘 적용할 수 있도록 하는 것이 더 가치가 있겠다고 생각했다.[131] 이어서, 내가 그 비례들을 인식하기 위해서는 때로는 그 각각을 개별적으로 고찰할 필요가 있음을, 때로는 단지 그것들을 기억 속에 붙잡아두거나 그것들 가운데 여러 개를 한꺼번에 파악할 필요가 있음을 주목하고는, 내가 그것들을 개별적으로 더 잘 고찰하기 위해서는, 그것들을 선들로 가정해야 한다고 생각했다.[132] 이는 내가 더 단순한 것을 아무것도 발견하지 못했기 때문이고, 내가 더 판명하게 내 상상력과 내 감각들에 재현할 수 있는 것을 아무것도 발견하지 못했기 때문이다. 그러나 그것들을 기억 속에 붙잡아두기 위해서는, 혹은 그 가운데 여럿을 한꺼번에 파악하기 위해서는, 그것들을 가능한 한 가

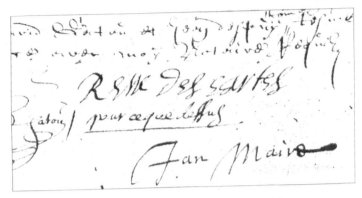

데카르트와 출판사 간의 《방법서설》에 대한 계약 서명.

장 짧은 몇몇 기호들로 지시해야 한다고 생각했다. 그리고 이런 식으로 기하학적 해석과 대수학에서 가장 나은 것을 모두 차용하고, 양쪽의 모든 결점을 서로서로 교정할 수 있을 것으로 생각했다.[133]

실로, 내가 정말 감히 말하는 바는, 내가 선택한 이 적은 규정들에 대한 정확한 준수는 나로 하여금 이 두 학문들이 미치는 모든 문제들을 아주 쉽게 풀게 해주었다는 것이며, 그래서 그것들을 조사하는 데 두세 달을 보내는 동안 가장 단순하고 가장 일반적인 것들에서 시작하면서, 그리고 내가 찾아낸 각각의 진리가 나중에 다른 진리들을 발견하는 데 도움이 되는 규칙이 되면서, 내가 전에 아주 어렵다고 판단한 여러 문제들에 대해 끝장을 보았을[134] 뿐만 아니라, 마지막에 가서는 내가 모르는 것들에서도 어떤 식으로 그리고 어디까지 그것들을 해결하는 것이 가능한지를 결정할 수 있을 것으로 여겨졌다는 것이다. 이런 점에서, 하나의 사물에는 하나의 진리밖에 없기 때문에,[135] 그 진리를 발견한 자가 누구든 그 사물에 대해 사람들이 알 만큼은 알고 있다는 것을 여러분이 고려한다

[21]

면, 그래서, 예컨대, 산술을 배운 한 아이가 산술 규칙에 따라 덧셈을 했을 경우, 그가 조사한 합계에 대해, 인간 정신이 발견할 수 있는 모든 것을 발견했다고 확신할 수 있다는 것을 여러분이 고려한다면, 아마 내가 여러분에게 심한 허세를 부리는 것으로 보이지는 않을 것이다. 왜냐하면 참된 순서를 따르도록 가르치고, 구하는 것에 대한 모든 상황을 빠짐없이 열거하도록 가르치는 그 방법은 결국 산술 규칙에 확실성을 부여하는 모든 것을 담고 있기 때문이다.

그러나 이 방법이 나를 가장 만족시킨 점은, 이 방법을 통해 내가 모든 것에서, 완전히는 아니더라도, 적어도 내 능력에 있는 한, 내 이성을 가장 잘 사용하고 있음을 확신했다[136]는 것이다. 그리고 내가 이 방법을 실천하면서 내 정신이 그 대상들을 더 명확하게 그리고 더 판명하게 인식하는 것에 조금씩 익숙해지고 있음을 느끼게 되었다는 점 외에도, 그것을 어떤 특수한 분야에 전혀 한정하지 않았기 때문에, 내가 대수학의 어려움들에 적용했던 것과 마찬가지로 다른 학문들의 어려움에도 그것을 유효하게 적용해보자는 마음을 갖게 되었다는 점이다.[137] 그렇다고 해서 내가 감히, 나타난 모든 것들을 당장 검토하려고 시도한 것은 아니었다. 이것이야말로 이 방법이 규정한 순서에 반하는 것이었기 때문이다. 오히려 다른 학문들의 원리들을 모두 철학에서 가져와야 함에도, 내가 여전히 철학에서 확실한 것을 전혀 찾아내지 못했음을 유의하고는, 무엇보다 먼저 철학에서 확실한 원리들을 세우는 데 힘써야 한다고 생각했다. 그리고 이 일은 세상에서 가장 중요한 것이고, 여기서 가장 두려워해야 할 것이 속단과 편견이므로, 당시 나이 스물세 살보다 더 성숙한 나이가 될 때까지는 그것에 끝장을 내려고 시도해서는 안 된다고 생각했다. 그전에, 내가 그때까지 받아들인 모든 나쁜 의

[22]

견들을 내 정신에서 뿌리째 뽑아내면서, 나중에 내 추리의 재료로 삼기 위해 여러 경험을 쌓아가면서, 또 내가 규정한 방법이 나에게 더욱더 확고해지도록[138] 늘 연습하면서, 그 일을 준비하는 데 많은 시간을 바쳐야 한다고 생각했다.

제3부   도덕 준칙들

그리고 끝으로, 내가 사는 집을 다시 짓기 전에 그것을 허물고, 자재를 마련하고, 건축가를 구하거나 스스로 건축술을 익히고, 나아가 설계도를 꼼꼼히 그리는 것으로는 충분치 않고, 작업 기간 동안 편히 머물 수 있는 다른 어떤 곳이 또한 갖추어져 있어야 한다. 그래서, 이성이 내 판단들에서 결단을 내리지 못하게 하는 동안, 내가 결코 내 행동들에서 결단을 내리지 못하는 상태에 있지 않도록, 그럼에도 여전히 내가 가급적 가장 행복하게 살아갈 수 있도록,[139] 세 개 혹은 네 개의 준칙들로만 이루어진 하나의 임시 도덕을 만들었는데,[140] 나는 그것을 여러분에게 기꺼이 알리려고 한다.

그 첫째는 내 나라의 법과 관습에 복종하고, 유년기부터 신이 나에게 교화의 은총을 베푼 종교를 확고히 견지하며, 다른 모든 것들에서는 내가 함께 살아가야 할 이들 가운데 가장 사려 깊은 이들이 실천에서 보통 받아들이는 가장 온건한 그리고 지나침에서 가장 멀리 있는 의견들을 따르면서[141] 나를 다스리자는 것이었다. 왜냐하면, 나 자신의 의견들을 모두 다시 조사하려고 했으므로, 나는 그때부터 그것들을 아무것도 아닌 것으로 간주하기 시작하면서, 가 [23]

장 사려 깊은 이들의 의견을 따르는 것보다 더 좋은 것은 있을 수 없다고 믿었기 때문이다. 그리고 페르시아인들이나 중국인들 중에도 우리와 마찬가지로 사려 깊은 이들이 아마도 있을 수 있겠지만, 내가 함께 살아가야 할 자들을 따라 나를 지도하는 것이 가장 유익하다고 여겼다. 그리고 그들의 의견들이 진정[142] 어떤 것인지를 알기 위해서는 그들이 말한 것보다는 오히려 그들이 실천한[143] 것에 유의해야 한다고 여겼다. 이는 우리 풍습이 타락함으로써 자신이 믿는 것을 모두 말하려는 사람들이 거의 없기 때문만이 아니라, 또 많은 이들은 자기네가 무엇을 믿는지를 자신들도 모르기 때문이었다. 실은 어떤 것을 믿는 사유작용은 믿고 있음을 인식하는 사유작용과 다른 것이라서, 그것들은 흔히 하나가 다른 하나 없이 있는 것이다.[144] 그리고 나는 동등하게 받아들여진 여러 의견들 가운데 가

[24] 장 온건한 것만 선택했다. 이는 그것이 늘 실천하기에 가장 편한 것이고, 또 모든 지나침은 대개 나쁜 것이기 마련이라, 그것이 필시[145] 가장 좋은 것이기 때문이다. 그리고 또 내가 과오를 범했을 경우, 양극단 중 하나[146]를 선택했을 때, 따라야 할 것이 다른 것이었을 경우보다, 그만큼 나를 참된 길에서 덜 벗어나게 하기 위함이었다. 그리고 특별히, 나는 사람들의 자유에서 무엇이든 빼앗아가는 모든 약속을 지나침에 포함시켰다. 이는 사람들이 무슨 좋은 계획을 품고 있을 때, 약한 정신들의 변덕을 막기 위해, 혹은 좋든 나쁘든 아무래도 상관없는 어떤 계획을 품고 있을 때, 거래의 안전을 기하기 위해, 그 계획을 계속 유지하도록 구속하는 맹세들이나 계약들[147]을 사람들이 행하는 것을 허락하는 법들에 내가 반대했다는 것이 아니었다. 나는 다만 세상에서 항상 동일한 상태로 남아 있는 것은 그 어떠한 것도 보지 못했기 때문에, 그리고 내게는 각별히, 내

1649년, 파리에서 출간된
《정념론》의 속표지.
데카르트는 삶에서
우유부단함을 가장 경계했고,
확신성 혹은 단호함을 추구했다.
그가 말년에 집필한 이 책에서
특히 강조하고 있다.

판단들을 더욱더 완전하게 하자고 다짐했지, 더 나쁘게 하자고 다짐한 것은 아니었기 때문에, 만일 내가 한때 어떤 것에 찬성했다고 해서, 나중에 그것이 혹시라도 더 이상 좋은 것이 아닐 때도, 혹은 내가 그것을 더는 좋은 것으로 여기지 않을 때도, 여전히 그것을 좋은 것으로 간주해야 한다면, 그것은 양식에 반하는 커다란 잘못을 저지르는 것으로 생각했다는 것이다.

내 둘째 준칙은 내 행동들에서 내가 할 수 있는 한 가장 확고하고 가장 결단적인 태도를 취하자는 것이었고, 가장 의심스러운 의견이라도 일단 따르기로 결정했을 때는 아주 확실한 경우 못지않게 변함없이 따르자는 것[148]이었다. 그런 점에서 나는, 어떤 숲에서 길을 잃었을 때 이쪽저쪽 맴돌면서 헤매서는 안 되고, 한자리에 머물러서는 더욱 안 되며, 대신 되도록 늘 같은 방향으로 가장 곧장 걸어가야 하고, 처음에 선택한 그 방향이 어쩌면 그저 우연이었을 뿐이라 해도, 약한 이유들로 인해 그것을 바꿔서는 안 되는 여행자

1643년부터 데카르트와
서신 교환을 한
엘리자베스Elizabeth 왕녀.
데카르트는 엘리자베스와
인간의 행복한 삶과
도덕 준칙에 대해
많은 이야기를 나누었다.
데카르트 최후의 저작인
《정념론》에는
엘리자베스 왕녀에게 바치는
헌사가 들어 있다.

[25] 들을 모방했다.[149] 왜냐하면 이런 식으로, 그들이 원하는 곳으로 바
로 가지는 못하더라도, 적어도 종국에는 숲 한가운데에 있는 것보
다 필시 더 나은 어떤 곳에 도달할 것이기 때문이다. 그리하여, 삶
의 행동들은 흔히 어떤 지체도 용납하지 않으므로, 가장 참된 의견
들을 식별하는 것이 우리 능력에 있지 않을 때, 우리가 가장 개연
적인[150] 의견들을 따라야 한다는 것은 아주 확실한 하나의 진리다.
그리고 심지어 우리가 어떤 의견이 더 개연적인지를 전혀 알아차
리지 못하는 경우에도, 우리는 그중 어떤 것을 결정해야 하며, 후
에 그것이 실천과 연관되는 한에서는, 더 이상 의심스러운 것이 아
니라 아주 참되고 아주 확실한 것으로 간주해야 하는 것 역시 아
주 확실한 하나의 진리다. 왜냐하면 우리로 하여금 그렇게 결정하
게 한 근거가 아주 참되고 아주 확실한 것이기 때문이다.[151] 그리고
이 준칙은 그때부터, 계속 오락가락하며 나중에는 나쁘다고 판단
할 것을 좋은 것으로 실천하려 드는 그런 약하고 흔들리는 정신들

46

의 양심을 휘젓곤 하는 모든 후회와 가책에서 나를 해방시킬 수 있었다.[152]

내 셋째 준칙은 운보다는 나를 이기려고, 세계의 질서보다는 내 욕망들을 바꾸려고 늘 애쓰자는 것이었다.[153] 그리고 일반적으로, 전적으로 우리 능력에 있는 것은 우리 사유들 외에 아무것도 없다고 믿는 것에 익숙해지자는 것, 따라서 우리가 우리 외부에 있는 것들에 대해 우리의 최선을 다한 후에도 성공하지 못한 것은 모두, 우리 입장에서는 절대적으로 불가능한 것이라고[154] 믿는 것에 익숙해지자는 것[155]이었다. 그리고 내가 획득할 수 없는 것은 앞으로 아무것도 욕망하지 않기 위해, 그리고 그렇게 나를 만족하게 하기 위해[156] 이 준칙만으로 충분하다고 여겼다. 왜냐하면 우리 의지는 자연적으로 우리 지성이 그 의지에 어떤 식으로 가능한 것들로 재현하는 것들만을 욕망하기 마련이어서,[157] 만일 우리가 우리 외부에 있는 모든 선들[158]을 우리 능력에서 똑같이 멀리 떨어져 있는 것으로 간주한다면, 우리의 출생과 더불어 마땅히 있어야 할 것으로 여겨지는 선들이 우리의 잘못도 없이 우리에게 결여되어 있을 때, 그것들이 없는 것에 대해 갖는 아쉬움은 우리가 중국이나 멕시코 왕국들을 소유하지 못한 것에 대해 갖는 아쉬움보다 더하지 않을 것이 확실하기 때문이다.[159] 그리고, 사람들이 말하듯이, 필연을 덕으로 만들면서,[160] 우리가 지금 다이아몬드처럼 거의 썩지 않는 물질로 이루어진 신체들, 혹은 새처럼 날기 위한 날개들을 갖기를 욕망하지 않는 것처럼, 우리가 병들어 있으면서 건강하기를, 혹은 감옥에 있으면서 자유로워지길 욕망하지 않는다는 것도 확실하기 때문이다. 그러나 나는 그 모든 것을 그런 각도로 바라보는 데 익숙해지기 위해서는 오랜 훈련과 거듭 반복되는 성찰[161]이 필요하다는 것

[26]

을 인정하며, 또 예전에 운의 지배[162]에서 벗어날 수 있었던, 고통과 빈곤을 무릅쓰고 그들의 신들과 행복을 두고 겨룰 수 있었던 그 철학자들[163]의 비밀이 주로 그것에 있었다고 믿는다. 왜냐하면 그들은 자연에 의해[164] 그들에게 부과된 한계를 고찰하는 것에 끊임없이 전념하면서, 자신의 사유들 외에 자신의 능력에 있는 것은 아무것도 없음을 아주 완전히 확신했고, 이런 것만으로도 그들이 다른 것들에 대해 애착을 갖지 못하게 하기에 충분했기 때문이다. 그리

[27] 고 그들은 자신의 사유들을 아주 절대적으로 다루었으므로,[165] 이점에서 그들은 자연으로부터 그리고 운으로부터[166] 받을 수 있는 만큼의 혜택을 받고도 그런 철학을 전혀 갖지 못해, 자신들이 원하는 모든 것에 대해 결코 그와 같이 다루지 못하는 다른 인간들 누구보다도 스스로가 더 부유하고 더 힘이 있고 더 자유롭고 더 행복하다고 평가할 어떤 근거를 가지고 있었다.

끝으로, 이 도덕의 결론으로, 나는 이 삶에서 사람들이 가지고 있는 다양한 직업들을 검토하고, 그중 가장 좋은 것을 택하려고 애쓰자는 생각이 들었다. 그리고 다른 이들의 직업에 대해서는 아무 말도 하고 싶지 않으며, 다만 내가 해온 것을 계속해나가는 것, 다시 말해 내 이성을 계발하는 것에 내 삶의 전부를 바치고, 나 스스로 규정한 방법을 따르면서 진리 인식에서 내가 할 수 있는 만큼 앞으로 나아가는 것을 가장 잘할 수 있다고 생각했다. 이 방법을 사용하기 시작한 이래, 나는 극도의 만족[167]을 느껴왔으며, 사람들이 이 삶에서 이보다 더 달콤하고 이보다 더 순진무구한 것을 누릴 수 있으리라고는 믿지 못할 정도였다. 그리고 나에게는 충분히 중요하게 보이지만, 다른 사람들은 보통 모르는 몇몇 진리들을 그 방법을 통해 날마다 발견하면서, 내가 그것에서 갖게 된 충족감[168]은, 나머

지 모든 것들이 나를 전혀 건드리지 못할 정도로, 내 정신을 가득 채웠다. 그뿐만 아니라, 앞의 세 준칙들은 내가 나를 계속 지도하려고 가졌던 계획에만 근거한 것이었다. 왜냐하면 신은 우리 각자에게 참된 것을 거짓된 것에서 식별하기 위한 어떤 빛[169]을 주었으므로, 때가 되었을 때, 나 자신의 판단을 사용해서 다른 이들의 의견들을 조사하려고 다짐하지 않았다면, 나는 단 한 순간도 그 의견들로 만족해야 한다고 믿지 않았을 것이기 때문이다. 그리고 그렇다고 해서, 그 의견들 중에서 보다 나은 의견이 있을 경우, 그것을 찾아낼 기회를 조금도 잃지 않을 것이라는 희망이 내게 없었다면, 나는 그 의견들을 따르면서 불안을 면치 못했을 것이기 때문이다. 그리고 끝으로, 내가 하나의 길을, 즉 이것을 통해 내가 내 능력이 해낼 수 있는 모든 인식의 획득을 자신한다고 생각하면서, 같은 방식으로, 내가 내 능력 안에 언젠가 있게 될 모든 참된 선들의 획득을 자신한다고 생각한 하나의 길을 내가 따라가지 않았더라면,[170] 나는 내 욕망들을 제한하지도 만족하지도 못했을 것이기 때문이다. 또 우리 의지는 우리 지성이 그 의지에 좋은 것으로 혹은 나쁜 것으로 재현하는 것에 따라서만 어떤 것을 추구하지도 기피하지도 않기 마련이어서, 잘 행하기 위해서는 잘 판단하는 것으로 충분하고,[171] 또 가장 잘 행하기 위해서도, 다시 말해 모든 덕들 그리고 동시에 획득 가능한 다른 모든 선들을 획득하기 위해서도, 가장 잘 판단하는 것으로 충분하기 때문이다. 그리고 그렇다는 것을 확신할 때, 만족[172]하지 않을 수 없는 것이다.

　이 준칙들을 이렇게 확보[173]한 후에, 또 그것들을 내 믿음에서 언제나 첫째가는 진리였던 신앙의 진리들[174]과 함께 별도로 놓은 후에, 남은 내 모든 의견들에 대해서는, 이것들을 해체하는[175] 시도를

[28]

자유롭게 할 수 있다고 판단했다. 그리고 그 모든 사유들을 가졌던 그 난로방에 더 오래 박혀 있는 것보다는, 사람들과 대화함으로써, 그 일을 더욱 잘 끝낼 수 있을 것으로 희망했으므로, 겨울이 다 가기 전에 다시 여행을 떠났다. 그로부터 9년 동안[176] 고스란히, 세상에서 상연되는 모든 희극에서 배우이기보다는 오히려 관객이고자 애쓰면서 세상 여기저기를 떠도는 것 이외에 아무것도 하지 않았다. 그리고 각각의 사안에서, 그것을 수상쩍게 할 수 있는 것에 대해 그리고 우리에게 착각할 계기를 줄 수 있는 것에 대해 특히 반성하면서, 이전에 내 정신에 슬그머니 스며들어 있을 모든 오류들을 그동안 내 정신에서 뿌리째 뽑아버렸다.[177] 그렇다고 해서 내가

[29] 의심하기 위해서만 의심하고, 늘 우유부단한 모습을 보이는 회의주의자들을 모방한 것은 아니었다.[178] 왜냐하면, 그와 반대로, 내 모든 의도가 향한 것은 나를 확신시키는 것에만,[179] 바위나 찰흙을 찾아내기 위해 무른 흙이나 모래를 내던지는 것에만 있었기 때문이다. 내가 보기에, 그것은 나에게 충분히 잘 이루어졌다. 왜냐하면 내가 조사한 명제들의 오류나 불확실성을 약한 추측들을 통해서가 아니라 명석하고 확실한 추론들을 통해 발견하려고 애쓰면서, 내가 그로부터 충분히 확실한 어떤 결론을 언제나 끌어내지 못할 만큼 의심스러운 명제들을, 설령 결론이, 그 명제가 확실한 어떠한 것도 포함하지 않는다는 것, 이것뿐이라해도, 나는 전혀 마주치지 못했기 때문이다.[180] 그리고 낡은 집을 허물 때, 대개 그 잔재들을 새집을 지을 때 쓰려고 보관하듯이, 내 의견들 중에서 그 토대가 부실하다고 판단된 의견들을 모두 파괴하면서,[181] 나는 다양한 관찰들을 행하고 여러 경험들을 획득했는데, 이것들은 그 후로 내가 보다 더 확실한 것을 세우는 데 쓰였다. 그리고 나아가, 내가 규정한

17세기 암스테르담의 전경. 데카르트는 성찰에 몰두할 수 있는 곳으로 네덜란드를 택했다.

방법으로 나 자신을 계속 연마해나갔다.[182] 왜냐하면 나는 일반적으로 그 방법의 규칙들에 따라 내 모든 사유들을 인도하려고 유의했지만, 때로는 얼마간의 시간을 할애해서 특별히[183] 수학의 어려움들에, 혹은 심지어 다른 어떤 어려움들에도, 즉 내가 충분히 확고한 것으로 인정하지 않는 다른 학문들의 모든 원리들로부터[184] 그 어려움들을 떼어놓음으로써, 수학의 어려움들과 거의 비슷하게 만들 수 있었던 다른 어떤 어려움들에도 그 방법을 적용해보았기 때문이다. 여러분은 이 책에서 설명되는 여러 어려움들에서 내가 그 [30] 것을 했다는 것을 볼 수 있을 것이다.[185] 그래서 겉으로는 달콤하고 순진무구한 삶을 보내는 것 외에는 아무런 일이 없어서, 쾌락을 악덕에서 분리하기에 여념이 없는 자들, 여가를 지루하지 않게 즐기기 위해 품위 있는 모든 오락들로 시간을 보내는 자들과 겉으로는 다를 바 없이 살면서도, 나는 내 계획을 밀고 나가기를 그리고 진리의 인식에서 진보하기를 멈추지 않았는데, 아마도, 만일 내가 책만 읽고 있거나 식자들[186]과 어울리기만 했다면, 그만큼 진보하지는 못했을 것이다.

그럼에도 불구하고, 그 9년이 내가 학자들 간에 논쟁이 되곤 했던 어려움들에 대해 그 어떤 방침도 정하기 전에, 또 통속철학[187]보다 더 확실한 그 어떤 철학의 토대들을 탐구하기 시작하기도 전에 흘러갔다. 그리고 나 이전에 탁월한 정신들이[188] 그런 계획을 품었건만 이루지 못한 것으로 내게 여겨지는 선례는 나로 하여금 거기에 많은 어려움들이 있을 것으로 상상하게 만들었고, 그래서 만일 몇몇 사람들이 내가 내 계획에서 끝장을 보았다는 소문을 이미 퍼뜨리고 있음을 알지 못했다면, 나는 그것을 감히 그렇게 빨리 시도하지 않았을 것이다. 그들이 무슨 근거로 그런 생각을 했는지 나로서는 말할 게 없다. 만일 내가 한 이야기들이 그 소문에 한몫했다면,[189] 그것은, 조금 공부했다고 하는 자들이 대개 그러곤 하는 것보다, 내가 모른다는 것을 더 진솔하게 고백한 것에 있었을 것이고, 또 어떤 학설로 자기 자랑을 했다기보다 다른 이들이 확실한 것으로 간주한 많은 것들에 대해 내가 가진 의심의 근거들[190]을 보여준 것에 있었을 것이다. 그러나 나는, 사람들이 나를 실제의 나와 다르게 보는 것을 조금도 원치 않을 만큼, 제법 선한 심성[191]을 가지고 있었기 때문에, 모든 수단을 동원해서 사람들이 나에게 준 명성에 걸맞게 애쓰지 않으면 안 된다고 생각했다. 그리고 정확히 8년 전, 그 욕망은 나로 하여금 내 지인들이 있을 만한 곳은 모두 멀리하고 여기에[192] 은둔하자는 결단[193]을 하게 만들었다. 이 나라에서는 오

[31]

래 지속된 전쟁[194]이 질서를 정착시켜, 이곳의 유지군은 사람들이 평화의 열매를 더욱 안전하게 누리게 하는 데에만 봉사하는 것으로 보였고, 여기서 나는 남의 일에 호기심을 갖기보다는 자기 일에 더 관심을 갖는 매우 활동적인 위대한 민족의 군중 속에서, 사람들이 가장 많이 오가는 도시 안에 있는 편의들 그 어떤 것도 부족함이 없이 가장 외딴 사막 안에 있는 것처럼 홀로 은둔하며 살 수 있었다.

제4부　　　형이상학의 토대들

내가 거기서 한 처음 성찰들[195]을 여러분에게 이야기해야 할지 나로서는 알 수가 없다. 왜냐하면 그것들은 아주 형이상학적이고 아주 조금 평범해서, 어쩌면 모든 사람의 취향이 아닐 수도 있기 때문이다.[196] 그리고 그럼에도 불구하고, 내가 택한 토대들이 충분히 확고한 것인지를[197] 사람들이 판단할 수 있기 위해, 그것에 대해 말하도록 어떤 식으로 강요되고 있다. 나는 오래전부터 풍습들에 대해서는, 위에서 말했듯이, 사람들이 매우 불확실한 것으로 알고 있는 의견들을 때로는 마치 의심할 수 없는 것인 양 따를 필요가 있음을 알아차리고 있었다. 그러나 그 당시에 나는 오직 진리 탐구에 전념하기를 원했기 때문에 정반대로 해야 한다고, 또 내가 최소한의 의심을 상상할 수 있는 것은 모두, 절대적으로 거짓으로, 던져버려야 한다고 생각했는데, 이는 그런 후에 전적으로 의심할 수 없는 어떤 것이 전혀 내 믿음에 남아 있지 않은지를 보기 위함이었다.[198] 그래서, 우리 감각들이 가끔 우리를 속이기 때문에, 나는 그것들이 우리에게 상상하게 하는 그대로 존재하는 것은 아무것도 없다고 가정하고자 했다.[199] 그리고 심지어 기하학의 가장 단순한 문제들에 관해

[32]

몽테뉴의 초상화.
데카르트는
몽테뉴와 샤롱의
회의론을 벗어나
더 이상 의심할 수 없는
절대 확실한
지식을 추구했다.

서도, 추리할 때 착각하는 사람들이, 또 거기서 오류추리들을 범하는 사람들이 있기 때문에, 나도 다른 누구만큼 과오를 범할 수 있다고 판단하면서, 내가 전에 증명들로 간주한 모든 근거들을 거짓으로 던져버렸다.[200] 그리고 끝으로, 우리가 깨어서 가지는 것과 똑같은 모든 사유들이, 자는 동안에도, 우리에게 떠오를 수 있다는 것을, 그렇지만 이런 경우에 참인 것은 하나도 없음을 고찰하면서, 일찍이 내 정신에 들어와 있는 모든 것들이 내 꿈의 환상들[201]보다 더 참인 것은 아니라고 가상하기로 결심했다.[202] 그러나, 바로 뒤에, 내가 그렇게 모든 것은 거짓이라고 사유하고자 하는 동안, 그것을 사유하는 나는 필연적으로 어떤 것이어야 한다는 것에 주의했다.[203] 그리고 **나는 사유한다, 그러므로 나는 존재한다**는 이 진리는 너무나 확고하고 너무나 확실해서, 회의주의자들의 가장 과도한 모든 억측들도 흔들 수 없다는 것을 알아차리면서, 나는 그것을 주저 없이 내

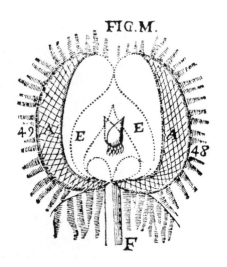

데카르트의 《인간론》에서 뽑은 송과선의 모습.
데카르트는 정신과 신체의 상호작용이 송과선 안에서 이루어진다고 생각했다.

가 찾고 있던 철학의 제일원리로 받아들일 수 있다고 판단했다.[204]

그다음에, 나는 내가 무엇이었는지를 주의 깊게 조사했고,[205] 또 내가 어떠한 신체도 갖지 않았다고, 또 내가 있었던 어떠한 세계도 어떠한 장소도 존재하지 않았다고 가상할 수 있지만, 그렇다고 해서 내가 전혀 존재하지 않았다고 가상할 수는 없다는 것, 오히려 반대로, 내가 다른 사물들의 참됨을 의심한다는 것을 사유한다는 바로 이 사실로부터 내가 존재한다는 것이 아주 명증하게 그리고 아주 확실하게 따라 나온다는 것[206]을 보았고, 이에 반해, 내가 일찍이 상상해온 나머지 모든 것들이 참이라고 해도, 내가 오직 사유하기를 멈추기만 한다면,[207] 내가 존재한다는 것을 믿게 할 아무런 근거도 나에게 없다는 것을 보았다.[208] 이로부터 내가 인식한 것은, 나는 하나의 실체, 즉 그 본질 혹은 본성 전체가 사유한다는 것에 있고, 존재하기 위해 어떠한 장소도 필요 없고, 물질적인 어떠한 것에도 의존하지 않는 하나의 실체라는 것이다.[209] 그래서 이 나, 다시 말해 나를 나로 만들어주는 영혼은 물체와 전적으로 구별된다는 것, 심지어 영혼은 물체보다 인식하기가 더 쉽다는 것, 그리고 물체가 아예 없다고 해도, 영혼은 여전히 그것인 것 그대로 존재하기를 그만두지 않으리라는 것이다.[210]

그런 후에, 나는 한 명제가 참되고 확실하기 위해 요구되는 것이 무엇인지를 일반적으로 고찰했다. 왜냐하면, 방금 참되고 확실하다고 알고 있는 명제 하나를 발견했으므로, 나는 또한 그 확실성이 무엇에 있는지도 알고 있어야 한다고 생각했기 때문이다.[211] 그리고 **나는 사유한다, 그러므로 나는 존재한다**는 이것에서 내가 진리를 말하고 있다는 것을 나에게 확신시키는 것은, 사유하기 위해서는 존재해야 한다는 것을 내가 아주 명석하게 보고 있다는 것 외에 전혀 없다는 것을 알아차리고는, 우리가 매우 명석하고 매우 판명하게 인식하는 것은 모두 참이라는 것을 일반적 규칙으로 삼을 수 있다고, 그러나[212] 다만 우리가 판명하게 인식하는 것들이 어떠한 것인지를 제대로 알아차리는 데는 약간의 어려움이 있다고 판단했다.

그것에 이어, 내가 의심한다는 것에 대해 반성하면서, 그리고 따라서, 의심하는 것보다 인식하는 것이 더 큰 완전성임을 내가 명석하게 보고 있기 때문에, 내 존재가 전적으로 완전한 것이 아님을 반성하면서,[213] 나는 나보다 더 완전한 어떤 것에 대해 사유하는 것을 어디로부터 배웠는지를 찾아보자는 생각이 들었다.[214] 그리고 그것 [34] 이 실제로 더 완전한 어떤 본성으로부터여야 한다[215]는 것을 명증하게 인식했다. 하늘에 대해, 땅에 대해, 빛에 대해, 열에 대해 그리고 수천 가지 다른 사물들처럼, 내 외부의 다른 많은 것들에 대해 내가 가진 사유들[216]에 대해서는, 이것들이 어디로부터 왔는지를 아는 데는 그다지 힘들지 않았다. 왜냐하면, 내가 보기에, 이것들을 나보다 더 우월하게 만드는[217] 것은 이것들에서 아무것도 알아차리지 못했으므로,[218] 만일 이것들이 참된 것이라면, 내 본성이 어떤 완전성을 가지는 만큼 내 본성에 의존하는 것이고, 만일 이것들이 참된 것이 아니라면, 그것들을 무로부터 얻는다고, 다시 말해 내가 결함을 가지고 있으므로 나에게 있다고 믿을 수 있었기 때문이다.[219] 그러나 내 존재보다 더 완전한 존재의 관념[220]에 대해서는 그와 같을 수가 없었다. 왜냐하면 이것을 무로부터 얻는다는 것, 이것은 명백하게 불가능한 것이고, 또 더 완전한 것이 덜 완전한 것의 귀결이고 의존이라는 것은 어떤 무언가가 무로부터 나온다는 것 못지않게 모순이므로,[221] 그 관념을 나 자신으로부터 얻을 수는 없었기 때문이다. 이로써 남는 것은, 그 관념은 실제로 나보다 더 완전한 어떤 본성, 심지어 모든 완전성들, 즉 이것들에 대해 내가 어떤 관념을 가질 수 있는 모든 완전성들을 자신 안에 가지고 있는 어떤 본성, 다시 말해, 한마디로 설명하자면, 신이라는 본성을 통해 내 안에 넣어졌다는 것이다.[222] 이것에 내가 덧붙인 것은, 나는 내가 전혀 갖지 않은 어떤 완전성들을 인식하고 있으므로, 내가 현존하는 유일한 존재자가 아니라(여기서 강단 용어들을 자유롭게 사용하는 것을 여러분이 양해해주길 바란다),[223] 내가 의존하고, 내가 가진 모든 것을 그로부터 얻어낸 더 완전한 다른 어떤 존재자가 필히 있어야 한다는 것이다. 왜냐하면, 만일 내가 홀로 그리고 다른 모든 것에서 독립해 있었다면, 그래서 내가 완전한 존재자로부터 분유한 이 약간의 모든 것을 나 자신으로부터 가지고 있었다면,[224] 같은 이유로, 내가 나에게 없다고 인식하는 나머지 모든 것을 나로부터 가질

[35]

58

1637년에 《방법서설》 초판이 출간된 레이던.

수 있었을 것이고, 그렇게 해서 나 자신이 무한하고 영원하며 부동이고 전지하며 전능했을 것이며, 마침내 내가 신 안에 있다고 알아차릴 수 있는 모든 완전성들을 가질 수 있었을 것이기 때문이다.[225] 실로, 내가 방금 한 추론에 따라, 내 본성이 할 수 있는 만큼[226] 신의 본성을 인식하기 위해서는, 내가 내 안에서 어떤 관념을 발견하는 모든 사물들에 대해,[227] 이것들을 소유하는 것이 완전성인지 아닌지를 고찰하기만 하면 되었고, 어떤 불완전성을 드러내는 것들 가운데 어떠한 것도 신 안에 없다는 것을, 그러나 다른 모든 것들은 신 안에 있다는 것을 나는 확신하고 있었다.[228] 왜냐하면 의심, 비항상성,[229] 슬픔 및 이와 유사한 것들은, 나 자신이 그것들로부터 기꺼이 벗어나려 한 것으로 보아, 신에게는 있을 수 없다는 것을 보고 있었기 때문이다. 나아가 나는, 그것들 외에도, 여러 감각적이고 물체적인 사물들의 관념들을 가지고 있었다. 왜냐하면 내가 꿈꾸고 있다고, 또 내가 보거나 상상하는 것은 모두 거짓으로 가정한다고 해도, 그 관념들이 내 사유에 실제로 있다는 것을[230] 부인할 수는 없었기 때문이다. 그러나 나는 내게서 이미 지적 본성이 물체적 본성과 구별된다는 것을 아주 명석하게 인식하고 있었으므로,[231] 모든 복합[232]은 의존의 증거이고, 의존은 명백하게 하나의 결함임을 고찰하면서, 이로부터 그 두 본성들로 복합된 것은 신에게서 하나의 완전성일 수 없다고, 따라서 신은 그러한 것이 아니라고 판단했다. 오히려 세계 안에 어떤 물체들이 있다면, 혹은 전적으로 완전한 것이 아닌 어떤 지적인 것들이나 다른 본성들이 있다면, 그것들의 존재는 신의 힘에 의존해야 한다고, 그래서 그것들은 신 없이는 단 한 순간도 존속할 수 없다고 판단했다.[233]

그런 후에, 나는 다른 진리들을 찾으려 했고, 기하학자들의 대상을 떠올렸는데, 나는 그것을 하나의 연속된 물체로, 혹은 길이, 폭 및 높이나 깊이를 지닌 무한정 연장된, 다양한 형태와 크기를 가질 수 있고 온갖 방식으로 움직이거나 옮겨질 수 있는 상이한 부분들로 분할 가능한 하나의 공간으로, 표상했던바, 왜냐하면 기하학자들은 그들의 대상에서 이 모든 것을 가정하기 때문이다. 그러고는 그들의 보다 단순한 증명들 가운데 몇몇을 통람했다.[234] 그리고 세상의 모든 이들이 이것들에 돌리는 저 커다란 확실성은, 사람들이 내가 방금 말한 규칙을 따르면서, 이것들을 명증하게 표상한다[235]는 것에만 근거하고 있음을 주목한 다음, 나는 또한 이 증명들 안에는 이것들의 대상의 현존에 대해 나를 확신시켜주는 것은 전혀 아무것도 없다는 것도 주목했다.[236] 왜냐하면, 예를 들어, 만일 내가 하나의 삼각형을 상정한다면, 나는 그 세 각이 두 직각과 같아야 한다는 것을 잘 보고 있었지만, 그렇다고 해서 이 세상에 어떤 삼각형이 있다고 나를 확신시켜주는 것은 아무것도 보지 못했기 때문이다. 이에 반해, 내가 완전한 존재자[237]에 대해 가지고 있던 관념을 조사하려고 되돌아왔을 때, 그 세 각이 두 직각과 같음이 삼각형의 관념 안에 포함되어 있는 것, 또는 그 모든 부분들이 중심에서 똑같은 거리에 있음이 원의 관념 안에 포함되어 있는 것과 마찬가지로, 혹은 심지어 보다 더 명증하게 신의 현존이 신의 관념에 포함되어 있다는 것을 발견했다.[238] 따라서 이 완전한 존재자[239]인 신이 존재한다는 것 혹은 현존한다는 것은 적어도, 그 어떤 기하학적 증명이 확실할 수 있는 만큼, 확실하다는 것을[240] 발견했다.

그러나 신을 인식하는 것에 어려움이 있다고 확신하는 자들이, 심지어 그들의 영혼이 무엇인지를 인식하는 것에서도 어려움이 있다고 확신하는[241] 자들이 많이 있다는 사실은 바로 그들이 그들의 정신을 감각적 사물들 이상으로 결코 끌어올리지 않는다는 것이고, 또한 그들에게는 상상될 수 없는 것은 모두 이해될 수 없는 것으로 여겨질 정도로, 물질적 사물들에 대한 특수한 사유 방식인 상상력에 의하지 않고는 그 어떤 것도 고찰하지 않는 데 익숙해져 있다[242]는 것이다. 이것은 철학자들조차, 감각 안에 먼저 있지 않은 것은 아무것도 지성 안에 없다[243]는 것을 강단에서 준칙으로 삼고 있다는 점에서, 그럼에도 불구하고 신의 관념과 영혼의 관념은 결코 감각 안에 있었던 적이 없음이 확실하다는 점에서 충분히 명백하다. 그리고 그것들을 파악하려고 그들의 상상력을 사용하려는 자들은, 내가 보기에, 소리를 듣거나 냄새를 맡으려고 그들의 눈을 이용하려는 것과 완전히 똑같다. 물론 이는 시각이 청각이나 후각 못지않게 그 대상들의 참됨에 대해 우리를 확신시키는 반면, 우리 상상력이나 우리 감각들은, 우리 지성이 이것들에 개입하지 않는다면, 어떠한 것에 대해서도 결코 우리를 확신시키지 못한다는 그런 차이가 있을 뿐이지만 말이다.[244]

끝으로, 내가 제시한 근거들을 통해 신의 현존과 그들 영혼의 현존에 대해 충분히 설득되지 않은 사람들이 여전히 있다면, 나는 그들이 아마도 더 확신한다고 생각하는 다른 모든 것들, 예를 들어, 그들이 신체를 가지고 있다는 것, 별들과 지구가 있다는 것 그리고 이와 유사한 것들이 덜 확실하다는 것을 알아주길 바란다.[245] 왜냐하면 사람들이 이런 것들에 대해 도덕적 확신을 가지고 있고, 이 확신이 괴짜이지 않고서는 의심할 수 없는 것으로 여겨지는 그러한 것이라고 해도, 그렇지만 형이상학적 확실성이 문제가 될 때는, 사람들은 자면서 다른 신체를 가지고 있다고, 또 다른 별과 다른 지구를 본다고 마찬가지로 상상할 수 있지만, 실은 아무것도 없다는 것에 주의하는 것만으로도, 그런 것들에 대해 전적으로 확신할 수 없는 충분한 이유가 된다는 것을 이성이 나가지 않고서는 부인할 수 없기 때문이다.[246] 실로, 꿈속에서 떠오르는 사유들이 종종 다른 사유들 못지않게 생생하고 명확하다[247]는 것을 볼 때, 사람들은 다른 사유들보다는 오히려 그 사유들이 거짓된 것임을 어디로부터 아는가? 그리고 가장 좋은 정신들이 그것들에 대해 원하는 대로 연구한다고 해도, 나는 그들이 신의 현존을 전제하지 않고서는 그 의심을 제거하기에 충분한 어떤 근거를 내놓을 수 있다고 믿지 않는다. 실로, 우선, 내가 방금 하나의 규칙으로 삼은 것, 즉 우리가 아주 명석하고 아주 판명하게 인식하는 것은 모두 참이라는 이것 자체도, 신이 존재한다는 것 혹은 현존한다는 것, 그리고 그가 완전한 존재자라는 것, 그리고 우리 안에 있는 모든 것은 신으로부터 나온다는 것 때문에만 확실한 것이다.[248] 이로부터 따라 나오는 것은, 실재적인 것들인, 그리고 신으로부터 나오는 우리 관념들 혹은 개념들은, 이것들이 명석하고 판명하다는 점에서 참이 아닐 수 없다는 것이다.[249] 그래서 만일 우리가 이것들에서 거짓을 내포하는 관념들을 꽤 자주 가진다면, 그것은 혼동되고 모호한 어떤 것을 가지는 관념들의 경우에만 그럴 수 있는데, 이는 그 관념들이 그 점에서 무를 분유하고 있기 때문이다. 다시 말해, 우리가 전적으로 완전한 것은 아니라는 것, 이 이유에서만 그 관념들이 우리 안에서 그처럼 혼동되기 때문이다.[250] 그리고 거짓 혹은 불완전성이 신으로부터 유래한다는 것은 진리 혹은 완전성이 무로부터 유래한다는 것 못지않게 모순임은 명증하다. 그러나 만일 우리가, 우리 안에서 실재적인 그리고 참됨[251] 모든 것이 완전하고 무한한 존재자로부터 나온다는 것을 전혀 알지 못한다면, 우리 관념들이 제아무리 명석하고 판명할지라도, 우리는 그것들이 참된 것이라는 완전성을 가졌음을 우리에게 확신시켜주는 아무런 근거도 갖지 못할 것이다.[252] [39]

그런데 신과 영혼에 대한 인식이 이 규칙을 우리에게 이처럼 확실하게 해준 후에는, 우리가 자면서 상상하는 몽상들이 우리가 깨어서 가지는 사유들의 참됨[253]을 결코 의심하게 할 수 없음을 인식하기란 아주 쉬운 일이다. 왜냐하면 사람들이 자면서조차 매우 판명한 어떤 관념을 갖는 일이 일어날 수 있다고 해도, 예를 들어, 어느 기하학자가 어떤 새로운 증명을 발견하는 것과 같은 일이 일어날 수 있다고 해도, 그의 잠이 그것이 참이라는 것[254]을 막지는 못할 것이기 때문이다.[255] 그리고 우리 꿈의 가장 흔한 오류에 대해 말하자면, 그 오류란 꿈이 우리 외부 감각들이 하는 것과 똑같은 방식으로 갖가지 대상들을 우리에게 재현한다는 것에 존립하는 것으로, 이 오류가 그런 관념들의 참됨을 불신할 동기를 우리에게 제공한다는 것은 대수롭지 않은 것이다.[256] 왜냐하면 그런 관념들은 우리가 자고 있지 않을 때도 꽤 자주 우리를 기만할 수 있기 때문이다. 이를테면 황달에 걸린 자들이 모든 것을 노란색으로 보는 경우, 혹은 별이나 아주 멀리 떨어진 다른 물체들이 우리에게 실제보다 훨씬 더 작게 나타나는 경우가 그것이다. 실로 결국, 깨어 있든 잠 들어 있든, 우리는 우리 이성의 명증에 의하지 않고는 결코 우리가 [40] 설득되도록 내버려 둬서는 안 된다.[257] 그리고 내가 우리 이성이라 고 말하지, 우리 상상력이라고도 우리 감각이라고도 말하지 않는 것에 유의해야 한다. 이를테면, 태양을 아주 명석하게 본다고 해도, 태양이 우리가 보는 크기밖에 안 된다고 판단해서는 안 되듯이, 그 리고 우리가 암염소의 몸통에 붙은 사자의 머리는 판명하게 잘 상 상할 수 있지만, 그렇다고 키마이라가 세상에 있다고 결론지어서 는 안 되듯이 말이다. 왜냐하면 이성은 우리가 그렇게 보거나 상상 하는 것이 진실한 것이라고 우리에게 전혀 일러주지 않기 때문이 다.[258] 그러나 이성은 우리의 모든 관념들 혹은 개념들이 진리의 어 떤 토대를 가지고 있어야 한다는 것을 우리에게 잘 일러준다.[259] 왜 냐하면 전적으로 완전하고 전적으로 진실한 신이 그런 것 없이 그 관념들을 우리에게 넣어주었다는 것은 있을 수 없는 일이기 때문 이다. 그리고, 비록 우리 상상들이 때때로 깨어 있을 때만큼, 또는 그 이상으로 생생하고 명확하다고 해도,[260] 우리 추리들이, 우리가 자는 동안은, 깨어 있는 동안만큼 결코 그렇게 명증하지도 그렇게 완전하지도 않기 때문에, 이성이 또한 우리에게 일러주는 것은, 우 리가 전적으로 완전하지는 못하기 때문에 우리 사유들이 모두 참 일 수는 없으며, 그것들이 가지고 있는 참된 것은 틀림없이 우리 꿈 에서보다는 오히려 우리가 깨어서 갖는 사유들에서 마주칠 수밖에 없다는 것이다.

나는 기꺼이 추적할 것이고, 내가 이 최초의 진리들로부터 연역해
낸 다른 진리들의 모든 연쇄[261]를 여기에 보여줄 것이다. 그러나,
이를 위해서는, 학자들 사이에서 논쟁이 되고 있는 여러 문제들에
대해 지금 말을 해야 하는데, 그들과 얽히는 것은 내가 원하는 바
가 전혀 아니므로, 나는 그것보다는 그 문제들이 어떠한 것인지
를 그저 일반적으로만 말하고, 대중이 그것들을 보다 자세히 접하
는 게 유익할지는 가장 지혜로운 이들의 판단에 맡기는 편이 더 좋
을 것이라고 믿고 있다.[262] 나는 항상 내가 앞서 신과 영혼의 현존 　[41]
을 증명하는 데 사용한 원리들 외에는 다른 어떠한 원리도 가정하
지 말자는 내 종래의 결심을, 그리고 기하학적 증명들이 이전에 내
게 보였던 것보다 더 명석하게 그리고 더 확실하게 보이지 않는 것
은 어떠한 것도 참된 것으로 받아들이지 말자는 내 종래의 결심을
굳게 지켜왔다.[263] 그리고, 그럼에도 불구하고, 내가 감히 말하는 바
는, 나는 사람들이 철학에서 다루곤 하는 모든 주요 어려움들에 관
해, 짧은 시간에 나를 만족시켜주는 수단을 발견했다는 것뿐만 아
니라, 또한 몇몇 법칙들을 알아차렸다는 것인데, 이 법칙들은, 우리

데카르트가
아리스토텔레스의
책을 밟고 있다.
데카르트의 자연학은
스콜라철학이 수용한
아리스토텔레스의
자연학적 원리를
거부하고 있다.

가 이것들에 대해 충분히 반성한 후에는, 세계 안에 있거나 세계 안
에서 행해지는 모든 것에서 어김없이 지켜지고 있음을 의심할 수
없을 만큼, 신이 자연에 설정한 것이고, 또 그것들에 대한 개념들을
우리 영혼에 새겨놓은 그러한 것들이라는 것이다.[264] 이어서, 그 법
칙들의 후속을 고찰하면서, 이전에 배운 모든 것들보다, 혹은 심지
어 배우기를 희망한 모든 것들보다 더 유익하고 더 중요한 여러 진
리들을 내가 발견한 것 같다는 것이다.[265]

그러나 몇 가지 고려들로 발표를 못 하고 있는 한 논고에서 그
주된 것들을 설명하려고 노력했기 때문에, 그 논고에 들어 있는 것
을 여기서 요약해서 말하는 것보다 그것들을 더 잘 알게 할 수는

없을 것이다.[266] 그 논고를 쓰기 전에 나는 물질적 사물들의 본성에 관해 알고 있다고 생각했던 것을 모두 그 안에 포함시킬 계획이었다. 그러나 화가들이 한 입체의 다양한 모든 면들을 평평한 화폭에 골고루 잘 표현할 수 없어서, 그 주요한 면들에서 하나를 선택해 그 면만 빛 쪽으로 놓고 다른 면들을 그늘지게 해 그 면을 바라볼 때 다른 면을 볼 수 있을 정도로만 나타나게 하는 것과 똑같이, 나 [42] 는 쓰려고 생각했던 것을 모두 내 이야기에 넣을 수 없음을 우려했기[267] 때문에, 오직 빛에 대해 생각한 것만을 거기서 꽤 폭넓게 개진하려고[268] 시도했다. 나아가, 그 기회에 나는, 빛은 거의 모두 태양과 항성들에서 나오므로 그것들에 관해, 천공들이 빛을 전파하므로 그것에 관해, 유성들, 혜성들 및 지구가 빛을 반사하므로 그것들에 관해, 특히 지상의 모든 물체들이 빛깔이 있거나 투명하거나 빛을 발하므로 그것들에 관해, 그리고 끝으로 인간은 그 관찰자이므로 인간에 관해 뭔가를 거기에 덧붙이려고 시도했다. 심지어, 그 모든 것을 약간 그늘지게 하기 위해, 그리고 학자들 사이에서 받아들여지고 있는 의견들을 따르거나 반박함이 없이 내가 판단한 것을 보다 자유롭게 말할 수 있기 위해, 여기 이 모든 세계는 학자들의 논쟁에 맡겨버리자고, 오직 하나의 새로운 세계에서 일어날 수 있는 것에 대해서만 말하자고 결심했다. 즉, 만일 신이 지금 상상의 공간들 어딘가에 이 새로운 세계를 구성하기에 충분한 물질을 창조하고, 이 물질의 상이한 부분들을 다양하게 그리고 순서 없이 흔들어 시인들이나 가상할 수 있을 만큼이나 혼잡한 하나의 혼돈을 구성해내고, 그 후에 신이 자연에게 그의 통상적 협력을 베푸는 것 외에는 그리고 자연이 그가 설정한 법칙들을 따라 작용하도록 내버려 두는 것 외에는 다른 것을 하지 않을 경우, 하나의 새로운 세계에서 일어날 수 있는 것에 대해서만 말이다.[269] 그리하여 우선, 나는 이 물질을 묘사했고, 방금 신과 영혼에 대해 말한 것을 제외하고, 더 명석하고 더 이해하기 쉬운 것은, 내가 보기에, 이 세상에 아무것도 없을 정도로, 그것을 표현하려고 노력했다.[270] 왜냐하면 나는 심지어 강단에서 논쟁하는 형상들 혹은 성질들 가운데 어떠한 것도 물질 안에 없다고,[271] 또 일반적으로는 사람들이 모르는 척조차 할 수 없을 정도로, 그 인식이 우리 영혼에 자연적[272]이지 않은 것은 어떠한 것도 없다고, 일부러,[273] 가정하기까지 했기 때문이다. 그뿐만 아니라, 자연법칙이 어떠한 것들인지를 보여주었다. 그리고 내 근거들을 신의 무한한 완전성들 외에 다른 어떠한 원리에도 의거함이 없이, 사람들이 약간의 의심이라도 가질 수 있는 법칙들을[274] 모두 증명하려고 노력했고, 그 법칙들은, 설령 신이 여러 세계를 창조했다고 해도, 그것들이 지켜지지 않는 세계는 한 군데도 있을 수 없는 그러한 것임을 보여주려고 노력했다. 그 후에, 어떻게 이 혼돈 물질의 가장 큰 부분이, 그 법칙들에 따라, 배치되고 배열되어야 우리 천공들과 유사하게 되는지를 보여주었다. 그리고 어떻게 그동안에 그 부분들 가운데 어떤 것들은 지구를, 어떤 것들은 유성들과 혜성들을, 그리고 다른 어떤 것들은 태양과 행성들을 구성해야 했는지를 보여주었다. 그리고 여기서, 주제를 빛으로 넓혀, 태양과 항성들 안에서 발견되어야 할 빛은 어떠한 것이고, 어떻게 거기서 빛이 순식간에 천공들의 광대한 공간들을 가로지르며, 어떻게 빛이 유성들이나 혜성들로부터 지구 쪽으로 반사되는지를 꽤 길게 설명했다. 또한 이것에 이 천공들과 이 천체들의 실체, 위치, 운동들 그리고 다양한 모든 성질들에 관해 여러 가지를 덧붙였다. 이로써 이 세계의 천공들과 천체들에서는 내가 묘사한 천공들과 천체들에서와 아주 유사하게 나타나지 않아야 할 것은, 혹은 적어도 나타날 수 없는 것은 아무것도 눈에 띄지[275] 않는다는 것을 알게 할 만큼은 충분히 말했다고 생각했다. 거기서부터 나는 특수하게[276] 지구에 대한 이야기로 나아갔다. 신은 지구를 구성하는 물질 안에 어떠한 무게도 넣지 않았다고 내가 일부러[277] 가정했음에도, 어째서 그 모든 부분들이 여전히 어김없이 그 중심 쪽으로 향하고 있는지, 어째서 지구 표면에 물과 공기가 있어서 천공들과 천체들의 배열, 특히 달의 배열이 우리의 바다에서 눈에 띄는 것들과 그 모든 상황에서 비슷한 밀물과 썰물을 일으키게 되는지, 그리고 그 것들 외에, 열대지방에서도 눈에 띄는 것처럼, 공기도 물도 동쪽에서 서쪽으로 향하는 어떤 흐름을 일으키게 되는지, 그리고 어째서 산, 바다, 샘물 및 냇물이 거기서 자연적으로 형성될 수 있고, 광물이 광산에서 나오며, 식물이 들판에서 자라는지, 그리고 일반적으로, 혼합체나 복합체[278]로 불리는 모든 물체들이 생겨나는지를 이야기했다. 그리고 다른 것들 중에서는, 내가 천체들 다음으로 세계에서 빛을 산출하는 것은 불 이외에 아무것도 인식하지 못하고 있었으므로, 불의 본성에 속하는 모든 것을, 즉 불은 어떻게 만들어지는지, 어떻게 자라는지, 어떻게 불은 때로는 빛은 없고 열만 가지고 있으며, 때로는 열은 없고 빛만 가지고 있는지, 불은 어떻게 상이한 물체에 다양한 색깔들을, 다양한 다른 성질들을 주입할 수 있는지, 불은 어떻게 어떤 것을 녹이고 어떤 것을 굳게 만드는지, 불은 어떻게 거의 모든 것을 태울 수 있고 재나 연기로 변하게 할 수 있는지, 끝으로 불은 어떻게 그 작용의 격렬함[279]만으로 이 재로부터 유리를 만들어내는지를 아주 분명히 이해시키려고 노력했다. 왜냐하면 재에서 유리로의 이런 전화[280]야말로 자연에서 일어나는 다른 어떤

[44]

[45]

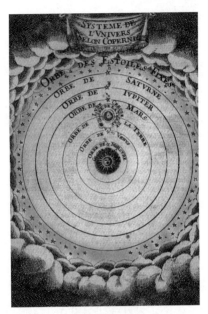

코페르니쿠스의 천체도.

것만큼 경이롭게 보여서, 그것을 묘사하는 것이 특히 즐거웠기 때문이다.[281]

그럼에도 불구하고, 이 모든 것들로부터 이 세계가 내가 제안한 대로 창조되었다는 것을 끌어내고자 하지 않았다. 왜냐하면 태초부터 신은 이 세계가 이럴 수밖에 없도록 만들었다는 것이 훨씬 더 그럴법하기 때문이다.[282] 그러나 신이 지금 이 세계를 보존하는 작용은 그가 이 세계를 창조한 작용과 전적으로 동일하다[283]는 것이 확실하고, 또 이것이 신학자들 사이에서 통상적으로 받아들여지는 의견이다. 그래서, 설령 신이 태초에 혼돈의 형태 외에 다른 형태를 이 세계에 전혀 주지 않았다고 해도, 그가 자연의 법칙들을 설정했고, 자연이 해오던 대로 작용하도록 그의 협력을 이 세계에 베

풀어주기만 한다면, 창조의 기적에 해를 가함이 없이,[284] 그것만으로도 사람들은 순전히 물질적인 모든 사물들이 시간이 흐르면서 우리가 현재 보고 있는 그러한 것들로 될 수 있었을 것이라고 믿을 수 있다. 그리고 물질적 사물들의 본성은, 그것들을 완전히 행해진 것[285]으로 고찰할 때보다, 그것들을 그런 식으로 조금씩 생겨나는 것으로 볼 때, 훨씬 더 쉽게 이해된다.

나는 무생물과 식물에 대한 묘사에서 동물 그리고 특히 인간에 대한 묘사로 넘어갔다. 그러나, 그것들을 그 나머지 것과 같은 방식으로, 다시 말해 결과를 원인을 통해 증명하면서, 그리고 어떤 씨앗들로부터 또 어떤 방식으로 자연이 그것들을 산출할 수밖에 없었는지를 보여주면서, 그것들에 대해 말할 수 있을 만큼의 충분한 지식을 여전히 갖지 못했기 때문에,[286] 나는 신이 한 인간의 신체를 그 지체들의 외적 형태에서나 그 기관들의 내적 구조에서나[287] 우리 신체들 가운데 하나와 완전히 유사하게 만들어놓았지만, 내가 묘사한 것과 다른 물질로 그 신체를 구성하지 않았다고 가정하는 것으로, 또 태초에 어떠한 이성적 영혼도, 식물적 영혼이나 감각적 영혼으로 쓰일 만한 다른 어떤 것도 그 신체에 넣지 않았고, 신은 단지[288] 빛 없는 불들 가운데 하나를 그 심장에 켜놓았다고 가정하는 것으로 만족했다.[289] 그리고 내가 설명한 바 있는 이 빛 없는 불을, 마르기 전의 건초를 밀폐해두었을 때 그것을 뜨겁게 하는 불, 혹은 발효되도록 새 포도주들을 찌꺼기 위에 그대로 두었을 때 그것들을 부글부글 끓게 하는 불과 다른 본성[290]으로 전혀 이해하지 않았다. 왜냐하면 그 결과로서[291] 내가 그 신체 안에 있을 수 있던 기능들을 조사했을 때, 나는 그 신체 안에서, 우리가 그것들에 대해 사유함이 없이도, 따라서 우리 영혼, 다시 말해 신체와 구별되고,

[46]

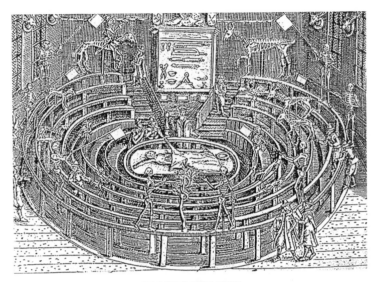
레이던대학의 해부학 강의실.

우리가 위에서 사유한다는 것만이 그 본성이라고 말했던 그 부분이 그것들에 기여함이 없이도, 우리 안에 있을 수 있는 모든 기능들을, 그리고 이 점에서 사람들이 이성 없는 동물들이 우리와 닮았다고 말할 수 있을 만큼이나 똑같은 모든 기능들을 빠짐없이 발견했기 때문이다.[292] 그렇지만 사유에 의존하는, 그래서 인간인 한에서 우리에게만 유일하게 속하는 기능들 가운데 어떠한 것도 거기서 발견할 수는 없었고, 나는 오히려 내가 나중에, 신이 이성적 영혼을 창조했고, 그것을 내가 묘사한 그 신체와 특정한 방식으로 결합시켰다는 것을 가정하고 나서야 그것들 모두를 거기서 발견했다.[293]

그러나 사람들이 내가 거기서 이 주제[294]를 어떤 식으로 다루었는지를 볼 수 있도록, 심장과 동맥들의 운동에 대한 설명을 여기에 제시하고자 한다. 그 운동은 사람들이 동물들 안에서 관찰하는 첫째가는 것이자 가장 일반적인 것[295]이라서, 다른 모든 운동들에 대해 생각해야 하는 바를 그 운동으로부터 쉽게 판단하게 될 것이다. 그리고 내가 하는 말을 조금이라도 쉽게 이해하고자 한다면, 해부학에 전혀 문외한인 자들은 이것을 읽기에 앞서 수고스럽지만, 누 [47] 군가에게 허파를 가진 큰 동물의 심장을, 왜냐하면 그것이 모든 점에서 인간 심장과 아주 비슷하기 때문에, 그들 앞에서 자르게 하고, 그 안에 있는 두 개의 방들 혹은 구멍들을 그들이 보게끔 하길 바란다.[296] 우선, 심장 오른쪽에 있는 것은 매우 넓은 두 개의 관들[297]과 통해 있다. 그 하나는 피의 주요 집적소[298]인 대정맥[299]으로, 신체의 다른 모든 정맥들이 그 가지인 나무줄기와 같은 것이다. 다른 하나는 동맥성 정맥[300]으로, 심장에 그 기원을 두면서, 심장에서 나와 여러 가지들로 갈라져 폐 안 사방에 퍼져 있는데, 이것은 사실 동맥이기 때문에 잘못된 명칭이다. 다음으로, 심장 왼쪽에 있는 것도 마찬가지로 두 개의 관과 통해 있는데, 이것들은 앞엣것들과 같거나 더 넓다. 즉, 그 하나는 정맥성 동맥[301]으로, 폐에서 오고, 폐 안에서 동맥성 정맥 가지들 및 호흡한 공기가 들어가는 이른바 기관[302]이라 불리는 이 도관의 가지들과 서로 얽혀 여러 가지들로 갈라져 있는데, 그것은 사실 정맥과 다름없기 때문에 이 역시 잘못된 명칭이다. 다른 하나는 심장에서 나와 그 가지들을 신체 전체로 보내는 대동맥[303]이다. 나는 또한 누군가가 그들에게, 마치 작은 문들처럼 그 두 구멍들에 있는 네 개의 출입구들을 여닫는 열한 개의 작은 판막들을 자세히 보여주길 바란다.[304] 즉, 대정맥 입구에 있는 셋은 그 안에 있는 피가 심장 오른쪽 구멍 안으로 흐르는 것은 조금도 막을 [48] 수 없도록, 그렇지만 피가 거기에서 나올 수 없게 철저히 막도록 배열되어 있다. 동맥성 정맥 입구에 있는 셋은 그와 정반대로 배열되

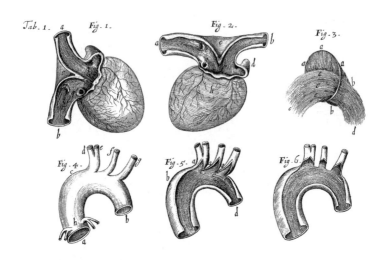

의사 윌리엄 하비가 그린 심장 이미지.

어, 그 구멍 안에 있는 피가 폐로 넘어가는 것은 허용하되, 폐에 있는 피가 거기로 되돌아가는 것은 허용하지 않는다. 마찬가지로 정맥성 동맥 입구에 있는 다른 둘은 폐의 피가 심장 왼쪽 구멍 쪽으로 흐르는 것은 내버려 두되 그 복귀는 가로막는다. 그리고 대동맥 입구에 있는 셋은 피가 심장에서 나오는 것은 허용하되 거기로 되돌아가지는 못하게 막는다. 그리고 이 판막들의 개수에 대해서는, 정맥성 동맥의 입구가 그것이 마침 있는 장소로 인해 타원형으로 되어 있어, 두 개의 판막으로 쉽게 닫힐 수 있지만, 다른 것들은 원형이라 세 개를 가져야 보다 잘 닫힐 수 있다는 것 외에 다른 이유를 찾을 필요가 전혀 없다. 나아가 나는 누군가가 그들이 다음의 것들을 고찰하게 해주길 바란다.[305] 대동맥과 동맥성 정맥은 정맥성 동맥과 대정맥보다 훨씬 더 질기고 단단한 조직으로 이루어져 있다는 것, 후자 둘은 심장 안으로 들어가기 전에 넓어지고, 거기서 심장과 비슷한 살로 조직된 이른바 심이[306]라는 두 개의 주머니처럼 된다는 것, 심장 안에는 신체의 다른 어떤 부분들보다 언제나 더 많은 열이 있다는 것,[307] 끝으로 핏방울이 그 구멍들로 들어가면 이 열은 그 핏방울을 급속히 불어나고 팽창되게 만들 수 있다는 것인데, 이는 어떤 액체든지 그것을 매우 뜨거운 용기에 한 방울씩 떨어뜨릴 때, 일반적으로 그런 것과 마찬가지라는 것이다.

[49]

　실로, 그런 후에 내가 심장 운동을 설명하기 위해, 그 구멍들이 피로 가득 차 있지 않을 때, 피는 반드시 대정맥에서는 오른쪽 구멍으로, 정맥성 동맥에서는 왼쪽 구멍으로 흐른다는 것 외에 다른 것을 말할 필요가 없다. 그것은 이 두 혈관들이 늘 피로 가득 차 있고, 심장 쪽으로 향해 있는 그 출입구들[308]이 그때 닫혀 있을 수 없기 때문이다. 그러나 이렇게 두 방울의 피가 제각각 저마다의 구멍들 안으로 한 방울씩 들어오자마자, 들어가는 입구들은 아주 넓고, 나오는 혈관들은 피로 아주 가득 차 있으므로 굵을 수밖에 없는 이 방울들은 심장에서 만나는 열로 인해[309] 희박해지고 팽창되며, 이로써 심장 전체를 부풀리면서 그것들이 나오는 두 혈관 입구에 있는 다섯 개 작은 문들을 밀어 닫아버리고, 이렇게 해서 피가 더 이상 심장으로 내려오지 못하게 한다. 그리고 이 방울들은 계속 더욱 희박해지면서, 그것들이 빠져나오는 다른 두 혈관의 입구에 있는 다른 여섯 개 작은 문들을 밀어 열어버리고, 이런 식으로 모든 동맥성 정맥과 대동맥의 가지들을 심장과 거의 같은 순간에 부풀린다. 심장은 그 직후 안으로 들어온 피가 다시 식기 때문에, 그 동맥들이 수축하는 것과 마찬가지로 수축하고, 그 여섯 개 작은 문들은 다시 닫히며, 대정맥과 정맥성 동맥의 다섯 개 작은 문들은 다시 열리고,

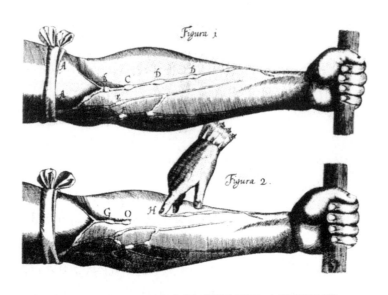

하비의 《동물의 심장과 혈액 운동에 관한 해부학적 연구》(1624)에서 뽑은 삽화.

[50]   다른 두 방울의 피에 길을 내주며, 그것들은 다시 앞의 것들과 똑같이 심장과 동맥들을 부풀린다. 그리고 이렇게 심장에 들어오는 피가 이른바 심이라는 두 개의 주머니들을 통과하기 때문에, 심이의 운동은 심장의 운동과 반대이며, 심장이 부풀어질 때 심이들은 수축되는 것이다. 그 밖에도 수학적 증명들의 힘을 인식하지 못하고 참된 근거들을 그럴듯한 근거들로부터 구별하는 것에 익숙하지 않은 자들[310]이 이것을 조사도 하지 않고 함부로 부정하지 않도록, 내가 그들에게 일러두고 싶은 것은, 내가 방금 설명한 심장 운동은 사람들이 심장 안에서 눈으로 볼 수 있는 기관들의 독특한 배치로부터, 사람들이 거기서 손가락으로 느낄 수 있는 열로부터, 그리고 사람들이 실험을 통해[311] 인식할 수 있는 피의 본성으로부터 필연적으로 따라 나온다는 것인데, 이는 시계 운동이 그 추들과 그 톱니바

76

퀴들의 힘으로부터, 위치로부터 그리고 형태로부터 필연적으로 따라 나오는 것과 마찬가지라는 것이다.

그러나, 만일 사람들이 정맥의 피가 이렇게 계속해서 심장 안으로 흐르는데도 어떻게 조금도 고갈되지 않는지, 그리고 심장을 통과하는 피가 모두 동맥으로 가는데도 어떻게 동맥이 피로 넘치지 않는지를 묻는다면, 나는 영국의 한 의사가 이미 쓴 것[312] 말고 다른 것으로 답할 필요가 없다. 그는 이 분야에서 얼음을 깨고, 다음을[313] 가르친 최초의 인물이라는 찬사를 받아 마땅하다. 즉, 동맥 말단에는 여러 작은 통로들[314]이 있고, 동맥이 심장으로부터 받은 피가 그것을 거쳐 정맥의 작은 가지들 안으로 들어가며, 이것들로부터 피는 다시 심장 쪽으로 간다는 것이다. 그래서 피의 흐름은 영속적인 순환[315]과 다름없다는 것이다. 그는 이 점을 외과 의사들의 평 [51] 범한 실험으로 아주 잘 입증하는데,[316] 그것은 팔의 정맥을 절개하고, 그 부위 위쪽에 팔을 적당히 세게 묶으면, 그 자리를 전혀 묶지 않았을 때보다 거기서 피가 더 많이 나오게 하는 것이다. 그리고, 만일 그 부위 아래쪽인 손과 절개 부위 사이를 묶거나 그 위쪽에 팔을 아주 강하게 묶는다면, 정반대의 일이 일어날 수 있을 것이다. 왜냐하면 적당히 죄인 끈은 팔에 이미 있는 피가 정맥을 거쳐 심장으로 되돌아가는 것을 막을 수는 있지만, 피가 동맥을 거쳐 늘 새롭게 심장으로 오는 것을 막지는 못한다는 것이 명백하기 때문인데, 이는 동맥이 정맥보다 아래에 위치해 있고, 그 막들이 더 단단해 누르기가 덜 쉽기 때문이며, 또한 심장에서 나오는 피는 동맥을 거쳐 손 쪽으로 지나갈 때가 손에서 정맥을 거쳐 심장 쪽으로 되돌아갈 때보다 더 힘차게 가려 하기 때문이다. 그리고 그 피는 정맥들 중 하나에 있는 절개 부위를 거쳐 팔에서 나오기 때문에, 그 끈 아래쪽에, 다시 말해, 팔 말단들 쪽의 동맥에서 오는 피가 정맥으로 갈 수 있는 어떤 통로들이 반드시 있어야 한다. 그는 또한 피의 흐름에 대해 자신이 말한 것을 어떤 작은 판막들을 통해서도[317] 매우 잘 입증하는데, 그 판막들이 피가 신체 중앙에서 말단들 쪽으로 지나가는 것을 전혀 허용하지 않고, 오직 말단들에서 심장 쪽으로 되돌아가도록 그렇게 정맥들을 따라 상이한 곳에 배열되어 있다는 것이다. 그뿐만 아니라, 그는 관찰을 통해서도[318] 입증하는데, 그것은 동맥이 잘렸을 때, 심지어 그 동맥이 심장과 아주 가깝게 단단히 묶였다고 해도, 그리고 심장과 끈 사이에서 잘렸다고 해도, 단 하나의 동맥만으로도 신체 안에 있는 모든 피가 순식간에 신체 밖으로 빠져나올 수 있고, 따라서 거기서 빠져나오는 피가 심장 이외의 다른 곳에서 온다고 상상할 만한 아무런 이유도 없다는 것을 보여준다.

[52]

  그러나 이 피 운동의 참된 원인이 내가 말했던 그것임을 증시[319]하는 여러 다른 것들이 있다.[320] 이를테면, 우선,[321] 정맥에서 나오는 피와 동맥에서 나오는 피 사이에서 눈에 띄는 차이는, 피가 심장을 거치면서 희박해지고 증류된 것처럼 되면서 심장에서 나온 직후가, 다시 말해, 동맥들 안에 있을 때가 심장으로 들어가기 조금 전보다, 다시 말해, 정맥들 안에 있을 때보다 더 미세하고 더 활기차고 더 뜨겁다는 사실에서만 생길 수 있다는 것이다. 그리고 사람들이 그 점에 주목한다면, 그런 차이는 심장 쪽에서만 잘 나타나고, 심장에서 가장 멀리 떨어진 곳들에서는 그만큼 현저하지 않음을 발견하게 될 것이다. 다음으로,[322] 동맥성 정맥과 대동맥을 구성하는 판막들이 단단하다는 것은, 피가 정맥들보다는 그것들을 더 힘차게 친다는 것을 충분히 보여준다.[323] 그리고[324] 무엇 때문에 심장 왼쪽 구멍과 대동맥이 심장 오른쪽 구멍과 동맥성 정맥보다 더 넓고 더 큰가? 그 이유가 단지, 심장을 거친 이래 허파에만 있던 정맥성 동맥의 피가 대정맥에서 바로 나온 피들보다 더 미세하고, 또 더 세차게 그리고 더 쉽게 희박해지기 때문이 아니라면 말이다.[325] 그리고[326] 만일 의사들이 피가 본성을 바꿈에 따라, 피가 심장의 열에 의해 전보다 다소 세차게 그리고 다소 빠르게 희박해질 수 있다는 것밖에 알지 못한다면, 그들이 맥박을 짚으면서 무엇을 알아낼 수 있겠는가? 그리고[327] 만일 사람들이 어떻게 그 열이 다른 지체들로 전달되는지를 조사해본다면, 이는 심장을 거치면서 데워지고, 거기서부터 신체 전체로 퍼져나가는 피를 통해서임을 인정해야 하지 않겠는가. 이 때문에 신체 [53] 어떤 부분의 피를 뽑으면 마찬가지로 그 열도 제거되는 일이 일어나는 것이다. 그리고 심장이 불에 달궈진 쇠만큼이나 뜨겁다고 해도, 만일 새로운 피를 계속해서 보내지 않는다면, 보낼 때만큼 손발을 덥히기에는 충분치 못할 것이다. 나아가[328] 사람들이 또한 이로부터 인식하게 되는 것은, 호흡의 참된 용도가 폐 안에 신선한 공기를 충분히 들여보내, 심장 오른쪽 구멍에서 희박해지고, 마치 증기로 바뀐 듯이 있다가 폐로 온 피를, 심장 왼쪽 구멍 안으로 다시 떨어지기 전에, 폐에서 진하게 만들고 다시 피로 전환시키는 데 있다는 것이다. 그렇지 않고서는 피가 심장에 있는 불에게 양분 구실을 제대로 할 수 없을 것이다. 이것은 사람들이 폐가 하나도 없는 동물들이 또한 심장에 단 하나의 구멍만을 갖고 있음을 보는 것에서, 그리고 엄마 태내에 갇혀 있는 동안 폐를 쓸 수 없는 태아들이 피를 대정맥에서 심장 왼쪽 구멍으로 흘려보내는 출입구 하나와 폐를 거치지 않고 동맥성 정맥에서 대동맥으로 오게 하는 도관 하나[329]를 가지고 있음을 보는 것에서 확인된다.[330] 게다가[331] 소화, 심장이 만일 동맥을 통해 위에 열을 보내지 않는다면, 그리고 위에 있는 음식물의 용해를 돕는 피에서 가장 유동적인 부분 몇몇[332]을 그 열과 함께 위에 보내지 않는다면, 소화가 어떻게 위에서 이루어지겠는가? 그리고 그 음식물의 즙을 피로 전환하는 작용도, 그 즙이 아마도 매일 백 번이나 이백 번도 넘게 심장을 드나들면서 증류된다는 것을 고찰한다면, 그

[54] 작용이 쉽게 인식되지 않겠는가? 그리고[333] 영양 섭취와 체내 상이한 분비액[334]의 산출을 설명하기 위해, 피를 희박하게 만들어 심장에서 동맥 말단들 쪽으로 보내는 힘이 어떤 부분들의 피를 그것들이 있는 지체들의 부분들 사이에 머물게 하고, 그것들이 거기서 몰아내는 다른 어떤 부분들의 피의 자리를 차지하게 한다는 것 외에 다른 어떤 말이 필요하겠고, 구멍이 온갖 방식으로 뚫려서 상이한 곡물들을 서로 가려내는 데 쓰이는 상이한 체들을 누구나 볼 수 있던 것과 마찬가지로, 피의 부분들이 우연히 마주치는 구멍들의 위치, 형태 혹은 크기에 따라[335] 어떤 부분들의 피는 이곳으로 또 다른 어떤 부분들의 피는 저곳으로 각각 제자리로 찾아간다는 것 외에 다른 어떤 말이 필요하겠는가? 그리고 끝으로,[336] 이 모든 것에서 가장 주목할 만한 것은 바로 동물 정기들의 발생인데, 그것은 아주 미세한 공기와 같은 것, 아니 오히려 아주 순수하고 아주 생기 있는 불꽃과 같은 것으로, 계속해서 다량으로 심장에서 뇌로 올라가면서, 거기서부터 신경들을 거쳐 근육들 안으로 들어가 모든 지체들에 운동을 준다.[337] 가장 활성화된 것들이고 침투성이 가장 강한 것들[338]이라서, 이 정기들을 구성하기에 가장 알맞은 피의 부분들이 다른 쪽이 아니라 뇌 쪽으로 가는 이유로, 그 부분들을 뇌로 나르는 동맥들이 모든 동맥들 중에서 가장 직선으로 심장에서 뇌로 오는 동맥이라는 것 외에, 그리고 자연의 규칙들과 동일한 것들인 역학의 규칙들에 따라[339] 심장 왼쪽 구멍에서 나온 피의 부분들이 뇌로 향하는 나머지, 그 모

데카르트의
《인간론》에 나오는
통각에 대한
역학적 설명의 삽화.

두를 위한 자리가 충분치 않은 쪽으로 많은 것들이 동시에 움직이려
고 할 때, 가장 약한 것들 그리고 덜 활성화되어 있는 것들은 가장 강
한 것들에 의해[340] 방향을 바꿔 밀려 나가게 되며, 이런 식으로 오직
강한 것들만이 뇌로 가게 된다는 것 외에 다른 이유는 상상할 필요
가 없다.

　　나는 이 모든 것을 전에 출판하려 계획했던 논고에서 꽤 상세히 　[55]
설명했다. 그런 다음 거기서 다음의 것들을[341] 보여주었다. 머리가
잘린 직후 더는 살아 있지 않은데도 여전히 움직이며 땅바닥을 물
어뜯는 것을 사람들이 보듯이, 동물 정기들이 인간 신체 안에 있으
면서 그 지체들을 움직이는 힘을 갖기 위해서는, 인간 신체의 신경
과 근육의 구조[342]가 어떠한 것이어야 하는지. 그리고 깨어나고, 잠
들고, 꿈꾸기 위해서는 뇌에 어떠한 변화가 일어나야 하는지. 빛,
소리들, 냄새들, 맛들, 열 및 다른 모든 외부 대상들의 성질들이 어

떻게 감각들의 중개로 상이한 관념들을 뇌에 각인할 수 있는지. 허기, 갈증 및 다른 내적 정념들 또한 그것들의 관념들을 어떻게 뇌에 보낼 수 있는지.[343] 뇌에서 무엇이 그 관념들을 받아들이는 공통 감각으로, 그 관념들을 보존하는 기억으로 간주되어야 하는지.[344] 그리고 뇌에서 무엇이 판타지로,[345] 즉 그 관념들을 다양하게 바꿀 수 있고, 그것들로 새로운 관념들을 구성할 수 있으며, 그리고 또한 동물 정기들을 근육들 안으로 나누어 보내면서, 우리 지체들이 의지의 인도 없이 움직일 수 있을 때만큼이나 다양한 방식으로 그리고 그때만큼이나 그 감각들에 나타나는 대상들 및 그 신체 안에 있는 내적 정념들과 부합되게 그 신체의 지체들을 움직이게 하는 판타지로[346] 간주되어야 하는지. 이것은 인간의 재간[347]이 뼈, 근육, 신경, 동맥, 정맥 및 각 동물 신체 안에 있는 여타 모든 부분들의 커다란 집합체에 비해 아주 적은 조각들만을 사용해서 얼마나 다양한 **자동기계들** 또는 움직이는 기계들[348]을 만들어낼 수 있는지를 아는 이들에게는, 그래서 동물의 신체를 신의 손으로 만들어진 하나의 기계로, 따라서 그것을 인간에 의해 발명될 수 있는 기계들 어떤 것보다 비길 데 없이 더 잘 정돈되어 있는 그리고 더 경탄할 만한 운동을 자체 내에 가지고 있는 하나의 기계로 여기게 될 이들에게는 조금도 이상하게 보이지 않을 것이다.[349]

[56]

그리고 내가 여기에 특별히 멈춰서 보여주려고 했던 것은, 원숭이나 이성이 없는 다른 동물의 기관들과 외형을 가진 그런 기계들이 있다면, 이것들이 모든 점에서 그 동물들과 동일한 본성이 아니라는 것을 알아낼 수 있는 어떠한 수단도 우리에게 없다는 것이고, 이에 반해 우리 신체와 닮았고, 우리 행동들을 도덕적으로[350] 가능한 만큼 모방하는 기계들이 있다고 해도, 그렇다고 해서 그것들이 진정한 인간일 수는 전혀 없다는 것을 알아낼 수 있는[351] 아주 확실한 두 가지 수단이 우리에게 늘 있다는 것이다. 그 첫째는, 우리가 다른 이들에게 우리 생각들을 밝히기 위해 하는 것처럼, 그 기계들은 결코 말들을 사용할 수도 없고, 그것들을 조합해서 다른 기호를 사용할 수도 없다는 것이다.[352] 실로, 사람들은 물론 말을 하도록, 심지어 그 기관들에 어떤 변화를 일으키는 물질적 작용들에 따라 몇 가지 말을 하도록 만들어진 어떤 기계를 떠올릴 수 있다. 이를테면 그 기계의 어떤 곳에 손을 대면 말하려고 하는 것이 무엇이냐고 묻는다든가, 다른 곳에 손을 대면 아프다고 소리친다든가, 이와 유사한 것들이다. 그러나 그 기계가, 가장 멍청한 인간도 할 수 있는 것처럼, 자기 앞에서 말해지는 모든 것의 의미에 응답하기 위해 말 [57] 들을 다양하게 배치한다는 것을 떠올릴 수는 없다. 그리고 그 둘째는, 기계들이 많은 것을 우리만큼 혹은 어쩌면 우리 누구보다 더 잘 해낸다고 해도, 다른 어떤 것들에서는 틀림없이 실패한다는 것이고, 이로부터 사람들은 그 기계들이 인식이 아니라 오직 그들 기관들의 배열에 의해서만 작동한다는 것을 발견하게 된다는 것이다. 왜냐하면 이성은 우연히 마주치는 모든 종류의 것들에 사용될 수 있는 보편적 도구인 데 반해, 그 기관들은 각각의 특수한 행동마다 어떤 특수한 배열이 필요하기 때문이다.[353] 따라서 삶의 모든 상황에서 우리 이성이 우리에게 행하게 하는 것과 같은 방식으로 행하게 해줄 만큼 갖가지 충분한 배열이 그 기계에 있다는 것은 도덕적으로[354] 불가능한 것이다.

그런데, 이 같은 두 가지 수단으로, 사람들은 또한 인간과 짐승 간의 차이를 인식할 수 있다.[355] 실로, 상이한 말들을 동시에 배치하고, 그 말들로 하나의 이야기를 엮어서 그들의 사유들을 이해시키

데카르트에게 발자크Jean-Louis Guez de Balzac가 보낸 1628년 3월 30일자 편지.

지 못할 정도로 멍청하고 어리석은 인간들은, 심지어 미친 이들까지 포함해도 전혀 없다는 것, 그리고 반대로 그것을 비슷하게 할 수 있을 만큼 완전하고 행복하게 태어난 다른 동물들이 전혀 없다는 것은 아주 눈에 띄는 것이다.[356] 그것이 그들 기관들의 결핍으로부터 일어나는 것은 아니다. 왜냐하면 까치와 앵무새가 우리처럼 말을 할 수는 있지만, 우리처럼, 즉 말하는 바를 사유하고 있음을 증시하면서[357] 말을 할 수 없는 데 반해, 청각장애인과 언어장애인으로 태어나서, 다른 이들에게 말하는 데 쓰이는 기관들이 짐승만큼

[58] 혹은 그 이상으로 결여된[358] 인간들은 평소 함께 지내면서 자신의 말을 배울 여유가 있는 사람들에게 자신을 이해시킬 어떤 기호들을 스스로 고안해내곤 한다는 것을 사람들은 보기 때문이다. 그리고 그것은 짐승이 인간보다 이성을 덜 가지고 있다는 것뿐만 아니라, 이성을 전혀 가지고 있지 않다는 것을 증시한다.[359] 왜냐하면 말할 줄 알기 위해서는 이성이 아주 조금밖에 필요하지 않음을 사람들은 보기 때문이다.

84

그리고 인간들 사이에서와 마찬가지로, 같은 종의 동물들 간의 비동등성[360]을 사람들이 알아차리고 있기[361] 때문에, 그리고 그중 어떤 것들은 다른 것들보다 훈련시키기가 더 쉽기 때문에, 그 종에서 가장 완전하다는 원숭이나 앵무새가 그런 점에서는 더없이 어리석은 아이들 중 하나, 아니면 적어도 뇌 질환을 가지고 있는 아이와 동등하지 않다는 것은, 그것들의 영혼이 우리 영혼과 완전히 다른 본성을 가지고 있는 것이 아니라면 믿기지 않는 것이다. 그리고 말들을 감정들을 드러내고, 동물들과 마찬가지로 기계들도 흉내낼 수 있는 자연적 동작들[362]과 혼동해서는 안 된다. 또 몇몇 고대인들처럼,[363] 우리가 짐승의 말을 알아듣지는 못하지만,[364] 그럼에도 짐승들이 말을 한다고 생각해서도 안 된다. 왜냐하면, 만일 이것이 사실이라면, 짐승들은 우리 기관과 유사한 기관들을 많이 가지고 있으므로, 그들끼리만 아니라 우리에게도 알아듣게 해줄 수 있을 것이기 때문이다. 또 매우 눈에 띄는 것은, 그들 행동들 가운데 몇몇에서는 우리보다 더 많은 재간을 보여주는 여러 동물들이 있지만, 그럼에도 불구하고 그 동물들이 다른 많은 것들에서는 그런 것을 전혀 보여주지 않는다는 것을 사람들이 본다는 것이다. 그러므로 그 동물들이 우리보다 더 잘한다는 것은, 그것들이 정신을 가지고 있음을 입증[365]하는 것이 아니다. 만일 그렇다면, 그 동물들은 우리 누구보다 정신을 더 많이 가지고 있을 것이고, 모든 점에서 더 [59] 잘할 것이기 때문이다. 그래서 그것은 오히려 그 동물이 정신을 전혀 가지고 있지 않다는 것을, 그리고 그들 안에서 그들 기관들의 배열에 따라 작동하는 것이 바로 그 자연임을 입증하는 것이다.[366] 이는 톱니바퀴와 태엽만으로 합성된 시계가 우리가 모든 지혜를 동원해서 하는 것[367]보다 더 정확하게 시각들을 계산하고 시간을 측

정할 수 있는 것과 마찬가지다.[368]

그런 후에, 나는 이성적 영혼을 묘사했고, 그 영혼은, 내가 말한 다른 것들처럼, 물질의 힘으로부터 결코 끌어낼 수 없다는 것을, 그것은 오히려 특별히[369] 창조되어야 한다는 것을 보여주었다. 그리고 그 영혼이 신체의 지체들을 움직이기 위해서라면 몰라도, 마치 배 안에 있는 키잡이처럼, 그 영혼이 인간 신체 안에 거주하는 것[370]으로는 어째서 충분치 않은지를, 그래서 그것 외에,[371] 그 영혼이 우리의 것들과 유사한 감정들과 욕구들을 가지기 위해서는, 그리하여 진정한 인간을 구성하기 위해서는 인간 신체와 더욱 밀접하게 결합되고 합일될 필요가 있다는 것을 보여주었다.[372] 그뿐만 아니라, 나는 여기서 영혼이라는 주제로 범위를 조금 넓혔는데, 그것이 가장 중요한 것에 속하는 것이기 때문이다. 실로, 내가 위에서 충분히 논박했다고 생각하는 신을 부정하는 자들의 오류 다음으로, 짐승들의 영혼이 우리의 것과 동일한 본성일 것[373]이라고, 따라서, 파리들 그리고 개미들과 마찬가지로, 이 삶 이후[374]에 우리에게는 두려워할 어떠한 것도 희망할 어떠한 것도 없다고 상상하는 것보다, 약한 정신들을 덕의 바른길로부터 멀어지게 하는 것은 전혀 없다.[375] 그에 반해, 그것들이 얼마나 다른 것인지를 알게 될 때, 사람들은 우리 영혼이 신체로부터 완전히 독립된 하나의 본성임을, 따라서 그것은 신체와 함께 죽어야 할 것이 전혀 아님을 입증하는 근거들을 훨씬 더 잘 파악하게 된다.[376] 그리고 나서, 사람들이 영혼을 파멸하는 다른 원인들을 전혀 보지 못하고 있는 만큼, 이로부터 사람들은 자연스럽게 영혼은 불사라고 판단하는 것에 이르게 된다.[377]

[60]

86

자연 탐구에서 더 앞으로 나아가기 위해 필요한 것들 및 이 책의 집필 동기

그런데, 내가 이 모든 것이 담긴 논고를 끝내고, 그것을 한 인쇄인의 손에 넘기려고 다시 보기 시작한 지가 지금 3년이 되었다. 나는 그때[378] 내가 순종하고, 나 자신의 이성이 내 사유들에서 갖는 권위에 거의 못지않은 권위를 내 행동들에서 가지고 있는 사람들이 조금 전에 다른 어떤 이가 발표한 자연학적 의견 하나를 부인했다는 것을 알게 되었다.[379] 그 의견에 대해 내가 말하고자 하는 것은, 내가 그편에 있다는 것[380]이 아니라, 그들의 검열 전에는 내가 거기서 종교에도 국가에도 해가 된다고 상상할 만한 것은 아무것도, 따라서 이성이 만일 나에게 그것을 쓰라고 설득했다면,[381] 못하게 막는 것은 아무것도 내 눈에 띄지 않았다는 것이다. 그리고 그것이, 내가 아주 확실한 증명들을 가지고 있지 않은 새로운 의견들은 내 믿음에 조금도 받아들이지 말자고, 누구에게 불리하게 될 수 있는 것은 조금도 쓰지 말자고 늘 상당히 조심해왔지만, 내 의견 중에도 내가 착각한 것이 있을지도 모른다는 두려움을 갖게 만들었다는 것이다.[382] 이것은 내 의견을 발표하려 한 내 결심을 바꾸게 만들기에 충분한 것이었다. 내가 전에 그런 결심을 하게 된 이유들은, 매우 강한 것이었지만, 나로 하여금 책을 만드는 일을 늘 싫어하게 한 내 성향[383]이 그 결심을 바꿔도 되는 다른 충분한 이유들을 바로 찾아주었기 때문이다. 그리고 이 이유들은, 그것들이 어느 쪽 이유든 간에, 내가 여기서 그것들을 말하는 것에, 그뿐만 아니라 대중 또한 어쩌면 그것들을 아는 것에 어느 정도 관심을 가지고 있는 그러한 것들이다.[384]

[61]

　나는 결코 내 정신에서 나온 것들을 대단하게 여기지 않았다.[385] 그리고 사변 학문들에 속하는 몇몇 어려움들[386]과 연관해서, 나 스스로 만족한 것 말고는, 내가 사용하는 방법으로부터 다른 열매를 거두지 못하고 있었던 동안, 또는 그 방법이 내게 가르친 근거들로 내 품행[387]을 지도하려고 애썼던 동안, 내가 그것에 대해 어떤 것을 써야만 한다고는 전혀 믿지 않았다. 왜냐하면 풍습과 관련된 것에 대해서는, 각자가 자기 식견으로 매우 넘쳐나서,[388] 만일 신이 그의 백성의 군주로 세운 자들 혹은 예언자가 되기에 충분한 은총과 열의를 부여한 자들 이외에 다른 이들에게도 풍습에서 무엇인가를 바꾸려고 시도하는 것이 허용되었다면, 사람 머릿수만큼이나 많은 개혁자들이 있었을 것이기 때문이다. 그리고 내 사변들이 내 마음에 무척 들긴 했지만,[389] 나는 다른 이들도 어쩌면 그들 마음에 더 드는 사변들을 가졌을 것이라고 믿었다. 그러나, 내가 자연학에 관한 몇몇 일반 개념들을 획득하자마자, 그리고 그것들을 갖가지 특수한 어려움들[390]에 시험해보기 시작하면서, 그 개념들이 어디까지 이끌 수 있는지를, 또 그것들이 현재까지 사용되는 원리들과 얼마나 다른지를 알아차리자마자, 모든 인간의 공동선[391]을 우리의 힘이 닿는 데까지[392] 도모하라는 법에 크게 저촉됨이 없이는, 그 개념들을 숨겨둘 수 없을 것이라고 믿었다. 왜냐하면 그 개념들이 나에

갈릴레오 갈릴레이의 초상화.
갈릴레이는 지동설을 주장해
교권의 박해를 받았다.
데카르트는 갈릴레이의
재판을 바라보면서
자신의 최초의 자연학 저서
《세계 혹은 빛에 관한 논고》의
출간을 보류했다.

게 보여준 것은,[393] 삶에 매우 유익한 여러 인식들[394]에 이르는 것이
가능하다는 것, 그리고 학교에서 가르치는 저 사변 철학 대신, 사
람들은 그 개념들에서 하나의 실천[395]을 찾아낼 수 있다는 것이며, [62]
이 실천에 의해 불, 물, 공기, 별들, 하늘들 및 우리를 둘러싸는 다른
모든 물체들의 힘과 작용들을, 우리가 우리 장인들의 다양한 솜씨
들[396]을 인식하는 것만큼, 판명하게 인식하면서, 우리는 그 힘과 작
용들을 장인들처럼 적절한 모든 용도에 사용할 수 있고, 그리하여
우리를 자연의 지배자와 소유자로 만들 수 있기 때문이다.[397] 이것
은 땅의 열매들 그리고 땅에 있는 모든 편의들을 아무런 고생 없이
즐기게 해줄 무수한 기교들[398]의 발명뿐만 아니라, 의심의 여지 없
이, 현세의 첫째 선이자 다른 모든 선들의 토대인 건강 보존을 위해
서도 특히 바람직한 것이다.[399] 왜냐하면 심지어 정신조차도 신체
의 기질[400]과 신체 기관들의 배치에 의존하는 바가 매우 크므로, 만

일 인간을 지금까지 있어온 것보다 전반적으로 더 지혜롭고 더 능란하게[401] 만드는 어떤 수단을 발견하는 것이 가능하다면, 그것은 바로 의학에서 찾아야 한다고 나는 믿기 때문이다. 물론 지금 통용되는 의학에 그렇게 눈에 띄게 유용한 것들이 거의 들어 있지 않은 것은 사실이지만, 그렇다고 그것을 무시할 생각은 전혀 없으며, 다만 내가 확신하는 바는, 사람들이 의학에서 알고 있는 모든 것은 장차 알아야 할 것에 비하면 거의 아무것도 아님을 인정하지 않는 사람은 아무도 없다는 것, 심지어 의학을 업으로 하는 자들 중에도 아무도 없다는 것이며, 또 신체와 정신의 무수한 질병들 그리고 어쩌면 노쇠마저도, 만일 사람들이 이것들의 원인들에 대한 인식과 자연이 우리에게 마련해준 모든 치유책[402]에 대한 인식을 충분히 가

[63] 진다면, 면할 수 있다는 것이다. 자, 이제[403] 나는 이토록 필요한 하나의 학문을 탐구하는 데 내 삶의 전부를 바칠 것을 의도했고, 또 하나의 길, 즉[404] 단명으로 또는 관찰 부족으로[405] 못하게 되는 일만 없다면, 사람들은 틀림없이, 그 길을 따라가면서, 내가 보기에, 그 학문을 찾아내지 않을 수 없는 하나의 길과 마주쳤기 때문에, 나는 저 두 장애물에 대한 치유책으로 다음과 같은 것[406]보다 더 좋은 것은 없다고 판단했다. 즉, 내가 발견한 아주 적은 것을 모두 대중에게 충실히 전해주는 것, 그리고 좋은 정신들 각자가 자기 성향과 자기 능력에 따라 반드시 해야 하는 관찰들에 기여함으로써, 또 그들이 배운 모든 것을 대중에게도 전해줌으로써 좋은 정신들이 더욱 앞으로 나아가는 것에 힘쓰도록 권하는 것이다. 이로써[407] 뒷사람은 앞사람이 이루어놓은 것에서 시작하면서, 그리하여 많은 사람들의 생애와 작업을 하나로 합치면서, 각자가 각기 나아가는 것보다 우리 모두가 함께 훨씬 더 멀리 나아가는 것이다.

심지어 나는, 관찰들과 관련해서,[408] 그것들이 사람들이 인식에서 진전할수록 그것들이 그만큼 더 필요하다는 것을 알아차렸다. 왜냐하면, 처음에는, 우리 감각들에 자발적으로 나타나는 것들 그리고 우리가 조금만 반성하기만 하면 모를 수 없는 것들을 이용하는 것이 보다 드물고 보다 까다로운 것들을 찾는 것보다 더 낫기 때문이다. 그 이유는, 이 보다 드문 것들은, 사람들이 가장 공통적인 것들의 원인들을 미처 알지 못할 때, 종종 기만한다는 것이고, 그것들이 의존하는 상황들은 거의 언제나 아주 특수하고 아주 미미해서, 알아차리기가 매우 힘들다는 것이다.[409] 그러나 그런 점에서 내가 취한 순서는 이러했다. 우선, 나는 세계 안에 있거나 있을 수 있 [64] 는 모든 것의 원리들 혹은 최초의 원인들을 일반적으로 찾아내려고[410] 노력했는데, 이를 위해, 세계를 창조한 신만을 고찰했고, 또 그것들을, 우리 영혼에 자연적으로 있는 진리의 몇몇 씨앗들[411] 외에, 다른 데서부터 끌어내지 않았다. 그런 후에, 그 원인들로부터 연역할 수 있는 최초의 그리고 보다 통상적인 결과들[412]이 어떠한 것들인지를 조사했다. 그리고, 내가 보기에, 그렇게 해서 천공들, 별들, 지구 그리고 심지어 지구 위에 있는 물, 공기, 불, 광물들 및 모든 것 가운데 가장 공통적이고 가장 단순하며, 따라서 가장 쉽게 인식되는 다른 어떤 사물들을 찾아냈다.[413] 그리고 나서, 내가 보다 특수한 사물들로 내려가려 하자, 너무나 많은 다양한 것들이 나에게 나타나는 바람에, 사람들이 결과들을 통해 원인들로 나아가지 않는다면, 그리고 여러 가지 특수한 관찰들을 사용하지 않는다면,[414] 신이 지상에 두기를 원했을 경우, 지상에 있었을 다른 무수한 것들로부터 지상에 있는 물체들의 형상들 혹은 종들을 구별해내는 것이,[415] 따라서 이것들을 우리가 이용하는 것이[416] 인간 정신에 가능

아폴로 10호의 달 착륙선.
"그리하여 우리를
자연의 지배자와 소유자로
만들 수 있기 때문이다."
(이 책 89쪽)

하리라고 나는 믿지 않았다. 이에 따라, 일찍이 내 감각들에 나타났던 모든 대상들을 내 정신에 다시 떠올려보면서, 내가 찾아낸 원리들을 통해 충분히 용이하게 설명할 수 없는 것은 어떠한 것도 내 눈에 띄지 않았다고 나는 감히 말한다. 그러나 내가 또한 인정해야 하는 것은, 자연의 힘은 아주 크고 아주 광대하며, 그 원리들은 아주 [65] 단순하고 아주 일반적이라서, 그 원리들로부터 여러 상이한 방식들로 연역될 수 있음을 내가 즉각 인식하지 못하는 어떠한 특수 결과도 거의 더는 내 눈에 띄지 않았다는 점이고, 보통 나의 가장 큰 어려움은 그 결과가 이 방식들 가운데 어떤 것에 의존하는지를 찾아내는 것에 있었다는 점이다.[417] 왜냐하면 이 점에서 나는 설명하는 방식이 어떤 것이냐에 따라, 그 결과가 달라지는 그런 어떤 관찰들을 또다시 찾아보는 것 외에 다른 타개책을 전혀 알지 못하기 때문이다.[418] 게다가 나는 지금, 그런 것에 도움이 될 수 있는 관찰들 대부분을 행하려면, 어떤 각도를 취해야 하는지를, 내가 보기에, 꽤 잘 보는 곳에 와 있다. 그러나 내가 또한 보는 것은, 관찰들이란 그러한 것이고, 그 수량도 대단해서 내 손으로도 내 수입으로도, 설령 내가 지금의 천 배를 가지고 있다고 해도, 그 모든 것에 충분치 않다는 점이며, 그래서 이제부터는 내가 관찰을 행할 편의를 더 혹은 덜 갖느냐에 따라, 자연 인식에서도 더 혹은 덜 진전할 것이라는 점이다. 이것이 바로 내가 쓴 논고를 통해 알리려고 한 것이고, 또 대중이 자연에 대한 인식으로부터 받을 수 있는 이익을 거기서 아주 분명히 보여주어, 인간의 공동선을 갈망하는 모든 이들이, 즉 겉치레나 말로만이 아니라 실제로 유덕한 모든 이들이, 자신들이 이미 행한 관찰들을 나에게 전해주지 않을 수 없도록, 그리고 아직 남은 관찰들의 탐구에서는 나를 도와주지 않을 수 없도록 한 것이다.

그러나 그때부터 갖게 된 다른 이유들이 내 의견을 바꾸게 만들었고, 내가 어느 정도 중요하다고 판단한 모든 것들을, 내가 거기서 진리를 발견하는 것에 따라 실제로 계속 적어나가야 한다고, 그것들을 인쇄시키려고 할 때와 똑같은 정성을 들여야 한다고 생각하게 만들었다.[119] 이는 내가 그것들을 제대로 조사할 기회를 보다 많이 갖기 위해서였는데, 자기 자신만을 위해서 하는 것보다 여럿 [66] 이 볼 것이라고 믿는 것이 항상 좀 더 가까이 들여다보게 된다는 것은 의심의 여지가 없고, 또 내가 생각해보려고 시작했을 때는 참이라고 여긴 것들이 종이에 적으려고 했을 때는 거짓으로 나타난 적이 자주 있었기[120] 때문이다. 그리고 이는, 만일 나에게 그럴 능력이 있다면, 내가 대중에게 이익을 줄 기회를 조금이라도 잃지 않기 위해서였고, 또 만일 내 글들이 얼마라도 가치가 있다면, 내 사후에 그것들을 갖게 될 자들이 가장 적절하게 사용할 수 있도록 하

발자크의 초상화.
데카르트는
철학자는 이성을 통해서
진리의 씨앗을
열매 맺게 하지만
시인은 상상력을 통해
진리의 씨앗을
분출한다고 생각했다.
그는 친구인
발자크의 고매함을
높게 칭찬했다.

기 위해서였다. 그러나 그 이유들은, 내가 살아 있는 동안은 내 글들이 출판되는 것에 조금도 동의해서는 안 된다고 생각하게 만들었다.[421] 이는 내 글들이 어쩌면 불러올지도 모를 반대와 논쟁, 심지어 그것들이 나에게 가져다줄 수도 있을 이런저런 명성까지도 나를 지도하는 데 쓰려고 내가 의도한 시간을 잃게 하는 계기가 조금도 되지 않도록 하기 위해서였다. 왜냐하면 인간 각자는 자기에게 있는 것만큼 다른 이의 선을 도모할 의무가 있다는 것, 그리고 아무에게도 유익하지 않은 것은 본래 아무런 가치도 없다는 것은 참이지만, 그럼에도 우리의 배려는 당대보다 더 멀리 미쳐야 한다는 것, 그리고 살아 있는 이들에게 아마도 약간의 이익을 주게 될 것들은, 우리 후손에게 더 많은 이익을 가져오는 다른 것들을 의도하는 경우, 무시해도 좋다는 것 또한 참이기 때문이다.[422] 사실 내가 지금까지 배운 이 약간의 것들은 내가 모르는 것들에 비하면 거의 아무것도 아님을, 그리고 배울 수 있다는 것에 대해 내가 절망하지 않고 있음을 사람들이 알기를 나는 진심으로 바란다. 왜냐하면 학문들에서 진리를 조금씩 발견하는 자들이란, 부자가 되기 시작하면서 [67] 는 큰 재물들을 얻는 데도, 가난하던 시절에 훨씬 작은 재물들을 얻을 때보다 고생을 덜하게 되는 이들과 거의 같기 때문이다. 혹은 그들을 군대의 사령관들에 비교할 수도 있을 것인데, 그들의 힘은 대개 승리에 비례해서 증가하기 마련이며, 한 전투에서 패한 후에 자신을 유지하기 위해서는 이긴 후에 도시나 지방을 점령하는 것 이상의 지휘[423]가 필요한 법이다. 왜냐하면 우리가 진리 인식에 도달하는 것을 방해하는 모든 어려움들과 오류들을 이겨내려고 노력한다는 것은 실제로 전투를 하는 것이며, 좀 일반적이고 중요한 사안에 관해 어떤 거짓 의견을 받아들인다는 것은 전투에서 지는 것이기 때문이다. 또, 후에, 전에 있던 동일한 상태로 되돌아가기 위해서는, 확실한 원리들을 이미 가지고 있을 때, 커다란 진보를 하는 데 필요한 것보다 훨씬 더한 재주[424]가 필요하기 때문이다. 나에 대해서는, 만일 이전에 내가 학문들에서 몇몇 진리들을 찾아냈다면 (그리고 나는 이 책자에 들어 있는 것들이 내가 그 몇몇을 찾아냈다고 판단하게 해주길 희망한다), 내가 말할 수 있는 것은, 그 진리들은 내가 이겨낸 대여섯 개의 주요 어려움들에서 따라 나오는 것들이자 그것에 의존하는 것일 뿐이라는 것,[425] 그리고 그 어려움들을 나는 행운이 내 편에 있어 주었던 그만큼의 전투로 꼽고 있다는 것[426]이다. 심지어 나는, 내 계획의 끝을 완전히 보기 위해,[427] 그와 유사한 다른 두세 번의 전투에서만 더 이기면 된다고 생각한다는 것, 그리고, 자연의 통상적인 흐름에 따르면,[428] 내 나이가 그다지 많은 편이 아니라서, 그것을 위한 충분한 여유를 여전히 가질 수 있다는 것을 말하는 것조차 두려워하지 않을 것이다.[429] 그러나 나는 내게 남은 시간을 잘 이용하겠다는 희망이 더할수록 그만큼 더 시간을 아껴

[68] 야 한다고 믿고 있다. 만일 내 자연학의 토대들[430]을 발표했더라면, 나는 의심의 여지 없이 그 시간을 잃어버릴 여러 기회들을 가졌을 것이다. 왜냐하면, 그것들을 믿기 위해서는 이해하기만 하면 될 정도로, 그것들 모두가 거의 명증적인 것이라 해도,[431] 또 내가 그 증명들을 제시할 수 없다고 생각하는 것은 아무것도 없다고 해도, 그것들이 다른 사람들의 다양한 모든 의견들과 일치한다는 것은 불가능하므로, 나는 그것들이 생기게 할 반대들로 인해 내가 자주 산만해졌을 것임을 예견하기 때문이다.

사람들은 그 반대들이 유익하다고 말할 수 있다. 그것들이 나로 하여금 내 잘못들을 알게 해주고, 또 나에게 어떤 좋은 것이 있다면, 다른 이들이 그런 식으로 그것을 더 잘 이해하게 되고, 여러 사람이 단 한 사람보다 더 많이 볼 수 있으므로, 지금부터라도 당장 그것을 이용하기 시작해, 그들 또한 그들의 발명들로 나를 도와줄 수 있을 것이라고 말이다. 그러나, 내가 지극히 쉽게 과오를 범할 수 있음[432]을 나 자신이 알고 있다고 해도, 또 내가 나에게 떠오르는 처음 사유들을 거의 신뢰하지 않는다고 해도, 사람들이 나에게 가할 수 있는 반박들에 대해 내가 가지고 있는 경험은, 내가 그 반박들에서 어떤 이익을 기대하는 것을 가로막고 있다.[433] 왜냐하면 내가 내 친구들로 여겨온 이들의 판단들도, 내게 무관심하다고[434] 내가 생각한 몇몇 다른 이들의 판단들도, 심지어 내 친구들에게는 애정 때문에 가려져 있던 것을 악의와 질투로 들춰내려고 무척이나

[69] 애쓴다고 내가 알고 있는 몇몇 이들의 판단들까지도, 나는 이미 자주 겪어보았기 때문이다. 그렇지만 그것이 내 주제에서 아주 동

96

스웨덴의
크리스티나 여왕의 초상화.
데카르트는 1649년,
크리스티나 여왕의 초청으로
스톡홀름을 방문했고,
여기서 재정적인 지원을 받아
자연 현상의 설명에
필요한 실험을 하려 했다.

떨어진 것이 아니라면, 내가 전혀 예견치 못한 어떤 것을 반박한 경우는 드물었다. 그래서 내 의견에 대해 나 자신보다 덜 엄격하고 덜 공정하게 보이지 않는 어떤 검열관도 마주친 적이 거의 없다.[435] 나는 또한 학교에서 행해지는 토론들의 방식을 통해,[436] 사람들이 전에 몰랐던 어떤 진리를 발견했다는 것을 알아차린 적이 한 번도 없다. 왜냐하면 사람들이 저마다 이기려고 애쓰는 동안, 양쪽 근거들의 무게를 달기보다는, 그럴듯한 것을 내세우는 데 더 열중하기 때문이다.[437] 그리고 오래 좋은 변호사로 있었던 자가 나중에 더 훌륭한 재판관이 되는 것은 아니다.

　다른 이들이 내 생각들을 전해 들어 얻게 될 이익[438]에 대해 말한다면, 이것 또한 그렇게 대단한 것일 수는 없다. 왜냐하면 내 사유들을 실제에 적용하기 전에 많은 것들이 거기에 덧붙일 필요가 없을 만큼,[439] 나는 그것들을 아직 멀리 끌고 나가지 못했기 때문이다. 그리고 자랑으로 하는 말이 아니라, 그것을 해낼 수 있는 어떤 이[440]가 있다면, 그것은 다른 이가 아니라 바로 나 자신이어야 한다고 생각한다. 이는 내 정신보다 비길 데 없이 더 훌륭한 여러 정신들이 이 세상에 있을 수 없다고 생각해서가 아니라, 어떤 것을 다른 어떤 이로부터 배울 때는 자기 스스로 그것을 생각해낼 때만큼, 잘 이해하고 자기 것으로 만들 수 없기 때문이다. 이것은 이 주제에서 딱 맞는 말이다.[441] 나는 아주 좋은 정신을 가진 인물들에게 내 의견들 가운데 몇몇을 가끔 설명했는데, 그들은, 내가 말하는 동안은, 그것들을 이해하는 것 같았지만, 그것들을 옮길 때는 더 이상 내 것이라고 인정할 수 없는 그런 것들로 거의 언제나 바꿔버렸다는 것을 나는 알아차리고 있었다. 이 기회에, 내가 여기서 우리 후손에게 당부하고 싶은 바는, 나 자신이 공표한 것이 전혀 아닐 때는, 사

[70] 람들이 말하는 것들이 나에게서 나온 것으로 결코 믿지 말아 달라는 것이다. 그리고 우리에게 저 모든 고대 철학자들[442]의 글들이 전혀 없음에도, 나는 사람들이 그들에게 돌리는 괴상한 것들에 대해 조금도 놀라지 않으며, 그들이 당대에 가장 훌륭한 정신이었다는 점에서, 그들의 사유들이 아주 비이성적이었다고 판단하지도 않는다.[443] 다만 사람들이 그것들을 우리에게 나쁘게 전했을 뿐이라고 판단한다. 사람들이 또한 보듯이, 그들의 신봉자들 어느 누구도 그들을 넘어선 적이 거의 없었다. 그리고 내가 확신하건대, 지금 아리스토텔레스를 따르는 자들 가운데 가장 열성적인 자들은, 만일 그들이 자연에 관한 지식을 아리스토텔레스가 가진 것만큼 가졌다면, 설령 그들이 결코 더 가질 수 없는 처지에 있다고 해도, 스스로를 행복하다고 믿었을 것이다. 그들은 자기를 지탱해주는 나무보다 더 높이 오르려고 전혀 하지 않는, 심지어 꼭대기에 이른 후에

는 번번이 다시 내려오는 담쟁이덩굴과 같다. 왜냐하면, 내가 보기에, 그들도 다시 내려오기 때문이다. 다시 말해, 그들은 그들의 저자 안에서 이해하기 쉽게 설명되어 있는 모든 것을 아는 데 만족하지 않고, 그것 외에도 저자가 한마디도 하지 않고, 어쩌면 한 번도 생각해본 적이 없는 많은 어려움들의 해결을 거기서 찾아내려고 하는 자들로, 그들이 공부하기를 그만두었을 경우보다, 자신을 어떤 식으로 덜 박식하게[444] 만들고 있기 때문이다. 그럼에도 불구하고, 그들의 철학함의 방식[445]은 매우 평범한 정신만을 가진 자들에게는 매우 적합하다. 왜냐하면 그들이 사용하는 구별들과 원리들의 모호성은, 그들이, 모든 것들을 알고 있는 경우 못지않게, 대담하게 그것들에 대해 말을 할 수 있는 원인이 되고, 가장 정교한 자들과 가장 능란한 자들을 납득시킬 수단도 없으면서도 이들을 상대로 자신이 말하는 모든 것을 옹호할 수 있는 원인이 되기 때문이다.[446] 그런 점에서, 내가 보기에, 그들은 정상인과 불리한 싸움을 하지 않으려고, 정상인을 매우 어두운 동굴 바닥으로 오게 하는 시각장애인과 같다. 그리고 내가 또 말할 수 있는 것은, 내가 사용하는 철학의 원리들[447]을 출판하지 않는 것이 그들에게 득이 된다는 것이다. 왜냐하면 그 원리들은, 실제로 그렇듯이, 아주 단순하고 아주 명증적인 것들이어서, 내가 그것들을 출판한다는 것은 그들이 싸우러 내려간 그 동굴에 창을 열고 빛을 들어오게 하는 것과 거의 같기 때문이다. 그러나 가장 뛰어난 정신들이라고 그 원리들을 인식하기를 바라는 기회를 갖는 것은 아니다.[448] 왜냐하면, 만일 그들이 원하는 바가, 모든 것에 대해 말하는 법을 알고, 박식하다는 명성을 얻는 것이라면, 몇몇 분야에서 조금씩만 발견되고, 다른 분야들에 대해 말하는 것이 문제일 때는, 그것들을 모른다고 솔

[71]

직하게 고백하도록 강요하는 진리를 탐구함으로써보다는, 온갖 분야에서 큰 고생 없이 찾아질 수 있는 그럴듯한 것[449]에 만족함으로써 원하는 것에 보다 쉽게 이르게 될 것이기 때문이다. 만일 그들이, 모르는 것이 전혀 없게 보이려는 허영보다 약간의 진리의 인식을, 물론 이편이 더 바람직함은 의심의 여지가 없지만, 선호한다면, 그리고 내 계획과 유사한 계획을 따르고자 한다면, 이를 위해, 내가 이 서설에서 이미 말한 것보다 더 많은 말이 그들에게 필요하지 않을 것이다. 왜냐하면 내가 행한 것 이상으로 나아갈 능력이 그들에게 있다면,[450] 그들에게는 또한, 보다 강한 이유에서, 내가 찾아냈다고 생각하는 모든 것을 그들 스스로 찾아낼 능력도 있을 것이기 때문이다. 나는 모든 것을 항상 오직 순서에 따라[451] 조사했으므로,

[72] 아직 나에게 발견해야 할 것으로 남아 있는 것은 내가 전에 마주칠 수 있었던 것보다 본래 더 어렵고 더 숨겨져[452] 있다는 것이 확실하기 때문이고, 또 그것을 나로부터 배우는 경우가 그들 스스로 습득하는 경우보다 그들이 갖는 즐거움이 훨씬 덜할 것이기 때문이다. 그 외에도, 그들이 먼저 쉬운 것들을 탐구하고, 조금씩 단계적으로 보다 어려운 다른 것들로 나아감으로써 얻게 될 습관[453]은 내 모든 지도들이 할 수 있는 것보다 그들에게 더 도움이 될 것이기 때문이다. 내 경우에도, 확신컨대, 만일 사람들이 내 청년기부터, 내가 그 이래로 그 증명들을 찾고자 했던 모든 진리를 나에게 가르쳐 주었더라면 그리고 내가 그것들을 배우는 데 아무런 고통[454]도 갖지 않았더라면, 나는 아마 다른 어떤 진리도 결코 알지 못했을 것이고, 적어도 내가 새로운 진리들을 탐구하려고 전념할 때마다, 언제나 그것들을 찾아내는, 내가 가지고 있다고 생각하는, 그 습관과 능숙함[455]을 나는 결코 획득하지 못했을 것이다. 한마디로, 시작한 당

사자가 아닌 다른 누구에 의해 제대로 완성될 수 없는 어떤 작업이 세상에 있다면, 그것은 바로 내가 하려고 애쓰는 작업이다.[456]

그 작업에 도움이 될 수 있는 관찰들에 대해서는, 한 인간이 홀로 그 관찰들을 모두 다 해내기에 충분치 않다는 것은 사실이다. 그러나 그것에 다른 손들을 자기 손만큼 유용하게 쓸 수는 없을 것이다. 장인들의 손들, 혹은 임금을 주면 되는 사람들 그리고 아주 효과적인 수단인 이득에 대한 희망으로 시키는 일을 모두 빈틈없이 해낼 그런 사람들이 아니라면 말이다. 왜냐하면 호기심이나 배우려는 욕망으로 그를 돕겠다고 나설 수도 있는 자원봉사자들에 대해 말하자면,[457] 그들은 대개 자기들이 행하는 것 이상을 약속하고, 어느 누구도 결코 해내지 못하는 번지르르한 제안들만 늘어놓는 것 외에도, 틀림없이, 그 대가로 어떤 어려움들에 대한 설명이나, 적어도 적지 않은 시간이 낭비될 인사치레나 쓸데없는 대담을 원할 것이기 때문이다. 그리고 다른 이들이 이미 행한 관찰들에 대해 말하자면, 관찰을 비결[458]이라고 부르는 자들은 결코 그럴 리가 없겠지만, 그들이 설령 관찰들을 그에게 알려주려고 한다 해도, 그 대부분이 그가 거기서 진리를 판독해내기가 아주 힘들 정도로 많은 부수적인 사정들이나 불필요한 요소들로[459] 구성된 것들이다. 게다가 그 관찰들을 행한 자들은 그것들을 그들의 원리들과 일치하는 것으로 보이려고 애쓰기 때문에, 그는 그것들 거의 모두가 아주 나쁘게 설명되어 있거나, 심지어 아주 거짓된 것임을 발견하게 될 것이고, 그래서, 설령 그중에 그에게 도움이 되는 관찰들이 더러 있다고 해도, 다시 시간을 들여 그것들을 골라낼 만한 가치는 없는 것들이다. 그러므로 사람들이 가장 위대한 것들을 그리고 대중에게 있을 수 있는 가장 유익한 것들을 찾아낼 만한 능력을 가지고 있다고[460] 익히 알고 있는 어떤 이가 세상에 있다면, 그리고 이런 이유에서 다른 이들은 모든 수단을 다해 그의 계획들이 끝을 보도록 도와주려고 노력한다면, 내가 보기에, 이들이 그를 위해 할 수 있는 것은, 그에게 필요한 관찰 비용 제공하는 것 외에, 그리고 게다가 누가 귀찮게 굴어 그의 여가를 빼앗지 못하도록 하는 것 외에 다른 것은 없다.[461] 그러나 나는 특별한 것을 약속하려 할 만큼 주제넘지도, 대중[462]이 내 계획들에 많은 관심을 가져야 한다고 상상할 만큼 헛된 생각에 전혀 빠져 있지도 않을 뿐만 아니라, 또한 내게 걸맞지 않다고 생각될 수 있는 어떤 호의를 누군가로부터 받길 원할 만큼 저급한 영혼을 가지고 있는 것도 아니다.[463]

[74]

　이 모든 고려들이 한데 어우러져,[464] 나는 3년 전에 내 수중에 있던 논고를 전혀 공표하고 싶지 않았고, 심지어는 아무리 일반적인 다른 어떠한 논고도, 사람들이 내 자연학의 토대들을 알 수 있는 다른 어떠한 논고도, 내가 살아 있는 동안은, 보게 하지 말자고 결심했다. 그러나 그 후로 다시 다른 두 가지 이유들이 나타났고, 이것들로 인해 부득이 여기에 몇몇 특수 시론들을 내놓게 되었으며, 대중에게 내 행동들과 내 계획들에 대해 약간의 해명을 하게 되었다.[465] 그 첫째는, 만일 내가 이렇게 하지 않으면, 내가 전에 몇몇 글들을 인쇄하려 했던 의도를 알고 있는 많은 사람들이, 내가 그것을 그만둔 원인이 실제 이상으로 나에게 불리했기 때문이라고 상상할 수도 있었다는 것이다. 왜냐하면 내가 지나치게 명예를 사랑하는 것은 아니지만, 혹은, 감히 말한다면, 내가 무엇보다도 소중히 여기는 평안에 반대되는 것으로 판단하는 한에서, 명예를 미워하기까지 하지만, 그렇다고 내 행동들이 범죄인 양 숨기려고 애쓴 적도 없고, 알려지지 않으려고 많은 조심을 하지도 않았기 때문이다. 이는 그것이 내게 해를 가하는 것이라 믿었기 때문이고, 또 그것이 내가 찾는 정신의 완전한 평안과 재차 어긋났던 어떤 종류의 불안을 내게 주었을 것이기 때문이다.[466] 알려지는 것, 그렇지 않으면 알려지지 않는 것에 대한 염려 사이에서 그렇게 항상 무관심한 태도를 취하면서도, 내가 어떤 종류의 명성을 획득하는 것만은 막을 수 없었기 때문에, 나는 적어도 나쁜 명성을 얻는 것만은 면하도록 내 최선을 다해야 한다고 생각했다.[467] 나에게 이것을 쓰게 한 다른 이유는, 내가 필요로 하고, 또 남의 도움 없이는 실행이 불가능한 무수한 관찰들 때문에, 내가 나를 지도하려고 가진 계획이 날이 갈수록 점점 더 지연되고 있음을 보면서,[468] 내가 비록 대중[469]이 내 관심에 크게 관여할 것을 희망할 만큼 자만하지는 않지만, 그럼에도 나 또한 나보다 오래 살게 될 이들에게 어느 날, 만일 그들이 어떤 점에서 내 계획에 기여할 수 있는지를 알게 하는 일에 내가 지나치게 소홀하지 않았다면, 내가 한 것보다 훨씬 더 좋은 많은 것들을 그들에게 남겨줄 수 있었을 것이라는 비난의 구실을 줄 만큼 나 자신을 저버리고 싶지도 않았다는 것이다.[470]

[75]

그리고 많은 논쟁을 일으킬 여지도 없고, 내 원리들에 대해 내가 원하는 것 이상으로 표명하지 않아도 되며, 학문들에서 내가 할 수 있는 것, 혹은 할 수 없는 것을 그래도 충분히 분명하게 보여주는 몇 가지 분야를 선택하는 것은 나에게 쉬운 일이라고 생각했다. 그 점에서 내가 성공했는지를 나는 말할 수 없고, 나 자신이 내 글들에 대해 말하면서, 누구의 판단을 앞지를 생각도 전혀 없다. 나는 오히려 사람들이 내 글들을 살펴준다면 기쁠 것이다. 그리고 사람들이 그런 기회를 더욱 많이 갖도록, 반박할 것이 있는 모든 이들은, 수고스럽더라도, 그것들을 내 출판업자에게 보내주길 간청하는 바이며, 출판업자가 그 반박들을 알려주면, 나는 동시에 내 답변을 거기에 첨부하려고 애쓸 것이다. 이런 식으로 독자는 양쪽을 함께 보면서, 진리에 대해 그만큼 더 쉽게 판단하게 될 것이다. 실로, 약속하건대, 나는 거기서 긴 답변을 결코 하지 않을 것이고, 대신 오직 내 [76] 잘못을 알게 되면, 아주 솔직히 인정할 것이며, 내 잘못을 인지[471]할 수 없다면, 내가 이 주제에서 저 주제로 끝없이 말려들지 않기 위해, 어떤 새로운 주제에 대한 설명은 거기에 덧붙이지 않고, 내가 쓴 것을 방어하기 위해 필요하다고 믿고 있던 것을 간단히 말할 것이다.

《굴절광학》과 《기상학》의 서두에서, 내가 말한 것들 가운데 몇몇이, 내가 그것들을 가설들[472]로 명명하고, 그것들을 입증할 마음도 없어 보인다고 해서,[473] 처음에 못마땅하다면, 희망컨대, 인내심을 가지고 전체를 주의 깊게 읽어보면 만족하게 될 것이다. 왜냐하면 거기서는 근거들이, 이를테면 마지막 것들은 그들의 원인들인 처음 것들에 의해 증명되고, 이 처음 것들은 역으로 그들의 결과들인 마지막 것들에 의해 증명되는 방식으로 서로 따라 나오기 때문이다.[474] 그리고 사람들은 내가 이 점에서 논리학자들이 순환논증이라고 부르는 오류를 범한다고 상상해서는 안 된다. 왜냐하면 경험은 이 결과들의 대부분을 아주 확실한 것들로 만들고, 내가 결과들을 연역해낸 원인들은 결과들을 입증하기보다는 설명하는 데 도움이 되며, 그러나, 그와 정반대로, 결과들에 의해 입증되는 것은 바로 원인들이기 때문이다.[475] 그리고 내가 원인들을 가설들로 명명했던 것은 오직, 이 원인들을 내가 위에서 설명한 그 최초의 진리들로부터 연역할 수 있다는 생각을 가지고는 있지만, 내가 일부러 그런 연역을 하지 않으려고 했다는 것을 사람들이 알도록 하기 위해서였을 뿐이다.[476] 그것은 어떤 다른 이가 20년 동안 사유해온 모

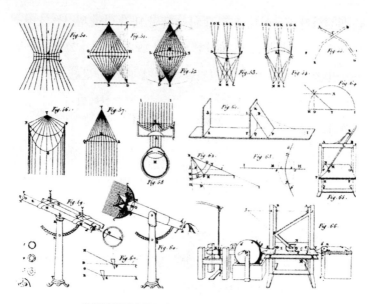

《굴절광학》에서 뽑은 광학렌즈 연마 기계에 관한 그림들.

든 것을, 그에 대해 그저 두세 마디 말만 해주자마자, 하루 만에 안 다고 상상하는 어떤 정신들이, 그리고 더 날카롭고 더 민첩할수록 그만큼 더 쉽게 오류에 빠지고, 그만큼 진리를 덜 파악하는 어떤 정 신들이,[477] 그들이 내 원리들이라고 믿는 것 위에 어떤 괴상한 철학 을 세울 기회를 그로부터[478] 가질 수 있게 되는 것을 막기 위해서였 고, 또 사람들이 그에 대한 잘못을 내게 돌리는 것을 막기 위해서였 다.[479] 실로, 전적으로 내 것인 의견들에 대해서는, 나는 내 의견들 이 새로운 것이라고 평계 대는 것이 전혀 아닌바, 이는 만일 사람들 이 그것들의 근거들을 잘 고찰해본다면, 그것들은 너무나 단순하 고 너무나 상식에 부합해서, 사람들이 같은 주제에 대해 가질 수 있 는 다른 어떤 의견들보다도 덜 특별하고 덜 이상해 보일 것임을 나

[77]

는 확신하기 때문이다. 그리고 나는 또한 내가 어떤 의견들의 최초 발견자라고 자랑하는 것도 전혀 아니다. 오히려 내가 그것들을 받아들인 것은, 다른 이들이 그것을 말했기 때문도, 말한 적이 없기 때문도 아니며, 오직 이성이 그것들을 나에게 설득했기 때문임을 자랑하는 것이다.

장인들이 《굴절광학》에서 설명된 발명[480]을 곧장 실행할 수 없다고 해서, 그렇다고 나는 사람들이 그 발명을 불량하다고 말할 수 있으리라고 믿지 않는다. 왜냐하면 거기서 어떤 부수적인 사정도 소홀함이 없이, 내가 묘사한 기계들을 만들고 조정하기 위해서는 솜씨와 습관이 필요하므로, 만일 장인들이 그것을 단번에 해낸다면, 어떤 이가 좋은 악보만 주면 하루에 비파를 탁월하게 연주하는 것을 습득할 수 있는 경우 못지않게, 나는 놀랄 것이기 때문이다. 그리고 내가 내 스승들의 언어인 라틴어보다는 오히려 내 나라의 언어인 프랑스어로 쓴다면, 이는 내가 완전히 순수한 자신의 자연적 이성만을 사용하는 이들이 옛날 책만 믿는 이들보다 내 의견들을 더 잘 판단할 것이라는 희망을 가지고 있기 때문이다.[481] 그리고 양식을 공부와 연결하는 자들[482]에 대해 말하자면, 나는 그들만을 내 판관이길 바라며, 그들은 전혀, 확신하건대, 내가 내 근거들을 통속적인 언어로 설명한다고 해서, 듣기를 거부할 만큼 라틴어를 편파적으로 선호하지는 않을 것이다.

그 외에는, 내가 학문들에서 앞으로 거두기를 희망하는 진보에 대해 여기서 상세히 말할 생각은 전혀 없고, 내가 성취를 확신하지 못하는 어떤 약속으로 대중에게 속박될 생각도 전혀 없다.[483] 내가 다만 말할 것은, 의학에서 지금까지 있어온 규칙들보다 더 확실한 규칙들을 끌어낼 수 있는 자연에 대한 어떤 인식을 얻고자 힘쓰는 것 외에는, 내 남은 삶의 시간을 쓰지 말자고 결심했다는 것이다. 그리고 내 성향이 다른 모든 종류의 계획들, 특히 다른 이들을 해롭게 해서만 어떤 이들을 이롭게 하는 계획들과는 아주 동떨어져 있어서, 어떤 기회들이 나를 그런 계획에 종사하도록 강요한다 해도, 내가 그것에 성공할 수 있다고는 전혀 믿지 않는다는 것이다. 이것으로 나는 여기서 하나의 선언을 하고 있는 것이며, 나는 이 선언이 나를 세상에서 주요 인물로 만드는 데 쓰일 수 없음을 잘 알고 있고, 나 또한 그러고 싶은 생각이 추호도 없다. 그리고 지상에서 가장 명예로운 일자리를 나에게 제공하는 자들보다, 그들의 호의로 내 여가를 방해 없이 즐기게 해주는 이들에게 나는 늘 더 큰 고마움을 가질 것이다.

정신지도규칙*

* 1619년에 집필을 시작해 1629년에 라틴어로 출간된 미완의 작품이며 제목의 원어는
"Regulae ad directionem ingenii"이다.

제1규칙   학업의 목표는 나타나는 모든 것들에 대해
견고하고 참된 판단을 내리도록 정신을 지도하는
것이어야 한다.[1]

두 사물들 간에 어떤 유사성을 인지할 때마다, 심지어 그것들이 상 [359]
이한 경우에도, 어느 하나에 대해 참임을 알게 된 것을 둘 모두에
대해 판단하는 것이 사람들의 습관이다. 그래서 그들은 전적으로
영혼의 인식으로 이루어지는 학문들을 신체의 어떤 연마와 소질을
요구하는 기예들과 부당하게 견주었고, 또 동일한 인간이 모든 기
예들을 동시에 습득할 수 없다고, 오히려 하나의 기예만을 연습하
는 자가 보다 쉽게 훌륭한 장인이 된다고 보았는데, 이는 동일한 손
이 밭을 갈고 하프를 연주하는 것, 혹은 이런 유의 여러 상이한 직 [360]
무들에 숙달되는 것은 그중 하나의 직무에 숙달되는 것만큼 용이
하지 않기 때문이다. 그들은 학문들에 대해서도 똑같을 것이라고
믿었고, 학문들을 대상들의 상이성에 따라 서로 구별하면서 그 각
각을 따로따로 그리고 다른 모든 것들을 등한히 하면서 탐구되어
야 한다고 생각했다.[2] 이 점에서 그들은 분명 기만당했다. 왜냐하
면 모든 학문들은 아무리 많은 주제들에 적용된다고 해도 항상 하
나의 동일한 것으로 남아 있는, 또 그 주제들로부터, 태양의 빛이
이 빛에 의해 비춰지는 사물들의 다양성으로부터 받아들이는 것보

연구 중인 데카르트

다 더 큰 차이를 받아들이지 않는 인간적 지혜와 다름없기에, 정신
을 그 어떤 한계 안에 가둘 필요가 없기 때문이다.[3] 실로, 한 진리의
인식은, 한 기예의 연마처럼, 우리를 다른 진리의 발견에서 떼어놓
는[4] 것이 아니라, 오히려 도움이 된다. 그리고 내가 보기에 정말 놀

라운 것은, 대부분의 이들이 인간의 습속들, 식물의 힘들, 별의 운동들, 금속들의 변환들 및 이와 유사한 학문 분야의 대상들을 지극히 면밀히 탐색한다는 점, 그렇지만 이때 거의 아무도 좋은 정신, 즉 이 보편적 지혜에 대해 사유하지 않는다는 점이다.[5] 다른 모든 것들은 그 자체로서가 아니라, 보편적 지혜에 기여하는 것만큼 평가되어야 함에도 말이다. 그러므로 우리가 이 규칙을 모든 것 가운데 제1규칙으로 내놓는 것은 근거 없는 것이 아니다. 왜냐하면 우리가 연구를 이 일반적 목표가 아니라 어떤 특수한 목표들로 이끄는 경우보다 더 우리를 진리 탐구의 올바른 길에서 이탈시키는 것은 아무것도 없기 때문이다. 내가 말하는 것은 헛된 명예나 추한 이득과 같이 그릇되고 비난받을 만한 목표들이 아니다. 사실, 교지들 [361] 그리고 통속적인 지력에 맞춰진 위계들이,[6] 이 목표들을 위해, 견고한 진리 인식이 할 수 있는 것보다 훨씬 더 빠른 길을 열어준다는 것은 분명하니 말이다. 내가 생각하는 것은 바르고 상찬되는 목표들인데, 왜냐하면 우리는 종종 이것들에 의해 보다 교묘한 방식으로 기만당하기 때문이다. 이를테면, 우리가 삶의 편의에 유용한 학문들이거나, 아니면 진리 관조에서 발견되고, 또 현세에서 거의 유일하게 온전하고 어떤 고통에 의해서도 교란되지 않는 행복인 쾌락에 유용한 학문들을 탐구하는 경우이다. 우리는 물론 이 학문들의 정당한 열매들을 기대할 수 있기는 하지만, 그러나 만일 우리가 연구하는 동안 그 열매들을 염두에 둔다면, 그것들은 종종 우리가 다른 사물의 인식에 필요한 많은 것들을, 이것들이 일견 충분히 유익하지 않은 것으로 보이기 때문이든 충분히 흥미롭지 않은 것으로 보이기 때문이든, 간과하게끔 만들기 때문이다. 그리고 믿어야 하는 것은, 모든 학문들은 서로 연결되어 있어서 하나를 다른 것들에서 분리하는 것보다 전체를 동시에 습득하는 것이 훨씬 더 쉽다는 점이다. 그러므로 누군가 진지하게 사물의 진리를 탐구하고자 한다면, 어떤 하나의 학문을 선호해서는 안 된다. 왜냐하면 모든 학문은 서로 결합되어 있고 상호 의존하기 때문이다.[7] 오히려 그는 오직 이성의 자연적 빛의 증대에 대해서만 생각할 것인바, 이는 이런저런 강단의 어려움을 해결하기 위함이 아니라, 삶의 각각의 상황에서 무엇을 선택해야 하는지를 지성이 의지에 미리 보여주기 위함이다.[8] 그리고 그는 단기간 내에 자신이 특수한 것들에 골몰한 자들보다 훨씬 더 큰 진보를 이루었다는 것, 그리고 다른 이들이 열망하는 그 모든 것들만이 아니라, 또한 그들이 기대할 수 있는 것들보다 더 고귀한 것들에 이르렀다는 것에 놀랄 것이다.[9]

제2규칙   우리 지력이 확실하고 의심될 수 없는 인식을 획득하기에 충분하다고 보이는 대상들에만 종사해야 한다.[10]

모든 지식은 확실하고 명증적인 인식이다.[11] 그리고 많은 것들에 [362] 대해 의심하는 자가 그것들에 대해 사유한 적이 없는 자들보다 더 유식한 것은 아니며, 오히려 그가 그중 어떤 것들에 대해 거짓 의견을 품고 있다면 더 무식하게 보인다.[12] 이 때문에 우리가 참된 것을 거짓된 것에서 구별해낼 수 없는 상황에서 의심스러운 것들을 확실한 것으로 받아들이지 않을 수 없을 만큼 어려운 대상들에 전념하는 것보다는 차라리 공부하지 않는 편이 더 낫다.[13] 왜냐하면 그런 경우에 학식[14]을 증가시키는 희망이 그것을 감소시키는 위험만큼 크지 않기 때문이다. 이리하여 우리는 이 명제에 따라 그저 개연적인 인식들을 모두 내던지고, 완전하게 인식된 것들 그리고 의심될 수 없는 것들에만 신뢰를 보내야 한다고 확언한다.[15] 그리고 어쩌면 글공부를 한 자[16]들은 이러한 것들이 매우 드물다고 확신할지도 모른다. 이는 물론 그들이 인류의 어떤 공통된 결함으로 인해[17] 이러한 인식들 — 너무나 쉬운 것들 그리고 누구나 쉽게 만날 수 있는 인식들로서 — 에 대해 반성하는 데 소홀했기 때문이다.[18] 그렇지만 이러한 인식들은 그들이 생각하는 것보다 훨씬 더 많이 있다는 것, 그리고 그것들은 그들이 지금까지 개연적으로만 논할 수 [363] 있었던 무수한 명제들을 확실하게 증명하기에 충분하다는 것을 일러둔다. 그리고 그들은 어떤 것을 알지 못한다는 것을 시인하는 일이 글공부를 한 인간에게 어울리지 않는다고 믿었기 때문에, 자신들이 꾸며낸 근거들을 치장하는 데 익숙해졌고, 그래서 나중에 점점 자신을 확신하게 되었을 것이며, 이리하여 그것들을 참된 것으로 시장에 내놓았을 것이다.[19]

정말로,[20] 만일 우리가 이 규칙을 잘 따른다면, 우리가 힘써 학습할 수 있는 것은 아주 적게 나타날 것이다. 왜냐하면 학문들에서 재사들[21] 간에 종종 이견이 있지 않은 문제들은 거의 없기 때문이다. 그러나 동일한 사물에 대해 두 사람의 판단이 반대 방향으로 나아갈 때마다, 적어도 그중 한 사람은 기만당하고 있음이 확실하고, 더욱이 그중 누구도 그것에 대한 지식을 소유하는 것으로 보이지 않는다. 왜냐하면 어떤 이의 근거가 확실하고 명증하다면, 그는 그것을 다른 이에게 제시할 수 있을 것이고, 그래서 마침내 그의 지성 또한 설득시킬 것이기 때문이다. 그러므로 이런 유의 개연적 의견들인 모든 것에 대해[22] 완전한 지식을 획득할 수 없다고 보이는 바, 이는 다른 이들이 성취한 것보다 더 많은 것을 우리 자신에 대해 희망하는 것은 무모함이 없이는 허락되지 않기 때문이다.[23] 그런 만큼, 우리가 제대로 계산한다면,[24] 이 규칙의 준수가 우리를 돌려보내는 것은, 이미 발견된 학문들 가운데 산술과 기하학만이 남아 있다.

그렇지만 그렇다고 해서 우리가 다른 이들이 지금까지 고안한 철학함의 방식, 그리고 강단의 — 전쟁에 가장 적합한 — 삼단논법의 개연적인 무기들을 비난하는 것은 아니다.[25] 왜냐하면 그것들은

아이들의 정신들[26]을 훈련시키고 어떤 경쟁심을 자극해 촉진시키 [364]
며, 또, 설령 그것들이 — 교육받은 자들 사이에서 논쟁이 있기 때
문에 — 불확실한 것으로 보일지라도, 그들을 제멋대로 내버려 두
는 경우보다 이런 유의 의견들을 통해 그 정신들을 도야하는 편이
훨씬 더 낫기 때문이다. 어쩌면 그들은 인도자 없이 낭떠러지로 직
행할 수도 있으니 말이다. 그러나 그들이 선생들의 발자국을 따라
가는 동안, 가끔은 진리에서 벗어난다고 해도, 어쨌든, 그들은 길을
잡을 것인데, 이는 적어도[27] 이미 보다 현명한 이들의 시험을 거쳤
다는 점에서, 보다 안전한 길을 잡을 것이다. 우리 또한 일찍이 학
교에서 이렇게 교육받았다는 것은 우리 스스로 기뻐할 일이다. 그
러나 우리는 이제 우리를 스승들의 말씀에 묶어놓은 선서에서 벗
어나 있고,[28] 마침내 손에 회초리를 맞지 않아도 될 만큼 충분히 성
숙한 나이가 되었다. 그래서 우리가 진지하게 인간 인식의 정상에
오르는 데 도움이 되는 규칙들을 우리 자신에게 제시하고자 한다
면,[29] — 많은 이들이 쉬운 것은 무엇이든 소홀히 하고, 힘겨운 것
들에만 몰두하면서 그리하듯이 — 우리의 여가를 남용하지 않도
록 주의를 주는 이 규칙을 제일의 규칙들로 받아들여야 한다는 것
은 분명하다. 그들은 물론 이 힘겨운 것들에 대해 극히 정교한 추측
들과 매우 개연적인 근거들을 기발하게 배합한다.[30] 그러나 그들이
많은 고생을 했음에도 결국 깨닫는 것은, 의심만 잔뜩 늘려놓았을
뿐 어떠한 지식도 습득하지 못했다는 점이다.

그러나 이제, 우리는 조금 전에 다른 이들에 의해 알려진 모든 학
문 분과들 가운데 산술과 기하학만이 거짓이나 불확실성의 오점[31]에
서 벗어나 있다고 말했다. 우리가 이것이 그러한 근거를 세심히 달
아보려면,[32] 두 가지 방식으로, 즉 경험을 통해, 아니면 연역을 통해 [365]

사물의 인식에 이른다는 점에 유의해야 한다. 이뿐만 아니라, 사물에 대한 경험들은 종종 기만적이라는 점, 그러나 연역, 즉 다른 것에서 어떤 하나의 순수한 추론은, 보이지 않을 경우에는 물론 소홀히 될 수 있겠지만, 지성 — 이것이 조금이라도 이성적인 경우 — 에 의해서는 결코 잘못 행해질 수 없다는 점 또한 유의해야 한다.[33] 그리고 이를 위해 나에게는, 변증론자들이 인간 이성을 지배하는 수단으로 생각하는 그 이음줄들은 거의 도움이 되지 않는 것으로 보인다. 물론 그것들이 다른 용도에 아주 적합하다는 것을 부정하는 것은 아니지만 말이다. 인간들에게 — 말하건대, 짐승에게가 아니라 — 닥칠 수 있는 모든 기만은 결코 잘못된 추론으로부터 생기는 것이 아니라, 오직, 그들이 불충분하게 이해한 어떤 경험을 전제한다는 것으로부터, 혹은 그들이 경솔하게 그리고 토대 없이 판단들을 내리는 것으로부터 생기니 말이다.[34]

이것들로부터, 왜 산술과 기하학이 여타 학문 분과들보다 훨씬 더 확실한지가 명증하게 결론지어진다. 이는 분명 그 학문들만이 아주 순수하고 단순한 대상만을 다루기에, 경험이 불확실하게 만드는 것을 전혀 전제하지 않고, 오히려 그것들은 전적으로 이성적으로 연역된 귀결들로 이루어지기[35] 때문이다. 그러므로 그 학문들은 모든 학문 가운데 가장 쉽고 가장 명료[36]하며, 또 그것들은 — 인간들은 그것들에서, 부주의를 제외하고는, 거의 속지 않는 것으로 보이기 때문에 — 우리가 요구하는 그러한 대상을 가진다.[37] 그렇지만 많은 재사들이[38] 오히려 다른 기예들이나 철학에 자발적으로 향한다고 해서, 놀라서는 안 된다. 왜냐하면 이런 일이 일어나는 것은, 각자가 명증적인 것에서보다 모호한 것에서 예언하는 자유[39]를 더 대담하게 자신에게 주기 때문이고, 임의의 문제에 대해 어떤 것

[366]

118

을 추측하는 것이 아무리 쉬운 문제라도 진리 그 자체에 이르는 것보다 훨씬 더 편하기 때문이다.

이제 정말로,[40] 이 모든 것들로부터 결론지어야 하는 것은, 물론 산술과 기하학만이 습득되어야 한다는 것이 아니라, 단지 진리의 올바른 길을 모색하는 이들은 산술적 및 기하학적 증명들과 동등한 확실성을[41] 가질 수 없는 대상에 대해서는 어떠한 것도 전념해서는 안 된다는 것이다.

제3규칙   제시된 대상들에 대해, 다른 이들이 감지한 것이나
우리 자신이 추측하는 것이 아니라,
우리가 명석하게 그리고 명증하게 직관할 수 있거나
확실하게 연역할 수 있는 것을 탐구해야 한다.
지식은 달리 획득되지 않기 때문이다.[42]

고대인들의 책을 읽어야 한다. 우리가 그토록 많은 인물들의 업적들을 이용할 수 있다는 것은 엄청난 혜택이기 때문이다. 이는 한편으로 우리가 일찍이 이미 발견된 것을 알아보기 위함이고, 다른 한편으로 모든 학문 분과들에서 그 밖에 도대체 어떤 것이 고안할 것으로 남아 있는지를 환기하기 위함이다.[43] 그러나 이때 매우 위험한 것은, 지나치게 세심한 독서로 저질러진 오류의 얼룩이, 아무리 거부하고 조심한다고 해도, 우리에게 달라붙을지도 모른다는 점이다. 실로, 저술가들은 흔히, 그들이 무분별한 경신[44]으로 어떤 논쟁적 의견들을 결정하게 될 때마다, 항상 극히 정교한 논증들을 통해 우리를 그들의 의견으로 끌고 가려는 성향을 갖고 있다. 그러나 반대로, 그들이 요행히 확실하고 명증적인 어떤 것을 발견했을 때 [367] 마다, 그들은 결코 그것을 여러 가지 애매한 말들로[45] 포장하지 않고서는 제시하지 못하는데, 이는 분명 근거의 단순성으로 인해 발견의 가치가 떨어질까 봐 두려워하거나, 아니면 우리에게 명백한[46] 진리를 주는 것을 싫어하기 때문이다. 그러나 지금,[47] 설령 그들이 모두 솔직담백하고[48], 의심스러운 것을 참된 것으로 강요하지 않

고, 모든 것을 선한 신뢰 속에서 설명한다고 해도, 우리가 누구를 믿어야 할지는 언제나 불확실하다. 왜냐하면 어떤 이가 어떤 것을 말하면, 다른 이는 반드시 그 반대의 것을 가져오기 때문이다. 그리고 우리가 저자들 다수의 의견을 따르기 위해 머릿수를 세어보는 것은 아무런 도움도 되지 않을 것이다. 왜냐하면, 만일 어려운 문제들을 다루는 경우, 그 진리는 다수보다는 소수에 의해 발견될 수 있다는 것이 더 믿을만하기 때문이다. 그러나 심지어 그들이 모두 의견의 일치를 본다고 해도, 그들의 학설이 충분한 것은 아닐 것이다. 왜냐하면, 예를 들어, 우리가 다른 이들의 모든 증명을 기억한다고 해도 임의의 어떤 문제를 해결하기에 적합한 지력[49] 또한 지니지 않는다면, 우리는 결코 수학자가 되지 못할 것이다. 혹은, 우리가 플라톤과 아리스토텔레스의 모든 논증들을 읽었다고 해도, 제시된 사물에 대해 견고한 판단을 내릴 수 없다면, 우리는 결코 철학자가 되지 못할 것이다. 왜냐하면 그렇게, 우리는 지식이 아니라 역사를 배운 것으로 보일 것이기 때문이다.[50]

이외에도 일러둘 것은, 사물의 진리에 대해 내리는 우리 판단에 결코 단 하나의 추측도 섞여서는 안 된다는 점이다. 이것에 주의하는 것은 하찮은 것이 아니다. 왜냐하면 지금 통상 철학에서 논쟁으로 소환될 수 없을 만큼 명증적이고 확실한 것이 아무것도 발견될 수 없었던 가장 큰 이유는, 무엇보다도 연구자들이 명료하고 확실한 것을 인지하는 데 만족하지 않고, 그저 개연적 추측들에 의해 건드렸던 모호하고 모르는 것들을 감히 주장했기 때문이다.[51] 그런 [368] 다음 그들 자신이 점점 이것들에 전적인 신뢰를 보내고, 이것들을 참되고 명증적인 것들과 구별 없이 뒤섞은 나머지, 마침내 이런 유의 어떤 명제에 의존하는 것으로 보이지 않는 것, 따라서 불확실하

17세기의 네덜란드 암스테르담 아렘스의 시장 전경. 데카르트는 1628년에
네덜란드로 이주했다. 《정신지도규칙》은 데카르트가 1628년경에 집필한 것으로 추정되는
미완성의 글로, 다른 저서와 더불어 1701년, 암스테르담에서
《데카르트 유고, 자연학 및 수학》에 라틴어로 수록되어 출간되었다.

지 않은 것은 아무것도 결론지을 수 없었기 때문이다.

그러나 이제부터 이와 같은 오류에 빠지지 않기 위해, 우리가 기
만에 대한 어떠한 두려움 없이 사물의 인식에 이르게 해줄 수 있는
우리의 모든 지성 활동들이 여기서 점검된다. 그것은 단지 두 가지,

즉 직관과 연역[52]만이 인정된다.

내가 이해하는 **직관**이란 변동하는 감각의 믿음이나 그릇되게 얽어내는 상상력의 기만적 판단이 아니라 순수하고 주의 깊은 정신의 쉽고 판명한 파악이고, 그래서 우리가 이해하는 것에 대해 앞으로 어떠한 의심도 남지 않는 것이다. 혹은, 직관은 오직 이성의 빛에서만 생기는 순수하고 주의 깊은 정신의 의심할 여지 없는 파악과 같은 것이고,[53] 이것은, 우리가 위에서 유의했듯이, 마찬가지로 인간에 의해 잘못 행해질 수 없는 연역보다 더 단순하기 때문에 더 확실하다. 그래서 각자는 영혼에 의해[54], 자기가 현존한다는 것, 자기가 사유한다는 것, 삼각형은 세 변으로만 한정된다는 것, 원은 단일한 면으로 한정된다는 것 및 이와 유사한 것들을 직관할 수 있고,[55] 이것들은 대부분의 사람들이 알아차리는 것보다 훨씬 더 많이 있는데, 이는 그들이 이렇게 쉬운 것들에 정신[56]을 돌리는 것을 경멸하기 때문이다.

이뿐만 아니라, **직관**이라는 말 그리고 나중에 내가 마찬가지로 [369] 부득이 통상적인 의미에서 벗어난 다른 말들의 새로운 용법에 혹시 동요되는 일이 없도록, 나는 여기서 일반적으로, 어떤 식으로 특정 단어들이 근래에 강단에서 사용되었는지에 대해서는 전혀 생각하지 않았다는 것을 일러둔다. 동일한 이름을 사용하고, 내면 깊이 상이한 느낌을 가진다는 것은 매우 어려운 일일 테니 말이다. 오히려 나는 오직 각각의 말들이 라틴어로 의미하는 것에 주의하면서, 알맞은 말들이 없을 때마다 내가 보기에 가장 적확한 말들을 내 뜻에 맞는 의미로 전용했다.[57]

그렇기는 하지만, 이 직관의 명증성과 확실성은 명제들만이 아니라 또한 임의의 추론과정[58]에도 요구된다. 예를 들어, 2+2는 3+1과 같다는 귀결이 있다면, 2+2는 4이고, 3+1 또한 4라는 것만이 직관되는 것이 아니라, 이외에도, 이 두 명제들로부터 저 세 번째 명제가 필연적으로 결론지어진다는 것이 직관되어야 하기 때문이다.[59]

이것으로부터 이제, 왜 우리가 여기서 직관 외에 **연역** — 우리는 연역을 통해 확실하게 알려진 어떤 다른 것들로부터 필연적으로 결론지어지는 모든 것을 이해한다 — 을 통해 행해지는 다른 인식 방식을 덧붙였는지가 의심스러울 수 있다. 그러나 그렇게 해야만 했는데, 왜냐하면 많은 사물들은, 비록 그 자체가 명증하지 않더라도, 그 각각을 명료하게 직관하는 사유의 연속된 그리고 어디에서도 단절되지 않는 운동을 통해 참된 그리고 알려진 원리들로부터 연역되기만 한다면[60] 확실하게 알려지기 때문이다. 이와 다르지 않게, 우리는 어떤 긴 사슬의 마지막 고리가 첫째 고리와 연결되어 있다는 것을 인식하는바, 비록 우리가 하나의 동일한 눈의 직관으로 그 연결이 의존하는 모든 중간 고리들을 주시하지 못하더라도, 그 모든 것을 연달아 검토했고, 각각의 고리들이 처음부터 끝까지 가장 가까운 고리에 매여 있다는 것을 기억하기만 한다면 말이다.[61] 그래서 우리는 여기서, 연역에서는 운동 혹은 어떤 연달음이 포착되지만, 직관에서는 그렇지 않다는 사실로부터 정신의 직관을 확실한 연역과 구별한다.[62] 그리고 이뿐만 아니라, 직관에 필요한 현재적 명증성[63]이 연역에는 필요치 않고, 오히려 연역은 자신의 확실성을 모종의 방식으로 기억에서 빌리기 때문이다. 이것들로부터 결론지어지는 것은, 제일원리들로부터 직접적으로 결론지어지는 명제들은, 상이한 고찰방식에 따라,[64] 때로는 직관을 통해, 때로는 연역을 통해 인식된다고, 그러나 제일원리들 자체는 직관을 통해서만 인식된다고, 그리고 반대로, 멀리 떨어져 있는 결론들은 연역

[370]

을 통해서가 아니면 인식되지 않는다고 말해질 수 있다는 것이다.[65]

그리고 이 둘은 지식에 이르기 위한 가장 확실한 길이다. 정신의 측면에서[66] 더 이상의 길들이 인정되어서는 안 되고, 오히려 다른 모든 것들은 수상쩍은 것으로 그리고 오류에 연루된 것으로 거부되어야 한다.[67] 그렇지만 이것이 우리가 신으로부터 계시된 것들을 모든 인식보다 더 확실한 것으로 믿는 것을 막는 것은 아니다. 계시된 것들에 대한 믿음은, 어두운 것들이 항상 그렇듯이, 지력의 활동이 아니라 의지의 활동이기 때문이다.[68] 그리고 만일 그 믿음이 지성 안에 토대들을 두고 있다면, 이것들은, 우리가 아마 언젠가는 보다 상세히 밝힐 것처럼, 이미 말한 길들 가운데 어느 하나를 통해 발견될 수 있을 것이고 발견되어야 할 것이다.[69]

제4규칙   사물들의 진리를 탐구하기 위해
방법이 필요하다.[70]

[371] 필사자들은 맹목적 호기심에 사로잡혀, 희망의 어떠한 근거도 없이 단지 찾는 것이 거기에 놓여 있는지를 시험해보기 위해 정신을 종종 미지의 길로 인도한다.[71] 이는 어떤 이가 보물을 발견하려는 어리석은 욕망에 불타, 혹시라도 여행자가 잃어버린 어떤 것을 발견할지를 알아보기 위해 계속 거리를 배회하는 경우와 같다. 거의 모든 화학자들, 대부분의 기하학자들 그리고 적지 않은 철학자들이 그렇게 연구한다. 그리고 나는 물론 그들이 헤매다가 이따금 요행히 참된 어떤 것을 발견한다는 것을 부정하지 않는다. 그렇지만 그렇다고 해서 그들이 더 재간이 있다는 것을 인정하는 것이 아니라, 그들은 그저 운이 더 좋았을 뿐이다.[72] 그리고 사물의 진리를 방법 없이 탐구하는 것보다 그럴 생각을 아예 하지 않는 편이 훨씬 더 낫다. 왜냐하면 이런 유의 순서 없는 연구들과 모호한 성찰들은 자연의 빛을 혼란에 빠뜨리고 정신을 맹목적으로 만든다는 것이 극히 확실하기 때문이다.[73] 그리고 어둠 속을 걷는 데 익숙한 자는 누구든 시력이 약해져서 나중에는 환한 빛을 견딜 수 없게 된다.[74] 이것은 경험에 의해서도 확인된다. 우리는 글공부에 전혀 힘쓰지

않은 이들이 계속 강단에 있는 자들보다 마주치는 것들에 대해 훨씬 더 견고하고 훨씬 더 명석하게 판단한다는 것을 매우 자주 보기 때문이다.[75] [372] 그런데 내가 이해하는 방법은 확실하고 쉬운 규칙들이고, 이 규칙들을 정확히 따르는 자는 누구든 결코 거짓인 어떤 것도 참으로 추정하지 않을 것이고, 정신의 노력을 무익하게 소모함이 없이 언제나 단계적으로 지식을 늘리면서, 그에게 가능한 모든 것에 대한 참된 인식에 도달할 것이다.[76]

그런데 여기서 다음 두 가지를 유의해야 한다. 어떠한 거짓도 참으로 추정하지 않는다는 점, 모든 것에 대한 참된 인식에 도달한다는 점이다. 실로, 만일, 우리가 알 수 있는 모든 것 가운데 어떤 것을 모른다면, 이는 오직, 우리가 우리를 그러한 인식으로 인도하는 길을 전혀 알아차리지 못했기 때문에, 아니면 반대의 오류에 빠졌기 때문에 일어난다. 그러나 만일 우리가 진리에 반하는 오류에 빠지지 않기 위해, 어떤 식으로 정신의 직관이 사용되어야 하는지, 그리고 우리가 모든 것에 대한 인식에 도달하기 위해 어떤 식으로 연역들이 발견되어야 하는지를 올바로 설명한다면, 방법이 완전하기 위해, 내가 보기에는, 다른 어떠한 것도 요구되지 않는다. 왜냐하면 이미 앞서 말했듯이, 정신의 직관이나 연역을 통해서[77]가 아니면, 어떠한 지식도 가질 수 없기 때문이다. 실로, 또한 방법은 어떤 식으로 이 작용들 자체가 행해져야 하는지를 가르치는 데까지 확장될 수도 없다.

왜냐하면 이 작용들은 모든 것 가운데 가장 단순한 것들 그리고 최초의 것들이고, 그런 만큼, 만일 우리 지성이 이미 앞서 그것들을 사용할 수 없다면, 이 방법의 어떠한 규정들도, 이것들이 아무리 단순하다고 해도, 파악하지 못할 것이기 때문이다.[78] 그러나 변증론

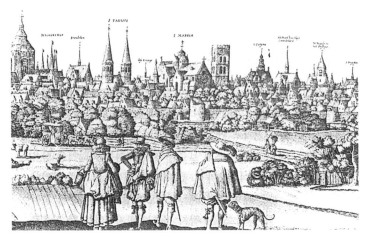
1631년 네덜란드 위트레흐트의 도시 전경.

[373] 이 이 두 작용들의 도움으로 지도하려고 노력하는 정신의 다른 작용들은[79] 여기서 무익한데, 아니 오히려 장애물들로 간주해야 하는데, 이는 이성의 순수한 빛에 더해질 수 있는 것은 모두 어떤 방식으로 이 빛을 어둡게 만들기 때문이다.

그러므로 이 방법의 유용성은 대단히 커서, 이것 없이 공부에 정진하는 것은 이롭다기보다는 오히려 해롭다고 보이기 때문에, 나는 이미 이전에 뛰어난 지력의 소유자들이 그것을, 오직 자연의 인도에 의해서라고 해도, 어떤 식으로 통관했다고 쉽게 확신했다.[80] 왜냐하면 인간 정신은 내가 알지 못하는 신적인 어떤 것을 갖고 있으며, 그 안에 유익한 사유의 최초 씨앗들이 뿌려져 있어서, 그것들은 종종, 아무리 무시되었고 또 방해하는 연구들에 의해 아무리 질식되었더라도, 자발적 열매를 생산하기 때문이다.[81] 우리는 이것을 가장 단순한 학문들인 산술과 기하학에서 경험한다.[82] 왜냐하면 우리는 옛 기하학자들이 어떤 해석[83]을 사용했고, 이것을 모든 문제들의 해결에까지 확장했다는 것을 충분히 알아차리기 때문이다. 물론 그들이 질투하여 이것을 후손에게 숨겼지만 말이다.[84] 그리고 지금은, 옛사람들이 도형에 관해 행했던 것을 수에 관해 실행하기 위해 대수라고 불리는 산술의 일종이 번성하고 있다. 그리고 이 두 학문은 이 방법의 타고난 원리들로부터 산출된 자발적 열매들과 다름없고,[85] 나는 그 열매들이 지금까지 그 밖의 기예들에서 — 여기서 더 큰 장애물들이 그것들을 질식시키곤 하지만, 그럼에도 최대한 정성 들여 재배하기만 하면 완전한 성숙에 이를 수 있다는 것 또한 의심의 여지가 없는 — 보다 이 기예들의 극히 단순한 대상들 주위에서 더 풍요롭게 성장했다는 것에 놀라지 않는다.[86]

이것이 사실 내가 주로 이 논고에서 다루려고 생각한 것이다. 실로, 이 규칙들이 그저 쓸데없는 문제들 — 이것들을 가지고 계산가들[87] 혹은 기하학자들이 한가롭게 놀곤 하는 — 을 해결하는 것으로 족하다면, 나는 그것들을 대단하게 여기지 않을 것이다. 왜냐하면 이렇게 나는 내가 아마 다른 이들보다 더 정교하게 허튼소리를 하는 것 외에는 다른 어떤 것도 실행한 것이 없다고 믿을 것이기 때문이다. 그리고 내가 여기서 도형이나 수에 대해 — 다른 어떤 [374] 학문에서도 이처럼 명증하고 이처럼 확실한 예들이 구해질 수 없기 때문에 — 많은 말은 한다고 해도, 내 의도를 주의 깊게 되돌아보는 이들은 누구든 내가 여기서 통상적인 수학[88]에 대해 조금도 생각하고 있지 않다는 것, 오히려 다른 어떤 학문[89] — 그 예들은 이것의 부분들이기보다는 차라리 외피인[90] — 을 개진한다는 것을 쉽게 지각할 것이다. 왜냐하면 이 학문은 인간 이성의 제일의 맹아들[91]을 포함해야 하고, 임의의 주제로부터 진리를 끌어내는 데까지 확장되어야 하기 때문이다.[92] 그리고 솔직히 말하자면, 나는 이 학문이, 다른 모든 것들의 원천으로서, 인간적인 면에서 우리에게 전승된[93] 다른 모든 인식보다 우월하다고 확신한다. 그러나 내가 외피를 말한 것은, 이 학설을 대중들이 접근하지 못하도록 덮고 감싸려는 것이 아니라, 오히려 그것이 인간 지력에 보다 적합할 수 있도록 그것에 옷을 입히고 치장하려 하기 때문이다.

**94

내가 처음 수학의 분과 학문들에 전념했을 때, 나는 바로 그 작자들이 물려주곤 하는 것들 대부분을 통독했고, 특히 산술과 기하학에 공을 들였는데, 왜냐하면 사람들이 그것들은 극히 단순하다고, 그리고 말하자면 그 밖의 것들에 이르는 길들이라고 말하고 있었기 때문이다.[95] 그러나 그때 아마 나는 이 둘 어떤 것에서도 나를 충분히 만족시켜줄 수 있는 저술가들[96]을 만나지 못하고 있었다. 물론 그들에게서 수들에 관해 많은 것들을 읽고 있었고, 나는, 그것들에 대해 계산하고 나서,[97] 그것들이 참임을 경험하고 있었다. 그러나 도형들에 관해, 그들은 많은 도형들을 어떤 식으로 눈에 현시하고 있었고,[98] 그것들을 어떤 귀결들로부터 결론짓고 있었다. 그러나 왜 그것들이 그러하고, 또 어떻게 그것들이 발견되었는지를 정신 자체에 충분히 보여주는 것 같지는 않았다.[99] 이 때문에 나는, 심지어 재능 있고 교육받은 이들 대부분이, 그 기예들을 맛본 후, 곧바로 유치하고 헛된 것으로 무시하거나, 아니면 반대로 그것들이 아주 어렵고 뒤얽힌 것인 양 배움의 문턱에서 물러선다고 해도[100] 놀라지는 않았다. 왜냐하면 실제로 우리가 추상적인 수들과 상상적 도

[375]

형들을 다루면서, 그러한 하찮은 것들의 인식에 안주하려는 것으로 보이는 것보다 더 쓸데없는 짓은 없기 때문이고, 또 우리가 기예보다는 우연에 의해 더 자주 발견되고 지성보다는 눈과 상상력에 더 속하는 피상적인 증명들에 몰두해서, 모종의 방식으로 이성 자체를 사용하는 습관을 버리는 것보다 더 쓸데없는 짓은 없기 때문이다.[101] 그리고 동시에, 혼란스러운 수들로 감싸인 새로운 어려움들을 그러한 입증방식으로 푸는 것보다 더 복잡한 것은 없기 때문이다.[102] 그러나 내가 나중에, 그러므로 예전 철학의 최초 발견자들이 수학에 미숙한 자는 누구든 지혜의 공부에 받아들이려고 하지 않았다는 것은 무슨 까닭인지를 사유했을 때,[103] — 마치 이 학문 분야가 모든 것 가운데 가장 단순한 것으로, 그리고 정신을 배양하고 준 [376]비시켜 보다 중요한 학문들에 발을 들여놓기 위해[104] 최고로 필요한 것으로 보이는 양 — 나는 그들이 우리 시대의 통상 수학과는 매우 상이한 어떤 수학[105]을 인지했다는 것을 분명히 알아차리게 되었다. 이는 내가 그들이 그것을 완전히 알았다고 여기는 것은 아닌데, 왜냐하면 하찮은 발견들에 대한 그들의 광희와 희생제들[106]은 그들이 얼마나 미숙했는지를 명백히 보여주기 때문이다. 그리고 역사가들이 찬양하는 그들의 몇몇 기계들이 내 의견을 바꾸게 하지는 않는다. 왜냐하면 어쩌면 그것들이 매우 단순한 것들이었음에도, 무지하고 기적을 믿는 대중들이 그것들을 쉽게 기적으로 치켜세울 수 있기 때문이다.[107] 그러나 내가 확신하는 바는, 인간 정신에 자연적으로 박혀 있는 진리들의 어떤 최초 씨앗들[108]은 우리가 매일 읽고 듣는 수없이 다양한 오류들로 인해 우리 안에서 말살되고 있지만, 저 거칠고 순박한 고대에서는 큰 힘을 가졌다는 점, 그래서 고대인들은, 쾌락보다 덕이, 이익보다 명예가 앞서야 한다는 것을

아카데미아를 창건한 플라톤은 "기하학을 모르는 자는 이 안에 들어오지 말라"고 함으로써 수학의 중요성을 강조했다.

보게끔 해주었던 바로 그 정신의 빛을 통해[109] — 설령 이것이 왜 그런지를 모르더라도 — 철학과 수학의 참된 이념들[110]을 인지했을 것이라는 점이다. 비록 그들이 아직 이 학문들을 완전히 따라잡을 수는 없을지라도 말이다. 게다가 내가 보기에, 이 참된 수학의 몇몇 흔적들이 여전히, 최초의 시대는 아니더라도, 우리 시대 전에 많은 세기를 살아온 파포스와 디오판토스에서 나타난다.[111] 그러나 나는 이 저술가들 스스로가 나중에 교활한 술책으로 그 흔적들을 제거했다고 믿었다. 왜냐하면 분명 많은 기예가들이 자신의 발견들에 대해 그랬듯이, 그들은, 자신의 발견이 아주 쉽고 단순했으므로 세상에 알려지면 가치를 잃을까 봐 두려워했기에, 또 그들은 우리에게 기예 자체를 가르쳐서 경탄을 완전히 제거하는 것보다는 오히려 귀결들로부터 예리하게[112] 증명된 어떤 무익한 진리들을 자신의

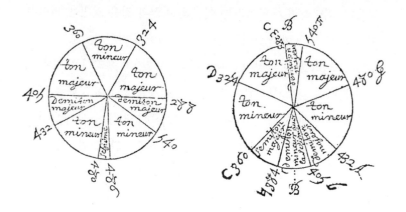

1618년에 집필한 데카르트의 《음악개론Compendium Musicae》의 삽화.
데카르트는 이 책을 수학적 자연학의 구상에 결정적인 동기를 부여한 베이크만에게 헌정했다.

[377]

기예의 결과로 제시해서 우리를 놀라게 하는 것을 더 원했기 때문
이다. 마침내 이 세기에도 이 기예를 되살려보려고 노력한 매우 재
능 있는 인물들[113]이 몇몇 있었다. 왜냐하면 이것은 그들이 대수라
는 외래어로 부르는 기예와 다름없는 것으로 보이기 때문이다. 물
론 대수가 여러 가지 수들 그리고 대수를 짓누르는 설명 불가능한
도형들에서 벗어날 수 있어서, 우리가 참된 수학에 있어야 한다고
전제하는 명료성과 극도의 용이성이 대수에게 더 이상 부족하지만
않다면 말이다.[114] 이 사유들이 나를 산술과 기하학에 대한 특수한
연구에서 수학에 대한 어떤 일반적 탐구로[115] 돌아가게 했을 때, 나
는 가장 먼저, 모든 이들이 수학이라는 이름으로 도대체 무엇을 정
확하게 이해하는지, 그리고 왜 이미 말한 것들뿐만 아니라 천문학,
음악, 광학, 기계학 및 다른 많은 것들도 수학의 부분들로 말해지는
지를 물었다. 사실 여기서 그 말의 기원을 살피는 것으로는 충분치

않았다. 왜냐하면 수학이라는 이름은 지식과 같은 것만을 의미하므로, 다른 모든 학문 분야들은, 기하학 자체와 마찬가지로, 수학으로 불릴 권리를 가질 것이기 때문이다.[116] 그런데 우리가 보기에는, 학교 문턱에 가보기만 했다면, 나타나는 것들 가운데 도대체 무엇이 수학에 속하고, 무엇이 다른 것들에 속하는지를 쉽게 구별하지 못할 자는 거의 아무도 없다. 이것을 보다 주의 깊게 고찰하면서 마침내 알게 된 것은, 단지 모든 것들 — 이 안에서 어떤 순서 혹은 척

[378] 도[117]가 조사되는 — 만이 수학과 관련된다는 점, 그리고 그러한 척도가 수들, 혹은 도형들, 혹은 별들, 혹은 소리들 혹은 다른 임의의 대상들 안에서 구해져야 하는지는 문제가 되지 않는다는 것이다. 따라서 어떤 특수한 질료에 지정됨이 없이,[118] 순서와 척도에 관해 탐구될 수 있는 것을 모두 설명하는 어떤 일반적 학문이 있어야 한다는 것, 그리고 이 학문은 다른 데서 빌려온 단어가 아니라,[119] 이미 오래되어 낯설지 않고 또 관용적으로 받아들이는 보편수학으로 명명되는데, 이는 이것 안에 다른 학문들이 수학의 부분들로 불리는 이유들이 모두 포함되기 때문이다.[120] 그러나 이 학문이 자신에게 종속된 다른 학문들보다 유용성과 용이성에서 얼마만큼 앞서는지는 다음 사실에서 분명하다. 즉, 전자는 후자가 미치는 것과 같은 것에 미치고, 이뿐만 아니라 다른 많은 것들에도 미친다는 것, 그리고 전자가 어떤 어려움을 포함한다면, 그 어려움은 후자 안에도 있을 것이고, 이뿐만 아니라 후자에는 특수한 대상들로 인해 전자가 갖지 않는 다른 어려움들이 내재한다는 것이다. 그러나, 모든 이들이 이 학문의 이름을 알고 있고, 또 주의를 기울이지 않더라도 이 학문이 무엇을 다루는지를 이해하고 있음에도 불구하고, 대부분의 이들이 이 학문에 의존하는 다른 학문들을 구명하는[121] 데는 수고를

아끼지 않는 반면, 정작 이 학문 자체를 습득하는 것에 마음을 쓰지 않는 이유는 무엇인가? 이에 대해 나는, 만일 내가 모든 이들이 이 학문을 가장 쉬운 것으로 간주한다는 것을 알지 못했다면, 또 내가 인간 정신은 쉽게 행할 수 있다고 여기는 것을 항상 그대로 넘겨버리고, 새로운 것들 그리고 보다 대단한 것들로 곧장 달려간다는 것을 오래전부터 유의하지 않았다면,[122] 정말 놀랐을 것이다.

그러나 나는 나의 약함을 의식하면서,[123] 사물들의 인식을 추구 [379] 할 때 다음과 같은 순서를 완고하게 지키자고 결심했다. 즉, 항상 가장 단순한 것들 그리고 가장 쉬운 것들에서 시작하고, 여기서는 원하는 것이 더 이상 남아 있지 않다고 나에게 보일 때까지 결코 다른 것으로 나아가지 않겠다는 것이다. 이 때문에 나는 지금까지, 힘이 닿는 한 이 보편수학을 공들여 가꾸었고,[124] 그런 만큼 나는, 내 수고가 시기상조임이 없이, 지금부터 조금 더 고상한[125] 학문들을 다룰 수 있다고 생각한다. 그러나 이 영역을 떠나기 전에, 나는 이전 연구들에서 주목할 만한 가치가 있다고 포착한 것은 무엇이든 하나로 모으고 순서에 따라 배열하려고 노력할 것인데, 이는 한편으로, 내가 앞으로, 언젠가 나이 들어 기억력이 감퇴할 때, 필요할 경우, 그것을 편히 이 책자에서 다시 끄집어내기 위해서고, 다른 한편으로, 내가 이제 기억의 짐을 덜고 보다 자유로운 영혼[126]을 그 밖의 것들로 옮길 수 있기 위해서다.

제5규칙 방법 전체는 우리가 어떤 진리를 발견하기 위해
정신의 눈을 돌려야 하는 것들의 순서와 배열에
있다. 그리고 만일 우리가 단계적으로 복잡하고
모호한 명제들을 보다 단순한 것들로 환원한다면,
그리고 그다음에 모든 것 가운데 가장 단순한
것들에 대한 직관에서부터 동일한 단계를 통해 다른
모든 것들에 대한 인식으로 오르려고 시도한다면,
우리는 이 방법을 정확히 따를 것이다.[127]

[380] 이것 하나에 인간의 재간 전체의 총합이 들어 있고,[128] 사물들의 인식을 향해가는 자는, 미로에 들어가는 자가 테세우스의 실을 따라가야 하는 것 못지않게, 이 규칙을 따라야 한다.[129] 그러나 많은 이들은 이 규칙이 명하는 것에 대해 반성하지 않거나, 아니면 전혀 모르거나, 아니면 필요치 않다고 추정한다.[130] 그리고 그들은 종종 매우 어려운 문제들을 아주 무질서하게[131] 조사하는데, 이런 짓은, 내가 보기에는, 어떤 건물 바닥에서 꼭대기로 올라가기 위해 한 번에 뛰어오르려고 시도하는 경우와 똑같다. 그들이 이 용도로 지정된 계단들을 무시하기 때문이든, 아니면 알아차리지[132] 못하기 때문이든 말이다. 모든 점성술사들이 그런 짓을 하는데, 그들은 천체의 본성을 인식하지도 못하면서, 심지어 그 운동들을 완전하게 관찰하지도 못하면서, 그 영향들을 지시할[133] 수 있기를 희망한다. 자연학 없이 기계학을 공부하고, 운동들을 일으키는 새로운 기구들을 무턱대고 만들어내는 자들 대부분이 그런 짓을 한다.[134] 또한 미네르바가 유피테르의 뇌에서 나오듯이, 경험을 경시하면서 진리는 자신의 뇌에서 나온다고 생각하는 철학자들 또한 그런 짓을 한다.

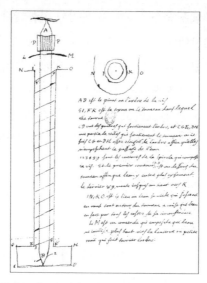

데카르트가 1643년에 수학자, 물리학자이자 천문학자인
크리스티안 하위헌스Christian Huygens에게 보낸 편지.

그리고 이 모든 이들이 이 규칙에 반하는 과오를 명증하게 범하
고 있기는 하지만, 그러나 여기서 요구되는 순서는 종종 아주 모호
하고 뒤얽혀 있고, 그런 만큼 그것이 어떠한 것인지를 모든 이들이
알아볼 수 있는 것은 아니기 때문에, 다음 명제에서 개진하는 것을
세심히 지키지 않는다면,[135] 길을 잃지 않도록 충분히 조심하기란
거의 불가능하다.

제6규칙   가장 단순한 사물들을 복잡한 사물들과 구별하고 순서대로 추적하기 위해서, 우리는 여기서 우리가 어떤 진리들을 다른 어떤 진리들로부터 곧바로 연역한 사물들의 각 계열 안에서 어떤 것이 최고로 단순한지, 그리고 어떻게 그 밖의 모든 것들이 그것에서 더, 혹은 덜, 혹은 동등하게 떨어지는지를 관찰해야 한다.[136]

[381] 비록 이 명제가 아주 새로운 것을 전혀 가르치지 않는 것으로 보일지라도, 그렇지만 그것은 기예의 주요한 비밀을 포함하며,[137] 이 논고 전체 안에서 이보다 더 유용한 것은 아무것도 없다. 왜냐하면 이 규칙은 모든 사물들이, 물론 이것들이 — 철학자들이 이것들을 그들의 범주들로 나누었듯이 — 존재자의 어떤 유와 관련되는 한에서가 아니라, 어떤 하나가 다른 것들로부터 인식될 수 있는 한에서, 어떤 계열들로 배열될 수 있다는 것을 일러주고,[138] 이리하여 어떤 어려움이 나타날 때마다, 우리는 즉시, 다른 어떤 것들을 먼저, 그리고 어떤 것들을, 그리고 어떤 순서로 검토하는[139] 것이 유익한지를 알아차릴 수 있기 때문이다.

그런데 이것을 제대로 행할 수 있기 위해, 첫째로 유의해야 하는 것은, 모든 사물들은, 이것들이 우리 의도에[140] 유용할 수 있다는 의미에서, — 여기서 우리는 사물들의 고립된 본성들을 따로따로 살피는 것이 아니라, 하나를 다른 것들로부터 인식하기 위해 그것들을 서로 비교한다 — 절대적이거나 상대적이라고 말할 수 있다는 점이다.[141]

나는 문제가 되고 있는 순수하고 단순한 본성을 자신 안에 포함하는 것은 무엇이든 절대적이라고 부른다.[142] 이를테면, 독립적인, 원인의, 단순한, 보편적인, 하나의, 동등한, 유사한, 곧은, 혹은 이런 유의 다른 것들로 간주되는 모든 것이다.[143] 그리고 바로 이것을[144] 나는, 우리가 문제해결에 사용하기 위해서, 가장 단순한 것 그리고 가장 쉬운 것이라고 부른다.

[382]

그러나 상대적이란 물론 동일한 본성을, 아니면 적어도 동일한 본성 가운데 어떤 것 — 이것에 따라서 그것이 절대적인 것과 관계될 수 있고, 어떤 계열을 통해 절대적인 것에서 연역될 수 있는— 을 분유하는 것이다.[145] 그러나 이외에도, 그것은 내가 관계들이라고 부르는 다른 어떤 것들을 자신의 개념 안에 포함시킨다.[146] 이러한 것은 의존적인, 결과의, 복합적인, 특수한, 다수의, 부등한, 유사하지 않은, 비스듬한 등으로 말해지는 모든 것이다.[147] 이 상대적인 것들은,[148] 이것들이 이런 유의 상호 종속 관계들을 더 많이 포함할수록, 그만큼 더 절대적인 것들에서 멀어진다. 그리고 이 규칙이 우리에게 일러주는 바는, 그 모든 관계들을 구별해야 한다는 것, 그리고 그 관계들의 상호 결합 및 자연적 순서를 관찰해야 하고, 이로써 우리는 다른 모든 것들을 통과하면서 마지막 것에서부터 최고로 절대적인 것에까지 이를 수 있다는 것이다.[149]

그리고 기예 전체의 비밀은, 우리가 모든 것들에서 최고로 절대적인 것을 세심히 알아차린다는 것, 바로 이것에 있다. 왜냐하면 어떤 것들은 하나의 관점에서는 다른 것들보다 더 절대적이기는 하지만, 그러나 달리 보면 더 상대적이다. 예를 들어, 보편적인 것은 특수한 것보다, 그것이 더 단순한 본성을 지니기 때문에, 더 절대적이기는 하지만, 그것은 현존하기 위해 개체들에 의존하기 때문에,

더 상대적이라고 말할 수 있다, 등등. 마찬가지로 어떤 것들은 때때로 다른 것들보다 실제로 더 절대적이지만, 그럼에도 여전히 모든 것 중에서 최고로 절대적은 아니다. 예를 들어, 우리가 개체들에 주목한다면, 종이 절대적인 어떤 것이다. 우리가 유에 주목한다면,

[383] 종은 상대적인 어떤 것이다. 측정 가능한 것들 중에서 연장이 절대적인 어떤 것이지만, 연장들 중에서는 길이가 절대적인 어떤 것이다,[150] 등등. 마찬가지로 끝으로, 우리가 여기서 살피는 것이 사물들 각각의 본성이 아니라 인식할 사물들의 계열들이라는 것이 더욱 잘 이해되도록, 우리는 의도적으로[151] 원인 그리고 동등한 것을 절대적인 것들 안에 끼워주었다. 이것들의 본성이 실제로 상대적이라고 해도 말이다. 왜냐하면 철학자들에게서 원인과 결과는 상관적[152]이기 때문이다. 그러나 여기서, 우리가 어떠한 것이 결과인지를 찾는 경우, 먼저 원인을 인식해야 하고, 그 역은 아니다. 동등한 것들 또한 서로 대응하[153]지만, 우리는 부등한 것들을 동등한 것들과의 비교를 통해서만 인식하고, 그 역은 아니다, 등등.

둘째로 유의해야 하는 것은, 가장 먼저 그리고 그 자체로, 다른 어떤 것에 의존해서가 아니라, 경험 자체 안에서, 혹은 우리 안에 놓여 있는 어떤 빛에 의해 직관될 수 있는 약간의 순수하고 단순한 본성들만이 있다는 점이다.[154] 그리고 우리는 이것들이 세심하게 관찰되어야 한다고 말한다. 왜냐하면 이것들은 우리가 각 계열에서 최고로 단순한 것들로 부르는 것과 같은 것들이기 때문이다. 그러나 그 밖의 모든 것들은 이것들로부터 연역되는 경우에만 지각될 수 있고, 이는 직접적으로 그리고 바로 이어서,[155] 아니면 오직 둘, 셋 혹은 그 이상의 상이한 결론들의 매개를 통해서다. 이 결론들의 수 또한, 이것들이 최초의 그리고 최고로 단순한 명제로부

터[156] 더 많은, 혹은 더 적은 단계로 떨어져 있는지를 인식하기 위해, 유의해야 한다. 그리고 귀결들의 맥락— 이것에서 탐구될 사물들의 계열들이, 즉 모든 문제가 확실한 방법으로 조사될 수 있으려면 환원되어야 하는 계열들이 생기는— 은 어디에서든지 이러하다.[157] 그러나 그 전체를 점검하기란 쉬운 일이 아니기 때문에, 이 ^[384] 뿐만 아니라, 그것들을 기억으로 파지하기보다는 오히려 정신의 어떤 예리함으로 식별해야 하기 때문에, 정신을 도야하기 위해 어떤 것을 찾아내야 하고, 그래서 그것들을, 필요할 때마다, 바로 알아차릴 수 있어야 한다.[158] 이에 가장 적합한 것은 분명, 내가 경험한 바로는, 우리가 이미 이전에 지각한 것들 가운데 가장 하찮은 것들에 대해 어떤 명민함으로 반성하는 것에 익숙해지는 것이다.[159]

마지막 셋째로 유의해야 하는 것은, 어려운 사물들의 탐구에서 공부를 시작해서는 안 된다는 점이다. 오히려 어떤 정해진 문제들에 손을 대기 전에, 우리는 먼저 저절로 쉽게 만날 수 있는 진리들을 무작위로 모아야 하고,[160] 그다음에 조금씩 그것들에서 다른 어떤 것들이 연역될 수 있는지, 다시 이것들에서 다른 것들이 연역될 수 있는지, 그리고 이렇게 계속 연역될 수 있는지를 보아야 한다. 그리고 나서, 발견된 진리들에 대해 주의 깊게 반성해야 하고, 왜 우리가 어떤 하나를 다른 것들보다 더 먼저 그리고 더 쉽게 찾을 수 있었는지, 그리고 그것들이 도대체 어떤 것들인지를 세심하게 사유해야 한다.[161] 이리하여 우리는 또한, 어떤 정해진 문제에 착수할 때, 도대체 어떤 것들을 먼저 다루는 것이 다른 것들의 발견에 도움이 될지를 판단할 수 있을 것이다. 예를 들어, 6이 셋의 배수라는 것이 나에게 떠오르면, 나는 이어서 여섯의 배수, 즉 12를 구할 것이다. 재미가 있으면, 나는 재차 이것의 배수, 즉 24, 또 이것의 배수, 즉 48 등을 구할 것이다. 그리고 이로부터 나는 6과 12 사이에, 마찬가지로 12와 24 등에 있는 것과 동일한 비율이 있다는 것, 따라서 3, 6, 12, 24, 48 등이 연비례를 이룬다는 것을 쉽게 연역할 것이다. 이로부터 분명, 비록 이 모든 것들이 매우 명료해서 거의 유치한 것으로 보일지라도, 그렇지만 나는, 그것들에 대해 주의 깊게 반성해보면, 사물들의 비례 혹은 관계에 관해 제기될 수 있는 모든 문제들이 어떤 식으로 얽혀 있는지를,[162] 그리고 그것들이 어떤 순서로 탐구되어야 하는지를 이해한다. 이것 하나가 순수수학이라는 학문 전체의 요점을 포괄한다.[163]

[385]

실로, 내가 가장 먼저 알아차리는 것은, 셋의 배수보다 여섯의 배수를 발견하는 일이 더 어렵지 않았다는 점이다. 그리고 마찬가지로 모든 것들에서, 일단 임의의 두 크기 간의 비율을 발견했다면, 서로 동일한 비례 규칙을 갖는 다른 무수한 크기들이 주어질 수 있다는 점이다. 그리고 3, 혹은 4, 혹은 이런 유의 더 많은 것들을 구한다고 해도, 어려움의 본성은 변하지 않는다는 점이다. 이는 그 것들 각각을 따로따로 그리고 그 밖의 것들을 고려함이 없이[164] 발견해야 하기 때문이다. 그다음에 알아차리는 것은, 일단 크기 3과 6이 주어지는 경우, 등비수열에서 세 번째 크기, 즉 12를 쉽게 발견할 수 있겠지만, 그 양끝항, 즉 3과 12가 주어지는 경우에는, 중항, 즉 6을 똑같이 쉽게 발견할 수 없다는 점이다. 그 이유를 들여다보면,[165] 여기에 앞엣것과는 완전히 상이한 다른 종류의 어려움이 있다는 것이 분명하다. 왜냐하면 등비중항을 발견하려면, 동시에 양끝항들 그리고 이것들 사이에 있는 비율에 주의를 기울여서, 그 나눗셈을 통해 새로운 어떤 것[166]을 얻어야 하기 때문이다.[167] 이는, 두 크기가 주어지는 경우, 등비수열에 있는 세 번째 크기를 발견하는 데 요구되는 것과 매우 상이한 것이다.[168] 더 나아가 나는 또한, 크기 3과 24가 주어지는 경우, 두 등비중항 6과 12 가운데 하나가 똑같이 쉽게 발견될 수 있는지를 조사한다. 여기서, 지금까지 앞엣 것들보다 더 복잡한 다른 종류의 어려움이 나타난다. 이때 네 번째 크기를 발견하려면, 동시에 하나 혹은 둘만이 아니라 상이한 셋에 주의를 기울여야 하기 때문이다.[169] 더욱더 나아가, 3과 48만이 주어지는 경우, 세 비례중항, 즉 6, 12 및 24 가운데 하나를 발견하는 [386] 것이 더욱더 어려웠[170]는지를 볼 수 있다. 이것은 일견 그렇게 보인다. 그러나 그다음에 바로, 이 어려움은 분할될 수 있고 감소될 수 있다는 것이 나타난다. 즉, 우선 3과 48 사이의 단 하나의 등비중항, 즉 12만을, 그다음에 3과 12 사이의 다른 등비중항, 즉 6을, 나아가 12와 48 사이의 다른 등비중항, 즉 24를 구하고, 이리하여 이 어려움을 앞서 개진된 두 번째 종류의 어려움으로 환원한다면 말이다.[171]

그뿐만 아니라 나는 이 모든 것으로부터, 어떤 식으로 동일한 사물의 인식이 상이한 길들 — 이것들 가운데 하나가 다른 것보다 훨씬 더 어렵고 모호한 — 을 통해 구해질 수 있는지를 알아차린다. 예를 들어, 연비례에 있는 네 수, 3, 6, 12, 24를 발견하기 위해, 이들 가운데 연속하는 두 수, 즉 3과 6, 혹은 6과 12, 혹은 12와 24가 전제되는 경우, 이것들로부터 나머지 것들을 발견하는 일은 매우 쉬울 것이고, 이때 우리는 발견해야 할 명제가 직접적으로[172] 조사된다고 말할 것이다. 그러나 하나 건너뛴 두 수, 즉 3과 12, 혹은 6과 24가 전제되고, 이로부터 나머지 것들을 발견하고자 한다면, 이때 우리는 그 어려움이 첫 번째 방식에 의해 간접적으로[173] 조사된다 [387] 고 말할 것이다. 마찬가지로, 양끝항들, 즉 3과 24가 전제되고, 이것들로부터 중간 수들, 즉 6과 12를 구하고자 한다면, 이때 그 어려움은 두 번째 방식에 의해 간접적으로 조사될 것이다. 그리고 나는 이렇게 더 멀리 나아갈 수 있고, 이 하나의 예로부터 다른 많은 것들을 연역할 수 있다. 그러나 독자는 이것들만으로도, 내가 어떤 명제는 직접적으로 혹은 간접적으로 연역될 수 있다고 말할 때, 내가 말하고자 하는 것[174]을 알아차리기에 충분할 것이고, 또 주의 깊게 반성하고 명민하게 구명하는 이들은[175] 가장 쉽게 그리고 최초로 인식되는 것들로부터 많은 것들이 다른 학문들에서도 발견될 수 있다고 생각하기에 충분할 것이다.

제7규칙 지식을 완전하게 하기 위해, 우리 계획에 속하는
모든 것을 그리고 각각을, 연속적인 그리고
어디에서도 중단되지 않는 사유 운동으로
검토해야 하고, 충분한 그리고 순서 잡힌
열거 안에서 포괄해야 한다.[176]

여기서 제시되는 것들의 준수는 우리가 앞에서 최초의 그리고 그
자체로 알려진 원리들로부터 직접적으로 연역되지 않는다고 말한
진리들을 확실한 것으로 인정하기 위해 필요하다.[177] 실로, 이 연역
은 때때로 매우 긴 귀결들의 맥락을 통해[178] 행해지며, 그래서 우리
가 그 진리들에 이르렀을 경우, 우리를 거기까지 인도한 여정 전체
를 상기하기란 쉬운 일이 아니다. 이 때문에 우리는 어떤 연속적 사
유 운동으로 기억의 약함에 도움을 주어야 한다고 말한다.[179] 그러
므로 내가, 예컨대, 상이한 작용들을 통해 먼저 크기들 A와 B의 관
계, 다음에 B와 C의 관계, 그다음에 C와 D의 관계, 마지막으로 D
와 E의 관계가 어떠한 것인지를 인식했다고 해도, 그렇다고 해서   [388]
내가 A와 E의 관계가 어떠한 것인지를 보는 것도 아니고, 그 모든
관계를 기억하지 못한다면, 이미 알려진 것들로부터 그 관계를 정
확하게 이해할 수 있는 것도 아니다.[180] 이런 이유에서 나는, 거의
어떠한 부분도 기억에 남겨놓지 않고 그 전체를 동시에 직관한다
고 보일 만큼, 처음 것에서 마지막 것까지 신속하게 넘어가는 것을
습득할 때까지, 그 각각을 동시에 직관하고, 다른 것들로 넘어가는

어떤 상상력의 연속적 운동으로 그 모든 관계를 몇 번 통람할 것이다.[181] 왜냐하면, 이런 식으로, 기억의 짐을 덜어주는 동안, 정신의 느림 또한 교정되고, 그 능력이 어느 정도는 확장되기 때문이다.[182]

그러나 우리는 이 운동이 어디에서도 중단되어서는 안 된다는 점을 덧붙인다. 왜냐하면 어떤 것을 너무 빨리 그리고 멀리 떨어진 원리들로부터 연역하려고 애쓰는 이들은 중간 결론들의 연쇄 전체를 신중하게 통람하지 않은 채, 경솔하게 많은 것을 건너뛰는 일이 가끔 있기 때문이다. 그런데 확실히, 아무리 하찮은 것이라도 빠뜨리는 곳에서, 사슬은 바로 끊어지고, 결론의 확실성 전체는 흔들린다.[183]

이것 외에도 우리는 여기서 지식을 완전하게 하기 위해 열거가 요구된다고 말한다. 왜냐하면 다른 규정들이 다수의 문제들을 해결하는 데 도움이 되기는 하지만, 우리는 열거의 도움으로, 우리가 주의를 기울이는 문제가 어떠한 것이든, 그것에 대해 언제나 참되고 확실한 판단을 내리는 것이, 따라서 어떠한 것도 전적으로 우리를 벗어나지 않고, 오히려, 우리가 보기에, 모든 것에 관해 어떤 것을 아는 것이 가능하기 때문이다.[184]

그러므로 이 열거 혹은 귀납은 제시된 어떤 문제와 연관되는 모든 것에 대한 세심하고 정확한 탐사이고, 그래서 우리는 이것으로부터 우리가 잘못해서 빠뜨린 것은 아무것도 없다고 확실하게 그리고 명증하게 결론짓는다.[185] 그런 만큼, 우리가 열거를 사용했을 때마다, 구하는 것이 우리에게 숨겨져 있다면,[186] 우리는 그것이 우리에게 알려진 어떤 길을 통해서도 발견될 수 없었다는 것을 확실하게 지각할 것이고, 적어도 이 점에서 우리는 더 박식해질 것이다. 그리고 혹시라도 우리가, 종종 일어나듯이, 그것에 이르기 위해 인간에게 열려 있는 모든 길을 통람할 수 있었다면, 우리는 그 인식이 인간 정신의 모든 파악을 넘어서 있다[187]고 감히 주장할 수 있을 것이다.

이것 외에 유의해야 하는 것은, 충분한 열거 혹은 귀납을 우리는, 단순한 직관을 제외한 다른 모든 입증 유형들보다 더 확실하게 진리를 결론짓게 해주는 것으로 이해한다는 점이다.[188] 어떤 인식이 단순한 직관으로 환원될 수 없을 때마다, 삼단논법의 모든 이음줄들을 내던진 이상,[189] 우리에게 남아 있는 유일한 길은 이것뿐이며, 우리는 이것에 모든 신뢰를 보내야 한다. 왜냐하면 우리가 어떤 하나를 다른 것들에서 직접적으로 연역한 것은 무엇이든, 만일 추리가 명증했다면, 그것은 이미 참된 직관으로 환원되었기 때문이다.[190] 그러나 만일 우리가 어떤 것 하나를 많은 것들 그리고 동떨어진 것들에서 추론한다면,[191] 우리 지성의 능력은 종종 이 모든 것을 한 번의 직관으로 포괄할 수 있을 만큼 크지 않다.[192] 이 경우, 지성은 이 작용의 확실성으로 족해야 한다. 마찬가지로, 우리는 보다 긴 어떤 사슬의 모든 고리들을 눈의 한 번의 직관으로 구별할 수 없다.[193] 그러나 그럼에도 불구하고, 만일 우리가 고리들 각각이 가장 가까운 고리들과 연결되어 있는지를[194] 보았다면, 이는 우리가 또한 어떻게 마지막 고리가 처음 고리와 연결되어 있는지를 살펴보았다고 말하기에 충분할 것이다.[195]

우리는 이 작용이 충분해야 한다고 말했는데, 이는 그것이 종종 불충분할 수 있고, 따라서 오류에 연루될 수 있기 때문이다.[196] 실로 때때로, 우리가 매우 명증한 많은 것들을 열거로 통람하더라도, 그렇지만 극히 하찮은 어떤 것을 빠뜨린다면, 사슬은 끊어지고, 결론의 확실성 전체가 무너진다. 또한 때때로, 우리는 물론 모든 것을 [390]

콘스탄틴 하위헌스Constantijn
Huygens의 초상화.
네덜란드 귀족 출신인 그는
데카르트와 평생
돈독한 우정을 나누었으며,
수학자인 그의 아들
크리스티안 하위헌스 또한
데카르트와
학문적으로 교우하였다.

열거 안에서[197] 포괄하기는 하지만, 각각을 서로 구별하지 못하고,
그런 만큼 우리는 그 모든 것을 혼란하게만 인식한다.

나아가 이 열거는 때때로 완전해야 하고, 때때로 구별되어야 하
지만,[198] 때때로 둘 중 어느 것도 필요 없다. 이 때문에 단지, 그것이
충분해야 한다고만 말했다. 왜냐하면, 내가, 얼마나 많은 존재자들
의 유들이 물체적인지, 혹은 어떤 식으로 감각 아래로 떨어지는지
를, 열거를 통해 입증하고자 할 경우, 내가 먼저 그 모든 것을 열거
안에서 포괄했다는 것,[199] 또 그 각각을 서로 구별했다는 것을 확실
하게 알지 못했다면, 나는 그것들이 그만큼 많고, 그 이상은 아니라
고 주장하지 못할 것이기 때문이다. 그러나 내가 동일한 방식으로
이성적 영혼이 물체적이지 않다는 것을 보여주고자 할 경우, 열거
는 완전할 필요가 없을 것이고, 오히려 내가 모든 물체를 한꺼번에
몇몇 집단으로[200] 포괄해서, 이성적 영혼이 이것들 가운데 어떠한
것과도 관련될 수 없음을 증명하는 것으로 충분할 것이다. 끝으로,

내가 열거를 통해 원의 면적은 둘레가 같은 다른 모든 도형의 면적보다 더 크다는 것을 보여주고자 할 경우, 모든 도형들을 점검할 필요 없고, 오히려 몇몇 특수한 도형들에 대해 그것을 증명하고, 이로써 귀납을 통해[201] 다른 모든 것에 대해서도 같음을 결론짓는 것으로 충분하다.

내가 또한 덧붙인 것은, 열거는 순서에 따라 행해져야 한다[202]는 점이다. 이는 한편으로, 이미 헤아린 결함들에 대해, 우리가 모든 것을 순서에 따라 탐색하는[203] 경우보다 더 효과적인 치유책[204]이 [391] 없기 때문이고, 다른 한편으로, 제시된 것과 관계가 있는 것들 각각을[205] 따로따로 검토해야 한다면, — 이것들이 너무 많기 때문이든, 아니면 같은 것들이 보다 자주 반복해서 나타나기 때문이든 — 인간의 생애가 그것에 충분하지 않은 경우가 종종 있기 때문이다. 그러나 만일 우리가 그 모든 것을 최적의 순서로 배열해서, 그 대부분을 특정한 부류들로[206] 환원한다면, 이 부류들 가운데 하나를, 혹은 각각의 부류들 가운데 어느 것을, 혹은 그 밖의 부류들보다는 오히려 어느 것들을 정확하게 보는 것으로 충분할 것이고, 아니면 적어도 우리는 결코 어떤 것을 쓸데없이 두 번 통람하지 않을 것이다. 이것은 대단히 유익해서, 일견 엄청난 것으로 보였던 많은 것들이 종종 제대로 설정된 순서로 인해 단시간에 그리고 쉬운 작업으로 완수될 것이다.[207]

그러나 열거해야 할 사물들의 이 순서는 대개 다양할 수 있고, 각자의 자의에 달려 있다.[208] 이 때문에 보다 섬세한 순서를 생각해 내기 위해서는[209] 다섯 번째 명제에서 말한 것을 상기해야 한다. 또한 인간의 보다 가벼운 기예들 가운데[210] 아주 많은 것들 — 이것들을 발견하기 위한 방법 전체가 그 순서의 배열에 있는 — 이 있다.

그래서 당신이[211] 어떤 이름의 철자들의 전환[212]으로부터 최선의 애너그램[213]을 만들고자 할 경우, 우리는 보다 쉬운 것들에서 보다 어려운 것들로 넘어갈 필요도 없고, 절대적인 것들을 상대적인 것들과 구별할 필요도 없다. 이것들을 행할 곳이 아니기 때문이다. 오히려 철자들의 전환들을 조사하기 위해서는, 같은 것들[214]을 두 번 통람하지 않아도 될 정도의 순서를 정하는 것으로, 예를 들어 그것들의 수[215]를 특정한 부류들에 분배해서, 어떤 것들에서 구하는 것을 발견할 희망이 더 큰지를 바로 드러내는 것으로 충분할 것이다. 왜냐하면 이렇게 그것은 종종 지루하지 않을 것이고, 그저 아이들의 놀잇거리[216]일 것이기 때문이다.

[392]   게다가 이 마지막 세 명제들은 분리해서는 안 된다. 왜냐하면 대개 동시에 그것들에 대해 반성해야 하기 때문이고, 또 그것들 모두가 똑같이 방법의 완성을 위해[217] 협력하기 때문이다. 어떤 것을 먼저 습득할 것인지도 거의 문제가 되지 않으며, 우리는 그것들을 여기서 몇 마디 말로 설명했다. 왜냐하면 나머지 논고에서 거의 같은 것을 해야 하고, 여기서 우리가 일반적으로 총괄한 것을 거기서는 개별적으로 보여줄 것이기 때문이다.

제8규칙 만일 구해야 하는 사물들의 계열 안에서 우리
지성이 충분히 제대로 직관할 수 없는 어떤 것이
나타난다면, 여기서 멈춰야 하고, 잇따르는 나머지
것들을 조사해서는 안 되며, 불필요한 수고를
삼가야 한다.[218]

앞의 세 규칙들은 순서를 규정하고, 설명한다. 그러나 이 규칙은 순
서가 도대체 언제 반드시 필요하고, 언제 그저 유용한지를 보여준
다.[219] 실로, 이 계열들 — 이것들을 통해 상대적인 것들에서 절대
적인 어떤 것으로, 혹은 그 역으로 나아가는 — 안에서 온 단계를
구성하는 것은 무엇이든 반드시 잇따르는 모든 것들에 앞서 조사
되어야 한다.[220] 그러나 많은 것들이, 종종 일어나듯이, 동일한 단
계에 속하는 경우, 그 모든 것을 순서에 따라 검토하는 것은 언제
나 유익하기는 하지만, 우리가 여기서 순서를 그렇게 엄밀하고 엄 [393]
격하게 지키도록 강요되는 것은 아니고, 대개는, 비록 우리가 모든
것들이 아니라 그 가운데 약간의 것들만을 혹은 하나를 명료하게
인식하더라도, 그럼에도 불구하고 더 멀리 나아가는 것이 허용된
다.[221]

그리고 또 이 규칙은 제2규칙을 위해 가져온 근거들로부터 필연
적으로 귀결된다. 비록 이 규칙이 우리에게 단지 특정 사물들에 대
한 탐사를 막는 것으로, 그러나 어떠한 진리도 내놓지 않는 것으로
보일지라도, 학식의 증진을 위해 새로운 어떠한 것도 포함하지 않

는다고 생각해서는 안 된다.[222] 이 규칙은 물론 초학자들에게 단지, 제2규칙과 거의 같은 근거로, 헛수고하지 말라는 것 이외에 다른 것을 가르치지 않는다.[223] 그러나 앞의 일곱 규칙들을 완벽히 숙지하는 이들에게는, 어떤 근거로 그들이 임의의 학문에서 원하는 것이 더 이상 아무것도 없을 만큼 자신을 만족시킬 수 있는지를 보여준다. 왜냐하면 어떤 어려움의 해결에 관해[224] 앞의 일곱 규칙들을 정확히 따랐고, 그렇지만 지금 규칙으로부터 어떤 곳에서 멈추라는 명을 받게 될 이는 누구든 앞으로 어떠한 재간으로도 자신이 구하는 지식을 절대로 발견할 수 없음을, 그리고 이는 정신의 탓이 아니라, 오히려 어려움 자체의 본성, 혹은 인간의 조건이 가로막기 때문임을 확실히 인식할 것이기 때문이다.[225] 이 인식은 사물 자체의 본성을 명시하는 지식 못지않은 것이다. 그리고 호기심을 더 멀리 확장하는 자는 건전한 정신의 소유자[226]로 보이지 않을 것이다.

**227

이 모든 것은 이런저런 예를 통해 밝혀져야 한다. 예를 들어, 만

[394] 일 수학만을 공부한 어떤 이가 굴절광학에서 굴절선으로 불리는 것, 즉 평행광선들이 굴절 후에 한 점에서 교차하는 선을 구한다면, 그는 제5규칙과 제6규칙에 따라 이 선의 결정은 굴절각과 입사각의 비율에 달려 있음을 쉽게 알아차릴 것이다. 그러나 이것은 수학이 아니라 자연학에 속하고, 그래서 그에게 이 비율을 탐색해낼 수 없을 것이기 때문에, 그는 이때 문턱에서 멈추도록 강요될 것이다.[228] 그리고 그가 이 인식을 철학자로부터 듣고자 하거나 경험에서 빌려오고자 해도 어떤 것을 이루지는 못할 것이다. 이것

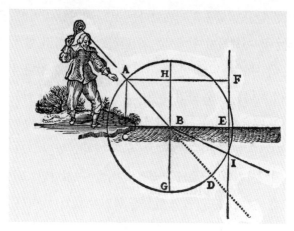

《굴절광학》의 삽화.

은 제3규칙에 반하는 것일 테니 말이다.[229] 그리고 이외에도 이 명제[230]는 여전히 복합적이고, 또 상대적이다. 그런데 오직 순전히 단순하고 절대적인 사물에 대해서만 확실한 경험을 얻을 수 있다는 것을 해당하는 자리에서 말할 것이다. 또한 그가 모든 것 중에서 가장 참되다고 예측하는[231] 어떤 비를 이런 유의 각들 사이에 가정하는 것도 헛된 짓일 것이다. 왜냐하면 그는 이때 더 이상 굴절선이 아니라, 그저 그의 가정의 근거를 따르는 선만을 구할 것이기 때문이다.

그러나 만일 수학에만 열중하는 것이 아니라, 제1규칙에 따라, 나타나는 모든 것들에 대해[232] 진리를 찾기를 원하는 어떤 이가 동일한 어려움에 봉착한다면, 그는 더 나아가, 입사각과 굴절각 간의 이 비율이 매질의 상이성으로 인한[233] 그 각들의 변화에 달려 있음을 발견할 것이다. 다시, 이 변화는 광선이 투명체 전체를 투과하는 방식에 달려 있다는 것, 그리고 이 투과의 인식은 빛의 작용[234]의

[395] 본성 또한 알려져 있음을 전제한다는 것을 발견할 것이다. 끝으로, 빛의 작용을 이해하기 위해서는, 일반적으로 자연적 힘[235]이 무엇인지를, 이 자연의 힘이 이 계열 전체에서 최고로 절대적인 것임을 알아야 한다는 것을 발견할 것이다. 그러므로 그가 이것을 정신의 직관을 통해 명석하게 통관한[236] 후에, 그는 제5규칙에 따라 역방향으로 같은 단계들을 통과할 것이다. 그리고 만일 그가 즉시 두 번째 단계에서 빛의 작용의 본성을 인식할 수 없다면, 그는 제7규칙을 통해 다른 모든 자연적 힘들을 열거할 것인데, 이는 다른 어떤 자연적 힘에 대한 인식으로부터 적어도 비교를 통해[237] — 이것에 대해서는 나중에 설명할 것이다 — 저 본성 또한 이해하기 위함이다. 그렇게 한 다음, 그는 어떤 방식으로 광선이 투명체 전체를 투과하는지를 탐구할 것이다. 그리고 이렇게 그는 순서에 따라, 바로 그 굴절선 도달할 때까지, 나머지 것들을 추적할 것이다. 비록 이것이 많은 이들에 의해 지금까지 부질없이 탐구되었을지라도, 그렇지만, 내가 보기에, 우리 방법을 완전하게 사용하는 어떤 이가 그것을 명증하게 인식하지 못하도록 방해할 수 있는 것은 아무것도 없다.[238]

그러나 모든 것 중에서 가장 고귀한 예를 들어보자. 만일 어떤 이가 모든 진리 — 인간 이성이 그 인식에 충분한 — 들을 조사하는 것(내가 보기에, 좋은 정신[239]에 이르기 위해 진지하게 공부하는 모든 이들이 일생에 한 번은 행해야 하는 것)을 문제로 설정한다면,[240] 그는 분명, 주어진 규칙들을 통해 지성보다 먼저 인식될 수 있는 것은 아무것도 없음을 발견할 것인데, 이는 그 밖의 모든 것들에 대한 인식이 지성에 의존하고, 그 반대는 아니기 때문이다. 그다음에, 그가 순수지성에 대한 인식에 바로 뒤따르는 그 모든 것들을 통관했다면, 그 밖의 것들 가운데 우리가 지성 이외에 가지고 있는 다른 모 [396] 든 인식 도구들을 열거할 것인데, 이것은 단지 둘, 즉 판타지와 감각뿐이다.[241] 그러므로 그는 이 세 가지 인식 양태들을 구별하고 조사하는 것에 전력을 다할 것이다. 그리고 참이나 거짓은 본래 지성 안에만 있을 수 있다는 것, 그러나 단지 종종 그 기원이 다른 두 양태들에서 유래한다는 것[242]을 보면서, 그는, 경계하기 위해, 그를 기만할 수 있는 모든 것들에 세심한 주의를 기울일 것이고, 또 진리에 이르는 확실한 길을 따라가기 위해, 인간에게 열려 있는 그 모든 길들을 정확히 열거할 것이다. 실로, 이 길들은 그렇게 많지 않아서, 모든 길을 쉽고 충분한 열거를 통해 발견할 것이다. 그리고 그는 또한, 미경험자들에게 놀랍고 믿을 수 없는 것으로 보이는 이것을, 그가 대상들 각각에 대해, 그저 기억을 가득 채우거나 장식하는 인식들을, 인식들, 즉 이것들로 인해 실제로 어떤 이가 더 교육받았다고 일컬어져야 하는 인식들과 구별하자마자, 쉽게 해낼 것이다……[243] 한마디로, 그는 지력이나 기예의 결함 때문에 더 모르는 것은 아니라고 느낄 것이고, 또 앞으로, 그가 그 동일한 것에 적절하게 정신을 향하기만 한다면, 그 또한 알아낼 수 없을 것이라고 느낄 것이다.[244] 그리고 물론 이 규칙이 탐구를 금하는 많은 것들이 종종 그에게 제시될 수 있을 것이다. 그렇지만 그는 그 모든 것들이 인간 정신의 파악을 넘어선다[245]는 것을 분명히 지각할 것이기 때문에, 그가 그렇다고 해서 더 무지하다고 여기지는 않을 것이다. 오히려 구하는 것이 누구에 의해서도 알려질 수 없다는 것을 그가 알게 될 것이라는 바로 이 사실이, 그가 공정하다면, 그의 호기심을 충분히 충족시킬 것이다.[246]

그러나 우리가 영혼[247]이 할 수 있는 것에 대해 항상 불확실한 상태에 있지 않도록, 또 영혼이 그릇되게 그리고 무모하게 수고하는 일이 없도록, 사물들을 개별적으로 인식할 채비를 하기 전에, 우리는, 인간 이성이 도대체 어떤 것들의 인식을 해낼 수 있는지를, 일생에 한 번은 세심히 탐구했어야 한다. 이것을 보다 잘 행하기 위해, 동등하게 쉬운 것들 가운데 보다 유익한 것들을 항상 먼저 탐구해야 한다.

[397]

그러므로 이 방법은 기계적 기예들 가운데, 다른 기예들의 도움을 필요로 함이 없이, 오히려 어떤 식으로 그것들의 도구들이 만들어져야 하는지를 그 스스로 가르치는 기예들을 모방한다.[248] 실로, 어떤 이가 이 기예들 가운데 하나, 예컨대 대장장이의 기예를 실행하고자 하고 도구들을 전혀 갖추지 않았다면, 그는 분명 부득이 단단한 돌이나 거친 쇳덩이를 모루로 사용하고, 망치 대신 돌 조각을 쥐고, 나무 조각을 집게로 만들고, 필요에 따라 이런 유의 다른 도구들을 모으면서 시작할 것이다. 이것들이 장만되면, 그는 바로 다른 이들이 사용하기 위한 검이나 투구 및 철로 된 다른 어떠한 것도 두들겨 만들려고 애쓰지 않을 것이다. 오히려 모든 것에 앞서 망치, 모루, 집게 및 그에게 유용한 나머지 도구들을 제조할 것이다. 이 예가 우리에게 일러주는 것은, 이 시작 단계에서 우리는 기예에 의해 장만된 것이기보다는 오히려 우리 정신이 타고난 것으로 보이는 어떤 거친 규정들만을 발견할 수 있으므로,[249] 이 규정들의 도움으로 즉시 철학의 논쟁들을 끝장내거나 수학의 매듭들을 풀려고 시도해서는 안 된다는 점이다. 오히려 우리는 먼저 이 규정들을, 진

얀센주의를 풍자한 그림, 〈무용한 노동〉.
데카르트의 기계학은 인간을 육체적 노동으로부터 해방시킬 수 있는 길을 모색했다.

리를 조사하는 데 더 필요한 다른 모든 것들을 열과 성을 다해 탐
구하는 데 이용해야 하는바, 이는 특히, 기하학이나 자연학 혹은 다
른 학문들에서 제시되곤 하는 문제들 가운데 어떠한 것보다, 그것
들을 발견하는 것이 더 어렵게 보일 하등의 이유가 없기 때문이다.

그렇기는 하지만, 인간 인식이 무엇이고, 또 그것이 어디까지 미
치는지를 탐구하는 것보다 더 유익한 것은 아무것도 있을 수 없 [398]
다.[250] 이 때문에 우리는 지금 이 둘을, 이미 전에 제시된 규칙들을
통해 모든 것에 앞서 조사되어야 한다고 생각하는 하나의 문제 안
에 포괄한다. 이것은 진리를 조금이라도 사랑하는 자라면 누구든
일생에 한 번은 행해야 하는 것이다. 왜냐하면 이 문제에 대한 탐구
안에 지식의 참된 도구들과 방법 전체[251]가 들어 있기 때문이다. 이

에 반해, 자연의 비밀, 지상의 것들에 대한 하늘의 영향, 미래의 것들에 대한 예언 그리고 이와 유사한 것에 대해, 많은 이들이 하듯이, 대담하게 논쟁하는 것보다, 그럼에도 인간 이성이 그것들을 발견하기에 충분한지 여부조차 한 번도 탐구하지 않는 것보다 나에게 더 부당하게 보이는 것은 아무것도 없다. 그리고 우리가 우리 자신 안에서 느끼는 정신의 한계들을 정하는 것이[252] 힘들거나 어려운 일로 보여서도 안 된다. 왜냐하면 우리는 종종 우리 외부에 있고 아주 낯선 것들에 대해서도 판단하기를 주저하지 않기 때문이다. 그리고 어떤 식으로 각각의 것들이 우리 정신의 조사에 종속되는지를 인지하기 위해, 우주 안에 포함된 모든 사물들을 사유 안에 포괄하고자 하는 일이 엄청난 것도 아니다.[253] 왜냐하면 우리가 논의한 열거를 통해 특정한 한계 안에 가둘 수 없을 만큼 그리고 몇몇 항목들 안에 배열할 수 없을 만큼, 다중적일 수 있거나 분산될 수 있는 것은 아무것도 없기 때문이다.[254] 이제 이것을 제시된 문제에서 시험해보기 위해, 우리는 먼저 그 문제와 관련되는 것은 무엇이든 두 부분으로 나눈다. 왜냐하면 그것은 인식할 수 있는 우리와, 아니면 인식될 수 있는 사물들 자체와 관련되어야 하기 때문이다.[255] 우리는 이 둘을 분리해서 논의한다.

그리고 분명 우리는 우리 안에서 알아차리는 것은, 지성만이 지식을 취할 수 있다[256]는 것이다. 그러나 그것은 다른 세 능력들, 즉 상상력, 감각 및 기억으로부터 도움을 받을 수 있고, 혹은 방해를 받을 수 있다는 것이다.[257] 그러므로 순서대로, 어떤 점에서 그것들 각각이, 우리가 경계하기 위해, 해로울 수 있는지를, 혹은, 우리가 그것들의 모든 지원 수단[258]을 사용하기 위해, 이로울 수 있는지를 보아야 한다. 이리하여 이 부분은, 다음 명제에서 나타나듯이, 충분

[399]

16세기 이탈리아의 엔지니어, 라멜리Agostino Ramelli의 독서 기계.
독서대가 달린 바퀴를 돌려 여러 권의 책을 동시에 볼 수 있다.

한 열거를 통해 논의될 것이다.

  그다음에 우리는 사물들 자체로 나아가야 하고, 그것들을, 지성
이 건드리는 만큼[259]만, 고찰해야 한다. 이런 의미에서 우리는 그것
들을 최고로 단순한 본성들과 복잡한 것들 혹은 복합적인 것들로
나눈다.[260] 단순한 것들 중에는 영적인 것들, 혹은 물체적인 것들,
혹은 이 둘 모두에 관계되는 것들 외에 아무것도 있을 수 없다.[261]
끝으로 복합적인 것들 중에서, 어떤 것들은, 지성이, 이것들에 대해
어떤 것을 결정하기로 판단하기 전에, 그러한 것들임을 경험한다.
그러나 다른 것들은 지성에 의해 복합된다.[262] 이 모든 것은 제12명
제에서 보다 길게 개진될 것인데, 여기서 지성에 의해 복합되는 후
자에서만 오류가 있을 수 있다는 것이 증명될 것이다. 이 때문에 우

리는 후자를 다시 다음의 것들로 구별한다. 하나는, 극히 단순한 그리고 그 자체로 알려진 본성들에서 연역되는 것들이고, 이에 대해 우리는 다음 책 전체에서 다룰 것이다. 다른 하나는, 우리가 사물의 측면에서 복합되어 있음을 경험하는 다른 것들 또한 전제하는 것들이다. 우리는 이것들을 개진하는 데 세 번째 책 전체를 할애할 것이다.[263]

이제 우리는 이 논고 전체에서 진리 인식을 위해 인간에게 열려 있는 모든 길들을 아주 면밀하게 추적하고 아주 쉽게 명시하려고 애쓸 것이다.[264] 그래서 이 방법 전체를 완전히 습득한 자는 누구든, 그의 지력이 평범하더라도, 어떠한 길도 그에게 다른 이들 이상으로 차단된 것이 아님을, 그리고 그가 더 이상 지력이나 기예의 결함으로 인해 무지한 것이 아님을 볼 것이다. 오히려 그는, 그가 어떤 사물의 인식으로 정신을 향할 때마다, 그 인식을 전적으로 발견할 것이고, 아니면 적어도, 그 인식이 그의 힘 안에 있지 않은 어떤 실험[265]에 달려 있음을 통관할 것이며, 이 때문에 그는, 비록 부득이 거기서 멈춘다고 해도, 그의 지력을 탓하지 않을 것이다. 아니면 마지막으로, 그는 구하는 것이 인간 지력의 모든 파악을 넘어선다는 것을 증명할 것이고, 그렇다고 해서 자신이 더 무지하다고 생각하지 않을 것인바, 왜냐하면 이것 자체가 임의의 다른 사물을 인식한 것 못지않은 지식이기 때문이다.[266]

[400]

160

제9규칙 정신의 눈 전체를 극히 하찮은 사물들 그리고
최고로 쉬운 사물들로 돌려야 하고, 우리가 진리를
판명하게 그리고 명료하게 직관하는 것에 익숙해질
때까지 그것들에 보다 오래 머물러야 한다.[267]

우리는 우리 지성의 두 작용들, 직관과 연역을 개진했고, 이것들만
이 학문을 습득하는 데 사용되어야 한다고 말했다. 나아가 우리는
이제 이 명제와 다음 명제에서, 어떤 재간으로 우리가 그 작용들을
실행하는 데 보다 적합하게 될 수 있는지,[268] 그리고 동시에 정신의
두 가지 주요 능력, 즉 개별적 사물들을 판명하게 직관하는 통찰,
그리고 하나를 다른 것에서 기예적으로 연역하는 명민함을 함양할
수 있는지를 설명할 것이다.[269]

그리고 분명 우리는, 어떻게 정신의 직관이 사용되어야 하는지
를 특히 눈과의 비교를 통해 알게 된다. 왜냐하면 동일한 직관으로 [401]
동시에 많은 대상들을 바라보려는 자는 그 어떠한 것도 판명하게
보지 못하기 때문이다.[270] 그리고 마찬가지로, 하나의 사유 활동으
로 동시에 많은 것들에 주의를 기울이곤 하는 자의 정신은 혼란스
럽기 때문이다.[271] 그러나 세밀한 작업들에 종사하고, 시선을 각각
의 요점들로 주의 깊게 향하는 데 익숙한 장인들은 연마를 통해 임
의의 아주 작고 정교한 것들을 완벽하게 구별하는 능력을 획득한
다.[272] 마찬가지로, 사유를 결코 동시에 상이한 대상들로 분산시키

아르키메데스는
확고부동한 일점을
발견한다면
지구를 움직일 수
있다고 생각했다.
데카르트에서
학문의 토대이자
확고부동한 일점인
코기토는
자연의 빛의
명증성에 의해
그 형태가 드러난다.

지 않고, 오히려 사유 전체를 항상 극히 단순하고 극히 쉬운 어떤 것들을 고찰하는 데 몰두하는 이들은 통찰하게 된다.[273]

그러나 어려운 것들이 더 아름답게 보이는 것은 필사자들에게 공통적인 악습이다.[274] 그리고 그들 대부분은, 그들이 어떤 사물에 대한 단순하고 매우 명료한 원인들을 볼 때, 자신은 아무것도 알지 못한다고 여기고, 그동안에 어떤 고상한 그리고 멀리서 끌어온 철학자들의 근거들[275]을 경탄한다. 비록 이 근거들 대다수가 누구에 의해서도 결코 충분히 통관되지[276] 않은 토대들에 의거하더라도 말이다. 그들은 분명 빛보다 더 귀한 어둠들을 가지고 있는 건전하지 못한 자들이다.[277] 그러나 유의해야 하는 것은, 정말로 아는 이들은 진리를, 자신들이 이것을 단순한 주제에서 끌어냈는지, 혹은 모호한 주제에서 끌어냈는지를 똑같이 쉽게 식별한다는 점이다. 왜냐하면, 그들이 한번 진리에 도달하게 되면, 모든 진리를 유사한, 단일한 그리고 판명한 활동으로 파악하기 때문이다. 그러나 차이는 전적으로 길 — 즉 이것이 최고로 절대적인 제일 원리들에서 더 멀리 떨어진 진리로 이어지는 경우에는 물론 더 길어야만 하는 — 안에 있다.

그러므로 필요한 것은, 모든 이들은 아주 적은 것들 그리고 아주 단순한 것들을 사유 안에서 한 번에 포괄하는 것에 익숙해지는 것,[278] 그들이 모든 것 가운데 가장 판명하게 인식하는 것만큼 판명하게 직관하지 않은 것은 결코 안다고 생각하지 않는 것이다. 물론 이것에 다른 이들보다 훨씬 더 적합하게 태어난 이들이 더러 있기는 하겠지만, 기예와 훈련 또한 정신[279]을 이것에 훨씬 더 적합하게 만들 수 있다. 그리고 내가 보기에, 여기서 무엇보다도 특히 일러두어야 하는 한 가지는, 누구나, 지식들이 아무리 은폐되어 있더라도, 이것들은 크고 모호한 것들이 아니라, 오직 용이한 그리고 보다 쉽게 만날 수 있는 것들에서[280] 연역되어야 한다는 것을 굳게 확신한다는 것이다.

실로, 예를 들어, 만일 내가 어떤 자연적 힘이 동일한 순간에 멀리 떨어진 장소로, 그리고 중간 장소 전체를 통해 넘어갈 수 있는지를 조사하고자 한다면, 나는 바로, 자석의 힘 쪽으로, 혹은 별들의 영향 쪽으로, 혹은 심지어 빛의 속도 쪽으로 — 이러한 작용들이 우연히 순간적으로 일어나는지를 탐구하기 위해 — 정신[281]을 돌리지 않을 것이다. 왜냐하면 이것을 입증하는 일이 내가 구하는 것보다 나에게 더 어려울 수 있기 때문이다. 오히려 나는 물체들의 장소 운동들에 대해 반성할 것인데, 이는 이런 유의 전체 안에서 이것

[402]

들보다 더 감각적인 것은 아무것도 있을 수 없기 때문이다. 그리고 나는 분명 돌이 순간적으로 한 장소에서 다른 장소에 도달할 수 없다는 것을 알아차릴 것인데, 이는 돌이 물체이기 때문이다. 그러나 돌을 움직이는 힘과 유사한 힘이 있는 그대로[282] 한 주체에서 다른 주체에 도달한다면, 이 힘은 오직 순간적으로만 전달될 수 있다는 것을 알아차릴 것이다. 예를 들어, 내가 임의의 긴 막대기의 한끝을 움직인다면, 나는 막대기의 이 부분을 움직이게 하는 힘이 하나의 동일한 순간에 그것의 다른 모든 부분들을 반드시 움직인다는 것을 쉽게 표상하는바,[283] 이는 이때 그 힘이 있는 그대로 전달되고, 이것을 운반하는 어떤 물체 안에 — 이를테면 돌 안에 — 현존하는 것이 아니기 때문이다.

[403]　　마찬가지로, 만일 내가, 어떻게 하나의 동일한 단순 원인으로부터 상반된 결과들이 동시에 산출될 수 있는지를 인식하고자 한다면, 나는 의사들에게서 어떤 체액들[284]을 밀어내고, 다른 체액들을 붙잡는 약들을 구하지 않을 것이다. 나는 달에 대해, 이것이 빛을 통해 데워지고, 은폐된 성질을 통해 차가워진다고 횡설수설하지 않을 것이다.[285] 오히려 나는 동일한 무게가 하나의 동일한 순간에, 한 저울판을 내려놓는 동안, 다른 저울판을 들어 올리는 천칭, 그리고 이와 유사한 것들을 들여다볼[286] 것이다.

제10규칙   정신을 명민하게 하기 위해서는, 다른 이들이 이미
발견한 것들을 탐구하는 것에서 연마해야 하고, 또
인간의 극히 하찮은 모든 기예들조차도, 그러나
특히 순서를 펼치거나 전제하는 기예들을 방법으로
통람해야 한다.[287]

나는, 고백하건대, 공부의 최고 즐거움을 언제나, 다른 이들의 근
거들을 듣는 것이 아니라, 이것들을 자기 고유의 재간으로 발견하
는 것에 두는 그러한 기질로 태어났다.[288] 이것 하나가, 내가 그래
도 젊었을 때, 나를 학문 연구로 유인했었을 것이고, 어떤 책이 제
목에서 새로운 발견을 약속하고 있었을 때마다, 그것을 더 읽기 전
에 내가 혹시 타고난 어떤 명민함을 통해 유사한 어떤 것을 성취할
수 있을지를 시험하고 있었으며, 성급한 독서가 나에게서 이 순진
무구한 여흥을 앗아가지나 않을까 매우 경계하고 있었다.[289] 이것
은 여러 번 잘 되었기 때문에, 내가 마침내 알아차린 것은, 다른 이
들이 그러곤 하듯이, 방황하는 그리고 맹목적인 탐사들을 통해,[290]
기예보다는 운의 도움으로 더 이상 사물의 진리에 도달하지 못한
다는 점, 오히려 나는 오랜 경험을 통해, 이런 일에 적지 않게 도움
되는 특정한 규칙들을 획득했고, 나중에 이 규칙들을 사용해서 많 [404]
은 규칙들을 생각해냈다는 점이다. 이리하여 나는 이 방법 전체를
세심하게 가꾸었고,[291] 내가 처음부터 모든 것들 가운데 가장 유익
한 공부 방식을 따랐다고 확신했다.

하지만, 모든 이들의 정신이 본성상, 자력으로 사물들을 탐색할 정도로 기울어지는 것은 아니기 때문에,[292] 이 명제가 가르치는 바는, 우리가 바로 보다 어렵고 힘든 것들에 몰두해서는 안 되고, 먼저 극히 하찮고 극히 단순한 어떤 기예들, 특히 순서가 더욱 지배하는 기예들을 조사해야 한다는[293] 것이다. 이를테면, 직물과 융단을 짜는 공인들의 기예들, 혹은 바늘로 수를 놓거나 뜨개 본에 따라 무한하게 다양한 방식으로 실을 엮는 여인들의 기예들이다. 마찬가지로, 모든 숫자놀이들, 산술과 관련된 모든 것들 및 이와 유사한 것들이다. 이것들은, 우리가 정신의 발견[294]을 다른 이들이 아니라 우리 자신에서 얻어오기만 한다면, 정신을 놀라울 만큼 연마시킬 것이다. 왜냐하면 이것들에서 숨겨진 것은 아무것도 없고, 또 이것들 전체가 인간 인식의 능력에 적합하므로, 이것들은 무수한 순서들을 우리에게 극히 판명하게 현시하고, 그 모든 순서들은 서로 상이하고, 그럼에도 불구하고 규칙적이며, 인간의 명민함은 거의 전적으로 이 순서들을 규정대로 준수하는 것에 있기 때문이다.[295]

이런 이유에서 우리는, 이것들이[296] 방법을 가지고 탐구되어야 한다는 것, 그리고 이 방법은 보다 하찮은 사물들 안에서 순서 — 이것이 사물 자체 안에 현존하든, 아니면 보다 정교하게 생각해내었든 — 의 한결같은[297] 준수에만 있다는 것을 일러주었다. 예를 들어, 만일 우리가 모르는 문자들로 덮인 글을 읽고자 한다면, 물론 여기서 어떠한 순서도 나타나지 않지만, 그럼에도 우리는, 한편으로 각 기호들, 각 단어들, 혹은 각 문장들에 대해 갖게 될 수 있는 [405] 모든 예단[298]들을 조사하기 위해, 다른 한편으로 이것들을 배열해서, 이것들로부터 끌어낼 수 있는 모든 것들을 열거를 통해 인식하기 위해 어떤 순서를 지어낸다. 그리고 특히 경계해야 하는 것은,

이와 유사한 것들에서 우연히 그리고 기예 없이 예언하는 데 시간을 낭비하지 않는 것이다.[299] 왜냐하면, 비록 그것들이 종종 기예 없이 발견될지라도, 그리고 때때로 방법을 통해서보다는 행운에 의해[300] 어쩌다 더 빨리 발견될지라도, 그렇지만 그것들은 정신의 빛[301]을 약화시킬 것이고, 또 그 빛을 유치하고 헛된[302] 것들에 익숙해지게 해서, 그 빛은 나중에 항상 사물의 외면에 붙어있을 것이며, 보다 내부 깊숙이 침투할 수 없을 것이기 때문이다. 그러나 그동안 우리는 그저 진지하고 고귀한 것들로 사유를 가득 채우는 자들의 오류 — 그것들에 대해 이들은 자신들이 원하는 심오한 지식들이 아니라 오직 혼란된 지식들만을 획득한다 — 에 빠져서는 안 될 것이다.[303] 그러므로, 우리는 먼저 우리를 보다 쉬운 이런 것들 안에서, 그러나 방법을 가지고 연마시켜서, 명백하고 알려진 길들을 통해, 마치 놀이하듯이, 항상 사물들의 가장 깊숙한 진리로 침투하는 데 익숙해져야 한다.[304] 왜냐하면 우리는 또한, 이런 식으로 나중에 점차 그리고 모든 기대 이상으로 단시간에, 매우 어렵고 뒤얽힌[305] 것들로 나타나는 여러 명제들을 명증적인 원리들로부터 똑같이 쉽게 연역할 수 있다는 것을 느낄[306] 것이기 때문이다.

그러나 몇몇 이들은 어쩌면, 어떤 방식으로 우리가 하나의 진리를 다른 것에서 연역하는 데 보다 적합하게 되는지를 탐구하는 이 자리에서, 변증론자들의 모든 규정들을 등한히 한다는 것에 놀랄 수도 있을 것이다.[307] 그들은 이 규정들로 인간 이성을, 이것들이 인간 이성에게 어떤 토론 형식들[308] — 이것들을 신뢰하는 이성이, 설 [406] 령 추론 자체에 대해 명증하고 주의 깊게 고찰하는 일을 어떤 식으로 쉬더라도,[309] 그렇지만 그동안 형식의 힘으로 확실한 어떤 것을 결론지을 수 있을 만큼, 필연적으로 결론짓는 — 을 명하면서,[310]

규제한다고 생각하니 말이다. 그러나 우리는 종종 진리가 이 이음줄들에서 — 이것들을 사용하는 이들이 이따금 이것들 안에 잡혀 있는 동안 — 빠져나온다는 것을 알아차린다. 이것은 다른 이들에게 그렇게 자주 일어나지 않는 것이다. 그리고 우리가 경험하는 바는, 극히 예리한 궤변들이 순수이성을 사용하는 자들 거의 누구도 결코 속이지 못했다는 것, 오히려 궤변론자들 자신을 속이곤 했다는 것이다.[311]

이 때문에 여기서 우리는 특히, 우리가 어떤 사물의 진리를 조사하는 동안, 우리 이성이 쉬지 않도록 특히 조심하면서, 이 형식들을 우리 계획에 반하는 것으로 내던지고, 오히려, 다음 명제들에서 제시될 것처럼, 우리 사유를 주의 깊게 유지시켜줄 도움 수단들[312]을 탐구할 것이다. 그렇지만 이 토론 기예가 진리 인식에 전혀 기여하지 못한다는 것이 더욱더 명증하게 드러나게 하기 위해 알아차려야 하는 것은, 만일 변증론자들이 먼저 삼단논법의 질료를 갖지 않았다면, 다시 말해, 삼단논법에서 연역되는 이 동일한 진리를 이미 전에 인식하지 않았다면, 그들은 기예를 통해 어떠한 삼단논법도 형성할 수 없다는 점이다.[313] 이로부터 분명한 것은, 그들 자신이 이러한 형식으로부터 새로운 어떠한 것도 지각하지 못한다는 것, 그래서 통상적 변증론은 사물의 진리를 탐구하기를 원하는 이들에게 전적으로 무익하다는 것, 오히려 그것은 단지 때때로 이미 알려진 근거들을 보다 쉽게 다른 이들에게 설명하는 데에만 유익하다는 것, 따라서 그것은 철학에서 수사학으로 옮겨져야 한다는 것이다.[314]

제11규칙 우리가 약간의 단순 명제들을 직관한 후,
이것들로부터 다른 어떤 것을 결론지을 경우,
이것들을 연속적이고 어디에서도 중단되지 않는
사유 운동으로 통람하는 것이, 이것들의 상호 관계에
대해 반성하는 데, 그리고 동시에 많은 것들을, 가능한
만큼, 판명하게 표상하는 데 유익하다. 왜냐하면 이런
식으로 우리 인식은 훨씬 더 확실하게 되고, 또한
정신의 능력이 매우 크게 증대되기 때문이다.[315]

앞에서 제3규칙과 제7규칙을 위해 정신의 직관에 대해[316] 말한 것 [407]
들을 보다 분명하게 개진할 기회가 바로 여기에 있다. 왜냐하면 우
리는 한 곳에서 직관을 연역과 대립시킨 반면, 다른 곳에서는 우리
가 다수의 그리고 동떨어진 사물들로부터 추려진 추리라고 정의한
열거에만 대립시켰지만, 같은 곳에서 우리는 다른 사물로부터 한
사물의 단순 연역은 직관을 통해 행해진다고 말했기 때문이다.[317]

그와 같이 해야만 했는데, 왜냐하면 우리가 정신의 직관에 두 가
지를 요구하기 때문이다. 즉, 명제가 명석판명하게 이해된다는 것,
그다음에 또한 전체가 동시에 이해되고, 차례로[318] 이해되지 않는
다는 것이다. 그러나 우리가, 제3규칙에서처럼, 행해지는 것으로서
연역에 대해 사유할 경우,[319] 연역은 전체가 동시에 행해지는 것으
로 보이지 않고, 오히려 하나를 다른 것에서 추론하는 우리 정신의
어떤 운동[320]을 포함한다. 그리고 이 때문에 우리는 거기서 연역을
직관과 권리 측면에서[321] 구별했다. 그러나 우리가, 제7규칙을 위해
말한 것에서처럼, 이미 행해진 것으로서 연역에 주의할 경우, 그때 [408]
연역은 더 이상 운동이 아니라, 오히려 운동의 종료[322]를 가리킨다.

그리고 이 때문에 우리는 연역이 단순하고 명료할 때, 그것은 직관을 통해 보인다고, 그러나 연역이 다중적이고 복잡할 때는 그렇지 않다고 가정한다.[323] 이 후자에 우리는 열거 혹은 귀납이라는 이름을 부여했는데, 이는 그때 그 전체가 동시에 지성에 의해 파악될 수 없고, 오히려 그 확실성은 어떤 식으로 기억 ― 이것 안에서 열거된 부분들 각각에 대한 판단들이, 그 모든 부분들로부터 하나의 어떤 것을 추리기 위해 파지되어야 하는 ― 에 의존하기 때문이다.[324]

이 모든 것들이, 이 규칙을 해석하기 위해, 구별되어야만 했다. 왜냐하면, 제9규칙이 정신의 직관[325]에 대해서만, 제10규칙이 열거에 대해서만 다룬 후, 이 규칙은 어떤 식으로 이 두 작용들이 이 둘이 각각의 것을 주의 깊게 직관하는, 그리고 동시에 다른 것들로 넘어가는 사유의 어떤 운동을 통해 하나로 융합되는 것으로 보일 만큼,[326] 서로 돕고 완성되는지를 설명하기 때문이다.

우리는 이것에 이중의 유용성을 지정한다. 즉, 우리가 몰두하는 것에 대해, 결론을 보다 확실히 인식하기 위함이고, 또 다른 것들을 발견하는 데 정신[327]을 보다 적합하게 만들기 위함이다. 사실, 말했듯이, 우리가 하나의 직관으로 움켜쥘 수 있는 것보다 더 많은 것들을 포괄하는 결론들의 확실성이 의존하는 기억은 유동적이고 약하므로, 연속적이고 반복적인 이 사유 운동을 통해 되살려져야 하고 강화되어야 한다.[328] 예를 들어, 내가 처음에 첫 번째와 두 번째 크기 간의 관계가, 다음에 두 번째와 세 번째 크기 간의 관계가, 그다음에 세 번째와 네 번째 크기 간의 관계가, 끝으로 네 번째와 다섯 번째 크기 간의 관계가 어떠한 것들인지를 여러 작용들을 통해 인식했다고 해도, 그렇다고 해서 내가 첫 번째와 다섯 번째 간의 관계가 어떠한 것인지를 보는 것도 아니고, 또 내가 그 모든 것을 상

[409]

기하지 않고서는 이미 알려진 것들로부터 그것을 연역할 수도 없다.[329] 이 때문에 첫째 것에서 마지막 것까지 아주 빨리 넘어가서, 거의 어떠한 부분도 기억에 맡기지 않고, 그 전체를 동시에 직관한다고 보일 때까지, 그것들을 반복되는 사유로 통람하는 것이 나에게 필요하다.

분명 이런 방식으로 정신의 느림[330]이 교정된다는 것, 그리고 그 능력 또한 증대된다는 것을 누구나 본다. 그러나 이외에도, 이 규칙의 가장 큰 유용성이, 우리가 단순 명제들의 상호 의존성에 대해 반성하면서, 무엇이 더 혹은 덜 상대적인지, 그리고 어떤 단계를 통해 그것이 절대적인 것으로 환원되는지를 즉석에서 구별하는 습관을 획득하는 것에 있음을 알아차려야 한다.[331] 예를 들어, 내가 연비례에 있는 몇몇 크기들을 통람하는 경우, 나는 다음 모든 것에 대해 반성할 것이다. 즉, 나는 첫째 항과 둘째 항, 둘째 항과 셋째 항, 셋째 항과 넷째 항 등의 관계를, 같은 표상작용으로 그리고 더 쉽지도 덜 쉽지도 않게 인지한다.[332] 그러나 나는 첫째 항 그리고 동시에 셋째 항에 대한 둘째 항의 의존이 어떠한 것인지를 그처럼 쉽게 표상할 수 없고, 나아가 첫째 항 그리고 넷째 항에 대한 이 둘째 항의 의존 등이 어떠한 것인지를 훨씬 더 어렵게 표상할 수 있다. 이것들로부터 나는 그다음에, 단지 첫째 항과 둘째 항이 주어진 경우, 나는 셋째 항과 넷째 항 등을 쉽게 발견할 수 있는 이유를 인식하는바, 이는 이것이 특수한 그리고 구분된 표상작용들을 통해[333] 행해지기 때문이다. 반면, 첫째 항과 셋째 항이 주어진 경우, 중간항을 인식하기는 그처럼 쉽지 않은데, 이는 이것이 앞엣것들 가운데 [410] 둘을 동시에 포함하는 표상작용을 통해서만 행해질 수 있기 때문이다. 첫째 항과 넷째 항만 주어진 경우, 두 중간항들을 직관하기는 더욱 어려운데, 이는 여기에 세 가지 표상작용들이 동시에 포함되어 있기 때문이다. 그런 만큼, 그 결과로서, 첫째 항과 다섯째 항으로부터 세 가지 중간항을 발견하기는 더욱더 어려운 것으로 보일 것이다. 그러나 이것은 달리 일어날 만한 다른 이유가 있어서가 아니다. 왜냐하면 분명, 비록 여기서 네 가지 표상작용들이 동시에 연결되어 있더라도, 그렇지만 그것들은 — 넷은 다른 수로 나누어지므로 — 분리될 수 있기 때문이다.[334] 그래서 나는 첫째 항과 다섯째 항으로부터 셋째 항만을 구할 수 있고, 그다음에 첫째 항과 셋째 항으로부터 둘째 항 등을 구할 수 있다.[335] 이런 관계들 및 이와 유사한 것들에 대해 반성하는 데 익숙한 자는, 그가 새로운 문제를 조사할 때마다, 무엇이 이 문제에서 어려움을 초래하는지, 그리고 어떤 것이 모든 것 가운데 가장 단순한 〈해결〉[336] 방식인지를 즉시 인지한다. 이것이 진리 인식에 가장 큰 도움이 되는 것이다.

제12규칙　마지막으로, 지성, 상상력, 감각 그리고 기억의 모든
　　　　　도움 수단들을 이용해야 한다. 이는 단순 명제들을
　　　　　직관하기 위함이고, 어떤 때는 구하는 것들을
　　　　　인지하기 위해, 그것들을 알려진 것들과 규정대로
　　　　　비교하기 위함이고, 어떤 때는 인간 재간의 어떠한
　　　　　부분도 소홀히 하지 않기 위해, 서로 비교되어야
　　　　　하는 것들을 발견하기 위함이다.[337]

이 규칙은 위에서 말한 모든 것들을 결론짓고, 개별적으로 설명해 [411]
야 하는 것을 일반적으로 가르친다, 다음의 방식으로.[338]

　사물의 인식을 위해 단지 두 가지, 즉, 인식하는 우리, 그리고 인
식해야 할 사물들 자체를 고려해야 한다.[339] 우리 안에서, 사물의
인식을 위해 이용할 수 있는 능력은 네 가지뿐이다. 즉, 지성, 상상
력, 감각 그리고 기억이다. 물론 지성만이 진리를 지각할 수 있기는
하지만, 그럼에도 우리가 우리 재간 안에 놓여 있는 어떤 것[340]을
어쩌다 소홀히 하지 않기 위해, 지성은 상상력, 감각 그리고 기억의
도움을 받아야 한다. 사물의 측면에서,[341] 세 가지, 즉 첫째, 자발적
으로 쉽게 만날 수 있는 것, 그다음에 어떤 식으로 어떤 하나가 다
른 것들로부터 인식되는지, 끝으로 도대체 어떤 것이 임의의 어떤
것들로부터 연역되는지를 조사하는 것으로 충분하다.[342] 그리고 이
열거는, 내가 보기에, 완전하고, 또 인간 재간이 미칠 수 있는 어떠
한 것도 더 이상 소홀히 하지 않는다.[343]

　이리하여 나를 첫째 것으로 돌리면,[344] 나는 이곳에서 인간 정신
이 무엇인지, 신체는 무엇인지, 어떻게 신체가 정신에 의해 형상화

되는지,[345] 복합체 전체 안에서 사물의 인식에 기여하는 능력들이 도대체 어떤 것들인지, 그리고 그 각각은 무엇을 행하는지 개진하기를 원할 것이다. 만일 이것들에 대한 진리가 모든 이들에게 명백해질 수 있기 전에, 제시해야[346] 하는 그 모든 것들을 담기에 이 자리가 나에게 너무 협소해 보이지 않는다면 말이다. 왜냐하면 나는

[412] 글을 쓰면서 논쟁을 일으키곤 하는 것들에 대해서는 어떠한 것도 주장하지 않기를 늘 바라기 때문이다. 만일 내가 나를 그곳으로 인도한 근거들을 — 또 내가 그 근거들로 다른 이들 또한 설득할 수 있다고 여기는 — 먼저 제시하지 않았다면 말이다.

그러나 지금 이것이 허락되지 않기 때문에, 나는 사물을 인식하기 위해 우리 안에 있는 것을 모두 표상하는 방식들 가운데 도대체 어떤 것[347]이 내 계획에 가장 유익한지를 가능한 한 짧게 설명하는 것으로 만족할 것이다. 여러분은, 만일 마음에 들지 않는다면, 이것이 실제로 그렇다는 것을 믿지 않아도 된다. 그러나 만일 바로 이 가정들[348]이 사물들의 진리에서 어떠한 것도 줄이지 않고, 오히려 단지 모든 것을 훨씬 더 분명하게 만든다는 것이 명백하다면, 무엇이 그것들을 따르지 못하게 막을 것인가? 이는 여러분이 기하학에서 양[349]에 대해 어떤 것들 — 이것들로 인해 증명들의 힘이 어떠한 근거로도 약해지지 않는 — 을 가정하는 것과 다른 것이 아니다. 비록 여러분이 자연학에서 종종 양의 본성에 대해 다른 견해를 갖고 있지만 말이다.

그러므로 가장 먼저 표상해야[350] 하는 것은, 모든 외적 감각들은, 그것들이 신체의 부분들인 만큼, 비록 우리가 그것들을 작용을 통해, 즉 장소운동을 통해 대상들에 적용하더라도, 그렇지만 그것들은 본래 수동적으로만 감각한다는 점이다.[351] 이는 밀랍이 인장으

174

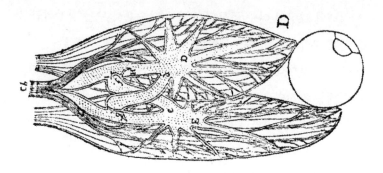

눈을 움직이는 두 가지 근육.

로부터 형태를 받아들이는 것과 같은 방식이다. 그리고 우리가 이것을 그저 유비를 통해[352]로 말한다고 생각해서도 안 된다. 오히려 완전히 동일한 방식으로, 밀랍의 표면에 있는 형태가 인장에 의해 변하는 것처럼, 감각하는 신체의 외적 형태가 대상에 의해 실제로 변한다고 표상해야 한다. 이는 우리가 형태, 혹은 단단함, 혹은 우툴두툴함[353] 등, 이러한 어떤 물체를 만질 때만이 아니라, 촉각으로 뜨거움, 차가움 및 이와 유사한 것들을 지각할 때 또한 인정되어야 한다. 다른 감각들에서도 마찬가지다. 즉, 눈 안에 있는 첫 번째 불투명한 막[354]은 이런 식으로 상이한 색들을 띤 빛의 작용[355]에 의해 [413] 새겨진 형태를 받아들인다. 그리고 대상의 침투를 가로막는 귀, 코 및 혀의 첫 번째 불투명한 막들 또한 이런 식으로 소리, 향기, 맛으로부터 새로운 형태를 받아들인다.

 그리고 이 모든 것을 이런 식으로 표상하는 것은 많은 도움이 된다. 형태보다 더 쉽게 감각 아래 떨어지는[356] 것은 아무것도 없기 때문이다. 형태는 만져지고 보이니 말이다. 그러나 어떠한 거짓도 임의의 다른 가정에서보다 이 가정에서 더 귀결되지 않는다는 것은 형태의 표상이 아주 공통되고 아주 단순해서 모든 감각적인 것들 안에 포함되어 있다는 사실로부터,[357] 증명된다. 예를 들어, 당신이 색을 무엇으로 가정하든, 당신은 색이 연장되어 있다는 것, 따라서 형태를 가진다는 것을 부정하지 못할 것이다. 그러므로, 우리가 새로운 어떤 존재자를 쓸데없이 인정하지 않도록 그리고 경솔하게 꾸며내지 않도록 경계하면서, 색에 대해 다른 이들이 마음에 들었을 모든 것을 부정하는 것이 아니라, 단지 우리가, 색이 형태의 본성을 가진다는 것 이외에 다른 모든 것들을 도외시한다고 해서, 그리고 흰색, 청색, 적색 등 사이에 있는 상이성을 다음의 혹은 이와 유사한 도형들 등 사이에 있는 것처럼 표상한다고 해서 어떤 손해가 생길 것인가?[358]

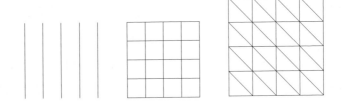

그리고 이 모든 것들에 대해 동일한 것을 말할 수 있다. 왜냐하면 형태들의 무한한 다수가 감각적 사물들의 모든 차이들을 표현하기에 충분하다는 것은 확실하기 때문이다.[359]

[414]   두 번째로 표상해야 하는 것은, 외적 감각이 대상에 의해 움직일 때 받아들이는 형태는 공통감각으로 불리는 신체의 다른 어떤 부분으로 — 동일한 순간에, 그리고 어떠한 실재적 존재자도 하나에서 다른 하나로 통과됨이 없이 — 운송된다는 점이다.[360] 완전히 같은 방식으로, 나는 지금, 글 쓰는 동안, 각각의 글자들이 종이 안에

표현되는 것과 동일한 순간에 펜의 하부가 움직인다는 것만이 아니라, 이 운동 또한 동시에 펜 전체 안에 받아들이지 않고서는 펜 안에 아무리 작은 운동이라도 있을 수 없다는 것, 그리고 이 모든 운동들의 상이성들 또한 펜의 상부에 의해 공중에서 묘사된다[361]는 것을 이해한다. 비록 내가 어떠한 실재적인 것도 펜의 한끝에서 다른 끝으로 넘어간다[362]는 것을 표상하지 못할지라도 말이다. 실로, 어느 누가 인간 신체의 부분들 사이에, 펜의 부분들 사이에서 보다 덜 긴밀한 결합[363]이 있다고 생각할 것이며, 또 이것을 표현하기 위해 더 단순한 어떤 것을 생각해낼 수 있는가?

세 번째로 표상해야 하는 것은, 공통감각은 또한 외적 감각들로부터, 순수한 그리고 물체 없이, 오는 그 형태들 혹은 관념들을, 밀랍에서처럼, 판타지 혹은 상상력 안에 형성하기 위해 인장과 같은 기능을 수행한다는 것이다.[364] 그리고 이 판타지는 신체의 실제 부분이고, 그 크기가 상당해서, 그 상이한 부위들은 상호 구별되는 여러 형태들을 띨[365] 수 있고, 또 이것들을 보다 오래 파지하곤 한다는 것이다. 그리고 이때 바로 이것이 기억으로 불리는 것이다.

네 번째로 표상해야 하는 것은, 원동력[366], 즉 신경들 자체는 판타지가 들어 있는 뇌에 그 기원을 두고, 그것들은, 외적 감각에 의해 공통감각이, 혹은 펜 하부에 의해 그 전체가 움직이듯이, 판타지에 의해 상이한 방식으로 움직인다는 점이다. 이 예는 또한, 어떤 식으로 판타지가 신경들 안에서 많은 운동들의 원인일 수 있는 [415] 지를 보여준다. 물론 판타지가 자기 안에 이 운동들에 대한 명시적 상들이 아니라, 다른 어떤 것들 — 이것들로부터 이 운동들이 뒤따라 나올 수 있는 — 을 가지기는 하지만 말이다.[367] 왜냐하면 펜 전체는 그 하부처럼 움직이지 않고, 더구나 또한 그것은, 자기의 보다 큰 부분에 따라, 완전히 상이한 그리고 반대의 운동으로 나아가는 것으로 보이기 때문이다.[368] 그리고 이로부터, 어떻게 다른 동물들의 모든 운동들이, 비록 이것들에서 사물의 인식은 전혀 용인되지 않고, 순전히 물체적인 판타지[369]만이 용인된다고 해도, 일어날 수 있는지를 이해할 수 있다. 마찬가지로 또한, 어떻게 우리가 이성의 아무런 조력 없이[370] 실행하는 그 모든 작용들이 우리 자신 안에서 일어나는지를 이해할 수 있다.

다섯 번째로 표상해야 하는 것은, 본래 이 힘은 — 이것을 통해 우리가 본래 사물을 인식하는 — 순전히 영적이라는 점,[371] 그리고 그것은, 피가 뼈와, 혹은 손이 눈과 구별되는 것 못지않게, 신체와 전적으로 구별된다는 점이다. 그리고 그 힘은 단일하다는 점이다. 그 힘이 공통감각으로부터[372] 형태들을 함께 받아들이든, 아니면 그것이 기억 안에서 보존되는 형태들로 향하든, 아니면 그것이 새로운 형태들 — 이것들에 의해 상상력이 점유되어, 그것이 종종 동시에 공통감각으로부터 관념들을 함께 받아들이기에, 혹은 이 관념들을 순전히 물체의 배열에 따라[373] 원동력으로 옮기기에, 충분치 않은 — 을 형성하든 말이다. 이 모든 것들에서 이 인식하는 힘은 때로는 수동적이고, 때로는 능동적이며,[374] 가끔은 인장과, 가끔은 밀랍과 유사하다. 그렇지만 이것은 여기서 유비로[375]만 취해야 한다. 왜냐하면 물체적 사물들에서 이 힘과 전적으로 유사한 것은 아무것도 발견되지 않기 때문이다. 그리고 이 힘은 하나의 동일한 [416] 힘이다.[376] 만일 이 힘이 상상력과 함께[377] 공통감각으로 향한다면, 본다, 만진다 등으로 말해진다. 만일 이 힘이 상이한 형태들을 띤 것으로서 상상력으로만 향한다면, 기억한다고 말해진다.[378] 만일 이 힘이 새로운 형태들을 꾸며내기 위해 상상력으로 향한다면, 상

아리스토텔레스,
프톨레마이오스,
코페르니쿠스의
모습이 담긴 갈릴레이의
《세계의 체계*De Mundi Systemate*》
속표지. 데카르트는
《철학의 원리》에서
프톨레마이오스와
코페르니쿠스의
가설을 검토한다.

상한다 혹은 표상한다고 말해진다.[379] 만일 마지막으로 이 힘이 홀로 행한다면, 이해한다고 말해진다.[380] 나는 마지막 것이 어떻게 행해지는지를 해당 자리에서[381] 보다 길게 개진할 것이다. 그리고 그 때문에 또한 이 동일한 힘은, 이 상이한 기능들에 따라, 순수지성으로, 아니면 상상력으로, 아니면 기억으로, 아니면 감각으로 명명된다.[382] 그러나 그 힘이 때로는 판타지 안에서 새로운 관념들을 형성하고, 때로는 이미 만들어진 것들에 몰두할 때, 그것은 본래적인 의미에서 정신으로 불린다.[383] 그리고 우리는 이것을 그 상이한 작용들에 적절한 것으로 간주하고, 또 이 이름들의 구별은 차후에 준수되어야 할 것이다. 그러나 이 모든 것이 이렇게 표상되면, 주의 깊은 독자는 이 능력들 각각에 어떤 도움들을 요구해야 하는지, 그리

고 정신의 결함을 보완하기 위해 인간의 재간이 어디까지 미칠 수 있는지를 쉽게 결론지을 것이다.[384]

　실로, 지성은 상상력에 의해 자극될 수 있고, 아니면 반대로 상상력에 작용할 수 있다.[385] 마찬가지로 상상력은, 감각들을 대상들로 향하게 하면서, 원동력을 통해 감각들에 작용할 수 있고, 아니면 반대로 감각들은, 물론 상상력 안에 물체들의 상들을 그리면서,[386] 상상력에 작용할 수 있다. 그러나 기억은, 적어도 물체적인 기억 및 짐승들의 상기와 유사한 기억은 상상력과 전혀 구별되지 않는다.[387] 이로부터 확실히 결론지어지는 것은, 지성이 물체적인 어떠한 것도, 혹은 물체와 유사한 어떠한 것도 지니지 않는 것들을 다룰 경우, 지성은 이 능력들로부터 아무 도움도 받을 수 없다는 것이다. 오히려 반대로, 그것들로부터 방해받지 않도록, 감각들을 멀리해야 하고, 상상력에서 모든 판명한 인상을, 가능한 만큼, 박탈해야 한다.[388] 그러나 만일 지성이 물체와 관련될 수 있는 어떤 것을 조사할 작정이라면, 그것의 관념을 가능한 한 가장 판명하게 상상력 안에 형성해야 한다. 그리고 이것을 보다 편리하게 이행하기 위해,
[417]　이 관념이 재현할 사물 자체가 외적 감각들에 현시되어야 한다.[389] 그리고 개별적 사물들을 판명하게 직관하도록 지성을 도울 수 있는 더 이상의 것들은 없다.[390] 하지만 지성이 수집된 여럿에서 하나의 어떤 것을 동시에 연역하려면 — 종종 해야 하는 것 — 현재의 주의를 요하지 않는 것은 무엇이든, 기억이 나머지 것들을 파지할 수 있도록, 사물들의 관념들에서 제거해야 한다.[391] 그리고 같은 방식으로, 그때 외적 감각들에 제시되어야 할 것은 사물들 자체가 아니라, 오히려 이것들의 축약된 어떤 형태들이며, 이 형태들이, 기억의 감퇴를 경계하는 데 충분하기만 한다면, 더 짧을수록 그만큼 더

180

편할 것이다.³⁹² 그리고 이 모든 것들을 준수하는 자는 누구나 이 부분에³⁹³ 속하는 것들 가운데 어떠한 것도 소홀히 하지 않은 것으로 나에게 보일 것이다.

이제 또한 두 번째 부분에 착수하기 위해, 그리고 단순 사물들의 개념들³⁹⁴을 이것들로부터 복합되는 것들과 신중하게 구별하기 위해, 그리고 또 이 양자 어디에 거짓이 있을 수 있는지를 ─ 우리가 경계하기 위해 ─, 그리고 도대체 어떤 것들을 확실하게 인식할 수 있는지를 ─ 우리가 이것들에만 몰두하기 위해 ─ 보기 위해, 이곳에서, 위에서처럼, 아마도 모든 이들에게서 승인되지 않는 어떤 명제들을 받아들여야 한다.³⁹⁵ 그러나 이것은, 설령 그들이 그것들을 상상의 원들³⁹⁶ ─ 이것들의 도움으로 천문학자들이 자신의 현상들을 기술하는 ─ 보다 더 참된 것은 아니라고 믿더라도, 문제될 것이 거의 없다. 여러분들이 그것들의 도움으로, 임의의 사물에 대해, 어떤 인식이 참 혹은 거짓일 수 있는지를 구별하기만 한다면 말이다.

그러므로 우리가 첫 번째로 말하는 것은, 사물들 각각은, 우리가 [418] 그것들에 대해, 그것들이 실제로 현존하는 한에서, 말하는 경우와 달리, 우리 인식과 관계되는 순서에 따라 고찰되어야 한다는 점이다.³⁹⁷ 실로, 우리가, 예를 들어, 형태를 지니고 연장된 어떤 물체를 고찰하는 경우, 우리는 분명 그것이, 사물의 측면에서, 단일한 그리고 단순한 어떤 것임을 시인할 것이다.³⁹⁸ 왜냐하면 이런 의미에서, 그것은 물체의 본성³⁹⁹, 연장 및 형태로 ─ 이 부분들은 결코 서로 구분되어 현존한 적이 없으므로 ─ 복합된 것으로 말해질 수 없을 것이기 때문이다. 그러나 우리는 그것을, 우리 지성의 견지에서, 이 세 가지 본성들로 복합된 어떤 것으로 부른다.⁴⁰⁰ 왜냐하면 우리가 이 세 본성들이 하나의 동일한 주체에서 동시에 발견된다는 것을 판단할 수 있기 전에, 우리는 그것들 각각을 따로따로 이해했기 때문이다. 이런 이유에서, 우리는 여기서 사물들을, 이것들이 지성에 의해 지각되는 한에서만, 다루므로, 그 인식이 아주 명료하고 판명해서, 정신으로 더 판명하게 알려지는 다수로 분할될 수 없는 것들만을 단순하다고 일컫는다.[401] 이러한 것들은 형태, 연장, 운동 등이다. 그러나 우리는 나머지 모든 것들은 어떤 식으로 이것들로부터 복합되어 있다고 표상한다. 이것은, 우리가 이따금 단순한 것들 자체로부터 추상하는 것들까지 제외되지 않을 만큼, 일반적으로 취해져야 한다. 이를테면, 형태를 통해서보다 한계를 통해서 더 일반적인 어떤 것을 표상하면서 — 이는 지속의 한계, 운동의 한계 등도 말해질 수 있기 때문이다 — 우리가 형태를 연장된 사물의 한계[402]라고 말하는 경우에 일어난다. 실로 이때, 설령 한계의 의미가 형태에서 추상된다고 하더라도, 그렇지만 그렇다고 해서 그것이 형태보다 더 단순한 것으로 보여서는 안 된다.[403] 오히려, 그것은 또한 다른 사물들에게도, 이를테면 형태와는 전적으로 다른 유에 속하는 사물들인 지속 혹은 운동 등의 극단에게도 부여될 것이므로, 그것은 또한 이것들에서 추상되었어야 하고, 따라서 그것은 전적으로 상이한 여러 본성들로 복합된 어떤 것이며, 이 본성들에 중의적으로만 적용되는 것이다.[404]

[419]

우리가 두 번째로 말하는 것은, 우리 지성의 견지에서 단순하다고 말해지는 이 사물들은 순전히 지적인 것들, 혹은 순전히 물질적인 것들, 혹은 공통적인 것들이라는 점이다.[405] 순전히 지적인 것들은 타고난 어떤 빛을 통해 그리고 물질적 상들의 어떠한 도움도 없이 지성에 의해 인식되는 것들이다.[406] 실로, 이러한 것들이 몇몇[407]

있다는 것은 확실하고, 또 무엇이 인식인지를, 무엇이 의심인지를, 무엇이 무지인지를, 마찬가지로 무엇이 — 의욕으로 불릴 수 있는 — 의지의 활동인지를, 그리고 이와 유사한 것들을 우리에게 재현하는 어떠한 물체적 관념도 꾸며낼 수 없다.[408] 그렇지만 이 모든 것들은 우리가 실제로 인식하는 것이고, 아주 쉽게 인식해서, 이를 위해 우리가 이성을 분유하는 것으로[409] 충분하다. 순전히 물질적인 것들은, 물체들 안에서가 아니면 존재하지 않는다고 인식되는 것들이고, 이를테면, 형태, 연장, 운동 등이다. 마지막으로 공통적인 것들은, 때로는 물체적인 것들에, 때로는 영적인 것들에 차별 없이 귀속되는 것들로 불러야 하고,[410] 이를테면 현존, 단일, 지속, 그리고 이와 유사한 것들이다. 공통적인 것들에 공통개념들도 포함되어야 하는데,[411] 이것들은 다른 단순 본성들을 서로 연결시키기위한 어떤 이음줄 같은 것들이고, 우리가 추론하면서 결론짓는 것은 무엇이든 이것들의 명증성에 의거한다.[412] 즉, 제삼자와 같은 것들은 서로 같다는 것, 마찬가지로, 동일한 제삼자와 같은 방식으로 관련될 수 없는 것들은 서로 어떤 차이 또한 가진다는 것 등이다. 게다가 이 공통적인 것들은 순수지성에 의해, 아니면 물질적 사물 [420] 들의 상들을 직관하는 순수지성에 의해 인식될 수 있다.[413]

그 밖에, 나는 기꺼이 단순 본성들의 결여들 및 부정들[414] 또한, 이것들이 우리에 의해 이해되는 한에서, 이 단순 본성들 중에 끼워준다. 왜냐하면 내가, 무엇이 무인지, 혹은 순간인지, 혹은 정지인지를 직관하게끔 하는 인식은 무엇이 현존인지, 혹은 지속인지, 혹은 운동인지를 이해하게끔 하는 인식만큼이나 참되기 때문이다. 그리고 이 표상 방식은, 이제부터 우리가, 인식할 나머지 모든 것들은 이 단순 본성들로부터 복합되어 있다고, 말할 수 있도록 도와줄 것이다. 예를 들어, 내가 어떤 형태가 움직이지 않는다고 판단할 경우, 나는 내 사유가 어떤 식으로 형태와 정지로부터 복합되어 있다고 말할 것이다. 그리고 그 밖의 것들에 대해서도 그렇다.

우리가 세 번째로 말하는 것은, 이 단순 본성들은 모두 그 자체로 알려지고, 어떠한 거짓도 결코 포함하지 않는다는 점이다.[415] 이것은, 만일 우리가 사물을 직관하고 인식하는 이 지성의 능력을 긍정하거나 부정하면서 판단하는 능력과 구별한다면, 쉽게 밝혀질 것이다.[416] 왜냐하면 우리가 실제로 인식하는 사물들을 모른다고 생각하는 일이 일어날 수 있기 때문이다. 즉, 만일 사물들 안에, 우리가 직관하는 것, 혹은 우리가 사유하면서 건드리는 것 이외에, 우리에게 숨겨진 다른 어떤 것이 내재한다는 의혹을, 그리고 우리의 이 사유가 거짓이라는 의혹을 품는다면 말이다.[417] 이런 이유로, 만일 언젠가 우리가 이 단순 본성들 가운데 어떤 것이 우리에 의해 그 전체가 인식되지 않는다고 판단한다면, 우리가 속는다는 것은 명증하다. 왜냐하면, 만일 우리가 그것에 대해 최소한의 어떤 것을 정신으로[418] 건드린다면, — 이것은 우리가 그것에 대해 어떤 판단을 내린다는 것을 가정하는 이상, 분명히 그러지 않으면 안 된다 — 바로 이것으로부터, 우리가 그것 전체를 인식한다고 결론지어야 하기 때문이다. 그러지 않으면, 그것들을 단순하다고 말할 수 없을 것이고, 오히려 우리가 그것에서 지각하는 것으로부터, 그리고 우[421] 리가 그것에 대해 모른다고 판단하는 것으로부터 복합되어 있다고 말할 수 있을 것이기 때문이다.

우리가 네 번째로 말하는 것은, 이 단순 본성들 간의 상호 결합은 필연적이거나 우연적이라는 점이다.[419] 필연적이란 하나가 다른 하나의 표상 안에 어떤 혼란된 방식으로 내포되어 있어서, 만일 우리가 그것들이 서로 떨어져 있다고 판단한다면, 어느 하나도 판명하게 표상할 수 없는 경우이다.[420] 이런 식으로 형태는 연장과, 운동은 지속 혹은 시간과 결합되어 있다, 기타 등등. 왜냐하면 모든 연장이 없는[421] 형태, 모든 지속이 없는 운동을 표상하는 것은 허용되지 않기 때문이다. 이런 식으로 또한, 만일 내가 넷 더하기 셋은 일곱이라고 말한다면, 이 복합[422]은 필연적이다. 그리고 우리는 실로 일곱으로 이루어진 것[423]을, 만일 우리가 이것 안에 셋으로 이루어진 것과 넷으로 이루어진 것을 어떤 혼란된 방식으로 포함시키지[424] 않는다면, 판명하게 표상하지 못하기 때문이다. 그리고 이와 같은 방식으로, 도형들이나 수들에 관해 증명되는 것은 무엇이든 주장되는 것과 필연적으로 연속적이다.[425] 또 이 필연성이 단지 감각적인 것들에서만 발견되는 것은 아니다. 오히려 또한, 예를 들어, 소크라테스가 자기는 모든 것에 대해 의심한다고 말한다면, 이로부터 필연적으로 귀결되는 것은, 그러므로 그는 적어도 그가 의심한다는 것을 이해한다는 것, 마찬가지로, 그는 어떤 것이 참 혹은 거짓일 수 있는지를 인식한다는 것, 등이다.[426] 왜냐하면 이것들은 필연적으로 의심의 본성과 연결되어 있기 때문이다.[427] 반면, 우연적이란 분리될 수 없는 관계로 결합되지 않는 것들의 합일이다.[428] 이를테면, 우리가 신체에 혼이 깃들어 있다,[429] 인간이 옷을 입고 있다, 등을 말하는 경우이다. 그리고 또한, 그것들의 관계를 알아차리지 못하는 이들 대부분이 우연적인 것들 중에 끼워 넣는 것들 가운데 많은 것들이 종종 서로 필연적으로 결합되어 있다. 이를테면 [422] 다음 명제, 나는 존재한다, 그러므로 신은 존재한다는 명제, 마찬가지로, 나는 이해한다, 그러므로 나는 신체와 구별된 정신을 가지고 있다는 명제 등이다.[430] 마지막으로 유의해야 하는 것은, 필연적인 명제들 대부분의 역은 우연적이라는 것이다.[431] 이를테면, 비록 내가 나는 존재한다는 것으로부터 신은 존재한다는 것을 확실하게 결론짓는다고 해도, 그렇지만 신은 존재한다는 것으로부터 나 또한 현존한다는 것을 주장하는 것은 허용되지 않는다는 것이다.[432]

우리가 다섯 번째로 말하는 것은, 우리는 결코 이 단순 본성들, 그리고 이것들의 어떤 상호 혼합 혹은 복합 외에 어떠한 것도 이해할 수 없다는 점이다.[433] 게다가 여러 상호 결합된 것들을 동시에 알아차리는 것이 하나를 다른 것들과 분리하는 것보다 종종 더 쉽다는 점이다. 왜냐하면, 예를 들어, 내가 삼각형의 인식 안에 각에 대한, 선에 대한, 셋이라는 수에 대한, 형태에 대한, 연장 등에 대한 인식이 들어 있다는 것을 사유한 적이 없더라도, 나는 삼각형을 인식할 수 있다. 그렇지만 이것이 우리가 삼각형의 본성이 이 모든 본성들로 복합되어 있다는 것, 그리고 이 본성들이 삼각형보다 더 잘 알려진다는 것을 말하지 못하게 막는 것은 아니다. 왜냐하면 바로 이것들이 삼각형 안에서 이해되는 것이기 때문이다.[434] 그리고 이 외에도 어쩌면 우리에게 숨겨져 있는[435] 다른 많은 것들이 삼각형 안에 포함되어 있을 수도 있다. 예를 들면, 두 직각과 동등한 각들의 크기, 그리고 변들과 각들 혹은 면적 간에 존재하는 무수한 관계들 등이다.

우리가 여섯 번째로 말하는 것은, 우리가 복합적으로 부르는 이 본성들이 우리에 의해 인식되는 것은, 그것들이 그러한 것들이라고 우리가 경험하기 때문이거나, 아니면 우리 자신이 그것들을 복합하기 때문이라는 점이다.[436] 우리는 우리가 감각으로 지각하는 것은 무엇이든, 우리가 다른 이들로부터 듣는 것은 무엇이든, 그리고 일반적으로, 다른 데서부터, 아니면 자기 자신의 반성적 관조로부터 우리 지성에 이르는 것은 무엇이든 경험한다.[437] 여기서 유의해야 하는 것은, 만일 지성이 자기에게 나타나는 대상들을, 자기 자신에서든 판타지 안에서든 가지고 있는 대로, 정확히 직관하기만 한다면, 그리고 이외에도 지성이, 상상력이 감각들의 대상들을 충실하게 전한다고도, 감각들이 사물들의 참된 형태들을 받아들인다고도[438], 끝으로 외부 사물들이 언제나 나타나는 그대로 존재한다고도, 판단하지만 않는다면, 지성은 결코 어떠한 경험에 의해서도 기만당할 수 없다는 점이다. 왜냐하면 우리는 이 모든 것들에서 오류에 연루되기 때문이다.[439] 이를테면, 어떤 이가 우리에게 우화를 들려주었고, 우리가 그것을 일어난 것이라고 믿는 경우, 황달에 걸린 어떤 이가, 노란색으로 물든 눈을 갖고 있기 때문에, 모든 것이 노랗다고 판단하는 경우, 끝으로, 상상력에 탈이 났을 때, 우리가, 우울증환자에게서 일어나듯이, 그것의 교란된 환영들이 참된 사물들을 재현한다고 여기는 경우이다.[440] 그러나 이 같은 것들은 지혜로운 자의 지성을 속이지 못할 것이다. 왜냐하면 그의 지성은 상상력에서 받아들이는 것은 무엇이든 실제로 그 안에 그려져 있다고 판단할 것이기는 하지만, 그럼에도 그의 지성은 결코 그것이, 먼저 다른 어떤 근거를 통해 인식하지 않았다면, 온전히 그리고 아무런 변화 없이 외적 사물들에서 감각들로, 감각들에서 판타지로 흘러내렸다고 단언하지 않을 것이기 때문이다.[441] 그러나 우리는 우리가 이해하는 사물들을, 우리 정신[442]에 의해 어떠한 경험을 통해서도 직접적으로 지각하지 않은 어떤 것이 그것들에 내재한다고 우리가 믿을 때마다, 우리 자신이 복합한다. 예를 들어, 황달환자가 보이는 사물들이 노랗다고 확신한다면, 그의 이 사유는 그의 판타지가 그에게 재현하는 것으로부터, 그리고 그가 그 스스로 받아들

프랑스의 수학자,
과학자이자 철학자인
파스칼Blaise Pascal
(1623~1662).
데카르트는 27년 연하인
파스칼과 만나 전공에 관해
많은 대화를 나누었다.

이는 것,[443] 즉 눈의 결함 때문이 아니라, 보이는 사물들이 실제로 노랗기 때문에, 노란색이 나타난다는 것으로부터 복합될 것이다. 이로부터, 우리는 우리가 믿는 사물들이 우리 자신에 의해 어떤 식으로 복합되는 동안만 속을 수 있다는 것이다.

[424]   우리가 일곱 번째로 말하는 것은, 이 복합은 세 가지 방식으로, 즉 충동을 통해, 추측을 통해, 혹은 연역을 통해 행해질 수 있다는 점이다.[444] 어떤 근거를 통해 설득되는 것이 아니라, 단지 우월한 어떤 힘에 의해, 혹은 자기 고유의 자유에 의해, 혹은 판타지의 상태에 의해 결정되면서, 기질적으로 어떤 것을 믿도록 이끌리는 이들은 사물들에 대한 그들의 판단들을 충동을 통해 복합한다.[445] 그런데 첫 번째 것은 결코 속이지 않고, 두 번째 것은 드물게 속이며, 세 번째 것은 거의 항상 속인다.[446] 그러나 첫 번째 것은 이곳에 적합하지 않은바, 왜냐하면 그것은 기예의 대상이 아니기[447] 때문이다. 추측을 통한 복합은, 이를테면, 다음 경우이다.[448] 우리가, 지구

중심에서 흙보다 더 멀리 떨어진 물은 또한 흙보다 더 묽은 농도를 지니고, 마찬가지로 물보다 더 위에 있는 공기는 또한 물보다 더 희박하다는 사실로부터, 공기 위에는 극히 순수하고 공기 자체보다 훨씬 더 묽은 어떤 에테르 이외에 아무것도 없다고 추측하는 경우 등이다. 그러나 우리가 이런 방식으로 복합하는 것은 무엇이든, 우리가 그것을 단지 개연적이라고 판단하고, 결코 참이라고 주장하지 않는다면, 그것은 물론 우리를 속이지 않지만, 그렇다고 우리를 더 박식하게 만드는 것도 아니다.[449]

그러므로 남아 있는 것은 연역뿐이고, 이것을 통해 우리는 사물들을, 우리가 그것들의 진리를 확신할 만큼, 복합할 수 있다. 그렇지만 연역에서도 여러 결함들이 있을 수 있다. 예를 들어, 공기로 가득 찬 공간 안에서 우리는 시각으로도, 촉각으로도, 다른 어떠한 감각으로도 지각하는 것이 아무것도 없다는 사실로부터, 이 공간의 본성과 공허의 본성을 잘못 결합시키면서, 이 공간이 텅 비어 있다고 결론짓는 경우이다.[450] 그리고 이런 일은, 우리가 개별적인 혹 [425] 은 우연적인 사물로부터 일반적인 그리고 필연적인 어떤 것[451]이 연역될 수 있다고 판단할 때마다, 일어난다. 그러나 이 오류를 피하는 것은 우리 힘 안에 있다. 즉, 우리가 하나와 다른 하나와의 결합이 전적으로 필연적임을 직관하지 않는 경우, 어떠한 것도 서로 결합시키지 않는다면 말이다. 이를테면, 형태는 연장과 필연적 결합을 가진다는 사실로부터, 연장되지 않는 것은 어떠한 것도 형태를 가질 수 없다는 것을 연역하는 경우 등이다.

이 모든 것에서 첫 번째로 귀결되는 것은, 우리가 처음에 단지 혼란하게 그리고 거칠게 보여줄 수 있었던 것을 판명하게 그리고, 내가 생각하듯이, 충분한 열거를 통해 개진했다는 점이다.[452] 즉 명증적 직관과 필연적 연역 외에 진리의 확실한 인식에 이르는 어떠한 길도 인간에게 열려 있지 않다는 것이다. 마찬가지로 또한, 제8규칙에서 다룬 그 단순 본성들이 무엇인가 하는 것이다. 그리고 명료한 것은, 정신의 직관은, 어느 때는 그 모든 단순 본성들에, 어느 때는 이것들의 상호 필연적 결합들을 인지하는 것에, 마지막으로 지성이 정확하게, 자기 자신 안에, 아니면 판타지 안에 있다고 경험하는 나머지 모든 것들에 미친다는 점이다.[453] 그러나 연역에 대해서는 다음에[454] 더 말할 것이다.

두 번째로 귀결되는 것은, 이 단순 본성들은 그 자체로 충분히 알려지기 때문에, 그것들을 인식하기 위해 애쓸 필요가 전혀 없다는 점이다. 오히려 단지 그것들을 서로 분리시키고, 그 각각을 따로따로 정신의 눈으로 집중해서 직관해야 한다는 점이다.[455] 실로, 앉아 있을 때, 서 있을 때의 자기 자신과 어떤 식으로 다르다는 것을 지각하지 못할 만큼 둔한 정신[456]을 지닌 자는 아무도 없다. 그러나 모든 이들이 똑같이 판명하게 위치의 본성을 이 사유 안에 포함된 나머지 것들과 분리하는 것도 아니고, 모든 이들이 이때 변하는 것은 위치뿐이라고 단언할 수 있는 것도 아니다. 여기서 우리가 괜히 이것에 주의를 환기하는 것이 아니다. 왜냐하면 배운 자들은 종종 아주 영리하곤 해서, 그 자체로 명증하고, 농부들도 결코 모르지 않는 것들에서조차 눈멀게 되는 방식을 발견하기 때문이다.[457] 이것은 그들에게, 그들이 그 자체로 알려지는 이 사물들을 더 명증적인 어떤 것을 통해 개진하려고 시도할 때마다, 일어난다.[458] 왜냐하면 그들은 다른 것을 설명하거나, 아니면 어떠한 것도 전혀 설명하지 않기 때문이다.[459] 실로, 누가 그 모든 것 — 이것이 무엇이든, 이것에 따라 우리가 장소를 바꾸면 바뀌는 — 을 지각하지 못하고, 그

[426]

에게 **장소는 둘러싸는 물체의 표면**[460]이라고 말할 때, 누가 그것을 표상할 것인가? 내가 움직이지 않고 장소를 바꾸지 않는 동안, 이 표면은 변할 수 있으니 말이다. 혹은 반대로, 이 표면이 나와 함께 움직여서, 그것이 나를 둘러싼다고 해도, 나는 더 이상 같은 장소에 있지 않을 것이니 말이다. 그러나 정말로, **운동 ― 누구에게나 너무나 잘 알려진 것 ― 은, 가능태인 한에서, 가능적 존재의 현실태**[461]라고 말하는 이들은, 은밀한 힘을 지니는 그리고 인간 정신의 파악을 넘어서는 마술적인 말들을 던지는 자들로 보이지 않겠는가? 실로, 누가 이 말들을 이해하는가? 누가 운동이 무엇인지 모르는가? 누가 이들이 사초에서 마디를 찾았다고 인정하지 않을 것인가? 그러므로 우리가 단순한 것들 대신 복합적인 것들을 붙잡지 않으려면,[462] 이런 유의 정의를 통해 사물들을 설명해서는 결코 안 된다고 말해야 한다. 오히려 단순한 것들만을, 다른 모든 것들에서 따로 떼어놓고, 각자가 주의 깊게 그리고 자기 정신의 빛에 따라 직관 [427] 해야 한다.[463]

세 번째로 귀결되는 것은, 인간의 모든 지식은, 우리가 어떤 식으로 이 단순 본성들이 다른 사물들의 복합에 동시에 협력하는지를 판명하게 보는 것, 이 하나에 성립한다는 점이다.[464] 이것을 눈여겨 보아두는 것은 매우 유익하다.[465] 왜냐하면 조사할 어떤 어려움이 제시될 때마다, 거의 모든 이들은 어떤 사유들에 정신을 내주어야 하는지를 주저하면서, 그리고 이전에 그들에게 알려지지 않은 존재자의 어떤 새로운 유가 탐구되어야 한다고 여기면서 문턱에 걸려 있기 때문이다.[466] 예를 들어, 자석의 본성이 무엇인지 묻는 경우, 이것이 힘들고 어렵다고 예측하기 때문에 ― 그들은 곧장, 영혼[467]을 모든 명증적인 것들에서 떼어놓고, 그것을 가능한 한 가장 어려운 것들로 향하게 하고, 또 어쩌다, 많은 원인들의 빈 공간을 헤매고 다니는 동안, 새로운 어떤 것을 발견하게 될지를 막연히 지켜본다.[468] 반면, 단순하고 그 자체로 알려지는 어떤 본성들로 구성되지 않은 것은 어떠한 것도 자석 안에서 인식될 수 없다고 사유하는 자는 무엇을 해야 하는지에 주저하지 않을 것이다.[469] 그는 먼저 이 돌에 대해 가질 수 있는 모든 경험들[470]을 세심히 모으고, 그다음에 이 경험들로부터, 그가 자석 안에서 경험한 모든 결과들을 산출하는 데 필요한 단순 본성들 간의 혼합[471]이 어떠한 것인지를 연역하려고 노력한다. 이것이 일단 발견되었다면, 그는 과감하게, 인간에 의해 그리고 주어진 경험들로부터 발견될 수 있는 만큼, 자석의 참된 본성을 지각했다고 단언할 수 있다.

말한 것들로부터, 마지막 네 번째로 귀결되는 것은, 사물들에 대한 하나의 인식이 다른 하나의 인식보다 더 모호하다고 생각해서 [428] 는 안 된다는 점인데, 왜냐하면 그것들은 모두 동일한 본성을 지니고, 그 자체로 알려지는 사물들의 복합에만 성립하기 때문이다.[472] 이것을 주목하는 이는 거의 없다. 오히려 반대 의견에 의해 선점되어, 보다 오만한 자들은 자기의 추측들을 참된 증명들인 양 주장하기까지 하고, 또 전혀 모르는 사물들에서는 종종 모호한 진리들을 마치 증기를 통해 본다고 예언하며,[473] 그 진리들을 — 그들의 표상들을 어떤 단어들에 동여매면서[474] — 내놓는 것을 두려워하지 않고, 그들이 이 단어들의 도움으로 많은 것들을 토론하고 일관되게 말하곤 하지만, 실제로 그들 자신도 듣는 이들도 그 단어들을 이해하지 못한다. 그러나 보다 겸손한 이들은 종종 많은 것들을, 비록 이것들이 쉽고, 삶에 각별히 필요하다고 해도, 조사하기를 삼간다. 왜냐하면 단지 그들이 그것들에 필적하지 못한다고[475] 생각하기 때문이다. 그리고 그들은 출중한 지력을 갖춘[476] 다른 이들이 그것들을 지각할 수 있다고 여기므로, 이들의 권위에 더 큰 신뢰를 보내면서, 이들의 견해를 포용한다.[477]

우리가 다섯 번째로 말하는 것은,[478] 단지 사물들이 단어들로부터, 혹은 원인이 결과에 의해, 혹은 결과가 원인에 의해, 혹은 유사한 것이 유사한 것으로부터, 혹은 부분들 또는 전체 자체가 부분들로부터 연역될 수 있다는 점이다……[479]

그 밖에도, 우리 규정들의 연쇄가 혹시나 누군가에게 숨겨져 있지 않도록, 우리는 인식될 수 있는 것은 무엇이든 단순 명제들과 문제들로 나눈다.[480] 단순 명제들에 대해, 우리는, 임의의 대상을 보다 판명하게 직관하도록, 그리고 그것들을 명민하게 탐색하도록 인식하는 힘을 준비시키는 규정들 이외에 다른 규정들을 가져오지 않는데, 왜냐하면 단순 명제들은 저절로 나타나야만 하고, 탐구될 수 없기 때문이다.[481] 우리는 이것을 이전 열두 규정들 안에 포 [429] 괄했고, 이 규정들에서, 우리는 이성의 사용[482]을, 어떤 식으로 보다 쉽게 만들 수 있는 모든 것을 현시했다고 생각한다. 그러나 문제들 가운데, 우리가, 그것들의 해결을 모른다고 하더라도, 완전하게 이해하는 어떤 문제들이 있는데, 우리는 이것들만을 바로 다음 열두 규칙들에서 다룰 것이다. 끝으로, 우리가 완전하게 이해하지 못하는 다른 문제들은 마지막 열두 규칙들을 위해 남겨둘 것이다.[483] 우리는 이 분할을 의도 없이[484] 생각해낸 것이 아닌바, 이는 한편으로 우리가 뒤따르는 것들의 인식을 전제하는 어떤 것들을 말하도록 강요받지 않기 위함이고, 다른 한편으로, 우리가 또한 정신을 함양하기 위해 우선 종사해야 한다고 느끼는 것들을 먼저 일러주기 위함이다.[485] 유의해야 하는 것은, 우리가 완전하게 이해하는 문제들 가운데, 우리는 문제들— 이것들에서 세 가지를 판명하게 지각하는— 만을 고려한다는 것이다. 즉, 구하는 것이 나타날 때, 어떤 표식들로 그것이 인식될 수 있는지, 이것, 즉 이것으로부터 우리가 구하는 것을 연역해야 하는 것이 정확하게 무엇인지, 그리고 이 둘이 상호 의존되어 있어서, 하나는, 다른 하나가 변하지 않으면, 어떠한 근거로도 변할 수 없다는 것이 어떤 식으로 입증되어야 하는지이다.[486] 그런 만큼, 우리는 모든 전제들을 가지고 있고, 남아 있는 것은 오직, 어떤 식으로 결론이 발견될 것인지를 일러주는 것이다. 물론, 하나의 단순한 사물로부터 하나의 어떤 것을 연역하면서가 아니라 (왜냐하면 이것은, 이미 말했듯이, 규정들 없이 행해질 수 있기 때문이다), 동시에 뒤얽힌 다수에 의존하는 하나의 어떤 것을, 가장 단순한 추론을 행하는 것 이상의 정신의 능력이 어디에서도 요구되지 않을 만큼, 기예로 풀어내면서 말이다.[487] 이런 유의 문제들

[430] 은, 그 대부분이 추상적이고 거의 산술이나 기하학에서만 나타나기 때문에, 미경험자들에게는 쓸모가 별로 없는 것으로 보일 것이다. 그럼에도 나는 이 방법의 다음 부분을— 여기서 우리가 다른 모든 것을 다루는— 완전하게 소유하기를 원하는 이들은 이 기예를 습득하는 데 보다 오래 전념해야 하고 연마해야 한다는 것을 일러준다.

제13규칙 만일 우리가 문제를 완전하게 이해한다면,
그것은 모든 불필요한 표상에서 추상되어야 하고,
가장 단순한 것으로 환원되어야 하며, 열거로
가능한 한 가장 작은 부분들로 분할되어야 한다.[488]

그리고 우리는 다음과 같은 점 하나에서만 변증론자들을 모방한다. 즉, 그들이 삼단논법들의 형식들을 가르치기 위해 그것들의 항들 혹은 질료를 알려진 것으로 전제하듯이, 우리 또한 여기서 문제가 완전하게 이해되었다는 것을 미리 요구한다는 것이다.[489] 그러나 우리는, 그들처럼, 양단항들과 중간항을 구별하지는 않는다.[490] 오히려 사물 전체를 다음과 같이 고찰한다. 첫째, 모든 문제에 알려지지 않은 어떤 것이 필히 있어야 한다. 그렇지 않으면, 탐구는 헛된 일이 될 것이니 말이다. 둘째, 이 알려지지 않은 것은 어떤 식으로 지시되어 있어야 한다. 그렇지 않으면, 우리는 임의의 다른 것보다 오히려 이것을 탐구하도록 결정되지 못할 것이니 말이다. 셋째, 그것은 알려진 다른 어떤 것을 통해서만 그렇게 지시될 수 있다. 이 모든 것들은 또한 불완전한 문제들 안에서도 발견된다. 예를 들어, 자석의 본성이 어떠한 것인지를 구하는[491] 경우, 우리가 자석 [431] 과 본성이라는 이 두 낱말이 의미한다고 이해하는 것 — 이것에 의해 우리가 다른 것보다 오히려 이것을 구하도록 결정되는 — 이 알려져 있다는 것이다, 등등. 그러나 이외에도, 문제가 완전해지기 위

해, 우리는 그것이 모든 점에서 결정되기를, 그런 만큼, 주어진 것들로부터 연역될 수 있는 것 이상의 어떠한 것도 구하지 않기를 요구한다.[492] 예를 들어, 어떤 이가 나에게 자석의 본성에 관해, 길버트가 자신이 행했다고 주장하는 그 실험들로부터 — 이것들이 참이든 거짓이든— 정확하게 무엇이 추론되어야 하는지를 묻는 경우이다.[493] 마찬가지로, 가령 세 현 A, B, C에서, B는 A보다 더 길지 않지만 두 배 굵고 두 배 무거워 그만큼 팽팽해지고, 반면 C는 A보다 더 굵지 않지만 두 배 더 길고 네 배 무거워 그만큼 팽팽해지므로 A, B, C가 동등한 소리를 낸다는 사실만으로부터, 내가 소리의 본성에 관해 정확하게 어떤 판단을 내리는지를 묻는 경우이다, 등등. 이것들로부터, 어떤 식으로 모든 불완전한 문제들이 완전한 문제들로 환원될 수 있는지가,[494] 해당 자리에서 보다 길게 개진될 것인바, 쉽게 지각된다. 그리고 또한, 잘 이해된 어려움을 불필요한 모든 표상들에서 추상하기 위해, 그리고 그것을 우리가 더 이상 이런저런 주제에 대해서가 아니라, 단지 일반적으로, 상호 비교해야 할 어떤 크기들에 대해 다룬다고 사유할 정도로 환원하기 위해, 어떤 식으로 이 규칙이 준수될 수 있는지도 드러난다.[495] 왜냐하면, 예를 들어, 일단 우리가 자석에 관한 이런저런 실험들만을 고찰하기로 결정했다면, 우리 사유를 다른 모든 것들에서 떼어놓는 데 아무 어려움도 남아 있지 않기 때문이다.

[432]　　　이외에도 덧붙이는 것은, 어려움을 가장 단순한 것으로[496] 환원해야 한다는 것, 이것은 제5규칙과 제6규칙에 따르는 것이고, 또 그것을, 제7규칙에 따라, 분할해야 한다는 점이다. 예를 들어, 만일 내가 여러 실험들을 통해 자석을 조사한다면, 나는 이것들을 차례차례 분리해서 통람할 것이다. 마찬가지로, 만일 내가, 말했듯이,

소리를 조사한다면, 나는 현 A와 B를, 그다음에 현 A와 C 등을 분리해서 서로 비교할 것인데, 이는 나중에 그 모든 것들을 동시에 충분한 열거로[497] 포괄하기 위함이다. 그리고 어떤 명제의 항들에 대해, 우리가 그 마지막 해결을 착수하기 전에, 순수지성이 ─ 다음 열한 가지 규칙들의 사용을 필요로 하는 경우 ─ 지켜야 하는 것은 이 세 가지뿐이다.[498] 이것들이 어떻게 행해져야 하는지는 이 논고의 제3부에서 보다 분명히 드러날 것이다.[499] 그런데 우리는 문제들을 모든 것 ─ 이 안에서 참이나 거짓이 발견되는 ─ 으로 이해한다.[500] 우리가 그것들 각각에 대해 해낼 수 있는 것을 결정하기 위해, 그것들의 상이한 유들을 열거해야 한다.

우리는 이미, 오직 사물들에 대한 직관 안에서, 그것들이 단순한 것이든 연결된 것이든, 거짓은 있을 수 없다고 말했다.[501] 또한 그 것들은, 이런 의미에서, 문제들로 불리지 않는다. 오히려 그것들은, 우리가 그것들에 대해 어떤 결정된 판단을 내리기를 숙고[502]하자마자, 그 이름을 획득한다. 실로, 우리가 단지 다른 이들이 우리에게 하는 요청들만을[503] 문제들로 꼽는 것은 아니다. 또한 소크라테스의 무지, 아니 오히려 의심은, 소크라테스가, 의심으로 향하면서, 그가 모든 것에 대해 의심한다는 것이 참인지를 물어보기 시작하고, 바로 그것을 긍정하자마자, 문제가 되었다.[504]

그런데 우리는 단어들로부터 사물들을, 혹은 결과들로부터 원인들을, 혹은 원인으로부터 결과를, 혹은 부분들로부터 전체 또는 다른 부분들을, 혹은 끝으로, 이것들로부터 동시에 많은 것들을 탐구한다.[505] [433]

우리는, 어려움들이 말의 모호성에 있을 때마다, 단어들로부터 사물들을 구한다고 말한다.[506] 이것에 관련되는 것이 모든 수수께끼들— 처음에는 네 발, 그다음은 세 발이 되고 마지막에는 두 발이 되는 동물에 관한 스핑크스의 수수께끼, 마찬가지로 물고기를 잡기 위해 낚싯대와 바늘을 갖추고 물가에 서서 자기들이 잡은 물고기를 가지고 있지 않다고, 오히려 반대로 아직 잡을 수 없었던 물고기를 가지고 있다고 말하는 낚시꾼들에 관한 수수께끼 등과 같은— 만이 아니다. 이외에도, 배운 자들이 논쟁하는 것들의 가장 큰 부분들 안에서, 거의 항상 문제는 이름에 관한 것이다.[507] 그리고 매우 뛰어난 정신들이 사물들을 충분히 적절하지 않은 단어들로 설명할 때마다, 그들이 사물들 자체를 잘못 표상한다고 여길 정도로, 그들에 대해 나쁜 감정을 가질 필요는 없다.[508] 만일 그들이 일찍이, 예를 들어, **둘러싸인 물체의 표면**을 **장소**라고 부른다면,[509] 그들은 실제로 거짓된 어떠한 것도 표상하지 않으며, 오히려 장소라는 이름을 남용하고 있을 뿐이다. 그 이름은 통상적 용법에 따라 단순하고 그 자체로 알려지는 본성— 이것을 근거로 어떤 것이 여기에 혹은 저기에 있다고 말해지는, 이것 전체는 외적 공간의 부분들과 장소 안에 있다고 말해지는 사물 간의 특정한 관계에 존립하는, 이것을 몇몇 이들이, 장소라는 이름이 이미 둘러싸인 표면으로 쓰이고 있음을 보면서, 부적절하게 내적 자리[510]로 불렸던— [511]을 의미한다. 그 밖의 것들도 마찬가지다. 그리고 이 이름의 문제는 매우 자주 나타나므로, 철학자들이 단어들의 의미에 대해 늘 일치를 본다면, 그들의 모든 논쟁은 거의 없어질 것이다.

[434]

우리가 어떤 사물에 대해, 그것이 존재하는지, 혹은 그것이 무엇인지를 탐구할 때마다, 결과들로부터 원인들이 구해진다……[512]

그 밖에도, 해결해야 할 어떤 문제가 우리에게 제시되는 동안, 우리는 종종, 그것이 어떤 유에 속하는지도, 사물들이 단어들로부터, 혹은 원인들이 결과들에서, 등등 구해지는지도 즉시 알아차리지 못한다. 이 때문에 이 특수한 것들에 대해 더 많은 말을 한다는 것은 나에게 불필요한 것으로 보인다. 실로, 우리가 임의의 어려움을 해결하기 위해 행해야 하는 모든 것들을 동시에 순서대로 추적한다면, 보다 빠르고 보다 용이할 것이다. 그러므로, 임의의 문제가 주어지면, 우리는 가장 먼저, 구하는 것이 무엇인지를 판명하게 이해하도록 노력해야 한다.

실로, 자주 많은 이들은, 명제들을 탐구할 때, 서두르는 나머지, 어떤 표식들로 구하는 것을 — 이것이 혹시 나타날 경우 — 식별할 것인지를 알아차리기도 전에, 방랑하는 정신을 그 명제들의 해결에 들이댄다.[513] 이는 하인이 주인의 심부름으로 어디론가 갈 때, 복종하는 것에 너무나 열망한 나머지, 명령도 받지 않은 채, 또 어디로 가야 명령을 따르는 것인지를 알지도 못한 채, 내달리는 경우 못지않게 어리석은 짓이다.

그렇기는 하지만, 모든 문제 안에서, 비록 알려지지 않은 어떤 것이 있어야 한다고 해도, — 그렇지 않으면, 탐구는 헛된 일이 될 것이니 말이다 — 그렇지만 그것 자체는 특정한 조건들을 통해 지시 [435] 되어야 하고, 이로써 우리가 전적으로 다른 것보다 오히려 하나의 어떤 것을 탐구하도록 결정될 것이다. 그리고 이것들은 조건들 — 이것들을 조사하는 데, 우리가 말했듯이, 처음부터 즉시 전념해야 하는 — 이다. 이것은, 만일 이 조건들 각각이 우리가 구하는 알려지지 않은 그것을 얼마만큼 한정하는지를 세심히 탐구하면서, 그 각각을 판명하게 직관하기 위해 정신의 눈[514]을 돌린다면, 이루어질 것이다. 왜냐하면 인간의 정신[515]은 보통 여기서 두 가지 방식으로, 즉 문제를 결정하기 위해 어떤 것을 주어진 것 이상으로 받아들이면서, 아니면 반대로 어떤 것을 빠뜨리면서, 속곤[516] 하기 때문이다.

경계해야 하는 것은, 우리가 주어진 것들보다 더 많이 그리고 더 엄격히[517] 가정하지 않는 것이다. 이는 수수께끼들에서 그리고 정신을 꾀기 위해 교묘하게 고안된 다른 요청들에서[518] 특히 그렇지만, 그러나 이따금 또한 다른 문제들에서도— 이것들을 해결하기 위해, 확실한 근거가 아니라 케케묵은 의견이 우리를 설득한 어떤 것을 확실한 것처럼 가정하는 것으로 보이는 경우에— 그렇다. 예를 들어, 스핑크스의 수수께끼에서 발이라는 이름이 단지 동물의 실제 발만을 의미한다고 사유해서는 안 되고, 그 이름이 또한 다른 어떤 것들로, 일어나듯이,[519] 즉 아이의 손이나 노인의 지팡이로 옮겨질 수 있는지를 보아야 한다. 왜냐하면 이 둘은 발처럼 보행에 쓰이기 때문이다. 마찬가지로, 낚시꾼의 수수께끼에서도, 물고기들에 대한 사유가 우리 정신을 점유해서, 그 사유가 우리 정신을,— 가난한 자들이 종종 본의 아니게 지니고 돌아다니고, 그들이 잡았을 때는 던져버리는— 그 동물들에 대한 인식에서 떼어놓지 않도록 경계해야 한다.[520] 또 우리가 언젠가 보았던— 그 중앙에 지주가 서 있었고, 그 위에 마치 마시고 싶어 하는 모습을 한 탄탈로스의 조각상이 있었는데, 용기에 담긴 물은 물론, 충분히 깊지 않고, 탄탈로스의 입 안에 있는 동안에는, 그대로 남아 있었지만, 불행한 입술에 물이 닿자마자 그 전체가 계속 흘러나온— 그러한 용기가 어떻게 구축되었는지를 묻는 경우에도 마찬가지다. 얼핏 보면, 기예 전체가 이 탄탈로스 조각상의 조립에 있었던 것으로 보이기는 하지만, 그럼에도 이것은 실제로 어떤 식으로 어려움을 결정하는 것이 아니라, 어려움을 그저 수반하는 것이다. 왜냐하면 이 어려움

[436]

전체는 다음 하나, 즉, 물이 특정한 높이에 이르자마자, 이전과는 달리, 그 전체가 용기에서 흘러나오기 위해서는, 어떻게 용기가 구축되어야 하는지를 묻는 것에만 있기 때문이다. 마지막으로, 우리가 천체에 대해 가지는 그 모든 관찰들로부터, 우리가 그 운동들에 대해 주장할 수 있는 것이 무엇인지를 묻는 경우도 마찬가지인데, 이때, 고대인들이 그랬듯이, 유년기부터 우리에게 그렇게 보였다고 해서, 지구는 부동이고, 사물의 중심에 놓여 있다는 것을 그냥[521] 받아들여서는 안 된다. 오히려 이런 것은 또한, 우리가 나중에, 이것에 대해 확실하게 판단할 수 있게 하는 것이 무엇인지를 조사하기 위해서도 의심되어야 한다. 그리고 그 밖의 것들에 대해서도 그렇다.

그에 반해, 우리가 문제의 결정에 요구되는 어떤 조건에 — 이것이 문제 안에 명시되어 있든, 아니면 어떤 식으로 이해해야 하든 — 에 대해 반성하지 않을 때마다, 우리는 누락의 죄를 범한다.[522] 예를 들어, 별이나 샘 등의 것과 같이 자연적 영속 운동이 아니라 인간 재간에 의해 만들어진 영속 운동을 구하는 경우,[523] 그리고 어떤 이가 (많은 이들이, 지구는 자신의 축을 중심으로 원을 그리면 [437] 서 영속적으로 운동하고, 자석은 지구의 모든 특성을 보유한다고 여기면서, 그것이 행해질 수 있다고 믿었듯이), 만일 이 돌을 적절히 만들어서, 이것이 원형으로 움직인다면, 혹은 적어도 자신의 운동을 자신의 다른 힘들과 함께 쇠에게 전한다면, 영속 운동을 발견할 것이라고 생각하는 경우이다. 설령 이런 일이 일어나더라도, 그는 영속 운동을 기예로[524] 만든 것이 아니라, 단지 자연적인 것을 이용했을 뿐이고, 이는 그가 바퀴를 강의 물줄기에 놓아서, 이것이 항상 움직이는 것과 다름없다. 그러므로 그는 문제를 결정하는 데 요구된 조건을 소홀히 할 것이다, 등등.

문제를 충분히 이해한 다음에는, 그것의 어려움이 어디에 있는지를 정확히 보아야 한다. 이는 그 어려움을, 다른 모든 것들에서 추상하면서, 보다 쉽게 해결하기 위함이다.

그 어려움이 어디에 위치하는지를 인식하기 위해, 문제를 이해하는 것으로 항상 충분한 것은 아니다. 이외에도 문제 안에서 요구되는 것들 각각에 대해 반성해야 하는데, 이는, 발견하기 쉬운 것들이 우리에게 나타나는 경우, 우리가 이것들을 제쳐놓기 위함이고, 또 이것들을 명제에서 제거하면서, 우리가 모르는 것만을 남겨두기 위함이다.[525] 예를 들어, 조금 전에 묘사한 용기에 관한 문제에서, 우리는 물론 어떻게 용기가 만들어져야 하는지, 기둥이 그 중앙에 세워져야 하는지, 새가 그려져야 하는지 등을 쉽게 알아차리기는 하지만, 이 모든 것들을 주제와 관계없는 것으로 내던지면, 노출된 어려움은 다음과 같은 것,[526] 즉 원래 용기 안에 들어 있던 물이 일정한 수위에 이르면 모두 흘러나온다는 것에 남게 된다. 어찌해서 이런 일이 일어나는지를 탐구해야 한다.

[438]

그러므로 우리는 여기서, 우리가 주제와 관계가 없다고 명백히 보는 것들은 내던지면서, 필요한 것들은 보존하면서, 그리고 의심스러운 것들은 보다 세심한 조사에 맡기면서, 명제 안에[527] 주어진 모든 것들을 순서에 따라 통람하는 것만이 가치가 있다고 말한다.

제14규칙 이 문제는 물체의 실재적 연장으로 옮겨져야 하고,
그 전체를 벌거벗은 도형들을 통해 상상력에
표현되어야 한다. 왜냐하면 이런 식으로
그것이 지성에 의해 훨씬 더 판명하게 지각될
것이기 때문이다.[528]

그러나 우리가 또한 상상력의 도움을 이용하기 위해 유의해야 하
는 것은, 알려지지 않은 어떤 하나를 알려진 다른 어떤 것에서 연역
할 때마다, 이 때문에 존재자의 어떤 새로운 유가 발견된다는 것이
아니라, 오히려 단지 그 인식 전체가, 우리가 구하는 것이 명제 안
에 주어진 것들의 본성을 이런저런 방식으로 분유한다는 것을 지
각하는 것에까지만, 미친다는 점이다.[529] 예를 들어, 만일 어떤 이가
시각장애인으로 태어났다면, 우리는 언젠가 그 어떤 논증의 힘으
로, 그가 ― 우리가 감각들에서 길어 올린[530] 것과 같은 ― 색들에
대한 참된 관념들을 지각할 것이라고 희망해서는 안 된다. 그러나
만일 어떤 이가 언젠가 기본색들을 보았으나 중간색들이나 혼합색
들을 본 적이 없다면, 그가 어떤 연역을 통해 그가 보지 않은 색들
의 상들을 다른 색들과의 유사성에 따라[531] 꾸며내는 일은 있을 수   [439]
있다. 같은 방식으로, 만일 자석 안에 존재자의 어떤 유가 있고, 우
리 지성이 지금까지 이것과 유사한 어떠한 것도 지각하지 못했다
면, 우리는 그것을 언젠가 추리를 통해[532] 인식할 것이라고 희망해
서는 안 된다. 오히려 이를 위해 새로운 어떤 감각이나 신적 정신을

《인간론》의 삽화.

갖추고 있어야 할 것이다.[533] 그러나 인간 정신이 이 주제에서 해낼 수 있는 것은 무엇이든, 만일 우리가 자석 안에 나타나는 그 결과들을 산출하는 이미 알려진 존재자들의 혹은 본성들의 혼합을 극히 판명하게 지각한다면, 우리는 그것을 얻었다고 믿을 것이다.[534]

게다가[535] 연장, 형태, 운동 및 이와 유사한 것들 — 여기가 이것들을 열거하는 곳은 아니다 — 과 같이, 이미 알려진 이 모든 존재자들은 상이한 주체들[536]에서 동일한 관념을 통해 인식되고, 우리는 왕관의 형태를, 그것이 은관인 경우, 그것이 금관인 경우와 다르게 상상하지 않는다. 그리고 이 공통 관념은 단순한 비교를 통해서만 한 주체에서 다른 주체로 옮겨지고, 이 비교를 통해 우리는 구하는 것이 이런저런 관계 하에서 주어진 어떤 것과 유사하다고 혹은 동일하다고 혹은 동등하다고 주장한다.[537] 그런 만큼, 모든 추리 안에서 우리는 비교를 통해서만 진리를 정확히 인식한다. 예를 들어, 모든 A는 B이고, 모든 B는 C이며, 따라서 모든 A는 C인 경우이다.

여기서 구하는 것과 주어진 것, 즉 A와 C는 이 둘 다 B와의 관계에서 서로 비교된다, 등이다. 그러나 우리가 이미 자주 일렀듯이, 삼단논법의 형식들은 사물의 진리를 지각하는 데 아무 도움도 되지 [440] 않기 때문에, 독자는 삼단논법을 모조리 내던지고, 유리된 하나의 사물에 대한 단순하고 순수한 직관을 통해 얻어지지 않는 모든 인식은 일반적으로 둘 혹은 그 이상의 상호 비교를 통해 얻어진다고 표상하는 것이 유익할 것이다.[538] 그리고 분명 인간 이성의 재간의 거의 전체는 이 작용을 준비하는 것에 있다.[539] 왜냐하면, 이 작용이 명백하고 단순한 경우, 이 작용을 통해 획득되는 진리를 직관하기 위해, 어떠한 기예의 도움이 아니라 자연의 빛만이 필요하기 때문이다.[540]

그리고 유의해야 하는 것은, 비교들은 오직, 구하는 것과 주어진 것이 동등하게 어떤 본성을 분유하고 있을 때마다, 단순하고 명백하다고 불린다는 점이다.[541] 그러나 그 밖의 모든 비교들은 오직, 이 공통 본성이 그 둘에 동등하게 있는 것이 아니라, 이 본성이 포함되어 있는 다른 어떤 관계들 혹은 비례들에 따라 있기 때문에, 준비를 요한다는 점이다.[542] 그리고 인간 재간의 주된 부분은 오직 이 비례를, 구하는 것과 알려진 어떤 것 간의 동등성이 분명하게 보일 정도로, 환원하는 것에 놓여 있다는 점이다.[543]

그다음에 유의해야 하는 것은, 더 큼과 더 작음을 받아들이는 것만이 그 동등성으로 환원될 수 있고, 그 모두는 크기라는 용어 아래 포괄된다는 점이다. 그런 만큼, 일단 앞의 규칙에 따라 어려움의 항들을 모든 주체에서 추상한 후, 우리는 여기서, 이제부터 크기들 일반에만 전념한다는 것을 이해한다는 점이다.[544]

그러나 우리가 그때 또한 어떤 것을 상상하기 위해, 또 순수한 지

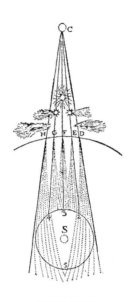

《인간론》의 삽화.

성이 아니라, 판타지 안에 그려진 상들의 도움을 받는 지성을 사용
[441] 하기 위해,[545] 마지막으로 유의해야 하는 것은, 또한 임의의 크기와
개별적으로 관련될 수 없는 어떠한 것도 크기들 일반에 대해 말해
지지 않는다는 점이다.[546]

이것들로부터 쉽게 결론지어지는 것은, 만일 우리가 크기들 일
반에 대해 말해진다고 이해하는 것을 우리 상상력 안에서 모든 것
들 가운데 가장 쉽고 가장 판명하게 그려지는 크기의 종으로 옮긴
다면[547], 적지 않게 이로울 것이라는 점이다. 이제, 이 크기는 형태
를 지닌다는 것을 제외한 다른 모든 것들에서 추상된 물체의 실재
적 연장이라는 것, 이는 제12규칙에 대해 말한 것에서 귀결되는바,
거기서 우리는 판타지 자체를 ― 이것 안에 현존하는 관념들과 함
께 ― 실재적 연장과 형태를 지닌 참된 물체와 다름없는 것으로 표

상했다.[548] 이 또한 그 자체로 명증한데, 다른 어떠한 주체에서도 비례들의 모든 차이들이 보다 판명하게 현시되지 않으니 말이다. 왜냐하면 하나의 사물이 다른 사물들보다 더 혹은 덜 희다고, 마찬가지로 어떤 소리가 다른 소리보다 더 혹은 덜 높다고, 또 그 밖의 것들에 대해서도 그렇게 말해질 수 있다고 해도, 그렇지만 우리는 형태를 지닌 물체의 연장과 어떤 유비를 통해서만 이러한 초과가 2배 혹은 3배 등의 비례로 있는지를 정확하게 결정할 수 있기 때문이다.[549] 그러므로 유효한 그리고 고정된 것으로 남아 있을 것은, 완전하게 결정된 문제들은 비례들을 등식들로 풀어내는 것에 존립하는 어려움 외에 어떠한 어려움도 거의 포함하지 않는다는 것이다.[550] 그리고 또 이 모든 것 — 이 안에 정확히 이러한 어려움이 발견되는 — 들은 다른 모든 주체와 쉽게 분리될 수 있고 분리되어야 하며, 그다음에 연장과 형태들로 옮겨질 수 있고 옮겨져야 한다는 것이고, 이 때문에 우리는 이것들에 대해서만 이제부터 다음 제25규칙까지, 다른 모든 사유를 제쳐놓으면서, 다룰 것이다.

우리는 이곳에서 산술과 기하학의 공부에 경향이 있는 독자와 [442] 마주치기를 원한다. 물론 그가 그것들을 통상적인 방식으로 배웠기 것보다는 차라리 그것들에 아직 전념하지 않은 것을 선호하지만 말이다. 왜냐하면 내가 여기서 제시할 규칙들의 사용은, 다른 어떤 유의 문제들에서보다 이 학문들의 습득 — 이것에 그 사용이 전적으로 충분한 — 에서, 훨씬 더 쉽기 때문이다. 그리고 그 유용성은 보다 높은 지혜에 도달하는 데 아주 대단해서, 나는 우리 방법의 이 부분이 수학적 문제들 때문에 발견된 것이 아니라, 오히려 대개는 단지 이 방법을 계발하기 위해서만 그 문제들을 습득해야 한다고 말하는 것을 두려워하지 않을 것이다. 그리고 나는, 아마도 그 자체로 알려지고 누구나 쉽게 만나는 어떤 것들 외에, 이 학문들 가운데 어떠한 것도 전제하지 않을 것이다.[551] 그러나 그것들에 대한 인식은, 다른 이들이 가지고 있곤 하듯이, 설령 그것이 명백한 오류들에 의해 부패하지는 않았더라도, 그렇지만 삐뚤어진 그리고 잘못 고안된 여러 원리들에 의해[552] 모호하게 되었고, 이 원리들을 우리는 다음 논의 도처에서 교정하려고 힘쓸 것이다.

우리는 연장을, 참된 물체인지, 아니면 그저 공간만인지를 탐구함이 없이, 길이, 폭 및 깊이를 가지는 모든 것으로 이해한다.[553] 이에 대해 더 설명할 필요가 없어 보인다. 왜냐하면 이보다 더 쉽게 우리 상상력에 의해 지각되는 것은 아무것도 없기 때문이다. 그럼에도 배운 자들은 종종 아주 예리한 구별들을 사용해서 자연의 빛을 분산시키고, 농부들도 결코 모르지 않는 것들에서조차 어둠들을 발견한다.[554] 이 때문에 주의를 환기시켜야 하는 것은, 여기서 연장은 그 주체 자체와 구별된 그리고 분리된 어떤 것을 뜻하지 않는다는 점, 그리고 일반적으로 우리는 실제로 상상력 아래 떨어지지 않는 이런 유의 철학적 존재자들을 인정하지 않는다는 점이다.[555]

[443] 왜냐하면, 설령 어떤 이가, 예를 들어, 만일 자연 안에서 연장된 것은 무엇이든 무로 환원된다면, 그동안, 연장 자체가 그 자체만으로 현존한다는 것이 모순되지 않는다고 확신할 수 있더라도, 그는, 이 표상을 위해, 물체적 관념이 아니라 잘못 판단하는 지성만을 사용할 것이기 때문이다.[556] 만일 그가 연장의 이 상 자체에 대해 주의 깊게 반성하고, 그다음에 그것을 그의 판타지 안에서 그리려고 노력한다면, 그 스스로 이것을 시인할 것이다. 왜냐하면 그는 그것을 모든 주체 없이 지각하는 것이 아니라, 그가 판단하는 것과는 전적으로 다르게 상상한다는 것, 그래서 이 추상적 존재자들은 (지성이

사물의 진리에 대해 믿을 수 있는 것은 무엇이든) 그럼에도 판타지 안에서 결코 주체와 분리되어 형성되지 않는다는 것을 알아차릴 것이기 때문이다.[557]

그러나 이제부터 우리는 상상력의 도움 없이는 아무것도 행하지 않을 것이기 때문에, 어떠한 관념들을 매개로 단어들 각각의 의미가 우리 지성에 제시되어야 하는지를 신중하게 구별하는 것은 가치 있는 일이다. 이런 이유에서 우리는 다음 세 가지 말투들[558]을 고찰할 것을 제안한다. **연장은 장소를 점한다, 물체는 연장을 가진다, 연장은 물체가 아니다.**[559]

그 첫 번째는, 어떻게 연장이 연장된 것으로 취해지는지를 보여 준다. 왜냐하면 내가 **연장은 장소를 점한다**고 말하는 경우, 나는 **연장된 것은 장소를 점한다**고 말하는 경우와 전적으로 같은 것을 표상하기 때문이다. 그렇지만 그렇다고 해서, 애매함[560]을 피하기 위해, **연장된 것**이라는 단어를 사용하는 것이 더 낫다는 것은 아니다. 왜냐하면 이 단어가, 우리가 표상하는 것, 즉 어떤 주체가 장소를 점한다는 것을 — 그것이 연장되어 있다는 이유로 — 그렇게 판명하게 의미하지[561] 않을 것이기 때문이다. 그리고 어떤 이가 그것을 단지, **연장된 것은 장소를 점하는 주체**라고 해석할 수도 있고, 이것은 내가 **혼이 있는 것은 장소를 점한다**[562]라고 말하는 경우와 다르지 않기 때문이다. 이 근거는, 왜 우리가 여기서 연장된 것보다는 오히려 연장에 대해 다룰 것이라고 말했는지를 설명한다. 비록 우리가 연장은 연장된 것과 다르게 표상되어서는 안 된다고 생각 [444] 해도 말이다.

이제, **물체는 연장을 가진다**라는 단어들로 넘어가자. 여기서 우리는 물론 **연장**이 물체와 다른 것을 의미한다는 것을 이해한다. 그렇지만 우리는 우리 판타지 안에서 구별된 두 관념들, 즉 하나는 물체의 관념이고, 다른 하나는 연장의 관념을 형성하는 것이 아니라, 하나의 연장된 물체의 관념만을 형성한다. 이는 사물의 측면에서 내가 **물체는 연장된 것이다**, 아니 오히려 **연장된 것은 연장된 것이다**라고 말하는 경우와 다른 것이 아니다.[563] 이것은 다른 것 안에만 존재하고, 주체 없이는 결코 표상될 수 없는 이 존재자들에게 특유한 것이고, 주체들과 실재적으로 구별되는 존재자들에서는 사정이 다르다.[564] 왜냐하면, 예를 들어, 내가 **베드로는 부를 갖고 있다**라고 말하는 경우, 베드로의 관념은 부의 관념과 전적으로 상이하기 때문이다. 마찬가지로, 내가 **바오로는 부유하다**라고 말하는 경우, 나는 **부자는 부유하다**라고 말하는 경우와 전적으로 다른 것을 상상할 것이기 때문이다. 이 차이를 대부분의 이들이 구별하지 못하기 때문에, 바오로의 부가 바오로와 다른 것처럼, 연장은 연장된 것과 구별된 어떤 것을 포함한다고 잘못 생각한다.

끝으로, **연장은 물체가 아니다**라고 말하는 경우, 이때 연장이라는 단어는 위의 것과는 훨씬 다르게 취해진다. 그리고 이 의미에서, 판타지 안에서 이 단어에 대응하는 어떠한 특유한 관념도 없으며, 오히려 이 언표 전체는 순수지성 — 오직 이것만이 이런 유의 추상적 존재자들을 분리하는 능력을 가지는 — 에 의해 수행된다.[565] 이것이 대부분의 이들에게 오류의 동기이고, 그들은 그렇게 취해진 연장이 상상력에 의해 포착될 수 없음을 알아차리지 못하면서, 그것을 참된 관념을 통해 재현한다.[566] 이러한 관념은 반드시 물체의 [445] 표상을 포함하므로, 그들이 그렇게 표상된 관념은 물체가 아니라고 말할 경우, 그들은 경솔하게, **동일한 것이 동시에 물체이고 물체가 아니다**라는 것에 걸려든다.[567] 그리고 대단히 중요한 것은, 언

《굴절광학》의 삽화.

표들—이것들 안에서 **연장, 형태, 수, 면, 선, 점, 단위** 등, 이런 유의 이름들이 매우 좁은 의미를 지녀서, 이것들과 실제로 구별되지 않는 어떤 것 배제하는— 을 구별하는 것이다. 이를테면, **연장이나 형태는 물체가 아니다, 수는 세어진 사물이 아니다, 표면은 물체의 한계이다, 선은 면의 한계이다, 점은 선의 한계이다, 단위는 양이 아니다** 등을 말하는 경우이다.[568] 이 모든 그리고 이와 유사한 명제들은, 비록 이것들이 참이더라도,[569] 상상력에서 완전히 격리되어야 한다. 이 때문에 우리는 다음 논의에서 이것들에 대해 다루지 않을 것이다.

　그리고 세심하게 유의해야 하는 것은, 우리는 다른 모든 명제들에서— 여기서 그 이름들이, 비록 이것들이 동일한 의미를 유지하고, 동일한 방식으로 주체들에서 추상된 것으로 말해지더라도, 이것들과 실재적으로 구별되지 않는 어떠한 것도 배제하거나 부정하지 않는 — 상상력의 도움을 이용할 수 있고 이용해야 한다는 점이다.[570] 왜냐하면 이때, 비록 지성이 단어가 가리키는 것에만 정확히 주의를 기울이더라도, 상상력은 사물에 대한 참된 관념을 지어내야 하는데, 이로써 그 지성이, 언젠가 필요할 경우, 그 사물에 대한 다른 조건들 — 단어가 표현하지 않은 — 로 향할 수 있을 것이고,[571] 또 그 지성이 결코 경솔하게 이 조건들이 배제되었다고 판단하지 않을 것이기 때문이다. 예를 들어, 수에 관한 문제를 다루는 경우, 우리는 많은 단위들을 통해 측정 가능한 어떤 주체를 상상할 것이고, 비록 지성이 지금은 이 주체의 다수에 대해서만 반성하더

[446] 라도, 우리가 경계할 것은, 지성이 이로부터 나중에 어떤 결론 — 이것에서 세어진 사물은 우리의 표상에서 배제되었다는 것이 전제로 되고 있는 — 을 내리는 것이다.[572] 이것은 수에 경이로운 신비들과 순전히 하찮은 것들[573]을 돌리는 자들이 하는 것과 같은 것이고, 이것들에 그들은 확실히, 만일 그들이 수를 세어진 사물들과 구별된 것으로 표상하지 않는다면, 그렇게 큰 신뢰를 보이지 않을 것이다. 마찬가지로, 형태를 다룰 경우, 우리는 연장된 주체를 — 이것이 형태를 지닌다는 관점에서만 표상된[574] — 다룬다고 생각할 것이다. 물체를 다룰 경우, 우리는 그것에 대해, 길이, 폭 그리고 깊이로서 다룬다고 생각할 것이다. 표면을 다룰 경우, 우리는 그것을, 깊이를 부정하지 않지만 무시하면서[575], 길이와 폭으로 표상할 것이다, 선을 다룰 경우, 우리는 그것을 길이만으로 표상할 것이다. 점을 다룰 경우, 우리는 그것을, 이것이 존재자라는 것 이외에 다른 모든 것들을 무시하면서, 표상할 것이다.

내가 여기서 이 모든 것들을 아무리 폭넓게 연역하더라도, 필사자들의 정신[576]은 선입견에 사로잡혀 있어서, 내가 여전히 우려하

는 것은, 이 부분에서 매우 적은 이들만이 오류의 모든 위험으로부터 충분히 안전할 것이라는 점, 그리고 긴 이야기에서 내 견해에 대한 매우 짧은 설명을 찾아낼 것이라는 점이다. 왜냐하면 산술과 기하학의 기예들조차도, 이것들이 비록 모든 것 가운데 가장 확실하다고 해도, 여기서 우리를 속이기 때문이다. 실로, 어느 계산가가, 그의 수들은 지성을 통해 모든 주체에서 추상될 뿐만 아니라, 또한 상상력을 통해 모든 주체와 실제로 구별되어야 한다고 생각하지 않는가? 어느 기하학자가, 선들은 폭이 없고 면들은 깊이가 없다고 판단하면서, 그렇지만 나중에는 그 하나를 다른 것들로부터 구성하면서, ── 그가 표면은 선의 흐름에서[577] 생긴다고 표상하는 선은 참된 물체이지만, 폭이 없는 선은 물체의 양태일 뿐이라는 것, 등을 알아차리지 못한 채 ── 모순적 원리들로 그의 대상의 명증성을 흐리게 하지 않는가? 그러나 이런 오류들을 검토하는 데 더 오래 머무르지 않기 위해, 우리의 전제에 따라, 어떤 식으로 우리 대상이 표상되어야 하는지를 짧게 개진할 것이고, 이로써, 이 주제에 관해, 산술과 기하학에서 진리에 속하는 것은 무엇이든 가능한 한 쉽게 증명할 것이다.

[447]

그러므로 우리는 여기서 연장된 대상에 전념하고, 이때 이것에서 연장 자체 이외에 다른 것은 전혀 고려하지 않을 것이며, 양이라는 용어를 일부러[578] 삼갈 것이다. 왜냐하면 어떤 철학자들은 매우 정교한 나머지, 그것을 또한 연장과 구별했기 때문이다. 그러나 우리는 모든 문제들이, 어떤 연장이 알려진 다른 어떤 연장과 비교되는 것으로부터 인식되는 것만을 구할 정도로, 이르게 되었다고 가정한다. 실로, 우리는 여기서 새로운 존재자에 대한 인식을 조금도 기대하지 않고, 오히려 비례를, 아무리 얽혀있더라도, 알려지지 않은 것이 알려진 어떤 것과 동등하게 발견될 정도로, 환원시키려고 하므로, 비례의 모든 차이들이, 다른 주체들 안에 현존하는 것이 어떤 것이든, 두 개 또는 그 이상의 연장들 사이에서도 발견될 수 있다는 것은 확실하다. 그러므로 우리가 연장 자체 안에서 비례의 차이들을 밝히는 데 도움이 될 수 있는 모든 것들을 고려한다면, 우리의 계획에 충분하다. 이러한 것들은 단지 세 가지, 즉 차원, 단위 및 형태에서만 나타난다.[579]

우리는 차원을 방식 및 비례 — 이에 따라 어떤 주체가 측정 가능한 것으로 고려하는 — 와 다름 아니라고 이해한다.[580] 그런 만큼, 길이, 폭 그리고 깊이만이 물체의 차원들은 아니고, 무게 또한 차원 — 이에 따라 주체들의 무게가 계량되는[581] — 이며, 속도는 운동의 차원이고, 이런 유의 다른 것들이 무한히 있다. 왜냐하면 동등한 여러 부분들로의 분할 자체는, 이것이 실재적이든 그저 지적이든, 본래 차원 — 이에 따라 우리가 사물들을 세는 — 이다.[582] 그리고 수를 계산하는 이 방식은, 비록 명칭들의 의미 안에 어떤 상이성이 있다고 해도, 본래 차원의 일종이라고 말해지기 때문이다.[583] 실로, 우리가 전체에 대하여 부분들을 순서대로 고려하는 경우, 그때 우리는 센다고, 반대로 우리가 전체를 부분들로 나누어진 것으로 여기는 경우, 우리는 그것을 잰다고 말한다.[584] 예를 들어, 우리는 해들, 날들, 시간들 그리고 순간들을 통해 세기들을 잰다. 반면, 우리가 순간들, 시간들, 날들 그리고 해들을 센다면, 우리는 마침내 세기들을 채울 것이다.

이것들로부터 분명한 것은, 동일한 주체 안에 상이한 차원들이 무한히 있을 수 있다는 것, 그리고 이 차원들은 결코 재어진 사물들에[585] 아무것도 덧붙이지 않는다는 것, 오히려 그것들은, 주체들 자체 안에서 실재적 토대를 가지는 경우이든, 아니면 우리 정신의 자의대로 고안된 경우이든,[586] 동일한 방식으로 이해된다는 것이다. 실로, 물체의 무게, 혹은 운동의 속도, 혹은 해와 날로 세기의 분할은 실재적인 어떤 것이다. 그러나 시간과 순간으로 날의 분할은 실재적인 어떤 것이 아니다, 등등. 그렇지만 이 모든 것들은, 우리가 이것들을 차원의 관점 아래에서[587]만 고려하는 경우, 여기서 그리고 수학 분과들에서 행해져야 하는 것과 동일한 방식을 취한다. 실로, 차원의 토대가 실재적인지를 조사하는 것은 오히려 자연학자들의 소관이다.

　이런 것에 대한 고찰은 기하학에게 커다란 빛을 가져다준다. 왜냐하면 거의 모든 이들이 기하학에서 양의 세 가지 종들인 선, 면 그리고 입체를 잘못 표상하기 때문이다.[588] 실로, 우리가 이미 앞서 [449] 지적했듯이, 선과 표면은 입체와 실제로 구별되는 것으로, 혹은 서로 구별되는 것으로 표상 아래 떨어지지 않는다.[589] 그러나 그것들이 단순하게, 지성을 통해 추상된 것들로 고찰되는 경우,[590] 이때 그것들은, 인간에서 동물과 생물이 실체의 상이한 종들이 아닌 것과 마찬가지로, 양의 상이한 종들이 아니다. 그리고 지나가는 길에 유의해야 하는 것은, 물체들의 세 차원들인, 길이, 폭 및 깊이는 명목적으로만 서로 다르다는 점이다.[591] 왜냐하면 아무것도, 주어진 어떤 입체[592]에서, 임의의 연장을 길이로, 다른 어떤 연장을 폭, 등으로 택하는 것을 금하지 않기 때문이다. 그리고 비록 이 세 차원들만이 오로지, 단순하게 연장된 것으로서, 모든 연장된 사물 안에서 실재적 토대를 가진다고 해도, 그렇지만 우리는 여기서 그것들을, 지성이 꾸며내거나, 아니면 사물들 안에서 다른 토대들을 가지는 무한히 많은 다른 것들보다 더 고려하지 않는다. 예를 들어, 삼각형에서, 우리가 그것을 완전하게 측정하고자 하는 경우, 사물의 측면에서 세 가지, 즉 세 변, 혹은 두 변과 하나의 각, 혹은 두 각과 면적, 등을 알아보아야 한다.[593] 마찬가지로 사각형에서는 다섯 가지를, 사면체에서는 여섯 가지, 등을 알아보아야 한다. 이 모든 것들이 차원들로 불릴 수 있는 것이다. 그러나 우리가 여기서 우리의 상상력을 최대한 도와주는 차원들을 택하기 위해, 우리는 결코 판타지 안에 그려진 하나 혹은 둘보다 많은 것들에 동시에 주의를 기울이지 못할 것이다. 우리가 전념할 명제 안에 임의의 다른 많은 것들이 현존한다는 것을 이해하더라도 말이다. 왜냐하면 기예는, 그것들을 가능한 한 많은 것들로 나눔으로써, 우리가 오로지 극히 적은 것들을 동시에, 그러나 그렇지만 그 전체를 차례로 주목하는 것이 기예에 해당하기 때문이다.[594]

[450]   단위는, 우리가 위에서, 서로 비교되는 모든 것들이 동등하게 분유해야 한다고 말한 그 공통 본성이다.[595] 그리고 문제 안에서 이미 정해진 어떤 단위가 있지 않은 경우, 우리는 그 자리에 이미 주어진 크기들 가운데 하나를, 아니면 임의의 다른 크기를 단위로 취할 수 있고,[596] 그것은 다른 모든 것들의 공통 척도[597]일 것이다. 그리고 우리는 또한 서로 비교해야 할 그 양단들 안에[598] 있는 것만큼 많은 차원들이 단위 안에 있다는 것을 이해할 것이고, 또 우리는 단위를, 다른 모든 것에서 추상하면서, 단순하게 연장된 어떤 것으로, — 그리고 이때 이것은, 기하학자들이 점의 흐름으로부터[599] 선을 구성할 때, 그들의 점과 동일할 것이다 — 아니면 어떤 선으로, 아니면 정사각형으로 표상할 것이다.

   형태들에 관해서는, 이미 위에서, 어떤 식으로 이것들만을 통해 모든 사물들의 관념들을 꾸며낼 수 있는지를 보여주었다. 그리고 남아 있는 것은, 이 자리에서 다음의 것에 주의를 환기시키는 것이다. 즉, 우리는 여기서 형태들의 상이한 종들의 무한한 수 가운데 관계들의 혹은 비율들의 모든 차이들을 가장 쉽게 표현하는 것들만을 사용할 것이다.[600] 그런데 서로 비교되는 사물들의 두 가지 유는 대수들과 크기들[601]뿐이다. 그리고 우리는 또한, 이것들을 우리 표상에 현시하기 위해, 형태들의 두 가지 유들을 가지고 있다. 왜냐하면, 예를 들어, 삼각의 수를 가리키는 점들 [451]

혹은 어떤 이의 가계[602]를 설명하는 나무 등은

대수를 현시하기 위한 형태들이다. 반면, 삼각형, 사각형 등과 같이 연속적이고 불가분의[603] 것들은 크기들을 설명한다.

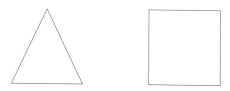

그러나 이제 우리가 이 모든 형태들 가운데 도대체 어떤 것들을 여기서 사용할 것인지를 개진하기 위해, 알아야 하는 것은, 동일한 유의 존재자들 사이에 존재할 수 있는 모든 관계들은 두 가지 주요 항목, 즉 순서로, 혹은 척도로 환원되어야 한다는 점이다.[604] 이외에도 알아야 하는 것은, 순서를 생각해내는 데, 거의 이것만을 일러주는 이 방법 도처에서 보이듯이, 물론 적지 않은 재간이 필요하지만, 그러나 순서가 일단 발견되면, 그것을 인식하는 데 더 이상 어려움이 없고, 오히려 우리는 제7규칙에 따라 순서대로 배열된 부분들 각각을 정신으로 쉽게 통람할 수 있다는 점이다.[605] 이는 이런 유의 관계들 안에서 하나는 다른 하나와 ─ 척도들 안에서 일어나듯이, 삼자의[606] 매개 없이 ─ 그것들 자체만으로 연관되기 때문이다. 이 때문에 우리는 여기서 오직 척도들의 전개에 대해[607] 다루는 것이다. 실로, 나는 A와 B 사이의 순서가 어떤 것인지를, 이 양단을 고찰하는 것만으로, 인식하지만, 둘과 셋 사이의 크기 비례가 어떠한지를, 어떤 삼자, 즉 양자의 공통 척도인 단위를 고찰하지 않고서는, 인식하지 못한다.

[452]　또한 알아야 하는 것은, 연속 크기들은, 적용된[608] 단위의 도움으로, 때때로 그 전체가, 그리고 항상 적어도 부분적으로 대수로 환원될 수 있다는 점이다. 그다음에 단위들의 대수는, 척도의 인식과 관련되는[609] 어려움이 결국 순서에 대한 통관에만 달려있을 만큼, 그러한 순서에 따라 배열될 수 있다는 점이고, 또 이 진행에 기예의 가장 큰 도움이 있다는 점이다.[610]

마지막으로 알아야 하는 것은, 연속 크기의 차원들 가운데 길이와 폭보다 더 판명하게 표상되는 것은 전혀 없다는 점이고, 또 동일한 도형 안에서, 상이한 두 차원들을 서로 비교하기 위해, 더 많은 것들에 동시에 주의를 기울여서도 안 된다는 점이다. 왜냐하면, 우리가 둘 이상의 상이한 것들을 서로 비교해야 하는 경우, 그것들을 연속적으로 통람하고, 둘에만 동시에 주의를 기울이는 것이 기예에 해당하기 때문이다.

이러한 것들을 알아차리면, 다음의 것들이 쉽게 결론지어진다. 여기서 명제들을, 임의의 다른 질료에서 추상해야 하는 것 못지않게, 기하학자들이 다루는 도형들 — 문제가 이것들에 관한 경우 — 에서 추상해야 한다는 것이다. 그리고 이를 위해, 직선의 그리고 직사각형의 표면들[611], 혹은 우리가 또한 도형들로 부르는 직선들 외에 아무것도 남겨두어서는 안 된다는 것이다. 왜냐하면 우리는, 위에서 말했듯이, 직선들을 통해서, 표면들을 통해서 못지않게, 실제로 연장된 주체를 상상하기 때문이다. 그리고 마지막으로, 바로 이 도형들을 통해, 때로는 연속 크기들이, 때로는 대수 혹은 수가 현시되어야 한다는 것이고,[612] 또 관계들의 모든 차이들을 개진하기 위해, 보다 단순한 어떠한 것도 인간 재간에 의해 발견될 수 없다는 것이다.

제15규칙   이 도형들을 묘사하고, 그것들을 외적 감각들에 현시해서, 이런 식으로 우리의 주의 깊은 사유를 보다 쉽게 유지하는 것 또한 대부분 도움이 된다.[613]

[453] 그러나 이 도형들을, 이것들이 눈에 제시되는 동안, 그 상들이 우리 상상력 안에서 보다 판명하게 형성되기 위해, 어떤 모양으로 그려야 하는가는 그 자체로 명증하다.[614] 왜냐하면 우리는 우선 단위를 세 가지 방식으로, 즉, 우리가 그것을 길이와 폭으로 주목하는 경우는 정사각형(□)으로, 혹은 단지 길이로 여기는 경우는 선(──)으로, 혹은 마지막으로 단위로부터 다수가 구성된다는 사실만을 고려하는 경우는 점(•)으로 그릴 것이다.[615] 그러나 어떤 식으로 단위를 그리고 또 표상하든, 우리는 항상 그것을 모든 면에서 연장된 주체라고, 또 무한한 차원들이 가능한 주체라고 이해할 것이다.[616] 그래서 우리는 명제의[617] 항들 또한, 이것들의 상이한 두 크기들을 동시에 주목해야 하는 경우는, 그 두 변이 제시된 두 크기들일 직사각형으로 눈에 현시할 것이다.

그 항들이 단위로 공약 불가능한[618] 경우는, 이런 식으로 ▭, 그러나 공약 가능한 경우는, 그리고 더 이상 단위들의 다수에 대한 문제가 아닌 경우는, 이런 식으로 ▭, 혹은 이런 식으로 •⋮⋮ 현시할 것이다. 마지막으로, 우리가 그 항들의 크기들 가운데 하나

1630년, 레이던대학의 도서관.

만을 주목하는 경우, 우리는 그 한 변이 제시된 크기이고 다른 변이 [454] 단위인 직사각형으로, 이런 식으로 ☐, 선을[619] 그릴 것이고, 이는 그것이 어떤 면과 비교되어야 할 때마다 일어난다. 아니면 그것을 단지 공약불가능한 길이로 여기는 경우는, 길이만으로, 이런 식으로 ──, 그릴 것이다. 혹은 그것이 다수인 경우는, 이런 식으로 •••••, 그릴 것이다.

제16규칙 그러나 정신의 현재의 주의를 요구하지 않는
사물들에 대해서는, 설령 이것들이 결론을
위해 필요할지라도, 이것들을 온전한 도형들을
통해서보다 매우 간결한 부호들을 통해 가리키는
것이 더 낫다. 왜냐하면 이런 식으로 기억은 속지
않을 수 있고, 또 사유는, 다른 것들을 연역하는
것에 전념할 때, 그동안 그것들을 파지하기 위해
분산되지 않을 것이기 때문이다.[620]

그 밖에도, 우리는 우리 판타지 안에 그려질 수 있는 무수한 차원
들 가운데 상이한 두 차원들보다 더 많은 것을, 눈의 직관이든 정신
의 직관이든, 하나의 동일한 직관으로 주시해서는 안 된다고 말했
기 때문에,[621] 다른 모든 것들을 파지해서, 그 사용이 필요할 때마다
쉽게 떠올리는 것은 가치 있는 일이다. 이 목적으로 기억은 자연에
의해 설정된 것으로 보인다.[622] 그러나 기억은 종종 사라져버리기
때문에, 그리고 우리가, 다른 사유들에 전념하는 동안, 기억을 되살
[455] 리는 일에 우리 주의의 일부를 억지로 쓰지 않도록, 기예는 매우 적
절하게 표기법 사용을 발견했다.[623] 이것의 도움을 신뢰하면서, 우
리는 여기서 더 이상 어떤 것도 기억에 맡기지 않을 것이고, 오히려
자유로운 판타지 전체를 현재의 관념들을 위해 남겨놓으면서,[624]
파지해야 할 모든 것을 종이에 적을 것이다. 그리고 이것들을 매우
간결한 부호들로 적을 것인데, 이로써 우리는, 제9규칙에 따라 그
것들 각각을 판명하게 통관한 다음, 제11규칙에 따라 그 모든 것들
을 매우 빠른 사유 운동으로 통람할 수 있을 것이고, 가능한 한 많
은 것들을 동시에 직관할 수 있을 것이다.

그러므로 어려움의 해결을 위해 단일한 것으로 여겨져야 하는 것은 무엇이든, 우리는 그것을 마음대로 지어낼 수 있는 단일한 부호로 가리킬 것이다. 그렇지만 우리는, 보다 쉽도록, 이미 알려진 크기들을 표현하기 위해 문자들 a, b, c 등을, 그리고 알려지지 않은 크기들을 표현하기 위해 A, B, C 등을 사용할 것이다. 우리는 종종, 이것들의 다수를 설명하기 위해 수적 부호들, 1, 2, 3, 4 등을 그 앞에 붙일 것이고, 또한 이것들에서 이해해야 할 관계수를 위해, 수적 부호들을 그 뒤에 붙일 것이다. 예를 들어, 내가 $2a^3$을 쓰는 경우, 이것은 세 비례를 포함하는 문자 a가 가리키는 크기의 두 배라는 것을 말하는 경우와 같을 것이다. 그리고 이런 재간으로 우리는 많은 말들을 절약할 뿐만 아니라, 주요한 것은, 어려움의 항들을 순수하게 그리고 벌거벗은 채로 현시해서,[625] 유익한 어떠한 것도 빠뜨리지 않더라도, 그렇지만 결코 그것들 안에서, 필요 이상의 어떠한 것도, 그리고, 여러 가지 것들을 동시에 정신으로 포괄해야 하는 동안, 무익하게 정신의 능력을 차지하는 어떠한 것도 발견되지 않을 것이다.[626]

이 모든 것들을 보다 분명히 이해하기 위해, 가장 먼저 알아차려야 하는 것은, 계산가들은 각각의 크기들을 여러 단위들로, 즉 어떤 수로 가리키는 버릇이 있는 반면, 우리는 이곳에서, 조금 전에 기하 [456] 학적 도형들 혹은 임의의 다른 사물에서 추상한 것과 마찬가지로, 수들 자체에서 추상한다는 점이다. 우리가 이것을 하는 것은, 한편으로 길고 불필요한 계산의 지루함을 피하기 위함이고, 다른 한편으로 특히, 어려움의 본성과 관련된 주체의 부분들을 항상 구별된 채로 유지하고, 그것들을 무익한 수들로 가리지 않기 위함이다.[627] 예를 들어, 두 변이 9와 12인 직각삼각형의 빗변을 구하는 경우, 산술가는 $\sqrt{225}$ 혹은 15라고 말할 것이다. 그러나 우리는 9와 12의 자

1647년, 파리의 거리에서 파스칼과 대화를 나누고 있는 데카르트.

리에 a와 b를 놓을 것이고, 빗변이 $\sqrt{a^2+b^2}$임을 발견할 것이며, 수 안에 섞여 있는 두 부분들 a^2과 b^2은 구별되어 있을 것이다.

또한 알아차려야 하는 것은, 비율들의 수는 수열의 잇따르는 비례들로 이해되어야 하는바,[628] 이 비례들은 다른 이들이 통상적인 대수학에서 다수의 차원들과 도형들로 표현하려고 애쓰는 것들이고, 또 그들이 그 첫째를 근, 둘째를 제곱으로, 셋째를 세제곱으로, 넷째를 네제곱 등으로 명명하는 것들이다.[629] 이 이름들에 의해, 고백건대, 나 자신이 오랜 시간 기만당했다. 왜냐하면 선과 평방 다음으로, 입방 및 이것들의 모습에 따라 만들어진[630] 다른 도형들보다 더 명석하게 내 상상력에 제시될 수 있는 것은 아무것도 없다고 보였기 때문이고, 게다가 나는 이 도형들의 도움으로 적지 않은 어려움들을 해결했기 때문이다. 그러나 많은 경험 후 내가 마침내 깨달은 것은, 나는 결코 이 표상 방식을 통해, 내가 이것 없이 훨씬 더 쉽게 그리고 더 판명하게 인지할 수 없었던 어떠한 것도 발견하지 못했다는 점이다. 그리고 이런 유의 이름들은 전적으로, 이것들이 표상을 흐리게 하지 않도록, 거부되어야 한다는 점이다. 왜냐하면 동일한 크기는 결코, 비록 이것이 입방이나 이중평방으로 불리더라도, 이전 규칙에 따라 선이나 표면으로가 아닌 다른 식으로 상상력에 제시되어서는 안 되기 때문이다. 그러므로 특히 유의해야 하 [457] 는 것은, 근, 평방, 입방 등은 연비례를 이루는 크기들 — 이것들에, 우리가 이미 위에서 말한, 그 받아들인 단위가 항상 앞선다고 가정되는 — 과 다름없다. 이 단위에, 제1비례항은 직접적으로 그리고 하나의 비율로, 그러나 제2비례항은 제1비례항을 매개로, 그리고 이 때문에 두 개의 비율로, 제3비례항은 제1비례항과 제2비례항을 매개로, 그리고 세 개의 비율로 연관된다, 등등. 그러므로 우리는 이제부터 제1비례항을 대수학에서 근으로 명명되는 크기로, 제2비례항을 제곱으로 명명되는 크기로 부를 것이고, 그 밖의 것들에 대해서도 그렇다.

마지막으로 알아차려야 하는 것은, 비록 우리가 여기서 어려움의 본성을 조사하기 위해 그 항들을 몇몇 수들에서 추상하더라도, 그 어려움은 주어진 수들 안에서, 그 수들에서 추상한 경우보다, 더 쉬운 방식으로 해결될 수 있는 일이 종종 일어난다는 점이다. 이것은 우리가 이미 앞서 언급한 수들의 제곱수를 통해서[631] 일어나는 바, 이는 수들이 때로는 순서를, 때로는 척도를 설명하기 때문이다. 이런 이유에서, 일반항들로 표현된 어려움을 탐구한 후에,[632] 우리는 그것을 주어진 수들로 환원해서, 이 수들이 혹시 여기서 우리에게 보다 단순한 어떤 해결을 제공하는지를 보아야 한다. 예를 들어, 두 변이 a와 b인 직각삼각형의 빗변이 $\sqrt{a^2+b^2}$임을 본 후에, a^2의 자리에 81을, b^2의 자리에 144를 놓아야 하고, 그 합은 225이며, 그 근, 즉 단위와 225 사이의 등비중항은 15이다. 이로부터 우리는 빗변 15가 변들 9 및 12와 공약가능하다는 것을 인식할 것인데, 이

[458] 는 우리가 일반적으로, 그것이 직각삼각형 — 이것의 한 변이 다른 것과 3대 4인 — 의 빗변이라는 사실로부터, 인식하는 것은 아니다.[633] 우리, 사물에 대한 명증하고 판명한 인식을 추구하는 우리는 이 모든 것들을 구별하지만, 계산가들, 구하는 합이 그들에게 떠오를 경우, 어떻게 그것이 주어진 것들에 의존하는지를 깨닫지 못하더라도 — 그렇지만 지식은 본래 오직 이것을 깨닫는 것에 존립한다 — 만족하는 계산가들은 그렇지 못하다.

그렇지만 일반적으로 다음을 준수해야 한다. 만일 우리가 종이에 적어둘 수 있다면, 지속적인 주의를 요하지 않는 것들 가운데 어떠한 것도 기억에 맡겨서는 안 된다는 것이다. 불필요한 기억이 우리 지력의 일부를 현재 대상의 인식에서 벗어나게 하지 않도록 말이다.[634] 게다가 우리는 문제의 항들을 — 처음에 제시되는 그대로 — 일람표[635]를 만들어야 한다, 그다음에, 어떤 식으로 그 항들이 추상되는지, 그리고 어떤 부호들을 통해 가리키는지를 기입할 것이다. 이리하여, 이 부호들 안에서 해결을 찾은 후, 이것을 쉽게 그리고 기억의 도움 없이 문제가 되는 특수한 주체에 적용할 것이다. 왜냐하면 덜 일반적인 어떤 것으로부터가 아니면 어떠한 것도 결코 추상되지 않기 때문이다. 그래서 나는 다음과 같이 기입할 것이다.

직각삼각형 ABC에서 빗변 AC를 구한다. 나는, 일반적으로 변들의 크기들로부터 빗변의 크기를 구하기 위해, 어려움을 추상한

다. 그다음에 9인 AB를 *a*로, 12인 BC를 *b*로 놓는다. 그 밖의 것들에 대해서도 그렇다.

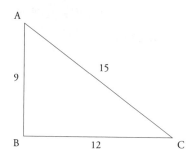

그리고 유의해야 하는 것은, 우리가 이 네 규칙들을 이 논고의 제 [459] 3부에서도 여전히 사용할 것이라는 점, 그리고 이것들은, 해당 자리에서 말할 것이지만, 여기서 설명된 것보다 조금 더 넓게 취해질 것이라는 점이다.

제17규칙   제시된 어려움은, 그 항들의 어떤 것들은 알려져 있고, 다른 것들은 알려져 있지 않다는 것을 도외시하면서, 그리고 그 각각의 다른 것들에 대한 상호 의존성을 참된 추리들을 통해 직관하면서, 직접 통람되어야 한다.[636]

위의 네 규칙들은, 결정된 그리고 완전하게 이해된 어려움들이 어떤 식으로 그 각각의 주체들에서 추상되어야 하는지, 그리고 그 어려움들이 어떤 식으로, 어떤 크기들 — 주어진 어떤 크기들과 이런저런 관계로 연관되어 있는 것으로부터 인식되어야 하는 — 이 나중에 찾아질 정도로, 환원되어야 하는지를 일러주었다. 그러나 이제 우리는 다음 다섯 규칙들에서, 어떤 식으로 이와 동일한 어려움들을 굴복시켜야[637] 하는지를 개진할 것이다. 즉, 하나의 명제 안에 알려지지 않은 크기들이 아무리 많이 있더라도, 그것들은 모두 상호 종속되도록, 그리고 둘째 항이 첫째 항에 대해, 셋째 항이 둘째 항에 대해, 넷째 항이 셋째 항에 대해 — 그리고 항의 수가 아주 많을 경우, 이렇게 계속 끝까지 — 갖는 관계는 첫째 항이 단위에 대해 갖는 관계와 같도록, 그리고 항들의 수가 아주 많을 경우, 이렇게 계속하면서, 그 알려지지 않은 크기들의 합이 알려진 어떤 크기와 동등하게 되도록 하는 것이다.[638] 그리고 이는 방법적으로 아주 확실해서, 우리는 이런 식으로 안전하게, 그것들은 어떠한 재간으로도 보다 단순한 항들로 환원될 수 없었다고 단언할 수 있을 것이다.[639]

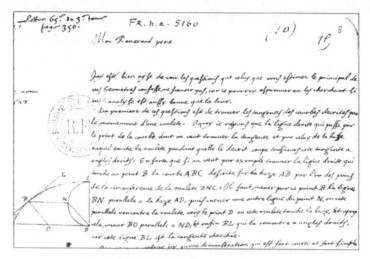

1638년 메르센 신부에게 보낸 데카르트의 편지 일부분.

그러나 지금으로서는, 연역을 통해 해결해야 할 모든 문제에서 [460] 평탄하고 곧바른 어떤 길이 있으며, 이 길을 통해 우리는 모든 것들 가운데 가장 쉽게 하나의 항에서 다른 항들로 넘어갈 수 있는 반면, 그 밖의 모든 길들은 더 어렵고 우회적이라는 점에 유의해야 한다.[640] 이것을 이해하려면, 제11규칙에 대해 말한 것을 상기해야 한다. 여기서 우리는 명제들의 연쇄가 어떠한 것인지를 개진했다. 즉, 명제들 각각을 그 이웃 명제들과 비교하는 경우, 우리는 또한 쉽게, 어떤 식으로 처음 것이 마지막 것과 상호 관계되는지를 지각한다. 비록 우리가 그만큼 쉽게 양단에서 중간 것들을 연역하지 못하더라도 말이다. 그러므로 지금, 우리가 명제들 각각의 상호의존성을, 어디에서도 단절되지 않은 순서에 따라, 직관해서, 이로부터 어떤 식으로 마지막 것이 첫째 것에 의존하는지를 추론하는 경우, 우리는 어려움을 직접 통람할 것이다. 그러나 반대로, 우리가, 첫째 것과 마지막 것이 특정한 방식으로 서로 이어져 있다는 것을 인식한다는 사실로부터, 그것들을 연결하는 중간 것들이 어떠한 것인지를 연역하고자 하는 경우, 우리는 이때 전적으로 우회적 그리고 전도된 순서를[641] 따를 것이다. 그러나 여기서 우리는 오직 복잡한 문제들— 즉, 여기서 알려진 양단에서 어떤 중간 것들을 혼란한 순서에 따라 인식해야 하는 문제들 — 에 대해서만 전념하기 때문에, 이곳에서 기예 전체는 다음의 것에, 즉 우리가, 알려지지 않은 것들을 알려진 것들로 가정하면서, 아무리 뒤얽힌 어려움들 안에서조차, 쉬운 그리고 곧바른 탐구의 길을 우리에게 준비시킬 수 있는 것에 있을 것이다.[642] 그리고 이것을 항상 행하는 것을 막는 것은 아

[461] 무것도 없다. 왜냐하면 우리는 이 부의 처음부터,[643] 문제 안에서 알려지지 않은 것들이 알려진 것들에 의해 완전하게 결정될 정도로, 그렇게 전자가 후자에 의존되어 있음을 인식한다고 가정했고, 그런 만큼, 만일 우리가, 이 결정을 인지하는 동안, 가장 먼저 나타나는 것들 자체에 대해 반성한다면, 그리고 이것들을, 비록 알려지지는 않았지만, 알려진 것들 안에 포함시키고, 이로써 이것들로부터 단계적으로 그리고 참된 추리들을 통해[644] 그 밖의 알려진 모든 것들까지도, 알려지지 않거나 한 듯이, 연역하기만 한다면, 우리는 이 규칙이 지시하는 것 전부를 실행할 것이기 때문이다. 우리는 이것에 대한 실례들, 그리고 이제부터 말할 대부분의 것들에 대한 실례들 또한 제24규칙을 위해 남겨놓는바, 여기서 그것들이 보다 용이하게 개진될 것이기 때문이다.

제18규칙 이것을 위해 네 가지 작용들, 덧셈, 뺄셈, 곱셈
그리고 나눗셈만이 요구된다. 이것들 가운데 마지막
둘은 여기서 자주 실행되어서는 안 되는데, 이는
한편으로 경솔하게 어떤 것을 복잡하게 만들지 않기
위함이고, 다른 한편으로 그것들은 나중에 보다
쉽게 수행될 수 있기 때문이다.[645]

규칙들의 다수는 종종 박사들의 미숙[646]에서 나오고, 단 하나의 일반
적인 규정으로 환원될 수 있는 것은, 이것이 여러 특수한 규정들로
분할되면, 덜 명료하다. 이 때문에 우리는 여기서, 문제들을 통람할
때, 다시 말해 어떤 크기들을 다른 크기들에서 연역할 때 사용해야
하는 모든 작용들을 단지 네 항목들[647]로 환원한다. 어떻게 이것들로
충분할 수 있는지는 이것들에 대한 설명을 통해 알게 될 것이다.

즉,[648] 만일 우리가 하나의 크기에 대한 인식에 — 우리가 그 크 [462]
기를 구성하는 부분들을 가지고 있다는 사실로부터 — 이르게 된
다면, 이것은 덧셈을 통해 실행된다. 만일 우리가 부분을 — 우리
가 전체를, 그리고 그 부분에 대한 전체의 초과를[649] 가지고 있다는
사실로부터 — 인지한다면, 이것은 뺄셈을 통해 실행된다. 그리고
다른 어떠한 방식으로도 어떤 크기가 다른 크기들 — 절대적으로
취해진, 그리고 이것들 안에 그것이 어떤 식으로 포함되어 있는 —
로부터 연역될 수 없다.[650] 그러나 만일 어떤 것이 다른 것들 — 그
것과 전적으로 상이한, 그리고 이것들 안에 그것이 어떤 식으로 포
함되지 않는 — 로부터 발견되어야 한다면, 전자는 반드시 후자와

어떤 방식으로 연관되어야 한다. 이 관계 혹은 관련은, 만일 이것이 곧바로 추적되어야 한다면, 곱셈이 사용되어야 하고, 만일 우회적으로 추적되어야 한다면, 나눗셈이 사용되어야 한다.[651]

이 두 가지 작용을 분명히 개진하기 위해서는 다음을 알아야 한다. 즉, 우리가 이미 말한 바 있는 단위는 여기서 모든 관계의 기저 및 기초이고, 연비례를 이루는 크기들의 계열에서 첫째 단계를 차지하는 반면, 주어진 크기들은 둘째 단계 안에 포함되고, 비례가[652] 직접적인 경우,[653] 구하는 크기들은 셋째 단계, 넷째 단계 및 나머지 단계 안에 포함된다는 것이다. 그러나 그것이 간접적인 경우,[654] 구하는 크기들은 둘째 단계 및 중간 다른 단계들 안에, 주어진 크기들은 마지막 단계 안에 포함된다는 것이다.[655]

[463]　왜냐하면, 단위가 a 혹은 주어진 크기 5에 대한 비가 b 혹은 주어진 크기 7이 구하는 크기 ab 혹은 35에 대한 비와 같다고 말하는 경우, 이때 a와 b는 둘째 단계에, 이것들의 곱인 ab는 셋째 단계에 있다.[656] 마찬가지로, 이것에 덧붙여서, 단위가 c 혹은 9에 대한 비율은 ab 혹은 35가 구하는 크기 abc 혹은 315에 대한 비율과 같다고 말하는 경우, 이때 abc는 네 번째 단계에 있고, 또 그것은 두 번째 단계에 있는 ab와 c로써 실행되는 두 개의 곱셈을 통해 생기고, 나머지 것들에 대해서도 마찬가지다.[657] 단위가 a 혹은 5에 대한 비는 a 혹은 5가 a^2 혹은 25에 대한 비와 같다고, 나아가 단위가 a 혹은 5에 대한 비는 혹은 25가 a^2 혹은 125에 대한 비와 같다고, 끝으로 단위가 a 혹은 5에 대한 비율은 a^3 혹은 125가 625인 a^4에 대한 비율과 같다고 말하는 경우도 마찬가지다.[658] 왜냐하면 동일한 크기에 그 크기 자신을 곱하든, 아니면 전적으로 상이한 다른 크기를 곱하든, 곱셈은 다른 식으로 실행되지 않기 때문이다.

그러나 이제, 단위가 주어진 제수 a 혹은 5에 대한 비는 B 혹은 구하는 7이 주어진 피제수 ab 혹은 35에 대한 비와 같다고 말하는 경우, 이때 순서는 혼란되고 간접적이다.[659] 이 때문에 구하는 B는 주어진 ab를 역시 주어진 a로 나누어야만 얻게 된다.[660] 또 단위가 A 혹은 구하는 크기 5에 대한 비는 a^2 혹은 구하는 크기 5가 A^2 혹은 주어진 크기 25에 대한 비와 같다고 말하는 경우, 또 단위가 구하는 A 혹은 5에 대한 비는 구하는 a^2 혹은 25가 주어진 크기 a^3 혹은 125에 대한 비와 같다고 말하는 경우도 마찬가지다. 그 밖의 것들에 대해서도 마찬가지다.[661] 이 모든 것들을 우리는 나눗셈이라는 이름 아래 포괄한다. 물론 이 작용의 후자의 종류들이 그 전자의 종류들보다 더 큰 어려움을 포함한다는 점에 유의해야 하는데, 이 [464] 는 그것들에서 구하는 크기가 더 자주 발견되고, 따라서 더 많은 관계들을 내포하기 때문이다. 실로, 이 예들의 의미는, a^2 혹은 25로부터 제곱근을, 또는 a^3 혹은 125로부터 세제곱근을 구해야 한다고 말하는 경우와 동일하고, 그 밖의 것들도 마찬가지이며, 이것이 계산가들에게서 통용되는 어투이다.[662] 혹은, 우리가 이것들을[663] 또한 기하학자들의 용어로 설명하기 위해, 그것은, 우리가 단위로 부르는 그 적용된 크기와 a^2을 통해 가리키는 크기 사이의 등비중항을 발견해야 한다고, 혹은 단위와 a^3 사이의 두 개의 등비중항들을 발견해야 한다고 말하는 경우와 동일하고, 다른 것들에 대해서도 마찬가지이다.

이것들로부터, 어떻게 이 두 작용들이, 어떤 관계 덕분에 다른 크기들에서 연역해야 하는 모든 크기들을 발견하기에 충분한지가 쉽게 결론지어진다. 그리고 이것이 일단 이해되면, 우리는 이어서, 어떻게 이 작용들을 상상력의 조사로 소환해야 하는지, 그리고 어떻게 그것들을 또한 눈에 현시해야 하는지를 개진하고, 이로써 마침내 그것들의 사용 혹은 실천[664]을 설명할 것이다.

만일 덧셈이나 뺄셈을 행해야 한다면, 우리는 주체를 선의 관점 아래서, 즉 연장된 크기 — 이것 안에서 오직 길이만을 고려해야 하는 — 의 관점 아래서 표상한다.[665] 왜냐하면 선 a를 선 b에 더해야 한다면,

우리는 하나를 다른 것에 이렇게 ab로 덧붙이고,

c를 얻기 때문이다.

[465] 그러나 보다 작은 것을 보다 큰 것에서, 즉 b를 a에서 빼야 한다면,

우리는 하나를 다른 것 위에 이런 식으로 놓고,

보다 작은 것이 덮을 수 없는 보다 큰 것의 부분, 즉

을 얻는다.

곱셈에서, 우리는 또한 주어진 크기들을 선의 관점 아래에서 표상한다. 그러나 이 선들로 직사각형이 만들어진다고 상상한다. 왜냐하면 우리가 a에 b를 곱한다면,

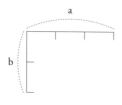

이런 식으로 하나를 다른 것에 직각으로 붙여,

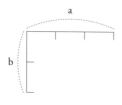

직사각형이 만들어지기 때문이다.   [466]

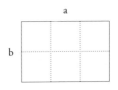

다시, 우리가 ab에 선 c를 곱하고자 한다면,

ab를 선으로, 즉 ab로 표상해야 하고,

이로써 abc에 해당되는 것으로 만들어질 것이다.

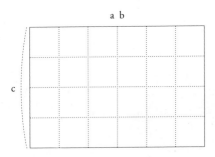

　마지막으로, 제수가 주어져 있는 나눗셈에서 우리는 피제수의 크기가 그 한 변이 제수이고 다른 한 변은 몫인 직사각형이라고 상

상한다. 예를 들어,

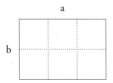

직사각형 ab를 a로 나누어야 한다면,

이것에서 폭 a가 제거되고, b가 몫으로 남는다.

아니면 반대로, 만일 직사각형 ab를 높이 b로 나눈다면, 높이 b는 [467]
제거되고, 몫은 a일 것이다.

　그러나 나눗셈에서, 제곱근이나 세제곱근 등을 구해야 한다고
말할 때처럼, 제수가 주어지지 않고, 단지 어떤 관계를 통해 가리켜
지는 경우, 이때 유의해야 하는 것은, 피제수의 항 및 다른 모든 항

들을 항상 연비례의 계열 안에 현존하는 선들 — 이것들의 첫째 것이 단위이고 마지막 것이 피제수 크기인 — 로 표상해야 한다는 점이다.[666] 그러나 어떤 식으로 이 마지막 것과 단위 사이의 등비중항들을, 그 수가 얼마나 많든, 발견해야 하는지에 대해서는 해당 자리에서 말할 것이다. 그리고 지금은, 우리가 이러한 작용들을 여기서 아직 실행하지 않은 것으로 가정한다는 것을 일러준 것으로 충분한데,[667] 왜냐하면 이 작용들은 상상력의 간접적 그리고 반성적 운동들을 통해 행해져야 하기 때문이다.[668] 그리고 우리는 지금 단지 직접 통람되는 문제들만을 다룬다.

다른 작용들에 관해서는, 물론 그것들은, 우리가 그것들이 표상되어야 한다고 말한 그 방식으로, 매우 쉽게 실행될 수 있다.[669] 그렇지만 어떤 식으로 그것들의 항들이 준비되어야 하는지를 개진하는 일이 남아 있다. 왜냐하면, 우리가 어떤 어려움에 전념하기 시작할 때, 그 항들을 선들로, 혹은 직사각형들로 표상하는 것은 — 우리가, 제14규칙을 위해 말했듯이, 그것들에 결코 다른 도형들을 할당함이 없이 — 우리의 자유일지라도, 그렇지만 작용 중에[670] 가끔은, 두 선의 곱셈을 통해 얻은 직사각형이, 바로 뒤에, 다른 작용을 행하기 위해, 선으로 표상되어야 하는 경우가 있기 때문이다. 아니면, 동일한 직사각형이, 혹은 어떤 덧셈이나 뺄셈을 통해 얻은 선이, 바로 뒤에, 가리켜진 선 — 그 제수로서 — 위에 그려진 다른 어떤 직사각형으로 표상되어야 하는 경우가 있기 때문이다.[671]

그러므로 여기서, 어떻게 모든 직사각형이 선으로 변형될 수 있는지, 그리고 역으로 선, 혹은 직사각형 또한 다른 직사각형 — 이 것의 변이 가리켜진 — 으로[672] 변형될 수 있는지를 설명하는 것은 가치 있는 일이다. 이것은 기하학자들에게는 아주 쉬운 것이다. 우리는 선들을 통해, 우리가 이것들을 어떤 직사각형과 비교할 때마다, 이곳에서처럼 직사각형들— 이것들의 한 변이 우리가 단위로 받아들인 그 길이인— 을 표상한다는 것을 그들이 알아차리기만 한다면 말이다. 실로, 이런 식으로 이 과제 전체는 다음 명제로 귀착된다. 주어진 다른 직사각형과 동등한 직사각형을 주어진 변 위에 그린다.[673]

이것은 물론 기하학의 초보자들에게까지 잘 알려진 것이기는 하지만, 어떤 것을 소홀히 한 것으로 보이지 않기 위해, 나는 기꺼이 이것을 개진할 것이다.

제19규칙 이 추리 방법을 통해, 두 가지 다른 방식으로 표현된
크기들을, 우리가 어려움을 직접 통람하기 위해
알려지지 않은 항들을 알려진 항들로 가정하는
수만큼, 구해야 한다. 왜냐하면 이런 식으로
두 개의 등식들 간의 비교들을 그만큼 많이
얻을 것이기 때문이다.[674]

제20규칙 등식들이 발견되면, 우리가 제쳐놓은 연산들을 [469]
수행해야 하고, 나눗셈이 알맞을 곳에 번번이
곱셈을 사용해서는 결코 안 된다.[675]

제21규칙   이런 유의 방정식들이 다수 있다면, 그 모든 것들을 단 하나의 방정식, 즉 연비례를 이루는 크기들이 순서대로 배열되어야 하는 그 항들이, 보다 낮은 단계를 차지하는 방정식으로 환원해야 한다.[676]

방법서설

1 '이 서설ce discours'의 독서 방식과 각 부의 주제를 소개하는 이 글
   은 원문에서는 모두 이탤릭체로 되어 있다. 그리고 '저자l'auteur'
   와 3인칭 대명사 '사람들on'을 모두 독자로 삼고 있다는 점에서
   이 글의 작성자가 마치 데카르트가 아닌 것처럼 보일 수 있다.
   그렇지만 글쓴이는 물론 데카르트다.
   '머리말'이나 '일러두기'에 해당함 직한 이 글의 첫 문장에서 데
   카르트는 '서설'의 독서 방법에 대해 말한다. 글 읽는 호흡이 짧
   은 사람들은 전체를 여섯 부분으로 나누어 읽어도 괜찮다는 것
   이다. 이 책이 원전으로 삼은 아당과 타네리가 편집한 판에는
   원래 각 부의 제목이 없다. 본 역서에 있는 각 부의 제목은 독자
   의 이해를 돕기 위해 이 글의 내용에서 가져온 것이다.
   저자가 나눠서 읽어도 괜찮다고는 하지만, 그래도 좋은 것은 전
   체를 한 번에 읽는 것이다. 이는《방법서설》이《성찰》처럼 새
   로운 진리를 발견해내는 '분석적 방법'이 아니라 찾아낸 진리를
   제시하고 설명하는 '종합적 방법'으로 서술되어 있다고 해도,
   그래서 각 부가 철저하게 근거와 귀결의 관계로 이어져 있지는

않아도, 그 나름대로 상호 연관성을 가지고 있음을 의미한다.

데카르트는 제1부에서 학문을 새롭게 정립하기 위해 기존 '학문들에 관한 다양한 고찰들diverses considérations touchant les sciences'을 통해 그 장단점을 먼저 파악한다. 그런 다음 제2부에서 새로운 학문 정초에 도움이 되는 새로운 '방법의 주요 규칙들les principales règles de la Méthode'을 찾아내고, 이로부터 제3부에서 이른바 '잠정적 도덕morale par provision'으로 불리는 '도덕에 관한 규칙들 몇몇quelques-unes de celles de la Morale'을 끌어낸다. 서너 가지 잠정적 도덕 규칙들로 일상의 삶을 지도하는 한편, '의심'을 방편으로 본격적인 사유실험을 감행하면서 기존의 지식체계를 해체함과 동시에 새로운 지식의 획득 가능성을 고찰한다. 제2부에서 소개된 네 가지 규칙들로 새로운 학문이 정립될 것인바, 데카르트에게 이 학문의 뿌리는 형이상학이기 때문에 '저자의 형이상학의 토대들les fondements de sa Métaphysique'은 신과 인간 영혼의 현존l'existence de Dieu et de l'Âme humaine과 다름없으며, 그 현존을 입증하는 근거들les raisons을 제4부에서 다룬다. 형이상학적 토대들에 대한 논의에 이어 제5부에서, 학문의 줄기에 해당하는 자연학 일반, 가지에 해당하는 특수한 '자연학적 문제들의 순서l'ordre des questions de Physique', 특수 자연학 중에서도 의학la Médecine에 속하는 '몇몇 다른 어려움들quelques autres difficultés', 그리고 인간 영혼과 짐승 영혼의 차이différence를 검토한다. 마지막 제6부에서 '자연 탐구la recherche de la Nature'의 진전을 위해 요구되는 것 그리고 이 책의 집필 동기를 밝힌다.

제1부

2 "양식은 세상에서 가장 잘 분배되어 있는 것이다"의 원어는 "Le bon sens est la chose du monde la mieux partagée"이고, 라틴어판에서는 "Nulla res aequabilius inter homines est distributa quam bona mens(인간들 사이에서 좋은 정신보다 더 동등하게 분배되어 있는 것은 아무것도 없다)"이다. 'bon sens'를 관례에 따라 '좋은 식견이나 판단력'이라는 의미의 '양식良識'으로, 라틴어 'bona mens'는 직역해서 '좋은 정신'으로 옮겼다.

3 이 문장은 원문에서 앞의 첫 문장과 쌍점(:)으로 연결되어 있다. 쌍점은 쌍반점(;)과 더불어 데카르트가 매우 즐겨 사용한 약물이다. 그는 《방법서설》에서 이 두 방식으로 문장들을 길게 합성한다. 이 문장은 데카르트가 아마도 고심 끝에 자신의 첫 출간작인 《방법서설》의 첫 문장으로 가져왔을 것이다. 양식의 동등성, 평등성 또는 공평성에 대한 근거를 제시하는 문장으로, 의미는 분명하지만 우리말 번역이 까다로웠다. 'avoir coutume de'는 데카르트가 즐겨 사용하는 관용어로서 '~하곤 하는', '대개 ~하다' 등으로 옮겼다. 원문 "ceux même qui sont les plus difficiles à contenter en toute autre chose"를 직역했는데, 그 의미는 다른 모든 것에서는 좀처럼 만족할 줄 모르는 까다로운 사람들조차도 양식에 대해서만큼은 자신들이 지금 가진 것보다 더 많은 것을 욕망하지 않는 것이 보통이라는 것이다. 'désirer'를 '바라다' 또는 '싶어 하다'보다는 이후 번역의 통일성을 고려해서 '욕망하다'로, 'souhaiter'를 '바라다'로, 'vouloir'를 가급적 '원하다' 또는 '하고자 하다'로 옮겼다.

4 "se tromper", "vraisemblable"은 모두 데카르트가 즐겨 사용하는 '기술적 용어technical term'이다. 전자는 데카르트의 이른바 '방법적 회의', 특히 '악신의 가설'에 의한 의심 과정에서 본격적으로 사용되는 개념으로 '속다/속임을 당하다' 또는 '기만당하다'로 옮겼다. 라틴어판에는 "falli"로 번역되어 있다. 후자는 '그럴듯한' 또는 '그럴 법한'으로 옮겼다. 이것은 본래 'vrai-semblable(진리-임 직한)'로 이뤄진 개념이고, 그 명사형은 '진리를 닮은 것 혹은 모방한 것', 그래서 '절대 확실하지 않고 그저 개연적인 것'이라는 뜻을 갖는다. 데카르트는 이론 또는 학문의 차원에서 그 개념을 진리와 대비시키면서 부정의 시선으로 바라보지만, 지금의 경우처럼 실천 또는 현실의 영역에서는 긍정의 의미로 사용한다.

5 "그것은 오히려 (…) 증시한다"의 원어는 "mais plutôt cela témoigne que la puissance de bien juger, et distinguer la vrai d'avec le faux, qui est proprement ce qu'on nomme le bon sens ou la raison, est naturellement égale en tous les hommes"이다. 중간의 관계대명사가 이끄는 문장은, '이것이 본래 사람들이 양식 혹은 이성이라고 명명하는 것인바,'라고 직역했다. 라틴어판에서는 그것을 괄호 안에 넣었다. 이 책에서도 괄호 처리를 하면서 가독성을 높일 수 있었지만, 원문에 없는 괄호 등의 다른 약물을 사용하지 않고 원문을 최대한 살리고자 했다. 라틴어판에서는 "sed potius vim incorrupte judicandi & verum a falso distinguendi (quam proprie bonam mentem seu rectam rationem appellamus) natura aequalem omnibus nobis innatam esse"이다. "오히려 공정하게 판단하는 그리고 참된 것을 거짓된 것에서

구별하는 힘(우리가 본래 좋은 정신 혹은 올바른 이성이라고 부르는)이 자연적으로 동등하게 우리 모두에게 본유적이라는 것"이다.

'거짓된 것에서 참된 것을 구별하는 힘', '잘 판단하는 힘'이 프랑스어 원본에서는 '양식' 또는 '이성'으로, 라틴어판에서는 '좋은 정신bona meus' 또는 '올바른 이성ratio recta'으로 표현된다. 그래서 사실 이것들은 모두 데카르트에게 동의어에 가깝다. 그리고 이 '힘'은 프랑스어 원본에서는 '자연적으로 동등한 것', 라틴어판에서는 '자연적으로 동등하게 본유적인 것innatam'으로 간주한다. 라틴어판은 양식의 동등성과 더불어 본유성을 보다 강조한다.

"naturellement"를 '본성적으로', '본래적으로' 또는 '천부적으로' 대신에 보다 중립적인 의미로 '자연적으로', "égale"를 '공평한' 또는 '평등한' 대신 '가진 것이 똑같다'는 의미의 '동등한'으로 옮겼다. "témoigner"는 데카르트가 'prouver(입증하다)', 'démontrer(증명하다)' 등과 더불어 종종 사용하는 단어다. '증명하여 내보이다'라는 의미의 '증시證示하다'로 옮겼다.

6 이 문장은 의역했고, 직역하면 다음과 같다. '우리 의견들의 상이성은 어떤 이들이 다른 이들보다 더 이성적이라는 것에서가 아니라, 오직 우리가 우리 사유들을 상이한 길들로 인도하고, 같은 것들을 고찰하지 않는다는 것에서만 비롯된다는 것을 증시한다.'

'opinion(라틴어로 opinio)', 고대 그리스 철학에서 엄밀한 의미에서 확실한 또는 객관적인 지식을 의미하는 단어 'épistémè'에 대비되는 'doxa', 즉 개연적인 또는 주관적인 지식 또는 종종 억견臆見으로 번역되는 것을 가급적 '의견意見'으로 옮겼다. 'pensée(라틴어는cogitatio)'를 '사유'로 옮겼다.

7 "왜냐하면 좋은 정신을 (…) 사용하는 것이기 때문이다"의 원어는 "Car ce n'est pas assez d'avoir l'esprit bon, mais le principal est de l'appliquer bien"이고, 라틴어판에서는 "Quippe ingenio pollere haud sufficit, sed eodem recte uti palmarium est"이며, '좋은 정신esprit bon'을 '지력ingenium'으로 옮긴다. 'esprit'를 '정신'으로, 'âme'를 '영혼'으로 번역했다. 데카르트는 《방법서설》에서와는 달리 《성찰》에서는 가능한 한 '호흡 혹은 숨'이라는 뜻으로 '생명의 원리'라는 전통적인 의미를 가진다고 여긴 'animus(âme)' 대신 인식 주체의 의미를 갖는 'mens(esprit)'를 사용한다.

올바로 판단할 수 있는 능력인 양식, 즉 이성을 가지고 있는 인간 정신은 본래 좋은 것일 수밖에 없지만, 그것을 '잘 사용하는 것'이 보다 중요한 것임을 강조하는 이 문장은 데카르트 철학에서, 적어도 《방법서설》에서 가장 핵심적 주장을 담고 있다. 데카르트가 곧 말하겠지만, 이성 즉 양식은 신이 인간 정신을 창조할 때 그 안에 넣은 것이고, 선하고 전능한 신이 그것을 나쁘게 만들어 정신에 집어넣었을리는 없기 때문에, 그 능력을 가진 인간 정신은 '좋은' 정신일 수밖에 없다. 그러나 정신의 좋음이 곧 진리를 인식하고 선을 행함을 의미하는 것은 아니라는 것, 선천적으로 곧은 정신이라 해도 후천적으로 나쁜 길로 접어들면 비뚤어져 무지와 악행으로부터 자유롭지 못하다는 것, 그래서 중요한 것은, 그저 좋은 정신의 소유avoir가 아니라 그것의 올바른 사용l'appliquer bien, recti uti이라는 것이다. 이성 혹은 정신을 올바로 이끄는 방법이 필요하다는 것이며, 데카르트가 그 방법의 중요성을 강조하고, 그것을《방법서설》의 제목으로 삼고 있는 것도 그 때문이다.

8   "가장 커다란 (⋯) 행할 수 있다"의 원어는 "Les plus grandes âmes sont capables des plus grands vices, aussi bien que des plus grandes vertus"이다. '영혼'뿐만 아니라, '덕vertu', '악덕vice'에도 적용되는 'grand'를 '커다란'으로 옮겼다. 'être capable de'를 여기서는 '행할 수 있는', 다른 곳에서는 '할 능력이 있는', '해낼 수 있는' 등으로 옮겼다.

9   데카르트가 즐겨 사용하는 어투 가운데 하나로서, 원어는 "Pour moi"이다. 여기서는 '나에 대해서는'으로 옮겼지만, 때에 따라 '나에 대해 말하자면' 등으로 옮겼다.

10 데카르트가 알고 있는 바로는, 재빠른 사유la pensée prompte, 선명하고 판명한 상상력l'imagination nette et distincte, 폭넓거나 생생한 기억la mémoire ample ou présente만이 정신이 완전해지는 데 도움이 되는 성질이라는 것이다. 'présent'를 '현재(의)', '현전하는'이라는 의미의 '생생한'으로 옮겼다.

11 이때 양식은 'bon sens'가 아니라 'le sens'로 되어 있으며, 라틴어 판에서는 그것마저 생략되어 있다.

12 데카르트는 인간이 짐승과 다른 점을, 모든 인간에게 전부 다 tout entière 있는 이성에서 찾는다. 인간과 짐승의 차이에 대해서는 제5부에서 자세히 설명된다.

13 "그 점에서 (⋯) 그렇지 않다"의 원어는 "qu'il n'y a du plus et du moins qu'entre les *accidents*, et non point entre les *formes*, ou natures, des *individus* d'une même *espèce*"이다. 아당 타네리 판에서 네 단어

가 이탤릭체로 강조되어 있다.

데카르트가 《방법서설》에서 아주 드물게 스콜라철학 용어를 사용하는 대목이다. 우연적 성질accident, accidentia과 종spèce, species 은 포르피리오스Porphyrios와 스콜라철학자들이 사용한 5개의 '빈사들prédicables', 즉 유le genre, genus, 종, 차이la différence, differentia, 고유 특성le propre, proprietas 및 우연적 성질 가운데 두 개에 해당한다. 유와 종은 모두 등급을 가리키고, 종은 유의 한 부분을 형성하는 등급이다. 예컨대 인간이 종이라면 동물은 유다. 차이, 즉 종차différence spécifique는 동일한 유에 속하는 종들을 구별 가능케 하는 특성이며, 따라서 종은 유와 종차에 의해 정의된다. 그러므로 데카르트에 따라 인간과 짐승이 구별되는 지점이 이성이라면, "인간은 이성적 동물이다"로 정의된다. 고유 특성은 오직 하나의 종에만 속하는 성질이다. 예컨대 웃음은 오직 인간에게만 속하는 고유 특성이다. 그리고 한 주체의 고유 특성들 가운데 우연적 성질은 그 주체의 본성, 즉 본질적 성질에 의존해서만 주체에 귀속되는 반면, (실체적) 형상form, forma 또는 본성nature, natura은 주체의 본질을 구성한다. 그러므로 상상, 기억 등은 인간이라는 종의 우연적 성질인 반면, 이성은 인간의 본질을 구성하는 형상이기 때문에, 인간은 각각 우연적 성질에서만 차이가 있을 뿐, 필연적 또는 본질적 성질에서는 차이가 없다는 것이다.

14 "Mais je ne craindrai pas de dire que"로 시작하는 긴 문장으로 처음 문장만 끊어서 번역했기 때문에 '다음과 같은'을 부득이 추가했다. 우리말 어감에 다소 어색하더라도 직역했다. 두려워하다craindre 또는 두려움crainte의 개념이 우유부단irrésolution이나

결단résolution 또는 확신assurance 개념과 맞물려서 데카르트에게
서, 특히《방법서설》에서 갖는 고유한 어감을 그대로 살렸다.

15 "특정한 길에"의 원어는 "en certains chemins"이고 "몇몇 고찰
들과 준칙들"의 원어는 "des considérations et des maximes"이다.
'고찰들'은 제1부의 학문들에 대한 다양한 고찰들뿐만 아니라
'세상이라는 커다란 책'을 위시해 다양한 영역에서 행해지는
고찰들이기 때문에 바로 직역했다. '준칙들'은 제3부에서 제시
된 도덕 격률을 지시할 때 사용된다.

16 데카르트는《성찰》의 〈헌사〉에서도 이와 같은 "하나의 방법une
Méthode"에 대해 언급하며, 이 방법에 따라 이룩한 진보와 성과
에 대해서는《정신지도규칙》에서도 자세히 설명한다.

17 "다음과 같은 열매들"의 원어는 "tels fruits"이고, 다음 부문장과
이어져 있는 것을 끊어서 번역했다.

18 "인간, 순전히 인간의 일들 가운데"의 원어는 "entre les
occupations des hommes purement hommes"이고, 라틴어판에
서는 "inter occupationes eorum qui meri homines sunt"이다. 온
전히 인간의 '자연적인naturel' 능력 안에 있는 일들 또는 직업들,
곧 '초자연적인surnaturel' 능력 또는 '은총의 빛lumen gratiae'으로 알
려지는 것들을 다루는 직업이 아닌 것들을 가리킨다. 물론 전
자는 학문의 영역이고, 후자는 신앙의 영역이다.

19 방법의 열매로 제시된 것은 두 가지다. 하나는 진리 탐구에서
자신이 이룩한 '진보에 대한 극도의 충족une extrême satisfaction du
progrès'이고, 다른 하나는 인간의 일들 가운데서 자신이 선택한
일이 '요지부동으로 좋고 중요한solidement bonne et importante' 것이
라는 '미래에 대한 희망espérances pour l'avenir'이다.

20 'nous sommes sujets à nous méprendre'를 '우리는 착각에 예속되어 있다'라는 의미의 '우리는 쉽게 착각한다'로, 'se méprendre'를 '어떤 사물이나 사실을 실제로 다르게 지각하거나 생각한다'라는 의미의 '착각하다/오해하다'로 옮겼다.

21 'du bruit commun'을 '세상의 소문'으로 옮겼고, 'j'ai coutume de me servir'를 주로 '대개 ~하다/하곤 하다'로 여기서는 '습관적으로 사용하곤 하다'로 옮겼다. 'instruire'를 '지도하다'로 옮기면서, 'enseigner(가르치다)'와 구별했다.

22 "의도"의 원어는 "dessein"이다. 맥락에 따라 '의도'나 '계획'으로 번역했다.

23 여기서 자신의 의도가 자신이 발견한 방법을 가르치는 것 d'enseigner이 아니라 그저 보여주는 것de faire voir에 있다는 말은, 1637년 2월 27일에 데카르트가 메르센 신부에게 보낸 편지에도 똑같이 들어 있다.
"내가 이 책의 제목을《방법에 관한 논고Traité de la Méthode》가 아니라《방법에 관한 이야기Discours de la Méthode》또는《방법에 관한 서설이나 견해Préface ou Avis touchant la Méthode》로 정한 것은, 여기서 내 의도가 방법을 가르치는 것de l'enseigner이 아니라 단지 그것에 대해 말하는 것d'en parler에 있다는 것을 보여주기 위함이다."

24 'habile'는 데카르트가 종종 사용하는 개념이다. 솜씨와 재주가 좋고, 상황에 민첩하고 교활하게 대처한다는 의미로 '능숙한', '능란한' 등으로 옮겼다.

25 'une histoire'를 '하나의 이야기'로 옮겼다.

26 'imiter'를 '모방하다', 'exemple'을 '사례'로 옮겼다.

27 "나는 유년기부터 글들에서 자양을 얻었다"의 원어는 "J'ai été
    nourri aux lettres dès mon enfance"이다. 'lettres'를 라틴어판에
    서는 "literarum studia"로 옮겼다. 당시 상황을 고려해 '학문',
    '인문학', '문학' 등으로 번역될 수 있겠지만, 학교에서 가르치
    는 학문뿐만 아니라 글공부 전반을 뜻하는 것으로 보아 원어
    의 의미를 그대로 살렸다. 그리고 'dès mon enfance'를 앞의 'dès
    ma jeunesse(청년기부터)'와 연관해서 '유년기부터'로 번역했다.

28 "그리고 사람들이 (…) 가지고 있었다"의 원어는 "et pource
    qu'on me persuadait, que, par leur moyen, on pouvait acquérir
    une connaissance claire et assurée de tout ce qui est utile à la vie,
    j'avais un extrême désir de les apprendre"이다. '설득하다'로 옮
    긴 'persuader'와 그 명사형 'persuasion(라틴어로 persuadere/
    persuasio)'은 데카르트가 애용하는 단어 가운데 하나다. 'se
    persuader/persuasion'은 '확신하다/확신'으로 옮겼다. 그리고
    'une connaissance claire et assurée'에서 'assuré'를 '확실한'으로
    옮겼다. 경우에 따라 '확신하는'으로 옮겼다. 글들 또는 강단 스
    콜라풍의 학문들을 배우려는 '극도의 욕망un extrême désir'이라는
    표현은 제1부 후반부에 다시 한번 나타나는바, 데카르트가 종
    국적으로 추구한 것은 단지 이론적이고 사변적인 지식이 아니
    라 '삶에 유익한utile à la vie' 구체적이고 실용적인 지식임을 잘 알
    수 있는 대목이다.

29 앙리 4세Henri IV de France가 설립해 예수회에 기증한 라플레슈
    왕립학교를 가리킨다.

30 "지식인"의 원어는 "de savants hommes"이다.

31 그 당시에 '가장 기이하고 가장 드문les plus curieuses et les plus rares'

학문이란 연금술, 점성술, 수상술, 마술 등을 가리킨다. 《정신지도규칙》에서 자주 사용되는 'percurrere'의 프랑스어인 'parcourir'를 '두루 읽다(훑어보다)'의 의미인 '통람通覽하다'로 옮겼다.

32 "전혀 보지 않았다"의 원어는 "je ne voyais point"이다. 데카르트가 동사 사용을 매우 신중하게 했다는 점에서 voir(보다)'의 원의미를 그대로 살렸다.

33 "번성하고 좋은 정신들"의 원어는 "aussi fertile en bons esprits"이며 다소 의역했다.

34 "바로 이런 것이 (…) 만들었고"의 원어는 "Ce qui me faisait prendre la liberté de juger par moi de tous les autres"이다.

35 "학설"의 원어는 "doctrine"이다.

36 "연습들"의 원어는 "les exercices"으로 직역했다. 의역하면 '교과목'일 것이다.

37 알키에에 따르면, 그 당시 수학자들은 사소한 문제들을 수수께끼 형태로 제시했다(Ferdinand Alquié(ed.), *Descartes: Œuvres philosophiques*, Tome I(1618~1637), Paris, 1963(이하 '알키에'), 572~573쪽 참조).

38 "아주 정교한 발명들"의 원어는 "des inventions très subtiles"이다. 'invention'을 '발명'으로 옮겼다.

39 "풍습을 다루는 글들은 (…) 포함하고 있다는 것"의 원어는 "que les écrits qui traitent des mœurs contiennent plusieurs enseignement et plusieurs exhortations à la vertu qui sont fort utiles"이다. 'mœurs'를 '풍습風習'으로 옮겼다.

40 "vraisemblablement"를 '그럴듯하게'로 옮겼다. 모든 것에 대

해 그럴듯하게 말하는 수단moyen de parler vraisemblablement de toutes choses은 수사학rethorica을 가리킬 것이다. 데카르트는 특히 《정신지도규칙》의 제10규칙에서 수사학을 철학과 대비시키고, 수사학은 추방돼야 한다고 강조한 바 있다. 당시에도 여전히 유행한 수사학에 대한 데카르트의 반감이 드러나는 대목이다.

41 알키에가 지적하듯이, 법학과 의학에 대한 데카르트의 반성은 라플레슈의 영역을 넘어 그가 1614년부터 1616년까지 법학과 의학을 공부한 푸아티에대학Universite de Poitiers에까지 이어진다.

42 데카르트는 가장 미신적인les plus superstitieuses 학문들과 가장 거짓된les plus fausses 학문들을 포함해 제 학문들에 대한 검토가 가져오는 효과를 두 가지 든다. 하나는 그 학문들의 정당한 가치를 인식할 수 있다는 것, 다른 하나는 그 학문들에서 속임을 당하지 않게 된다는 것이다.

43 "그러나 나는 (…) 믿고 있었다"의 원어는 "Mais je croyais avoir déjà donné assez de temps aux langues, et même aussi à la lecture des livres anciens, à leurs histoires, et à leurs fables"이다. 이 문장 뒷부분의 번역이 여의치 않았다. "고대 문헌들에 대한 독서에도, 그것들의 역사들에도 그리고 그것들의 우화들에도……"로 직역했지만, 그 의미가 선명치 않았다. 독일어 번역은 "auf die Lektüre der antiken Literatur, auf ihre historichen Berichte und ihre Dichtung(고대 문헌들에 대한 독서, 그것들의 역사적 보고들 그리고 그것들이 꾸며낸 것들에도)"이다. 그래서 'leurs histoires'를 '고전 문헌들의 역사적 보고들'로 옮긴다. 이에 비해 영어 번역은 "to reading the works of the ancients, both their histories and their fables(고대인들의 작품들, 그들의 역사들 그리고 그들의

우화들을 모두 독서하는 것)"이다. 그래서 'their histories'를 '고대인의 역사들'로 옮긴다.

44 "우리 생활양식에 (…) 이성에 반하는 것"의 원어는 "tout ce qui est contre nos modes soit ridicule, et contre raison"이다. "contre nos modes"를 "우리 생활양식에 반하는"으로 옮겼다.

45 원어는 "mœurs", 앞에서 '풍습'으로 옮긴 것과 달리 여기서는 '품행品行'으로 옮겼다.

46 "가장 잘 소화하는digèrent le mieux"의 라틴어판 번역은 '순서에 따라 보다 쉽게 배열하는faxillimo ordine disponunt'이다.

47 원어는 "l'art poétique"인데, '시학'보다는 뒤의 "les arts mécaniques(기계적 기술들)"을 고려해서 '시적 기술'로 옮겼다.

48 "그 근거들의 확실성과 명증성"의 원어는 "la certitude et l'évidence de leurs raisons"이다.

49 "remarquer"는 데카르트가 아주 자주 쓰는 동사이자 고유한 의미를 부여한 용어로, '알고 정신을 차려 깨닫다'라는 의미의 '알아차리다'로 번역했다.

50 "수학", "기계적 기술들"의 원어는 "Mathematiques", "Arts Mechaniques"이고, 라틴어는 "Mathematicis disciplinis(수학분과들)", "artes Mechanicas"이다. 알키에에 따르면, '기계적 기술들'은 측량, 해도海圖 작성, 축성築城 등과 같은 것이고, 데카르트가 라플레슈에서 공부했던 수학 교육은 수학을 현실에 응용하는 것에 초점이 맞춰져 있었다(알키에, 574쪽 참조).

51 "그토대들이 그토록 (…) 놀라고 있었다"의 원어는 "je m'étonnais de ce que, leurs fondements étant si fermes et si solides, on n'avait rien bâti dessus de plus relevé"이다. 수학적 근거들의 확실성과

명증성, 수학의 참된 용도, 기계적 기술들 또는 기예들에만 적용되는 당시 상황, 그토록 확고하고 견고한 토대 위에 '보다 높은 것de plus relevé', 라틴어로는 '보다 뛰어난 것praestantius'을 아무것도 세우지 않았다는 것에 대한 놀라움 등에서 수학에 대한 데카르트의 애착이 드러난다.

52 앞에서와 마찬가지로, 이 문장에서 'mœurs'를 '풍습'으로 옮겼다. '고대 이교도들의 글들les écrits des anciens'은 헬레니즘 시대 스토아철학자들의 저서들을 가리킨다. 라틴어판에서는 "veterum Ethnicorum moralia scripta(고대 이교도들의 도덕 저서들)"이다. 독역, 영역 모두 이렇게 옮긴다.

53 "그들은 덕을 (⋯) 보이도록 만든다"의 원어는 "Ils élèvent fort haut les vertus, et les font paraître estimables par-dessus toutes les choses qui sont au monde"이다. 'estimable'를 '존중받을 만한'으로 옮겼다.

54 알키에는 이 부분을 다음과 같이 주해한다. "도덕은 고대인들에게서 가져온 예들로, 때로는 경탄스러운 예들로, 때로는 논의의 여지가 있는 예들로 가르쳤지만, 어쨌든 논증적 엄격함도, 원리에서 출발해 행해지는 연역도 없었다. '오만', '무감각insensibilité', '절망', '존속살해'라는 단어들은 아마 그런 예들 몇몇을 암시한다. 예컨대 소 카토Marcus Porcius Cato Uticensis의 자살, 브루투스Marcus Junius Brutus에 의한 카이사르Imperator Julius Caesar의 모살이다."(알키에, 575쪽)

55 원어는 "doctes"이고, '박식한 자들' 또는 '학자들'로 옮겼다.

56 "apprendre"를 '습득하다', '배우다'로 옮겼다.

57 하늘에 이르는 길은 이성이 아니라 신앙에 의해서, 이성적 진

리les vérités en raison가 아니라 계시 진리les vérités révélées에 의해서
가능하다는 것이고, 계시 진리는 인간 능력 위에 있다는 것, 그
래서 그 길은 배운 사람이든 못 배운 사람이든 상관없이 동등
하게 열려 있다는 것이다. 이때 데카르트의 언어유희가 엿보인
다. 계시 진리들이 "우리의 이해력 위에 있다sont au-dessus de notre
intelligence"는 것, 그래서 감히 '그것들을 내 약한 추리 아래에 집
어넣지les soummettre à la faiblesse de mes raisonnements' 않았다는 표현
이다. 그래서 우리말 어감이 다소 어색하더라도 저자의 생각을
고려해서 직역했다. 그리고 "아주 확실하다는 것을"의 원어는
"comme chose très assurée(아주 확실한 것으로서)"이다.

58 계시 진리들을 접하기 위해서는 하늘의 어떤 특별한 협조quelque
    extraordinaire assistance du ciel나 신의 각별한 은총peculiari Dei gratia
    이 요구되며, 따라서 인간은 인간 이상이 되어야 한다d'être plus
    qu'homme는 것이다. 이를테면 '삼위일체'와 같은 진리는 신의 계
    시나 은총에 의해서만 알려지며, 따라서 그것은 학문의 대상이
    아니라 신앙의 대상으로 간주한다. 데카르트는 이 두 진리를
    철저히 구별했고, 적어도 명시적으로는 계시 진리를 늘 이성적
    진리 앞에 두었다. 신의 특별한extra-ordinaire 협조는 신의 통상적
    인ordinaire 협조와 대비되며, 후자는 세계를 창조한 후 세계에 지
    속적으로 베푸는 신의 협조를 뜻한다.

59 "그리고 하나의 동일한 주제에서 (…) 거부했다는 것이다"의
    원어는 "et, que, considérant combien il peut y avoir de diverses
    opinions, touchant une même matière, qui soient soutenues par
    des gens doctes, sans qu'il y en puisse avoir jamais plus d'une
    seule qui soit vraie, je réputais presque pour faux tout ce qui

n'était que vraisemblable"이다. 'une matiére'를 '주제'로, 'vrai-semblable(진리-임 직한)'을 '그럴듯한 것'으로 번역했다. 하나의 사안에는 하나의 진리만 있다는 것, 그럼에도 하나의 사안에 상이한 의견들이 난립하고 있다는 것, 따라서 절대 참이지 않고, 그저 참인 것으로 보이는 그럴듯한 것들, 개연적인 것들을 모두 전적으로 거짓으로 간주하겠다는 데카르트적 결단 résolution이 함축된 문장이다.

60 원어는 "l'étude des lettres"이다. '학교 공부'를 의미하겠지만, 이어서 등장하는 "세상이라는 커다란 책"을 고려해 좀 더 넓은 의미를 갖는 '글공부'로 옮겼다. 이는 앞에서 "나는 유년기부터 글들에서 자양을 얻었다"는 대목에서 'lettres'를 '글들'로 번역한 것과 상응한다.

61 1610년에 라플레슈에 입학해 1614년에 졸업한 18세의 데카르트는 바로 푸아티에대학에 입학, 2년 후인 1616년에 법학사 학위를 받는다. 학교에서는 더 배울 것이 없다고 확신한 그는 학교가 아닌 다른 곳에서 배움을, 지식을, 학문을 찾자는 결단을 내린다. '세상이라는 커다란 책 안에서dans le grand livre du monde', 아니면 '나 자신에서en moi- même' 그것을 찾을 수 있다고 생각하고, 먼저 '세상이라는 커다란 책' 속으로 들어간다.

62 "운이 내게 내보인 마주침들 안에서"의 원어는 "dans les rencontres que la fortune me proposait"이다. 'rencontre/rencontrer'를 '마주침/마주치다'로, 'fortune'을 '운'으로 옮겼다.

63 "식자"의 원어는 "un homme de lettres", 거친 표현으로는 '글쟁이'일 것이다.

64 두 가지의 추리를 구분한다. 하나는 자신에게 중요하고, 그래서 오판하면 그 대가를 치러야 하는 '사안들과 관련된touchant les affaires' 추리이고, 다른 하나는 그것과는 무관한 '사변들과 관련된touchant des spéculations'추리이다. 진리를 만날 가능성이 후자보다는 전자 쪽이 더 많다는 것이다.

65 "그리고 나는 (…) 극도의 욕망을 가졌다"의 원어는 "Et j'avais toujours un extrême désir d'apprendre à distinguer le vrai d'avec le faux, pour voir clair en mes actions, et marcher avec assurance en cette vie"이다. 이 문장은 앞서 말한, 삶에 유익한 모든 것에 대한 명석하고 확실한 인식을 얻기 위해 학교의 학문들을 배우려는 극도의 욕망을 가졌다는 말과 더불어《방법서설》에서, 아니 어쩌면 데카르트의 모든 저작에서 그의 학적 열망이 가장 강하게 드러나는 대목일 것이다. 이는 무엇보다도 그가 늘 가졌다는 '극도의 욕망un extrême désir'—이것은 앞에서 한 번 나온 바 있다—이라는 표현에 있다. 데카르트의 이 열망은 참된 것을 거짓된 것에서 구별하려는 욕망과 다름없고, 그것을 욕망한 까닭은 '내 행동들에서 분명하게 보기 위해서' 그리고 '이 삶에서 확신을 가지고avec assurance 걸어가기 위해서'였다. 참과 거짓을 구별하려는 이론적 욕망은 '확신을 가지고', '자신 있게', '자기를 신뢰하면서', 또는 안전하게 삶의 행동들을 이끌겠다는 실천적 욕망과 밀접하게 결부된다. 이는 곧 '자신에 대한 불신', 이로 인한 '의심과 우유부단'에서 벗어나고, 저승이 아니라 이승에서 자신의 확고한 의지로 후회 없는 삶을 살겠다는 열망의 반영일 것이다.

이런 데카르트의 열망이 단적으로 가장 잘 드러나는 곳이 제

3부의 한 대목이다. "그렇다고 내가 의심하기 위해서만 의심하고, 늘 우유부단한 모습을 보이는 회의주의자들을 모방한 것은 아니었다. 왜냐하면 그와 반대로 내 모든 의도가 지향한 것은 오직 나를 확신하는 것에, 그리고 바위나 찰흙을 찾아내기 위해 무른 흙이나 모래를 내던지는 것에 있었기 때문이다." 데카르트의 모든 계획이 무엇보다 지향한 것은 '나를 확신하는 것 a m'assurer' 또는 '나를 신뢰하는 것'이고, 이것이 당시 창궐했던 회의론에 대한 데카르트적 극복 대안이다.

이론 없는 실천은 맹목적이고, 실천 없는 이론은 공허하다는 것, 이는 소크라테스부터 줄곧 강조되어온 것이라 새삼스러울 것도 없지만, 천 년 동안 믿고 의지했던 은총의 신이 사라진 허무의 시대를 자기 내면을 들여다보며 그 안에서 극복의 단초를 마련하고자 한 서구 근대성의 한 단면을 보여주었다는 점에서 의미하는 바가 적지 않다. 데카르트에서 이론과 실천의 연관성은 이미《정신지도규칙》에서도 잘 나타나 있다. "오히려 우리가 염두에 두어야 할 것은, 이성의 자연적 빛을 증대시키는 일이다. 그렇지만 그것도 이런저런 학적인 난제를 풀기 위해서가 아니라 각각의 삶의 상황에서 일어나는 개개의 사건에서 무엇을 선택해야 할지를 지성이 의지에 보여주기 위함이다."(제1규칙)

66 "확신시키는 것을"의 원어는 "de quoi m'assurer"이다.

67 "선례와 관습에 의해서만 (…) 배웠다는 것이다"의 원어는 "j'apprenais à ne rien croire trop fermêment de ce qui ne m'avit été persuadé que par l'exemple et par la coutume"이다. 'l'exemple'을 '선례', '실례', '사례' 등으로 옮겼다.

68 "이런 식으로 (…) 해방되었다는 것이다"의 원어는 "ainsi je me

délivrais peu à peu de beaucoup d'erreurs, qui peuvent offusquer notre lumière naturelle, et nous rendre moins capables d'entendre raison"이다. 자연의 빛lumiére naturelle/lumen naturale은 초자연의 빛lumiére surnatuelle, 라틴어로lumen supranaturale과 대비 개념으로, 전자는 이성의 빛에 그리고 후자는 계시의 빛에 해당한다.

69 앞서 "나 자신에서 혹은 세상이라는 커다란 책 안에서"라고 했던 것에 상응한다. 알키에에 따르면, '나 자신에서 연구한다 étudier en moi-même'는 것은 '나 자신을 연구한다étudier moi-même'는 것을 의미하는 것이 아니다. 심리학이나 내성introspection이 아니라 성찰méditation이나 반성réflexion과 연관된다(알키에, 578쪽 참조).

제2부

70 원문에서 이 문장과 다음 문장은 관계부사절où로 이루어진 한 문장이다. 데카르트의 문장력이 돋보이는 부분이라 생각되어 직역했다. 이때의 전쟁은 1648년에 끝난 '30년 전쟁'이고, 데카르트가 독일에 있던 해는 그가 23세였던 1619년이다.

71 보헤미아와 헝가리의 왕이자 로마 가톨릭교회의 입장을 강력히 지지했던 페르디난트Ferdinand(1578~1637)는 1619년 8월 28일 프랑크푸르트에서 개신교의 지원을 받은 프리드리히 5세 Friedrich V를 상대로 신성로마제국 황제로 선출되고, 이어 9월 9일에 신성로마제국 황제 페르디난트 2세가 된다.

72 독일 울름 근교의 한 마을로 추정된다.

73 난로방에서 가진 '많은 사유들' 가운데서 '처음'에 해당하는 '사유들'이 있을 것이고, 또 그 '처음 사유들 중 하나 l'une des premières [pensées]'가 다음에 언급되는 여러 '고찰들considérations'이다. 데카르트는 여기에서 쓴 '처음 사유들'과 달리, 제4부 첫 문장에서는 '처음 성찰들premières méditations'이라는 표현을 사용한다.

74 원어는 "un seul"이고, '서로 다른 장인들divers maîtres'과 대비된다. 다수가 만든 작품보다는 혼자 만든 작품의 완성도가 더 높다는 것이다. 다음 문장의 '단 한 건축가un seul architecte', '한 기사 un ingénieur'라는 표현도 같은 의미이다. 데카르트의 이런 입장은 건축뿐만 아니라 도시계획 그리고 법률의 예에도 그대로 적용된다. 이것은 물론 그가 구상하는 학문 개혁의 정당성, 즉 학문 개혁은 자기 홀로 하는 것이 보다 완전하다는 것을 설득하기 위한 예비 수단들이다.

75 "고찰하다"의 원어는 "considérer"이다. 데카르트가 제1부에서 말한 "몇몇 고찰들과 준칙들"에는 이것 외에 학문들에 대한 고찰, "세상이라는 커다란 책"에서의 고찰 등이 포함된다. 그래서 그가 철학의 길에서 거둔 일련의 성과를 가리키는 이 단어를 그 자체로 주목해야 하고, 그래서 그대로 직역했다.

1619년 난로방의 사색 중 하나가 학문의 단일성 혹은 통일성에 관한 것이라면, 데카르트는 그때 이미 《정신지도규칙》에서 제시한 보편학으로서의 철학을 구상했고, 《방법서설》은 그 구상의 결실인 셈이다.

76 "단 한 건축가"의 원어는 "un seul architecte"이고, 'seul'이 강조된다.

77 "사람들은 보게 된다"의 원어는 "voit-on"이다. 우리말 번역에

서는 '사람들on'을 생략하는 것이 보통이지만, 이 책에서는 다소 어색하더라도 '사람들은 ~본다'로 직역했다. 데카르트가 주어 자리에 3인칭 부정대명사를 사용할 때 나름의 의미를 부여하기 때문에, 텍스트 이해 차원에서 번역이 필요하다고 판단했다. 그리고 'voir' 역시 원의미를 살리기 위해 '보다'로 직역했다.

78 "균형이 아주 나쁜 것이 보통이며"의 원어는 "sont ordinairement si mal compassées"이며, 알키에와 같이 'compasées'를 'proportionnes(균형 잡힌)'으로 옮겼다(알키에, 579쪽 참조).

79 "사람들은 말하게 될 것이다"의 원어는 "on dirait"이고 직역했다. 이 문장에서 '인간의 의지la volonté de hommes'가 '운fortune'과 대비된다.

80 "(사람들은) 고려한다"의 원어는 "on considére", "(사람들은) 인식할 것이다"의 원어는 "on connaîtra"이다. 여기서 알 수 있듯이, 데카르트가 '보다', '고려(고찰)하다', '인식하다' 등의 동사를 사용할 때 특정한 의미를 부여한다. 물론 '생각(사유)하다pensér', '판단하다juger', '상상하다imaginer', '믿다croire', '확신하다se persuadére', '주의하다prendre garde', '알아차리다remarquer', '알다savoir' 등의 동사도 마찬가지다. 그래서 데카르트의 의도를 감안해서 가능한 한 직역했다.

81 이전까지가 '사람들'의 경우를 다뤘다면, 이후부터는 '나(데카르트)'의 입장이다. 그래서 이후 문장에서 주어는 '나je'이고, 다양한 동사들이 사용된다. 이를테면, '상상하다', '믿다', '생각하다', '확신하다' 등이다.

82 "인간사에 대해 말하자면"의 원어는 "pour parler des choses humaines"이다. 직역하면 '인간적인 것들에 대해 말하자면'

이다.

83 "매우 기이하고 심지어 미풍양속에 반하기까지 한"의 원어는 "fort étranges, et même contraires aux bonnes mœurs"이다.

84 원어는 "n'ayant été inventées que par un seul"이다. 'inventer'를 '고안하다'로 옮겼다. 앞에서와 마찬가지로 'un seul'이 강조된다. 이때 '단 한 사람'은 스파르타의 전설적인 입법자인 리쿠르고스Lycourgos이다.

85 "책에 있는 학문들, (…) 어떠한 증명들도 갖지 않는 학문들"의 원어는 "les sciences des livres, au moins celles dont les raisons ne sont que probables, et qui n'ont aucunes démonstrations"이다. 'probable'을 '개연적'으로, 'démonstration'을 '증명'으로 옮겼다.

86 "양식을 지닌 한 인간"의 원어는 "un homme de bon sens"이며, '한' 인간이 강조된다. '자연스럽게'의 원어는 "naturellement"인데, '본성적으로'라는 의미이다. '단순한 추리들'의 원어는 "les simples raisonnements"이며, '복잡한 추리들'과 대비된다.

87 본능적인 욕구appétit, cupiditas와 스승précepteur의 지배 아래서 갖게 된 습관은 진리 인식의 길에서 부정적인 것, 즉 제거되어야 할 결정적 장애물로 간주한다. 그것은 곧 이성의 소리를 못 듣게 하고 자연의 빛을 흐리게 하는 주요 요인이다.

88 "사람들이 한 도시의 (…) 이런 사례들을 통해 나는……"은 부정대명사 '사람들'을 번역해야 하는 이유를 잘 보여주는 세 문장이다. 첫 문장에서 목적어절의 주어는 '사람들on'이고 그 주문장의 주어가 '우리들nous'이다. 두 번째 문장에서 주문장의 주어는 '사람들'이고, 목적어절의 주어는 '많은 이들plusieurs'이다.

그리고 세 번째 문장의 주어는 '나je'이다. 데카르트는 이곳만이 아니라 '나', '우리들', '사람들' 등을 구별해서 쓰고 있다.

89 "실제로 전혀 있을 법하지 않다"의 원어는 "il n'y aurait véribablement point d'apparence"이다. 알키에에 따르면, 17세기에 'il n'y a point d'apparence'는 종종 'il n'est pas raisonnable(합당하지 않다/일리가 없다)'을 뜻한다(알키에, 581쪽 참조).

90 "그러나 그때까지 (…) 아무것도 없다고 확신했다."는 데카르트의 전형적인 문장이다. 데카르트적 의심의 동기가 피력된 이 문장의 원어는 "mais que, pour toutes les opinions que j'avais reçues jusques alors en ma créance, je ne pouvais mieux faire que d'entreprendre, une bonne fois, de les en ôter, afin d'y en remettre par après, ou d'autres meilleures, ou biens las mêmes, lorsque je les aurais ajustées au niveau de la raison"이다.

91 다양한 어려움들difficultés에 대한 해결책을 데카르트는 '치유책'으로 부른다. 원어는 "remède"이다.

92 "조직체들"의 원어는 "corps"이다.

93 "assurer"를 '보장하다'라는 의미의 '확인하다'로 옮겼다.

94 "관습"의 원어는 "l'usage"이다.

95 원어는 "par prudence"이다. 가능하면 'sagesse/sapientia'를 '지혜'로, 'prudence/prudentia'를 '명민함' 혹은 '현명함'으로 번역했다. 데카르트가 이 두 개념을 가장 분명히 구분한 곳은 아마 《철학의 원리》프랑스어판 서문용으로 피코Claude Picot 신부에게 보낸 편지에서일 것이다. "사람들은 지혜를 일 처리에서의 현명함만이 아니라, 그들의 삶의 인도를 위해서도 그들의 건강유지와 모든 기술의 발명을 위해서도 인간이 알 수 있는 모든

것에 대한 완전한 인식으로 이해하고 있다는 것입니다."(이 책, 540쪽) 그래서 지혜는 실생활에서의 현명함뿐만 아니라 인간 정신의 역량 안에 있는 모든 것들에 대한 완전한 인식까지도 포함한다.

96 의역하면, '그래서 결국 조직체들을 바꾸는 것보다 그들이 가진 불완전성들을 견디는 것이 거의 언제나 더 쉽게 되었다'는 것이다.

97 "ne laissent pas d'y faire toujours, en idée"를 '노상 머릿속에서 그려대는'으로 옮겼다.

98 사회개혁자들에 대한 데카르트의 비판이다. 알키에에 따르면, 이 부분에서 데카르트는 몽테뉴Michel Eyquem de Montaigne (1533~1592)와 샤롱Pierre Charron(1541~1603)으로부터 직접적인 영향을 받았다. 몽테뉴는 사회를 '큰 조직체grand corps'로 비교하면서 사회개혁자들을 비판한 바 있다(알키에, 582쪽 참조).

99 원어는 'exemple'이 아니라 "modèle"이다. 그래서 그대로 '모델'로 옮겼다.

100 데카르트적 회의의 단초가 되는 문장, "전에 자기 믿음에 (…) 아니다"의 원어는 "La seule résolution de se défaire de toutes les opinions qu'on a reçues auparavant en sa créance, n'est pas un exemple que chacun doive suivre"이다. 'résolution'을 '결단'으로, 'se défaire'를 '파기하다'로, 'exemple'을 '예'로 옮겼다.

101 유년기의 선입견과 더불어, 순서 없이sans ordre 대상을 고찰하고 성급la précipitation하게 판단을 내리는 것 또한 데카르트는 오류의 주요 원인으로 본다. "habile"를 '능란한'으로 옮겼고, "de précipiter leurs jugements"를 '자신의 판단을 서둘러 내리는 것'

으로 의역했다.

102 "할 정도로 이성적이거나 겸손해서"의 원어는 "ayant assez de raison, ou de modestie"이다. 자신을 너무 높이거나 너무 낮추는 사람에 대한 이야기는《정신지도규칙》의 제12규칙과《철학의 원리》프랑스어판 서문용으로 피코에게 보낸 편지에도 나타난다.

103 'avoir appris'를 '배워 알았다'로 옮겼다. 그리고 원문에는 이 문장부터 이 문단 마지막 문장까지 마침표 없이 쌍점(:)과 쌍반점(;)만으로 연결되어 있다. 가독성을 고려해서 끊어 번역했다.

104 'barbare'를 '야만스러운', 'sauvage'를 '미개한', 'avoir reconnu'를 '알게 되었다'로 옮겼다.

105 이 문장과 이어지는 이 문단 마지막 문장까지 동사는 'ayant considéré' 하나이지만, 이해를 돕기 위해 '고찰했다'라는 동사를 매 문장에 집어넣어 옮겼다.

106 원어는 "en sorte que c'est bien plus la coutume et l'exemple, qui nous persuadért, qu'aucune connaissance certaine"이다. 'l'exemple'를 '선례'로 옮겼다. 관습 및 선례와 '확실한 인식'이 대비된다.

107 "그럼에도 불구하고 (…) 아님을 고찰했다"의 원어는 "que néanmoins la pluralité des voix n'est pas une preuve qui vaille rien pour les vérités un peu malaisées à découvrir, à cause qu'il est bien plus vraisemblable qu'un homme seul les ait rencontrées que tout un peuple"이다. 'la pluralité des voix'를 '다수의 목소리'로, 'vraisemblable'를 '그럴 법한'으로 옮겼다. 이 문장이 의미하는 바는, 쉽게 발견되지 않는 진리들의 경우, 민족 전체보다는

'단 한 인간un homme seul'이 그것들을 발견할 가능성이 더 높다
는 것, 그래서 다수가 동의한다고 해서 그것이 곧 진리가 되는
것은 아니라는 것이다.

108 'résolus'를 '결심했다'로 옮겼다.

109 데카르트에게, '내 정신이 해낼 수 있는 모든 것의 인식에 이르
기 위한 참된 방법을 찾으려는à chercher la vraie Méthode pour parvenir
à la connaissance de toutes les choses dont mon esprit serait capable' 작업은
'이성에 의해 도입됨이 없이 내 믿음에 슬그머니 스며들어 있
을 의견들 어느 것이든 처음부터 완전히 내던지려는commencer
à rejeter tout à fait aucune des opinions qui s'étaient pu glisser autrefois en ma
créance sans y avoir été introduites par la raison' 작업, 즉 '의심'보다 앞
선다.

110 "기하학자들의 해석"의 원어는 "l'Analyse des Géomètres"이다.
질송Étienne Henri Gilson에 따르면, 클라비우스Christopher Clavius의
저서를 통해 접한 파포스의 기하학을 가리킨다(Étienne Gilson,
Discours de la méthode: Texte et commentaire, Paris, 1947(이하 '질송'),
181~182쪽 참조).

111 "대수학"의 원어는 "l'Algèbre"이다. 데카르트가 라플레슈 시절
에 접한 '근대 유클리드'로 불리던 클라비우스의 대수학을 가
리킨다(질송, 183쪽 참조).

112 "기예 혹은 학문"의 원어는 "arts ou sciences"이다. 논리학이 기
예인지 아니면 학문인지에 대한 물음은 오래된 것이다. 이를테
면 아퀴나스Thomas Aquinas는 논리학 그 자체를 하나의 학문으로,
그러나 그것이 다른 학문의 정립에 기여한다는 의미에서 기예
로 간주한다(알키에, 584~585쪽 참조).

113 "지침들"의 원어는 "instructions"이다.

114 데카르트의 이런 입장은《정신지도규칙》의 제10규칙에서 상세히 설명된다.

115 룰루스의 기예는 룰루스Raimundus Lullus(1234~1315)가 창안해낸 것으로, 상이한 보편개념들 간의 논리적 조합술의 일종이다. 특정한 방식으로 보편개념들을 조합해서 산출된 명제는 가능한 모든 학적 문제를 해결할 수 있다는 것이다. 데카르트는 수학에 대해 토론했던 베이크만Isaac Beeckman과의 서신 교환을 통해 룰루스의 기예를 접한 것으로 추측된다.

116 "규정들"의 원어는 "préceptes"이다.

117 "특정한 규칙들", "특정한 기호들"의 원어는 "certaines règles", "certains chiffres"이다.

118 "confus"를 '구별하지 못하고 뒤섞이어 생각함'을 뜻하는 '혼동된'으로, "obscur"를 '흐리터분하여 명료하지 않음'을 뜻하는 '모호한'으로 옮겼다. 라틴어는 'confusus'와 'obscurus'이다. 유사한 내용이《정신지도규칙》의 제4규칙에서 자세히 설명된다.

119 "확고하고 변함없는 결단"의 원어는 "une ferme et constante résolution"으로, 데카르트 철학을 처음부터 끝까지 관통하는 개념이다.

120 "의심할 어떠한 동기도"의 원어는 "aucune occasion de le mettre en doute"이다.

121 이른바 '명증성evidentia의 규칙'으로, "첫째는 내가 (…) 포함시키지 않는 것이었다"의 원어는 "Le premier était de ne recevoir jamais aucune chose pour vraie, que je ne la connusse evidemment être telle: c'est-à-dire d'éviter soigneusement la précipitation et la

prévention; et de ne comprendre rien de plus en mes jugements, que ce qui se présenterait si clairement et si distinctement à mon esprit, que je n'eusse aucune occasion de le mettre en doute"이다. 쌍점과 쌍반점으로 끊어진 문장들을 콤마로 이어서 번역했다. 데카르트는 다른 규칙들과 달리, 첫째 규칙에서는 부연 설명하고 있다. 즉, 명증하게 참이라고 인식하지 않은 것을 참으로 받아들이지 않는다는 것은 곧 속단la précipitation과 편견/선입견prévention을 세심히soigneusement 피하고, 더 이상 의심할 수 없을 정도로 명석하게clairement 그리고 판명하게distinctement 인식된 것에 대해서만 판단한다는 것이다.

122 이른바 '분해resolutio의 규칙'을 설명하는 문장으로, 원어는 "Le second, de diviser chacune des difficultés que j'examinerais, en autant de parcelles qu'il se pourrait, et qu'il serait requis pour les mieux resoudre"이다.

123 이른바 '복합compositio의 규칙', 원어는 "Le troisième, de conduire par ordre mes pensées, en commencant par les objets les plus simples et les plus aisés à connaître, pour monter peu à peu, comme par degrés, jusques à la connaissance des plus composés; et supposant même de ordre entre ceux qui ne se précèdent point naturellement les uns les autres"이다. 'comme par degrés'를 '단계적으로'로, 'naturellement'를 '자연적으로'로 옮겼다.《정신지도규칙》의 제5규칙에서는 다음과 같다. "방법 전체는 우리가 어떤 진리를 발견하기 위해 정신의 눈을 돌려야 하는 것들의 순서와 배열에 있다. 그리고 만일 우리가 단계적으로 복잡하고 모호한 명제들을 보다 단순한 것들로 환원한다면, 그리고 그다

음에 모든 것 가운데 가장 단순한 것들에 대한 직관에서부터 동일한 단계를 통해 다른 모든 것들에 대한 인식으로 오르려고 시도한다면, 우리는 이 방법을 정확히 따를 것이다."(이 책, 136쪽)

124 이른바 '열거enumeratio의 규칙'을 설명하는 문장으로, 원어는 "Et le dernier, de faire partout des dénombrements si entiers, et des revues si générales, que je fusse assuré de ne rien omettre"이다. 'revue'를 '점검'으로 옮겼다.《정신지도규칙》의 제7규칙에서는 다음과 같다. "지식을 완전하게 하기 위해, 우리 계획에 속하는 모든 것을 그리고 각각을, 연속적인 그리고 어디에서도 중단되지 않는 사유 운동으로 검토해야 하고, 충분한 그리고 순서 잡힌 열거 안에서 포괄해야 한다."(이 책, 145쪽)

125 "peuvent tomber sous la connaissance des hommes"를 의역한 것으로, 직역하면 '인간 인식 아래로 떨어질 수 있는'이다. 즉 '인간 정신 혹은 인식 능력으로 파악할 수 있는'의 의미로, 계시 진리와 같은 것은 그 대상이 아니다.

126 원문에 이 문장은 앞 문장과 하나인데, 여기에서는 두 문장으로 나눠 옮겼다. "인간 인식의 범위 내에 (…) 없다는 것이다"의 원어는 "que toutes les choses, qui peuvent tomber sous la connaissance des hommes, s'entresuivent en même façon, et que, pourve seulement qu'on s'abstienne d'en recevoir aucune pour vraie qui ne le soit, et qu'on garde toujours l'ordre qu'il faut, pour les déduire les unes des autres, il n'y en peut avoir de si éloignées, auxquelles enfin on ne parvienne, ni de si cachées qu'on ne découvre"이다. 유사한 내용이《정신지도규칙》의 제6규칙에

있다.

127 "증명들"의 원어는 "démonstrations"이고, "근거들"의 원어는 "raisons"이다. 유사한 내용이《정신지도규칙》의 제3규칙에 있다.

128 "물론 내가 거기서 (…) 말이다"의 원어는 "bien que je n'en espérasse aucune autre utilité, sinon qu'elles accoutumeraient mon esprit à se repaître de vérités, et ne se contenter point de fausses raisons"이다. 수학적 탐구의 유용성은 그 자체가 아니라 단지 정신을 훈련시키는 데 있다는 말은《정신지도규칙》과《성찰》에서도 자주 등장한다.

129 "그러나 내가 (…) 아니었다"의 원어는 "Mais je n'eus pas dessein, pour cela, de tâcher d'apprendre toutes ces sciences particulières, qu'on nomme communément Mathématiques"이다. 이때 통상적으로 수학이라는 이름으로 불린 것은 산수나 기하와 같은 순수수학, 음악, 천문학 혹은 굴절광학과 같은 응용수학이다. 이런 학문은 플라톤 이래로 수학의 분과 학문으로 취급된다.

130 "상이한 관계들 혹은 비례들"의 원어는 "les divers rapports ou proportions"이다.

131 "supposer"를 '가정하다'로 옮겼다. 이와 유사한 내용이《정신지도규칙》의 제8규칙에 있다.

132 "이어서, 내가 그 비례들을 (…) 생각했다"의 원어는 "Puis, ayant pris garde que, pour les connaître, j'aurais quelquefois besoin de les considérer chacune en particulier, et quelquefois seulement de les retenir, ou de les comprendre plusieurs ensemble, je

pensai que, pour les considérer mieux en particulier, je les devais supposer en des lignes"이다. 'retenir'를 '기억에 붙잡아두다' 곧 '파지把持하다'로, 'comprendre'를 '파악把握하다'로 번역했다. 이 문장부터 이 문단 끝까지 전체가 쌍반점으로 이어진 문장들로, "나는 생각했다"의 목적어절들인데 끊어서 번역했다.

수학이 각각 서로 다른 대상들을 다룬다 해도 대상들 간의 관계 곧 비례만을 고찰한다는 점에서는 서로 일치하기 때문에, 비례들 일반을, 곧 비례를 '일반적으로' 고찰하는 것으로 충분하다는 것이다. 그런데 그 비례들을 인식하기 위해서는 어떤 경우는 그것들을 '개별적으로' 고찰해야 하고, 또 어떤 경우는 그것들을 기억 안에 붙잡아두거나 그것들 중 여러 개를 한 번에 파악해야 하기 때문에, 전자를 용이하게 하기 위해서는, 달리 말해 비례들 하나하나를 상상력이나 감각에 나타내기 위해서는 비례들을 선들로 가정하는 것이 편하고, 후자를 쉽게 하기 위해서는, 달리 말해 비례들을 기억하고 그중 여럿을 한 번에 포착하기 위해서는 되도록 짧은 몇 개의 기호들chiffres로 설명하는 것이 좋다는 것이다.

133 이것이 바로 데카르트가 발견했다고 하는 '해석기하학'이다. 방정식의 답을 구하는 대수적 방법을 갖춘 기하학으로서의 해석기하학은 대수적 계산이라는 수단으로 기하학에 통일된 방법을 제공하고, 동시에 계산이나 식에 기하학적 직관을 가능하게 함으로써 대수학을 가시화하는 데 기여했다고 말할 수 있다 (김용운 외,《수학서설》, 우성문화사, 1995, 112~123쪽 참조).

134 "끝장을 보았을"의 원어는 "je vins à bout"이다.

135 "하나의 (…) 때문에"의 원어는 "n'y ayant qu'une vérité de

chaque chose"이다. 사물마다 하나의 진리만이 있다는 것이다.

136 "이 방법을 통해 (…) 확신했다"의 원어는 "par elle, j'étais assuré d'user en tout de ma raison, sinon parfaitement, au moins le mieux qui fût en mon pouvoir"이다. 데카르트는 자신의 방법에 대해 가장 만족스러워한 것이 다름 아니라, 방법이 자신의 이성을 최대한 가장 잘 사용하고 있다는 '믿음' 혹은 '확신'을 주었다는 점을, 달리 말해 자신이 할 수 있는 만큼 이성을 가장 잘 사용하고 있다는 것을 '보증'해주었다는 점을 꼽는다.

137 "concevoir"를 《정신지도규칙》에서 사용된 의미에 따라 '표상하다'로 옮겼다. 라틴어판에서는 'percipere'이다. 그리고 "nettement"를 '명확하게/깔끔하게'로, "matière"를 '분야'로, "se promettre"를 '마음을 갖다'로 옮겼다.

138 "나에게 더욱 더 확고해지도록"의 원어는 "afin de m'y affermir de plus en plus"이다. 방법을 부단히 연습해서 그저 건성이 아니라 확고하게, 그래서 아주 익숙하게 만들자는 것이다.

제3부

139 "그래서, 이성이 (…) 행복하게 살아갈 수 있도록"의 원어는 "ainsi, afin que je ne demeurasse point irrésolu en mes actions, pendant que la rasion m'obligerait de l'être en mes jugements, et que je ne laissasse pas de vivre dès lors le plus heureusement que je pourrais"이다. 'résolution/irrésolutiuon', 'résolu/irrésolu'는 데카르트가 자주 사용할 뿐만 아니라 매우 중요한 개념들 중 하

나다. 'résolution/résolus'를 가능한 한 '결단(혹은 결심)/결단 있는'으로, 'irrésolution/irrésolus'를 '우유부단(혹은 망설임)/우유부단한'으로 옮겼다. 여기서는 우리말 어감상 부득이 'irrésolus'를 '결단을 내리지 못하는'으로 번역했다. '속단'을 경계하라는 첫째 규칙에 따라, 명석판명하게 인식하지 않은 것에 대해 판단을 내리지 않을 경우(즉, 숙고하면서 망설이고 있는 경우), 인식 영역에서는 우유부단할 수 있고 요구되기도 하지만 대부분 지체를 허락하지 않는 삶의 행동 영역에서 우유부단한 상태로 우물쭈물하는 것은 현실적으로 가능하지도 행복한 삶에 도움이 되지도 않는다는 것이다. 데카르트는 삶에서 우유부단함, 그로부터 야기되는 후회하는 삶이 행복한 삶에 가장 치명적인 장애물임을, 말년(1649년)의 저서 《정념론 *Les Passions de l'Âme*》에서 더욱 분명히 강조한다.

140 'maxim'을 '준칙'으로 옮겼다. 확실한 인식에 따른 올바른 행위가 가능하기 전에 데카르트는 우선 서너 개의 준칙들trois ou quatre maximes로 이루어진 도덕une morale을 임시로par provision 마련한다. 이른바 '임시 도덕 규칙들'—이 책 머리글에서 데카르트는 제3부에서 '방법에서 끌어낸 도덕 규칙들 몇몇'을 제시하겠다고 말하는 것으로 보아, 준칙은 넓은 의미로 규칙에 포함된다—이다. 그것이 '잠정적' 혹은 '임시적'인 이유는 올바른 실천은 참된 인식에 의해서만 가능하고, 그러나 참된 인식이 아직 발견되지 않은 상황에서 잠정적으로 따라야 하는 규칙이기 때문이다. 철학을 나무에 비유하는 자리에서 열매 중의 열매가 바로 도덕이라고 강조했음에도 불구하고, 데카르트는 정식적으로 도덕 이론을 개진한 바가 없다. 데카르트를 사숙하며 많

은 서신을 주고받은 보헤미아의 왕녀, 엘리자베스와 나눈 편지에서 데카르트는 도덕 규칙에 대해 약간 언급하고 있을 뿐이며, 《정념론》에서 삶의 행과 불행을 인간의 정념과 연계해서 설명하고 있을 뿐이다.

141 'les mieux sensés'(라틴어판에서 prudentissimos)를 '가장 사려 깊은 자들'로, 'l'excès'를 '지나침'으로, 'en pratique'를 '실생활의 행동에서'라는 의미의 '실천에서'로 직역했다.

142 'véritablement'을 '진정眞正', '정말'로 옮겼다.

143 'pratique/pratiquer'는 대부분 '실천/실천하다'로, 가끔 '실행/실행하다'로 옮겼다.

144 "실은 어떤 것을 믿는 사유작용은 (…) 있는 것이다"의 원어는 "car l'action de la pensée par laquelle on croit une chose, étant différente de celle par laquelle on connaît qu'on la croit, elles sont souvent l'une sans l'autre"이다. 동사 'penser'의 경우, 주관적인 것을 가리킬 때는 '생각하다'로, 반면 정신의 고유한 추상적 작용을 의미할 때는 '사유하다cogitare'로 옮겼다. 명사 'pensée/cogitatio'는 대부분 '사유'로 옮겼다. 《성찰》에서는 'cogitare'를 'putare' 등과 같은 다른 지각동사와 구별했던 것과는 달리, 데카르트는 《방법서설》에서 거의 구별 없이 'penser'를 사용한다. 이를 의식해서인지 《방법서설》의 라틴어판에서는 《성찰》에서 'cogitare/cogitatio'에 해당될 만한 'penser/pensée'를 "cogitare/cogitatio"로, 그렇지 않은 'penser'는 'putare' 등으로 번역한다. 우리말 '생각하다'는 '사유하다/사고하다'보다 훨씬 넓은 의미를 지니고, 'cogitare/cogitatio'는 데카르트 자신이 이 개념에 특정한 의미를 부여한 기술적 용어라는 점에서, 이 용어를 '사

유하다/사유'로 옮겼다. 가령 데카르트는《성찰》뒷부분에 덧붙인 '제2반박과 답변'에서 사유를 다음과 같이 정의한다. "**사유**cogitatio라는 이름으로 나는 우리가 직접적으로 의식할 만큼 우리 안에 있는 모든 것을 포괄한다. 그래서 의지, 지성, 상상력 및 감각의 활동들 모두가 사유들이다. 그런데 나는 사유들에서 생겨나는 것을 배제하기 위해 **직접적으로**라는 말을 덧붙였다. 이를테면, 자발적 운동은 사유를 기원으로 갖기는 하지만, 그 자체가 사유는 아니다."(르네 데카르트, 이현복 옮김,《제일철학에 관한 성찰》, 문예출판사, 2021(이하 '이현복'), 127쪽)

145 원어는 "vraisemblablement"이고, '아마도 틀림없이', '십중팔구'라는 의미를 지닌 '필시'로 옮겼다. 'vrai(진실)'의 형용사가 'vrai-semblable(진실 - 임 직한)'이고, 또 그것의 부사가 'vrai-semblable-ment(진실 - 임 직 - 하게)'이다. 진실(사실)을 닮은 것이라는 의미에서 진실(사실)에 상당히 근접한 상태를 가리킨다. 영역은 "probable", 독역은 "wahrscheinlich(형용사일 경우는 '그럴듯한', '있을 법한'을, 부사일 경우는 '다분히', '십중팔구는'을 의미한다)"이다.

146 "양극단 중 하나"의 원어는 "l'un des extrêmes"이다.

147 "맹세들이나 계약들"의 원어는 "des vœux ou des contrats"이다. 'indifférent'를 '좋든 나쁘든 아무래도 상관없는'으로 번역했다. 종교적인 맹세와 상업적인 거래를 의미한다. 전자는 '사람들이 무슨 좋은 계획을 품고 있을 때 약한 정신의 변덕을 막기 위한' 것이고, 후자는 '상거래의 안전을 도모하기 위한' 것인데, 이때 데카르트는 상거래를 '좋든 나쁘든 아무래도 상관없는' 것으로 간주한다. 이 대목에서 알키에는 데카르트가 이 둘을 같은 차

원에서 거론하고 있는 것에 대해 종교적 맹세 그 자체에 대한 데카르트의 암묵적인 비난으로 생각한다(알키에, 594쪽 참조).

148 "내 행동들에서 (…) 변함없이 따르자는 것"의 원어는 "d'être le plus ferme et le plus résolu en mes actions que je pourrais, et de ne suivre pas moins constamment les opinions les plus douteuses, lorsque je m'y serais une fois déterminé, que si elles eussent été très assurées"이다. 아무리 의심스러운 의견이라도 일단 행하기로 결정했다면 아주 확실한 것 못지않게 단호하게 밀고 나가야 한다는 것, 이것은 데카르트가 자신의 철학에서 초지일관 금과옥조로 여긴 것들 가운데 하나다.

149 데카르트의 유명한 '숲 속에서 길을 잃은 여행자의 비유'이다.

150 "가장 개연적인"의 원어는 "les plus probables"이다.

151 원문에서 앞의 두 문장은 "c'est une vérité très certaine(아주 확실한 하나의 진리다)"에 연결되는 하나의 문장인데, 번역에서 끊었다. 이것이 의미하는 바는, 일상의 행동들은 꾸물거릴 여유를 주지 않는 경우가 자주 있기 때문에, 그 행동을 인도할 '가장 참된 의견들les plus vraies opinions'을 식별할 수 없는 상황에서는 차선책으로 '가장 개연적인' 의견들을 따라야 한다는 것이다. 그런데 의견들 중에서 어떤 의견이 더 개연적인지 가려낼 수 없는 상황에서는 어쨌든 그 가운데 어떤 의견을 선택해야 하고, 심지어 선택된 그 개연적인 의견이 '실천과 연관되는 한에서는 en tant qu'elles se rapportent à la pratique' 그것을 '아주 참되고 아주 확실한 것들tres vraies et très certaines'로 간주해야 하는데, 그 이유는 그것을 선택한 근거가 '아주 참되고 아주 확실한 것'이기 때문이라는 것이다. 데카르트는 이것을 '아주 확실한 하나의 진리'

로 간주한다.

152 '약하고 흔들리는 정신들esprits faibles et chancelants'의 양심conscience
을 괴롭히는 후회들les repentirs과 가책들les remords은 데카르트의
철학이 가장 경계한 부분이다. 그의 철학 목표가 종국적으로
'마음의 평정'을 누리는 것에 있다면, 강하고 확고한 정신으로
나아가는 길이 곧 데카르트가 추구한 철학의 길과 다름없을 것
이다. 이런 입장은 특히 '영혼의 동요'인 정념을 다루는《정념
론》에서 자세히 논의된다.

153 "운보다는 나를 이기려고, (…) 애쓰자는 것이었다"의 원어
는 "de tâcher toujours plutôt à me vaincre que la fortune, et à
changer mes désirs que l'ordre du monde"이다. 'fortune/fortuna'
를 '운運'으로 번역했다. 스토아철학의 색채가 물씬 풍기는 대목
이다.

154 "우리 입장에서는 절대적으로 불가능한"의 원어는 "au regard
de nous, absolument impossible"이다. 라틴어판에서는
"Philosophico vocabulo impossibilia appellantur(철학 용어로 불
가능한 것이라 불리는)"이다.

155 "그리고 일반적으로 (…) 익숙해지자는 것"의 원어는 "et
généralement, de m'accoutumer à croire qu'il n'y a rien qui soit
entièrement en notre pouvoir, que nos pensées, en sorte qu'après
que avons fait notre mieux, touchant les chose qui nous sont
extériures, tout ce qui manque de nous réussir est, au regard de
nous, absolument impossible"이다. 원문에서는 앞 문장과 이어
져 있는 것을 분리했다. 이것 역시 전형적인 스토아의 입장이
다. 전적으로 '우리 능력 안에 있는 것'은 오직 '우리 사유들'뿐

이라는 것, 그리고 '우리 외부에 있는 것들'과 관련해서는 우리가 그것들에 최선을 다했음에도 이루지 못한 것이 있다면, 그것은 우리의 입장에서는au regard de nous '절대적으로', '불가능한impossible/impossibilia' 것이라고 '사유'하는 것에 '익숙s'accoutumer'해지라는 것이 그것이다. 달리 말해, 우리 능력 안에 있는 것(사유들)과 그 밖에 있는 것(외부 사물)을 나누고, 밖에 있는 것들에 최선을 다했음에도 이루지 못한 것이 있다면, 그것은 '원칙적으로' 우리 능력으로는 가능하지 않은 것이었다고 '믿는 습관'을 가지라는 것이다. 이로써 욕망할 것과 욕망하지 말아야 할 것을 구분하게 되고, 욕망하지 말아야 할 것을 욕망하면서 갖게 되는 절망과 후회 그리고 불만족에서 벗어날 수 있다는 것이다.

156 "나를 만족하게 하기 위해"의 원어는 "pour me rendre content"이다. 'content/contentement'를 '만족한/만족'으로, 'satisfaction'을 '충족(감)'으로 옮겼다.

157 "우리 의지는 (…) 욕망하기 마련이어서"의 원어는 "notre volonté ne se portant naturellement à désirer que les choses que notre entendement lui représente en quelque façon comme possible"이다. 이때 '가능한 것possible'은 앞의 '불가능한 것impossible'과 대비된다. 이 문장의 의미는, 의지 활동과 지성 활동의 관계에 대한 것으로, 지성의 지각이 본래적으로 의지의 욕망에 선행한다는 것이다. 즉, 의지는 지성이 재현하는 것에 대해서만 욕망한다는 것, 달리 말해 지성이 어떤 것을 의지에 나타내지 않으면 의지는 욕망하지 못한다는 것이다. 'représenter'를 '재현하다'로 옮겼다.

158 "우리 외부에 있는 모든 선들"의 원어는 "tous les biens qui sont hors de nous"이다. 우리 능력 안에 있지 않은 선善들을 가리킨다.

159 "etre privé"를 '결여되다(박탈당하다)'로, "regrets"를 '아쉬움'으로 옮겼다. 이를테면 태어나면서 마땅히 있어야 할 시력이라는 선이 자신의 잘못도 없이 결여된 선천적 시각장애인의 경우, 그가 만일 시력을 갖지 못한 것을 자신의 능력 밖에 있는 것으로 간주한다면, 그때 그가 갖는 아쉬움은 그가 중국 왕국을 갖지 못했을 때 갖는 아쉬움보다 더하지 않다는 것이다.

160 "사람들이 말하듯이, 필연을 덕으로 만들면서"의 원어는 "faisant, comme on dit, de nécessité vertu"이다. 전승되어온 말로, 아마도 "피할 수 없는 것이라면 즐겨라"라는 말과 비슷한 의미일 것이다.

161 "오랜 훈련un long exercice과 거듭 반복되는 성찰une méditation souvent réitérée"이라는 표현은 《성찰》에서도 종종 언급되며, 그런 세계관을 갖는 것이 결코 쉬운 일이 아님을 의미한다.

162 "운의 지배"의 원어는 "l'empire de la fortune"이다.

163 물론 스토아철학자들이다.

164 "자연에 의해"의 원어는 "par la nature"이다.

165 "disposer"를 '지배하다'라는 의미를 가진 '다루다'로 번역했다.

166 "자연으로부터 그리고 운으로부터"의 원어는 "de la nature et de la fortune"이다. '자연으로부터' 받은 것은 태어날 때부터 가지고 있는 필연적인 것이고, '운으로부터' 받은 것은 태어나서 갖게 된 우연적인 것이다.

167 "극도의 만족"의 원어는 "extrêmes contentements"이다.

168 "충족감"의 원어는 "la satisfaction"이다.

169 '참된 것을 거짓된 것에서 식별하기 위한 어떤 빛quelque lumière pour discerner le vrai d'avec le faux'은 제1부 첫머리를 장식했던 "참을 거짓에서 구별하는 힘"으로써 양식 혹은 이성을 뜻한다. 데카르트는 스토아 전통에 따라 '빛'이라는 용어를 즐겨 사용한다. 이를테면 '자연의 빛', '은총의 빛' 등이 그것이다. 제1부에서와는 달리, 여기서는 그 빛이 신으로부터 유래했음을 명시한다.

170 '하나의 길'을 수식하는 종속절을 분리해서 번역했다. 이때 '하나의 길un chemin'은 제2부에서 제시된 '하나의 방법une Méthode'과 다름없다. 데카르트는 이 길 혹은 방법으로 두 가지를 얻을 수 있다고 자신assuré했다. 하나는 "내 능력이 해낼 수 있는 모든 인식의 획득l'acquisition toutes les connaissances dont je serais capable"이고, 다른 하나는 "내 능력 안에 언젠가 있게 될 모든 참된 선들의 획득celle de tous les vrais biens qui seraient jamais en mon pouvoir"이다. 나아가 그럴 자신이 있다고 생각했기 때문에 자신의 욕망을 제한할 수 있었고, 또 그래서 스스로 만족할 수 있었다고 말한다.

171 잘 알려진 문구인 "잘 행하기 위해서는 잘 판단하는 것으로 충분하고"의 원어는 "il suffit de bien juger pour bien faire"이다. 잘 행동하기 위해서는 잘 판단해야 하고, 잘 판단하기 위해서는 잘 인식해야 한다는 것이다. 달리 말해 지성의 인식이 출발점이라면 의지의 판단을 경유해서 행동의 종착지에 이른다는 것이다.

172 "만족"의 원어는 "content"이고 라틴어판에서는 "contenus ac beatus(만족하고 행복)"이다. 데카르트에게 행복은 곧 정신의 만족이라는 점에서 그렇게 번역했을 것이다.

173 원어는 "assurer"이며, 이 경우에는 '확보하다'로 번역했다.

174 원어는 "les vérités de la foi"이고, 보통 '이성의 진리les vérités en raison'와 대비된다.

175 원어는 "défaire"이다.

176 1619년에서 1628년까지다.

177 "그리고 각각의 사안에서, (…) 뿌리째 뽑아버렸다"의 원어는 "et fatisant particulèrement réflexion, en chaque matière, sur ce qui la pouvait rendre suspecte, et nous donner occasion de nous méprendre, je déracinais cependant de mon esprit toutes les erreurs qui s'y étient pu glisser auparavant"이다. 'rendre suspecte'를 '수상쩍게 하다'로, 'occasion de nous méprendre'를 '착각할 계기'로, 'déraciner'를 '뿌리째 뽑다'로 옮겼다.

178 원어는 "Non que j'imitasse pour cela les sceptiques, qui ne doutent que pour douter, et affectent d'être toujours irrésolus"이다. 데카르트는 늘 자신의 소위 '방법적' 의심과 회의론자의 의심을 대비했다. 그리고 늘 회의론자들을 의식하고 있었다는 점에서 그에게 회의주의는 언제나 극복의 대상이었다. 의심doute은 우유부단irrésolution과 연결된다는 것, 그래서 데카르트가 우유부단을 경계하고 확실certitude 혹은 확신assurance 그리고 결단résolution을 강조한 것도 그 때문이었다.

179 'm'assurer'를 '나를 확신시키다'로 번역했다. 'assurer'를 맥락에 따라 '확신하다', '확보하다', '자신하다' 등으로 옮겼다.

180 '약한 추측faibles conjectures'이 아니라 '명석하고 확실한 추론 raisonnements clairs et assurés'에 의해 '아주 확실한 결론conclusion assez certaine'을 끌어낼 수 있다는 것은 데카르트의 지론이다.《정신지

도규칙》의 제12규칙에서는 '개연적 추측'과 '연역deductio'이 대비된다. 이 대목에서 알키에의 주해는 다음과 같다. "데카르트가 늘 공언한 바는, 개연적인 것을 오직 개연적인 것으로, 의심스러운 것을 의심스러운 것으로 생각할 때 사람들은 확실함과 진리의 영역을 벗어나지 않는다. 오류는 의심스럽고 개연적인 것에 온전한 동의를 주는 것에, 그것들을 확실한 것으로 생각하는 것에 있다."(알키에, 599쪽)

181 "내 의견들 중에서 (…) 모두 파괴하면서"의 원어는 "en détruisant toutes celles de mes opinions que je jugeais être mal fondées"이다. 앞에서는 'défaire(내던지다)'를, 여기서는 'détruire(파괴하다)'를 쓰고 있다. 'être mal fondées'를 '그 토대가 부실한'으로 의역했다.

182 그 토대가 부실한 의견들을 파괴détruire하는 동안, 달리 말해 의심의 여지가 조금이라도 있는 것은 모두 거짓으로 던져버리는 rejeter 동안 데카르트가 행한 것은 세 가지다. 다양한 것들에 대한 관찰observations, 많은 것의 경험expériences 그리고 방법(의 규칙들)의 연마exercer이다.

183 "특별히particulèrement"는 바로 앞의 "일반적으로généralement"와 대비를 이룬다. '일반적으로'는 사유 혹은 이성을 인도하는 것에 방법을 적용해보는 경우를, '특별히'는 순수수학이나 응용수학, 이를테면 굴절광학이나 천문학 혹은 기상학과 같은 학문들의 난제에 방법을 적용해서 해결해보는 경우를 말한다.

184 스콜라철학적 원리들이다.

185 이 책을 구성하고 있는 세 가지 시론, 즉《기하학》,《굴절광학》및《기상학》에서 다루는 문제들을 가리키는바, 이를테면 굴절

광학에서 굴절법칙들에 대한 수학적 공식을 발견하는 문제, 기
상학에서 두 개의 무지개에 대한 설명, 기하학에서 몇몇 기하
학적 문제에 대한 풀이 등이다.

186 'des gens de lettres'를 '식자들'로, 뒤의 'les doctes'를 '학자들'로
옮겼다.

187 "통속철학"의 원어는 "la vulgaire"이며, 스콜라철학을 가리킨
다. 경멸의 의미가 아니라 스콜라철학이 그 당시 대세였음을
뜻한다.

188 질송에 따르면, 라뮈Pierre de La Ramée(1515~1572)와 베이컨Francis
Bacon(1561~1626)을 가리킨다(알키에, 600쪽, 주석 3 참조).

189 "만일 내가 (…) 한몫했다면"의 원어는 "si j'y ai contribué
quelque chose par mes discours"이다. 'discours'를 '이야기들'로
옮겼다. 데카르트는 아마 1631년 빌레브레시유Villebressieu에게
보낸 편지에서 언급한 파리 교황대사관의 샹두Chandoux라는 자
와 나눈 논쟁적인 대화를 그 '이야기들'로 생각했을 것이다.

190 "의심의 근거들"의 원어는 "les raisons de douter"이다. 의심하
기 위해서는 당연히 의심의 이유 혹은 동기가 있어야 한다. 데
카르트는 그것을 분명히 제시하기 위해 이런 표현을 즐겨 사용
한다.

191 "선한 심성"의 원어는 "le cœur bon"이다.

192 서른두 살의 데카르트는 1628년 가을에 네덜란드로 이주한다.

193 "결단"의 원어는 "résoudre"이다.

194 스페인에 대한 네덜란드의 독립전쟁이다. 이 전쟁은 1572년부
터 1648년까지 지속되었으나, 1609년부터 1621년은 휴전 상태
였다.

제4부

195 "처음 성찰들"의 원어는 "des premières méditations"이다. 'primière'를 논리적인 순서가 아니라 시간적인 순서에서 '가장 앞선'이라는 의미의 '처음'으로 옮겼다. 이는 데카르트가 제2부 초입 부분에서 난로방의 '사유들'을, 그중에서도 가장 먼저 가진 사유들을 소개하면서 시간적인 순서에서 '처음premières'이라는 단어를 쓰기 때문에 그리고 제4부에서의 이 단어도 시간적인 의미가 있다고 보았기 때문에 두 곳 모두 동일하게 '처음'으로 옮겼다. 그리고 라틴어판에서는 "primas 'cogitationes'" 즉 처음 '생각들'이지만, 여기서는 '성찰들'로 번역했다. 라틴어 역자가 'méditations'를 '성찰들'이 아니라 '사유들'로 번역한 것은 데카르트가 제2부와는 다른 제4부에서의 고유 의도를 제대로 살리지 못했다고 판단했기 때문이다. 다시 말해, 데카르트는 제4부에서 의도적으로 그저 '사유들'이 아니라 '성찰들'로 표현했다는 것이다. 제4부의 고찰 대상이 '제일철학' 즉 '형이상학'이라면, 그리고 데카르트가 그 문장에 이어서, 아니 줄곧 강조하듯이, 다른 학문들과 달리 형이상학만이 갖는 특수성이 있다면, 형이상학의 특수성을 강조하기 위해 넓고 일반적인 차원의 '사유'가 아니라 보다 특수한 함축을 담고 있는 '성찰'이라는 단어를 택했다는 것이다. 이것은 물론 데카르트가 《방법서설》에 이어 출간한 자신의 형이상학적 저서의 제목을《제일철학에 관한 성찰》로 붙인 것도 고려한 것이다.

196 "그것들은 아주 (…) 있기 때문이다"의 원어는 "elles sont si Métaphysiques et si peu communes, qu'elles ne seront peut-

être pas au goût de tout le monde"이고, 라틴어판에서는 "tam Metaphysicae enim sunt & a communi usu remotae, ut verear ne multis non sint placituae"이다. 'goût'를 '취향'으로 옮겼다. 성찰들méditations이 '형이상학적métaphysiques'이라 함은, 질송에 따라, '추상적abstraites'이라는 의미로 볼 수도 있겠으나, 성찰의 대상이 형이상학적이라고 보는 것이 보다 일리 있다(알키에, 601쪽, 주석 3 참조). 다시 말해, 성찰의 행위의 측면보다는 그 대상의 측면에서, 즉 피코에게 보낸《철학의 원리》프랑스어 번역판 서문용 편지에 잘 드러나듯이, 물질적인 혹은 자연학적 대상이 아니라 비물질적인 혹은 형이상학적인 대상을 다룬다는 점에서 성찰이 형이상학적이라는 것이다. 또한 성찰의 추상성은 성찰의 '비평범성'에 그 의미가 포함될 수 있을 것이기 때문이다. 그래서 이때 데카르트의 성찰은 형이상학에 관한 성찰이고, 이 성찰은 거의 평범하지 않은 것이므로 일상적인 사람들이 독서할 만한 것은 아니라는 의미로 볼 수 있다. 프랑스어로 쓰인《방법서설》은 학자가 아니라 일반인을 겨냥해서 집필된 것이므로, 그 내용을 이 책에 수록해야 할지를 망설이는 것이다.

이러한 형이상학적 성찰의 비평범성 혹은 비일상성은 나중에《성찰》에서 보다 명확히 강조된다. 형이상학적 성찰을 제대로 행하기 위해서, 혹은 형이상학을 올바로 이해하기 위해서는 정신을 선입견이나 감각에서 떼어낼 수 있어야 한다는 주장이 그중 하나다. 형이상학적인 진리 인식에 결정적 방해 요인인 선입견과 감각으로부터의 해방은 데카르트적 의심의 주요 동기이지만, 보통 사람들에게 그것은 거의 불가능에 가까운 것이기 때문이다.

197 자신이 취한 형이상학적 토대들이 충분히 확고한fermes 것들인
지에 대해 사람들의 의견을 들어보겠다는 것이다. 그는 이 책
머리말에서 신과 인간 영혼의 현존이 자기 형이상학의 토대들
les fondements de sa métaphysique이라고 말한 바 있다. 집의 기초는 물
렁한 점토가 아니라 견고한 바위 같아야 한다는 데카르트의 확
고부동한 토대주의fundamentalism는 형이상학의 탐구 대상인 신
과 인간 정신의 현존을 명증하게 증명하고, 이로부터 그의 방
법이 명하는 규칙에 따라 '순서대로' 구축된다.

198 데카르트의 '방법적 회의'의 단초가 되는 문장인 "그러나 그
당시에 (…) 보기 위함이었다"의 원어는 "mais, parce qu'alors
je désirais vaquer seulement à la recherche de la vérité, je pensai
qu'il fallait que je fisse tout le contraire, et que je rejetasse,
comme absolument faux, tout ce en quoi je pourrais imaginer
le moindre doute, afin de voir s'il ne resterait point, après cela,
quelque chose en ma créance, qui fût entièrement indubitable"이
다. 데카르트는 두 가지를 구분한다. 하나는 풍습 혹은 실천(실
생활) ― '풍습들에 대해서는pour les mœurs'이 라틴어판에서는 '실
생활과 관련되는 한에서quatenus ad usum vitae referuntur'이다 ― 의
영역이고, 다른 하나는 진리 탐구 혹은 이론(사유)의 영역이다.
그가 전자에 대해서는 관대한 반면, 후자에 대해서는 엄격했음
이 여기서 잘 드러난다. 풍습의 경우, 이에 대해 사람들이 가지
는 '매우 불확실한fort incertaines 의견들'도 때로는 '마치 의심할
수 없는indubitables 것인 양' 따를 필요가 있는 반면, 진리 탐구의
경우에는 '정반대tout le contraire'로, 자신이 '최소한의 의심을 상
상할 수 있는pourrais imaginer le moindre doute' 것 ― 라틴어판에서는

'최소한의 의심 근거를 발견할 수 있는minimam dubitandi rationem possem reperire' 것 —, 즉 어떤 식으로든 조금이라도 의심의 여지가 있는 것, 혹은 힘이 닿는 한 그것의 확실성을 조금이라도 의심할 수 있는 것은 모두 '절대적으로 거짓으로comme absolument faux' 던져버리고, 그런 다음에도 자기 믿음 안에 '전적으로 의심할 수 없는entièrement indubitable' 어떤 것이 여전히 남아 있는지를 살펴봐야 한다는 것이다.

199 "그래서, (…) 가정하고자 했다"의 원어는 "Ainsi, à cause que nos sens nous trompent quelquefois, je voulus supposer qu'il n'y avait aucune chose qui fût telle qu'ils nous la font imaginer"이다. 'tromper'를 '속이다'로, 'supposer'를 '가정하다'로 옮겼다. 데카르트는 이 단어에 'vouloire'를 사용해서 의심이 자의적인 의지작용임을 강조한다. 'chose qui fût telle qu'ils nous la font imaginer'는 직역했다. 의미는, 우리 외부 감각기관들이 외부 사물들로부터 자극을 받으면 우리 안에 그 '사물들의 상들imagines rei'을 각인시키지만, 이 상들과 비슷한 사물들은 어떤 것도 없다는 것, 달리 말해 상들과 사물들은 일치하지 않는다는 것이다. 이런 자의적인 가정으로 데카르트는 회의의 1단계인 감각적 사물들의 진리성을 의심하고, 우리가 지금까지 확실하다고 믿어온 감각적 지식의 확실성을 해체한다. 물론 그 의심의 최종 근거는 "우리 감각들이 가끔 우리를 속인다"는 것, 곧 감각의 기만성이다. 이에 대해 알키에는, 데카르트가 여기서 한 의심은 감각 사물들의 '현존l'existence'이 아니라, 그것들과 우리 감각 인상들nos impressions sensibles과의 '일치conformité'에 대한 것이며, 그래서 그가 이때 문제 삼은 것은 감각적 사물들의 '존

재론d'ontologie'이 아니라 그것들의 '지식de science'에 대한 의심이라고 말한다(알키에, 602쪽 참조).

《성찰》의 〈제1성찰〉에서는 다음과 같이 말한다. "사실, 내가 지금까지 극히 참된 것으로 인정한 것은 무엇이든 감각들로부터, 혹은 감각들을 통해서 받아들인 것이다. 그러나 나는 감각들이 가끔 속인다는 것을 포착했고, 한 번이라도 우리를 기만한 것에 대해서는 전적으로 신뢰하지 않는 편이 현명한 처사다."(이현복, 37쪽)

200 앞 문장이 감각적 지식에 대한 의심의 근거를 제시한 것이라면, 이 문장은 지성적 지식에 대한 의심의 가능성을 보여주는 대목이다. "그리고 심지어 (…) 던져버렸다"의 원어는 "Et pource qu'il y a des hommes qui se méprennent en raisonnant, même touchant les plus simples matières de Géometrie, et y font des Paralogismes, jugeant quej'étais sujet à faillir, autant qu'aucun autre, je rejetai comme fausses toutes les raisons que j'avais prises auparavant pour Démonstrations"이다. 'les plus simples matières'를 '가장 단순한 문제들', 'paralogisme'를 '오류추리', 'être sujet à faillir'를 '쉽게 과오를 범할 수 있다'로 옮겼다. 그리고 'raison(라틴어판에서 ratio, 영역으로 argument, 독역으로 Begründung)'을 '근거', 'démonstration(라틴어판에서 demonstratio, 영역으로 demonstrative proof, 독역으로 Beweis)'를 '증명'으로 직역했다.

여기서 의심되는 것은 수학에서 단순 '추론'의 진리성이다. 그 의심의 근거는 사람들이 단순 추론에서 가끔 범하는 실수이다. 즉, 실수나 착오로 인해 추론의 한 단계가 누락되면 추론 전체의 확실성이 무너진다는 것이다. 이것은 《정신지도규칙》에서 자세히 설명된다. 추론적 확실성과 더불어 지성의 몫으로 간주하는 직관적 확실성에 대한 의심은 《방법서설》에서 나타나지 않는다. 그것은 《성찰》에 가서야 이른바 '악신의 가설'을 통해 본격적으로 다루어진다.

201 "내 꿈의 환상들"의 원어는 "les illusions de mes songes"이다.

202 앞에 감각(적 인식)의 경우에, 데카르트가 "나는 가정하고자 했다je voulus supposer"고 하면서 의심의 자의성自意性을 드러냈다면, 지금은 "나는 가상하기로 결심했다je me résolus de feindre"라는 표현으로 그 강도를 높인다. 라틴어판에서는 동일하게 'suppóno(가정하다)'이다. 일차적 의미가 '……인 척(체)하다'는 'feindre'를 '사실이 아니거나 사실 여부가 분명치 않은 것을 사실이라고 가정하여 생각하다'라는 의미의 '가상假想하다'로 옮겼다. 이것은 《성찰》에서 보다 자세히 논의되는 소위 '꿈의 가설'에 의한 외부 세계의 현존 혹은 실재성에 관한 의심이다. 《성찰》의 〈제1성찰〉에서는 다음과 같이 말한다. "나는 하늘, 공기, 땅, 색, 형태, 소리 및 모든 외적인 것은 그가 나의 쉽게 믿는 마음에 덫을 놓은 꿈들의 속임수들일 뿐이라고 여길 것이다."(이현복, 42쪽) 또한 〈제2성찰〉에서 다음과 같이 말한다. "나에게는 감각기관이 전혀 없다. 물체, 형태, 연장, 운동 및 장소는 환상들이다."(이현복, 45쪽) 《성찰》에서는 《방법서설》에서 모습을 드러내지 않은 '악신' 혹은 '악령'이 등장하면서 핵심 역할을 담당한다.

203 "그러나, (…) 주의했다"의 원어는 "Mais, aussitôt après, je pris garde que, pendant que je voulais ainsi pensér que tout était

faux, il fallait nécessairement que moi, qui le pensais, fusse quelque chose"이다. 'prendre garde(라틴어판에서 animadverter)'를 '주의注意하다'라는 의미의 '주목하다'로 번역했다. 그리고 'nécessairement'를 '사물의 관련이나 일의 결과가 반드시 그렇게 될 수밖에 없는 그런 것'의 의미로 '필연적으로', 'quelque chose'를 '없는 것이 아니라 어떤 무엇으로 있는 것'이라는 의미의 '어떤 것'으로 옮겼다. 데카르트는 앞의 경우와 마찬가지로 의심의 자의성을 강조하기 위해 '내가 그것을 생각하고자 하는 동안pendant que je voulais ainsi penser'이라고 표현한다. 독역은 'versuchen', 영역은 'try'로 옮긴다. 그리고 《성찰》의 〈제2성찰〉에서는 다음과 같이 말한다. "그렇지만 내가 어떤 것이라고 사유하는 동안, 그(악령)는 결코 내가 무이게끔 만들지는 못할 것이다."(이현복, 45쪽) 참된 것은 아무것도 없다고 사유하는 나는 무가 아님을 논증할 때도 '악령'을 끌어들인다. '악령 혹은 악신의 가설'은 분명 탈일상적인 텍스트인 《성찰》이 일상인들을 위한 텍스트인 《방법서설》과 다른 점들 가운데 하나다.

204 원어는 "Et remarquant que cette vérité: *je pense, donc je suis*, était si ferme et si assurée, que toutes les plus extravagantes suppositions des Sceptiques n'étaient pas capables de l'ébranler, je jugeai que je pouvais la recevoir, sans scrupule, pour le premier principe de la Philosophie que je cherchais"이다. 'je pense, donc je suis'는 아당 타네리 판에서 이탤릭체로 강조되어 있다. 주해 144에서 언급했듯이, 데카르트는 'penser(pensée)/cogitare(cogitatio)'에게 특정 의미를 부여하기 때문에, 우리말 '생각하다/생각'로 그 의미를 온전히 담아내기 쉽지 않은 개념이라서, '생각/생각하다'

가 아니라 '사유/사유하다'로 옮겼다. 그래서 "나는 생각한다. 고로 나는 존재한다"라는 문장이 우리에게 익숙한 표현이지만, 그럼에도 불구하고 "나는 사유한다. 그러므로 나는 존재한다"로 번역했다. 《성찰》 또한 '있음/있다(être, 라틴어 esse)' 역시 우리말 '있음/있다' 보다는 좀 더 이 개념의 형이상적인 의미를 살린다는 점에서 '존재/존재하다'로 옮겼고, 'existere'를 '외적으로 현재 존재하다'라는 의미의 '현존하다'로 옮기면서 짝을 맞췄다.

'remarquer'를 '알고 정신을 차려 깨닫다'라는 의미의 '알아차리다'로, 'assuré'를 '보증 혹은 보장된 확신'이라는 의미의 '확실한'으로, 'extravagant'를 '정도가 지나친'이라는 의미의 '과도한'으로, 'supposition'을 '근거가 없는 짐작'이라는 의미의 '억측臆測'으로 옮겼다. 라틴어판에서는 '나는 사유한다, 그러므로 나는 존재한다' 대신 '나는 사유한다, 그러므로 나는 존재한다, 즉 현존한다Ego cogito, ergo sum, sive existo', '확고ferme하고 확실한assurée' 대신 '확실하고 명증적인certa atque évident', '회의주의자들의 가장 과도한 모든 억측들로도 흔들 수 없다' 대신 '회의주의자들이 과도한 의심의 원인들 그 어떤 것도 꾸며낼 수 없음ut nulla tam enormis dubitandi causa a Scepticis fingi possit', '철학의 제일원리' 대신 '철학의 제일토대prima Philosphiae fundamentum'이다.

《방법서설》과 《철학의 원리》에서 "나는 사유한다, 그러므로 나는 존재한다cogito, ergo sum"라는 명제가 철학의 제일원리 le premier principe de la philosophie로 제시되고 있으나, 《성찰》에서는 한 번도 나타나지 않는다. 대신, "나는 존재한다, 현존한다"라는 명제를 먼저 확보하고, 그다음에 '존재하는, 혹은 현존하는 나'의 본질 혹은 본성을 검토한다. 이는 《성찰》의 탐구 방식이 '종합의 방식'을 따르는 다른 저 텍스트와는 달리 '분석의 방식'으로 진행되기 때문이다. 다음은 〈제2성찰〉의 문장 일부이다. "나는 존재한다, 나는 현존한다ego sum, ego existo는 이 명제는 마침내, 내가 그것을 발화할 때마다 심지어 정신에 떠올릴 때마다, 필연적으로 참이라고 결론지어야 한다."(이현복, 45쪽)

205 "그다음에, (…) 조사했고"의 원어는 "Puis, examinant avec attention ce que j'étais"이다. 이전까지는 "나는 존재하는가?"라는 물음 곧 '존재에 대한 물음'을, 이후부터는 "나는 무엇인가?"라는 물음 곧 '본질에 대한 물음'을 조사했다는 것이다.

206 "반대로 내가 (…) 따라 나온다는 것"의 원어는 "et qu'au contraire, de cela même que je pensais à douter de la vérité des autres choses, il suivait très évidemment et très certainement que j'étais"이다. 'vrai'를 '참된'으로 번역했기 때문에, 'la vérité'를 진리 혹은 진리성 대신 '참됨'으로 옮겼다.

207 "내가 오직 사유하기를 멈추기만 한다면"의 원어는 "si j'eusse seulement cessé de penser"이다. 이에 상응하는 《성찰》 중 〈제2성찰〉의 문장은 다음과 같다. "왜냐하면 어쩌면, 내가 모든 사유를 그친다면, 나는 그 즉시 존재하기를 완전히 멈추는 일이 생길 수도 있기 때문이다."(이현복, 48쪽)

208 "그다음에 나는 (…) 나에게 없다는 것을 보았다." 여기까지가 뒤 주문장의 종속분사절이다. 분사절은 크게 두 문장으로 나뉘는데, 그중 한 문장의 동사는 '조사하다examinant'이고, 다른 문장의 동사는 '보다voir'이다. 번역에서는 주문장과 종속문장을 끊어서 읽었다. 이 '보다'의 분사 'voyant'에 데카르트는 여러 목적

절을 쌍점과 쌍반점으로 이어 쓰고 있지만, 번역에서는 목적절에 '보았고'를 추가했다.

209 이 문단의 논리 구조는 명확하다. "(…) 검토했고" 또 "(…) 보았고", 이로부터de la, '나는 그 본질 혹은 본성 전체가 오직 사유한다는 것에만 있는 하나의 실체une substance dont toute l'essence ou la nature n'est que de penser'라는 것, 같은 말이지만 사유하지 않는 곧 물질적인 어떤 것에도 의존하지 않는ne dépend d'aucune chose matérielle 하나의 실체라는 사실을 '인식했다connus'는 것이다. 데카르트는 'nature(라틴어판에서 natura)' 개념을 다의적으로 사용한다. 그것이 'essence(라틴어판에서 essentia)'와 동의어로 사용되는 경우에는 '본래의 성품'이라는 의미의 '본성本性'으로 옮겼다.

210 "그래서 이 나, (…) 것이다"의 원어는 "En sorte que ce moi, c'est-à-dire l'âme par laquelle je suis ce que je suis, est entièrement distincte du corps, et même qu'elle es plus aisée à connaître que lui, et qu'encore qu'il ne fût point, elle ne laisserait pas d'être tout ce qu'elle est"이고, 라틴어판에서는 "Adeo ut Ego, hoc est, mens per quam sum is qui sum, sit res a corpore plane distincta, atque etiam cognitu facilior quam corpus, & quae plane eadem, quae nunc est, esse posset, quamvis illud non exsisterer"이다. 가급적 'âme'를 '영혼靈魂'으로, 'esprit'를 '정신精神'으로 옮겼다. 데카르트는 '내'가 사유하기를 멈추면 존재하는 것도 멈춘다는 것, 따라서 '나'는 물체와 독립적인 오직 사유하는 실체라는 사실로부터, 첫째는 지금의 '나'는 오직 사유하는 것res cogitans 곧 영혼이라는 것, 둘째는 나를 나이게끔 해주는 영혼은 '연장된 것'

곧 물체와 본질적으로 다르고 그래서 전적으로(실재적realiter으로 혹은 실체적으로substantialiter) 구별된다는 것, 셋째 영혼이 물체보다 더 쉽게 인식된다는 것, 넷째 영혼은 물체가 없어도 존재하는 것을 멈추지 않는다는 것을 끌어낸다. 사유가 본성인 '나'와 연장이 본성인 물체가 실체적으로 혹은 실재적으로 상이하고 구별된다는 것에 대한 증명이《성찰》의 〈제6성찰〉에서, 영혼이 물체보다 더 쉽게 인식된다는 것은 〈제2성찰〉에서 제시된다.

데카르트는 스콜라 전통에 따라 사물들을 세 가지 방식으로 구별한다. 실체와 실체 간의 구별인 실재적(혹은 실체적) 구별distintio realis, 실체와 양태 또는 양태와 양태 간의 구별인 양태적distinctio modalis, 실체와 그 본성 간의 구별인 이성적(혹은 개념적) 구별distinctio rationis이 그것이다. 그가 또한 영혼이 물체보다 더 쉽게 인식된다는 것을 명시적으로 강조한 것은 상식론자나 감각론자 그리고 유물론자나 무신론자의 주장을 반박하기 위함이었고, 이런 상식에 반하는 주장을 담고 있는《성찰》을 제대로 이해하기 위해서는 감각의 굴레에서 벗어나야 한다고 강조했을 것이다.

211 이른바 '진리의 규칙'이 정립되는 문단이다. '진리의 규칙'은 '순서상' 영혼이 있다는 것, 그 본성은 오직 사유하는 것이고, 그래서 물체와 독립적으로 존재하는 실체라는 것을 증명한 다음에, 그래서 '그런 후에Après cela'야 비로소 정립 가능하다는 것을 의미한다. 이는 곧 '진리의 규칙'은 코키토 명제에 의해서만 가능하다는 것, 달리 말해, 이른바 코키토 명제는 '진리의 규칙'에 의해 진리로 인정된 것이 아니라, 오히려 그 반대라는 것

을 의미한다. '하나의 명제une proposition'가 '참이고 확실하기vraie et certaine' 위한 필요조건을 고찰하게 된 이유로 데카르트가 제시한 것은, 자신이 방금 그런 명제를 하나 알게 되었기 때문에, 그것의 확실함 혹은 확실성이 무엇에 있는지en quoi consiste cette certitude도 '또한 알고 있어야 한다devais aussi savoir'는 것이다. 그리고 데카르트가 곧 말하듯이, 그 규칙이 구체적인 사례에 적용되기 위해서는 '선한 신의 보증'을 또한 요구한다는 점에서 '일반적으로 고찰했다considérai en generale'고 말하고, 이 때문에 이 규칙을 '일반적 규칙règle générale'으로 간주한다.

212 "나는 사유한다, 그러므로 나는 존재한다Je pense, donc je suis"라는 문장은 아당 타네리 판에서는 이탤릭체로 강조되어 있다. 그리고 데카르트는 이때 이 코기토 명제 그 자체가 아니라 "사유하기 위해서는 존재해야 한다"는 것을 "아주 명석하게 보고 있다vois très clairement"고 말하는바, 이는 차후에 적지 않은 논란의 빌미를 제공하는 대목이다. 'clairement'를 '그 내용 전체가 투명하게 드러나는 상태'라는 의미로 '명석明晳하게'로, 'distinctement'를 '명석하게 나타난 것이 또한 다른 것과 뚜렷하게 구별된 상태'라는 의미로 '판명判明하게'로 옮겼다. "어떤 것을 명석판명하게 본다"는 것을 표현할 때 데카르트는 다양한 동사를 사용한다. "나는 우리가 명석판명하게 인식하는 것은 모두 참이라는 것을 일반적 규칙으로 삼을 수 있다je pouvais prendre pour règle générale, que les choses que nous concevons fort clairement et fort distinctement, sont toutes vraies"라는 것에서 'concevoir(라틴어로 concipere)'를 '인식하다'로 옮겼다. 이와 유사한 내용이 〈제3성찰〉에 제시된다. "따라서 이제, 내가 매우 명석판명하게 지각하

는 모든 것은 참이라는 것을 일반적인 규칙으로 정립할 수 있는 것으로 보인다."(이현복, 58쪽) 이때는 '지각하다percipere'를 사용한다.

213 데카르트는 여기부터 신의 존재를 검토한다. 그는 제4부 각 문단을 시간 부사(구)로 시작한다. 의심하는 내가 존재한다는 것을 확보하고, 존재하는 나의 본질을 검토하는 단계로 넘어갈 때 '그다음에Puis'를, 이것에서 '진리의 규칙'을 정립하는 단계로 넘어갈 때 '그런 후에Après cela', 그리고 이제 신의 존재를 다루는 단계로 넘어갈 때 '그것에 이어En suite de quoi'를 사용한다. 이와 같은 각 단계의 시간상의 배열은 순서를 중시한 데카르트에게는 매우 의미 있는 것이다.

이 문장의 주문장은 뒤에 이어지는 "나는 나보다 더 완전한 어떤 것에 (…) 찾아보려고 했다je m'avisai de chercher d'où j'avais appris à penser à quelque chose de plus parfait que je n'étais"이며, 주문장은 분사절 '반성해 보면서faisant réflexion'를 이끌고, 근거와 귀결의 관계로 이루어진 두 개의 목적절을 가진다. 하나는 "나는 의심한다"는 것이고, 다른 하나는 "내 존재가 전적으로 완전한 것이 아니다"라는 것으로, 데카르트는 후자를 전자의 귀결로par conséquent 간주한다. 그리고 '의심하는 것보다 인식하는 것이 더 큰 완전성임을 내가 명석하게 보고 있기 때문car je voyais clairement que c'était une plus grande perfection de connaître que de douter"에, 전자가 후자의 근거라고 말한다. 그래서 데카르트에서 신의 존재 증명은 "내가 의심한다"라는 것, 그래서 '내가 불완전한 존재'라는 것에 대한 '반성réflexion'에서 출발한다.

214 "나는 나보다 (…) 들었다"의 원어는 "je m'avisai de chercher d'où

j'avais appris à penser à quelque chose de plus parfait que je n'étais"
이다. 'apprendre'를 '배우다(배워 알다)'로 직역했지만, 그 의미
가 여전히 모호하다. 이어지는 문장과 연관해서 본다면, '나보
다 더 완전한 어떤 것"에 대한 사유(관념)을 나는 어디로부터
갖게 되었는지를 묻고, 이에 대해 '실제로en effet(라틴어판에서
revera)' 나보다 '더 완전한 어떤 본성으로부터de quelque nature' 갖
게 되었다고 답하는 것이다.《성찰》의 어투로 말한다면, 나보
다 더 완전한 관념, 즉 이 경우에는 신의 관념이 어디에서 유래
하는지를 고찰한 결과, 그 관념은 실제로 더 완전한 것(본성)인
신 자체로부터 유래해야만 한다는 것이다.

215 원어는 "ce devait être de quelque nature qui fût en effet plus
parfait"이다. 'devait être'를 '마땅히 ……이다'라는 의미로 '이어
야 한다'로 옮겼다. 그리고 'nature'에 대한 적절한 역어를 찾기
어려웠다. 관례에 따라 '본성'으로 옮겼지만, '이념적 실재ideal
entity'라는 맥락적 의미와는 동떨어진 번역임이 틀림없다. 이런
의미의 'nature/natura'는 데카르트의 초기 텍스트인《정신지도
규칙》에서 주로 사용된 '단순 본성들naturas simplices'의 경우가 그
것이다.《성찰》에서 종종 사용되는 '지적 본성' 또는 '물질적 본
성'의 경우가 그렇고, 그것은 또한 후기 엘리자베스와 나눈 편
지에서 언급된 '원초적 개념들notions primitives'과 연관된다.

216 "사유들"의 원어는 'pensées(라틴어판에서 cogitationes)'이다. 여
기서 데카르트는 어떤 것을 '사유하다penser', 어떤 것에 대한 '사
유penée'라는 표현을 사용한다. 이는 나중에 '관념' 개념에 포함
된다.

217 "내가 보기에, 이것들을 나보다 더 우월하게 만드는"의 원어는

"me semblât les rendre supérieures à moi"이다.

218 사유 혹은 관념이 갖는 실재성, 즉 표상된 혹은 대상적 실재성
realitas objectiva을 가리킨다. 이는 사물이 갖는 실재성, 즉 형상적
실재성realitas formalis과 대비된다.

219 외부 사물들에 대한 사유들 혹은 관념들이 참된 것인지 거짓된
것인지, 즉 그것들이 진짜인지 가짜인지를 구분하고, 그것들이
진짜인 경우에는 정신의 완전성에, 가짜인 경우에는 그 불완전
성에 기인하는 것으로 간주, 그 모두가 정신에 의존적인 것으
로 파악한다. 이에 상응하는《성찰》중 〈제3성찰〉의 문장은 다
음과 같다. "만일 정말 그 관념들이 거짓이라면, 다시 말해 어
떠한 것들도 재현하지 않는다면, 그것들이 무에서 유래한다는
것, 달리 말해 그것들이 내 안에 있는 것은 내 본성에 어떤 것
이 빠져 있고, 또한 내 본성이 전적으로 완전하지도 않다는 이
유 외에 다른 어떤 이유도 없음을 자연의 빛은 나에게 알려준
다."(이현복, 69쪽)

220 데카르트는 여기서 '사유'가 아니라 '관념'을 사용한다. "내 존
재보다 더 완전한 존재의 관념에 대해서는"의 원어는 "de l'idée
d'un être plus parfait que le mien"이다. 이것의 라틴어역은 "de
cogitatione, sive Idea naturae quae perfection erat quam mea"이
다. 내 존재보다 더 완전한 존재에서의 '존재être'는 앞의 나보다
더 완전한 어떤 본성에서의 '본성nature'에 상응한다. 'être'를 '존
재자'로 옮길 수도 있겠지만, '내 존재'의 형이상학적 의미를 고
려해서 '존재'로 번역했다.

221 나보다 더 완전한 존재의 관념을 '무로부터 얻는다tenir du néant'
는 것은 명백히 '불가능한impossible' 것으로, 더 완전한 것이 덜

완전한 것의 귀결une suite 및 의존une dépendance이라는 것은 '어떤 무언가가 무로부터 나온다는 것que de rien procède quelque chose' 못 지않게 '모순된de répugnance' 것으로 간주한다.

222 내 존재보다 더 완전한 존재의 관념의 원인이 나 자신일 수 없다는 것을 확인한 다음, 그 관념이 실제로véritablement 나보다 더 완전한 어떤 본성에 의해 내 안에 넣어졌다elle eût été mise en moi par une nature고 말하는 것으로 만족하지 않고, '심지어 모든 완전성을 자신 안에 가지고 있는', 즉 신이라는 본성에 의해 집어넣어졌다고 말하며, 나아가 이것에 조건 하나를 덧붙인다. 신이 가지고 있는 완전성에 대해 내가 어떤 관념을 가지고 있다는 것, 달리 말해, 그 완전성들 몇몇은 불완전한 나에게도 사유될 수 있다는 것이다.《성찰》에서는 신 자신이 자신의 관념을 정신 안에 넣었다는 것을《성찰》에서는 예술가가 자기 작품에 자신의 표식을 새겨 넣은 것으로 설명한다.

223 내가 전혀 가지고 있지 않은 "어떤 완전성들을 인식하고 있다 (혹은 앞의 표현에 따라, 어떤 완전성들에 대한 관념을 내가 가지고 있다)"는 것으로부터 내가 "현존하는 유일한 존재자le seul être qui existât가 아니다"라는 것을 끌어낸다. 'être'를 라틴어역 'ens'에 따라 '존재'가 아니라, '존재자'로 옮겼다.

224 "그래서 내가 (…) 가지고 있었다면"의 원어는 "en sorte que j'eusse eu, de moi-même, tout ce peu que je participais de l'être parfait"이다. 'de moi-même'를 '나 자신으로부터'로, 뒤의 'de moi'는 '나로부터'로 옮겼다. '나 자신의 힘으로', '내 힘으로'를 뜻한다. 알키에는 'que je participais'를 'que je tenais (de l'être parfait)(내가 (완전한 존재자로부터) 얻었던 것)'로 읽는다(알키에,

606쪽 참조).

아퀴나스는 'per participationem(분유에 의해)'과 'per essentiam (본성에 의해)'을 대비해서 사용하는바, '본성에 의해' 혹은 '본성적으로' 존재하는 것은 오직 신이고, 나머지 다른 모든 사물은 신의 완전성을 '분유함으로써' 혹은 신의 본성에 '참여함으로써'만 존재할 수 있다. 그래서 데카르트는 내가 어떤 완전성을 가지고 있다면 그것은 신의 완전성을 분유하는 혹은 그것에 참여하는 만큼만 가능하다는 입장이다.

225 데카르트의 논리는 다음과 같다. 유일성과 비의존성 혹은 독립성은 일종의 완전성이다. 이런 완전성을 정신이 스스로 가지고 있다면, 즉 이 완전성의 원인이 바로 정신 그 자체라면, 정신이 자신 속에서 인식하고는 있지만 결여하고 있는 완전성인 무한성, 전지성, 전능성, 불변성, 영원성 등도 스스로 가질 수 있을 것이고, 마침내 절대 완전자인 신이 되었을 것이다. 그러나 의심하는 정신은 원칙적으로 불완전하고 유한하다. 그러므로 정신은 이런 완전성의 작자일 수 없고, 그것은 완전자인 신으로부터 정신 속에 설치된 것이다. 데카르트의 이런 입장은《성찰》의 〈제3성찰〉에서 보다 분명하게 제시된다.

"만일 내가 나로부터 나온다면, 나는 의심지도 원하지도 않을 것이며, 단적으로 그 어떤 것도 나에게 빠져 있지 않을 것이다. 왜냐하면 모든 완전성들에 대한 관념들이 내 안에 있다면, 나는 그 모든 완전성들을 나에게 주었을 것이고, 그래서 내가 바로 신일 것이기 때문이다. 그리고 혹시, 나에게 빠져 있는 완전성들이 이미 내 안에 있는 완전성들보다 획득하기가 더 어려울 수 있다고 생각해서는 안 된다. (…) 그리고 확실히, 만일 내가 더 큰 저것을 나로부터 얻는다면, 적어도 나는 더 쉽게 가지게 되는 이것들을 나로 하여금 거부하지 않게 했을 것이고, 또 내가 신의 관념 안에 포함되어 있는 것으로 지각하는 것들 가운데 다른 어떤 것도 거부하지 않았을 것이다."(이현복, 74~75쪽)

226 "내 본성이 할 수 있는 만큼"의 원어는 "autant que la mienne en était capable"이다. 신의 무한한 본성은 내 본성이 행할 수 있는 만큼 혹은 내 정신의 힘이 미칠 수 있는 만큼만 인식 가능하다는 것을 뜻한다.

227 "내가 내 안에서 어떤 관념을 발견하는 모든 사물들에 대해"의 원어는 "de toutes les choses, dont je trouvais en moi quelque idée"이다. 모든 것들, 즉 내가 내 안에서 그것들에 대해 어떤 관념을 발견한 모든 사물들, 그래서 내 힘에 의해 인식될 수 있는 한에서의 모든 사물들을 의미한다.

228 앞의 추론에 따라, 즉 완전성 혹은 불완전성의 논리에 따라 신의 현존을 증명한 것처럼, 데카르트는 같은 방식으로 신의 본성을 고찰한다. 'marquer'를 '드러내다', '표시하다'로 옮겼다.

229 "비항상성"의 원어는 "l'inconstance"이다.

230 "그 관념들이 내 사유에 실제로 있다는 것을"의 원어는 "que les idées n'en fussent véritablement en ma pensée(라틴어판에서, "그 관념들이 내 정신 안에 실제로 현존한다는 것을" ideas illas in mente mea revera exsistere)"이다. 감각적이고 물체적인 관념들에 상응하는 외부 사물이 없다고 해도, 그 관념들이 내 사유에 (혹은 내 정신 안에) 실제로 있다는 것은 부인할 수 없다는 것이다.

231 "그러나 나는 (…) 인식하고 있었으므로"의 원어는 "mais pource

que j'avais déjà connu en moi très clairement que la nature intelligente est distincte de la corporelle"이다. 지적 본성la nature intelligente과 물체적 본성la nature corporelle, 곧 영혼(혹은 사유)과 물체(혹은 연장)가 상이하고 실재적으로 구별된다는 것, 그래서 영혼의 본질을 조사하면서 영혼은 물체/신체가 없어도 존재할 수 있음을 증명했던바, 데카르트는 이것을 다른 것이 아닌 바로 '나에게서(나 안에서)' 아주 명석하게 인식했다고 말한다.

232 "복합"의 원어는 "composition"이다.

233 "오히려 세계 안에 (…) 존속할 수 없다고 판단했다"의 원어는 "mais que, s'il y avait quelques corps dans le monde, ou bien quelques intelligences, ou autres natures, qui ne fussent point toutes parfaites, leur être devait dépendre de sa puissance, en telle sorte qu'elles ne pouvaient subsister sans lui un seul moment"이다. 신의 활동은 세계를 처음 창조할 때만 있는 것이 아니라, 창조한 다음에도 계속해서 매 순간 세계를 창조한다는 것이다. 이른바 '지속적 창조la création continuée' 이론이다.

234 의역한 문장이다. 원문에서, "그들의 보다 단순한 증명들 가운데 몇몇을 통람했다je parcourus quelques-unes de leurs plus simples démonstrations"가 주문장이고, "기하학자들의 대상을 떠올리면서m'étant proposé l'objet des géomètres"가 종속절이고, "나는 그들의 대상을 …… 표상했다"는 '기하학자들의 대상'을 꾸며주는 관계대명사절이다. 이 수식절이 너무 길어서 끊어서 번역했다. 'parcourir/percurrere', 'concevoir/concipere'는《정신지도규칙》에서 매우 빈번히 사용되는 용어이다. 여기에서도 각각 '통람하다/훑어보다', '표상하다'로 옮겼다.

235 'concevoir'를《정신지도규칙》에서 사용되는 의미에 따라 '표상하다'로 옮겼다.

236 "prendre garde"를 '주목하다'로 옮겼다. 데카르트는 이 동사를 종속절과 주절에 모두 사용한다. 그리고 데카르트는 '주목하다 prendre garde'라는 동사를 종속절과 주절에 모두 사용한다. 그리고 'tout le monde'를 '세상의 모든 이들'로 옮겼고, 데카르트는 이것을 '사람들on'과 구별한다. 그가 처음에 주목한 것은, 기하학적 단순 증명들의 저 커다란 확실성cette grande certitude은 — 기하학적 대상의 특성에 대해 데카르트가 방금 제시한 규정에 따를 때 갖게 되는 — 그것들에 대한 명증적 표상에 기반한다는 것이고, 나중에 주목한 것은 기하학적 대상에 대한 단순 증명이 아무리 확실하다 해도, 그 증명 안에 그 대상의 '현존l'existence'을 확신시켜 줄 수 있는m'assurât 것은 아무것도 없다는 것이다.

237 아당 타네리 판에서는 "un Être parfait"로 'Être'가 대문자로 강조되고, 그래서 이때 'Être'는 그저 '존재'가 아니라 '존재자ens'를 의미할 것이다. 라틴어판에서는 'ens'이다.

238 삼각형 내각의 합이 두 직각이라는 것이 삼각형의 관념 안에 포함되어 있는 것과 '같은 방식으로en même façon', '혹은 심지어 보다 더 명증하게ou même encore plus évidemment' 신의 현존이 신의 관념 안에 포함되어 있다는 것이다. 이는 신의 관념 혹은 개념 안에 신의 현존이 포함되어 있다는 것에서 신의 현존을 증명하는 이른바 '존재론적' 혹은 '선험적a priori' 신 증명 방식으로, 앞에서 제시된 정신 안에 있는 신의 관념의 원인을 추적하면서 신의 존재를 증명하는 이른바 '인과론적' 혹은 '후험적a posteriori' 신 증명 방식과 구별된다.

239 아당 타네리 판에서는 이때 역시 'Être(존재자)'가 대문자로 강조되어 있다.

240 "따라서 나는 이 완전한 존재자가 (…) 확실하다는 것을"의 원어는 "et que, par conséquent, il est pour le moins aussi certain, que Dieu, qui est cet Etre parfait, est ou existe, qu'aucune démonstration de Géomètrie le saurait être"이다. 신이 존재한다는 것은 '적어도pour le moins' 그 어떤 기하학적 증명이 확실한 것만큼은 확실하다는 것, 즉 그 이상이라는 것이다.

241 "확신하는"의 원어는 "se persuadér"이다.

242 "그들에게는 (…) 익숙해져 있다"의 원어는 "c'est qu'ils n'élèvent jamais leur esprit au delà des choses sensibles, et qu'ils sont tellement accoutumés à ne rien considérér qu'en l'imaginant"이다. 신과 정신은 비물질적 사물들이므로 감각에 의해 지각되는 '감각적 사물들choses sensibles'이 아니라 지성에 의해서만 인식되는 '지적 사물들choses intelligibles'이다. 그래서 신과 정신을 인식하는 것이 어려운 일이라고 확신하는se persuadér 자들이 많이 있는 이유는, 첫째는 그들의 정신이 그저 감각적 사물들에게만 매몰되어 있기 때문에, 달리 말해 감각적 사물들 너머로 나아가고 있지 못하기 때문이다. 둘째는 그들이 ─ 상상력이란 데카르트에 따르면 물질적 사물들에만 적용되는 사유 방식일 뿐인데 ─ 이런 상상력을 통해서만 사물을 고찰하는 데 익숙해져 있어, 상상할 수 없는 것은 이해할 수 없는 것으로 잘못 생각하고 있기 때문이다. 데카르트가 정신을 감각에서 해방시킬 수 있는 사람만이 형이상학적 탐구를 제대로 수행할 수 있다고 강조하는 것도 이 때문이다.

243 당시 강단 철학이었던 아리스토-스콜라aristo-schola철학의 감각 경험주의의 입장을 단적으로 표현하는 명제로서, "감각 안에 먼저 있지 않은 것은 아무것도 지성 안에 없다"의 원어는 "il n'y a rien dans l'entendement qui n'ait premièrement été dans le sens"이다.

244 "시각이 청각이나 후각 못지않게 (…) 차이가 있을 뿐이지만 말이다"의 원어는 "sinon qu'il y a encore cette différence, que le sens de la vue ne nous assure pas moins de la vérité de ces objets, que font ceux de l'odorat ou de l'ouïe; au lieu que ni notre imagination ni nos sens ne nous sauraient jamais assurer d'aucune chose, si notre entendement n'y intervient"이다. "vérité"를 "참됨"으로, "assurer"를 '어떤 보증에 의해 누구를 믿게 하다'라는 의미의 '확신시키다' 혹은 '확신을 주다'로, "entendement"를 "지성"으로 옮겼다. 앞의 비유가 시각이 대상의 지각 역량에 대해서 청각이나 후각보다 열등함을 가리키는 것이 아니라, 우리는 감각이나 상상력을 통해서는 결코 진리 인식에 대한 확신을 가질 수 없다는 것, 달리 말해 우리는 우리 지성이 그것들에 관여해야만 곧 이성의 보증이 있어야만 비로소 확신을 가질 수 있다는 것, 그래서 정신에서 진리 인식의 주체는 오직 지성이고, 감각이나 상상력은 그 보조자일 뿐이라는 것이며, 이것은《정신지도규칙》에서 보다 구체적으로 설명된다.

245 유사한 의미를 지닌 단어 "persuadér", "assurer", "certain"가 동시에 출현한다. 'persuadér'는 '설득하다', '확신하다' 등으로 번역했는데, 여기서는 수동형으로 '설득되다'로, 'assurer/assuré'는 '확신시켜주다/ 확신하는'으로, 'certain'은 '확실한'으로 옮

졌다. 그래서 'plus assurés'를 '더 확신하는 것', 'moins certaines'를 '덜 확실한 것'으로 번역해 양자를 구별했다.

246 '도덕적 확신une assurance morale'과 '형이상학적 확실성une certitude métaphysique'이, '괴짜d'être extravagant'와 '이성이 나간d'être déraisonnable'이 각각 대비된다. 도덕적 확신은 실천 혹은 일상의 영역에서 갖는 개연적 확실성이고, 형이상학적 확실성은 이론 혹은 탈일상의 영역에서 갖는 절대적 확실성이다. 데카르트는 《철학의 원리》 마지막 부분에서 도덕적 확신 혹은 도덕적 확실성 — 그는 이때 이 둘을 구분하지 않는다 — 과 형이상학적 확실성 — 도덕적으로 확실한 것 이상의 확실성 — 을 언급한다. "그럼에도 불구하고 나는 내가 설명한 것들이 적어도 도덕적으로 확실하다고 믿는다"라는 제목의 제4부 205장에서 도덕적으로 확실한 것 혹은 도덕적 확신에 대해 말한다. "그러나 비록 신의 절대적인 힘과 연관해 생각해볼 때 불확실한 것들이긴 하지만, 진리를 왜곡하지 않기 위해서 우리는 도덕적으로는 확실한, 다시 말해서 살아가는 데 충분한 것이 어떤 것들인지를 고찰해야 한다." 그리고 이어서 '도덕적으로 확실한 것 이상으로'라는 제목의 206장에서 형이상학적으로 확실한 것 혹은 형이상학적 확실성에 대해 말한다. "그 밖에도 자연물들에서 또한 우리가 절대적으로 확실하다고, 따라서 도덕적으로 확실한 것 이상으로 확실하다고 여기는 것들이 있는데, 이것들은 형이상학적인 토대에 그 기반을 두고 있는 것들이다. 즉, 신은 최고의 선이며 속이지 않기 때문에 그가 참과 거짓을 구별할 수 있도록 우리에게 부여한 능력을 올바로 사용하는 한 이 능력을 통해 판명하게 지각하는 것에서는 오류를 범할 수 없다는 형이상학적 토

대 말이다. 그렇게 확실한 것들이란 수학적인 증명들이며, 또 물질적인 사물들이 존재한다는 데 대한 인식이 그러한 것이며, 그것들에 관해 우리가 하는 명백한 추론들이 그러한 것들이다." 따라서 도덕적으로 확실한 것들이란 신의 절대적 힘과 연관해서는 불확실한 것이긴 하지만, 그럼에도 일상의 삶에 적용하기에 충분히 확실한 것, 개연적으로 확실한 것이다. 반면에 형이상학적으로 확실한 것들이란 절대적으로 확실한 것, 즉 신이 최고선이고 기만자가 아니라는 형이상학적 토대에 근거해서 확실한 것들, 이를테면 수학적 증명들이다.

247 "생생하고 명확하다"의 원어는 "vives et expresses"이다.

248 신의 현존을 전제하지 않는다면s'ils ne présupposent l'existence de Dieu, 달리 말해, 필히 존재하는 신은 완전자이고, 우리가 가진 모든 것은 신으로부터 받은 것이 아니라면, 우리가 명석판명하게 인식하는 것은 모두 참이라는 진리 규칙의 진리성도 보장되지 않는다는 것이다. 이때 '확실하다'로 옮긴 'être assuré'는 그 확실성을 '보증받다/보장받다'라는 의미를 함축한다. 라틴어판에서는 "sunt certa(확실하다)"이다. 이른바 '진리의 보증자'로서의 신이 소개되고 있지만, 《성찰》에서와 달리 여기서는 완전자로서의 신만 언급될 뿐 선한 자, 곧 우리를 속이지 않는 자로서의 신의 모습은 전혀 나타나지 않는다. 이는 의심의 과정에서 '악령 혹은 악신의 가설'이 도입되지 않기 때문이다.

249 "실재적인 것들인, (⋯) 참이 아닐 수 없다는 것이다"의 원어는 "nos idées ou notions, étant des choses réelles, et qui viennent de Dieu, en tout ce en quoi elles sont claires et distinctes, ne peuvent en cela être que vraies"이고, 라틴어판에서는 "Ideas nostras sive

notiones, cum in omni eo in quo sunt clarae & distinctae entia
quaedam sint, atque a Deo procedant, non posse in eo non esse
veras"이다. 데카르트는 종종 'notion'을 명석판명한 관념과 동
의어로 사용하는데, 초기에는 'notiones communes(공통 개념
들)'를 그리고 후기에는 사유를 구성하는 기본 요소 개념들로
'notions primitives(원초 개념들)'라는 용어를 사용한다. 그리고
이 문장은《성찰》의 〈제4성찰〉에 나오는 다음 문장과 상응한
다. "모든 명석판명한 지각은 의심의 여지 없이 어떤 것이고, 따
라서 무로부터 나올 수 없기 때문이며, 오히려 반드시 신, 말하
건대, 기만자와 상충하는 저 최고 완전한 신을 작자로 가지고,
따라서 그 지각은 의심의 여지 없이 참이기 때문이다."(이현복,
90쪽) 앞서 말했듯이,《성찰》에서는 신이 사기꾼이 아니라는
점이 강조된다.

알키에는 이 문장이 나중에 소개될 신의 진실성을 예비하고 있
다고 말하면서 다음과 같이 주해한다. "신이 여기서 진실하다
고 말해지지 않는다.《방법서설》에서, 신이 기만자일 수 있다
는 것은 결코 가정되지 않기 때문이다. 그래서 추론은 보다 직
접적이고, 관념의 표상적 가치에 관한 고찰을 개입시키지 않는
다. 관념들은, 그 자체가 실재적이라는 점에서 참이다. 명석한
관념, 그것은 그래서 참으로 하나의 관념인 관념, 실재적인 관
념이다. 관념이 실재적인 한에서, 그것은 신으로부터 나오며,
그래서 그것은 참이다. 혼동된 관념은 무를 분유하는 관념이
다. 그러므로 그것은 하나의 관념이 아닌 한에서 거짓이며, 이
때 그것은 실재적이지 않고, 그래서 이때 그것은 신에게 의존
하지 않는다."(알키에, 611쪽)

250 "그래서 만일 우리가 (…) 혼동되기 때문이다"의 원어는 "En sorte que, si nous en avons assez souvent qui contiennent de la fausseté, ce ne peut être que de celles qui ont quelque chose de confus et obscur, à cause qu'en cela elles participent du néant, c'est-à-dire, qu'elles ne sont en nous ainsi confuses, qu'à cause que nous ne sommes pas tout parfaits"이다.

거짓 혹은 허위를 내포하는 관념들이 우리에게 있는 이유를 설명한다. 이 관념에 해당하는 것은 오직 무를 분유하는 관념이기 때문에, 그래서 혼동되고 모호한 어떤 것을 자신 안에 갖는 관념이다. 데카르트는 이것을 달리 말한다c'est-à-dire. 이때 그 관념을 '우리와 연관해서' 설명한다. 즉, 그 관념은 오직 '우리에게' 혼동되기 때문이고, 나아가 이 혼동됨은 오직 '우리가' 전적으로 완전한 것이 아니기 때문이며, 《성찰》의 언어로 말한다면 '우리가' 존재와 무의 중간자이기 때문이다.

데카르트는 〈제3성찰〉에서 감각적 성질의 관념에 대해 다음처럼 말한다. "내가 이런 관념들에 나와 상이한 어떤 작자를 지정할 필요가 없다는 것은 분명하다. 왜냐하면, 만일 정말 그 관념들이 거짓이라면, 다시 말해 어떠한 것들도 재현하지 않는다면, 그것들이 무에서 유래한다는 것, 달리 말해 그것들이 내 안에 있는 것은 내 본성에 어떤 것이 빠져 있고, 또한 내 본성이 전적으로 완전하지도 않다는 이유 외에 다른 어떤 이유도 없음을 자연의 빛은 나에게 알려준다. 그러나 만일 그 관념들이 참된 것이라면, 그것들은 사물이 아닌 것과 구별할 수조차 없을 만큼 적은 실재성을 나에게 현시하므로, 그것들이 왜 나 자신에서 나올 수 없는지를 나는 알지 못한다."(이현복, 69쪽)

251 "실재적인 그리고 참된"의 원어는 "de réel et de vrai"이다.

252 명석판명한 관념이 실재적이고 참된 것이 되기 위해서는, 그런 것임을 확신하기 위해서는 완전하고 선한 신의 존재가 요구된다는 뜻이다. "우리 관념들이 (⋯) 갖지 못할 것이다"의 원어는 "pour claires et distinctes que fussent nos idées, nous n'aurions aucune raison qui nous assurât qu'elles eussent la perfection d'être vraies"이다.

253 "우리가 자면서 상상하는 몽상들les rêveries que nous imaginons étant endormis"과 "우리가 깨어서 가지는 사유들des pensées que nous avons étant éveillés"을 대비하고, 깨어서 가지는 사유들의 참됨la vérité이 꿈의 가설에 의해서 의심될 수 없는 이유를 제시한다.

254 "참이라는 것"의 원어는 "d'être vraie"이다. 이는 바로 앞 문단에서, 관념들의 '참된 것이라는 완전성la perfection d'être vraies'을 언급할 때의 것과 동일하다.

255 "그의 잠이 (⋯) 때문이다"의 원어는 "son sommeil ne l'empêcherait pas d'être vraie"이다.

256 기하학자가 행한 수학적 증명은 그의 잠에서도 달라짐이 없이 똑같을 것이라는 것, 달리 말해 꿈의 가설을 통해서도 수학적 지식 혹은 지성적 지식의 참됨 혹은 진리성은 의심될 수 없다는 것을 보여준다. 그리고 데카르트는 이어서 꿈의 가설에 의한 감각적 지식의 의심 가능성을 검토하고, 이것을 "우리 꿈의 가장 흔한 오류l'erreur la plus ordinaire de nos songes"로 간주한다. 이런 꿈의 오류는 외적 감각과 같은 방식으로 외적 대상을 우리에게 재현하는représenter 것에 있다고 보고, 그래서 설령 그런 식으로 꿈이 감각관념의 참됨에 대해 우리가 불신할 기회를 우리에게

준다elle nous donne occasion de nous défier de la vérité de telles idées고 해도, 그것을 대수롭지 않은n'importe pas 것으로 취급하는바, 그 이유는 감각관념들은 우리가 꿈꾸지 않는 경우에도, 즉 깨어 있을 때도 꽤 자주 우리를 속일 수 있다elles peuvent aussi nous tromper assez souvent는 것이다.

257 "실로 결국, 깨어 있든 잠들어 있든, (…) 내버려 둬서는 안 된다"의 원어는 "Car enfin, soit que nous veillions, soit que nous dormions, nous ne nous devons jamais laisser persuadér qu'à l'évidence de notre raison"이다. 'se persuadér'를 '확신하다'가 아니라 '설득되다'로 옮겼다. '우리 이성의 명증l'évidence de notre raison'은 '우리 상상력의de notre imagination' 또는 '우리 감각의de nos sens' 명증과 대비된다.

258 데카르트는 '이성이 우리에게 일러주는 것은la raison nous dicte' 혹은 '이성이 우리를 설득하고 있는 것은' 등의 고전적인 표현을 종종 사용한다. 'véritable'을 '거짓이 아닌 사실'이라는 의미의 '진실한'으로 옮겼다. 이어지는 다음 문장에 나오는 'Dieu, qui est tout parfait et tout véritable(전적으로 완전하고 전적으로 진실한 신)'의 경우에도 '진실한'으로 옮겼다. 라틴어판에서는 'revera existere(실제로 현존하다)'이다.

259 "그러나 이성은 (…) 잘 일러준다"의 원어는 "Mais elle nous dicte bien que toutes nos idées ou notions doivent avoir quelque fondement de vérité"이다. 라틴어판에서 목적절은 "omnes nostras Ideas sive notiones aliquid in se veritatis continere(우리의 모든 관념들, 즉 개념들은 그 자체 안에 참된 어떤 것을 내포하고 있다)"이다.

260 "우리 추리들nos raisonnements", "우리 상상들nos imaginations", "우리 사유들nos pensées"이 대비된다.

제5부

261 '추적하다'로 옮긴 'poursuivre'의 라틴어는 《정신지도규칙》에서 자주 사용된 'persequi'이다. "내가 이 최초의 (⋯) 모든 연쇄"의 원어는 "toute la chaîne des autres vérités que j'ai déduites de ces premières"이다. '최초의 것들' 곧 최초의 진리들은 제4부에서 제시된 형이상학적 진리들이고, 이제 이 진리들로부터 '연역'된 '다른' 진리들 곧 자연학적 진리들의 연결 사슬을 보여주겠다는 것이다. 그래서 '최초'의 진리들은 시간적인 순서로 가장 처음에 확보된 진리이지만, 그것들로부터 다른 진리들이 연역된다는 점에서는 논리적인 순서로도 첫째가는 진리이다. 그리고 흥미로운 것은, 데카르트가 제4부 첫 문장과 제5부 첫 문장을 대비시키고 있다는 점이다. 자신의 형이상학적 사유 과정을 독자에게 전하는 것에 대해 몹시 주저하면서 제4부를 시작하는 반면, 자신이 발견한 자연학적 진리 체계를 아주 기꺼이 보여주겠다는 말로 제5부를 시작한다.

262 'les doctes'를 '학자들', 'questions/difficultés'를 '문제들/어려움들', 'le public'을 '대중', 'les sages'를 '지혜로운 이들'로 옮겼다. 학자들은 당시 아리스토텔레스 철학의 영향권 안에 있던 스콜라철학자들, 이른바 아리스토-스콜라철학자들을 가리킨다. 이들이 강단에서 논쟁하는 많은 자연학적 '문제들'에 대해 데카

르트 자신은 '그저 일반적으로만seulement en général', 개괄적으로 언급하겠다는 것이다. 그래서 대중에게 그 문제들을 '보다 상세히plus particulièrement' 접하게 하는 것이 이로운 것인지 아니면 해로운 것인지에 대한 판단은 '가장 지혜로운 이들에게aux plus sages' 넘기겠다는 것이다. 데카르트는 자신과 '학자들'을 대비하고, '대중'을 끌어들임과 동시에 '가장 지혜로운 자들'을 판단의 주체로 설정한다. 스콜라철학자들에 대한 데카르트의 부정적 시선이, 학자들과의 논쟁에 휘말려 시간과 정열을 허비하지 않겠다는 그의 평소 신념이 엿보이는 대목이다.

263 다소 의역한 "결심을 나는 항상 지켜왔다"의 원어는 "Je suis toujours demeuré ferme en la résolution(나는 항상 확고하게 그 결심에 있었다)"이다.

264 자신이 확고하게 견지한 두 가지 결단을 제시한 다음, 데카르트는 "그리고 그럼에도 불구하고, 나는 감히 말한다Et néanmoins, j'ose dire"고 힘겹게 말한다. 그가 '감히 말한 것'은 두 가지다. 하나는 '짧은 시간에 나를 만족시켜주는 수단moyen de me satisfaire en peu de temps'을 발견했다는 것이고, 다른 하나는 '몇몇 법칙들certains lois'을 알아차렸다는 것이다. 그리고 이 법칙들은 신이 '자연에en la nature' 설정했고, 동시에 그 개념들notions을 '인간 영혼에en nos âmes' 새겨놓은imprimer 것이라서, 그것들에 대해 제대로 '반성réflexion'만 한다면, 세계 안에 있는 것과 그 안에서 일어나는 것에서 정확히 지켜지고 있음을 결코 의심할 수 없는 것들로 간주한다. 단적으로, 그것은 신이 세계를 창조할 때, 그 안에 설정한 이른바 '자연의 법칙들'이고, 그와 동시에 그에 대한 개념들 혹은 관념들을 인간 영혼 안에도 각인시켜놓았다는 점에

서, 이른바 '영원한 진리들vérités éternelles'이다.

265 이 문장은 데카르트가 '감히 말하는' 문장과는 형식적으로는 분리되어 있지만, 내용적으로는 연결된다. 자연의 "법칙들의 후속la suite de ces lois", 즉 '그 법칙들로부터 따라 나오는 것'을 고찰한 결과, 이전의 모든 것들보다 "더 유익하고 더 중요한 여러 진리들plusieurs vérités plus utiles et plus importantes"을 찾아냈다는 것이다. 그래서 제5부 첫 문장에서 피력된, '이 최초의 진리들로부터 연역해낸 다른 진리들의 모든 연쇄'의 윤곽이 여기서 대략 드러난다. '최초의 진리들'로부터 '자연의 법칙들'로, '자연의 법칙들' 혹은 '영원한 진리들'로부터 다른 여타 '더 유익하고 더 중요한 진리들'로의 연역체계가 그것이다.

이 문장의 주해에서 알키에는 데카르트가 여기서 자신의 자연학이 연역적이고, 원인에서 결과로 나아가는 것으로 말하고 있고, 또 실제로《세계 혹은 빛에 관한 논고Le Monde, ou Traité de la lumière》(이하《세계》)에서 같은 방식으로 제시하고 있지만,《방법서설》제6부에서 고백하듯이, 그는 자신의 자연학의 '토대들fondements'을 알게 하는 것을 포기했고,《굴절광학》과《기상학》에서 진술된 법칙들은 오직 사실들에 의해서만 입증되고 있음을 지적한다.

266 "considération(고려)"을《방법서설》에서 갖는 고유 의미를 살려서 "몇 가지 고려들quelques considérations"로 직역했다. 의역하면, 몇 가지 사정으로 고려해서 출판을 포기했다는 것이다. 데카르트는 그 '몇 가지 고려들'이 어떤 것들인지를 이어서 하나하나 설명한다. 주문장도 우리말 어감이 어색하긴 하지만, 의미 전달이 어렵지 않아 직역했다. 여기서 말하는 논고un traité는 갈

릴레이의 종교재판이 있던 1633년에 집필되고 데카르트 사후 1664년에 파리에서 출간된《세계》를 가리킨다.

267 '이야기'로 옮긴 'discours'는 앞의 '논고'인《세계》를 가리킨다. "craindre"를 '우려하다'로 옮겼다.

268 "꽤 폭넓게 개진하려고"의 원어는 "exposer bien amplement"로서, 이때 "amplement"를 뒤에 나오는 "expliquer bien au long(꽤 길게 설명하다)"와 연결해서 읽었기 때문에 '상세히'가 아니라 '폭넓게'로 직역했다.

269 "만일 신이 지금 상상의 공간들 (…) 대해서만 말이다."의 원어는 "et de parler seulement de ce qui arriverait dans un nouveau, si Dieu créait maintenant quelque part, dans les Espaces imaginaires, assez de matière pour le composer, et qu'il agitât diversement et sans ordre les diverses parties de cette matière, en sorte qu'il en composât un Chaos aussi confus que les Poètes en puissent feindre, et que, par après, il ne fît autre chose que prêter son concours ordinaire à la Nature, et la laisser agir suivant les lois qu'il a établies"이다. "즉" 이하의 이 문장은 앞 문장에 연결된 가정si 문장인데 끊어서 번역했다. 'les Espaces imaginaires'를 '상상 공간들', 'composer'를 '구성하다', 'Chaos'를 '혼돈', 'feindre'를 '가상하다', 'concours ordinaire'를 '통상적 협력', 'résoudre'를 '결심하다'로 옮겼다.

이것은 데카르트의 전략이 함축된 긴 문장이다. 학자들의 기존 논변에 말려들지 않기 위해, 그래서 자유롭게 자신의 사유를 개진하기 위해, 그는 의도적으로 자신이 여기서 다루게 될 물질적인 것들 혹은 자연학적 것들은 '지금 여기에 있는' 현실 세

계가 아니라 오직 상상에 의해 가정된 어떤 '새로운' 세계에서
나 일어날 법한 것들임을 강조한다. 즉, 신이 만일 '상상의 공간
들' 어떤 곳에서 물질을 창조하고, 그것을 뒤흔들어 카오스를
만든 후, 이것에 '비통상적 혹은 특별한 협력concours extraorninaire'
이 아니라 오직 '통상적 협력concours ordinaire'만을 제공해 그 카
오스가 자연의 법칙에 따라서만 작동되는 '새로운 세계'가 있
다는 것을 상정하고, 이 세계에서 일어나는 것들에 대해서만
말하겠다는 것이다.

그런데 '상상의 공간들'은 실로 스콜라철학에서 사용된 개념으
로, 상상력이 세계 혹은 실재하는 공간의 끝 저편에 있다고 상상
하는 허구적 공간이다. 질송이 말하듯이, 데카르트가 지금 이 스
콜라철학의 개념에 자신의 입장을 접목하는 것은 일종의 아이
러니다. '새로운 세계' 또는 '상상의 공간들'이 보다 분명하게 언
급되는 곳이 '새로운 세계에 대한 묘사와 그 세계를 구성하는 물
질의 성질들'이라는 제목의 《세계》 제6장의 시작 문장이다. "그
러므로 잠시 동안 여러분의 생각을 이 세계를 넘어 나가도록 해
서 완전히 새로운 다른 세계를 보러 가게 하시라. 나는 그 면전
에서 상상의 공간들 안에서 그 새로운 세계를 생기게 할 것이다.
철학자들은 이 공간들이 무한하다고 우리에게 말하고 있는데,
그들도 실로 이것을 믿고 있어야만 한다. 왜냐하면 그 공간들을
만든 자가 바로 그들 자신이기 때문이다." 그러나 데카르트에
게서 물질은 공간에 의해 규정되고, 공간은 정의상 실제적인 것
이며, 따라서 상상의 공간이란 개념은 아무런 의미도 갖지 않는
다. 나아가 스콜라신학에서, 신의 '통상적 협력'이란 신이 자신
의 법칙으로 세계를 보존하기 위해서만 행하는 활동이며, 그것

과 대비되는 '비통상적 협력'은 신이 기적을 통해 자연의 통상적 질서를 훼손시키는 활동을 말한다(질송, 383~384쪽 참조).

270 'décrire/déscription'을 '묘사하다/묘사'로, 'représenter'를 '재현하다', 'intelligible'을 '이해하기 쉬운'으로 옮겼다.

271 스콜라철학에서 형상, 즉 '실체적 형상들les formes substantielles'은 물체의 활동을 설명하기 위해 도입된 개념이고, '실재적 성질들les qualités réelles'은 물체의 고유성을 규정하는 성질이다(질송, 384쪽 참조). 데카르트는 물론 감각에 포착되지 않는 물체 운동의 내적 원리로서 실체적 형상들이나 '은폐된 성질들occultas qualitas'을 전혀 인정하지 않는다.

272 "자연적"의 원어는 "naturelle"이다.

273 데카르트가 뒤에서도 몇 번 강조하는 이 말인 "일부러"의 원어는 "expressément"이다. '명시적으로', '명확하게'라는 의미 외에 '의도적으로', '특별히', '일부러'의 뜻을 가진 부사로, 여기서는 "일부러"로 옮겼다.

274 운동 법칙의 근거인 신의 불변성l'immutabilité de Dieu을 가리킨다.

275 'se remarquer'를 '눈에 띄다'로 옮겼다.

276 "특수하게"의 원어는 "particuliérement"이다. 이전까지가 우주 '일반'에 관한 것을 논의했다면, 지금부터는 우주의 특수한 것들에 대한 논의로 넘어간다.

277 "물질 안에 무게가 없다"는 것은, 앞의 주석에서 언급한 데카르트가 '일부러expressément' 가정한 것들 중 하나다.

278 "혼합체나 복합체"의 원어는 "mêlés ou composés"이다.

279 "그 작용의 격렬함"의 원어는 "par la seule violence de son action"이다.

280 "전화轉化"의 원어는 "transmutation"이다.

281 데카르트는《철학의 원리》제4부 124~132항에서 유리에 관해 길게 설명한다.

282 "왜냐하면 태초부터 (…) 그럴법하기 때문이다"의 원어는 "car il est bien plus vraisemblable que, dès le commencement, Dieu l'a rendu tel qu'il devait être"이다. "vraisemblable"를 '그럴법한' 혹은 '그럴듯한'으로 옮겼다. 이 단어는 이미 제1부 첫 문단에서 (En quoi il n'est pas vraisemblable que tous se trompent) 사용된 바 있다. 'dès le commencement'를 '태초부터'로 옮겼다.

283 "신이 지금 (…) 전적으로 동일하다"의 원어는 "l'action, par laquelle maintenant il le conserve, est toute la même que celle par laquelle il l'a créé"이다. 신에게는 세계를 창조하는 작용(힘)과 보존하는 작용(힘)이 동일하다는 스콜라철학의 명제를 데카르트는 수용한다.

284 데카르트는 이성의 철학을 꿈꾸면서도, 그의 진심이든 아니든 은총의 진리를 늘 이성의 진리 앞에 두었다. 신앙의 진리에 맞서지 않고 가능한 한 조화를 이루거나 충돌을 피해 가려 한 그의 모습이 엿보이는 대목이다. "창조의 기적에 해를 가함이 없이"의 원어는 "sans faire tort au miracle de la création"이다.

285 'que toute faites'를 '완전히 행해진 것'으로 옮겼다. 이것은 시간의 경과에 따라 그 본성이 '조금씩 생겨나는naître peu à peu' 것과 대비된다.

286 "그러나, 그것들을 (…) 갖지 못했기 때문에"의 원어는 "Mais, pource que je n'en avais pas encore assez de connaissance, pour en parler du même style que de reste, c'est-à-dire en démontrant

les effets par les causes, et faisant voir de quelles semences, et en quelle façon la Nature les doit produire"이다. 생명이 없는 물체corps inanimés 곧 무생물체와 식물에 대한 묘사와 같은 방식으로de même style 동물에 대해 말할 수 있을 정도의 지식이 아직 자신에게 없다는 것이다. 그 방식이란 '원인을 통해 결과를 증명하는' 것이고, '어떤 씨앗으로부터 또 어떤 방식으로 자연이 동물을 산출해야만 했는지를 보여주는' 것이다. 'démontrer/démonstration'을 '내보이다'라는 의미로 '증명하다/증명'으로, 'semence'는 '씨앗'으로 옮겼다. 데카르트는《정신지도규칙》등에서 '진리의 씨앗들'이라는 스토아의 용어를 가끔 사용한다. '자연'으로 번역한 'la Nature'를 대문자로 쓴다. 이것은 신을 의미한 것이다.

287 "그 지체들의 외적 형태에서나 그 기관들의 내적 구조에서나"의 원어는 "tant en la figure extérieure de ses membres qu'en la conformation intérieure de ses organes"이다. 여기서 "figure"를 "형태"로, "conformation(라틴어로 'conformation', 영어로 'arrangement', 독어로 'Bau')"을 '배치' 혹은 '합치'의 의미가 가미된 "구조"로 번역했다.

288 "신은 단지"는 원문에는 없는 역어로서, "빛 없는 불들 가운데 하나un de ces feux sans lumière"를 수식하는 긴 문장, 즉 "이 빛 없는 불을 (…) 전혀 이해하지 않았다"라는 부문장을 주문장과 끊어서 번역했기 때문에 맥락상 추가했다.

289 동물, 나아가 인간의 신체에 대해 충분한 지식이 없었기 때문에, 데카르트는 두 가지를 가정한다. 하나는 신은 태초에 인간의 신체를 자신이 묘사한 물질로만, 지금 우리 신체와 완전히

유사하게 만들었을 것이라는 가정, 다른 하나는 신은 태초에 신체 안에 이성적 영혼은 물론, 감각적 또는 식물적 영혼으로 쓰일 여지가 있는 그 어떤 것도 집어넣지 않았을 것이라는 가정이다. 인간에게 있는 이성적 영혼âme raisonnable, 짐승에게 있는 감각적 영혼âme sensitive, 식물에게 있는 식물적 영혼âme végétante 은 아리스토텔레스 철학의 유산이다. 데카르트는 이성적 영혼 이외에 감각적, 식물적 영혼을 인정하지 않지만, 인간의 이성적 영혼도 신이 인간 신체를 창조할 때 그 안에 집어넣은 것이 아님을 강조한다.

290 "다른 본성"의 원어는 "d'autre nature"이다.

291 "그 결과로서"의 원어는 "en suite de cela"로서, 앞에 제시한 가정들로부터 따라 나오는 결과를 의미한다.

292 인간 신체의 모든 기능이 이성 없는 동물들les animaux sans raison에서 발견되는 모든 기능과 다르지 않다는 것이고, 그런 점에서 동물이 인간과 닮았다고 사람들이 말하는 것도 일리가 있다는 것이다.

293 "그렇지만 생각에 의존하고, (…) 모두를 거기서 발견했다"의 원어는 "sans que j'y en pusse pour cela trouver aucune de celles qui, étant dependantes de la pensée, sont les seules qui nous apartienent en tant qu'hommes"이다. 사유에 의존하는 기능, 즉 이성적 영혼에 의존하는 기능, 그러므로 이성 없는 동물이 아닌 오직 인간에게만 속하는 기능은 '원칙적으로' 신체 안에서 찾아낼 수 없고, 신이 신체와 별도로 이성적 영혼을 창조하고, 이것을 신체와 어떤 특정한 방식으로 결합시켰다고 가정한 후에야 비로소 인간 안에서 찾아낼 수 있었다는 것이다.

294 "주제"의 원어는 "matière"이다.

295 "동물들 안에서 관찰하는 첫째가는 것이자 가장 일반적인 것"
의 원어는 "le premier et le plus général qu'on observe dans les
animaux"이다. 데카르트는 여기서 실험과 관찰의 중요성을 드
러내면서 '관찰하다observer'라는 단어를 쓰고 있지만, 이후에는
'보다voir'라는 단어를 즐겨 사용한다.

296 원문에 잘 드러나 있지는 않지만 이 문장이 의미하는 바는, '해
부학에 전혀 문외한인 자들ceux qui ne sont point versés dans l'Anatomie',
직역하면 '해부학에 전혀 빠져본 적이 없는 자들'이 여기서 설
명하는 심장과 동맥의 운동le Mouvement du Cœur & des Artères을 보
다 쉽게 이해하고자 한다면, 자기 앞에서 큰 동물의 심장을—
왜냐하면 그것은 인간의 심장과 매우 흡사하기 때문에—절개
하여 심장 안을 들여다볼 수 있도록 '누군가에게' 부탁하라는
것이다. 심장 내부를 직접 보라는 것, 즉 '관찰'의 중요성을 강조
한다.

오늘날 해부학의 정의에 따르면, 심장은 우리 신체의 피를 순
환시키는 펌프와 같은 역할을 하는 기관이다. 심장 위쪽에 위
치한 심방이 심장으로 들어오는 피를 받는 곳이고, 우심방과
좌심방이 있다. 심장 아래쪽에 위치한 심실은 수축하여 심장
밖으로 피를 보내는 곳이며, 우심실과 좌심실이 있다. 인체의
모든 장기에서 오는 피는 대정맥으로 모이고, 이 정맥혈은 우
심방으로 들어간다. 우심방의 피는 우방실 판막(삼첨판)을 통
해 우심실로 들어가고, 다시 폐동맥을 통해 허파로 보내진다.
폐에서 산소가 공급된 피는 다시 폐정맥을 통해 좌심방으로 들
어가고, 좌방실 판막(승모판)을 통해 좌심실로 들어간다. 좌심

실은 대동맥을 통해 우리 몸 전체에 피를 공급한다.

데카르트는 심장 운동을 오늘날 해부학에서 말하는 심장의 위쪽 부분과 아래쪽 부분, 즉 심방과 심실이 아니라 심장의 우측 부분과 좌측 부분을 통해 설명한다. 아마도 그는 심방과 심실에 대한 명확한 구분 개념을 가지고 있지 않은 듯하며, 그래서 그가 말한 심장 내의 두 개의 공간은 심방(우심방과 좌심방)과 심실(우심실과 좌심실)이 아니라 심장의 좌우 부분을 가리키고, 이에 따라 대동맥과 대정맥, 폐동맥과 폐정맥 등을 통해 피 순환운동을 제시하는 것으로 보인다.

데카르트는 심장 안에 두 개의 "chambres ou concavités"가 있다고 말한다. 라틴어판에서는 "ventriculos sive cavitates"이고, 영역으로 "chambers or cavities", 독역으로 "Kammern oder Höehlen"이다. 직역하면 대략 '방들(실들) 혹은(즉) 오목한 곳들(구멍들)'이다. 그런데 데카르트는 이후에 'chambre'보다는 'concavité'를 사용하고, 그것들을 심장 우측 또는 좌측 'convavité'라고 부른다. 국역은 대체로 '심실心室, 즉 심방心房', '심실, 즉 심와心窩', '방 또는 구멍' 등이다. 그리고 라틴어판에는 'chambres'가 "ventriculos"로 되어 있지만, 질송은 오히려 'concavités'를 'ventricules'로 이해한다(질송, 397쪽 참조). 그러나, 앞에서 말했듯이, 데카르트가 오늘날 해부학에서 의미하는 심방과 심실의 개념으로 그 용어들을 구별해서 사용하는 것이 아니라, 단지 심장의 좌우 위치가 문제라면, 심방이나 심실 혹은 구멍 중에서 아무것으로나 번역해도 무방하겠지만, 본 번역은 가능하면 원어의 의미를 따르고자 했기 때문에, 'concavité'를 '구멍'으로, 그래서 '심장 오른쪽 구멍', '심장 왼쪽 구멍' 또는

'심장의 구멍들'로 번역을 통일했다.

297 "관들"의 원어는 "tuyaux"이다.

298 "집적소"의 원어는 "réceptacle(라틴어판에서 receptaculum)"이다.

299 "대정맥"의 원어는 "la veine cave"이다.

300 "동맥성 정맥"의 원어는 "la veine artérieuse"이고, 해부학 용어
는 폐동맥artère pulmonaire이다.

301 "정맥성 동맥"의 원어는 "l'artère veineuse"이고, 해부학 용어는
폐정맥veine pulmonaire이다.

302 "기관"의 원어는 "sifflet"이다. '기관氣管, trachée- artère'은 척추동
물의 후두에서 허파에 이르는, 숨 쉰 공기가 들어가는 호흡기
관을 가리킨다.

303 "대동맥"의 원어는 "la grande artère"이고, 해부학 용어는 대동
맥aorte이다.

304 "나는 또한 누군가가 (…) 자세히 보여주길 바란다"의 원어
는 "Je voudrais aussi qu'on leur montrât soigneusement les onze
petites peaux, qui, comme autant de petites, ouvrent et ferment
les quatre ouvertures qui sont en ces deux concavités"이다. 이 맥
락에서 'on'을 의미 전달을 위해 '누군가'로 의역했다. 해부학
용어로는 'valvule'인 'peau'를 '판막'으로, 'ouverture'를 '출입구'
로 옮겼다.

305 원문은 다음 문장까지 한 문장이지만 끊어서 번역했다.

306 "심이"의 원어는 "les oreilles du cœur"이고, 의학 용어로 '심이心
耳, oreillette'는 심장에서, 좌우 심방의 일부를 이루는 귓바퀴 모
양의 돌출부를 말한다.

307 데카르트에 따르면, 심장이 신체에서 가장 뜨거운 기관이다.

심장 조직 안에 앞서 말한 '빛 없는 불'이 들어 있다는 것이다.

308 "출입구들"의 원어는 "ouvertures"이고, 심장 판막을 가리킨다.

309 데카르트는 심장 운동의 원동력을 피를 증류하는 열로 설명한다.

310 "수학적 증명들의 힘을 (…) 구별하는 것에 익숙하지 않은 자들"의 원어는 "ceux qui ne connaissent pas la force des démonstrations Mathématiques, et ne sont pas accoutumés à distinguer les vraies raisons des vraisemblables"이다. '참된 근거들les vraies raisons'과 '그럴듯한vraisemblables' 혹은 '참인 듯이 보이는' 근거들이 대비된다. 후자는 데카르트가 종종 긍정의 의미로도 사용한 개념이지만, 수학적 증명과 같이 이론의 영역에서는 철저히 배제된다.

311 "실험을 통해"의 원어는 "par expérience"이다. 데카르트가 여기서 수학적 증명의 힘을 깨닫지 못하고 참된 근거들을 그저 그럴듯한 근거들부터 구별하지 못하는 사람이 자신의 심장 운동 이론을 무턱대고 부정하는 것을 방지하기 위해 제시한 것은 세 가지다. 첫째는 '눈으로 볼 수 있는' 곧 시각으로 확인 가능한 심장 내부 기관들의 독특한 배치, 둘째는 '손가락으로 느낄 수 있는' 곧 촉각으로 확인 가능한 심장의 열, 셋째는 "par expérience"로 인식할 수 있는 피의 본성으로부터 심장 운동은 필연적으로 '따라 나온다suivre'는 것이다. 이하에서 볼 수 있듯이, 데카르트는 'expérience'를 다의적으로, 그래서 모호하게 사용한다. 경험, 실험, 관찰 등의 의미를 가진다. '실험'으로 옮긴 이 문장은 영역으로는 "observation(관찰)", 독역으로는 "Erfahrung(경험)"이다. 물론 관찰은 실험과 불가분의 관계에

있고, 경험은 실험을 포함하는 광의의 개념이지만, 데카르트가
제시한 첫째와 둘째 사항이 시각과 촉각이라는 감각적 경험을
언급하고 있다는 점에서 셋째 사항의 'expérience'를 광의의 '경
험'으로 번역하는 것은 맥락상 적절하지 않은 것으로, 또 그것
을 '관찰'로 번역하는 것 역시 다소 좁은 의미로 여겨졌고, 또 그
단어가 이 대목 이후에도 '실험'의 의미로 사용되고 있다는 점
에서 그 번역어를 택했다.

312 왕립 런던 의과대학 교수이자 찰스 1세의 주치의였던 윌리
엄 하비William Harvey(1578~1657)가 1628년에 프랑크푸르트
에서 출간하고, 데카르트가 1632년에 읽은 《동물의 심장과
혈액 운동에 관한 해부학적 연구Exercitatio Anatomica de Motu
Cordis et Sanguinis in Animalibus》이다. 아당 타네리 판 주석에는
'Hervaeus, de motu cordis(하비, 심장의 운동)'로만 되어 있다.

313 원문에서는 '즉' 이하 문장이 이 문장의 긴 수식 문장인데, 끊어
번역하면서 부득이 "다음을"을 추가했다.

314 "통로들"의 원어는 "passages"이다.

315 "영속적인 순환"의 원어는 "une circulation perpétuelle"이다.

316 'expérience'를 '실험'으로, "prouver"를 '증거證據를 내세워 증명
하다'라는 의미의 '입증立證하다'로 옮겼다.

317 "어떤 작은 판막들을 통해서도"의 원어는 "par certaines petites
peaux"이다.

318 "관찰을 통해서도"의 원어는 "par l'expérience"이다. 'expérience'
를 '관찰'로 옮겼고, 독역으로도 'Beobachtung(관찰)'이지만, 영
역으로는 'experiment(실험)'이다.

319 'témoigner'를 '증시證示하다'로 옮겼다.

320 데카르트는 자신의 주장을 입증하는 아홉 개의 증거를 들고
    있다.

321 첫 번째 증거다.

322 두 번째 증거다.

323 "보여준다"의 원어는 "montrer"이다.

324 세 번째 증거이다. 'ample'을 '넓은'으로, 'large'를 '큰'으로 옮
    겼다.

325 "그 이유가 단지, 심장을 (…) 아니라면 말이다"의 원어는 "Si
    ce n'était que le sang de l'artère veneuse, n'ayant été que dans
    les poumons depuis qu'il a passé par le cœur, est plus subtil
    aisément, que celui qui vient immédiatement de la veine cave."이
    다. 라틴어역은 "그 이유가 심장을 거친 이래 허파에만 있던 정
    맥성 동맥의 피가 대정맥에서 바로 나온 피들보다 더 미세하기
    때문에, 그리고 또 더 쉽게 희박해지기 때문이 아니라면 무엇
    때문인가?"이다.

326 네 번째 증거다.

327 다섯 번째 증거다.

328 여섯 번째 증거다.

329 "도관 하나"의 원어는 "un conduit"이다.

330 "확인된다"의 원어는 "se confirmer"이다.

331 일곱 번째 증거다.

332 "가장 유동적인 부분 몇몇"의 원어는 "quelques-unes des plus
    coulantes parties"이다.

333 여덟 번째 증거다.

334 "분비액"의 원어는 "humeurs"이고, 오줌, 땀, 침 등과 같이 소화

와 관련된 배설물들을 가리킨다.

335 "우연히 마주치는 (…) 혹은 크기에 따라"의 원어는 "selon la situation, ou la figure, ou la petitesse des pores qu'elles rencontrent"이다. 원칙적으로 만나도록 규정된 특정한 구멍이 아니라 우연히 마주치게 되는 임의의 구멍, 그리고 구멍의 '성질들'이 아니라 위치, 형태, 크기라는 '양들'에 의해 피의 이동 경로가 정해진다는 것이다. 'rencontrer'는 데카르트가 잘 쓰는 단어 가운데 하나로 '(우연히) 마주치다'로 번역했다.

336 이것이 마지막 아홉 번째 증거다.

337 데카르트가 '동물 정기esprits animaux'를 정의하는 대목이다. "그리고 끝으로 (…) 운동을 준다"의 원어는 "Et enfin ce qu'il y a de plus remarquable en tout ceci, c'est la génération des esprits animaux, qui sont comme un vent très subtil, ou plutôt comme une flamme très pure et très vive, qui, nontant continuellement en grande abondance du cœur dans le cerveau, se va rendre de là par les nerfs dans les muscles, et donne le mouvement à tous les membres"이다. 'un vent très subtil(라틴어로, venti subtilissimi)'을 '아주 미세한 바람', 'une flamme très pure et très vive'를 '아주 순수하고 아주 생기 있는 불꽃'으로 옮겼다(라틴어판에서, flammae purissimae이며 '아주 생기 있는'은 빠져 있다).

338 "가장 활성화된 것들이고 침투성이 가장 강한 것들"의 원어는 "étant les plus agitées et les plus pénétrantes"이다. 'agité(동요된, 흥분된)'를 '활동이 활발한'이라는 의미로 '활성화된, 활성적인'으로 옮겼다.

339 '자연의 규칙'은 곧 '역학의 규칙'이라고 말하는 문장, "자연

의 규칙들과 동일한 것들인 역학의 규칙들에 따라"의 원어는 "selon les règles des mécaniques, qui sont les mêmes que celles de la nature"이다.

340 힘이라는 역학의 규칙에 따라, 가장 약한les plus faibles, 덜 활성화 되어 있는 moins agitées 피들은 가장 강한les plus fortes, 극히 활성화 된 피들에 의해 자연스럽게 밀려나고, 가장 강하고 가장 침투 력이 좋은, 그래서 동물 정기들을 구성하기에 알맞은 피들만이 (자연의 규칙에 따라) 자연스럽게 뇌로 올라간다는 것이다.

341 원문에는 없는 말이다. 이하 문장들은 모두 '나는 보여주었다j'y avais montré'의 목적어절로서 쌍반점으로 이어진 것을 모두 끊어 서 옮겼다.

342 "구조"의 원어는 "fabrique"이며, 원 의미는 '제조' 혹은 '건축물' 이지만, 여러 가지가 일정한 설계에 따라 어떤 짜임새를 보이 는 상태라는 의미로 '구조'로 옮겼다.

343 앞 문장이 외적 대상의 성질들qualités des objets extérieures의 관념들, 즉 우리 외부에 있는 사물들이 가지고 있는 다양한 성질들에 대한 관념, 이른바 외래 관념들이 감각들의 중계로par l'entremise des sens 뇌에 각인되는 방식을 말한다면, 이 문장은 내적 대상의 관념들, 즉 우리 내부에서 일어나는 다양한 내적 정념들passions intérieures의 관념들이 뇌에 전달되는 방식을 말한다.

344 감각관념들을 '받아들이는reçues' 장소인 공통감각le sens commun, 그것들을 '보존conserve'하는 기억mémoire이 뇌에서 각각 무엇으 로 여겨져야 하는지ce qui doit y être pris pour를 묻는다.

345 이하 문장은 '판타지'를 꾸미는 종속절인데, 끊어서 번역했다. 'fantaisie'를,《정신지도규칙》에서와 마찬가지로, '판타지'로 번

역했다. 이것은 '물질적 상상력'이라는 점에서 'imagination(상상력)'과 구분된다.

346 감각, 공통감각, 기억에 이어 판타지la fantaisie의 기능에 대한 부분이다. "즉 그 관념들을 (⋯) 판타지로"의 원어는 "et pour la fantaisie qui les peut diversement changer, et en composer de nouvelles, et par même moyen distribuant les esprits animaux dans les muscles, faire mouvoir les membres de ce corps en autant, de diverses façons, et autant à propos des objets qui se présentent à ses sens, et des passions intérieures qui sont en lui, que les nôtres se puissent mouvoir, sans que la volonté les conduise"이며, 의미 전달의 편의상 부분적으로 의역했다. 데카르트에 따르면, 상상은 우선 감각 관념들을 다양한 방식으로 바꾸고, 그로부터 새로운 관념을 구성해낸다. 상상은 또한 '동물 정기들을 근육들 안으로 나누어 보내면서' 그 신체의 지체들을 움직이게 한다. 그런데 이때 데카르트는 '그 신체의 지체들'의 움직임의 방식 또는 정도를 "의지가 '우리 지체들'을 인도하지 않는sans que la volonté les conduise" 경우와 연관시켜 설명한다. 즉, 그 신체의 지체들은 의지가 우리 지체들을 인도하지 않을 때 움직일 수 있는 '그 정도로' '다양한 방식으로de diverses façons' 움직인다는 것, 그리고 또 '그 정도로' 그 감각들에 나타나는 대상들 및 신체 안에 있는 내적 정념들과 '부합되게à propos de' 움직인다는 것이다. 달리 말해, 그 신체의 지체들의 움직임은 우리 신체의 지체들의 비의지적인 움직임들만큼이나 다양하다는 것 그리고 외적 또는 내적 감각에 적절히 상응한다는 것이다.

347 데카르트가 즐겨 사용하는 용어인 'industrie'를,《정신지도규

칙》에서와 마찬가지로, '어떤 일을 할 수 있는 재주와 솜씨'라
는 의미의 '재간才幹'으로 옮겼다.

348 "자동기계들 혹은 움직이는 기계들"의 원어는 "**automates**, ou
machines mouvantes"이다. 아당 타네리 판에는 'automates'가
강조되어 있다.

349 인간이 만든 인공적인 자동기계와 신이 만든 '자연적 자동기계'
가 대비되고, 후자가 전자보다 "비길 데 없이 더 정돈되어 있는
그리고 자체 내에 더 경탄스러운 가지고 있는est incomparablement
mieux ordonnée, et a en soi des mouvements plus admirables" 기계라는 점에
서 그 탁월성을 주장한다.

350 "도덕적으로"의 원어는 "moralement"이다. 앞의 주석에서 보았
듯이, 그것이 '도덕적 확신'이라는 의미로 사용될 때 이론의 절
대적 확실성을 아니지만, 실천 혹은 실생활을 안전하게 인도
할 수 있을 정도의 확실성 곧 행동에서의 '개연적' 확실성을 가
리킨다. 그런데 여기서는 확신이나 사유의 확실성의 차원이기
보다는, 아마도 행동의 차원에서 인간 행동에 대한 기계의 '현
실적인' 혹은 '실제적인' 모방 가능성을 가리키는 것으로 보아,
'도덕적으로'를 '실제로' 혹은 '현실적으로'의 의미로 직역했다.

351 '이성이 없는 동물animal sans raison' 그리고 이것들과 내적으로도
외적으로도 똑같은 기계가 '모든 점에서 동일한 본성이 아님
ne seraient pas en tout de même nature'을, 달리 말해 그것들이 본성적
으로 서로 다르다는 것을 알아낼 수 있는 수단을 '우리가 가지
고 있지 않은' 반면, 인간의 신체와 유사하고 행동도 유사한 기
계들은 결코 '진정한 인간vrais hommes'일 수 없다는 것을 알아낼
수 있는 확실한 두 가지 수단을 '우리가 가지고 있다'는 것이다.

이 두 가지 수단이란, 하나는 기계는 말이나 기호를 사용할 수 없다는 것이고, 다른 하나는 기계는 인식par connaissance이 아니라 기관의 배열에 따라서만seulement par la disposition de leurs organes 작동한다는 것이다.

352 "그 첫째는, (…) 없다는 것이다"의 원어는 "Dont le premier est que jamais elles ne pourraient user de paroles, ni d'autres signes en les composant, comme nous faisons pour déclarer aux autres nos pensées"이다.

353 인간은 삶의 모든 돌발적인 상황에 적절히 대처할 수 있는 '보편적 도구'인 이성을 가지고 있는 반면, 기계는 특정한 상황에 대처하기 위해서는 기관의 특정한 배열이 그때마다 요구된다는 것이다. "왜냐하면 이성은 우연히 마주치는 (…) 때문이다"의 원어는 "Car, au lieu que la raison est un instrument universel, qui peut servir en toutes sortes de rencontres, ces organes ont besoin de quelque particulière disposition pour chaque action particulière"이다.

354 "도덕적으로"의 원어는 "moralement"이다. 앞에서와 마찬가지로 '현실적으로', '실제로'의 의미로 직역했다.

355 데카르트는 짐승들에게 이성이 없는 게 아니라는 입장을 거부한다. 이때 그 누구보다도 몽테뉴(《수상록Essais》II, 12)와 샤롱(《지혜에 관하여De la sagesse》I, 8)을 염두에 두었을 것이다. 짐승들에게는 영혼이, 따라서 이성이 아예 없고, 바로 이 점에서 인간과 확연한 차이를 보인다는 논증을 제시한다.

356 'entendre'를 '이해하다', 'les insensés'를 '미친 이들', 'remarquable'을 '눈에 띄는'으로 옮겼다.

357 'faute'를 '결핍', 'témoigner'를 '증시하다(영역으로 show, 독역 으로 zeigen)'로 옮겼다. 이것의 원어는 "en témoignant qu'ils pensent ce qu'ils disent"이다.

358 'privé'를 '원래는 있어야 하는데 없는'의 의미로 '결여缺如된'으로 옮겼다. 앞에서 '결핍'으로 옮긴 'faute'는 '원래 없는 것이 없는 것'을 의미한다.

359 "그리고 그것은 짐승이 (⋯) 보여주는 것이다"의 원어는 "Et ceci ne témoigne pas seulement que les bêtes ont moins de raison que les hommes, mais qu'elles n'en ont point du tout"이다.

360 'inégatité'를 '동등성', 'égaler'를 '필적하다'는 의미의 '동등하다'로 옮겼다.

361 '알아차리고 있다'는 'remarquer'의 역어다. 앞에서 'remarquable'을 '눈에 띄는'으로 옮겼고, 'on voit' 역시 번역문에서 다소 어색하더라도 의미상 필요하다고 여겨지는 부분에서는 생략하거나 의역하지 않고 '사람들이 보다'로 직역했다. 여기와 마찬가지로 많은 부분에서 'on voit'은 관찰에 의한 경험적 사례에 해당하는 것은 지시할 때 사용되고, 이는 저자가 제시하는 논증의 한 부분을 이루고 있기 때문이다.

362 "자연적 동작들"의 원어는 "les mouvements naturels"이다. 1649년 2월 5일 '모어Henry More에게 보낸 편지'에서 데카르트는 말이나 기호가 '자연적 충동'이 아니라 '순수한 사유'에 속하는 것을 지칭한다고 말하면서 이 양자를 구분한다. 인간의 이성적 영혼만이 순수 사유를 지니고 있기 때문에, 인간만이 언어를 구사할 수 있다는 것이다.

363 그중 한 사람이 에피쿠로스의 추종자였던 루크레티우스Titus

Lucretius Carus(B.C. 94?~B.C. 55?)이다.

364 'entendre'를 '알아듣다'로 옮겼다.

365 'prouver'를 '입증하다'로 옮겼다.

366 "la nature"를 '어떤 사물의 본래적 혹은 필연적 성질'이라는 의미의 '본성'보다는, 다소 어색하더라도 '어떤 외적인 자극이나 강제 없이 자기 스스로, 저절로 그러함'이라는 의미의 '자연自然'으로 옮겼다. 이런 의미의 '자연'은 특히 《성찰》의 〈제6성찰〉에서 사용된다. "그들 안에서 (…) 그 자연임을 입증하는 것이다"의 원어는 "c'est la nature qui agit en eux, selon la disposition de leurs organes"이다.

367 "우리가 모든 지혜를 동원해서 하는 것"의 원어는 "que nous avec toute notre prudence"이며, 데카르트에게서 'prudence/prudentia'가 곧 단적으로 지혜sagesse/sapientia는 아니겠으나, 우리말 어감상 의역했다.

368 데카르트에 따르면, 인간만이 정신 곧 '이성적 영혼l'âme raisonnable'을 가진다. 그래서 아리스토텔레스의 유산인 동물의 '감각적 영혼', 식물의 '식물적 영혼'을 데카르트는 강하게 부정한다. 인간 이외의 모든 생물체는 일종의 기계와 다름없고, 그래서 그 활동은 모두 기계적인 운동이며, 이것만을 그것의 '자연' 곧 '자연스런 작용'으로 간주한다.

369 'expressément'를 앞에서는 '일부러'로 번역했지만, 여기서는 신의 의도성을 강조하고 물질과는 차원이 다르다는 의미로 '특별히'로 옮겼다.

370 "마치 배 안에 있는 (…) 거주하는 것"의 원어는 "elle soit logée dans le corps humain, ainsi qu'un pilote en son navire"이다.

'pilote'를 '키잡이'로 옮겼다. 영혼과 신체의 관계를 키잡이와 배의 관계로 생각하는 플라톤의 입장을 반영하고 있다.

371 앞에서 '충분치 않다'고 말한, '신체의 지체를 움직이는 것'을 가리킨다.

372 "그래서 그것 외에 (…) 보여주었다"의 원어는 "mais qu'il est besoin qu'elle soit jointe et unie plus étroitement avec lui pour avoir, outre cela, des sentiments et des appétits semblables aux nôtres, et ainsi composer un vrai homme"이다. 'unie(unir)'를 '하나로 통합되다'는 의미로 '합일된', 'sentiments'를 '감정들', 'un vrai homme'를 '진정한 (참된) 인간'으로 옮겼다. 데카르트는 영혼을 배의 키잡이로 간주하는 플라톤적인 입장에 만족하지 않는다. 그것은 영혼에 의한 신체의 움직임을 설명하는 것에는 유효하지만, 감정과 욕구가 어떻게 해서 영혼에 있는지를, 그래서 '진정한 인간'이 어떻게 해서 구성되는지를 유효하게 설명해줄 수는 없다는 것이다. 따라서 키잡이로서의 영혼이 아니라, 그보다 더욱 밀접한 방식으로 신체와 결합되어 있어야 한다는 것, 즉 영혼과 신체는 애당초 합일되어 있어야 한다는 것이다. '진정한 인간'은 '그 자체로 존재하는 것ens per se'으로 영혼과 신체가 인위적으로 재결합된 인간과는 원칙적으로 다르다는 것이다(알키에, 632쪽 참조). 이와 같은 정신과 신체의 결합 방식은 〈제6성찰〉에서 자세히 논의된다.

373 "짐승들의 영혼이 우리의 것과 동일한 본성일 것"의 원어는 "l'âme des bêtes soit de même nature que la nôtre"이다.

374 "이 삶 이후"의 원어는 "après cette vie"이다. '이 삶'은 물론 현세 現世이고, 이 삶 '이후'는 내세來世이다.

375 《방법서설》에서 《정념론Les passions de l'âme》에 이르기까지 그의 철학에서 한순간도 놓지 않았던 것들 중 하나가, '약한 정신들 les esprits faibles'을 '덕의 바른 길로부터du droit chemin de la vertu' 멀어지게 하는 오류l'erreur이다. 데카르트는 이것을 여기서 크게 두 가지 제시한다. 첫째는 '신의 존재를 부정하는 (자들의) 오류'이고, 둘째는 '짐승의 영혼이 인간의 영혼과 본성상 동일하다고 상상하는 오류', 그리고 이로부터 따라 나오는 오류로서, 두려움과 희망이라는 정념이다. 특히, 현세의 삶과 내세의 삶이라는 이원적 삶, 현세의 삶에 따른 내세의 삶에서의 보상과 처벌, 그리고 보상의 희망과 처벌의 두려움이라는 정념의 문제는 중세의 종교는 물론이고 신학과 철학을 넘어 데카르트와 스피노자의 철학을 관통하는 키워드 가운데 하나일 것이다.

376 "사람들은 (…) 더 잘 파악하게 된다"의 원어는 "on comprend beaucoup mieux les raison, qui prouvent que la nôtre est d'une nature entièrment indépendante du corps, et par conséquent, qu'elle n'est point sujette à mourir avec lui"이다. 'd'une nature'를 사물의 '본질'이 아니라 이념적 '실재'라는 의미의 '본성'으로, 그래서 우리 영혼은 우리 신체 또는 물체와 전적으로 다르고, 따라서 완전히 독립된 실재자라는 의미로 읽었다.

377 "그리고 나서, (…) 이르게 된다"의 원어는 "puis, d'autant qu'on ne voit point d'autres causes qui la détruisent, on est naturellement porté à juger de lá qu'elle est immortelle"이다. 'détruire'를 '파멸하다'로, 'immortel'을 '죽지 않는 혹은 불사不死의'로 옮겼다.

데카르트는 여기서 영혼이 죽지 않는다는 것을 '적극적으로'

혹은 '긍정적으로' 증명하지는 않는다. 그는 다만 영혼이 신체와 본질적으로 다른 존재이고, 그래서 신체가 소멸하는 것과는 아무 상관없이 존재한다는 것, 그리고 지금까지 영혼을 소멸시키는 그 어떤 것도 드러난 적이 없었다는 사실을 제시하면서 영혼의 불사를 '소극적으로' 혹은 '부정적으로' 주장한다. 다시 말해, 사람들은 첫째로 영혼이 신체와 함께 죽는 것이 아니라는 것을 입증하는 '근거들raisons'을 훨씬 더 잘 파악할 수 있기 때문에, 그런 다음 둘째로 영혼을 파멸하는 다른 '원인들causes'을 전혀 보지 못하고 있는 만큼, 영혼은 죽지 않는다는 판단에 '자연스럽게naturellement' 이르게 된다는 것이다.

《성찰》 초판 제목에서도 나타나듯이, 데카르트는 《성찰》에서 영혼과 물체의 실재적 혹은 실체적 구별을 증명함으로써, 영혼이 신체와 더불어 죽지 않는다는 것을 나름 증명한다. 이런 점에서 자신의 철학이 스콜라철학에 그리고 신앙에 일정 부분 기여한다는 것을 《성찰》의 〈헌사〉에서 줄곧 강조한다. 그러나 영혼의 불사가 《성찰》의 주요 테제라는 저자의 〈헌사〉 발언이 과연 얼마나 그의 학적 진정성을 담보하고 있는지는 또 다른 문제이다.

제6부

378 갈릴레오 갈릴레이Galileo Galilei(1564~1642) 종교재판이 있던 1633년이다.

379 "lorsque"로 시작되는 이 문장은 앞 문장의 종속절인데, 끊어

서 번역했다. "나는 그때 (…) 알게 되었다"의 원어는 "lorsque j'appris que des personnes, à qui je défère et dont l'autorité ne peut guère moins sur mes actions que ma propre raison sur mes pensées, avaient désapprouvé une opinion de physique, publiée un peu auparavant par quelque autre"이다. "사람들des personnes"은 로마 교황청 종교재판소의 심판관, "다른 어떤 이가 발표한 자연학적인 의견 하나"는 1633년 4월 12일에 재판을 받은 갈릴레오 갈릴레이의 지동설을 가리킨다. 'une opinion de physique'를 '자연학적 의견 하나'로 옮겼다. 여기서 데카르트는 암묵적으로, '내 행동들'에 대한 '권위'는 '교황청 사람들'이 가지고 있겠지만, '내 사유들'에 대한 권위는 '나 자신의 이성'에 있다고 말한다.

380 "내가 그편에 있다는 것"의 원어는 "que je fusse"이다. 영역으로 "that I accepted this theory", 독역으로는 "daß ich diese Meinung teilte"이다.

381 "이성이 만일 나에게 그것을 쓰라고 설득했다면"의 원어는 "se la raison me l'eût persuadée"이고, 데카르트가 즐겨 쓰는 어투이다. 'persuadér'를 '설득하다'로 옮겼다. 이런 설득은 앞서 말한, 내 이성이 내 사유들에 대해 가지고 있는 권위에 근거할 것이다.

382 이 문장은 앞 문장과 더불어, "그 의견에 대해 내가 말하고자 하는 것은"의 목적절인데, 끊어서 옮겼다. 'cela me fit craindre'를 '두려움을 갖게 만들었다'로 의역했다.

383 'inclination'을 '성향'으로 옮겼다.

384 "그리고 이 이유들은, (…) 그런 것들이다"의 원어는 "Et ces raisons de part et d'autre sont telles, que non seulement j'ai ici quelque intérêt de les dire, mais peut-être aussi que le public en

a de les savoir"이다. 결심resolution을 하게 된 이유들raisons 그리고 바꾸게 된 이유들을 제시한다. 그것은 데카르트 자신이 그 이유들을 '말하고 싶다'는 것, 그리고 대중들이 그것들을 '알고 싶어 한다'는 것이다. 'le public'을 '대중'으로 옮겼다.

385 "나는 결코 (…) 여기지 않았다"의 원어는 "Je j'ai jamais fait beaucoup d'état des choses qui venaient de mon esprit"이다. 다음 문장과 연결되고 있지만, 끊어서 번역했다.

386 "사변 학문들에 속하는 몇몇 어려움들"의 원어는 "quelques difficultés qui appartiennent aux sciences spéculatives"이다.

387 원어는 "mes mœurs"이다. 이 경우에는 'mœur'를 '품행'으로, 뒤 문장에서처럼 사적인 것이 아닌 경우에는 '풍습'으로 옮겼다.

388 "풍습과 관련된 (…) 매우 넘쳐나서,"의 원어는 "pour ce qui touche les mœurs, chacun abonde si fort en son sens"이다. 독역으로는 '생활 규칙에 관해서는 각자가 자기 원칙을 아주 고집하므로'이다.

389 "그리고 내 사변들이 내 마음에 무척 들긴 했지만"의 원어는 "et bien que mes spéculations me plussent fort"이다.

390 "특수한 어려움들"의 원어는"difficultés particulières"이다. 다양한 '특수한' 어려움들은 앞의 '일반' 개념들notions générales과 상응하고, 이 일반 '개념'들이 '현재까지 사용되는 원리들principes'과 대비된다는 점에서 통상적인 의미의 '개념concept'은 아니다.

391 "모든 인간의 공동선"의 원어는 "le bien général de tous les hommes"이다. 'le bien général'를 '공동선'으로 옮겼다. 라틴어 판에서는 "generale bonum", 영역은 "the general welfare", 독역은 "das allgemeine Beste"이다.

392 "우리의 힘이 닿는 데까지"의 원어는 "autant qu'il est en nous" 이고, 직역하면 '우리에게 있는 만큼'이다.

393 "그 일반 개념들이 나에게 보여준 것은"의 원어는 "elles m'ont fait voir"이다. 일반 개념들 덕분에 다음에 제시되는 사실들을 알게 되었다는 뜻이다.

394 "삶에 매우 유익한 여러 인식들"의 원어는 "des connaissances qui soient fort utiles à la vie"이다. 'utile'을 삶에 '이롭다'는 의미로 '유익한'으로 옮겼다. 그리고 'connaissance'를 '인식'으로 번역했다. 이는 대부분 '인식하다'로 번역한 'connaître'의 명사형이기 때문이기도 하지만, '지식'은 가능한 한 'savoir/scientia'의 역어로 삼았기 때문이다.

395 "하나의 실천"의 원어는 "une pratique"이다. 물론 '사변 철학 philosophie spéculative'과 대비되어 있다는 점에서 '실천 철학'을 가리킬 수 있겠으나(영역 a practical philosophy), 그럼에도 데카르트가 그저 '실천'으로만 쓰고 있고, 또 앞에서도 '사변 철학'이 아니라 '사변spéculation'만을 사용하기도 한다는 점에서 '실천'으로 번역했다. 라틴어판에서는 "Practica"이고, 독역은 "eine praktische"이다.

이 '실천'의 영역에는 무엇보다도 데카르트가 '나무의 비유'에서 가지에 해당하는 것으로 제시한 세 학문, 즉 도덕학, 역학(혹은 기계학) 그리고 의학 가운데 역학과 의학이 포함될 것이다. 이하 논의에서 데카르트는 기계기술과 의료기술이 갖는 중요성에 대해 길게 설명하는 것도 그 때문일 것이다.

396 "솜씨들"의 원어는 "métiers"이다. 라틴어판은 "opificum", 영역은 "crafts", 독역은 "Techniken"이다.

397 데카르트 철학의 종착점은 분명 삶에 유익한utile à la vie 지식을 발견하는 데 있다. 사변적인 순수학문이 아니라 실제적인 응용 학문으로 물체의 힘과 작용la force et les actions을 인식하고, 이 인식을 장인들처럼 현실에 적용해서 삶에 유용하게 만드는 것이다. 이는 곧 사변이 아니라 실천을 통해 자연의 실상과 현상을 제대로 알게 되면 자연에 대한 두려움이 감소됨과 동시에 삶에 대한 확신은 증가할 것이고, 이로써 결국 인간이 '자연의 지배자와 소유자maîtres et possesseurs de la Nature'가 될 수 있다는 것이다. "아는 것이 힘이다"라는 베이컨Francis Bacon의 명제와 밀접히 연관되어 있음은 물론이다.

398 "기교들"의 원어는 "artifices"이다. 라틴어판은 "artificium", 영역은 "devices", 독역은 "Kunstgriffen"이다.

399 'cette vie'를 지금 살고 있는 세상이라는 의미의 이승 곧 '이생' 혹은 '이 삶'으로 옮겼다. 데카르트는 기계 발명으로 인간의 노동력을 절감될 수 있으며, 건강 유지가 연구의 주된 목적임을 여러 차례 말한다. 그가 철학이라는 나무의 열매를 딸 수 있는 세 학문 중에 기계학과 의학을 포함시키는 것도 바로 그 때문이다.

400 'tempérament'를 '기질氣質'로 옮겼다.

401 "더 능란하게"의 원어는 "plus habiles"이다. 'habile'를 '익숙하고 솜씨가 있는'이라는 의미의 '능란能爛한'으로 옮겼다. 라틴어판은 "ingeniosus", 영역은 "skilful", 독역은 "geschickt"이다.

402 "자연이 우리에게 마련해준 모든 치유책"의 원어는 "tous les remèdes dont la nature nous a pourvus"이다. 인공적인 치료책이 아니라 자연이 준 자연적인 처방을 의미한다. '자연이 우리에게 ~하다'라는 표현은 아마도 스토아철학의 영향으로 데카

르트가 즐겨 사용하는 어투일 것이다.

403 "이제"의 원어는 "or"이다. 자연학의 '일반 개념들'에서 시작하여 기계학과 의학 등의 실천 학문이 가지고 있는 유용한 효과를 길게 설명한 다음에, 데카르트는 이제 다시 실천적인 '하나의 학문une science'을 발견하려는 욕망과 그 욕망을 실현시킬 수 단으로 '하나의 길un chemin'을 언급한다. 이어서 단명短命 그리고 실험과 관찰을 망라한 경험의 부족을 그 학문 발견의 장애물로 간주하면서 동시에 그에 대한 치유책을 제시한다.

404 "하나의 길"의 관계대명사절인데 끊어서 번역했다.

405 "단명으로 또는 관찰 부족으로"의 원어는 "ou par la brièveté de la vie, ou par le défaut des expériencses"이다. 'expérience'를 '관찰'로 옮겼지만 '실험'으로 번역해도 무방해 보인다. 영역은 "observations"이고, 이때 영역자의 해당 주석에 따르면, 프랑스어 'expériences'라는 용어를 데카르트는 과학적 관찰들scientific observations에 대해 말할 때 자주often 사용하고, 근대적 의미에서 '실험들experiments'의 의미로는 때때로sometimes 사용한다고 말한다. 독역은 "Beobachtungen"이다. 독역자는 해당 주석에서, 단순히 기록적인 관찰bloss registrierenden Beobachtung과 계획적이고 방법적으로 행해지는 시도planmassig und methodisch angestellten Versuch 간의 원칙적인 차이를 데카르트가 알지 못하고 있고, 또 그런 시도 또한 데카르트에게는 특별한 사전 준비를 요구하고 돈이 들어가는 특수한 종류의 관찰일 뿐이라고 말한다. 그래서 'expérience'를 모든 곳에서 중립적인 의미의 'Erfahrung(경험)'으로 번역하기가 쉽지 않아 'Beobachtung'을 독역어로 택했다고 말한다.

406 다음 문장과 한 문장이지만, 끊어서 번역했다. 두 장애물의 해소책으로 데카르트는 두 가지를 제시한다. 하나는 자신이 발견한 것을 세상에 알리는 것이고, 다른 하나는 건전한 '좋은 정신들'의 소유자들도 자기들이 배워 알고 있는 것들을 모두 세상에 내놓고, 나아가 능력껏 실험과 관찰에 동참하고, 이로써 그들이 자신이 발견한 것들을 더욱 밀고 나갈 것을 권고하는 것이다.

407 앞 문장과 연결된 "afin que(하기 위해서)" 문장인데 끊어서 번역했다. 이것은 두 장애물이 해소되었을 때 나타나는 결과물이다. 한마디로, 실험과 관찰의 결과물을 공유함으로써 모두 함께 가는 길이 각자 가는 길보다 훨씬 더 진전할 수 있다는 것이다.

408 "관찰들과 관련해서"의 원어는 "touchant les expériences"이고, 라틴어판은 "de experientiis observabam(관찰 가능한 실험에 관해서)"이다. 독역과 영역 모두 '관찰Beobachtungen, observations'이다. 다음 문장에서 제시되는 것들, 즉 '우리 감각들에 그 스스로 나타나는 것들celles qui se présentent d'elles- mêmes à nos sens', '우리가 조금만 반성해보면 모를 수 없는 것들que nous ne saurions ignorer, pourvu que nous y fassions tant soit peu de réflexion', '보다 드물고 보다 까다로운 것들de plus reres et étudiées'은 '실험'보다는 '관찰'을 가리킨다. 질송은 이때 'expérience'를 세 가지 의미로 파악한다. 첫째는 대상을 설명해주는 사실을 경험적으로 확인하는 과정이고, 둘째는 관찰과 요소들 간의 일치 여부를 확인하는 과정이며, 셋째는 베이컨의 '결정적 실험(관찰)'과 같은 것으로, 한 사물에 대해 이론적으로 타당한 설명 과정이 두 가지가 있을 경우에, 이

둘 가운에 어떤 것이 실재와 상응하는지를 아는 과정이다(질송, 451쪽 참조).

409 "그 이유는 (⋯) 매우 어렵다는 것이다"의 원어는 "dont la raison est que ces plus rares trompent souvent, lorsqu'on ne sait pas encore les causes des plus communes, et que les circonstances dont elles dépendent sont quasi toujours si particulières et si petites, qu'il est très malaisé de les remarquer"이다. 이를테면 연금술이나 점성술의 경우, 이때의 관찰들은 다른 경우에서보다 '더 드물고 더 숨겨진 것들'이라서 사물의 공통 원인들을 인지하지 못하는 사람들을 종종 '기만'하고, 또 그 관찰들이 의존하는 '상황들'은 결코 쉽게 알아차릴 수 없을 만큼 '아주 특수하고 아주 미미한' 것이기 때문에, 이런 것들보다는 우리 감각에 바로 나타나는 단순한 관찰들, 반성만 해보면 즉각 알려질 만큼 쉽게 인식될 수 있는 관찰들을 이용하는 것이 바람직하다는 것이다.

410 "세계 안에 있거나 (⋯) 일반적으로 찾아내려고"의 원어는 "de trouver en général les Principes, ou Premières Causes, de tout ce qui est, ou qui peut être, dans le monde"이다. 알키에는 이때 '세계 안에 있거나 있을 수 있는 모든 것의'라는 데카르트의 말에 주목한다. 그에 따르면, 이 말은 원리들로부터 행해질 선험적 연역la déduction a priori이 실제 세계에 대한 설명적 묘사la description explicative du monde réel를 넘어 가능 세계의 재구성에까지 a la reconstruction d'un monde possible 이르고 있음을 가리킨다는 것이다. 그러나 그 선천적 연역이 일반적인 것들des généralités을 다룰 때는 충분하지만, 보다 특수한 것들로aux choses plus particulières 내

려갈 때는 충분치 못하며, 그래서 선험적 연역의 방식으로 원인에서 결과로 나아가는 것이 아니라, 순서를 뒤집어서 결과에서 시작해서 원인으로 다시 올라가야 하고, 데카르트가 인식에서 진전할수록 관찰들이 더욱 필요하다고 말한 것도 바로 그 때문이라는 것이다(알키에, 636쪽 참조).

411 "우리 영혼에 자연적으로 있는 진리의 몇몇 씨앗들"의 원어는 "certaines semences de vérités qui sont naturellement en nos âmes"이다. 데카르트는 '진리의 씨앗' 혹은 '사유의 원초적 씨앗' 등과 같은 표현을 《정신지도규칙》 등에서 가끔 사용한다. 인간 정신 안에 '자연적으로' 혹은 '본래적으로' 진리의 씨앗들이 있고, 이로부터 진리의 열매를 거둘 수 있다는 것이다.

412 앞의 "원리들 혹은 최초의 원인들"과 대비되는 것으로, "최초의 그리고 보다 통상적인 결과들"의 원어는 "les premières et plus ordinaires effets"이다.

413 전능한 신과 '진리의 씨앗'으로부터 만물의 '원리들principes' 혹은 '제일원인들premières causes'을 연역하고, 이로부터 '모든 것 가운데 가장 공통적인 것들les plus communes', '가장 단순한 것들les plus simples', '가장 쉽게 인식되는 것들les plus aisées a connaître', 즉 '최초의 그리고 보다 통상적인 결과들les premiers et plus ordinaires effets'을 연역하며, 이로부터 또한 보다 특수한 것plus particulières을 연역하는 것, 이것이 데카르트가 취한 '순서l'ordre'이다.

414 "결과들을 통해 (…) 관찰들을 이용하지 않는다면,"의 원어는 "si ce n'est qu'on vienne au-devant des causes par les effets, et qu'on se serve de plusiers expériences particulières"이다. 그러나 '모든 것에 가장 공통적인 것들'과 달리 특수한 것들은 무척이

나 다양하기 때문에 일반 원리에 바로 포섭될 수 없으므로, 그 것들을 인식하기 위해서는 원인에서 결과가 아니라, 이와는 역 순으로 '결과를 통해 혹은 거쳐par les effets 원인으로 나아가는' 방 식을 취해야 하고, 그래서 '다수의 특수한 관찰들plusiers expérences particulières'이 필히 요구된다는 것이다.

415 "신이 지상에 (⋯) 구별해내는 것"의 원어는 "de distinguer les Formes ou Espèces de corps qui sont sur la terre d'une infinité d'autres qui pourraient y être, si ç'eût été le vouloir de Dieu de les y mettre"이다. 지금 지상la terre에는 실재하지는 않지만, 지 상에 있는 것이 신의 뜻이었다면 지상에 있었을 무수히 많 은 것들로부터 지금 이 세계에 실재하는 '물체들의 형상들 혹 은 종들les Formes ou Espèces de corps(라틴어판은 formas aut species corporum, 영역은 the forms or species of bodies, 독역은 die Formen oder Strukturen von Körpern)'을 구별해내는 것을 말한다.

이 '물체들의 형상 혹은 종들'에 대해 질송은《철학의 원리》제 4부 63항과 1632년 4월 5일 메르센에게 보낸 데카르트의 편지 를 주목하면서, 데카르트가 화학적 물체의 상이한 종들 및 그 것들의 특성을 가리키기 위해 의도적으로 여기서 그런 스콜라 철학의 용어들을 사용한다고 말한다. 또한 그는 데카르가 '실 체적 형상들'이라는 용어를 가끔 사용하지만, 그것은 화학적 물체들의 특성들의 차이를 설명해주는 그 상이한 물체들의 구 조의 구성적인 차이들을 의미하고, 나아가 화학의 경우이거나 실험의 도움이 요구되는 경우, 이를테면 금속의 세부적인 인식 의 경우에 주로 사용된다고 말한다(질송, 455쪽 참조). 메르센에 게 보낸 편지에서 데카르트는 말하길, 별, 하늘 및 지구에 대한 일반적인 묘사 이후, 자신은 지구에 있는 특수 물체들과 관련해서, 이것들의 실체적 형상들 몇몇을 설정하는 대신, 그것들의 다양한 성질들만을 설명하려고 시도했고, 사람들이 시간의 경과에 따라 그 모든 것들을 인식할 수 있게 하기 위해 추론에 관찰을 추가함으로써 그 길을 충분히 열고자 힘쓰고, 그래서 이를테면 기름들 혹은 소금들 간의 본질적인 차이들을 인식하기 위해 다양한 관찰들을 행하고 있다고 말한다.

질송과 마찬가지로 알키에 또한 위의 데카르트 텍스트에 주목하면서 그 용어를 주해한다. 알키에는 그것을 해석하기 어려운 대목으로 여기면서 다음과 같은 문제를 제기한다. "그러나 문제는 여전히 남는다. 데카르트의 기계론이 스콜라철학의 성질들과 형상들(물체들의 특성을 정의하는 성질들, 그리고 그것들의 작용들을 설명할 수 있게 해주는 실체적 형상들)을 완전히 거부하는데도, 데카르트는 화학이 문제가 될 때는 이 용어들을 사용하고 받아들이는 것처럼 보인다는 것이다. 그렇지만 여기서도 기계론이 작동되고 있고, 그 물체들의 특성들의 차이를 설명해주는 구조적 차이들만이 다뤄지고 있다. 그러므로 그 텍스트의 의미는 다음과 같을 것이다. '나는 내 철학으로 그리고 그 기계론적 원리들로 스콜라철학이 성질들과 실체적 형상들을 통해 설명한 것을 설명하고자 한다.' 이제 남은 것은, 데카르트가 자신이 성공했다고 믿은 곳에서 스콜라철학의 용어들을 명백히 거부하고 있다는 것이다. 그리하여 '나는 사람들이 강단에서 논쟁하는 그런 형상들 혹은 성질들 그 어떤 것도 그것에 있지 않다는 것을 일부러 가정했다', 그리고 그의 방법의 성공이 보다 의심스러운 대목인 화학에서 그가 그 용어들을 유지하고 있

다는 것이다."(알키에, 298쪽)

416 "이것들을 우리가 사용하는 것이"의 원어는 "de les rapporter à notre usage"인데, 직역하면 '이것들을 우리의 사용과 연관시키는 것'이다.

417 "그러나 내가 또한 (…) 있었다는 것이다"의 원어는 "Mais il faut aussi que j'avoue que la puissance de la Nature est si ample et si vaste, et que ces Principes sont si simples et si généraux, que je ne remarque quasi plus aucun effet particulier, que d'abord je ne connaisse qu'il peut en être déduit en plusieurs diverses façons, et que ma plus grande difficulté est d'ordinaire de trouver en laquelle de ces façons il en dépend"이다. 데카르트가 '감히 말하는 것'은 자신의 원리들로 '충분히 용이하게 설명할 수 없는' 결과들은 아무것도 없었다는 것이고, 그가 '인정해야 하는 것'은 모든 특수 결과는 일반 원리로부터 다양한 방식으로 연역되기 때문에, 그중의 어떤 방식에 그 결과가 의존되어 있는지를 결정하는 것이 자신의 가장 큰 어려움이었다는 것이다. 그래서 이런 결정을 위해 관찰 혹은 실험이 요구된다는 것이다.

418 관찰 혹은 실험의 또 다른 역할이 설명된다. 이때 실험은 동등한 선험적인 두 연역이 있을 때 어떤 것을 선택해야 하는지를 결정하게 해주는 역할, 베이컨의 이른바 '결정적 실험l'expérience cruciale'이라고 부른 것을 염두에 둔 것일 수 있다(알키에, 637쪽, 주석 1 참조).

419 여기부터, 데카르트가 이제껏 가지고 있던 의견을 바꾸게 만든, 그래서 그가 이러저러한 생각들을 갖게 만든 '다른 이유들autres raisons'이, 그리고 동시에 그런 이유들을 갖게 한 '이유들'이

제시된다.

420 "또 내가 생각해보려고 (…) 자주 있었기"의 원어는 "et souvent les choses qui m'ont semblé vraies, lorsque j'ai commencé à les concevoir, m'ont paru fausses, lorsque je les ai voulu mettre sur le papier"이다. 'sembler'를 '보이다'로, 'paraître'를 '나타나다'로, 'concevoir'를 "어떤 생각을 떠올리다"라는 의미로 '생각해보다'로 옮겼다.

421 이 문장은 앞의 "생각하게 만들었다"의 목적절이다. 그래서 "그 이유들은 (…) 생각하게 만들었다"를 추가했다. 그래서 새로 나타난 '다른 이유들'로 인해 데카르트가 가진 생각은, 중요한 것들은 세심하게 기록해두자는 것, 그리고 그렇게 기록한 글들은 생전에 출판하지 말자는 것이다.

422 데카르트는 당대의 적은 이익과 후대의 많은 이익, 현재의 개연적인 이익과 미래의 확실한 이익을 대비하고, 당대와 현재보다는 후대와 미래의 손을 들어준다. 당대인들에게 '아마도 약간의 이익을 주게 될 것들les choses qui apporteraient peut-être quelque profit'은 후대인에게 '더 많은 이익을 가져오는 다른 것들autres qui en apportent davantage'을 위해 무시해도 좋다는 입장이다.

423 "지휘"의 원어는 "conduite"이다. 질송은 이것을 'habileté(능란함)'로 읽는다(질송, 459쪽 참조). 알키에 역시 마찬가지다(알키에, 639쪽 참조).

424 "adresse"를 '어떤 일에 대처하는 방도나 꾀'라는 의미의 '재주'로 옮겼다. 데카르트는 먼저 '학문들에서 진리를 조금씩 발견해나가는 자들ceux qui découvrent peu à peu la vérité dans les sciences'을 '부자가 되기 시작하는commençant à devenir riches' 자들과 비교한다. 그

런 자들은 처음에 하찮은 것을 얻을 때 들인 고생보다 훨씬 적은 고생으로 더 대단한 것을 얻을 수 있다는 것이다. 즉, 긍정적인 관점에서 진리 발견의 가속성을 제시한다. 그런 다음 그런 자들을 다시 '군대의 사령관들chefs d'armée'과 비교한다. 진리 인식의 노력은 그 장애물과 싸우는 일종의 전투이고, 그래서 거짓 의견을 받아들인다는 것은 곧 전투에서의 패배를 뜻하며, 패한 후 원상태로 돌아가기 위해서는 그렇지 않은 경우보다 '더한 지휘plus de conduite', '훨씬 더한 재주beaucoup plus d'adresse'가 필요하다는 것이다. 즉, 부정적인 관점에서, 진리 발견에서 패할 경우의 상황을 설명한다.

425 "그 진리들은 (…) 의존하는 것일 뿐이라는 것"의 원어는 "ce ne sont que des suits et des dépendances de cinq ou six principals difficultés que j'ai surmontées"이다.

426 "행운이 내 편에 있어주었던 그만큼의 전투로 꼽고 있다는 것"의 원어는 "que je compte pour autant de batailles où j'ai eu l'heur de mon côté"이다. '대여섯 개의 어려움들cing ou six principals difficultés', 그만큼의 전투, 즉 대여섯 번의 전투라는 말이다.

427 "venir à bout"는 데카르트가 자주 사용하는 표현이다. 'achever, accomplir'와 구별되게 '끝장내다', '끝을 보다'로 옮겼다. "내 계획의 끝을 완전히 보기 위해"의 원어는 "pour venir entièrement à bout de mes desseins"이다.

428 "자연의 통상적인 흐름에 따르면selon le cours ordinaire de la Nature"은 당시 평균적인 수명을 가리킬 것이다. 데카르트의 생각에, 30대 후반의 자기 나이가 그 당시 일반적인 수명을 고려할 때 두세 번의 전투를 치르면서 승리하기에 결코 많은 것은 아니라

는 것이다.

429 우리말 어감에 어색한 이 번역 문장, "말하는 것조차 두려워하지 않을 것이다"의 원어는 "Même je ne craindrai pas de dire"이다. 데카르트가 《방법서설》을 쓰고 발표하면서 가지고 있던 태생적인 측면 곧 '두려움'의 감정이 잘 드러난 표현이라서 어색할 수 있지만 그대로 옮겼다.

430 "내 자연학의 토대들"의 원어는 "les fondements de ma Physique"이다.

431 "그것들을 믿기 위해서는 (⋯) 명증적인 것이라 해도"의 원어는 "encore qu'ils soient presque tous si évidents, qu'il ne faut que les entendre pour les croire"이다.

432 "지극히 쉽게 과오를 범할 수 있음"의 원어는 "extrêmement sujet à faillir"이다.

433 직역한 문장이다. 지금까지의 경험상, 사람들의 반박에서 어떤 이익을 기대하기 어렵다는 것이다.

434 'indifférent'를 '무관심한'으로 옮겼다. 좋아하지도 싫어하지도 않는 이들을 가리킨다.

435 직역했다. 자기 의견에 대해 자기 자신보다 더 엄격하고 더 공정한 검열관을 본 적이 없다는 것, 즉 자기 글에 대해 가장 까다롭고 공정하게 검열하는 사람은 자기 자신이라는 것이다.

436 "토론들의 방식으로"의 원어는 "par le moyen des disputes"이다. 'dispute(라틴어판에서, disputatio)'는 논쟁의 성격을 가진 토론을 의미한다. 중세 대학에서, 특히 12세기 토마스 아퀴나스 시절의 대학에서 시행된 세 수업 방식, 즉 강독Lectio, 물음Quaestio 그리고 토론Disputatio 강의 가운데 하나이다. '토론' 수업은 물음의

형태로 제시된 특정 주제에 대해 권위 있는 교부나 신학자들의 의견이 '주장'으로 제시되면, 이에 대한 반론으로 다른 의견이 반대 주장으로 제시되면서 전개되는 수업 방식이다.

이 대목에 대한 주석에서 알키에는 스콜라의 토론뿐만 아니라 데카르트가 공부한 라플레슈 학교가 속한 예수회 학교들에서 통용되는 '논쟁들disputationes'도 포함시킨다. 나아가 데카르트의 방법은 처음에는 논쟁의 성격을 가졌지만, 데카르트는 즉각 그것이 진리 탐구에 적합하지 않음을 깨달았다고 말한다.

437 "양쪽 근거들의 (⋯) 때문이다"의 원어는 "on s'exerce bien plus a faire valoir la vraisemblance, qu'a peser le raisons de part & d'autre"이다. "그럴듯한 것"의 원어는 "la vraisemblance"이다. '무게를 달다'로 옮긴 'peser(라틴어로 pendere)'는 '재다'로 옮긴 'mesurer(라틴어로 metior)'와 더불어 주목할 만한 개념이다.

438 원어는 "utilité"이다. 앞 문단에서 'utile'를 '유용한'으로 옮겼지만, 여기서는 '이익'으로 번역했다.

439 많은 사유들을 가지고는 있지만, 그것을 현실에 적용하기 위해서는 여전히 많은 것들이 추가되어야 한다는 것이다.

440 "그것을 해낼 수 있는 어떤 이"의 원어는 "qui en soit capable"이다. 사유들에 많은 것들을 추가할 수 있는 사람을 가리킨다.

441 "이것은 이 문제에서 딱 맞는 말이다"의 원어는 "Ce qui est si véritable, en cette matière"이고, 이어지는 종속문장과 끊어서 번역했다.

442 데모크리토스와 같은 소크라테스 이전의 철학자들을 가리킨다.

443 "extravagance"를 '괴상함'으로, "déraisonnable"을 '비이성적인'

으로 옮겼다.

444 "덜 박식하게"의 원어는 "moins savants"이다.

445 "철학함의 방식"의 원어는 "façon de philosopher"이다. '철학'의 동사형인 '철학하다philosopher'는 용어가 드물게 사용된다.

446 직역했다. 아리스토텔레스의 열성 추종자들이 모든 것을 알고 있는 경우 못지않게 그것들에 대해 대담하게 떠벌일 수 있는 이유가, 그리고 그들이 가장 정교한 자들les plus subtils과 가장 능란한 자들les plus habiles을 납득시킬 수단도 없으면서도 이들을 상대로 자신들이 말하는 모든 것을 옹호할 수 있는 이유가 바로 그들이 사용하는 모호한 구별들distinctions과 원리들principes에 있다는 것이다.

447 "철학의 원리들"의 원어는 "les principes de la Philosophie"이며, 데카르트가 1644년에 라틴어로 출간한《철학의 원리Principia philosophiae》의 제목이 된다.

448 직역했다. 평범한 사람은 그렇다고 해도, 비범한 사람들조차도 자신의 원리들을 알려고 하지 않는다는 것이다.

449 진리vérité와 '진리로 보이는 것vraisemblance'을 대비한다. 여기서는 'vérité'를 '진리'로 옮겼다.

450 "나아갈 능력이 그들에게 있다면"의 원어는 "s'ils sont capables de passer"인데, 'capable'를 강조해서 '능력 있는'으로 번역했다.

451 "순서에 따라서"의 원어는 "par ordre"이다.

452 "더 어렵고 더 숨겨져"의 원어는 "de soi plus difficile et plus caché"이다.

453 "습관"의 원어는 "l'habitude"이다. 이것은 제2부에서 제시된 네 가지 규칙 중 세 번째 규칙에 해당한다.

454 'peine'을 '고통'으로 직역했다. '고통' 없이 남에게 진리를 배운다는 것과 스스로 배웠을 때 갖게 되는 '즐거움de plaisir'을 대비시켰다.

455 'facilité'를 어떤 것을 처리하는 데 유능하고 익숙하다는 의미의 '능숙能熟함'이라고 옮겼다. 라틴어판에서는 "facilitas", 영역은 "facility", 독역은 "Gewandtheit"이다.

456 "한마디로, (…) 작업이다"의 원어는 "Et en un mot, s'il y a au monde quelque ouvrage qui ne puisse être si bien achevé par aucun autre que par le même qui l'a commencé, c'est celui auquel je travaille"이다. 'ouvrage'를 '특정한 목적과 계획 아래 행하는 일'이라는 의미의 '작업'으로 옮겼다. 라틴어판은 "opus", 영역은 "task", 독역은 "Werk"이다.

457 "자원봉사자들에 대해 말하자면"의 원어는 "pour les volontaires"이다. 앞 문장에서는 "pour ce qui est expériences"의 경우 '관찰들에 대해서'로 옮겼지만, 여기서는 '자원봉사자들에 대해 말하자면'으로 의역했다.

458 "secret"를 "비결"로 번역했다.

459 "많은 부수적인 사정들이나 불필요한 요소들로"의 원어는 "de tant de circonstances, ou d'ingrédients superflus"이다. 'circonstance'를 '부수적인 사정'으로 옮겼다. 영역은 "detail", 독역은 "Nebenstand"이다.

460 "대중에게 (…) 능력을 가지고 있다고"의 원어는 "être capable de trouver les plus grandes choses et les plus utiles au public qui puissent être"이다. 'être capable de'의 의미를 명확히 보이기 위해 '능력을 가진'으로 옮겼다.

461 이해를 돕기 위해 부정문을 긍정문으로 의역했다.

462 "대중"의 원어는 "le public", 라틴어판은 "rempublicam"이다. 질 송은 라틴어판에 따라 '국가'로 이해하고, 알키에는 그 해석이 확실치 않다고 주장한다.

463 'd'extraordinaire'를 '특별한 것', 'présumer de moi-même'를 '주 제넘다', 'pensées vaines'를 '헛된 생각', 'l'âme basse'를 '저급한 영혼'으로 옮겼다.

464 원어가 "Toutes ce considérations jointes ensembles"인 "이 모든 고려들이 한데 어우러져"는, 원문에서는 주어인데 의역했다. 직역하면, '이 모든 고려들이 함께 합친 것이 (…) 결심을 하게 한 원인이었다'이다. 앞에서는 '이유들raisons', 여기서는 '고려들considérations'로 표현한다.

465 원문은 '두 가지 다른 이유'가 주어 역할을 하고, 전체가 한 문 장인데 끊어서 의역했다. "그러나 그후로 (…) 하게 되었던 것이다"의 원어는 "Mais il y a eu depuis derechef deux autres raisons, qui m'ont obligé à mettre ici quelques essais particuliers, et à rendre au public quelque compte de mes actions et de mes desseins"이다. '몇몇 특수 시론들quelques essais particuliers'은 이 글과 합본되어 출판된 《굴절광학》,《기상학》,《기하학》을 가리킨다.

466 'gloire'을 '명예', 'repos'를 '평안平安', 'inquiétude'를 '불안不安', 'parfait repos d'esprit'를 '정신의 완전한 평안'으로 옮겼다.

467 'soin'을 '염려', 'indifférent'를 '무관심한 태도', 'réputation'을 '명성'으로 옮겼다.

468 약간 의역한 "나를 가르치려고 (…) 지연되고 있음을 보면서"의 원어는 "voyant tous les jours de plus en plus le retardement

que souffre le dessein que j'ai de m'instruire, à cause d'une infinité d'expériences dont j'ai besoin, et qu'il est impossible que je fasse sans l'aide d'autrui"이다

469 "대중"의 원어는 "le public"이며, 질송은 앞에서처럼 '국가État'로 이해한다(질송, 469쪽 참조).

470 "se flatter"를 '스스로 뽐내며 자랑하다"는 의미의 '자만自慢하다'로 옮겼다. "se défaillir"를 '저버리다'로 옮겼다. 알키에는 'défaillir'를 'faire défection'으로(알키에, 646쪽 참조), 질송은 'aussi me défaillir'를 'je ne veux pas non plus faire défection à ma propre cause. 영역은 "unfaithful", 독역은 "vergeben"이다.

471 '인지하다'로 옮긴 'apercevoir'의 영역은 "see", 독역은 "bemerken"이다.

472 "가설들"의 원어는 "suppositions"이다.

473 'suppositon'을 '가설'로, 'prouver'를 '가설 – 연역 방식'에서의 의미로 '입증하다'로 옮겼다. 가설 – 연역에서, 가설에 세워지고, 가설을 원인으로 삼아 실험과 관찰을 행하면서 결과들이 확보되면, 이것들을 통해 원인인 가설이 확인되고 입증되어야 하지만, 데카르트는 그렇게 하지 않으려고 했다는 지적이다. 이에 대해 데카르트 앞에서도 몇 번 말했듯이, '일부러' 그렇게 하지 않았다고 말한다.

474 "왜냐하면 거기서는 (⋯) 때문이다"의 원어는 "Car il me semble que les raisons s'y entre-suivent en telle sorte que, comme les dernières sont démontrées par les premières, qui sont leurs causes, ces premières le sont réciproquement par les dernières, qui sont leurs effets"이다. 'raison'을 '근거'로, 'se entre-suivre'를 '서

로 따라 나오다'로, 'démontrer'를 '입증하다'보다는 덜 경험적인 차원에서 '보여주다'라는 의미의 '증명하다'로 옮겼다. 근거와 귀결이, 즉 원인과 결과가 서로 교차하면서 진행되기 때문에 '일견' 순환논증un cercle 오류의 흔적이 보인다는 것이다.

475 "왜냐하면 경험은 (…) 때문이다"의 원어는 "car l'expérience rendant la plupart de ces effets très certains, les causes dont je les deduis ne servent pas tant à les prouver qu'à les expliquer; mais, tout au contraire, ce sont elles qui sont prouvées par eux"이다. 모랭Jean-Baptiste Morin이 1638년 2월 22일자 편지에서 데카르트가 순환논증의 오류를 범하고 있다고 비난하자, 데카르트는 앞의 내용을 보다 분명히 하면서 방어한다. 앞에서 원인은 결과에 의해, 결과는 원인에 의해 증명démontrer된다고 말하는 반면에, 여기서는 원인 혹은 원리는 결과를 입증prouver하는 것이 아니라 설명expliquer할 뿐이고, 결과 혹은 사실은 다시 원인을 입증한다는 것이다(데카르트가 1638년 7월 13일 모랭에게 보낸 편지 참조).

이 대목에 대한 알키에의 독해는 다음과 같다. "여기에서 데카르트의 방법은 실험적인expérimentale 것이다. 사실들faits은 결과들과 간주된다. 사실들은 증명될prouvés 필요가 없다. 그것들은 바로 사실들이기 때문에, 그것들의 현존existence은 실험에 의해 확인되기constatée 때문이다. 그러나 그것들은 설명expliqués되어야 한다. 그리고 그것들은 그것들이 연역될 수 있는 원리들des principes과 연관되면 설명된다. 원리들은, 그 측면에서, 처음에는 '가설들des hypothèses, des suppositions'로 나타난다. 원리들은, 사람들이 그것들에서부터, 경험과 재결합시킬 수 있을 때, 사실들을 통해 '입증prouvés'된다. 우리 텍스트가 보여주듯이, 여기에 어떤 순환 논증도 없다는 것은 분명하다. 마찬가지로 실험적인 이런 방법은 확실함이 아니라 오직 개연성으로 우리를 인도할 수 있다는 것, 그리고 그것은 제2부의 규칙들에서 데카르트 자신이 언명한 요구 사항들에 거의 합치하지 않는다는 것 또한 분명하다. 그래서 제2부는《기하학》의 서문이고 제6부는《굴절광학》과《기상학》의 서문이라고 사람들이 주장하는 것도 그 때문이다."(알키에, 647쪽)

476 앞에서처럼, "expressément"를 '고의로', '의도적으로', '특별히'라는 의미로 번역했다. 이에 대한 알키에의 독해는 다음과 같다. "데카르트는 여기서 학문에 대한 그의 연역적 구상으로 다시 돌아온다. '가설들suppositions', 즉 그가 이것들에 대한 실험적인 검증la vérification expérimentale만을 보여주려는 가설들을 그는 그의 자연학의 '토대들fondements'로부터 연역할 수 있었다. 그러나 그가 이전 페이지에서 이미 알려주었듯이, 그는 그렇게 하기를 원치 않았다."(알키에, 648쪽)

477 "어떤 정신들이, (…) 그만큼 진리를 덜 파악하는 어떤 정신들이,"의 원어는 "certains esprits, …… qui sont d'autant plus sujets à faillir, et moin capables de la vérité, qu'ils sont plus pénétrants et plus vifs"이다. 데카르트는 의도적으로 대구법을 쓰고 있기 때문에 직역했다. '더' 날카롭고 '더' 민첩할수록 그만큼 '더' 쉽게 오류에 빠지고, 그만큼 '덜' 진리를 파악하는 정신의 소유자들을 가리킨다.

478 "그로부터"의 원어는 "de là"이다. 지금처럼 원인들을 '일부러' 가설로 간주하는 것이 아니라, 그것들을 실제로 최초의 진리들

로부터 연역해서 보여주었다면, 성급하고 잽싼 정신들은 '그것을 기반으로' 엉뚱한 철학_{philosophie extravagante}을 세울 기회를 가졌을 것이라는 것이다.

479 데카르트는 자신이 '일부러' 가설들을 근본원리로부터 연역하지 않은 이유 두 가지를 제시한다. 하나는 날카롭고 잽싸지만, 쉽게 잘못을 저지르고 진리 인식에 무력한 사람들이 자신의 원리들을 그릇되게 차용하여, 그 위에 어떤 엉뚱한 철학을 세우는 것을 방지하기 위함이요, 다른 하나는 세상 사람들이 그에 대한 잘못을 그들이 아니라 자신에게 돌리는 것을 방지하기 위함이다.

480 《굴절광학》열 번째 이야기_{Discours X}의 제목이자, 거기서 설명된 '렌즈 절단의 방식에 관하여_{De la façon de tailler les verres}'를 염두에 두었을 것이다.

481 "이는 내가 완전히 순수한 (⋯) 희망을 가지고 있기 때문이다"의 원어는 "c'est à cause que j'espère que ceux qui ne se servent que de leur raison naturelle toute pure, jugeront mieux de mes opinions, que ceux qui ne croient qu'aux livres anciens"이다. 'j'espère'를 '나는 희망을 가지고 있다'고 옮겼다.

482 "양식을 공부와 연결하는 자들"의 원어는 "ceux qui joignent le bon sens avec l'étude"이다.

483 "내가 (⋯) 전혀 없다"의 원어는 "ni m'engager envers le public d'aucune promesse que je ne sois pas assuré d'accomplir"이다. 'm'engager(라틴어판에서, me devincire)'를 '속박되다'로 옮겼다.

제1규칙

1 원어는 "Studiourum finis esse debet ingenii directio ad solida et
vera, de iis omnibus quae occurrunt, proferenda judicia"이다.

"목표"의 원어는 "finis"이다. 영역의 머독Dugald Murdoch은 'aim',
불역의 마리옹Jean-Luc Marion은 'fin', 브룬슈빅Jacques Brunschwig은
'objet', 독역의 슈프링마이어Heinrich Springmeyer와 부케나우Artur
Buchenau는 'Ziel', 일역은 '목적目的'으로 옮긴다. 'studiorum'
은 'studium'의 복수 2격으로, '공부하여 배움(학문)을 닦는 일'
이라는 의미의 '학업'으로 옮겼고, 단수일 경우에는 '공부' 혹
은 '연구'로, 동사로 사용될 경우에는 '공부하다' 혹은 '연구
하다'로 옮겼다. 영역은 'studies', 불역은 모두 'etudes', 독역
의 슈프링마이어는 'wissenschaftlich Studien', 부케나우는
'wissenschaftliche Bestrebungen'으로 옮긴다. 'ingenium'은 분
명, 2016년 3월 14~15일 양일간 케임브리지대학교 뉴넘 칼리
지Cambridge Newnham College에서 "Descartes and ingenium"이라

는 주제로 콜로키움이 열릴 정도로, 데카르트에서 문제 개념이다. 영역은 'mind', 불역은 모두 'esprit', 일역은 '정신', 독역의 부케나우는 'Geist'로 옮기는 반면, 독역의 슈프링마이어는 'Erkenntniskraft(인식력)'로 옮긴다. 우선 그 단어는《정신지도규칙》에서는 그 제목에서뿐만 아니라 본문에서도 중심에 놓여 있지만, 이후 저서들에서는 제한된 의미로 드물게 사용된다.《케임브리지 데카르트 사전 The Cambridge Descartes Lexicon》(Cambridge University Press, 2016, 534쪽)은 앞에서 언급한 콜로키움의 발표자 가운데 한 사람이었던 세퍼 Dennis L. Sepper의 다음글을 인용하면서, 데카르트의 'ingenium'을 'Native Intelligence'로 규정한다.

"불어 'esprit'에 상응하고, 보통 'mind'로 옮겨지는 데카르트의 'ingenium'은 보다 엄밀히 '타고난 지력 native intelligence 혹은 '타고난 기지 native wit'로 번역된다. 이것은 1619년 베이크만 I. Beeckman과의 대화에서, 또 주로 그리고 자주 미완성의《정신지도규칙》에서 나타난다. '방법'에 대한 데카르트의 이 첫 번째 논의는 'ingenium'의 적절한 사용에 대한 설명이다. 고대 및 르네상스 수사학은 'ingenium'을 연설과 시의 발명에 본질적 기질 a disposition essential to oratorical and poetic로 간주했다. 초기 스콜라철학은 그것을, '기억 memory'와 더불어, 집중적인 연구와 성찰에 필수적인 것으로 여겼다. 17세기 초기 철학 사전편집자인 루돌프 고클레니우스 Rudolph Goclenius는 '인간 존재 human beings에서 성공적으로 그리고 용이하게 발견하고 고안하는 discovering and contriving 이 힘은 신체와 정신 모두에 의존하고, 판타지 phantasia와 같은 보조 능력들에 의존한다'고 쓴다. 데카르트의《정신지도규칙》은 정신생리학적 전통에 빚을 지고 있다. 지성의 주요 도움 수단들은 공통감각, 기억 및 상상력이다. 이것들은 인식력vis cognoscens이 판타지 기관(경우에 따라,《인간론Treatise on Man》에서 데카르트가 '작은 선腺, little gland', '송과선pineal gland'이라고 한) 안에서 그리고 통해서 작용하는 다양한 방식들이다. 적절히 규제될 때, 이것들은 단순 사물들을 판명하게 직관할 수 있고, 복합 사물들을 정확하게 묶을 수 있으며, 인간의 힘이 접근할 수 있는 모든 사물들을 비교할 수 있다. 제12규칙은 'ingenium'을, 이것이 '판타지 안에서 새로운 관념들을 형성하는forms 한에서, 혹은 이미 형성된 관념들에 집중하는concentrates' 한에서, 아는 힘the knowing power으로 정의한다.《정신지도규칙》에서 'idea'는 물체적 그리고 수학적 상들imagnes로 사용되기 때문에, 'ingenium'은 상들을 형성하고 집중하는 능동적, 고안적 힘the active, inventive power에 해당한다. 아라비아 방정식을 사용하면서 추적되고 예상된 상상적 조작들imaginative manipulations에 의해서, 현존하는 도형들로부터 새로운 도형들을 만들어내는 것이 데카르트의 '해석기하학analytic geometry'의 궁극 원천이다. 'ingenium'이라는 용어에 대한 후기 데카르트의 관심이 희미해졌을지라도(그것은 부분적으로 '좋은 정신bona mens' 및 '정신esprit'과 같은 단어에 흡수된다), 그것의 실행, 과정 및 규정은 방법, 특히 수학적 방법에 관한 그의 관심 안에 살아있다."

사실 통상적 어법에서는, 'mind', 'esprit', 'Geist', '정신情神'이라는 개념은 모두 그 본성이 오직 사유인 '사유 실체substantia cogitans'로서의 '정신' 이외에, 신체와 모종의 방식으로 관련된 기질, 기지, 지력, 재능 등을 함의한다. 그러나 데카르트는 후기 형이상학적 텍스트에서, 특히《성찰》에서 전자의 의미를 'mens'라는 용어에 국한하고, 'ingenium'을 후자의 의미로만 제한적으로 사용한다. 이에 비해, 초기 방법론적 텍스트인《정신지도규칙》에서는 'ingenium'이 전면에 나타나고, 'mens'는 주변으로 밀려난다. 또한 그것은 신체와 밀접히 연관된 '타고난 지력 혹은 기지'라는 의미를 지닌다. 그렇지만 여기서 'ingenium'은 순수지성, 상상력(또는 판타지), 기억, 감각을 포함하는 지각 능력으로서의 지성intellectus 혹은 인식력만이 아니라, 다소 암묵적으로 표현되고 있을지라도, 판단 능력으로서 의지voluntas 또한 포괄하는 능력으로 소개된다. 그러나 후기 텍스트에서 지성과 의지는 사유 실체인 'mens'의 두 능력으로 간주된다. 이런 점에서《정신지도규칙》의 'ingenium'과《성찰》의 'mens'는 외연적으로 중첩됨에도 불구하고, 후자가 'phantasia'와 같은 물질적 상상을 배제한다는 점에서 전자와 동일한 내연적 의미를 갖지 않는다. 나아가《성찰》에서와는 달리, '연장 실체'인 물체와 실제적으로 구별되는 '사유 실체'로서의 'mens'를 정립하는 작업을 수행하지 않는《정신지도규칙》에서 'mens'가 'ingenium'과 동시에, 때로는 연접해서 사용되고 있기 때문에, 아마도 독역의 슈프링마이어는 'ingenium'을 'Erkenntniskraft', 'mens'를 'Geist'로 구별해서 번역했을 것이고, 'ingenium'과 'mens'를 일률적으로 'esprit'로 옮기는 불역의 마리옹 역시 때때로 'ingenium'을 괄호 안에 담아 'esprit'에 병치했을 것이다. 역자 또한 이 두 단어를 다른 우리말로 구분해서 번역하고 싶었고, 그래서《성찰》등의 번역에서는 '지력', '재능', '기질' 등으로 옮겼지만,《정신지도규칙》에서는 이것들만으로는 마땅치 않았다. '기질' 혹은 '성향'의 의미를 담고 있다고 보일 때는 그렇게 옮겼지만, 지성과 의지를 포함하는 동시에 '기질' 혹은 '재간' 등을 함의하고, 나아가 판타지와 관련된 'ingenium'를 '지력'으로 옮기기에는 그것이 갖는 의미가 축소된다고 판단했다. 게다가 《정신지도규칙》이라는 제목이 관례적으로 굳어 있다는 점, 우리말 '정신' 안에도 사유 실체만이 아니라, 위에서 언급한 다른 의미들도 포함되어 있다는 점으로 고려해서, '정신'으로 옮겼다. 마리옹의 불역에서처럼, 필요할 경우에는 그 주해에서 해명될 것이다.

이 제1규칙은 학업의 목표를 규정한다. 여기서 두 가지가 눈에 띈다. 하나는 탐구 대상의 측면에서, 그것은 '나타나는quae occurrunt' 모든 것들이다. 이것은 데카르트가 즐겨 사용하는 어법, 즉 '정신에게 나타나는 모든 것들'의 축약일 것이고, 또한 이것은 '인간 정신으로 인식 가능한', 즉 '유한한 정신의 힘이 미칠 수 있는' 모든 사물들을 의미할 것이다. 그리고 이는 분명, 긍정적으로, 탐구 대상 안에 정신이 인식할 수 있는 모든 것들이 빠짐없이 포함되어야 한다는 것이고, 부정적으로, '인간 정신의 역량 아래에 떨어지지 않는', 혹은 '자연의 빛으로 비출 수 없는' 사물들, 이를테면 '삼위일체'와 같은 '계시의 빛', '은총의 빛' 혹은 '초자연적 빛'에 의해서만 드러날 수 있는 진리들은 포함시켜서는 안된다는 것을 지시할 것이다. 다른 하나는 탐구의 주체 측면에서, 정신을 제대로 지도해서, 인식 가능한 대상들에 대해 '견고하고 참된 판단solida et vera judicia'을 내리게 해야 한다는 것이다. 이러한 두 측면은 데카르트가 초기부터 말기까지 줄곧 견지하는 입장이다.

2 'scientia'를 때로는 '학문', 때로는 '지식'으로 옮겼다. 'ars'를 기술과 예술을 포함하는 '기예'로, 'officum'을 '직무'로 옮겼다. "신체의 어떤 연마와 소질"의 원어는 "aliquem corporis usum habitumque"이고, 이것을 머독은 'some bodily aptutude and practice', 마리옹은 'certain usage et disposition', 브룬슈빅은 'quelque exercice et quelque disposition du corps', 슈프링마이어는 'eine gewisse Übung und Beschaffenheit', 부케나우는 'einer gewissen körperliche Gewöhnung und Anlage'로 옮긴다. 'diversitas'를 뒤의 'varietas(다양성)'와 구별해서 '상이성'으로, 'seorsim'을 '따로따로', 'ommittere'을 '등한히 하다'로 옮겼다. 데카르트는 학문을 영혼의 인식에in animi cognitione, 기예는 신체활동에 존립하는 것으로 간주한다. 물론 이때 기예는 예술뿐만 아니라 수공업이나 기술을 모두 포함하는 넓은 의미로 사용된다. 여기서 데카르트는 아리스토텔레스가《니코마코스 윤리학Ethica Nicomacheia》에서 주장한 입장, 즉 한 인간의 신체는 여러 가지 활동이 아니라 단지 한 가지 활동만을 능숙하게 할 수 있다는 것에 빗대어, 학문에서도 정신은 모든 학문을 능숙하게 수행할 수 있는 것이 아니라, 정신의 능숙함은 그 대상에 따라 차이가 있다는 입장을 비판한다.

3 "왜냐하면 (…) 필요가 없기 때문이다"의 원어는 "Nam cum sicentiae omnes nihil aliud sint quam humana sapientia, quae semper una et eadem manet, quantumvis differentibus subjectis applicata, nec majorem ab illis distinctionem mutuatur, quam Solis lumen a rerum, quas illustrat, varietate, non opus est ingenia limitibus ullis cohibere"이다. 'scientia'를 '학문'으로,

'humana sapientia'를 '신적 지혜'와 대비되는 '인간적 지혜'로, 'ingenium'을 "정신"으로 옮겼다. 모든 학문은 인간적 지혜와 다름없다는 데카르트의 주장은 학문의 단일성 혹은 통일성의 이념과 관련된다. 인간 정신이 다양한 대상들에 적용된다고 해도, 정신의 단일성은 유지되듯이, 하나의 정신에 의해 탐구되는 학문들은 결국 단일한 끈으로 이어져 있다는 것이다. 그러므로 모든 학문은 하나의 정신의 소산이기 때문에, 그것들은 분리된 것이 아니며, 따라서 함께 고찰하는 것이 보다 유익하다는 것이다.

4 'dimovere'를 '떼어놓다'로 옮겼다. 머독은 'hinder', 마리옹은 'detourner', 브룬슈빅은 'empêcher', 슈프링마이어는 'entfernen', 부케나우는 'im Wege stehen'으로 옮긴다.

5 "대부분의 이들이 (…) 사유하지 않는다는 점이다"의 원어는 "plerosque hominum mores, plantarum vires, siderum motus, metallorum transmutationes, similiumque disciplinarum objecta diligentissime perscrutari, atque interim fere nullos de bona mente, sive de hac universali Spaientia, cogitare"이다. 'plerosque hominum mores'에 대한 각주에서 아당과 타네리는 'mores'가 하노버판에는 있지만 암스테르담판에는 없다고 밝힌다. 이 때문에 이것을 'tant de gens (…) les moeurs humaines'로 번역한 브룬슈빅의 불역을 제외한 역서들은 'mores'를 번역하지 않는다. 이 구절을 영역은 'so many people'로, 마리옹은 'la plupart des hommes'로, 두 독역은 'die meisten Menschen'으로 옮긴다. '힘'으로 옮긴 'vires'는 '생장력'을 의미할 것이다. 브룬슈빅은 'propriétés'로 옮긴다. 'disciplina'를 '학문 분야'로 번역하여,

'scientia(학문)'과 구별했다. "탐색한다"의 원어는 "perscrutor"이고, 이것을 머독은 'investigate'로, 마리옹은 'scruter'로, 브룬슈빅은 'étudier'로, 슈프링마이어는 'durchforschen'으로, 부케나우는 'erforschen'으로 옮긴다. '보편적 지혜'와 동의어로 사용된 'bona mens'를 '좋은 정신'으로 직역했다. 이것을 머독은 'good sense'로, 슈프링마이어는 'gesunder Verstand'로, 부케나우는 'Geist selbst'로 옮긴다. 마리옹과 브룬슈빅은 그것을 'bon sens(양식)'로 옮기지만, 데카르트는 《방법서설》 첫 문단에서, 그 의미를 차지하고, 'bon sens'와 'l'esprit bon'를 구별해서 사용한다.

여기서 데카르트는 '좋은 정신', 즉_{sive} '보편적 지혜'의 탐구를 학문의 일차적, 궁극적 대상으로 설정한다. '좋은 정신'과 '보편적 지혜'를 동의어로 간주하지만, 엄밀히 말하자면, '좋은 정신' 혹은 '양식'은 '세상에서 가장 공평하게 분배된' '잘 판단하고, 참된 것을 거짓된 것에서 구별하는' 타고난 능력인바, 선입견과 편견으로 인해 그것의 '좋음'에 손상이 있는 경우에는 '참된 방법'으로 회복되어야 하는 대상인 반면, 회복된 '좋은' 정신에 의해 획득된 명증적인 지식의 총체가 '보편적 지혜'일 것이다. 이러한 입장은 데카르트 말기 저서 《철학의 원리》 프랑스어 번역판의 서문으로 싣기 위해 피코 신부에게 보낸 서한에 명시적으로 나타난다.

"사람들은 지혜를 일 처리에서의 현명함만이 아니라, 그들의 삶의 인도를 위해서도 그들의 건강 유지와 모든 기술의 발명을 위해서도 인간이 알 수 있는 모든 것에 대한 완전한 인식으로 이해하고 있다는 것입니다."(이 책, 540쪽)

6 'fucatas rationes'를 '교활한 재주와 꾀'라는 의미의 '교지狡智
   들', 'vulgi ingniis accommodata ludibria'를 '통속적인 정신들
   에 맞추어진 위계僞計들'로 옮겼다. 머독은 전자를 'specious
   arguments', 후자를 'tricks suited to vulgar minds', 마리옹
   은 'les raisonnement ornés', 'les illusions accommodées aux
   esprits du commun', 브룬슈빅은 'les raisonnements truqués',
   'les trompe-l'œil appropriés aus esprits du vulgaire', 슈프링마
   이어는 'Scheingründe', 'dem Geschmack der Menge angepaßte
   Spielereien', 부케나우는 'allerlei zurechtgestutzte Gründe', 'dem
   Geschmack der Menge angepaßte Spielereien'으로 옮긴다.

7 학문들 혹은 지식들의 상호 의존성은 데카르트 철학의 근간이
   다. 이것은 특히《자연의 빛에 의한 진리 탐구*La Recherche de la
   Vérité par la lumière naturelle*》에서 반복적으로 강조된다.
   "인간 정신의 범위를 넘어서지 않는 인식들은 모두 너무나 경
   이로운 끈으로 연결되어 있고, 너무나 필연적인 귀결들을 통해
   서로서로 끌어내질 수 있으며, 그래서 가장 단순한 것에서 시
   작한 다음 단계적으로 가장 고상한 것에까지 나아가는 방법을
   알기만 한다면, 그 인식들을 찾아내는 데 대단한 재간이나 능
   력을 가져야 하는 것은 전혀 아니기 때문이다."(이현복, 144쪽)

8 "오히려 (⋯) 미리 보여주기 위함이다"의 원어는 "sed cogitet
   tantum de naturali rationis lumine augendo, non ut hanc aut
   illam scholae difficultatem resolvat, sed ut in singulis viae casibus
   intellectus voluntati praemonstret quid sit eligendum"이다.
   'difficultas'를 '어려움'으로, 'praemonstrare'를 '미리 보여주
   다'로 옮겼다. 후자를 머독은 'show', 마리옹은 'indiquer', 브룬

슈빅은 'montrer', 슈프링마이어는 'vorschrieben', 부케나우는 'vorzeigen'로 옮긴다. '삶의 각각의 상황들에서 어떤 것을 선택해야 하는지를 지성이 의지에 미리 보여준다'라는 것은《성찰》등에서 종종 등장하는 표현인바, 이때 '미리prae - 보여주다'가 아니라 '보여주다'라는 동사가 사용된다. '이성의 자연적 빛'을 함양하는 궁극적 목적이 이론적 문제들을 해결하는 것이 아니라, 일상적 삶의 현장에서 벌어지는 개별적 사안들을 풀어가는 데 있다는 것은 데카르트 철학의 실천적 성격을 극명히 보여준다. 이것은 또한《방법서설》의 다음 문장과 맥을 같이 한다. "나는 언제나 내 행동들에서 분명히 보기 위해 그리고 이 삶에서 확신을 가지고 걸어가기 위해, 참된 것을 거짓된 것에서 구별하는 것을 배우려는 극도의 욕망을 가지고 있었다."(이 책, 28쪽)

9 "진보"의 원어는 "progressus"이다. 'altiora'를 '더 고귀한 것들'로 옮겼다. 이것을 마리옹은 'de plus grands', 브룬슈빅은 'de plus hautes', 슈프링마이어와 부케나우는 'Höheres'로 옮긴다.

제2규칙

10 원어는 "Circa illa tantum objecta oportet versari, ad quorum certam et indubitatam cognitionem nostra ingenia videntur sufficere"이다.《정신지도규칙》에서 종종 사용되는 단어인 'versor'를 이 경우에는 '전념하다'로, 다른 경우에는 '종사하다'로 옮겼다. 이것을 머독은 'attend', 마리옹과 브룬슈빅은 's'occuper de', 슈프링마이어는 'umgehen', 부케나우는

'zuwenden'으로 옮긴다.

11 "모든 지식은 확실하고 명증적인 인식이다"의 원어는 "Omnis scientia est cognitio certa et evidens"이다. 이때 'scientia'를 '지식'으로 번역했다. '확실하고 명증적인 인식' 혹은 '확실하고 의심될 수 없는 인식'은 데카르트에서 지식의 조건이다. 이런 인식은 개연적 인식 혹은 의견opinio과 대립한다. 지식과 의견은 고대의 'episteme'와 'doxa'와 상응할 것이다. 더 이상 의심할 수 없는 인식, 혹은 명석판명한 인식만이 지식이라는 데카르트의 입장은 후기까지 그대로 이어진다.

12 "더 유식한", "더 무식한"의 원어는 "doctior", "indoctior"이다. 'concipere'를 '품다'로 옮겼다.

13 '참된verus 것'과 '거짓된falsus 것', '의심스러운dubius 것'과 '확실한certus 것'이 대비된다.

14 'doctrina'를 '학식'으로 옮겼다.

15 "이리하여 (…) 확언한다"의 원어는 "Atque ita per hanc propositionem rejicimus illas omnes probabiles tantum cognitiones, nec nisi perfecte cognitis, et de quibus dubitari non potest, statuimus esse credendum"이다. 'statuere'를 '확언하다'로 옮겼다. 이것을 머독은 'resolve', 마리옹은 'affirmer', 브룬슈빅은 'poser', 슈프링마이어는 'beschließen', 부케나우는 'feststellen'으로 옮긴다. 이것은 데카르트적 지식의 조건을 함축하고, 동시에 《방법서설》과 《제일철학에 관한 성찰》에서 제시되는 '의심'의 단초가 된다.

16 'litteratus/litterati'를 'doctus/doctor(학자)'와 구별해서 '글공부를 한(배운) 자들'로 옮겼다. 이것을 머독은 'men of learning',

마리옹과 브룬슈빅은 'les doctes', 슈프링마이어와 부케나우는 'Gelehrten'로 옮긴다.

17 "인류의 어떤 공통된 결함으로 인해"의 원어는 "communi quodam gentis humamae vitio"이다. 'obvius'를 '쉽게 만날 수 있는'으로 옮겼다. 이것을 머독은 'obvious', 마리옹은 'accessible', 'à la portée du premier venu', 슈프링마이어는 'zugänglich', 부케나우는 'selbstverständlich'로 옮긴다. 데카르트 인식론의 기점이 되는 것들, 이를테면 '단순 본성들', '원초적 개념들', '논리적 혹은 형이상학적 원리들', 데카르트는 이러한 것들이 '본유적', '자연적'인 것이며, 그 인식은 어느 누구나, 반성하기만 하면, 아무런 어려움 없이, 어떠한 방법 없이 쉽게 만날 수 있는, 접할 수 있는 자명한 것으로 간주한다.

18 'disserere'를 '논하다'로, 'monere'를 '일러두다'로 옮겼다. 이것들에 대해, 머독은 'treat'와 'insist', 마리옹은 'disserter'와 'avertir', 브룬슈빅은 'enoncer'와 'avertir', 슈프링마이어는 'reden'과 'geben zu bedenken', 부케나우는 'aussagen'과 'aufmerksam machen'으로 옮긴다.

19 "자신들이 꾸며낸 근거들을 치장하는 데"의 원어는 "commentitias suas adornare"이다. 이것을 머독은 'to elaborating their contrived doctrines', 마리옹은 'à embellir leurs fausses raisons', 브룬슈빅은 'd'enjoliver leurs doctrines illusoires', 슈프링마이어는 'ihre Hirngespinste mit Gründen aufzuputzen', 부케나우는 'ihre bloß erdichteten Gründe herauszustreichen'으로 옮긴다. 'vendere'를 'lancer sur le marché', 'feilbieten'으로 번역한 브룬슈빅과 슈프링마이어와 마찬가지로 '시장에 내놓다'로 옮

겼다. 이것을 머독은 'pass off', 마리옹은 'publier', 부케나우는 'anpreisen'으로 옮긴다.

20 'verum'을 '정말로'로 옮겼다. 이것을 머독은 'nevertheless', 마리옹은 'mais', 브룬슈빅은 'en réalité', 슈프링마이어는 'in der Tat', 부케나우는 'indes'로 옮긴다.

21 'viri ingeniosi'를 '재능 있는 인물들'이라는 의미의 '재사들'로 옮겼다. 이것을 머독은 'clever men', 마리옹은 'hommes habiles', 브룬슈빅은 'hommes de talent', 슈프링마이어는 'scharfsinnige Leute', 부케나우는 'Männer von Geist'로 옮긴다.

22 "그러므로 (…) 모든 것에 대해"의 원어는 "De omnibus ergo quae sunt ejusmodi probabiles opiniones"이고, 직역했다. 이것을 'Über alles also, was dergleichen wahrscheinliche Vermutungen sind'로 옮긴 슈프링마이어 외에 다른 역자들은 의역한다. 머독은 'Therefore, concerning all such matters of probable opinion', 마리옹은 'Donc sur toutes les matières où l'on conjecture des opinions probables de cette sorte', 브룬슈빅은 'Sur tout de qui constitue des opinions probables de cette sorte', 부케나우는 'von allen derart nur wahrscheinlichen Ansichten'으로 옮긴다.

23 "이는 (…) 허락되지 않기 때문이다"의 원어는 "quia de nobis ipsis plura sperare, quam caeteri praestiterunt, sine temeritate non licet"이다. 'praesto'를 '성취하다', 'licet'를 '허락하다'로 옮겼다. 'plura'를 '더 많은 것'으로 직역했는데, 이것을 머독은 'more knowledge'로, 마리옹은 심지어 'un plus grand progrès'로 의역한다.

24 "우리가 제대로 계산한다면"의 원어는 "si bene calculum

ponamus"이다.

25 'invenire'를 여기서는 '고안하다'로, 다른 곳에서는 '발견하다', '발명하다' 등으로 옮겼다. 이것을 머독은 'devise', 마리옹은 'invention', 브룬슈빅은 'cultiver', 슈프링마이어는 'erfinden'으로 옮기고, 부케나우는 번역하지 않는다. 데카르트의 은유법이 녹아 있는 "강단의 (…) 삼단논법의 개연적 무기들"의 원어는 "scholasticorum aptissima bellis probabilium syllogismorum tormenta"이고, 직역했다. '전쟁'은 '논쟁'을, '삼단논법'은 '무기'를 의미할 것이고, 그렇지만 무기는 '확실한' 것이 아니라 '개연적'인 것이라는 일종의 비아냥일 것이다. 'tormentum'의 본래 '둥근 기둥에 밧줄을 감고, 그것이 풀리는 힘으로 활이나 창을 쏘는 무기, 대포, 투석기'를 의미한다. 이 구절을 머독은 'those weapons of the schoolmen, probable syllogims, which are just made for controversies', 마리옹은 'les machineries des syllogismes probables si bien faites pour disputer qu'on enseigne dans les écoles', 브룬슈빅은 'ces machines de guerre, si bien adaptées aux joutes oratoires, que sont les syllogismes probables de la scolastique', 슈프링마이어는 'das grobe Geschütz wahrscheinlicher Syllogismen der Scholastiker nicht, das sich zum Kriegführen so vorzüglich eignet', 부케나우는 'die Anwendung der wahrscheinlichen Syllogismen, die zu den Wortgefechten in den Schulen außerordentlich geeignet sind'로 풀어낸다.

26 "아이들의 정신들"의 원어는 "puerorum ingenia"이다. 'ingenium'을 '정신'으로 옮겼지만, '지력' 또한 가능할 것이다.

27 'certe'를 '적어도'로 옮겼다. 같은 의미로, 브룬슈빅은 'du moins', 슈프링마이어와 부케나우는 'immerhin'으로, 이와 달리 머독은 'surely', 마리옹은 'sans doute'로 옮긴다.

28 데카르트는 이 구절을 그의 다른 텍스트에서 종종 사용하는 바, 이것을, 마리옹에 따르면, 호라티우스Horatius의 《서간 I *Épîtres I*》에서 가져왔다(Jean-Luc Marion, *Règles utiles et claires pour la direction de l'esprit en la recherche de la vérité*, Springer Science & Business Media, 1977, (이하 '마리옹'), 103~104쪽 참조). 'Magistor'를 '스승'으로 번역, 앞의 'praeceptor'의 '선생'과 구별했다.

29 방법적 규칙을 통해 지식의 정점에 도달할 수 있다는 데카르트의 입장이 여러 곳에서 확인된다. "……하나의 방법을 만들어 냈던바, 그 방법 덕분에 내 인식을 단계적으로 증대시킬, 그리고 그것을 내 평범한 정신과 내 짧은 삶으로도 기대해 볼 만한 가장 높은 곳까지 조금씩 끌어올릴 수단을 갖게 된 것으로 보인다."(이 책, 20쪽)

"……견고한 학문의 제일 토대들을 세우고 도달 가능한 최고 단계에까지 자신의 인식을 끌어올려줄 수 있는 모든 길을 발견하기 위해서도, 그는 나중에 아주 대단한 소질이나, 아니면 어떤 현자의 지도가 필요하다."(이현복, 143쪽)

30 "그들은 (…) 배합한다." 이 문장의 원어는 "de quibus subtilissimas certe conjecturas et valde probabiles rationes ingeniose concinnant"이다. 'arduus'를 '힘겨운', 'subtilis'를 '정교한', 'ingeniose'를 '기발하게'로 옮겼다. 후자를 머독은 'ingeniously', 마리옹은 'ingénieusement', 브룬슈빅은 'd'ingéniosité', 슈프링마이어는 'erfinderisch', 부케나우는 'in geistreichster Weise'

로 옮긴다. 'concinnare'를 '배합하다'로 옮겼다. 이것은 머독은 'construct', 마리옹은 'composer', 브룬슈빅은 'agencer', 슈프링 마이어는 'zurechtmachen', 부케나우는 'aufstellen'로 옮긴다. "물론"의 원어는 "certe"이다. 다른 역자들과 달리, 마리옹은 이것을 '추측들'을 꾸미는 형용사로, 즉 'des conjectures certes'로 읽는다.

31 "거짓이나 불확실성의 오점"의 원어는 "falsitatis vel incertitudinis vitio"이다. 데카르트는《방법서설》에서 "나는 무엇보다도 수학에 마음이 끌렸는데, 그 근거들의 확실성과 명증성 때문이었다"고 말한다(이 책, 25쪽).

32 "보다 세심히 달아보려면"의 원어는 "diligentius expendamus"이다. 'expendere'를 '무게를 저울에 달다'라는 본래 의미에 따라 번역했다. 이것을 마리옹과 슈프링마어는 이러한 의미를 가진 'peser', 'erwägen'으로, 머독과 브룬슈빅 그리고 부케나우는 'estimate', 'apprécier', 'begründen'으로 옮긴다.

33 "이뿐만 아니라, (…) 유의해야한다"의 원어는 "Notandum insuper, experientias rerum saepe esse fallaces, deductionem vero sive illationem puram unius ab altero posse quidem omitti, si non videatur, sed nunquam male fieri ab intellectu vel minimum rationali"이다. 'ab intellectu vel minimum rationali'를 '지성 — 이것이 조금이라도 이성적인 경우 — 에 의해서는'으로 의역했다. 머독은 'by an intellect which is in the least degree rational', 마리옹은 'l'entendement (…) si peu raisonnable qu'il soit', 브룬슈빅은 'par un entendement doué de raison', 슈프링마이어는 'von einem Verstande, er mag der Vernunft noch so wenig mächtig sein', 부케나우는 'von einem noch so wenig geschulten

Verstande'로 옮긴다.

경험을 통한 인식이 종종 거짓이라는 것은 제12규칙에서 보다 자세히 설명된다. "우리는 우리가 감각으로 지각하는 것은 무엇이든, 우리가 다른 이들로부터 듣는 것은 무엇이든, 그리고 일반적으로, 다른 데서부터, 아니면 자기 자신의 반성적 관조로부터 우리 지성에 이르는 것은 무엇이든 경험한다. 여기서 유의해야 하는 것은, 만일 지성이 자기에게 나타나는 대상들을, 자기 자신에서든 판타지 안에서든 가지고 있는 대로, 정확히 직관하기만 한다면, 그리고 이외에도 지성이, 상상력이 감각들의 대상들을 충실하게 전한다고도, 감각들이 사물들의 참된 형태들을 받아들인다고도, 끝으로 외부 사물들이 언제나 나타나는 그대로 존재한다고도, 판단하지만 않는다면, 지성은 결코 어떠한 경험에 의해서도 기만당할 수 없다는 점이다."(이 책, 186~187쪽) 여기서 경험은 감각적인 외적 경험뿐만 아니라 내적 경험까지도 포함하며, 경험 자체가 아니라 경험된 대상, 즉 주관 안에 있는 상이 외부 사물과 유사하다는 판단에만 오류의 가능성이 있다는 것이다. 이런 입장은 특히 형이상학적 텍스트들에서 '방법적 회의'가 적용되는 발판을 이룬다.

34 "인간들에게 (…) 생기니 말이다"의 원어는 "Omnis quippe deceptio, quae potest accidere hominibus, dico, non belluis, nunquam ex mala illatione contingit, sed ex eo tantum, quod experimenta quaedam parum intellecta supponantur, vel judicia temere et absque fundamento statuantur"이다. "기만"의 원어는 "deceptio"이다. 이것을 슈프링마이어와 부케나우는 'Tauschung'으로, 이에 비해 머독은 'errors', 마리옹은 'erreur',

브룬슈빅은 'erreurs'로 옮긴다.

35 "오히려 (⋯) 이루어져 있기"의 원어는 "sed totae consistunt in consequentiis rationabiliter deducendis"이다. 이것을 머독은 'They consist entirely in deducing conclusions by means of rational arguments', 마리옹은 'mais consistent toutes entières en des conséquences déduites par raison', 브룬슈빅은 'et qu'elles consistent tout entières à tirer des conséquences par voie de déduction rationnelle', 슈프링마이어는 'sondern ganz auf vernünftigen Deduktionen von Folgerungen beruhen', 부케나우는 'sondern gänzlich in verstandesmäßig abzuleitenden Folgerungen bestehen'으로 옮긴다.

36 'maxime perspicuae'를 '가장 명료한'으로 옮겼다. 머독은 'cleastest', 마리옹은 'les plus transparentes', 브룬슈빅은 'les plus claires', 슈프링마이어와 부케나우는 'durchsichtigsten'으로 옮긴다.

37 산술과 기하학을 확실한 학문의 전형으로 간주하는 이유가 제시된다. 이 학문들은 순수하고 단순한 것들을 탐구 대상으로 하고, 따라서 귀결들의 이성적 연역, 혹은 내용들의 논리적 함축 관계를 통해 성립되므로, 극도로 쉽고 명료한 지식들의 체계이고, 따라서 오류와 불확실성의 그늘에서 벗어나 있다는 것이다. 《방법서설》에서 "지금까지 학문들에서 진리를 탐구한 모든 이들 가운데 몇몇 증명들을, 다시 말해 확실하고 명증적인 몇몇 근거들을 찾아낼 수 있었던 이들은 오직 수학자들뿐이었음을 고찰하면서, 그들이 검토한 바로 그것들에서 시작해야 한다는 것을 나는 전혀 의심하지 않았다"고 말한다(이 책, 39쪽).

38 "많은 재사들이"의 원어는 "multorum ingenia"이다. 이것을 슈프링마이어는 'die Erkenntnis vieler', 부케나우는 'der Geist vieler', 브룬슈빅은 'beaucoup d'esprits'로, 머독과 마리옹은 '많은 이들이 그들의 정신을 (…)로 향한다'로 풀어서 번역한다. 'artes'를, 머독의 'arts', ,마리옹의 'arts'와 마찬가지로, '기예들'로 옮겼지만, 브룬슈빅은 'disciplines', 슈프링마이어는 'Wissenschaften', 부케나우는 'Studien'으로 옮긴다.

39 "예언하는 자유"의 원어는 "divinandi licentiam"이다. 마리옹은 'liberté de deviner', 브룬슈빅은 'licence de jouer les devins', 슈프링마이어는 'Freiheit zu weissagen', 부케나우는 'Vermutungen aufzustellen'으로 옮긴다.

40 "이제 정말로"의 원어는 "Jam vero"이다. 머독은 'Now', 마리옹은 'Et maintenant', 브룬슈빅은 'maintenant', 슈프링마이어는 'Nunmehr', 부케나우는 'Fürwahr'로 옮긴다.

41 "동등한 확실성"의 원어는 "certitudinem aequalem"이다. 《성찰》에서 신의 존재 증명은 수학적 증명들과 '적어도 동등한' 확실성을 가진다고 말한다.

제3규칙

42 원어는 "Circa obiecta proposita non quid alii senserint, vel quid ipsi suspicemur, sed quid clare et evidenter possimus intueri vel certo deducere quaerendum est; non aliter enim scientia acquiritur"이다. 'sentire'를 '감지하다', 'suspicor'를 '추측하

다'로 옮겼다. 이것들을 머독은 'think', 'conjecture', 마리옹
은 명사형으로 'sentiment', 'conjecture', 브룬슈빅은 'penser',
'entrevoir', 슈프링마이어와 부케나우는 'meinen', 'mutmaßen'
으로 옮긴다. 'intueri'를 관례대로 '직관하다'로 옮겼다. 이것
을 마리옹은 'regarder', 브룬슈빅은 'avoir une intuition', 슈프
링마이어는 'in Intuition sehen', 부케나우는 'durch Intuition
feststellen'으로 옮긴다. 'evidenter'를 '명증하게'로 옮겼다.

43 역자들이 다양하게 의역한 "다른 한편으로 (…) 위함이다"의
원어는 "tum etiam ut quaenam ulterius in omnibus disciplinis
supersint excogitanda admoneamur"이다. 이것을 마리옹은
'que pour être avertis des choses à l'explication desquelles il faut
s'appliquer encore à force de pensée', 브룬슈빅은 'que pour
être averti des problèmes qui restent a résoudre dans toutes
les disciplines', 슈프링마이어는 'um erinnert zu werden, was
darüber hinaus in jedem Wissenszweig zu ergründen ubrig
ist', 부케나우는 'um darauf aufmerksam zu werden, was noch
darüber hinaus in all den Einzelwissenschaften zu erforschen
übrigbleibt'로 옮긴다. 여기서 무엇보다도, '고안하다'로 옮긴
원어 'excogitanda'를 다양하게 'à l'explication', 'à réssoudre', 'zu
ergründen', 'zu erforschen'으로 옮긴다.

44 "무분별한 경신輕信"의 원어는 "inconsulta credulitate"이다.
'credulitas'는 〈제1성찰〉에서도 나타난다. "왜냐하면 익숙한 의
견들은 끈질기게 되돌아오고, 오랜 관습과 친교의 권리로 인해
그것들에게 종속된 나의 쉽게 믿는 마음을 거의 내 뜻에 반해
서까지 점령해버리기 때문이다."(이현복, 41쪽)

45 "여러 가지 애매한 말들로"의 원어는 "variis ambagibus"이다. 머독은 'in various obscurities', 마리옹은 'de plusieurs obscurités', 브룬슈빅은 'dans diverses tournures énigmatiques', 슈프링마이어는 'in mannigfache Vieldeutigkeiten', 부케나우는 'mit großer Umständlichkeit'로 옮긴다. 데카르트는《자연의 빛에 의한 진리 탐구》에서 에피스테몬의 입을 통해 'ambages' 대신 'æquivocitas'를 사용하면서 다음과 같이 말한다. "그들(우리 스승들)은 자신이 심하게 궁지에 몰리는 것으로 보이면, 어떤 애매함æquivocum 또는 **구별하기**distinguo가 그들을 모든 곤경에서 벗어나게 합니다."(이현복, 179쪽)

46 데카르트가 "obvius"와 더불어 즐겨 사용하는 단어인 "명백한"의 원어는, '드러난', '열린', '숨김없는' 등의 의미를 지닌 "apertus"이다. 여기서 '명백한'으로 옮겼다. 머독은 'plain', 마리옹은 'toute découverte', 브룬슈빅은 'toute franche', 슈프링마이어는 'nackte', 부케나우는 'offenkundige'로 옮긴다.

47 "그러나 지금"의 원어는 "Nunc autem"이다. 머독은 'But', 마리옹과 브룬슈빅은 'Mais', 슈프링마이어는 'Nun gut', 부케나우는 'Ja'로 옮긴다.

48 "솔직담백하고"의 원어는 "ingenui et aperti"이다. 머독은 'sincere and open', 마리옹은 'sinceres et ouverts', 브룬슈빅은 'francs et sans detour', 슈프링마이어와 부케나우는 'gerade heraus und offen'으로 옮긴다.

49 "적합한 지력"의 원어는 "ingenio apti"이다. 'ingenium'를 '지력'으로 옮겼다. 슈프링마이어만이 'Erkenntniskraft'로 직역하고, 머독은 'intellectual aptitude', 마리옹은 'nostre esprit (…)

propre', 브룬슈빅은 'nostre esprit (…) capable', 부케나우는 'unser Geist (…) imstande'로 의역한다.

50 "지식"과 "역사"의 원어는 "scientias", "historias"이다.

51 "무엇보다도 (…) 때문이다"의 원어는 "quia primum studiosi res perspicuas et certas agnoscere non contenti, obscuras etiam et ignotas, quas probabilibus tantum conjecturis attingebant, ausi sunt asserere"이다. 'studiosi'를 '연구자들', 'ignotus'를 '모르는', 'attingere'를 '건드리다/손을 대다'로 옮겼다.

52 "직관과 연역"의 아당 타네리 판 원어는 'intuitus et deductio(직관과 귀납)'가 아니라, "intuitus et inductio(직관과 귀납)"이다. 그런데 이 구절을 마리옹은 아당과 타네리가 기본 텍스트로 삼는 1701년 암스테르담에서 라틴어로 출간된《데카르트 유고, 자연학 및 수학 R. Des-Cartes Opuscula posthuma, physica et mathematica》에 'inductio'가 주어져 있지만, 이 단어에 줄이 그어져 있고, 네덜란드 복사본에는 'afleiding'이 주어져 있지만, 이것을 여백에서 'deductio'로 번역되어 있음을 지적한다. 이에 따라 많은 편집자들이나 번역자들이 'deductio'를 'inductio'의 교정어로 채택한다는 것을 주목한다. 사실, 본 역서에서 참고한 역자들 가운데 마리옹을 제외한 모든 역자들은 나름의 근거로 'inductio'가 아니라 'deductio'를 채택한다. 마리옹은 세 가지 이유를 제시하면서, 아당 타네리 판에 따라 'inductio'를 채택하지만(마리옹, 117~119쪽 참조), 이 책에서는 'deductio'를 선택했다.

53 "내가 이해하는 (…) 파악과 같은 것이고"의 원어는 "Per intuitum intelligo, non fluctuantem sensuum fidem, vel male componentis imaginationis judicium fallax, sed mentis purae et

attentae tam facilem distinctumque conceptum, ut de eo, quod intelligimus, nulla prorsus dubitatio relinquatur; seu, quod idem est, mentis purae et attentae non dubium conceptum, qui a sola rationis luce nascitur"이다. 이때 '정신'은 'ingenium'이 아니라 'mens'이다. 앞에서는 사물의 인식은 경험과 연역에 의해 이루어진다고 말한 반면, 여기서는 사물에 대한 '확실한' 인식을 제공해주는 길은 직관과 연역이라고 말한다. 나아가 데카르트는 직관을 '순수한 그리고 주의 깊은 정신의 확실한 파악(작용)'으로 정의한다. 여기서 정신의 '순수성'은 신체에 의존하는 감각이나 상상력을 배제하고, 정신의 '주의 깊음' 혹은 '주의집중'은 선입견 등에 의한 정신의 혼란을 배제한다. 그러므로 직관은 순수 정신, 더 정확히 말해 순수지성의 통찰, 그것도 단순하고 쉬운 통찰 작용이고, 이것이 '이성의 빛'에서만 생긴다는 점에서, 또 가장 단순하고 가장 쉬운 작용이라는 점에서, 그래서 오류의 그늘에서 전적으로 벗어나 있다는 점에서, 지성의 다른 활동인 연역과 구별된다.

54 'animo'을 '영혼에 의해'로 직역했지만, '문맥에 맞게 '직관적으로'로 의역할 수 있을 것이다. 이것을 머독은 'mentally', 마리옹은 'par l'esprit', 브룬슈빅은 'par intuition', 슈프링마이어는 'intuitiv', 부케나우는 'durch Intuition mit dem Geiste'로 옮긴다.

55 직관의 대상으로, "우리가 현존하고 사유한다"는 것, 혹은 "삼각형은 세 변을 지닌다"는 것 등이 제시된다. 형이상학적 텍스트에 등장하는 "je pense, donc je suis", 혹은 "cogito, ergo sum"의 징후가 이미 여기서 나타난다.

56 "정신"의 원어는 "mens"이다. 슈프링마이어만이 '정신'이 아니라 'Denken(사유)'로 옮긴다.

57 직관이라는 말의 라틴어 의미는 '봄visio'이지만, 감각의 봄이 아니라 순수지성의 봄이다. 또 그것은 중세 신학자들이 말하는, 신이 지복의 정신들에 부여한 직관적 관조도 아니고, 나아가 그것은 어떤 특정한 개인의 점유물이 아니라 모든 인간이 타고난 '자연의 빛'이다.

58 'discursus'를 '추론과정'으로 옮겼다. 이것을 머독은 'train of reasoning', 마리옹은 'parcours⟨discursifs⟩', 브룬슈빅은 'démarche discursive', 슈프링마이어는 'folgernde Denken', 부케나우는 'Erörterung'으로 옮긴다.

59 2+2=4와 3+1=4를 각각 직관한다면, 이로부터 2+2=3+1을 추론할 수 있는데, 데카르트는 이 추론을 직관의 대상으로 간주한다. 뒤에서 밝혀지겠지만, 이것은 직관의 범위가 직관되는 단순 명제에서 '직접' 연역되는 대상에까지 미치고 있다는 것이다.

60 "그 각각을 (…) 한다면"의 원어는 "modo tantum a veris cognitisque principiis deducantur per continuum et nullibi interruptum cogitationis motum singula perspicue intuentis"이다. 'continuus'를 '연속적'으로 옮겼다.

61 "이와 다르지 않게 (…) 말이다"의 원어는 "non aliter quam longae alicujus catenae extremum annulum cum primo connecti cognoscimus, etiamsi uno eodemque oculorum intuitu non omnes intermedios, a quibus dependet illa connexio, contemplemur, modo perlustraverimus successive, et singulos

proximis a primo ad ultimum adhaerere recordemur"이다. 'catena'를 '사슬', 'annulus'를 고리, 'contemplari'를 '주시하다', 'successio'를 '잇달아', 'perlustrare'를 '검토하다'로 옮겼다.

62 'concipere'를 '포착하다'로 옮겼다. 이것을 머독은 'are aware of', 마리옹과 브룬슈빅은 'concevoir', 슈프링마이어는 'erfassen', 부케나우는 'zu Bewußtsein bringen'으로 옮긴다. "정신의 직관"의 원어는 "mentis intuitum"이다. 이것을 머독은 'mental intuition', 마리옹은 'le regard de l'exprit', 브룬슈빅은 'l'intuition intellectuelle', 슈프링마이어와 부케나우는 'Intuition des Geistes'로 옮긴다.

63 "현재적 명증성"의 원어는 "praesens evidentia"이다, 이것을 머독은 'immediate self-evidence', 마리옹은 'évidence présente', 브룬슈빅은 'évidence actuelle', 슈프링마이어와 부케나우는 'gegenwärtige Evidenz'로 옮긴다.

64 "상이한 고찰방식에 따라"의 원어는 "sub diversa consideratione"이고, 의역했다. 이것을 머독은 'in one respect (…) in another respect', 마리옹은 'selon la matière différente de les considerer', 브룬슈빅은 'selon le point de vue auquel on se place', 슈프링마이어는 'ja nach dem Gesichtspunkt', 부케나우는 'je nach der verschiedenen Betrachtung'으로 옮긴다.

65 직관이 추론적 사유에도 적용된다면, 확실한 지식을 획득하는 수단으로 직관 이외에 연역을 왜 별도로 추가했는가에 대한 이유가 제시된다. 연역을 데카르트는 어떤 것을 다른 어떤 것에서 끌어내는 순수한 추리, 혹은 어떤 것이 확실하게 인식된 다른 어떤 것들로부터 필연적으로 결론지어지는 모든 것

으로 정의하면서, 직관적으로 한 번에 파악되지는 않지만, '연속적이고 단절되지 않은 사유 운동을 통해per continnum et nullibi interruptum cogitationis motum' 참되게 인식된 원리들에서 연역될 수 있는 것이 있기 때문이라고 설명한다. 그러므로 연역의 대상은 참된 원리들에서 한 번에 '직접' 도출되는 것이 아니라, 여러 중간 단계를 통해 간접적으로 도출되는 것이며, 따라서 연역은 이 단계들을 단절되지 않은 사유 활동을 통해 연속적으로 파악하는 지성의 활동에 의해 이루어진다. 이때 지성이 그 각 단계를 직관적으로 통찰해야 하고, 그래서 이때 연역은 사실 직관에 의존되어 있다는 것이다. 그리고 데카르트는 직관과는 달리 연역에는 잇달음successio이나 운동motus이 있고, 또 연역의 확실성은 현재적 명증성preasens evidentia이 아니라 기억memoria에 의존된 기억적 확실성이라는 점에서 직관과 연역의 차이를 설명한다. 나아가 제일원리들prima principia 혹은 참된 원리들은 직관에 의해서, 이 원리에서 멀리 떨어져 있는 결론들remotas conclusiones, 즉 여러 단계를 통해 간접적으로 추론되는 것은 연역에 의해서만 인식되는 반면, 이 원리들에서 직접 도출되는 것은, 상이한 고찰방식에 따라 혹은 보는 관점에 따라, 때로는 직관에 의해, 때로는 연역에 의해 인식된다고 말한다. 이때 문제가 되는 것은 '상이한 고찰방식에 따라'라는 말이다. 데카르트는 이것을 제11규칙에서 연역과 열거를 논하는 자리에서 보다 자세히 설명한다. 직관되는 제일원리에서 어떤 것이 직접 도출된다면, 도출되는 것인 한에서 그것은 적어도 하나의 단계 혹은 운동을 포함하고 있을 것이기 때문에, 연역에 의해 이루어지고 있다고 말해야 하지만, 이런 운동이 완성되어 그 전체가 한 번의 통찰로 파악된다면, 그것은 직관에 의해 이루어지는 것으로 보아야 한다는 것이다. 따라서 제3규칙에서 '관점에 따라'라는 말이 갖는 의미는 운동의 '행해지고 있음facienda'에 초점을 맞추는가, 아니면 운동의 '끝났음terminum' 혹은 '행해졌음facta'에 초점을 맞추는가에 따라 직관과 연역이 구별된다는 것이다. 그러나 여러 단계를 거쳐 파악된다면, 그 단계 각각은 기억 속에 보존되어 있어야 하며, 그래서 단순한 연역이 아닌 기억에 의존된 복잡한 연역을 데카르트는 열거에 귀속시킨다.

66 "정신의 측면에서"의 원어는 "ex parte ingenii"이다.

67 "수상쩍은 것", "오류들에 연루된 것"의 원어는 "suspectae", "erroribus obnoxai"이다.

68 'voluntatis actio(의지의 활동)'과 대비된 'ingenii actio'를 '지력의 활동'으로 옮겼다.

69 데카르트는 자신이 신에 의해 계시된 진리를 부정하지 않고 있음을 그의 모든 저서에서 강조한다. 그리고 여기서 '의지의 활동'은 '긍정하고 부정하는' 의지능력이 아니라, 믿음 혹은 신앙의 활동일 것이다.

제4규칙

70 원어는 "Necessaria est methodus ad veritatem investigandam" 이다.

71 "필사자들은 (…) 인도한다"의 원어는 "Tam caeca Mortales curiositate tenentur, ut saepe per ignotas vias deducant ingenia,

absque ulla sperandi ratione, sed tantummodo periculum facturi, utrum ibi jaceat quod quaerunt"이다. 데카르트가 가끔 사용하는 'Mortales'을 '필사자必死者들'로 옮겼다. 이 단어를 대문자로 쓰고 있다는 점에서, '사멸할 수밖에 없는 존재자', 즉 '불멸의 존재자'인 신과 대비되는 원의미를 그대로 살려 번역했다. 머독의 영역, 슈프링마이어와 부케나우의 독역은 이런 의미로 'mortals', 'Sterblichen'으로, 반면 마리옹과 브룬슈빅은 '인간들 les hommes'로 옮긴다. 'ingenium'을 '정신'으로 옮겼다. 'periculum facturi'를 '시험해 보다'로 옮겼다. 이것을 마리옹은 'dans l'intention de resquer', 브룬슈빅은 'pour courir leur chance', 슈프링마이어는 'um einmal den Versuch zu machen', 부케나우는 'um die Probe zu machen'으로 옮긴다.

72 데카르트가 특히 《정신지도규칙》에서 즐겨 사용하는 'industrius'를 '재간이 있는'으로 옮겼다. 머독은 'diligent', 마리옹은 'industrieux', 브룬슈빅은 'habile', 슈프링마이어와 부케나우는 'tüchtig'로 옮긴다. 데카르트는 여기서 이것을 'fortunatus(행운의)'와 대비시킨다.

73 순서 없는 연구들studia inordinata과 모호한 성찰들meditationes obscuras, 자연의 빛의 불투명화 및 정신의 맹목화는 데카르트의 철학이 가장 경계하는 대목이다. 이 문장은 "이런 식으로 나는 우리 자연의 빛을 흐리게 할 수 있는, 이성에 귀를 덜 기울이게 만드는 많은 오류들로부터 조금씩 해방되었다는 것이다"(이 책, 28~29쪽)라는 문장과 좋은 대조를 이룬다.

74 플라톤의 《국가론Poliiteiä》에 나오는 '동굴의 우화'를 연상케 한다.

75 《자연의 빛에 의한 진리 탐구》에 등장하는 폴리안데르가 그 전형적 인물이다. 거기서 폴리안데르는 학교 공부를 전혀 하지 않았지만, 상식sensus communes을 가지고 있는 건전한 인간honnête homme으로 설정된다.

76 "그런데 내가 이해하는 (…) 도달할 것이다"의 원어는 "Per methodum autem intelligo regulas certas et faciles, quas quicumque exacte servaverit, nihil unquam falsum pro vero supponet, et nullo mentis conatu inutiliter consumpto, sed gradatim semper augendo scientiam, perveniet ad veram cognitionem eorum omnium quorum erit capax"이다. 'nihil unquam falsum pro vero suppone'를 '결코 거짓인 어떤 것도 참으로 추정하지 않을 것이다'로 옮겼다. 이것을 머독은 'will never take what is false to be true', 마리옹은 'n'admettront jamais rien de faux pour vrai', 브룬슈빅은 'sera sûr de ne jamais prendre une erreur pour une vérité', 슈프링마이어는 'niemals etwas Falsches für wahr unterstellt', 부케나우는 'wird niemals etwas Falsches als wahr voraussetzen'으로 옮긴다. "정신의 노력을"의 원어는 "mentis conatu"이다. 이것을 머독은 'one's mental efforts', 마리옹은 'l'esprit en efforts', 브룬슈빅은 'les forces des son esprit', 슈프링마이어는 'geistige Mühe', 부케나우는 'geistige Anstrengung'으로 옮긴다.

인식 가능한 모든 것에 대한 참된 인식을 보장해주는 확실하고 쉬운 규칙들로서의 방법을 데카르트는 삼단논법과 같은 다른 인식 수단들과 구별해서 '참된 방법'이라고 부른다. 이것은《방법서설》의 다음 문장과 관련된다. "기하학자들이 그들의 가장 어려운 증명들에 이르기 위해 사용하곤 하는 아주 단순하고 쉬운 그 근거들의 긴 연쇄는 나에게 다음의 것들을 상상할 기회를 주었다. 즉, 인간 인식의 범위 내에 있을 수 있는 모든 것들은 그와 같은 방식으로 서로 따라 나온다는 것이고, 참이 아닌 어떤 것을 참인 것으로 받아들이는 것을 삼가기만 한다면, 그리고 그것들을 서로 연역하는 데 필요한 순서를 언제나 지키기만 한다면, 마침내 도달하지 못할 정도로 멀리 떨어진 것은 아무것도 있을 수 없고, 발견하지 못할 정도로 숨겨진 것은 아무것도 있을 수 없다는 것이다."(이 책, 38쪽)

77 "정신의 직관이나 연역을 통해서"의 원어는 "per mentis intuitum vel deductionem"이다.

78 'praeceptum'을 '규정'으로 옮겼다. 정신의 직관과 연역 작용operatio들은 모든 것 가운데 가장 단순한simplicissimae 것들, 최초의primae 것들, 즉 가장 근원적인 것으로 간주되고, 따라서 규칙 자체도 이 작용에 의해 비로소 파악되는 것으로 설명한다.

79 "변증론"의 원어는 "Dialectica"이다. 당대의 강단 논리학인 아리스토-스콜라 논리학을 의미할 것이다. 브룬슈빅은 '정신의 다른 작용들aliae mentis operationes'이 개연적 추측conjecture probable이라고 생각한다(Jacques Brunschwig (tr. et notes), *Règles Pour La Direction de L'Esprit, Livre de Poche*, 2002, (이하 '브룬슈빅'), 90쪽, 각주 2 참조).

80 "나는 (…) 확신했다"의 원어는 "facile mihi persuadeo, illam jam ante a majoribus ingeniis, vel solius naturae ductu, fuisse aliquo modo perspectam"이다. 'ingenia'를 '지력들'로 옮긴바, 이는 데카르트가 바로 다음 문장에서 'humana mens(인간의 정신)'이라

는 용어를 사용하기에, 이 둘을 구별할 필요가 있었기 때문이다. 직역하면 '지력들'이겠지만, '지력의 소유자들'로 의역했다. 'ingenia'와 'human mens'를 머독은 'minds'와 'human mind', 마리옹은 'esprit'와 'esprit humain', 브룬슈빅은 'esprits'와 'esprit humain', 슈프링마이어는 'Talenten'과 'der menschliche Geist', 부케나우는 'Geistern'과 'der menschliche Geist'로 옮긴다. 슈프링마이어만이 이 둘을 구별한다. "오직 자연의 인도에 의해서라고 해도"의 원어는 "vel solius naturae ductu". 이것을 머독은 'guided to it even by nature alone', 마리옹은 'même conduit par la simple nature', 브룬슈빅은 'ou plutôt ceux qui se laissaient guider par la seule nature', 슈프링마이어는 'sei es auch nur instinktiv', 부케나우는 'selbst wenn sie bloß ihrer Natur folgten'으로 옮긴다. 'naturae ductu'는 데카르트의 저서에서 매우 드물게 나타나는 표현이다. 'perspicere'를 어의에 맞게 '꿰뚫어 환히 살피다'라는 뜻의 '통관하다'로 옮겼다. 이것을 머독은 'be aware of', 마리옹과 브룬슈빅은 'apercevoir', 슈프링마이어는 'durchschauen', 부케나우는 'erfassen'으로 옮긴다.

81 이것은 이른바 '진리의 씨앗'이 인간 정신에 본유적으로 내재되어 있다는 합리주의자들의 주장을 극명하게 보여주는 문장이다. "왜냐하면 인간 정신은 (…) 생산하기 때문이다"의 원어는 "Habet enim humana mens nescio quid divini, in quo prima cogitationum utilium semina ita jacta sunt, ut saepe, quantumvis neglecta et transversis studiis suffocata, spontaneam, frugem producant"이다.

82 "산술", "기하학" 그리고 "대수"의 원어는 "Arithmetica",

"Geometria", "Algebra"이다.

83 'analysis'를 '해석'으로 옮겼다.

84 이것과 유사한 내용이《자연의 빛에 의한 진리 탐구》에도 나타나 있다. "왜냐하면 나는 인류에게 이 모든 것을 믿게 한 최초의 사람들이 이 명제들을 입증해주는 매우 강력한 근거들을 갖고 있었음을 전혀 의심하지 않기 때문입니다. 그러나 그 근거들은 그 이래로 아주 드물게 전해져서, 그것을 아는 이가 더 이상 없습니다."(이현복, 151쪽)

85 "그리고 지금은, (…) 다름없고"의 원어는 "Atque haec duo hihil aliud sunt, quam spontaneae fruges ex ingenitis hujus methodi principiis natae"이다.

86 이와 같은 입장은《성찰》의 〈헌사〉중 다음 문장과 관련될 것이다. "몇몇 이들은 제가 학문에서 온갖 종류의 어려움을 해결하기 위해 어떤 방법을 계발했다고 알고 있습니다. 진리보다 더 오래된 것은 아무것도 없으니 이 방법은 새로운 것이 아니긴 합니다만, 그들은 제가 가끔 그 방법을 다른 경우에 적용해서 성과를 거두는 것을 보았기 때문에, 이 일을 해보라고 극히 집요하게 요청해 왔습니다. 그래서 이 주제에 대해 무언가를 시도하는 것이 제 의무라고 생각했습니다."(이현복, 19쪽)

87 "계산가들"의 원어는 "Logistae"이다. 이것을 머독은 'arithmeticians', 마리옹은 'Calculateurs', 브룬슈빅은 'arithméticiens', 슈프링마이어는 'Rechner', 부케나우는 'Rechenkünstler'로 옮긴다. 희랍에서, 계산의 기예인 'logistikè'와 수의 성질들, 관계들, 종류들에 대한 이론적 연구인 'arithmètikè'가 구별된다는 점에서, '산술가'보다는 '계산가'가

적합할 것이다.

88 "통상적인 수학"의 원어는 "vulgari Mathematica"이다.

89 앞에서 '학문 분야'로 옮긴 'disciplina'를 여기서는 '학문'으로 옮겼다.

90 "부분들", "외피"의 원어는 "partes", "integumentum"이다. 이것들을 머독은 'inner parts'와 'outer garments', 마리옹은 'parties'와 'habit', 브룬슈빅은 'parties constituantes'와 'revêtement', 슈프링마이어는 'Teilstucke'와 'Hülle', 부케나우는 'Teile'와 'Hülle'로 옮긴다.

91 'prima rudimenta'을 '제일 맹아들'로, 'rudimentum'을 '사물의 시초가 되는 것'이라는 의미의 '맹아'로 옮겼다. 이것을 머독은 'primary rudiments', 마리옹은 'premiers essais', 브룬슈빅은 'premiers rudiments', 슈프링마이어는 'erste Vorschule', 부케나우는 'wurzelhafte Grundlagen'로 옮긴다.

92 '통상 수학'과 대비되는 또 다른 학문은 '보편수학Mathematica universalis'을 가리킨다. 통상 수학은 보편수학의 파생물인 '외피' 혹은 '껍데기'에 지나지 않고, 반면에 보편수학은 인간 이성의 제일 맹아들 혹은 기초들을 간직하고 있으며, 따라서 모든 대상에 적용될 수 있는 타 학문의 원천fons이라는 것이다.

93 "인간적인 면에서 우리에게 전승된"의 원어는 "nobis humanitus tradita"이다. 이것을 머독은 'with which human beings are endowed', 마리옹은 'que nous aient laissée les hommes', 브룬슈빅은 'à nous transmise par voie humaine', 슈프링마이어는 'von Menschen gelehrte', 부케나우는 'uns auf Menschenart überlieferten'으로 옮긴다.

94 라이프니츠 유작 속에서 발견된 1678년 수고본에서는 제4규칙이 여기서 끝난다. 그러나 1701년 라틴어판, 1684년 네덜란드어판은 이하의 텍스트를 제4규칙과 연결시킨다. 이 책의 원전인 아당 타네리 판은 라틴어판과 네덜란드어판을 따르기 때문에, 우리도 이하의 텍스트를 제4규칙에 포함시켰으며, 이런 사정을 알리기 위해 앞부분과 줄을 띄워 구분했다. 제8규칙에서도 이와 같은 부분이 있다.

95 "수학의 분과 학문들"의 원어는 "Mathematicas disciplinas"이고, "말하자면"의 원어는 "tanquam"이다. 후자를 머독은 'as it were', 마리옹은 'comme', 브룬슈빅은 'pour ainsi dire', 슈프링마이어와 부케나우는 'gleichsam'으로 옮긴다.

96 'Scriptores'를 '저술가들', 'Auctores'를 '작자들'로 옮겼다.

97 "그것들에 대해 계산하고 나서"의 원어는 "subductis rationibus"이다. 이것을 머독은 'once I had gone over the calculations for myself', 마리옹은 'après en avoir fait les calculs', 브룬슈빅은 'après avoir fait les calculs nécessaires', 슈프링마이어는 'nach Überlegung', 부케나우는 'nach Prüfung der Gründe'로 옮긴다.

98 "어떤 식으로 눈에 현시하고 있었고"의 원어는 "oculis quodammodo exhibebant"이다. 이것을 머독은 'displayed many geometrical truths before my ver eyes, as it were', 마리옹은 'en faisaient voir beaucoup en une certaine manière a mes yeux mêmes', 브룬슈빅은 'me plaçaient juste sous les yeux, pour ainsi dire', 슈프링마이어는 'hinstellten vieles gewissermaßen gleich vor die Augen', 부케나우는 'auseinandersetzen vieles den Augen wohl'로 옮긴다.

99 "정신 자체에 충분히 보여주는"의 원어는 "menti ipsi satis ostendere"이다. 이것은 앞 문장의 "어떤 식으로 눈에 현시하고"와 대조를 이룰 것이다.

100 "심지어 재능 있고 교육받은 이들 대부분", "뒤얽힌"의 원어는 "plerique etiam ex ingeniosis et eruditis", "intricatis"이다.

101 "추상적인 수들과 상상적 도형들"의 원어는 "nudos numeros figurasque imaginarias"이다. 'nudus'를 브룬슈빅의 'abstrait'에 따라 '추상적'으로 옮겼다. 이것을 머독은 'bare', 마리옹은 'nu', 슈프링마이어는 'nackt', 부케나우는 'bloß'로 옮긴다. "안주하려는"의 원어는 "conquiescere"이다.

102 "혼란스러운 수들로 감싸인"의 원어는 "confuis numeris involutas"이다. 'expedire'를 'resolvere(해결하다)'와 구별해서 '풀다'로, 'intricatus'를 '복잡한'으로 옮겼다.

수학의 단점을 《방법서설》에서는 다음과 같이 말한다. "젊었을 때 나는 (…) 기하학자들의 해석과 대수학을 공부했다. (…) 고대인의 해석과 근대인의 대수학에 대해 말하자면, 그것들이 아주 추상적이고 용도가 전혀 없어 보이는 주제들에만 적용되고 있다는 것 외에도, 전자는 늘 도형의 고찰에 너무 매여 있어 상상력을 매우 지치게 하지 않고는 지성을 실행시킬 수 없다는 것이고, 후자는 특정한 규칙들과 특정한 기호들에 너무 사로잡혀 있어서 정신을 계발하는 학문이기는커녕 정신을 당황하게 하는 혼동되고 모호한 기예가 되고 말았다는 것이다."(이 책, 36~37쪽)

103 여기서 "수학"의 원어는 "Matheseos"이다. 마리옹만이 이것을 "mathematics"가 아니라 "Mathesis"로 옮긴다. 플라톤이 설립

한 학교 '아카데미아Académeia' 정문에 쓰여 있었다는 "기하학을 모르는 자는 이곳에 들어오지 말라No one ignorant of geometry may enter"는 말을 가리킬 것이다.

104 "정신"의 원어는 "ingenia"이다. 슈프링마이어만이 '정신'이 아니라 '재능Talente'으로 옮긴다. 'capessere'를 '발을 들여놓다'로 옮겼다. 이것을 머독은 'grasp', 마리옹은 'recevoir', 브룬슈빅은 'comprendre', 슈프링마이어는 'zur Beschäftigung mit', 부케나우는 'zum Verständnis'로 옮긴다.

105 여기서 "수학"의 원어는 "mathesis"이다.

106 "광희와 희생제들"의 원어는 "insanae exsultationes et sacrificia"이다. 피타고라스가 자신의 이름을 붙인 '정리들'을 발견한 후, 소 100마리를 신에게 제물로 바친 경우가 한 사례일 것이다.

107 플라톤의 친구이자 당대 수학자였던 아르키타스Archytas de Tarente가 만들어낸 인공 비둘기가 한 사례일 것이다.

108 "인간 정신에 (…) 씨앗들"의 원어는 "prima quaedam veritatum semina humanis ingeniis a natura insita"이다. "정신"의 원어는 "ingeniiis"이다.

109 "정신의 빛을 통해"의 원어는 "mentis lumine"이다.

110 "철학과 수학의 참된 이념들"의 원어는 "Philosophiae et Matheseos veras ideas"이다.

111 "참된 수학의 몇몇 흔적들"의 원어는 "verae Matheseos vestigia"이다. 기원후 3세기 알렉산더 시대의 수학자들을 가리킨다. 데카르트는 1631년에 '파포스의 문제'라는 이름으로 전통적으로 지칭된 기하학의 문제를 성공적으로 해결한 바 있다.

112 'acutule'를 '예리하게'로 옮겼다.

113 "매우 재능 있는 인물들"의 원어는 "ingeniosissimi viri"이다.

114 "물론 대수가 (…) 말이다"의 원어는 "si tantum multiplicibus numeris et inexplicabilibus figuris, quibus obruitur, ita possit exsolvi, ut non amplius ei desit perspicuitas et facilitas summa, qualem in vera Mathesi esse debere supponimus"이다. 'inexplicabilis'를 '설명할 수 없는'으로 옮겼다. 이것을 머독은 'incomprehensible', 마리옹은 'inexplicable', 부켄나우는 'inintelligible', 슈프링마이어는 'unauflöslich', 부케나우는 'unerklärbar'로 옮긴다. 16~17세기 수학자들의 기호 사용법은 지금 우리의 것과 아주 달랐다. 데카르트는 《기하학Géométrie》 제3부에서 이런 기호를 단순화시킨다.

115 "산술과 (…) 탐구로"의 원어는 "a particularibus studiis Arithmeticae et Geometriae ad generalem quandam Matheseos investigationem"이다.

116 "다른 모든 학문 분야들은, (…) 때문이다"의 원어는 "nam cum Matheseos nomen idem tantum sonet quod disciplina, non minori jure, quam Geometria ipsa, Mathematicae vocarentur"이다. 데카르트는 희랍어 'mathesis(지식/배움)'를 가져와, 그 의미가 'disciplina(학문/가르침/배움)'임을 밝히고, 그래서 다른 학문 분야들 또한 '기하학' 못지않게 'Mathematica'로 불릴 수 있는 권리를 갖게 된다는 점을 지적한다. 'Mathesis'와 'Mathematica' 모두 '수학'으로, 이 경우에 'disciplina'를 '지식'으로 옮겼다. 'disciplina'를 머독은 'discipline'로 옮기지만, 그 각주에서 그 의미가 'to learn'임을 밝힌다. 마리옹은 'discipline'로, 브룬슈빅은 'science', 슈프링마이어는 'Lehre', 부케나우는 'Wissen'으로 옮

긴다. 아당 타네리 판에 '다른 모든 학문 분야들도'에 해당하는 문구는 없지만, 그 각주에서 'omnes ou cæteræ disciplinæ'가 빠져있음을 강하게 암시한다(AT-X, 377쪽, 각주 b. 참조). 이에 따라 마리옹은 'toutes les autres'를 추가하고, 다른 역자들 또한 이것을 함께 번역한다. 머독은 'these subjects', 브룬슈빅은 'toutes les disciplines', 슈프링마이어는 'alle sonstigen Wissenschaften', 부케나우는 'die genannten 〈Disziplinen〉'으로 옮긴다.

117 '순서ordo'와 '척도mensura'는 다시 제14규칙에서 고찰된다.

118 "어떤 특수한 질료에 지정됨이 없이"의 원어는 "nulli speciali materiae addictas"이다. 이어지는 "어떤 일반적 학문generalem quandam scientiam"과 대비된다.

119 이를테면, 대수Algebra는 아랍어에서 나온 단어이다.

120 보편수학은 순서와 척도에 의해 탐구되는 학문이다.《방법서설》에서는 '비례'에 의해 연구하는 학문으로 간주한다. "그 학문들은, 그 대상들이 다르긴 해도, 이것들에서 발견되는 상이한 관계들 혹은 비례들만을 고찰한다는 점에서, 그 모두가 일치하고 있음을 보고서, 나는 그 비례들만을 일반적으로 조사하고, 내가 그 비례들을 보다 쉽게 인식하는 데 도움이 될 만한 주제들 안에서만 그것들을 가정하는 것, 또한 심지어 그 비례들을 그 주제들에만 국한하지 않고, 나중에 그것들에 어울리는 다른 모든 주제들에도 그만큼 더 잘 적용할 수 있도록 하는 것이 더 가치가 있겠다고 생각했다."(이 책, 39쪽)

121 'perquirere'를 '구명하다'로 옮겼다. 이것을 머독은 'pursue', 마리옹은 'cultiver', 브룬슈빅은 'explorer', 슈프링마이어와 부케나우는 'durchforschen'으로 옮긴다.

122 "인간 정신", "보다 대단한 것들"의 원어는 "humana ingenia", "grandiora"이다.

123 "나의 약함을 의식하면서"의 원어는 "tenuitatis meae conscius" 이다. 데카르트의 텍스트에서 좀처럼 보기 힘든 단어인 'conscius'가 출현하는 대목이다. 이 '의식' 개념에 대한 구체적 인 논의는 《제일철학에 관한 성찰》의 해설(이현복, 493~507쪽) 을 참조하라. 이 구절을 머독은 'Aware how slender my power are', 마리옹은 'comme j'ae conscience de ma faiblesse', 브룬슈빅 은 'conscient de ma faiblesse', 슈프링마이어는 'meiner Schwäche bewußt', 부케나우는 'im Bewußtsein meiner Schwäche'로 옮 긴다.

124 'excolere'를 '공들여 가꾸다'로 옮겼다.

125 "조금 더 고상한"의 원어는 "paulo altiores"이다.

126 "보다 자유로운 영혼"의 원어는 "liberiorem animum"이다.

제5규칙

127 원어는 "Tota methodus consistit in ordine et dispostione eorum, ad quae mentis acies est convertenda, ut aliquam veritatem inveniamus. Atqui hanc exacte servabimus, si propositiones involutas et obscuras ad simpliciores gradatim reducamus, et deinde ex omnium simplicissimarum intuitu ad aliarum omnium cognitionem per eosdem gradus ascendere tentemus"이 다. 'dispostio'를 '배열'로, 'involutus'를 '복잡한'으로 옮겼다. 후

자를 머독은 'complicated', 마리옹은 'embarrassé', 브룬슈빅은 'complexe', 슈프링마이어와 부케나우는 'verwickelt'로 옮긴다. 'ascendere'를 '오르다'로 옮겼다. "정신의 눈"의 원어는 "mentis acies"이다.

128 "이것 하나에 인간의 재간 전체의 총합이 들어 있고"의 원어는 "In hoc totius humanae industriae summa continetur"이다. 이것을 머독은 'This on Rule covers the most essential points in the whole of human endeavour', 마리옹은 'Ceci seul renferme la somme de toute l'industrie humaine', 브룬슈빅은 'C'est en ce seul précepte que se trouve l'essentiel de toute la ressource humaine', 슈프링마이어는 'Hierin allein ist die Summe aller menschlichen Anstrengungen enthalten', 부케나우는 'In diesem einen Punke ist die Summe aller menschlichen Anstrengungen' 으로 옮긴다. 'industria'를 '재간'으로 옮겼는데, 이것을 머독은 'endeavour', 마리옹은 'industrie', 브룬슈빅은 'ressource', 슈프링마이어와 부케나우는 'Anstrengung'으로 옮긴다.

데카르트는 이 규칙, 즉 분해resolutio와 복합compositio의 규칙이 방법의 핵심임을 강조한다. 분해와 복합의 규칙은 《방법서설》 제2부에 제시된 네 규칙들 가운데 두 번째와 세 번째 규칙으로 등장한다. 이 두 규칙은 보편수학과 관련해서 언급된 '분석 analysis'의 방법 안에 포함된 과정들이다.

129 데카르트의 언어유희가 엿보이는 'aggredi'와 'ingredi'를 '향해가다'와 '들어가다'로 옮겼다. 이것들을 머독은 'set out' 과 'enter', 마리옹은 's'attaquer'와 'pénétrer', 브룬슈빅은 'accéder'와 'pénétrer', 슈프링마이어는 'in Angriff nehmen'과

'eindringen', 부케나우는 'heranwagen'과 'hineintrauen'으로 옮긴다.

130 'praescipere', 'praesumere'를 '명하다', '추정하다'로 옮겼다. 전자를 마리옹은 'édicter'로, 후자를 브룬슈빅은 's'imaginer'로 옮긴다.

131 "무질서하게"의 원어는 "inordinate"이다. 이것을 머독은 'in a disorderly manner', 마리옹은 'avec désordre', 브룬슈빅은 'de facon désordonnée' 혹은 'avec peu de méthode', 슈프링마이어는 'unordentlich', 부케나우는 'ohne jede Ordnung'으로 옮긴다.

132 데카르트가 즐겨 사용하는 'animadvertere'를 '알아차리다'로 옮겼다. 이것을 머독은 'notice', 마리옹과 브룬슈빅은 'remarquer', 슈프링마이어는 'bemerken'으로 옮긴다.

133 'designere'를 '지시하다'로 옮겼다. 이것을 머독은 'delineate', 마리옹은 'designer', 브룬슈빅은 'signaler', 슈프링마이어와 부케나우는 'angeben'으로 옮긴다.

134 "기구들"의 원어는 "instrumenta"이다. 이것을 마리옹은 'engins'으로 옮긴다. 'temere'를 '무턱대고'로 옮겼다.

135 'agnoscere', 'exponere', 'diligenter'를 '알아보다', '개진하다', '세심히'로 옮겼다.

제6규칙

136 원어는 "Ad res simplicissimas ab involutis distinguendas et ordine persequendas, oportet in unaquaque rerum serie, in qua

aliquot veritates unas ex aliis directe deduximus, observare quid sit maxime simplex, et quomodo ab hoc caetera omnia magis, vel minus, vel aequaliter removeantur"이다. 'persequor'를 '추적하다', 'directe'를 '곧바로'로 옮겼다. 'series'를 '계열'로 옮겼다. 이것을 머독은 'series', 브룬슈빅은 'série', 슈프링마이어와 부케나우는 'Reihe'로, 마리옹은 'suite'로 옮긴다. '사물들의 각 계열 안에서'로 번역한 'in unaquaque rerum serie'에서, 'res(사물들)'을 브룬슈빅은 'termes(항들)', 부케나우는 'Gegenstände(대상들)'로 옮긴다. 'removere'를 '떨어지다/멀어지다'로 옮겼다.

137 "명제"의 원어는 "propositio"이다. 이것을 머독은 'Rule', 슈프링마이어는 'Regel', 즉 '규칙'으로 옮긴다. 이는 데카르트가 이 텍스트에서 종종 이 둘을 동의어로 혼용하기 때문이다. 'docere'를 '가르치다'로 옮겼다. "기예의 주요한 비밀"의 원어는 "praecipuum artis secretum"이다. 'ars'를 머독은 'methode', 브룬슈빅은 'méthode', 부케나우는 'Methode', 즉 '방법'으로, 반면 마리옹은 'art', 슈프링마이어는 'Kunst', 즉 '기예'로 옮긴다.

138 "왜냐하면 이 규칙은 (…) 일러주고"의 원어는 "monet enim res omnes per quasdam series posse disponi, non quidem in quantum ad aliquod genus entis referuntur, sicut Philosophi in categorias suas diviserunt, sed in quantum unae ex aliis cognosci possunt"이다. 'ens'를 '존재자', 'monere'를 '일러주다'로 옮겼다. 사물들을 존재론적 관점에 아니라 인식론적 관점에서 접근하겠다는 데카르트의 의지가 담겨있는 문장이다. 이는 곧, '실체', '질', '양', '관계' 등을 '범주들categorias'로 삼아, 존재자들을 보다

일반적인 등급 체계 안에 설정하는 아리스토텔레스의 입장과 다르다는 것을 시사한다. 아리스토텔레스는 예컨대, 다음과 같은 방식으로 존재자를 규정한다. 소크라테스는 인간이라는 종에, 동물이라는 유에, 나아가 더 높은 유인 생명체에, 마지막으로 실체라는 범주에 소속된다. 범주는 가장 일반적 단계를 지칭하고, 존재자의 종을 정의한다.

139 'perlustrare'를 '검토하다'로 옮겼다. 이것을 머독은 'looking at', 마리옹은 'parcourir du regard', 브룬슈빅은 'resoudre', 슈프링마이어는 'durchmustern', 부케나우는 'untersuchen'으로 옮긴다.

140 "우리 의도에"의 원어는 "ad nostrum propositum"이다.

141 "고립된 본성들"의 원어는 "naturas solitarias"이다. 이것을 머독은 'isolated natures', 마리옹은 'natures 〈comme〉 separées', 브룬슈빅은 'nature isolément', 슈프링마이어는 'eigentümliche Sondernaturen', 부케나우는 'Wesenheiten im einzelnen'으로 옮긴다. 사물들의 본성들을 별도로 분리해서 그 각각을 고찰하는 것이 아니라, 그것들을 상호 연관성 아래서 인식한다는 의미일 것이다. "절대적이거나 상대적"의 원어는 "vel absolutas vel respectivas"이다. 이것을 머독은 "either 'absolute' or 'ralative'", 마리옹과 브룬슈빅은 'soit absolues, soit reatives', 부케나우는 'als absolut oder als relativ'로, 슈프링마이어는 'teils absolut, teils respektiv'로 옮긴다.

142 "나는 문제가 (⋯) 절대적이라고 부른다"의 원어는 "Absolutum voco, quidquid in se continet naturam puram et simplicem, de qua est quaestio"이다.

143 "독립적인, (…) 모든 것이다"의 원어는 "ut omne id quod consideratur quasi independens, causa, simplex, universale, unum, aequale, simile, rectum, vel alia hujusmodi"이다. 마리옹은, 다른 역자들이 'quais'를 'as', 'comme', 'als'로 옮기는 것과 달리, 그것을 'comme s'il était'로 번역한다.

144 "바로 이것을"의 원어는 "idem primum"이다. 마리옹만이 이것을 'ce primier 〈terme〉'으로 번역한다.

145 "그러나 상대적이란 (…) 것이다"의 원어는 "Respectivum vero est, quod eandem quidem naturam, vel saltem aliquid ex ea participat, secundum quod ad absolutum postest referri, et per quandam seriem ab eo deduci"이다. 'aliquid ex ea'를 '동일한 본성 가운데 어떤 것'로 옮겼다. 이것을 머독은 'something of the same nature', 마리옹은 'de quelque chose pris d'elle', 브룬슈빅은 'de quelqu'un de ses aspects', 슈프링마이어는 'an etwas aus ihr', 부케나우는 'in bestimmter Weise an ihr'로 옮긴다.

146 "그러나 이외에도, (…) 포함시킨다"의 원어는 "sed insuper alia quaedam in suo concepto involvit, quae respectus appello"이다. "다른 어떤 것들을 자신의 개념 안에"의 원어는 "alia quaedam in suo concepto"이다. 이것을 마리옹은 'quelques autres termes dans sa conception', 브룬슈빅은 'en son concept d'autres choses'로 옮긴다. 'respectus'를 '관계들'로 옮겼다. 영역과 불역 모두 'relations'로, 독역 모두 'Beziehungen'으로 옮긴다.

147 "의존적인, (…) 모든 것이다"의 원어는 "tale est quidquid dicitur dependens, effectus, compositum, particulare, multa, inaequale, dissimile, obliquum, etc"이다.

148 "이 상대적인 것들은"의 원어는 "Quae respectiva"이다. 이것
을 머독은 'such relative attributes', 마리옹과 브룬슈빅은 'Ces
termes relatifs', 슈프링마이어는 'Dieses Respektive', 부케나우
는 'Dieses Relative'로 옮긴다.

149 "이로써 우리는 (…) 이를 수 있다는 것이다"의 원어는
"quos omnes distinguendos esse monemur in hac regula, et
mutuum illorum inter se nexum naturalemque ordinem ita esse
observandum, ut ab ultimo ad id, quod est maxime absolutum,
possimus pervenire per alios omnes transeundo"이다. "마지막
것에서부터 최고로 절대적인 것에까지"의 원어는 "ab ultimo ad
id, quod est maxime absolutum"이다. 이것을 마리옹은 'a partir
du dernier le terme le plus absolu', 브룬슈빅은 'du dernier terme
jusqu'a celui qui est le plus absolu'로 옮기면서, '항terme'을 추가
한다.

150 "측정 가능한 것들 중에서", "연장들 중에서는"의 원어는
"inter mensurablilia", "inter extensiones"이다. 이것들을 머독
은 'where measurable items are concerned', 'among the varieties
of extension', 마리옹은 'entre les termes mesurables', 'entre les
étendues', 브룬슈빅은 'parmi les choses mesurables', 'parmi les
types d'étendue', 부케나우는 'uter dem Meßbaren', 'unter den
Ausdehnungen'으로 옮긴다.

151 'de industria'를 '의도적으로'로 옮겼다. 이것을 머독은
'deliberately', 마리옹은 'par un biais industrieux', 브룬슈빅은
'de propos délibéré', 슈프링마이어와 부케나우는 'absichtlich'
로 옮긴다.

152 "상관적"의 원어는 "correlativa"이다. 이것을 머독은 'correlatives', 마리옹은 'corrélatifs', 브룬슈빅은 'des termes corrélatifs', 슈프링마이어는 'korrelativ', 부케나우는 'korrelative Begriffe'로 옮긴다.

153 'correspondent'를 '대응하다'로 옮겼다. 이것을 머독은 'correlative', 마리옹과 브룬슈빅은 'se correspondent', 부케나우는 'entsprechen'으로 옮긴다.

154 "둘째로 유의해야 하는 것은, (…) 있다는 점이다"의 원어는 "Notandum secundo paucas esse duntaxat naturas puras et simplices, quas primo et per se, non dependenter ab aliis ullis, sed vel in ipsis experimentis, vel lumine quodam in nobis insito licet intueri"이다. 'insitus'를 '놓여 있는'으로 옮겼다. 이것을 머독은 'innate', 슈프링마이어와 부케나우는 'angeboren'으로, 마리옹은 'mis', 브룬슈빅은 'situé'로 옮긴다. 단순 본성의 종류 및 인식 방식에 대해서는 제8규칙과 제12규칙에서 보다 자세히 설명된다.

155 "직접적으로 그리고 바로 이어서"의 원어는 "ummediate et proxime"이다. 이것을 머독은 'immediately and directly', 마리옹은 'immédiatement et prochainement', 슈프링마이어는 'unmittelbar und gleich anschließend', 부케나우는 'unmitellbare und nächste Weise'로 옮긴다.

156 "최초의 그리고 최고로 단순한 명제로부터"의 원어는 "a prima et maxime simplici propositione"이다.

157 "그리고 귀결들의 (…) 이러하다"의 원어는 "Atque talis est ubique consequentiarum contextus, ex quo nascuntur illae rerum

quaerendarum series, ad quas omnis quaestio est recucenda, ut certa methodo possit examinari"이다. 'consequentiarum contextus'를 '귀결들의 맥락'으로 옮겼다. 이것을 머독은 'chain of inferences', 마리옹은 'enchaînement des conséquences qui s'entresuivent', 슈프링마이어는 'Zusammenhang der Schlußforgerungen', 부케나우는 'Verknüpfung der Folgesaätze'로 옮긴다. 브룬슈빅은 처음에 'connexion de conséquences'로 옮겼지만, 나중에 'suite des conséquences'로 수정하는바, 그 이유를, '불어에서 connexio,concatenatio, vinculis, nexus를 서로 구별하기 위해서'라고 밝히고, 문제의 'consequentiarum contextus'는 'tissu de consequences(귀결들의 직물)'로 번역될 수 있을 것이라고 말한다(브룬슈빅, 102쪽 및 각주 2 참조).

158 'recencere', 'memoria retinere', 'acumine quodam ingenii dignoscere', 'ingenia formare'를, '점검하다', '기억으로 파지하다', '정신의 어떤 예리함으로 식별하다', '정신을 도야하다'로 옮겼다. "어떤 것"의 원어는 "aliquid"이다. 이것을 머독은 'a means', 마리옹은 'quelque〈moyen〉', 브룬슈빅은 'un moyen', 슈프링마이어는 'etwas', 부케나우는 'Mittel'로 옮긴다.

159 "가장 하찮은 것들에 대해", "어떤 명민함으로"의 원어는 "ad minima quaeque", "cum quadam sagacitate"이다. 이것들을 머독은 'the minute details', 'with some discernment', 마리옹은 'aux moindres', 'avec quelque adresse', 브룬슈빅은 'aux plus insignifiantes même', 'avec un pue de sagacité', 슈프링마이어는 'das Geringfügigste', 'mit einer Art Spürsinn', 부케나우는 'über das geringste', 'mit einer Art Spuürsinn'으로 옮긴다. 정신의 명

민함sagacitas을 키우는 길은 제10규칙에 제시된다.

160 "오히려 (…) 모아야 하고"의 원어는 "sed, antequam ad determinatas aliquas quaestiones nos accingamus, prius opertere absque ullo delectu colligere sponte obvias vertate"이다. 'determinatus'를 '결정된', 'accingere'를 '손을 대다/착수하다', 'sponte obvius'를 '저절로 쉽게 만날 수 있는', 'absque ullo delectu'를 '무작위로'로 옮겼다.

161 'inventus', 'reperire'를 '발견된', '찾아내다'로 옮겼다. 이 것들을 머독은 'discovered', 'discover', 마리옹은 'trouvé', 'trouver', 슈프링마이어는 'gefunden', 'finden', 부케나우는 'neu hinzugefunden', 'finden'으로, 부케나우는 'decouvertes', 'trouver'로 옮긴다. "더 먼저 그리고 더 쉽게"의 원어는 "prius et facilius"이다. 이것을 머독은 'sooner and more easily', 마리옹은 'plus vite et plus aisément', 브룬슈빅은 'plus raidement et plus facilement'으로, 슈프링마이어는 'früher und leichter', 부케나우는 'eher und leichter'로 옮긴다. 《정신지도규칙》에서 드물게 사용되는 'cogitare'를 '사유하다'로 옮겼다. 이것을 마리옹만이 'penser'로, 머독은 'consider', 브룬슈빅은 'réfléchir', 슈프링마이어와 부케나우는 'nachdenken'으로 옮긴다.

162 "사물들의 (…) 얽혀있는지를"의 원어는 "qua ratione omnes quaestione, quae circa proportiones sive habitudines rerum proponi possunt, involvantur"이다. 'proportiones sive habitudines'를 머독은 'proportions or relations', 마리옹은 'les proportions ou les façons', 브룬슈빅은 les proportions ou les rapports', 슈프링마이어와 부케나우는 'Proportionen oder

Verhältnisse'로 옮긴다. 'qua ration'를 마리옹은 'selon quelle raison', 브룬슈빅은 'de quelle manière', 슈프링마이어는 'welchen Charakter', 부케나우는 'inwiefern'으로 옮긴다.

163 "순수수학이라는 학문 전체의 요점을 포괄한다"의 원어는 "quod unum totius scientiae pure mathematicae summam complectitur"이다. 'complecti'를 '개괄하다'로, 'summa'를 '요점'으로 옮겼다. 후자를 머독은 'essential core', 마리옹은 'somme', 브룬슈빅은 'l'essentiel', 슈프링마이어는 'springender Punkt'로 옮긴다.

164 "따로따로 그리고 그 밖의 것들을 고려함이 없이"의 원어는 "seorsim et nulla habita ratione ad caeteras"이다. 이것을 머독은 'separately and without regard to the others', 마리옹은 'à part et non point en raison des autres', 브룬슈빅은 'à part et sans tenir aucum compte des autres', 슈프링마이어는 'getrennt voneinander und ohne ein Verhältnis zu den übrigen gehabt zu haben', 부케나우는 'für sich, und ohne daß ein Verhältnis zu den übrigen vorläge'로 옮긴다.

165 "그 이유를 들여다보면"의 원어는 "cujus rei rationem intuenti"이다. 'intueri'를 '직관하다'가 아니라 '들여다보다'로 옮겼다. 이것을 머독은 'If we look into the reason for this', 마리옹은 'pour celui qui en regarde la raison', 브룬슈빅은 'pour qui en voit intuitivement la raison', 슈프링마이어는 'Faßt man den Grund dafür ins Auge', 부케나우는 'jedem, der nach dem Grund hierfür forscht'로 옮긴다.

166 "그 나눗셈으로부터 새로운 어떤 것"의 원어는 "nova quaedam

ex ejus divisione"이다. 이것을 머독은 'a new ratio by dividing this one', 마리옹은 'une nouvelle par la division', 브룬슈빅은 'une nouvelle par sa division', 슈프링마이어는 'aus deren Teilung eine neue Proportion', 부케나우는 'durch deren Teilung etwas Neues'로 옮긴다.

167 이것은 $\frac{3}{x} = \frac{x}{12}$인 2차 방정식에 해당하는 문제다.

168 이것은 $\frac{3}{6} = \frac{6}{x}$인 1차 방정식에 해당하는 문제다.

169 이것은 $\frac{3}{x} = \frac{x}{y} = \frac{y}{24}$인 3차 방정식에 해당하는 문제다.

170 "더 어려웠을"의 원어는 "difficilius fuisset"이다. 'fuisset'의 시제가 접속법 과거분사라는 점을 고려하여, 브룬슈빅이 'aurait été plus difficile', 슈프링마이어가 'schwieriger gewesen wäre'로 옮기는 반면, 머독과 마리옹은 접속법 현재형으로 'would be more difficult', 'serait plus difficile'로, 부케나우는 직설법 현재형으로 'schwieriger ist'로 옮긴다.

171 이것은 $\frac{3}{x} = \frac{x}{y} = \frac{y}{z} = \frac{z}{48}$인 4차 방정식에 해당하는 문제지만, 양 끝항과 중간항을 치환하면, $\frac{3}{y} = \frac{y}{48}$가 되고, 이것은 2차 방정식에 해당하는 문제다. y가 결정되면, 같은 차수의 두 방정식에서 x와 z가 결정될 수 있다. 이상과 유사한 예가 제11규칙에서 다시 사용된다.

172 'directe' 뒤의 'indirecte'를, 'immediate(직접적으로)', 'mediate (간접적으로)'와 구별해서, '곧바로', '우회적으로' 등으로 옮기고 싶었지만, 번역문의 어감을 고려해서 마찬가지로 '직접적으로', '간접적으로'로 옮겼다.

173 "첫 번째 방식에 의해 간접적으로", 뒷 문장에서 "두 번째 방식에 의해 간접적으로"의 원어는 "indirecte primo modo",

"indirecte secundo modo"이다. 이는 두 가지 간접적 조사 방식을 의미할 것이다. 이것을 머독은 'indirectly by the first method', 'indiretly by the second methode', 마리옹은 'indirectement selon le premier mode', 'indrectement selon second mode', 브룬슈빅은 'indirecte'를 형용사 바꾸어 'un examen indirect au premier degré', 'indirect au second degré', 부케나우도 마찬가지로, 'eine indirekte Untersuchung der erste Art', 'eine indirekte Untersuchung der zweiten Art', 슈프링마이어는 'indirekt erster Art', 'indirekt zweiter Art'로 옮긴다.

174 "내가 말하고자 하는 것"의 원어는 "quid velim"이다. '말하다 dicere'를 추가해서 의역했다. 이것을 머독은 'what I mean', 마리옹은 'que veux 〈dire〉', 브룬슈빅은 'que je veux dire', 슈프링마이어는 'was ich will', 부케나우는 'was ich damit sagen will'로 옮긴다.

175 "주의 깊게 (…) 이들은"의 원어는 "ab attente reflectentibus et sagaciter disquirentibus"이다. 'sagaciter', 'disquirere'를 '명민하게', '구명하다'로 옮겼다. 이 구절을 머독은 'through careful reflection and discriminating inquiry', 마리옹은 'ceux qui réfléchissent avec attention et distinguent avec adresse', 브룬슈빅은 'quand on réfléchit attentivement et que l'on conduit ses recherches avec sagacité', 슈프링마이어는 'von dem, der aufmerksam darüber nachdenken und scharfsinnig nachforscht', 부케나우는 'von dem, der aufmerksam nachdenkt und scharfsinnig forscht'로 옮긴다.

제7규칙

176 원어는 "Ad scientiae complementum oportet omnia et singula, quae ad institutum nostrum pertinent, continuo et nullibi interrupto cogitationis motu perlustrare, atque illa sufficienti et ordinata enumeratione complecti"이다. 'ad scientiae complementem'을 '지식을 완전하게 하기 위해'로 옮겼고, 이 때 '완전하게 하다'로 번역한 'complementum'은 '필요한 것이 모두 갖추어져 모자람이 없게 하다'라는 사전적 의미를 갖는다. 머독, 마리옹 그리고 브룬슈빅 또한 'complementum'를 동사형으로 바꾸어 'make complete', 'achever', 'parfaire'로 번역한다. 슈프링마이어와 부케나우는 명사형 그대로 'Vervollständigung'으로 옮긴다. 직역한 "모든 것을 그리고 그 각각을"의 원어는 "omnia et singula"이다. 이것을 머독은 'every singe thing', 마리옹은 'une à une toutes les choses', 브룬슈빅은 'dans leur totalité et une par une, toutes les choses'로 의역하는 반면, 슈프링마이어는 'insgesamt und Stück fur Stück', 부케나우는 'alles, auch das Einzelne'로 옮긴다. 'institutum', 'perlustrare'를 '계획', '검토하다'로 옮겼고, 이것을 머독은 'undertaking', 'be surveyed', 마리옹은 'dessein', 'parcourir', 브룬슈빅은 'propos', 'passer en revue', 슈프링마이어는 'Vorhaben', 'durchmustern', 부케나우는 'Zweck', 'duchgehen'으로 옮긴다. "충분한 그리고 순서 잡힌 열거 안에서"의 원어는 "sufficienti et ordinata enumeratione"이다. 이것을 머독은 'in a sufficient and well-ordered', 마리옹은 'dans un dénombrement

suffisant et fait selon l'ordre', 브룬슈빅은 'en une énumération suffisante et ordonnée', 슈프링마이어는 'in einer hinreichenden und geordneten Aufzählung', 부케나우는 'in zureichender und geordneter Aufzählung'으로 옮긴다. 'complecti'를 '포괄하다'로 옮겼고, 이것을 머독은 'be included', 마리옹은 'comprendre', 브룬슈빅은 'embrasser', 슈프링마이어는 'zusammenfassen', 부케나우는 'umfassen'으로 옮긴다.

177 "여기서 제시되는 (…) 필요하다"의 원어는 "Eorum, quae hic proponuntur, observatio necessaria est ad illas veritates inter certas admittendas, quas supra diximus a primis et per se notis principiis non immediate deduci"이다. '여기서 제시되는 것들의 준수Eorum, quae hic proponuntur, observatio'를 마리옹과 브룬슈빅은 'L'observation des ⟨préceptes⟩, qu'on propose ici', 'L'observation des préceptes proposes dans la présente règle'로 옮기면서, '규정들의 준수'로 의역한다. 앞에서는 'directe'가, 여기서는 'immediate'가 사용된다.

178 "매우 긴 귀결들의 맥락을 통해"의 원어는 "per tam longum consequentiarum contextum"이다. '맥락contextum'은 제6규칙에서 사용된 것으로, 거기서 브룬슈빅은 이것을 애초에 'connexion'으로, 여기서는 'enchainement'로 옮긴 것을 모두 'suite'로 수정 번역한다.

179 앞 문장에서 "상기하기", 이 문장에서 "기억의 약함"의 원어는 "recordemur", "memoriae infirmitati"이다.

180 감각의 '보다videre', 기억(력)의 '기억하다recordari', 순수지성의 '이해하다intelligere'는 다음 문장의 '상상력'의 '상상하다imaginari'

와 연관된다.

181 "그 각각을 (…) 통람할 것이다"의 원어는 "illas continuo quodam imaginationis motu singula intuentis simul et ad alia transeuntis aliquoties percurram"이다. 'perlustrare(검토하다)'와 구별되는 'percurrere'를 '두루 훑어보다'의 '통람하다'로 옮겼다.

182 의역한 "기억의 짐을 덜어주는 동안"의 원어는 "dum memoriae subvenitur"이다. 이것을 마리옹은 'tout en soulageant la mémoire', 브룬슈빅은 'tout en aidant la mémoire'로 옮긴다. 'ingenii tarditas', 'emandare', 'capacitas', 'quadam ratione'를 '정신의 느림', '교정하다', '능력', '어느 정도'로 옮겼다. 이것들을 머독은 'sluggishness of our intelligence', 'redress', 'capacity', 'in some way', 마리옹은 'lenteur de l'esprit', 'corriger', 'capacité', 'par une certaine raison', 브룬슈빅은 'lenteur de l'esprit', 'rémedier', 'capacité', 'dans une certaine mesure', 슈프링마이어는 'Trägheit der Erkenntniskraft', 'abhelfen', 'Fassungskraft', 'in gewisser Weise', 부케나우는 'Trägheit des Geistes', 'besseren', 'Aufnahmefähigkeit', 'in bestimmter Beziehung'으로 옮긴다. 이와 유사한 내용이 제11규칙에서 다시 언급된다. 데카르트는 여기서 상상력의 연속적 운동으로continuo quodam imaginationis motu 혹은 사유의 연속적 운동으로continuo quodam cogitationis motu 기억의 약함 혹은 오류를 보완할 수 있다고 말한다. 그에게 기억은 일단 크게 신뢰할 수 없는 것으로 간주된다. 따라서 기억에 의존함이 없이 많은 것을 한 번에 또 신속하게 직관할 수 있도록 정신을 훈련해야 한다고 말한다. 그런데 여기서 상상력이 각각

의 사항 및 전체를 '직관'한다고 하지만, 《성찰》의 〈제6성찰〉에서는 상상력의 직관과 순수지성의 직관을 구별한다.

183 'catenatio'를 '연쇄'로 옮겼다. 이것을 머독은 'chain', 마리옹과 브룬슈빅은 'enchaînement', 슈프링마이어와 부케나우는 'Verkettung'으로 옮긴다. "아무리 하찮은 것이라도"의 원어는 "vel minimum quid"이다. 이것을 머독은 'even the smallest link', 마리옹은 'seulement un terme quelque petit qu'il soit', 브룬슈빅은 'un chaînon, fut-it insignifiant'로 옮기면서, 'link', 'terme', 'chaînon'을 추가한다. 'catena'를 '사슬'로 옮겼다. 이것을 머독은 'catenatio'와 마찬가지로 'link', 마리옹과 브룬슈빅은 'chaîne', 슈프링마이어와 부케나우는 'Kette'로 옮긴다. "신중하게", "경솔하게"의 원어는 "accurate", "inconsiderate"이다.

184 'praecepta'을 '규정들', 'effugere'를 '벗어나다', 'fieri potest'를 '가능하다'로 옮겼다. "모든 것에 관해 어떤 것을"의 원어는 "de cunctis aliquid"이다. 이것을 머독은 'some knowledge on every question', 마리옹은 'quelque chose sur toutes ensemble', 브룬슈빅은 'au sujet de toutes choses', 슈프링마이어는 'über alles zusammen wenigsten irgendetwas', 부케나우는 'von allem wenigstens etwas'로 옮긴다. 데카르트는 여기서 제7규칙의 제목에 명시된, '지식을 완전하게 하기 위한' 열거의 필요성 혹은 필연성 및 유용성에 대해 설명한다. 직관 및 단순연역에 관한 규칙은 문제를 해결하는 데quaestiones resolvendas 도움 되는 반면, 열거의 규칙은 문제에 대해 참되고 확실한 판단judicium verum et certum을 내리게 할 뿐만 아니라, 모든 것들에 대해 어떤 것을 알도록aliquid scire 해주는 규칙으로 간주된다.

185 "그러므로 (…) 명증하게 결론짓는다"의 원어는 "Est igitur haec enumeratio, sive inductio, eorum omnium, quae ad propositam aliquam quaestionem spectant, tam diligens et accurata perquisitio, ut ex illa certo eviendterque concludamus, nihil a nobis perperam fuissse praetermissum"이다. "열거 혹은 귀납"의 원어는 "enumeratio, sive inductio"이다. 'tam diligens et accurata perquisitio'를 '세심하고 정확한 탐사'로 옮겼다. '탐사'의 사전적 의미는 '샅샅이 더듬어 조사함'이다 이것을 머독은 'investigation which is so careful and accurate', 마리옹은 'enquête si attentive et exacte', 브룬슈빅은 'recensement si attentif et si exact', 슈프링마이어는 'so sorgfältige und ganaue Durchmusterung', 부케나우는 'derart sorgfältige und genaue Erforschung'으로 옮긴다.

여기서 열거와 귀납이 동의어로 사용된다. 그렇지만 일반적으로, 열거는 문제해결에 필요한 자료들을 빠짐없이 수집하고 배열하는 활동이고, 귀납은 특수한 것들에서 일반적인 것을 끌어내는 활동이다. 브룬슈빅은 '열거 혹은 귀납'에 대해 다음과 같은 각주를 단다. "데카르트는 여기서 이 두 단어를 동의어로 사용한다. 일반적인 방식으로 말해, 이것들의 동류성은 쉽게 설명된다. 동일한 유의 다양한 종들을 열거할 때, 그리고 그것들 각각이 유에 속하는 특정한 성질을 소유할 때, 이 성질은 이 유에 속한다는 것을 귀납을 통해 확인한다. 실로, 귀납은 작용—이것을 통해 우리가 주어진 특수한 명제의 일정한 수로부터 그 모든 것을 함축하는 일반적 명제로 거슬러 올라가는—이다. 그러므로 열거와 귀납은, 본래적으로 말해, 전체적 과정의 연속적, 그러나 분리불가능한 두 국면phases ─ 덜 엄밀한 어휘 안에서, 마음대로, '열거 혹은 귀납énumération ou induction'으로 명명될 수 있는─이다. 그렇지만 유의해야 하는 것은, 데카르트가 이 작용에 ─열거와 귀납 간의 연관이 덜 명확하게 나타나는 곳에서─ 다른 의미를 주고 있다는 점이다. 그에게, 열거의 영역은 종과 유를 통한 분류가 아니다. 그것은 주어진 문제와 관련되고, 그것의 해결을 조건 짓는 그 모든 것으로 확장된다. 우리는 열거가 여기서 '관련된relevantes', 다시 말해 문제의 방정식 세우기에pour la mise en équation du problème 필요하고 충분한 주어진 모든 것들의 수집rassemblement이라고 말할 것이다."(브룬슈빅, 108쪽, 각주 1)

186 "구하는 것", "숨겨져 있다"의 원어는 "res petita", "lateat"이다. 이것을 머독은 'object of our inquiry', 'eludes', 마리옹은 'chose demandee', 'reste cachee', 브룬슈빅은 'chose cherchee', 'echappe', 슈프링마이어는 'gesuchte Sachverhalt', 'verborgen bleiben', 부케나우는 'der gesuchte Gegenstand', unbekannt geblieben ist'로 옮긴다.

187 "인간 정신의 모든 파악을 넘어서 있다"의 원어는 "supra omnem humai ingenii captum positam essse"이다. 'captus'를 '파악(잡아 쥠/이해하여 앎)'으로 옮겼다. 이 구절을 머독은 'lies wholly beyond the reach of the human mind', 마리옹은 'passe la portée de l'esprit humain', 브룬슈빅은 'échappe entièrement aux prises de l'esprit humain', 슈프링마이어는 'überhaupt über aller Fassungkraft der menschlichen Erkenntniskrfat liege', 부케나우는 'über alles menschliche Begreifen hinausliegt'로 옮긴다.

188 "이것 외에 (…) 이해한다는 점이다"의 원어는 "Notandum praeterea, per sufficientem enumerationem sive inductionem nos illam tantum intelligere, ex qua veritas certius concluditur, quam per omne aliud probandi genus praeter simplicem intuitum"이다. 'probandi genus'를 '입증 유형'으로 옮겼다. 이것을 머독은 'kind fo proof', 마리옹과 브룬슈빅은 'genre de preuve', 슈프링마이어와 부케나우는 'Beweisart'로 옮긴다. 여기서 주목할 것은, 열거가 단지 필요한 자료를 수집하고 탐사하는 것에 그치는 것이 아니라 진리를 이끌어내는 작용으로, 그것도 단순한 직관을 제외한 다른 모든 작용들보다 더 확실하게 진리를 결론짓는 작용으로 제시된다는 점이다.

189 "삼단논법들의 모든 이음줄들을 내던진 이상"의 원어는 "omnibus syllogismorum vinculis rejectis"이다. 사전적 의미가 '끈, 줄, 사슬, 속박, 구속, 족쇄, 감옥' 등인 'vinculum'을, '사슬'로 옮긴 'catena'와 구별해서, '이음줄'로 옮겼다. 이것을 머독은 'fetter', 마리옹은 'liaison', 슈프링마이어는 'Fessel', 부케나우는 'Band'로 옮긴다. 브룬슈빅은 애초에 'enchaînement'로 옮겼지만, 나중에 'liaison'으로 수정 번역한다(브룬슈빅, 108쪽, 각주 2 참조).

190 "직접적으로"의 원어는 "immediate"이다. 'illatio'를 '추리'로 옮겼다.

191 "그러나 만일 (…) 추론한다면"의 원어는 "Si autem ex multis et disjunctis unum quid inferamus"이다. 'disjunctus'를 '동떨어진', 'inferre'를 '추론하다' 옮겼다. 이것을 머독은 'If on the other hand we infer a propostion from many disconnected

propotions', 마리옹은 'Mais si à partir de nombreuses ⟨propositons⟩ disjointes nous inferons quelque terme unique', 브룬슈빅은 Mais si nous effectuons un inference à partir de propositions nombreuses et dispersées', 슈프링마이어는 'Wenn wir dagegen eines aus Vielem und Zerstreutem erschließen', 부케나우는 'Leiten wir aber einen einzigen Satz aus einer Menge weit zerstreuter anderer Sätze ab'으로 옮기면서, 슈프링마이어를 제외한 역자들은 '명제(들)' 혹은 '항'을 추가한다.

192 "우리 지성의 능력", "이 모든 것"의 원어는 "intellectus nostri capacitas", "illa omnia"이다. 이것들을 마리옹은 'capacité de notre entendement', 'les toutes', 브룬슈빅은 'capacité de notre esprit', 'tous ces termes', 슈프링마이어는 'Fassungsvermögen unseres Verstandes', 'alles', 부케나우는 'Fassungsvermögen unseres Intellekts', ',alles'로 옮긴다.

193 "마찬가지로 (…) 구별할 수 없다"의 원어는 "Quemadmodum non possumus uno oculorum intuitu longioris alicujus catenae omnes annulos distinguere"이다. 'catena', 'anulus', 'uno oculorum intuitu'를 '사슬', '고리', '눈의 한 번의 직관으로'로 옮겼다. 이것들을 마리옹은 'chaîne', 'anneau', 'en regardant d'un seul coup d'œil', 브룬슈빅은 'chaîne', 'anneau', 'd'un seul coup d'œil', 슈프링마이어는 'Kette', 'Glied', 'mit einzigen Blick', 부케나우는 'Kette, 'Glied', 'mit einem intuitiven Blick'로 옮긴다.

194 "고리들 (…) 있는지를"의 원어는 "singulorum cum proximis connexionem"이고, 이것을 풀어서 번역했다. 이것을 머독은 'connections between each links and its neighbour', 마리옹

은 'liaison de chacun avec le suivant', 브룬슈빅은 'liaison qui unit chacun d'eux à ses voisins', 슈프링마이어는 'Verbindung der einzelnen Glieder mit ihren Nachbaren', 부케나우는 'Verknüpfung der einzelnen mit den folgenden'으로 옮긴다.

195 'videre'와 'aspicere'를 구별해서 사용한다. 전자를 '보다', 후자를 '살펴보다'로 옮겼다. 이것들을 마리옹은 'voir', 'apercevoir', 브룬슈빅은 반대로 'apercevoir', 'voir'로, 부케나우는 'sehen', 'bemerken'으로, 머독, 슈프링마이어는 이 둘 모두 'see', 'sehen'으로 옮긴다. 열거 혹은 귀납은 연역의 일종이다. 다시 말해 어떤 하나가 다른 하나에서 직접 도출되는 단순한 연역은 직관적 통찰로 환원되어 직관과 다름 아닌 반면, 어떤 하나가 다수의 분산된 것에서_ex multis et disjunctis_ 여러 중간 단계를 거쳐 간접적으로 도출되는 복잡한 연역은 열거로 간주된다.

196 'sufficiens'를 '충분한', 'défectivus'를 '불충분한'으로 옮겼다. 후자를 머독은 'deficient', 마리옹은 'defectueus', 브룬슈빅은 'imcomplèt', 슈프링마이어는 'mangelhaft', 부케나우는 'unvollständig'으로 옮긴다.

197 'enumeratione'를 '열거 안에서'로 옮겼다. 브룬슈빅만이 'par énumération'으로 옮기고, 머독은 'in our enumeration', 마리옹은 'dans un dénombrement', 슈프링마이어와 부케나우는 'in der Aufzählung'로 옮긴다.

198 'completus'를 '완전한', 'distinctus'를 '구별된'으로 옮겼다.

199 "존재자들의 유들"의 원어는 "genera entium"이다. 'sub sensum cadere'를 '감각 아래 떨어지다'로 직역했다. 의역하면, '감각으로 포착하다/감각의 대상이 되다'일 것이다. 'par

enumerationem'와 'enumeratione'가 동시에 사용된다. 전자를 '열거를 통해'로 옮겼다.

200 "모든 물체를 한꺼번에 몇몇 집단으로"의 원어는 "omnia simul corpora aliquot collectionibus"이다. 이것을 머독은 'group all bodies together into seveal classes', 마리옹은 'tous les corps ensemble par quelques collections', 브룬슈빅은 'l'ensemble des corps par le moyen de quelques catégories', 슈프링마이어는 'alle Körper auf einmal in einer Anzahl Klassen zusammenfasse', 부케나우는 'Gesamtheit alles Körperlichen unter bestimmten Sammelbegriffen'으로 옮긴다.

201 "귀납을 통해"의 원어는 "per inductionem"이다. 지금까지 '열거'와 동의어로 사용된 귀납은 여기서 전통적 의미로 사용된다. 이때 문제가 되는 것은 작용─이것을 통해 정신이 특수한 것들에 대한 확인으로부터 보편적 법칙의 주장으로 올라가는─이다(브룬슈빅, 110쪽, 각주 1 참조).

202 "순서에 따라 행해져야 한다"의 원어는 "debere esse ordinatam"이다. 'esse ordinata'를 '순서에 따라 행해진'으로 의역했다. 이것을 머독은 'be well-ordered', 마리옹은 'se faire selon l'ordre', 브룬슈빅은 'être ordonnée', 슈프링마이어는 'geordnet sein'로 옮긴다.

203 'ordine perscrutari'를 '순서에 따라(순서대로) 탐색하다'로 옮겼다. 이것을 마리옹은 'scruter selon l'ordre', 브룬슈빅은 'considérer avec ordre'로 옮긴다.

204 "치유책"의 원어는 "remedium"이다.

205 "제시된 것과 관계가 있는 것들 각각을"의 원어는 "singula,

quae ad rem propositam spectant"이다. 이것을 머독은 'every single thing relevant to the question in hand', 마리옹은 'chacune des choses singulières, qui sont au respect de la chose proposée', 브룬슈빅은 'chacune des choses qui se rapportent a la question proposée', 슈프링마이어는 'das Einzelne, das zu der Proposition gehört', 부케나우는 'alle Einzelheiten, die zu einer Sache gehören'으로 상이하게 옮긴다.

206 "특정한 부류들로"의 원어는 "ad certas classes"이다.

207 'immensus'를 '엄청난', 'peragere'를 '완수하다'로 옮겼다. '제대로 설정된 순서로 인해'의 원어는 'propter ordinem bene institutum'이다. 이것을 머독은 'thank to our well-devised order', 마리옹은 'parce qu'on a bien institué l'ordre', 브룬슈빅은 'grâce à un ordre bien etabli', 슈프링마이어는 'zufolge einer gut eingerichteten Ordung', 부케나우는 'auf Grund einer recht angelegten Ordnung'으로 옮긴다.

208 'esse varius'를 '다양하다'로 옮겼고, 브룬슈빅은 이것을 'revêtir plusieurs formes'로 의역한다. '각자의 자의에'의 원어는 'ex uniuscujusque arbitrio'이다. 이것을 마리옹은 'de 〈libre〉 choix de chacun', 브룬슈빅은 'du libre arbitre de chacun', 슈프링마이어는 'von jedermanns Willkür', 부케나우는 'von der Willkür eines jeden'으로 옮긴다.

209 "보다 (…) 위해서는"의 원어는 "ad illum acutius excogitandum"이다.

210 "가벼운 기예들 가운데"의 원어는 "ex levioribus hominum artificiis"이다. 이것을 마리옹은 'parmi les artifices de peu de

poids que se font les hommes', 부케나우는 'Parmi les activités plutôt futiles auxquelles s'amusent les hommes'로 의역한다.

211 동사가 이인칭 단수 'velis'이기 때문에 '당신'으로 옮겼다. 머독과 슈프링마이어는 'you', 'Sie'로, 마리옹과 브룬슈빅은 'on', 부케나우는 'man'으로 옮긴다.

212 "철자들의 전환들"의 원어는 "transpositio litterarum"이다.

213 "애너그램"의 원어는 "anagramma"이고, '철자 바꾸기 놀이'이다.

214 "같은 것들"의 원어는 "eaedem"이다. 이것을 머독은 'same permutations', 브룬슈빅은 'les mêmes combinaisons'으로 의역한다.

215 "그것들의 수"의 원어는 "illarum numerus"이다. 대명사 'illarum(그것들의)'을 머독은 'permutations', 부케나우는 'Buchstaben'으로 이해한다.

216 "아이들의 놀잇거리"의 원어는 "puerilis labor"이다.

217 "방법의 완성을 위해"의 원어는 "ad methodi perfectionem"이다.

제8규칙

218 원어는 "Si in serie rerum quaerendarum aliquid occurrat, quod intellectus noster nequeat satis bene intueri, ibi sistendum est, neque caetera quae sequuntur examinanda sunt, sed a labore supervacuo est abstinendum"이다. "구해야 하는 사물들의 계

열 안에서", "불필요한 수고를 삼가야 한다"의 원어는 "in serie rerum quaerendarum", "a labore supervacuo est abstinendum" 이다. 이것을 머독은 'in the series of things to be examined', 'refrain from the superfluous task', 마리옹은 'dans la suite des choses a chercher', 's'abstenir d'un travail superflu', 브룬슈빅은 'dans la série des objets de recherche', 'se dispenser d'une peine superflue', 슈프링마이어는 'in der Reiche der Sachverhate, die gesucht werden sollen', 'muß sich überflüssiger Arbeit enthalten', 부케나우는 'in der Reiche der Probleme', von dieser überflüssigen Muhe Abstand zu nehmen'으로 옮긴다.

219 'omnio necessarius', 'utilis'를 '반드시 필요한', '유익한'으로 옮겼다. 이것들을 머독은 'absolutly necessary', 'useful', 마리옹은 'tout à fait nécessaire', 'utile', 브룬슈빅은 'absolument nécessaire', 슈프링마이어는 'unumgänglich notwendig', 'zweckmäßig', 부케나우는 'durchaus notwendig', 'nützlich'로 옮긴다.

220 "실로, (…) 조사되어야 한다"의 원어는 "Quippe quidquid integrum gradum constituit in illa serie, per quam a respectivis ad absolutum quid, vel contra, veniendum est, illud necessario ante omnia quae sequuntur est examinandum"이다. 'integer'을 '온/전손'으로 옮겼다. 이것은 머독은 'integral', 마리옹은 'entier', 브룬슈빅은 'complet', 슈프링마이어는 'ganz', 부케나우는 'voll'로 옮긴다. "상대적인 것들에서 절대적인 어떤 것으로"의 원어는 "a respectivis ad absolutum quid"이다. 이때 마리옹은 '상대적인 것들에서'를 'des 〈termes〉 respectifs', 브룬슈빅은 'des

termes relatifs'로 옮기면서 '항들'를 추가하고, '절대적인 어떤 것으로'를 마리옹은 'à quelque 〈autre〉 absolu'로, 브룬슈빅은 'a un terme absolu'로 옮기면서, 전자는 '다른'을, 후자는 '항'을 추가한다. 앞에서 '필요한'으로 옮긴 'necessario'를 여기서 '반드시'로 옮겼지만, 같은 것을 의미한다. 이 구절에 대해 브룬슈빅 다음과 같이 이해한다. 여기서 사용된 단계 개념la notion de degré 은 제6규칙에서(AT-X, 381~382쪽) 설명되었던 것과 같은 관계 개념la notion de relation 기인한다. 절대적인 항terme absolu에서부터, 최초의 관계는 우리를 최초의 단계로 인도한다. 우리는 이때, 동일한 개인의 직계 안에서 여러 자식들을 만날 수 있는 것과 마찬가지로, 여러 항들을 만날 수 있다. 족보에서, 중간 인물을 언급함이 없이 할아버지에서 손자로 나아가는 것이 불가능하다면, 이것이 바로 순서가 절대적으로absolument, 반드시 필요한 경우이다(브룬슈빅, 112쪽, 각주 1 참조).

221 앞서 제7규칙에서 언급된 '충분한' 열거를 가리킨다. 'stricte et rigide'를 '엄밀하고 엄격하게'로 옮겼다. 이것을 머독은 'strictly and rigidly', 마리옹은 'strictement et rigoureusement', 브룬슈빅 은 'de rigueur et de sévérité', 슈프링마이어는 'strikt und streng', 부케나우는 'genau und streng'으로 옮긴다.

222 'a rerum quarumdam disquistione arcere'를 '어떤 사물들에 대한 탐사를 막다'로, 'ad eruditionem promovendam'을 '교육의 증진을 위해'로 옮겼다. 이것들을 머독은 'deter us from discussing certain thing', 'to the advancement of learning', 마리옹은 'deféndre la recherche trop subtile de certaines choses', 'qui puisse rendre plus savant 〈l'esprit〉', 브룬슈빅은 'interdire

l'exploration de certains problèmes', 'aux progrès de la formation scientifique', 슈프링마이어는 'Untersuchung gewisser Dinge verwehrt', 'für die Beförderung der Bildung', 부케나우는 'vom Studium bestimmter Dinge abhält', 'fur die Beförderung der Wissenschaft'로 옮긴다.

223 "초학자들에게", "헛수고하다"의 원어는 "Tyrones", "operam perdere"이다. 이것들을 머독은 'beginners', 'waste their efforts', 마리옹은 'aux commençants', 'perdre leur peine', 브룬슈빅은 'aux novices', 'perdre leur peine'로 옮긴다.

224 'circa alicujus difficultatis solutionem'을 직역했다. 마리옹 또한 'touchant la résolution de quelque difficulté'로 직역하는 반면, 머독은 'wenn trying to solve some problem or other', 브룬슈빅은 'en cherchant à résoudre quelque difficulté'로 의역한다.

225 'nulla industria'를 '어떠한 재간industria으로도', 'ingenii culpa'을 '정신의 탓'으로 옮겼다. 이것들을 머독은 'no amount of application', 'defect of his intelligence', 마리옹은 'par biais industrieux', 'par la faute de son esprit', 브룬슈빅은 'dispose d'aucun moyen pour', 'par la faute de son esprit', 슈프링마이어는 'durch ganz und gar keine Anstrengung', 'weil es ihm an Erkenntniskraft fehlt', 부케나우는 'bei angespanntestem Fleiße', 'durch eigene Schuld'로 옮긴다.

226 《자연의 빛에 의한 진리 탐구》에서 특히 자주 사용되는 'sanae mentis'를 '건전한 정신의 소유자'로 옮겼다. 이것을 머독은 'quite irrational', 마리옹은 'd'un esprit sain', 브룬슈빅은 'n'aurait pas toute sa raison', 슈프링마이어는 'an gesundem

Verstand fehlen', 부케나우는 'töricht'로 옮긴다.

227 이 책, 152~155쪽에서 표식(**) 안에 있는 텍스트는 하노버판에서는 별도로 취급되고 있다(이 책, 397쪽, 주해 94 참조).

228 "수학"의 원어는 "Mathesis"이고, 'indagare'를 '탐색하다'로 옮겼다. 'sistere in limine'를 '문턱에서 멈추다'로 직역했다. 의역하면 '탐색을 시작하자마자 그만두다'일 것이다. 이것을 마리옹은 's'arrêter au seuil', 브룬슈빅은 's'arrêter dès les seuil'로 옮긴다.

229 그러므로 여기에서 '철학자에게서 혹은 경험을 통해' 배우는 것은 제3규칙의 '다른 사람들이 생각했던 것이나 우리 자신이 예측하는 것'에 해당한다.

230 "이 명제"의 원어는 "haec proprositio"이다. 이것을 마리옹은 '⟨la difficulté⟩ qu'on se propose ici', 브룬슈빅은 'la question qu'il se propose alors'로 의역한다.

231 'suspicere'를 '예측하다'로 옮겼다. 이것을 브룬슈빅은 'croire entrevoir'로 옮긴다.

232 즉, '정신에 나타나는 모든 것' 혹은 '인간 정신의 역량으로 인식할 수 있는 모든 것'을 가리킨다.

233 "매질의 상이성으로 인한"의 원어는 "propter varietatem mediorum"이다. 이것을 머독은 'brought about by differences in the media', 마리옹은 'selon la variété des milieux', 브룬슈빅은 'provoqué par la différence des milieux', 슈프링마이어는 'durch die Verschiedenheit der Medien', 부케나우는 'je nach der Verschiedenheit der Medien'으로 옮긴다.

234 'illuminatio'를 '빛의 작용'으로 옮겼다. 이것을 머독은 'action

of light', 마리옹과 브룬슈빅은 'action de la lumiere', 슈프링마이어는 'Leuchten', 부케나우는 'Licht'로 옮긴다.

235 "일반적으로 자연적 힘"의 원어는 "generaliter potentia naturalis"이다. 이것을 머독은 'a natural power in general', 마리옹은 'en général ne puissance naturelle', 슈프링마이어는 'überhaupt eine Naturkraft', 부케나우는 'allgemein eine Naturkraft'로 옮긴다.

236 "정신의 직관을 통해"의 원어는 "per intuitum mentis"이고, 'perspicere'를 '통관하다'로 옮겼다.

237 'per imitationem'을 의미상 '비교를 통해'로 번역했다. 머독은 'by way of analogy', 마리옹은 'par comparison', 슈프링마이어는 'durch Nachahmung', 부케나우는 'der Analogie nach'로 옮긴다. 브룬슈빅은 애초에 'per analogie'로 옮겼지만, 나중에 마리옹처럼 'par comparison'으로 수정한다. 이때 그는 데카르트가 《굴절광학》에서 빛의 본성을 다양한 유비들analogies을 통해, 특히 공의 운동의 유비를 통해 설명한다는 것, 그리고 동일한 유비가 반사에 대한 그리고 굴절에 대한 법칙들을 증명하기 위해 사용되고 있음을 확인한다. 그러나 데카르트가 여기서 한 약속은 《정신지도규칙》에서 이행되지 않고 있는바, 이는 그러한 것들을 다루었을 이 텍스트의 제3부가 집필되지 않았기 때문이라고 말한다(브룬슈빅, 115쪽, 각주 1 참조).

238 여기서 데카르트는 굴절선의 문제를 분해와 복합의 방식으로 해결한다. 먼저 분해 방식에 의한 굴절선에 대한 탐구는 입사각과 반사각의 비율, 매질의 변화, 광선의 투명체 관통 방식, 빛의 본성, 끝으로 가장 절대적인 것인 자연의 힘으로 분해되어

고찰되고, 이것은 다시 역순으로 복합되어 마침내 굴절선을 알 게 된다는 것이다.

239 직역한 "좋은 정신"의 원어는 "bona mens"이다. 이것을 머독 은 'good sense', 마리옹과 브룬슈빅은 'bon sens', 슈프링마이어는 'gesunder Verstand'로 유사하게 옮기지만, 부케나우는 'Wahrheit(진리)'로 번역하고, 'bona mens'를 괄호로 묶어 병기한다.

240 '일생에 한 번은 진지하게 진리를 탐구해야 한다'는 표현은 데카르트의 저서 도처에서 발견된다.

241 "그가 (…) 판타지와 감각뿐이다"의 원어는 "perspectis deinde illis omnibus quae proxime sequuntur post intellectus puri cognitionem, inter caetera enumerabit quaecumque alia habemus instrumenta cognoscendi praeter intellectum, quae sunt tantum duo, nempe phantasia et sensus"이다. 데카르트의 다른 텍스트에서는 드물게, 그렇지만《정신지도규칙》에서는 매우 자주 사용되는 'phantasia'를 '판타지'로, 'imaginatio'를 '상상력'으로 옮겼다. 전자를 머독은 'imagination', 마리옹은 'fantaisie', 브룬슈빅은 'imagination', 슈프링마이어는 'Phantasie', 부케나우는 'sinnliche Anschauung'으로 옮긴다.

242 "그러나 (…) 유래한다는 것"의 원어는 "sed tantummodo ab aliis duobus suam saepe originem ducere"이다.

243 원문에서 이하 생략되어 있다.

244 "그는 (…) 느낄 것이다"의 원어는 "sentiet omnino se nihil amplius ignorare ingenii defectu vel artis, neque quidquam prosus ab alio homine sciri posse, cujus etiam non sit capax,

modo tantum ad illud idem, ut par est, mentem applicet"이다. 'ingenium'과 'mens'가 동시에 사용되기 때문에, 전자를 '지력'으로, 후자를 '정신'으로 번역했다. 머독은 전자를 'intelligence', 후자를 'mind'로 구별하는 반면, 마리옹과 브룬슈빅은 이 둘 모두 'esprit', 슈프링마이어와 부케나우 또한 'Geist'로 옮긴다. "느낄 것이다"의 원어는 "sentiet"이다. 이것을 머독은 'will take the view', 마리옹은 'sera du sentiment', 브룬슈빅은 'aura le sentiment', 슈프링마이어는 'wird urteilen', 부케나우는 'wird die feste Überzeugung haben'으로 옮긴다.

245 'humani ingenii captum excedere'를 '인간 정신의 파악을 넘어서다'로 옮겼다. 이것을 머독은 'are beyond the reach of the human mind', 마리옹은 'outrepasser la portée de l'esprit humain', 브룬슈빅은 'dépasser la portée de l'esprit humain', 슈프링마이어는 'menschliche Fassunskraft übersteigen', 부케나우는 'menschliche Begreifen übersteigen'으로 옮긴다.

246 "구하는 것"의 원어는 "rem quaesitam"이고, "그가 공정하다면"의 원어는 "si aequus est"이다. 이것들을 머독은 'the matter in question', 'if he is reasonable', 마리옹은 'la difficulté recherchée', 's'il est d'âme égal', 브룬슈빅은 'la solution du problème', 's'il est de bon sens', 슈프링마이어는 'das Gesuchte', 'wenn er redlich ist', 부케나우는 'das gesuchte Gegenstand', 'wenn er nur billig denkt'로 옮긴다.

247 '정신'으로 옮긴 'mens'와 구별해서, 'animus'를 '영혼'으로 옮겼다. 그러나 다른 역자들은 모두 이 둘을 똑같이 번역한다. 즉, 머독은 'mind', 마리옹과 브룬슈빅은 'esprit', 슈프링마이어와 부

케나우는 'Geist'로 옮긴다.

248 "그러므로 이 방법은 (…) 모방한다"의 원어는 "Haec mothodus siquidem illas ex mechanicis artibus imitatur, quae non aliarum ope indigent, sed tradunt ipsamet, quomodo sua instrumenta facienda sint"이다.

249 "이 예가 (…) 발견할 수 있으므로"의 원어는 "Quo exemplo docenmur, cum in his initiis nonisi incondita quaedam praecepta, et quae videntur potius mentis nostris ingenita quam arte parata, poterimus invenire"이다. 'inconditus'를 '거친', 'mentis nostris ingenita'를 '우리 정신이 타고난', 'arte parata' 를 '기예에 의해 장만된'으로 옮겼다. 이것들을 머독은 'rough', 'to be innate in our minds', 'product of any skill', 마리옹은 'mal fondés', 'naturellement mis en nos esprit', 'obtenus par 〈nostre〉 art', 브룬슈빅은 'sommaires, 'nés avec notre esprit', 'fruits d'une acquisition méthodique', 슈프링마이어는 'kunstlose', 'unserem Geiste angeboren', 'durch Kunst erworben, 부케나우 는 'schlichte', 'unserem Geiste eingeborene', 'kunstvoll bereitete' 로 옮긴다. 'poterimus'는 일인칭 복수 미래형임에도, 머독, 마 리옹, 브룬슈빅은 현재완료형으로, 슈프링마이어와 부케나우 는 과거형으로 옮긴다.

250 "그렇기는 하지만, (…) 없다"의 원어는 "At vero nihil hic utilius quaeri postet, quam quid sit humana cognitio et quousque extendatur"이다. 인식의 정체, 인식 주체 및 인식 대상의 범위 를 규정하는 작업은 근대 인식론의 주요 과제로서, 로크John Locke나 칸트Immanuel Kant 등에서도 그대로 발견된다.

251 "지식의 참된 도구들과 방법 전체"의 원어는 "vera instrumenta sciendi et tota methodus"이다.

252 "우리가 우리 자신 안에서 느끼는 정신의 한계들을 정하는 것이"의 원어는 "ejus, quod in nobis ipsis sentimus, ingenii limites definire"이다. "정신의"의 원어는 "ingenii"이다. 앞에서와 마찬가지로 'sentire'를 '느끼다'로 옮겼다. 이것을 머독은 'be conscious of', 마리옹은 'avoir le sentiment', 브룬슈빅은 'avoir conscience', 슈프링마이어는 'befindlich bewußt sein', 부케나우는 'finden'으로 옮긴다. 따라서 머독, 브룬슈빅 및 슈프링마이어는 그것을 '의식(하다)'과 연관시켜 번역한다. '우리 자신 안에서 느끼다'의 경우, '느끼다'는 데카르트 텍스트에서 '의식하다' 혹은 '경험하다'의 의미를 함축하는 것은 사실이지만, 그럼에도 데카르트는 이 두 단어를 모두 사용한다는 점에서, 마리옹과 마찬가지로 구별해서 번역했다.

253 "그리고 어떤 식으로 (…) 엄청난 것도 아니다"의 원어는 "Neque immensum est opus, res omnes in hac universitate contentas cogitatione velle complecti, ut, quomodo singulae mentis nostrae examini subjectae sint, agnoscamus"이다. "우리 정신의"의 원어는 "mentis nostrae"이다. 'cogitatione'를 '사유 안에'로 옮겼다. 머독과 슈프링마이어, 부케나우는 'in thought', 'im Denken', 'in Bewußtsein'으로, 반면 마리옹과 브룬슈빅은 'par la pensée'로 옮긴다.

254 "항목들", "다중적", "분산될"의 원어는 "capita", "multiplex", "dispersum"이다. 뒤의 둘을 머독은 'many-sided', 'diffuse', 브룬슈빅은 'multiple', 'éparpillé', 슈프링마이어는 'vielfältig',

'zerstreut', 부케나우는 'mannigfach', 'zerstreut'로, 반면 마리옹은 'simple', 'divers'로 옮긴다.

255 "인식할 수 있는 (⋯) 때문이다"의 원어는 "referri enim debet, vel ad nos, qui congitionis sumus capaces, vel ad res ipsas, quae cognosci possunt"이다. 인간 정신이 인식할 수 있는 것이 무엇인지에 대한 탐구가 하나의 문제로 설정되었을 때, 분해 방식에 따라, 우선 인간 인식의 정체와 그 범위를 고찰해야 하고, 인식하는 정신 그리고 인식되는 사물을 각각 고찰해야 한다는 것이다. 그러므로 인식의 주체와 인식의 대상이 데카르트 인식론의 주 항목으로 등장한다.

256 "지성만이 지식을 취할 수 있다"의 원어는 "solum intellectum scientiae esse capacem"이다.

257 "그러나 그것은 (⋯) 있다는 것이다"의 원어는 "sed a tribus aliis facultatibus hanc juvari posse vel impediri, nempe ab imaginatione, sensu, et memoria"이다.

258 "지원 수단"의 원어는 "copia"이다. 머독은 'resource', 마리옹과 브룬슈빅은 'ressource', 슈프링마이어는 'Hilfsquelle', 부케나우는 'Hilfsmittel'로 옮긴다.

259 "지성이 건드리는 만큼"의 원어는 "prout ab intellectu attinguntur"이다. 이 구절을 머독은 'in so far as they are within the reach of the intellect', 마리옹은 'autant que l'entendement y touche', 브룬슈빅은 'dans la mesure où elles sont accessibles a l'entendement', 슈프링마이어는 'soweit sie den Verstand angehen', 부케나우는 'insofern, als der Verstand an sie heranreicht'로 옮긴다. 'attingere'를 '손대다, 닿다, 미치다, 접근

하다 등'의 의미로 '건드리다'로 옮겼다. 지성의 인식 한계 혹은 범위를 지시할 것이다. 그러므로 인간 정신mens, 지력ingenium 혹은 지성intellectus이 원칙적으로 건드릴 수 없는, 삼위일체와 같은 신앙의 대상들은 인간 인식의 범위를 벗어난다.

260 "이런 의미에서 (…) 나눈다"의 원어는 "quo sensu dividimus illas in naturas maxime simplices, et in complexas sive compositas"이다. 'maxime'를 '최고로', 'complexas sive compositas'를 '복잡한 것들 혹은 복합적인 것들'로 옮겼다. 이 것들을 머독은 'absolutly', 'complex or composite natures', 마리옹은 'les plus', 'natures complexes ou composées', 브룬슈빅은 'absolument', 'natures complexes ou composées', 슈프링마이어는 'höchst', 'vereinigte oder zusammengesetzte', 부케나우는 'höchst', 'komplexe oder zusammengesetzte'로 옮긴다.

261 "단순한 것들 중에는 (…) 없다"의 원어는 "Ex simplicibus nullae esse possunt, nisi vel sprituales, vel corporeae, vel ad utrumque pertinentes"이다. 데카르트 텍스트에서 좀처럼 사용되지 않는 'sprituales'를 '영적인 것들', 'ad utrumque pertinentes'를 '이 둘 모두에 속한 것들'로 옮겼다. 이것들을 머독은 'spiritual', 'belong to each of these categories', 마리옹은 'spirituelles', 'concerner l'une et l'autre', 브룬슈빅은 'de communes aux deux ordres à la fois', 슈프링마이어는 'geistige', 'zu bidem gehörige', 부케나우는 'geistig, zu beidem gehören'으로 옮긴다.

262 "끝으로 (…) 복합된다"의 원어는 "denique ex compostitis alias quidem intellectus tales esse experitur, antequam de iisdem aliquid determinare iudicet, alias autem ipse componit"이고,

원문에 한 문장인 것을 두 문장으로 끊어 번역했다. 'experiri'를 '경험하다'로 옮겼다. 이것을 브룬슈빅은 'éprouver par expérience'로 옮긴다.

263 "사물의 측면에서"의 원어는 "a parte rei"이다. 이것을 머독은 'in reality', 마리옹은 'de la part de la chose ⟨meme⟩', 브룬슈빅은 'en elles-memes', 슈프링마이어는 'von seiten der Sache', 부케나우는 'der Sache nach'로 옮긴다.

지성이 직접 복합한 것들에만 오류가 있을 수 있다는 것을 이유로, 데카르트는 그것을 다시 두 가지로, 즉 '극히 단순한 그리고 그 자체로 알려지는 본성들에서 연역되는 것들illas, quae ex simplicissimis naturis et per se cognitis deducuntur'과 '우리가 사물의 측면에서 복합되어 있음을 경험하는 다른 것들 또한 전제하는 것들illas, quae alias etiam praesupponunt, quas a parte rei compositas esse experimur'로 세분한다. 여기서는 '책liber'이라고 하지만, 아마도 '부'에 해당할 것이다. 애초에 총 36규칙으로 기획된《정신지도규칙》은 주제에 따라 세 부, 즉 제1~12규칙, 제13~24규칙, 제25~36규칙으로 구분되지만, 제21규칙까지만 우리에게 주어져 있다. 그래서 전자는《정신지도규칙》의 제2부에서, 후자는 제3부에서 다루어진다는 것이다.

264 'persequi'를 '추적하다', 'exhibere'를 '명시하다'로 옮겼다. 전자를 머독은 'pursue', 마리옹은 'poursuivre', 브룬슈빅은 'explorer', 슈프링마이어와 부케나우는 'verfolgen'으로 옮긴다.

265 'experimentum'을 '실험'으로 옮겼다. 이것을 머독은 'observation', 마리옹과 브룬슈빅은 'expérience', 슈프링마이어는 'Erfahrung', 부케나우는 'Experiment'로 옮긴다.

266 이 문단에서만, 'ingenium'이 "그의 지력을 탓하지culpabit ingenim suum"를 포함해 네 번, 그리고 "정신을 향할 때마다quoties (…) mentem applicabit"에서 'mens'가 한 번 사용된다. 다른 곳과 달리 여기서는 일부러, 'ingenium'의 의미 및 번역어와 관련된 문제성을 재차 부각시키기 위해 'ingenium'을 모두 '지력'으로, 'mens'를 '정신'으로 옮겼다(이 책, 365~366쪽, 주해 1 참조).

'ingenium'의 경우, 머독은 '인간 지력의 모든 파악omnem humani ingenii captum'의 경우에만 'mind'로, 나머지는 모두 'intelligence'로, 브룬슈빅은 '그의 지력이 평범하더라도quantumvis mediocri sit ingenio'의 경우에만 'intelligence'로, 나머지는 모두 'esprit'로 옮긴다. 마리옹은 'ingenium'을 모두 'esprit'로, 부케나우는 '인간 지력의 모든 파악'의 경우에만 'menschliche Begreifen'으로, 나머지는 모두 'Geist'로 옮긴다. 'ingenium'을 줄곧 'Erkenntniskraft(지력)'로 번역해온 슈프링마이어는 '지력이나 기예의 결함으로 인해ingenii defectu vel artis'의 경우에만 'natürliche Erkenntniskraft(자연적 지력)'로, 나머지는 모두 'Erkenntniskraft'로 옮긴다.

제9규칙

267 원어는 "Oportet ingenii aciem ad res minimas et maxime faciles totam convertere, atque in illis diutius immorari, donec assuescamus veritatem distincte et perspicue intueri"이다. "정신의 눈"의 원어는 "ingenii aciem"이다. 데카르트 후기 텍스트

에서는 "mentis acies"라는 표현이 가끔 등장한다. 'distinctus/distincte'를 '판명한/판명하게', 'perspicuus/perspicue'를 '명료한/명료하게'로 옮겼다.

268 "어떤 재간으로 (…) 있는지"의 원어는 "qua industria possimus aptiores reddit ad illas exercendas"이다. 'qua industria', 'aptiores'를 '어떤 재간으로', '보다 적합한'으로 옮겼다. 이것들을 머독은 'how', 'more skilful', 마리옹은 'par quel biais industrieux', 'plus propres', 브룬슈빅은 'les moyens par lesquels', 'plus aptes', 슈프링마이어는 'durch welche Übungstätigkeit', 'tauglicher', 부케나우는 'geschickter'로 옮긴다.

269 "그리고 동시에 (…) 설명할 것이다"의 원어는 'et simul duas praecipuas ingenii facultates excolere, perspicacitatem scilicet, res singulas distincte intuendo, et sagacitatem, unas ex aliis artificiose deducendo'이다. "정신의 두 가지 주요 능력"의 원어는 "duas praecipuas ingenii facultates"이다. 'perspicacitas'를 '통찰(통관)으로, 'sagacitas'를 '명민(성)'으로 옮겼다. 이것들을 머독은 'perspicacity', 'discernment', 마리옹은 'vue transparente', 'adresse', 브룬슈빅은 'perspicacité', 'sagacité', 슈프링마이어는 'Scharfblick', 'Spürsinn', 부케나우는 'Scharfsinn', 'Klugheit'로 옮긴다. '기예적으로'의 원어는 'artificiose'이다. 이것을 머독은 'methodical', 마리옹은 'avec artifice', 브룬슈빅은 'méthodiquement', 슈프링마이어와 부케나우는 'kunstvoll'로 옮긴다.

270 'respicere', 'videre'를 '바라보다', '보다'로 옮겼다.

271 "하나의 사유 활동으로", "정신"의 원어는 "unico cogitationis

actu", "ingenio"이다.

272 'Artifices'를 '장인들'로, 'usu'를 '연마를 통해'로 옮겼다. 후자를 머독은 'through practice', 마리옹은 'par l'usage', 브룬슈빅은 'à l'usage', 슈프링마이어는 'durch diese Gewohnheit', 부케나우는 'durch die Gewohnheit'로 옮긴다. "임의의 아주 작고 정교한 사물들을 완벽하게 구별하는 능력capacitatem res quantumlibet exiguas et subtiles perfecte distinguendi"은 앞 문단의 "개별적 사물들을 판명하게 직관하는 통찰"의 또 다른 표현일 것이다.

273 "마찬가지로, 사유를 (…) 통찰하게 된다"의 원어는 "ita etiam illi, qui variis simul objectis cogitationem nunquam distrahunt, sed ad simplicissima quaeque et facillima consideranda totam semper occupant, fiunt perspicaces"이다. "통찰하게 된다"의 원어는 "fiunt perspicaces"이다. 이것을 머독은 'become perspicacious', 마리옹은 'acquièrent une ⟨vue⟩ transparente', 브룬슈빅은 'acquièrent de la perspicacité', 슈프링마이어는 'werden schafblickend', 부케나우는 'erlangt Scharfsinn'으로 옮긴다.

274 "그러나 (…) 공통적인 악습이다"의 원어는 "Est autem commune vitium Mortalibus, ut quae difficilia putchriora videantur"이다. 'Mortalis'를 '필사자들'로, 'vitium'을 '악습'으로 옮겼다. 후자를 머독은 'failing', 마리옹은 'vice', 부케나우는 'defaut', 슈프링마이어와 부케나우는 'Fehler'로 옮긴다. 이 구절은 스피노자Baruch Spinoza《에티카Ethica》의 다음 마지막 문구를 연상시킨다. "모든 고귀한 것은 드문 만큼 어렵다omnia praeclara tam difficilia, quam rara sunt."

275 "어떤 (…) 근거들"의 원어는 "sublimes quasdam et lte petitas

Philosophorum rationes"이다.

276 '통관하다'로 옮긴 'perspicere'를 머독은 'insight', 마리옹은 'apercevoir', 브룬슈빅은 'élucider'로 옮긴다.

277 "그들은 (…) 건전하지 못한 자들이다"의 원어는 "male sani profecto qui tenebras chariores habent quam lucem"이다. 'chariores'를 슈프링마이어와 부케나우는 'cariores(carus)'로, 머독, 마리옹, 브룬슈빅은 'clariores(clarus)'로 읽는다. 그래서 이것을 머독은 'It is surely madness to think that there is more clarity in darkness tan in light', 마리옹은 'en insensés certes qui jugent les ténèbres plus claires que la lumière', 심지어 브룬슈빅은 'pauvres fous, vraiment, qui ont un faible pour les ténèbres plutôt que pour la lumière!'로, 이에 비해 슈프링마이어는 'in der Tat nicht eben gesunde Leute, die die Dunkelheit lieber haben als das Licht', 브룬슈빅은 'Darin sind die nun wahrhaft unvernünftig, welche die Dunkelheit dem Lichte vorziehen' 으로 옮긴다. 'male sani'를 '건전하지 못한 자들'로 번역했다. 이것은 머독은 'madness', 마리옹은 'insensés', 브룬슈빅은 'pauvres fous', 슈프링마이어는 'gesunde Leute', 부케나우는 'unvernünftig'로 옮긴다.

278 'oportere'를 '필요하다'로 번역했다. 마리옹, 슈프링마이어 도 이런 의미로 'Il convient', 'Es ist zweckmäßig'로 옮긴다. 'cogitatione'를 '사유 안에서'로 옮겼다.

279 "훈련"의 원어는 "exercitus"이고, "정신"의 원어는 "ingenium" 이다.

280 "크고 (…) 만날 수 있는 것들에서"의 원어는 "non ex magnis et

obscuris rebus, sde ex facilibus tantum et magis obviis"이다.

281 "정신"의 원어는 "mens"이다.

282 앞으로 가끔 사용되는 'nudus'를 여기서는 '있는 그대로'로 번역했다. 이것을 머독은 'in its bare state', 마리옹은 'nue', 브룬슈빅은 'a l'etat nu', 슈프링마이어는 'nackt', 부케나우는 'rein als solche'로 옮긴다.

283 앞으로 자주 사용되는 'concipere'를 주로, '추상적이거나 드러나지 아니한 것을 구체적인 형상으로 드러내어 나타내다'라는 사전적 의미로, '표상하다'로 옮겼다.

284 "체액들"의 원어는 "humores"이다.

285 "은폐된 성질"의 원어는 "qualitas occultas"이고, 'hariolari'는 '횡설수설하다'로 옮겼다.

286 'intueri'를 여기서는 '들여다보다'로 옮겼다.

제10규칙

287 원어는 "Ut ingenium fiat sagax, exerceri debet in iisdem quaerendis, quae jam ab aliis inventa sunt, et cum methodo etiam levissima quaeque hominum artificia percurrere, sed illa maxime, quae ordinem explicant vel supponunt"이다. "정신"의 원어는 "ingenium"이다. 'sagax'를 '명민한'으로 옮겼고, 'fieri sagax'는 제9규칙 둘째 문단에 있는 'fieri perspicax'와 대비되면서, 제9규칙은 'ingenium'의 두 능력 가운데 하나인 'perspicacitas'를, 제10규칙은 그 다른 하나인 'sagacitas'를 다

룬다. 'etiam levissima quaeque hominum artificia'를 '인간의 극히 하찮은 모든 기예들조차도', 'explicere'를 '펼치다'로 옮겼다. 이것들을 머독은 'even the most insignificant products of human skill', 'display', 마리옹은 'tout les effets de l'art des hommes même les moins importants', 브룬슈빅은 'toutes les techniques humaines, même les plus insignifiantes', 슈프링마이어는 'gerade auch ganz bedeutunglose Kunstgriffe', 'entfalten', 부케나우는 'selbst alle einfachen Kunstgriffe', 'enthalten'으로 옮긴다. 'cum methodo'를 '방법을 가지고'로 직역했다. 이것은 분명 제9규칙 첫 문단에 있는 'artificiose'와 관련될 것이다. 그 것을 마리옹은 'avec méthode'로, 다른 역자들은 'methodically', 'méthodiquement', 'methodisch'로 옮긴다. '통람하다'로 옮 긴 'percurrere'를 머독은 'survey', 마리옹은 'parcourir', 브룬슈 빅은 'examiner', 슈프링마이어는 'durchdenken', 부케나우는 'durchgehen'로 옮긴다.

288 "최고 즐거움", "자기 고유의 재간으로"의 원어는 "summam voluptatem", "propria industira inveniendis"이다. 이것들을 머 독은 'the greatest pleasure', 'by my own effort', 마리옹은 'le plus grand plaisir', 'par mon industrie propre', 브룬슈빅은 'la plus grande volupté', 'par mes propres ressources', 슈프링마이어는 'größten Genuß', 'aus eigener Kraft'로 옮긴다. 'inginio'를 '기질 로'로 옮겼다. 이것을 머독은 'natural bent of my mind', 마리옹 은 'avec l'esprit', 브룬슈빅은 'avoir l'esprit', 슈프링마이어는 'mit einer Erkenntniskraft'로 옮긴다.

289 "타고난 어떤 명민함을 통해", "이 순진무구한 여흥"의 원어

는 "per ingenitam quandam sagacitatem", "hanc oblectationem innocuam"이다. 이것들을 'by means of a certain innate discernment', 마리옹은 'grâce à quelque adresse mise en moi par la nature', 'de plaisir innocent', 브룬슈빅은 'grâce à la sagacité qui m'est propre', 'ce plaisir innocent', 슈프링마이어는 'etwa ein angeborener Spürsinn', 'diese unschuldige Freude', 부케나우는 'durch die mir eingeborene Klugheit', 'diese unschuldige Ergötzung'으로 옮긴다.

290 "방황하는vagas 그리고 맹목적인caecas 탐사들을 통해"에서 'disquisitio'를 '탐사'로 옮겼다. 이것을 머독은 'inquirie', 마리옹은 'recherche', 브룬슈빅은 'enquête', 슈프링마이어와 부케나우는 'Untersuchung'으로 옮긴다.

291 앞에서 '함양하다'로 옮긴 'excolere'를 여기서는 '가꾸다'로 옮겼다. 이것을 머독은 'elaborate', 마리옹은 'cultiver', 브룬슈빅은 'édifier', 슈프링마이어와 부케나우는 'ausarbeiten'으로 옮긴다.

292 "하지만, 모든 이들의 (⋯) 아니기 때문에"의 원어는 "Verum, quia non ingenia tam propensa sunt a natura rebus proprio marte indagandis"이다. 'ingenium'을 '정신', 'propensus'를 '기울어지는', 'a natura'를 '본성상', 'marte'를 '자력으로', 'indagare'를 '탐색하다'로 옮겼다. 이 문장을 머독은 'Still, since not all minds have such a natural disposition to puzzle things out by their own exertions', 마리옹은 'Mais, parce que tous n'ont pas l'esprit aussi naturallement incliné à entreprendre les choses avec leurs propres armes', 브룬슈빅은 'Mais comme tous les esprits ne sont pas également doués de nature pour faire des découvertes

par leurs propres forces'로 의역한다.

293 'regnare'를 '지배하다, 'discutere'를 '조사하다'로 옮겼다.

294 "정신의 발견"에서 "정신", "발견"의 원어는 "ingenia", "inventio"이다.

295 "숨겨진"의 원어는 "occultus"이다. 'exhibere', 'rite'를 '현시하다', '규정대로'로 옮겼다. 이것들을 머독은 'present', 'in the proper', 마리옹은 'faire voir', 'rigoureuse', 브룬슈빅은 'présenter', 'minutieusement', 슈프링마이어는 'aufzeigen', 'gehörig', 부케나우는 'darstellen', 'richtig'로 옮긴다.

296 "이것들이"의 원어는 지시대명사 "illa"이다. 이것을 머독은 'our inquiries', 마리옹은 'ces ⟨questions⟩', 브룬슈빅은 'ces problèmes', 슈프링마이어는 'solche Untersuchungen', 부케나우는 'diese Dinge'로 이해한다. "이것들이 방법을 가지고cum methodo 탐구되어야 한다"는 이 문구는 이 규칙의 제목에 들어 있는 "기예들을 방법을 가지고 통람해야 한다"라는 말과 관련될 것이다.

297 "한결같은"의 원어는 "constans"이다. 브룬슈빅은 이것을 'scrupuleux'로 옮긴다.

298 통상적으로 '선입견'으로 사용되는 'praejudicium'을 '예단'으로 옮겼다. 이것을 머독은 'conjecture', 마리옹은 'jugement qu'on peut faire par avance', 브룬슈빅은 'présomption', 슈프링마이어는 'Vorurteil', 부케나우는 'einmal vorgefaßte Ansicht'로 옮긴다. 'fingere'를, '생각해내다'로 옮긴 'excogitare'와 구별해서, '지어내다'로 옮겼다. 이것을 머독은 'invent', 마리옹과 브룬슈빅은 'forger', 슈프링마이어는 'erfinden', 부케나우는 'annehmen'

으로 옮긴다.

299 "이와 유사한 것들에서"의 원어는 "in similibus"이다. 이것을 마리옹은 'des 〈questions〉 semblables', 브룬슈빅은 'la solution des problèmes de ce genre'로 의역한다. '기예 없이'의 원어는 'sine arte'이다. 이것을 머독은 'without a method', 마리옹은 'sans art', 브룬슈빅은 'sans methode', 슈프링마이어는 'ohne Regeln', 부케나우는 'ohne Kunst'로 옮긴다. 'divinare'를 '예언하다'로 옮겼다.

300 "방법을 통해서보다는 행운에 의해"의 원어는 "a felicibus (…) quam per methodum"이다. 그래서 '방법을 통해서', '방법을 가지고', '기예적으로'는 '행운에 의해', '우연히', '기예 없이'와 대비될 것이다.

301 "정신의 빛"의 원어는 "ingenii lumen"이다.

302 'puerilis', 'vanus'를 '유치한', '헛된'으로 옮겼다.

303 'serius', 'altior'를 '진지한', '보다 고귀한'으로 옮겼다. "혼란된", "심오한"의 원어는 "confusus", "profundus"이다.

304 제10규칙의 주제가 요약된 이 문장, "그러므로 우리는 (…) 익숙해져야 한다"의 원어는 "In istis igitur facilioribus primum exerceamur oportet, sed cum methode, ut per apertas et cognitas vias, quasi ludentes ad intimam rerum veritatem semper penetrare assuescamus"이다. 'apertus', 'intimus', 'penetrare'를 '명백한', '가장 깊숙한', '침투하다'로 옮겼다.

305 "뒤얽힌"의 원어는 "intricatus"이다. 이것을 마리옹은 'embarrassé', 브룬슈빅은 'embrouillé'로 옮긴다.

306 'sentire'를 '느끼다'로 옮겼다.

307 "변증론자들의 모든 규정들"의 원어는 "omnia Dialecticorum praecepta"이다. 'omittere'를 '등한히 하다'로 옮겼다. 이것을 브룬슈빅은 'laisser de côté'로 옮긴다.

데카르트는 여기서 전통 논리학에 대한 비판을 보다 상세히 설명한다. 일반적으로 변증론은 형식논리학 혹은 삼단논법을 의미한다. 아리스토텔레스는 변증론dialectique을 분석론l'analytique과 구별하고, 이때 전자는 참된 명제들로부터 형성된 삼단논법을, 후자는 개연적 명제로부터 형성된 삼단논법을 대상으로 하는 이론으로 간주한다. 이런 아리스토텔레스의 구별은 삼단논법의 형식forme이 아니라 그 질료matière에 따라 이루어지지만, 스토아철학, 특히 스콜라철학에서 변증론은 일반적으로 형식논리학, 즉 정신 작용에 관한 이론을 지시한다. 그래서 그것은 정신 작용들이 관계하는 항이 지닌 고유 의미를 배제하고, 그 항들 간의 관계만을 고찰한다. 이를테면 "모든 A는 B이고, C가 A이면, C는 B이다"라는 삼단논법에서 A, B, C에 의해 표현되는 항들이 어떤 것이든 간에, 이 삼단논법은 이 형식만으로 형식적으로 정확한 것이다. 그러나 우리는 그 결론이 질료적으로 참이 되도록—예컨대 모든 인간은 죽는다, 소크라테스는 인간이다, 그러므로 소크라테스는 죽는다,—혹은 질료적으로 거짓이 되도록—예컨대 모든 금속은 고체이다, 수은은 금속이다, 그러므로 수은은 고체이다—삼단논법의 항들을 선택할 수 있으며, 이것은 더 이상 형식논리학의 영역이 아니다(브룬슈빅, 125쪽, 각주 1 참조).

308 "토론 형식들"의 원어는 "formas disserendi"이다. 이것을 머독은 'forms of reasoning', 마리옹은 'formes de discours', 브룬슈빅

은 'formes d'argumentation', 부케나우는 'Schlußformen'으로 옮긴다.

309 'quodammodo feriari'를 '일을 어떤 식으로 쉬다/휴가를 보내다'로 옮겼다. 이것을 머독은 'take, as it were, a rest', 마리옹은 's'amuser en quelque manière à négliger', 브룬슈빅은 'se mettre en quelque sorte en vacances', 슈프링마이어는 'aussetzt und sozusagen Feiertag machen', 부케나우는 'in gewisser Weise unterlassen'로 옮긴다.

310 'preascribere'를 '명하다'로 옮겼다.

311 "그리고 우리가 경험하는 바는, (…) 속이곤 했다는 것이다"의 원어는 "atque eperimur, acutissima quaeque sophismata neminem fere unquam pura ratione utentem, sed ipsos Sophistas fallere consuevisse"이다.

312 'adjumentum'을 '도움 수단'으로 의역했다. 이것을 마리옹은 'aide', 브룬슈빅은 'auxiliaire', 슈프링마이어는 'Hilfsmittel', 부케나우는 'Unterstützungsmittel'로 옮긴다.

313 "기예를 통해"의 원어는 "arte"이다. 이것을 머독은 'on the basis of their method', 마리옹은 'selon ⟨les regles de⟩ l'art', 브룬슈빅은 'selon les regles', 슈프링마이어는 'mit ihrer Kunst', 부케나우는 'mit all ihrer Kunst'로 의역한다.

이것이 데카르트가 삼단논법에 가한 비판이고, 나중에 로크나 밀John Stuart Mill에게서도 발견된다. 삼단논법은 형식적 특성상 열매를 산출할 수 없다는 것이다. 결론이 참이기 위해서는, 그 추론이 형식적으로 올바른formellement correct 것만으로는 부족하고, 그 전제들이 질료적으로 참matériellement vraies이어야 한다. 예컨대 "소크라테스는 죽는다"라는 결론을 끌어내기 위해서는 "모든 인간은 죽는다"라는 대전제가 참이어야 한다. 그런데 각각의 인간은 죽음에서 벗어날 수 없다는 것을 알지 못한다면, 대전제에 대해 확신할 수 없다. 마찬가지로 "수은은 고체이다"라는 결론을 피하기 위해서는 "모든 금속은 고체이다"라는 대전제가 거짓임을 알고 있어야 한다. 그런데 고체가 아닌 금속을 한 가지라도 알지 못한다면, 대전제에 대해 확신할 수 없다. 그러므로 질료적으로 참된 전제를 설정하기 위해서는 이미 결론을 알고 있어야 한다(브룬슈빅, 126쪽, 각주 1 참조).

314 변증론은 새로운 인식을 발견하는 학문이 아니라, 이미 알고 있는 지식을 타자에게 설명하고 정당화하는 기예라는 것이다. 그래서 통속적 변증론vulgaris Dialectica은 철학Philosophia에서 설득의 기술인 수사학Rhetorica으로 옮겨져야 한다는 것이다. 데카르트는 《방법서설》에서 이와 유사하게 말한다. "논리학에서 그 삼단논법과 다른 지침들 대부분은 모르는 것을 배워 알게 하는 것이 아니라 오히려 아는 것을 남에게 설명하는 것에 소용되고 있다는 것이며, 심지어 룰루스의 기예처럼 모르는 것을, 판단 없이 말하는 것에 소용되고 있다는 것이다. 그리고 논리학 안에 실제로 아주 참되고 아주 좋은 규정들이 많이 들어 있긴 하지만, 그럼에도 불구하고 해롭거나 불필요한 다른 것들도 그만큼 섞여 있어서, 그것들을 가려내는 일은 아직 전혀 다듬어지지 않은 대리석 덩어리에서 디아나상이나 미네르바상을 끌어내는 것과 거의 마찬가지로 힘들다는 것이다."(이 책, 37쪽)

제11규칙

315 원어는 "Postquam aliquot propositiones simplices sumus intuiti, si ex illis aliquid aliud concludamus, utile est easdem continuo et nullibi interrupto cogitationis motu percurrere, ad mutuos illarum respectus reflectere, et plura simul, quantum fieri potest, distincte concipere: ita enim et cognitio nostra longe certior fit, et maxime augetur ingenii capacitas"이다. "정신의 능력", "매우 크게"의 원어는 "ingenii capacitas", "maxime"이다.

316 "정신의 직관에 대해"의 원어는 "de mentis intuitu"이다. 이것을 머독은 'about mental intuition', 마리옹은 'de regard de l'exprit', 브룬슈빅은 'de l'intuition intellectuell', 슈프링마이어는 'über die Intuition', 부케나우는 'über die Intuition des Geistes'로 옮긴다.

317 "우리는 한 곳에서 (⋯) 말했기 때문이다"의 원어는 "quoniam illum uno in loco deductioni opposuimus, in alio vero enumerationi tantum, quam definivimus esse illationem ex multis et disjunctis rebus collectam; simplicem vero deductionem unius rei ex altera ibidem diximus fieri per intuitum"이다. '동떨어진'으로 옮긴 'disjunctus'를 머독은 'disconnected', 마리옹은 'disjoint', 부케나우는 'getrennt'로 반면, 브룬슈빅은 'dispersé'로 옮긴다. 'collcectus'를 '추려진'으로 옮겼다. 이것을 머독은 'drawn from', 마리옹은 'rassemblé', 브룬슈빅은 'effectué', 슈프링마이어는 'ergeben sich aus der Zusammenfassung'으로 옮긴다.

"한 곳에서"라고 말한 제3규칙에서 직관은 연역과 대비되는 반면, "다른 곳에서"라고 말한 제7규칙에서 직관은 열거와 대비시킨 것을 말하고 있다. 앞에서 보았듯이, 데카르트는 제7규칙에서 열거를 동떨어진 다수의 것들로부터 끌어내는 활동으로 규정하고, 단순 연역을 직관으로 환원시킨다.

318 'simul'을 '동시에', 'successive'를 '차례로'로 옮겼다. 이것들을 머독은 'all at once', 'bit by bit', 마리옹은 'ensemble', 'successivement', 브룬슈빅은 'en un seul moment', 'en plusieurs moments successifs', 슈프링마이어는 'auf einmal', 'sukzessiv', 부케나우는 'auf einmal, 'successiv'로 옮긴다.

319 "그러나 우리가, (…) 사유할 경우"의 원어는 "deductio vero, si de illa facienda cogitemus ut in regula tertia, non tota simul fieri videtur, sed motum quendam ingenii nostri unum ex alio inferentis involvit"이다. 'cogitare'를 이런 유의 다른 동사들과 구별하기 위해, 또 'cogitatio'를 '사유'로 옮기기 때문에, '사유하다'로 번역했다. 'si de illa facienda cogitemus'를 '우리가 행해지는 것으로서 연역에 대해 사유할 경우'로 의역했다. 이때 이것과 다른 종류의 연역이 규정되는 다음 문장, 즉 'Si vero ad eandem, ut jam facta est, attendamus(우리가 이미 행해진 것으로서 연역에 주의할 경우)'를 염두에 두었다. 이 두 구절을 머독은 'wenn we think of the process of deductio', 'But if we look on deduction as a completed process', 마리옹은 'si nous y pensons quand elle se fait', 'Mais si nous y faisons attention, un fois qu'elle est accomplie', 브룬슈빅은 'si nous songeons à la déduction comme se faisant', 'Mais si nous la considérons

lorsqu'elle est toute faite', 슈프링마이어는 'wenn wir über ihren Vorzug nachdenken', 'Wenn wir sie aber als schon vollzogen betrachten', 부케나우는 'wenn wir darüber nachdenken, wie die Deduktion anzustellen ist', 'Betrachten wir sie aber als bereits vollzogen'으로 의역한다.

320 "우리 정신의 어떤 운동"의 원어는 "motum quendam ingenii nostri"이다.

321 'jure'를 '권리 측면에서'로 옮겼다. 이것을 마리옹은 'en cet endroit', 브룬슈빅은 'à juste titre', 슈프링마이어와 부케나우는 'mit Recht'로 옮긴다.

322 "운동의 종료"의 원어는 "terminum motus"이다. 이것을 머독은 'completion of a movement', 마리옹은 'terme du mouvement', 브룬슈빅은 'terme de ce mouvement', 슈프링마이어는 'Ende einer Bewegung', 부케나우는 'Endpunkt einer solchen'으로 옮긴다.

323 "그리고 이 때문에 (…) 가정한다"의 원어는 "atque ideo illam per intuitum videri supponimus, quando est simplex et perspicua, non autem quando est multiplex et involuta"이다. 'supponimus(가정하다)'의 시제는 현재형인데, 머독은 현재진행형 'are supposing'으로, 브룬슈빅은 현재완료형 'avons posé en principe'으로 옮긴다. 브룬슈빅은 이 문장이 현재완료형인 다음 문장과 함께 이전 규칙에서 말한 것을 되풀이한다고 생각하기 때문일 것이다.

324 "오히려 (…) 때문이다"의 원어는 "sed ejus certitudo quodammodo a memoria dependet, in qua judicia de singulis

partibus enumeratis retineri debent, ut ex illis omnibus unum quid colligatur"이다. 'retinere'를 '꽉 움켜쥐다/경험에서 얻은 정보를 유지하다'라는 사전적 의미의 '파지하다'로 옮겼다. 이 것을 머독은 'retain', 마리옹은 'retenir', 브룬슈빅은 'conserver', 슈프링마이어는 'aufbewahren', 부케나우는 'festhalten'으로 옮 긴다. '하나의 어떤 것'으로 옮긴 'unum quid'를 머독은 'a single conclusion', 마리옹은 'quelque autre unique', 브룬슈빅은 'une conclusion unique'로, 슈프링마이어는 'einzige Sachverhalt', 부케나우는 'etwas Einheitliches'로 읽는다. '추리다'로 옮긴 'colligere'를 머독은 'derive', 마리옹은 'rassembler', 부케나우는 'tirer', 슈프링마이어는 'erschließen', 부케나우는 'ergeben'로 옮 긴다.

그러므로 데카르트의 연역은 직관과 열거 모두에 걸쳐 있는 개 념이다. 기억에 의존함이 없이 연결 관계 전체를 동시에 명석 판명하게 인식하는 단순 연역은 이제 더 이상 연역이 아니라 직관이라는 것, 그리고 연결 관계가 복잡해서 그 전체를 차례 차례 연역해야만 하는, 그래서 기억의 도움을 필요로 하는 연 역은 열거 혹은 귀납이라는 것이다. 기억의 본성 및 역할에 대 해 데카르트는 제7규칙, 제11규칙, 제12규칙에서 밝힌다.

325 "정신의 직관"의 원어는 "intuitio mentis"이다.

326 "이 둘이 (⋯) 보일 만큼"의 원어는 "adeo ut in unam videantur coalescere, per motum quendam cogitationis singula attente intuentis simul et ad alia transeuntis"이다. "융합되는"의 원어는 "coalescere"이다. 이것을 머독은 'coalesce', 마리옹은 'croître', 브룬슈빅은 'se fondre', 슈프링마이어는 'zusammenfließen',

부케나우는 'verwachsen'으로 옮긴다. '각각의 것'으로 옮긴 'singula'를 마리옹은 'chaque 〈chose〉', 부케나우는 'chaque terme'으로 읽는다.

327 "정신"의 원어는 "ingenium"이다.

328 'capere'를 '움켜쥐다'로 옮겼다. "더 많은 것들"의 원어는 "plura"이다 이것을 마리옹은 'plus 〈de termes〉'로, 브룬슈빅은 'plus de termes'로 읽는다. "유동적인", "약한", "되살리다", "강화되다"의 원어는 "labilis", "infirmus", "revocari", "firmari"이다. 이것들을 마리옹은 'instable', 'fragile', 'être rappelée', 'être affermie'로 옮긴다.

329 'videre', 'recordari', 'ex jam cognitis'를 '보다', '상기하다', '기지의(이미 알려진) 것들'로 옮겼다.

330 "정신의 느림"의 원어는 "ingenii tarditas"이다.

331 'reducere'를 '환원하다'로 옮겼다. "즉석에서 구별하는 습관"의 원어는 "usum subito distinguendi"이다. 이것을 마리옹은 'usage de distinguer aussitôt', 브룬슈빅은 'habitude de distinguer sur-le-champ'로 옮긴다.

332 'inter priman et secundam'을 '첫째 항과 '둘째 항 간의'로 의역했다. "같은 (⋯) 인지한다"의 원어는 "pari conceptu et non magis vel minus facile me agnoscere"이다. 'pari conceptu'를 '같은 표상작용으로'로 옮겼다. 이것을 머독은 'the act of conceiving is exactly similar in each case'로 의역하고, 마리롱은 'par la même conception', 브룬슈빅은 'par un acte de représentation semblable', 슈프링마이어는 'durch einen gleichartigen Begriff', 부케나우는 'vermöge des gleichen

Begriffs'로 옮긴다. 'agnoscere'를 '어떤 것을 알아보다'라는 사전적 의미의 '인지하다'로 옮겼다.

333 "특수한 그리고 구분되는 표상작용들을 통해"의 원어는 "per conceptus particulares et distinctos"이다. 이것은 앞의 "같은 표상작용을 통해"와 대비될 것이다. 이것을 머독은 'by means of particular and distinct acts of conceiving', 마리옹은 'par des conceptions particulières et distinctes', 브룬슈빅은 'par des actes de représentation particuliers et distincts', 슈프링마이어는 'durch partikuläre und geschiedene Begriffe', 부케나우는 'durch besondere und distinkte Begriffe'로 옮긴다.

334 'separare'를 '분리하다', 'dividere'를 '나누다'로 옮겼다.

335 유사한 내용이 제6규칙에서 언급된다.

336 원문에 "〈solvendi〉"로 홑화살괄호 처리되어 있다.

제12규칙

337 원어는 "Denique omnibus utendum est intellectus, imaginationis, sensus, et memoriae auxiliis, tum ad propostiones simplices distincte intuendas, tum ad quaesita cum cognitis rite componenda ut agnoscantur, tum ad illa invenienda, quae ita inter se debeant conferri, ut nulla pars humanae industriae omittatur"이다. 'componenda'는 하노버판에서 'comparanda'로 되어있어, 다양하게 번역된다. 이것과 다음의 'conferre'를, 이것 모두를 'vergleichen'으로 옮긴 슈프링마이어와 마찬가지로,

'비교하다'로 옮겼다. 이에 비해 머독은 'combine', 'compare', 마리옹은 'comparer', 'rapporter', 브룬슈빅은 'combiner', 'rapporter', 부케나우는 'zusammenstellen', 'vergleichen'으로 옮긴다. 'omittere'를 '소홀히(등한히) 하다'로 옮겼다. 마리옹은 'omettre', 부케나우는 'négliger', 슈프링마이어는 'ungenützt bleiben', 부케나우는 'vernachlässigen'으로 옮긴다. '인간 재간의 어떠한 부분도'의 원어는 'nulla pars humanae industriae'이다. 이것을 머독은 'all our human powers', 마리옹은 'aucune partie de l'industrie humaine', 부케나우는 'aucune fraction des ressources humaines', 슈프링마이어는 'nichts, was in des Menschen Kräften steht', 부케나우는 'kein nur irgend mögliches Mittel'로 옮긴다.

338 문장을 끝내는 원문의 형식을 그대로 따랐다. "개별적으로", "일반적으로"의 원어는 "in particulari", "in genere"이다.

339 "사물의 인식을 (…) 고려해야 한다"의 원어는 "Ad rerum cognitionem duo tantum spectanda sunt, nos scilicet qui cognoscimus, et res ipsae cognoscendae"이다.

340 "우리 재간 안에 놓여 있는 어떤 것"의 원어는 "quid, quod in nostra industria positum ist"이다. 이것을 머독은 'anything which lies within our power', 마리옹은 'rien, d'entre les biais que comporte notre industrie', 브룬슈빅은 'ce qui fait partie de nos ressources', 슈프링마이어는 'nichts, was in unseren Kräften steht', 부케나우는 'etwas, wozu die Fähigkeit besitzen'으로 옮긴다.

341 "사물의 측면에서"의 원어는 "Ex parte rerum"이다. 이것은 앞

의 "우리 안에서In nobis"와 대비된다.

342 "즉 첫째, 자발적으로 (…) 충분하다"의 원어는 "nempe id primum quod sponte obvium est, deinde quomodo unum quid ex alio cognoscatur, et denique quaenam ex quibusque deducantur"이다. 'id quod sponte obvium est'를 '자발적으로 쉽게 만날 수 있는 것'로 옮겼다. 이것을 머독은 'What presents itself to us spontaneously?', 마리옹은 'ce qui se montre de soi devant nous', 브룬슈빅은 'ce que se présente spontanément', 슈프링마이어는 'das, was von selbst am Tage liegt', 부케나우는 'das, was uns spontan darbietet'로 옮긴다. 이것은 곧 제시될 "단순 본성들"이다.

343 'completus'를 '필요한 것이 모두 갖추어져 모자람이 없는'이라는 사전적 의미로 '완전한', 'complere'를 '완전하게 하다'로 옮겼다. "인간 재간이 미칠 수 있는"의 원어는 "ad quae human industria possit extendi"이다. 이것을 머독은 'which is within the range of human endeavour', 마리옹은 'à quoi l'industrie humaine se peut étendre', 브룬슈빅은 'que peuvent saisir les ressources humaines', 슈프링마이어는 'worauf sich kei Kräfte des Menschen erstrecken können', 부케나우는 'worauf menschlichen Fleiß sich nur erstrecken kann'으로 옮긴다.

344 '인식하는 우리', 즉 인식 주체의 고찰을 가리킨다.

345 'informare'가 정신과 물체의 복합체인 개체에서 정신은 물체 혹은 신체의 형상forma이고, 후자는 전자의 질료materia라는 아리스토텔레스의 입장을 함축한다는 점에서, 그것을 '형상화하다'로 옮겼다.

346 '먼저 보내다'라는 의미의 'praemittere'를 '제시하다'로 의역
했다. 이것을 머독은 'set out', 마리옹은 'présupposer', 슈프링
마이어와 부케나우는 'vorausschicken'으로 옮긴다. 나아가 '먼
저 제시하다'로 옮긴 다음 문장의 'praemittere'를 머독은 'first
setting out', 마리옹은 'd'abord montrer', 브룬슈빅은 'donner au
préalable'로 옮긴다.

347 'quisnam modus concipiendi'를, 'quell est, entre les facons de
concevoir'로 옮기는 브룬슈빅과 마찬가지로, '표상하는 방식들
가운데 도대체 어떤 것'으로 의역했다.

348 "바로 이 가정들"의 원어는 "easdem suppositiones"이다. 이것
을 머독은 'these suppositions', 마리옹은 'ces suppositions', 브
룬슈빅은 'les memes suppositions', 슈프링마이어는 'diesen
Hypothesen', 'dieselben Voraussetzungen'으로 옮긴다.

349 "양"의 원어는 "quantitas"이다.

350 '표상하다'로 옮긴 'concipere'를 머독은 'conceive', 마리옹
은 'concevoir', 브룬슈빅은 'représenter', 슈프링마이어는
'vorstellen', 부케나우는 'klarmachen'으로 옮긴다.

351 'per actionem'을 '작용을 통해', 'per passionem'을 '수동적으로'
로 옮겼다.

352 'per analogiam'을 '유비를 통해'로 옮겼다.

353 "우둘투둘함"의 원어는 "asper"이다.

354 '불투명한 막'으로 의역한 'opacus'를 머독은 'opaque
membrane', 마리옹은 'le ⟨corps⟩ opaque', 브룬슈빅은 'surface
opaque', 슈프링마이어는 'Undurchsichtige', 부케나우는
'undurchsichtige Teil'로 옮긴다.

355 'illuminatio'를 '빛의 작용'으로 옮겼다. 이것을 머독은 'light', 마리옹은 'mouvement de la lumière', 브룬슈빅은 'action de la lumière', 슈프링마이어는 'Licht', 부케나우는 'Lichtstrahl'로 옮긴다.

356 'cadere sub sensum'를 '감각 아래 떨어지다'로 직역했다. 머독은 이것을 'be perceivable by the senses'로 의역하고, 마리옹과 브룬슈빅은 'tomber sous le sens', 슈프링마이어와 부케나우는 'fallen in die Sinne'로 직역한다.

357 "형태의 표상이 (…) 사실로부터"의 원어는 "ex eo, quod tam communis et simplex sit figurae conceptus, ut involvatur in omni sensibili"이다. 'figurae conceptus'를 '형태의 표상'으로 옮겼다. 이것을 머독은 'concept of schape', 마리옹은 'conception d'une figure', 브룬슈빅은 'notion de figure', 슈프링마이어는 'Begriff der Figur', 부케나우는 'Begriff der Gestalt'로 옮긴다.

358 "새로운 어떤 존재자"의 원어는 "aliquod novum ens"이다. 이것을 머독은 'some new entity', 마리옹은 'aucun être nouveau', 브룬슈빅은 'aucune nouvelle espèce d'être', 슈프링마이어는 'eine neue Wesenheit', 부케나우는 'eine neue Seinsart'로 옮긴다. 이에 대해 브룬슈빅은 데카르트가 "존재자들은 증가되어서는 안 된다entia non sunt multiplicanda"라는 스콜라적 경제 원리를 따른다고 말한다(브룬슈빅, 133쪽, 각주 1 참조). '마음에 들다'로 직역한 'placere'를 머독은 'prefer', 마리옹은 'décider', 브룬슈빅은 'penser', 슈프링마이어는 'für gut befinden', 부케나우는 'belieben'으로 옮긴다. 'abstrahere'를 여기서는 '도외시하다'로, 다른 경우에는 '추상하다'로 옮겼다. 이것을 머독은

'make an abstraction, setting aside', 마리옹과 브룬슈빅은 'faire abstraction de', 슈프링마이어는 'abstrahieren', 부케나우는 'absehen'으로 옮긴다.

359 "형태들의 무한한 다수", "모든 차이들"의 원어는 "figurarum infinitam mulitudinem", "omnis differentiis"이다

360 'sensus commnis', 'transire', 'deferre'를 '공통감각', '통과하다', '운송하다'로 옮겼다. 마리옹은 "데카르트의 공통감각은 국부적으로 전달을 통해 정의되지만, 아리스토텔레스는 그것을 감각의 다수성에게 단일한 형상으로 상호 복합되는 것을 허용한다"고 주해한다(마리옹, 231쪽, 주해 9 참조). "어떠한 실재적 존재자도"의 원어는 "ullius entis reali"이다. 이것을 머독은 'any entity really'로 옮기면서 형용사 'realis'를 부사 'really'로 번역하고, 브룬슈빅은 'passage réel d'aucun être'로 옮기면서 'realis'를 'passage(통과)'를 꾸미는 형용사로 번역한다. 이에 비해 마리옹은 'aucun être réel', 슈프링마이어는 'irgend ein wirkliches Ding', 부케나우는 'irgend eine reelle Seinsart'로 옮긴다.

361 'designare'를 여기서는 '묘사하다'로 옮겼다. 이것을 머독은 'trace out', 브룬슈빅은 'décrire', 슈프링마이어는 'schreiben', 부케나우는 'beschreiben'으로 옮긴다.

362 'transmigrare'를 '넘어가다'로 옮겼다.

363 "보다 덜 긴밀한 결합"의 원어는 "minorem connexionem"이다.

364 "세 번째로 표상해야 하는 것은, (…) 수행한다는 것이다"의 원어는 "Tertio concipiendum est, sensum communem fungi etiam vice sigilli ad easdem figuras vel ideas, a sensibus externis puras et sine corpore venientes in phantasia vel imaginatione veluti in

cera foramndas"이다. 'fungi'를 '기능을 수행하다'로 옮겼다. '순수한 그리고 물체 없이'로 직역한 'puras et sine corpore'를 머독은 'pure and without body', 슈프링마이어는 'rein und ohne Körper'로 직역하고, 마리옹은 'pures et incorporelles', 부케나우는 'rein und ohne Hilfe des Körpers'로 의역하고, 브룬슈빅은 애초에 'sous une forme pure et incorporelle'로 옮긴 것을 나중에 'sous une forme pure et sans corps'로 수정 번역한다(브룬슈빅, 135쪽 각주1 참조).

365 'induere'를 '띠다'로 옮겼다. 이것을 머독은 'take on', 마리옹은 'revetir', 브룬슈빅은 'couvrir', 슈프링마이어는 'bekleiden', 부케나우는 'annehmen'으로 옮긴다.

366 "원동력"의 원어는 "vim motricem"이고, 이것을 머독은 'motive power'로, 또 'phantasia'를 'corporeal imagination'으로 옮긴다.

367 "다른 어떤 것들 (…) 말이다"의 원어는 "quorum tamen imagines non habeat in se expressas, sed alias quasdam, ex quibus isti motus consequi possint"이다. 'imagines expressas'를 '명시적 상들'로 옮겼다. 이것을 마리옹만이 'images expresses'로 옮기고, 머독은 'images imprinted', 브룬슈빅은 'images imprimées', 슈프링마이어는 'Bilder ausgeprägt', 부케나우는 'Bilder abgedrückt'로 옮기면서, 'expressus'를 '새겨진/각인된'으로 이해한다. 마리옹에 따르면, "여기서 문제는 '각인된 상species impressa'과 '명시적 상species expressa' 간의 구별을 암시하는 것이다. 전자의 성과로서, '명시적 상'은 사물에 대한 인식을 전달한다. 왜냐하면 그것이 사물에 대한 유사성을 생산하기 때문이다. (…) 그러므로 다른 '상'은 사물 자체에 대한 유사성을 제

공하는 것이 아니라, 오히려 지성이 인식할 사물에 대한 (본질적이기 때문에 가지적인) 형상으로 변형할transformer 수 있는 원료 matériau brut를 전달한다. (…) 그러므로 '각인된 상'은 사물을 재현하지 않고, 오히려 그것은 사물과―원인과 결과의― 유효한 관계를 유지한다."(마리옹, 232~233쪽, 주해 13)

368 'quinimmo'를 '더구나 또한'으로 옮겼다. 이것을 머독은 'on the contrary', 마리옹은 'au contraire', 브룬슈빅은 'bien au contraire'로, 이에 비해 슈프링마이어와 부케나우는 'ja'로 옮긴다.

369 "순전히 물체적인 판타지"의 원어는 "phantasia pure corporea"이다.

370 "이성의 아무런 조력 없이"의 원어는 "absque ullo ministerio rationis"이다.

371 "이 힘은 (…) 영적이라는 점'의 원어는 "vim illam, per quam res proprie cognoscimus, esse pure spiritualem"이다. '순전히 영적'으로 옮긴 'pure spiritualis'를 머독은 'purely spiritual', 마리옹은 'purement spirituelle', 브룬슈빅은 'une force purement spirituelle', 슈프링마이어는 'rein geistig', 부케나우는 'rein geistiger Natur'로 옮긴다.

372 "공통감각으로부터"의 원어는 "a sensu communi"이다. 이것을 머독, 슈프링마이어, 부케나우는 '공통감각으로부터'로 직역하고, 마리옹, 브룬슈빅은 '공통감각에서 오는venues/viennent'으로 의역한다.

373 "순전한 물체의 배열에 따라서"의 원어는 "juxta puri corporis dispositionem"이다. 이것을 머독은 'in accordance with a purely

corporeal mode of operation', 마리옹은 'suivant la disposition du pur corps', 'conformément à la disposition du corps pris en lui-même', 슈프링마이어는 'gemäß der natürlichen Einrichtung des Leibes', 부케나우는 'gemäß der Gliedereinteilung des natürlichen Körpers'로 옮긴다. 이것에 대해 브룬슈빅은 다음과 같이 말한다. "데카르트가 말하고자 하는 것은, 인식하는 힘 la force connaissante이, 이 힘이 판타지 안에 그리는 상들을 통해, 여기서 사용가능한disponible 모든 공간을 어떤 식으로 독점할 수 있다는 것이다. 그래서 판타지는, 정상적으로 (의식적 지각을 통해서든, 운동을 통해서든) 공통감각을 매개를 통해 외부에서 오는 자극들에 한 것처럼, 반응할 수 없게 된다."(브룬슈빅, 137쪽, 각주 1)

374 'vis cognoscens', 'patere', 'agere'를 '인식하는 힘', '수동적이다', '능동적이다'로 옮겼다. 이것들을 머독은 'cognitive power', 'be passive', 'be active', 마리옹은 'force cognitive', 'patir', 'agir', 브룬슈빅은 'force cognitive', 'être passive', 'être active', 슈프링마이어는 'erkennende Kraft', 'leiden', 'handeln', 부케나우는 'erkennende Kraft', 'verhalten sich leidend', 'verhalten sich tätig'로 옮긴다.

375 'per analogiam'를 '유비로'로 옮겼다. 이것은 앞에서(이 책, 174쪽) 말한 '작용을 통해'와 대비된다.

376 "그리고 이 힘은 하나의 동일한 힘이다"의 원어는 "Atque una et eadem est vis"이다.

377 '상상력과 함께'로 옮긴 'cum imaginationem'를 머독은 'along with imagination', 슈프링마이어는 'zugleich mit der

Einbildungskraft', 부케나우는 'mit Hilfe der sinnlichen Anschauung'으로 옮긴다.

378 "기억한다고"의 원어는 "reminisci"이다. 이것을 머독은 'remember', 마리옹과 브룬슈빅은 'souvenir', 슈프링마이어는 'Sich Erinnern', 부케나우는 'sich erinnern'로 옮긴다.

379 "상상한다", "표상한다"의 원어는 "imaginari", "concipere"이다. 이것들을 머독은 'imagine', 'conceive', 마리옹은 'imaginer', 'concevoir', 브룬슈빅은 'imaginer', 'se représenter', 슈프링마이어는 'Sich etwas Einbilden', 'Begreifen', 부케나우는 'Einbildungen haben', 'vorstellen'으로 옮긴다.

380 "이해한다"의 원어는 "intelligere"이다. 이것을 머독은 'understand', 마리옹은 'endendre', 브룬슈빅은 'comprendre', 슈프링마이어는 'Verstehen', 부케나우는 'denken'으로 옮긴다.

381 이 자리를 특정하기는 쉽지 않지만, 마리옹은 제12규칙 후반부, 특히 AT-X에서 419쪽 8~17행, 421쪽 3행~422쪽 6행, 428쪽 21행~430쪽 5행으로 추정한다(마리옹, 234쪽, 주해 16 참조).

382 "순수지성", "상상력", "기억", "감각"의 원어는 "intellectus purus", "imaginatio", "memoria", "sensus"이다. 이것들을 머독은 'pure intellect', 'imagination', 'memory', 'sense-perception', 마리옹과 브룬슈빅은 'pur entendement', 'imagination', 'mémoire', 'sens', 슈프링마이어는 'reiner Verstand', 'Einbildungskraft', 'Gedächtnis', 'Sinn', 부케나우는 'reiner Intellekt, Einbildungskraft', 'Gedächtnis', 'Empfindung'으로 옮긴다.

383 "판타지 안에서 (…) 정신으로 불린다"의 원어는 "proprie

autem ingenium appellatur, cum modo ideas in phantasia novas format, modo jam factis incumbit"이다. 'ingenium'을 지금까지처럼 부득이 '지력'이 아니라 '정신'으로 옮겼다. 이것을 머독은 지금까지와는 달리 'native intellegence', 슈프링마이어는 'Erkenntniskraft' 대신 'ingenium'으로, 부케나우는 'Geist', 마리옹과 브룬슈빅은 'esprit'로 옮긴다. "형성하고", "이미 만들어진 것들에"의 원어는 "formare", "jam factis"이고, 이것을 머독은 'form', 'on those already formed', 마리옹은 'former', 'à d'autre déjà faites', 브룬슈빅은 'former', 'sur celles qui y sont déjà tracées', 슈프링마이어는 'zeichnen', 'mit den bereits gezeichneten', 부케나우는 'bilden', 'mit den bereits fertigen'으로 옮긴다. 'proprie'를 여기서는 '본래적인 의미에서'로 번역했다. 이것을 머독은 'the proper term for it', 마리옹은 'proprement', 브룬슈빅은 'à proprement parler', 슈프링마이어와 부케나우는 'in eigentlichen Sinne'로 옮긴다.

384 "도움들", "정신의 결함", "인간의 재간"의 원어는 "auxilia", "ingenii defectus", "hominum industira"이다.

385 'movere', 'agere'를 '자극하다', '작용하다'로 옮겼다.

386 'depingere'를 '그리다'로 옮겼다.

387 "그러나 기억은, (…) 구별되지 않는다"의 원어는 "memoria vero, illa saltem quae corporea ist et similis recordationi brutorum, nihil sit ab imaginatione distinctum"이다. 'recordatio'를 '한번 경험한 사물을 나중에 재생하는 일'이라는 사전적 의미의 '상기'로 옮겼다. 이것을 머독을 번역하지 않으며, 마리옹은 'ressouvenir', 브룬슈빅은 'pouvoir qu'ont les animaux

de se souvenir', 슈프링마이어는 'Gedächtnis', 부케나우는 'Erinnerung'으로 옮긴다. 이에 대해 브룬슈빅은 다음과 같이 말한다. "이 동일시는, 이미 조금 위에서(AT-X, 414쪽) 제시된, 여기서 물체적 기억mémoire corporelle과 그렇지 않은 다른 기억 간의 함축적 구별을 수반한다. 이 구별은, 게다가 전통적인, 데카르트의 편지들 여러 곳에서 (예를 들어, 1644년 3월 2일 메스랑P. Denis Mesland에게 보낸 편지, AT-IV, 114쪽 참조) 재개되고 명확해진다. 동물들에게 속하고, '주름pli'에 비교될 수 있는 물체적 기억은 '습관적 기억mémoire-habitude'이다. (베르그송의 순수기억la mémoire pure과 전혀 공통점이 없는) 비물체적 기억mémoire incorporelle 은 지적 개념들 및 지적 진리들과 뒤섞인다(브룬슈빅, 138쪽, 각주 1 참조).

388 'arcere'를 '멀리하다', 'exuere'를 '박탈하다'로 옮겼다.

389 'repraesentare'를 '재현하다', 'exhibere'를 '나타내 보이다'라는 사전적 의미의 '현시하다'로 옮겼다. 후자를 머독은 'display', 마리옹은 'faire voir', 브룬슈빅은 'montrer', 슈프링마이어와 부케나우는 'vorstellen'으로 옮긴다.

390 "더 이상의 것들"의 원어는 "plura"이다. 이것을 머독은 'a plurality of things', 마리옹은 'd'autres choses', 브룬슈빅은 'une pluralité d'objets', 슈프링마이어는 'mehr als dies', 부케나우는 'die Mehrheit der Objekte'로 옮긴다.

391 "수집된 여럿에서 하나의 어떤 것을 동시에"의 원어는 "ex pluribus simul collectis unum quid"이다. 이것을 머독은 'a single thing from a collection of things', 마리옹은 'de plusieurs ⟨choses⟩ rassemblées ensemble une seule ⟨autre⟩', 브룬슈빅은

'une conclusion unique à partir de plusieurs éléments', 슈프링마이어는 'aus mehrerem zusammengenommen eines', 부케나우는 'aus der Mehrheit ein Einzelnes'로 옮긴다. 마리옹은 제외한 다른 역자들은 'simul(ensemble)'을 번역하지 않는다. "현재의 주의"의 원어는 "praesentem attentionem"이다. 이것을 머독은 'our present attention', 마리옹은 'la présence de l'attention', 브룬슈빅은 'une attention immédiate', 슈프링마이어와 부케나우는 'gegenwärtige Aufmerksamkeit'로 옮긴다.

392 "축약된 어떤 형태들"의 원어는 "compendiosae quaedam figurae"이다. 이것을 머독은 'certain abbreviated representations', 마리옹은 'certaines figures abrégées', 브룬슈빅은 'des figures schématiques', 슈프링마이어는 'gewisse abkürzende Zeichen', 부케나우는 'abgekürzte Gestalten (Symbole)'으로 옮긴다.

393 여기까지가 제12규칙의 첫 번째 부분, 즉 인식의 주체로서 정신 능력 혹은 작용들을 다루는 부분이다. 다음 두 번째는 인식의 대상으로서 사물 자체를 다루는 부분이다.

394 "단순 사물들의 개념들"의 원어는 "simplicium rerum notiones"이다. 'notio'를 '개념'으로 옮겼다.

395 "어떤 것들을 받아들여야 한다"의 원어는 "quaedam assumenda sunt"이다. 이것을 머독은 'certain assumption must be made in this context', 마리옹은 'il faut recevoir quelques propositions', 브룬슈빅은 'il nous faut (…) admettre certains postulats', 부케나우는 'muß Einiges angenommen werden'으로 옮긴다.

396 "상상의 원들"의 원어는 "circuli imaginabliles"이다.

397 "우리가 그것들에 대해, (…) 고찰되어야 한다는 점이다"의 원어는 "aliter spectandas esse res singulas in ordine ad cognitionem nostram, quam si de iisdem loquamur prout revera existunt"이다. 사물의 '단순성'은 사물의 존재 방식이 아니라 인식 방식에 따라 규정된다. 'in ordine ad cognitionem nostram'을 '우리 인식과 관련되는 순서에 따라', 'prout'를 '한에서'로 옮겼다. 이것들을 머독은 'in the order that corresponds to our knowledge', 'in accordance with how', 마리옹은 'quand elles sont ordonnées à notre connaissance', 'pour autant que', 브룬슈빅은 'selon l'ordre qui intéresse notre connaissance', 'en tant que', 슈프링마이어는 'in ihrer Beziehung auf unsere Erkenntnis', 'sofern', 부케나우는 'der Ordnung unserer Erkenntnis nach', 'rücksichtlich'로 옮긴다.

398 'fateri'를 '옳다고 인정하다'라는 사전적 의미의 '시인하다'로 옮겼다. "단일한 그리고 단순한 어떤 것"의 원어는 "quid unum et simplex"이다. 이것을 머독은 'one single and simple entity', 마리옹은 'qu'il est un et simple', 브룬슈빅은 'quelque chose d'un et de simple', 슈프링마이어는 'eines und etwas Einfaches', 부케나우는 'etwas Einziges und Einfaches'로 옮긴다. '사물의 측면에서'로 옮긴 'a parte rei'를 머독은 'with respect to the thing itself', 마리옹은 'de la part de la chose', 부케나우는 'en lui-même', 슈프링마이어는 'von der sache her gesehen', 부케나우는 'der Sache nach'로 옮긴다.

399 "물체의 본성"의 원어는 "natura corporis"이다. 'corpus'의 소유격인 'corporis'를 머독, 마리옹, 브룬슈빅은 형용사인

'corporeal', 'corporel'로 옮긴다.

400 "그러나 우리는 (…) 어떤 것으로 부른다"의 원어는 "respectu vero intellectus nostri compositum quid ex illis tribus naturis appellamus"이다. '우리 지성의 견지에서'로 옮긴 'respectu intellectus nostri'를 머독은 'with respect to our intellect', 마리옹은 'au respect de notre entendement', 브룬슈빅은 'au regard de notre entendement', 슈프링마이어는 'bezogen auf unseren Verstand', 부케나우는 'mit Rücksicht auf unseren Verstand'로 옮긴다.

401 "우리는 여기서 (…) 단순하다고 일컫는다"의 원어는 "illas tantum simplices vocamus, quarum cognitio tam perspicua et distincta est, ut in plures magis distincte cognitas mente dividi non possint"이다. "정신으로"의 원어는 "mente"이다. 이것을 머독은 'by the mind', 부케나우는 'von unserem Geiste'로, 마리옹과 브룬슈빅은 'mens(esprit)'를 '분할하다'의 주어로 의역하면서 정신을 분할의 주체로 해석하는 반면, 슈프링마이어는 'in Gedanken(사유 안에서)'로 옮긴다.

402 "한계"의 원어는 "terminus"이다.

403 "그렇지만 (…) 안 된다"의 원어는 "non tamen idcirco magis simplex videri debet quam sit figura"이다. 'quam sit figura'를 '형태보다'로 옮겼다.

404 'extremitas'를 '극단'으로, 'æquivoce'를 '중의적으로'로 옮겼다.

405 "순전히 지적인 것들", "순전히 물질적인 것들", "공통적인 것들"의 원어는 "pure intellectuales", "pure materiales", "communes"이다.

406 "순전히 지적인 것들은 (…) 인식되는 것들이다"의 원어는 "Pure intellectuales illae sunt, quae per lumen quoddam ingenium, et absque ullius imaginis corporeae adjumento ab intellectu cognoscuntur"이다. "타고난 어떤 빛을 통해"의 원어는 "per lumen quoddam ingenium"이다. 이것을 머독은 'by means of a sort of innate light', 마리옹은 'par une certaine lumière mise en nous par la nature', 브룬슈빅은 'grâce a une sorte de lumière innée', 슈프링마이어는 'sozusgen durch ein angeborenes Licht', 부케나우는 'durch eine Art eingeborenen Lichtes'로 옮긴다. '우리 지성의 견지에서' '단순한 것들' 가운데 '지적인 것들'은 '물질적 상들'의 지원 없이, 달리 말해 그 상들을 통하지 않고, 오직 정신의 타고난 빛을 통해 인식된다는 것이다.

407 'nunnullas'을 '몇몇'으로 옮겼다. 이것을 머독은 'a number of', 마리옹은 'plusieurs', 슈프링마이어는 'etliche', 부케나우는 'einige'로 옮기고, 브룬슈빅은 번역하지 않는다.

408 "또 무엇이 인식인지를 (…) 꾸며낼 수 없다"의 원어는 "nec ulla fingi potest idea corporea, quae nobis repraesentet, quid sit cognitio, quid dubium, quid ignorantia, item quid sit voluntatis actio, quam volitionem liceat appellare, et similia"이다. 'volitio'를 '의욕'으로 옮겼다.

409 'nos rationis esse participes'를 '우리가 이성을 분유하다'로 옮겼다. 이것을 머독은 'some degree of rationality', 마리옹은 'nous participions de la raison', 브룬슈빅은 'd'être doué de raison', 슈프링마이어는 'im Besitze der Vernunft zu sein', 부케나우는 'der

Vernunft teilhaftig zu sein'으로 옮긴다.

410 "마지막으로 공통적인 것들은, (…) 불러야 하고"의 원어
는 "Denique communes dicendae sunt, quae modo rebus
corporeis, modo spiritibus sine discrimine tribuuntur"이
다. 'sine discrimine'를 '차별 없이'로 옮겼다. 이것을 머독은
'indifferently', 마리옹은 'sans distinguer', 브룬슈빅은 'sans
discrimination', 슈프링마이어는 'ohne Unterschied', 부케나우
는 'unterschiedslos'로 옮긴다.

411 "공통적인 것들에 공통개념들도 포함되어야 하는데"의 원어
는 "Huc etiam referendae sunt communes illae notiones"이다.
'communis notio'를 '공통개념'으로 옮겼다. 이것을 슈프링마이
어는 'Gemeinbegriff', 부케나우는 'gemeinschaftlicher Begriff'
로 옮긴다.

412 '이음줄들'로 옮긴 'vincula'를 머독은 'links', 마리옹과 브룬슈
빅은 'liens', 슈프링마이어는 'Verbindungsbinden', 부케나우는
'Fesseln'으로 옮긴다. "추론하면서"의 원어는 "ratiocinando"이
다. 'rationari'를 '추론하다'로 옮겼다.

413 "게다가 (…) 인식될 수 있다"의 원어는 "Et quidem hae
communes possunt vel ab intellectu puro cognosci, vel ab eodem
imagines rerum materialium intuente"이다. 공통개념이 순수지
성에 의해 인식되거나, 아니면 순수지성이 물질적 사물의 상을
직관함으로써 인식된다면, 전자의 인식 방식은 공통개념이 지
적인 것에 적용된 경우이고, 후자의 인식 방식은 물질적인 것
에 적용된 경우일 것이다. 따라서 데카르트가 물질적인 단순한
것의 인식 방식에 대해 언급하지는 않지만, 그것은 물질적인

상의 도움으로 인식된다고 볼 수 있다.

414 "결여들", "부정들"의 원어는 "privationes", "negationes"이다.

415 "우리가 세 번째로 말하는 것은, (…) 포함하지 않는다는 점이
다"의 원어는 "Dicimus tertio, naturas illas simplices esse omnes
per se notas, et nunquam ullam falsitatem continere"이다.

416 "우리가 (…) 밝혀질 것이다"의 원어는 "quod facile ostendetur,
si distinguamus illam facultatem intellectus, per quam res
intuetur et cognosci, ab ea qua judicat affirmando vel negando"
이다. 여기서 지성은 직관하고 인식하는 능력뿐만 아니라, 긍
정하고 부정하면서 판단하는 능력으로 규정된다. 긍정하고 부
정하는 판단능력이 지성이 아니라 의지에 귀속되는 데카르트
의 후기 저서에서와 달리,《정신지도규칙》에서는 지성이 인식
능력과 판단능력을 포함한다.

417 'suspicere'를 '의혹을 품다'로 옮겼다. "우리가 사유하면서 건
드리는 것"의 원어는 "quod attingimus cogitando"이다. 이것을
머독은 'what we reach in our thinking', 마리옹은 'ce que nous
touchons par reflexion', 브룬슈빅은 'ce que nous atteignons
par la persée', 슈프링마이어는 'was wir beim Nachdenken
berühren', 부케나우는 'was wir im Denken erfassen'으로 옮
긴다.

418 "정신으로"의 원어는 "mente"이다. 이것을 머독은 'in our
mind', 마리옹은 'par l'esprit', 브룬슈빅은 'mentalement', 슈프
링마이어는 'im Geiste', 부케나우는 'mit dem Geiste'로 옮긴다.
'정신으로 건드리다'는 앞의 '사유하면서 건드리다'와 크게 다
르지 않을 것이다.

419 "우리가 네 번째로 말하는 것은, (⋯) 우연적이라는 것이다"
의 원어는 "Dicimus quarto, conjunctionem harum rerum
simplicium inter se esse vel necessariam vel contingentem"이다.
'결합'으로 옮긴 'conjunctio'를 머독은 'conjunction', 마리옹은
'conjonction', 슈프링마이어는 'Verbindung'으로, 브룬슈빅은
'liaison', 부케나우는 'Verknüpfung'으로 옮긴다.

420 "필연적이란 (⋯) 표상할 수 없는 경우이다"의 원어는
"Necessaria est, cum una in alterius conceptu confusa quadam
ratione ita implicitur, ut non possimus alterutram distincte
concipere, si ab invicem sejunctas esse judicemus"이다.
'implicare', 'sejungere'를 '내포하다', '분리하다'로 옮겼다. 이것
들을 머독은 'imply', 'separate', 마리옹은 'impliquer', 'séparer',
브룬슈빅은 'envelopper', 'isoler', 슈프링마이어는 'verwickeln',
'trennen', 부케나우는 'einschließen', 'trennen'으로 옮긴다.

421 'carens'를 '없는'으로 옮겼다. 이것을 머독은 'lacking', 마리옹은
'privé', 브룬슈빅은 'dépourvu', 슈프링마이어는 'fehlt', 부케나
우는 'ohne'로 옮긴다.

422 "복합"의 원어는 "compositio"이다. 이것을 브룬슈빅은 'liaison'
으로 옮긴다.

423 'septem'을 '일곱', 'septenarius'를 '일곱으로 이루어진 것'으로
옮겼다. 후자를 머독은 'the number 7', 마리옹은 'septenaire', 브
룬슈빅은 'nombre sept', 슈프링마이어는 'Anzahl Sieben', 부케
나우는 'Siebenzahl'로 옮긴다.

424 'includere'를 '포함시키다'로 옮겼다. 이것을 머독은 'include',
마리옹과 브룬슈빅은 'enfermer', 슈프링마이어와 부케나우는

'einschließen'으로 옮긴다.

425 "그리고 이와 같은 방식으로, (…) 연속적이다"의 원어는 "Atque eodem modo quidquid circa figuras vel numeros demonstratur, necessario continuum est cum eo, de quo affirmatur'이다. 'necessario continuum est cum eo'를 '것과 필연적으로 연속적이다'로 직역했다. 이것을 머독은 'links up with that', 마리옹은 'convient nécessairement avec ce', 브룬슈빅은 'est lié par une chaîne de nécessite continue au sujet', 슈프링마이어는 'steht mit dem in notwendiger Verbindung', 부케나우는 'ist notwendig kontinuierlich mit der Sache verbinden'으로 옮긴다.

426 "오히려 또한, 예를 들어, (…) 인식한다는 것, 등이다"의 원어는 "sed etiam, verbi ex. gr., si Socrates dicit se dubitare de omnibus, hinc necessario sequitur: ergo hoc saltem intelligit, quod dubitat; item, ergo cognoscit aliquid esse posse verum vel falsum, etc."이다. 데카르트의 형이상학적 텍스트에서 제시되는 '나는 의심한다, 그러므로 나는 사유한다, 그러므로 나는 존재한다'라는 철학의 제일원리, 그리고 '명석판명하게 인식된 것은 참이다'라는 '진리의 규칙'의 흔적이 역력한 대목이다.

427 "이것들은", "연결되어"의 원어는 "ista", "annexa"이다. 이것들을 머독은 'these facts', 'connection', 마리옹은 'ces ⟨propositions⟩', 'conjointes', 브룬슈빅은 'toutes ces conséquences', 'liées', 슈프링마이어는 'das', 'verknüpft', 부케나우는 'dies alles', 'verknüpft'로 옮긴다.

428 직역한 문장, "반면, 우연적이란 (…) 합일이다"의 원어는 "Contingens vero est illorum unio, quae nulla inseparabili

ratione conjunguntur"이다. 'unio'를 '합일'로 옮겼다. 이 문장을 슈프링마이어는 'Zufällig aber ist die Vereinigung dessen, was durch kein unauflösliches Verhältnis verbunden ist', 부케나우는 'Zufällig ist dagegen die Vereinigung solcher Dinge, die durch keine untrennbare Beziehung mit einander verbunden sind', 마리옹은 'Est contingente au contraire l'union de ces ⟨choses⟩, que ne conjoint aucune relation inséparable'로 직역하는 반면, 머독은 'The union between such things, howerver, is contingent when the relation conjoining them is not an inseparable one', 브룬슈빅은 'Contingente, au contraire, est l'union de ces natures simples, lorsqu'elles ne sont liées par aucune relation d'inseparabilité'로 의역한다.

429 "신체에 혼이 깃들어 있다"의 원어는 "corpus esse animatum"이고, 이때 'corpus'는 인간 신체를 포함한 '물체'로 번역될 수 있을 것이다.

430 "이를테면 다음 명제, (…) 등이다"의 원어는 "ut haec propositio: sum, ergo Deus est; item, intelligo, ergo mentem habeo a corpore distinctam, etc."이다. 정신과 신체의 실재적 구별에 대한 증명은 ⟨제2성찰⟩에서 시작하여 ⟨제6성찰⟩에서 마무리된다. 그리고 '나는 존재한다, 그러므로 신은 존재한다'는 명제는 ⟨제3성찰⟩의 두 번째 신 존재 증명에서 '나의 현존'에서 신의 현존이 증명되는 것과 부합한다. 그럼에도 데카르트의 텍스트에서 '나는 존재한다, 그러므로 신은 존재한다'는 명제가 명시적으로 정립되는 곳은 이곳이 유일할 것이다. 데카르트는 또한 《자연의 빛에 의한 진리 탐구》에서 에우독소스의 입을 빌려, "왜냐하면

나는 고정되고 부동한 일점과 같은 이 보편적 의심에서 신의 인식, 당신 자신의 인식 그리고 세계에 있는 모든 것의 인식을 끌어내려고 결심했기 때문입니다"(이현복, 161쪽)라고 말하면서, '의심'의 지위를 전면에 내세운다.

431 "필연적인 명제들", "역"의 원어는 "propositionum, quae necessariae sunt", "conversas"이다.

432 "신은 존재한다는 (…) 것이다"의 원어는 "ut quamvis ex eo quod sim, certo concludam Deum esse, non tamen ex eo quod Deus sit, me etiam existere, licet affirmare"이다. 'licere'를 '허락되다'로, 'esse'를 '존재하다', 'existere'를 '현존하다'로 옮겼다. 이런 이유에서 데카르트는 〈제2성찰〉에서 '의심하는, 그래서 사유하는 나의 현존'을 증명한 다음, 〈제3성찰〉에서 '신의 현존'에 대한 증명으로 나아갔을 것이다.

433 "우리가 다섯 번째로 말하는 것은, (…) 점이다"의 원어는 "Dicimus quinto, nihil nos unquam intelligere posse praeter istas naturas simplices, et quandam illarum inter se mixturam sive compositionem"이다. 'mixtus'를 '혼합'으로 옮겼다. '이것들의 어떤 상호 혼합 혹은 복합'으로 옮긴 'quandam illarum inter se mixuram sive compositionem'을 머독은 'a certain mixture or compounding of one with another', 브룬슈빅은 'de l'espèce de mélange ou de composition qui s'effectue entre elles', 슈프링마이어는 'einer gewissen Mischung oder Zuammensetzung aus ihnen', 부케나우는 'einer bestimmten Mischung oder Verbindung dieser unter einander'로, 반면 마리옹은 'de certain mélange qui les compose entre elles'로 옮긴다.

434 'cum hae ipsae sint, quae in illo intelliguntur'를 '바로 이것들이 (…) 이해되는 것이기 때문이다'로 직역했다. 이것을 머독은 'for it is just these natures that we understand to be present in it', 마리옹은 'puisque ce sont elles-même, qu'on entend dans celui-ci', 브룬슈빅은 'puisqu'elles sont precisément ce que l'intelligence comprend en lui', 슈프링마이어는 'weil eben diese das ausmachen, was man an einem Dreieck versteht' 부케나우는 'da ja sie es sind, die wir in ihm einsehen'로 옮긴다.

435 'latere'를 '숨겨져 있다'로 옮겼다.

436 "그것들이 (…) 때문이라는 점이다"의 원어는 "vel quia experimur quales sint, vel quia nos ipsi componimus"이다.

437 "우리는 (…) 무엇이든 경험한다"의 원어는 "Experimur quidquid sensu percipimus, quidquid ex aliis audimus, et generaliter quaecumque ad intellectum nostrum, vel aliunde perveniunt, vel ex sui ipsius contemplatione reflexa"이다. 데카르트는 감각적 혹은 외적 경험뿐만 아니라 반성적 관조 혹은 내적 경험을 포괄하는 넓은 의미의 경험에 대해 말한다.

438 'referre', 'induere'를 '전하다', '받아들이다'로 옮겼다. 이것들을 머독은 'represent', 'take on', 마리옹은 'rapporter', revêtir', 브룬슈빅은 'rapporter', 'se faire les porteurs', 슈프링마이어는 'wiedergeben', 'bekleiden', 부케나우는 'wiedergeben', 'geben'으로 옮긴다.

439 'obnoxius'를 '연루된'으로 옮겼다. 이것을 머독은 'liable', 마리옹은 'chargé', 브룬슈빅은 'sujet', 부케나우는 'ausgesetzt', 부케나우는 'unterworfen'으로 옮긴다.

440 데카르트는 여기서 세 개의 다른 동사, 'credere', 'judicere', 'arbitrari'를 사용한다. 이것들을 '믿다', '판단하다', '여기다'로 옮겼다. 머독은 'take as', 'think', 'think', 마리옹은 'croire', 'juger', 'juger', 브룬슈빅은 'croire', 'croire', 'croire', 슈프링마이어는 'glauben', 'urteilen', halten für', 부케나우는 'glauben', 'urteilen', 'sich einbilden'으로 옮긴다. 'res gestus', 'phantasmata'를 '일어난 것', '환영들'로 옮겼다. 이것들을 머독은 'gospel truth', 'images', 마리옹은 'un ⟨haut⟩ fait du passé', 'fantasmes', 브룬슈빅은 'histoire vraie', 'images', 슈프링마이어는 'daß die Sache sich zugetragen habe', 'Bilder', 부케나우는 'die Sache habe ich zugetragen', 'phantome'로 옮긴다. 'repraesentare'를 '재현하다'로 옮겼다.

441 'integer', 'defluere'를 '온전히', '흘러내리다'로 옮겼다. 이것들을 머독은 'complete', 'pass', 마리옹은 'tout entier sans s'altérer', 'passer', 브룬슈빅은 'intact', 'transmettre', 슈프링마이어는 'vollständig', 'übergehen', 부케나우는 'in seiner vollen Reinheit', 'übergehen'으로 옮긴다.

442 "정신"의 원어는 "mens"이다. 이것을 머독은 'mind', 브룬슈빅은 'esprit', 부케나우는 'Geist'로, 반면, 마리옹은 'entendement', 슈프링마이어는 'Verstand'로 옮긴다.

443 "그 스스로 받아들이는 것"의 원어는 "eo quod assumit de suo"이다. 이것을 머독은 'assumption he is making on his own account', 마리옹은 'ce qu'il tire de soi', 브룬슈빅은 'ce qu'il suppose de son propre chef', 슈프링마이어와 부케나우는 'dem, was er von sich aus annimmt'로 옮긴다.

444 "우리가 일곱 번째로 말하는 것은, (…) 있다는 점이다"의 원어는 "Dicimus septimo, hanc compostionem tribus modis fieri posse, nempe per impulsum, per conjecturam, vel per deductionem"이다.

445 "우월한 어떤 힘에 의해", "자기 고유의 자유에 의해", "판타지의 상태에 의해"의 원어는 "a potentia aliqua superiori", "a propria libertate", "a phantasiae dispositione"이다. '기질적으로'로 옮긴 'suo ingenio'를 마리옹은 'par leur esprit'로, 반면 브룬슈빅은 'spontanément', 슈프링마이어는 'durch ihre Geistesverfassung', 부케나우는 'Geistesbeschaffenheit'로 옮긴다.

446 첫 번째는 '우월한 어떤 힘에 의해', 두 번째는 '자기 고유의 자유에 의해', 세 번째는 '판타지의 상태에 의해' 결정되는 경우이다. 브룬슈빅은 다음과 같이 주해한다. "첫 번째 경우는 (…) 명백하게 종교적 계시를 가리킨다. 세 번째는, 판타지에 어떤 '주름plis'을 각인한 선입견들을 통한 결정의 경우인 세 번째는 그릇된 학자들의 경솔함과 경박함을 가리킨다. 두 번째 경우는 (…) 확인하기 더 어렵다. 데카르트는 의심의 여지 없이 우리가 이미 만났고 (제4규칙, AT-X, 371쪽 참조), 강단 지식의 부재가 판단의 올바름을 온전히 남겨놓은 '건전한 인간honnête homme'의 유형에 대해 생각한다."(브룬슈빅, 146쪽, 각주 1 참조)

447 "기예의 대상이 아니"라고 의역한 것의 원어는 "sub artem non cadere(기예 아래 떨어지지 않는다)"이다.

448 의역한 문장 "이를테면, 다음 경우이다"의 원어는 "Per conjecturam, ut"이다.

449 "에테르 이외에 아무것도 없다고"의 원어는 "supra aerem nihil esse quam aetherem aliquem"이다. "에테르_{aetherem}"를 당대에는 대기권을 덮고 있는 상공의 영기靈氣, 불로 되어 있으며 천체의 양식으로 여겼다. 'porbabilis', 'doctus'를 '개연적인', '박식한'으로 옮겼다.

450 "공허", "텅 비어"의 원어는 "vacuum", "inanis"이다.

451 "개별적인 혹은 우연적인 사물로부터", "일반적인 그리고 필연적인 어떤 것"의 원어는 "ex re particulari vel contingenti", "aliquid generale et necessarium"이다. 'aliquid(어떤 것)'을 마리옹은 'quelque terme', 브룬슈빅은 'quelque conclusion'로 옮긴다.

452 "이 모든 것에서 (…) 개진했다는 점이다"의 원어는 "Ex quibus omnibus colligitur primo, distincte atque, ut opinor, per sufficientem enumerationem nos exposuisse id quod initio confuse tantum et ru야Minerva potueramus ostendere"이다.

453 직관의 범위를 규정하는 이 문장 "그리고 명료한 것은, 정신의 직관은, (…) 나머지 모든 것들에 미친다는 점이다"의 원어는 "Atque perspicuum est, intuitum mentis, tum ad illas omnes extendi, tum ad necessarias illarum inter se connexiones agnoscendas, tum denique ad reliqua omnia, quae intellectus praecise, vel in se ipso, vel in phatasia esse experitur"이다. "정신의 직관"의 원어는 'intuitum mentis'이다. 이것을 브룬슈빅은 'intuition intellectuelle'로 옮긴다.

454 이것에 대해 슈프링마이어는 우리에게 주어진 텍스트 내에서 연역을 주제적으로 또 명시적으로 다루는 부분이 없다고

생각하고(Heinrich Springmeyer·Lüder Gäbe·Hans Günter Zekl (übersetzt u. hrsg.), *Descartes: Regeln zur Ausrichtung der Erkenntniskraft, Lateinisch-Deutsch*, Felix Meiner Verlag, Hamburg, 1973, (이하 '슈프링마이어'), 199쪽, 주해 35 참조), 머독은 다음 '우리가 다섯 번째로 말하는 것은(머독의 번역본에서는 '여덟 번째로')'으로 시작되는 문단을 지적한다(John cottingham·Dugald Murdoch (tr.), *The Philosophical Writings of Descartes: Volume 1*, Cambridge University Press, 1985, (이하 '머독'), 48쪽, 각주 2 참조).

455 "단지 그것들을 (…) 직관해야 한다는 점이다"의 원어는 "sed tantummodo in illis ab invicem separandis, et singulis seorsim defixa mentis acie intuendis"이다. "정신의 눈으로"의 원어는 "mentis acie"이다.

456 "둔한 정신"의 원어는 "hebeti ingenio"이다. 이것을 머독은 'dull-witted', 마리옹은 'esprit hébété', 브룬슈빅은 'cerveau obtus', 슈프링마이어는 'stumpfsinnig', 부케나우는 'stumpfen Geistes'로 옮긴다.

457 "배운 자들은 (…) 발견하기 때문이다"의 원어는 "quia saepe litterati tam ingeniosi esse solent, ut invenerint modum caecutiendi etiam in illis, quae per se evidentia sunt atque a rusticis nunquam igorantur"이다. 'litterati', 'ingeniosus', 'modus caecutiendi'를 '배운 자들', '영리한', '눈멀게 되는 방식'으로 옮겼다. 이것들을 머독은 'the learned', 'clever', 'ways of blinding themselves', 마리옹은 'les doctes', 'subtil', 'moyen de s'aveugier', 브룬슈빅은 'les gens cultivés', 'subtil', 'moyen de s'aveugler', 슈프링마이어는 'Schriftsteller', 'geistreich', 'blind zu sein', 부케나

우는 'Gelehrten', 'gescheit', 'Weg, selbst zu verdunkeln'으로 옮긴다.

458 "그 자체로 알려지는 이 사물들", "더 명증적인 어떤 것"의 원어는 "res istas per se notas", "aliquid evidentius"이다. 'exponere'를 '개진하다', 다음 문장의 'explicare'를 '설명하다'로 옮겼다.

459 단순 본성들의 의미는 그 자체적으로 알려진다는 것, 달리 말해, 선입견에 물들지 않은 '건전한 인간'은 누구나 그것의 의미를 안다는 것이다. 단순 본성들은 극히 명료해서 정의하려 하면 더 모호해진다는 것을 특히 《자연의 빛에 의한 진리 탐구》에서 강조한다. "그 자체로가 아닌 다른 어떤 방식으로 그것을 안다는 것은 불가능하고, 자기 고유의 경험 및 각자가 어떤 것을 곰곰이 재어볼 때 자기 안에서 경험하는 의식이나 내적 증언을 통해서가 아닌 다른 식으로 그것에 대해 확신하는 것은 불가능하다는 것입니다. 그래서 아무것도 보지 못하는 자가 흰색이 무엇인지를 이해하도록 우리가 흰색이 무엇인지를 정의하는 일은 헛된 일입니다. 우리가 그것을 알기 위해서는 눈을 뜨고 흰색을 보아야 하는 것처럼, 의심이 무엇인지 사유가 무엇인지를 인식하기 위해서는 그저 의심해야 하고 사유해야 합니다. 이것은 우리에게 그것에 대해 알 수 있는 모든 것을 알려줍니다. 게다가 이것은 정확한 정의들보다 더 많은 것을 설명해줍니다."(이현복, 176~177쪽)

460 원문에 이탤릭체로 강조된 구절 **"장소는 둘러싸는 물체의 표면"**의 원어는 "*locum esse superficiem corporis ambientis*"이다. 아리스토텔레스가 《자연학*Physica*》에서 '장소'에 대한 내린 정의다.

461 "혹은 반대로 (…) 않을 것이니 말이다"의 원어는 "At vero

nonne videntur illi verba magica proferre, quae vim habeant occultam et supra captum humani ingenii, qui dicunt motum, rem unicuique notissimam, esse actum entis in potentia, prout est in potentia?"이다. 강조된 대목은 아리스토텔레스가 《자연학》에서 '운동'에 대해 내린 정의다. 'vim occultam'을 '은밀한 힘', 'supra captum humani ingenii'를 '인간 정신의 파악을 넘어서는'으로 옮겼다. 이것들을 머독은 'hidden meaning', 'beyond the grasp of the human mind', 마리옹은 'sens obscur', 'hors de la portée de l'esprit humain, 브룬슈빅은 'force occulte', 'dépassant la portée de l'esprit humain', 부케나우는 'voll Dunkelheit', 'jenseits des menschlichen Begriffsvermögens'로, 슈프링마이어는 이 둘을 합쳐 'eine geheime, für das menschliche Erkenntnisvermögen unfaßbare Kraft'로 옮긴다.

462 "단순한 것들 대신 복합적인 것들을 붙잡지 않으려면"의 원어는 "ne loco simplicium compositas apprehendamus"이다. 이것을 머독은 "in case we take hold of composite things instead of simples ones', 마리옹은 'de crainte qu'au lieu de 〈choses〉 simples nous n'en apprehendions des composées', 브룬슈빅은 'sous peine de mettre la main sur des natures composées au lieu de natures simplices', 슈프링마이어는 'damit wir nicht zusammengesetzte anstelle der einfachen Naturen in die Hände bekommen'으로 옮긴다.

463 'secretus'를 '따로 떼어놓은'으로 옮겼다. "자기 정신의 빛에 따라"의 원어는 "pro lumine ingenii"이다.

464 "인간의 모든 지식은, (…) 성립한다는 점이다"의 원어는

"Omnem humanam scientiam in hoc uno consistere, ut distincte videamus, quomodo naturae istae simplices ad compositionem aliarum rerum simul concurrant"이다.

465 'annotare'를 '눈여겨 보아두다', 'perutilis'를 '매우 유익한'으로 옮겼다.

466 "정신을 내주어야", "존재자의 어떤 새로운 유"의 원어는 "mentem praebere", "novum aliquod genus entis"이다. 'incertus', 'ratus'를 '주저하면서(주저하는)', '여기면서(여기는)'으로 옮겼다. 이것들을 머독은 'uncertain', 'quite convinced', 마리옹은 'incertains', 's'avisant', 브룬슈빅은 'en se demandant', 'en se disant', 슈프링마이어는 'unsicher', 'überzeugt', 부케나우는 'ungewiß', 'es gelte'로 옮긴다. '문턱에 걸리다'로 직역한 'haerere in limine'를 머독은 'get stuck right at the outset', 마리옹은 'ne dépasser point le seuil', 브룬슈빅은 'hésiter dès le seuil', 슈프링마이어는 'stocken auf der Schwelle', 부케나우는 'bleiben auf der Schwelle hängen'으로 옮긴다.

467 "영혼"의 원어는 "animus"이다.

468 "또 어쩌다, (…) 지켜본다"의 원어는 "et vagi exspectant utrum forte per inane causarum multarum spatium oberrando aliquid novi sint reperturi"이다. 'vagi exspectant utrum'을 '(…) 될지를 막연히 지켜보다'로 옮겼다. 이것을 슈프링마이어는 'in der bestimmten Erwartung, ob' 부케나우는 'hegen die vage Erwartung, ob'으로, 머독은 'in the vague expectation that', 마리옹은 'marchent au hasard dans l'attente que', 브룬슈빅은 'les voilà partis a l'aventure, espérant que'로 옮긴다.

469 'constare ex'를 '구성되다', 'cogitare'를 '사유하다', 'non incertus'를 '주저하지 않는다'로 옮겼다. 이것들을 머독은 'consist of', 'think', 'be in no doubt', 마리옹은 'consister en', 'penser', 'savoir certainement', 브룬슈빅은 'être composé de', 'penser', 'n'avoir pas d'hésitation', 슈프링마이어는 'bestehen aus', 'bedenken', 'sein nicht unschlüssig', 부케나우는 'feststehen', 'sein bewußt', 'sein nicht ungewiß'로 옮긴다.

470 'experimenta'를 '경험들', 다음 문장의 'ex datis experimentis'를 '주어진 경험들로부터'로 옮겼다. 여기서 넓은 의미의 '경험'으로 옮긴 'experimentum'을 머독은 'observation', 마리옹과 브룬슈빅은 'experience', 슈프링마이어는 'Experiment', 부케나우는 'Erfahrungstatsache'로 번역한다. '관찰', '경험사실' 모두 문맥상 번역 가능한 것으로 보인다.

471 "혼합"의 원어는 "mixtura"이다.

472 "마지막 네 번째로 귀결되는 것은, (…) 성립하기 때문이다"의 원어는 "Denique colligitur quarto ex dictis, nullas rerum cognitiones unas aliis obscuriores esse putandas, cum cones ejusdem sint naturae, et in sola rerum per se notarum compositione consistant."

473 "마치 증기를 통해", "예언하다"의 원어는 "quasi per nebulam", "praesagire"이다. 이것들을 머독은 'as if through a cloud', 'pronounce', 마리옹은 'comme dans une nuée', 'prophétiser', 브룬슈빅은 'comme à travers un nuage', 'annoncer mystérieusement', 슈프링마이어는 'gleichsam durch einem Nebel', 'schwanen', 부케나우는 'wie durch einen Nebelschleier', andeuten'으로 옮긴다.

474 "그들의 표상들을 어떤 단어들에 동여매면서"의 원어는

"conceptus suos quibusdam verbis alligantes"이다. 이것을 머독은 'They tie their concepts up in various technical terms', 마리옹은 'en assujettissant leurs conceptions à certains mots', 브룬슈빅은 'en empaquetant leurs représentations avec certains mots', 슈프링마이어는 'indem sie ihre Begriffe an gewisse Worte hängen', 부케나우는 'indem sie ihre Begriffe mit gewissen Worten vermengen'으로 옮긴다.

475 'impar'를 '필적하지 못하는'으로 옮겼다.

476 'majori ingenio praeditis'를 '출중한 지력을 갖춘'으로 옮겼다. 이것을 머독은 'are more intellectually gifted', 마리옹과 브룬슈빅은 'doués de plus d'esprit', 슈프링마이어는 'mit einem größeren Verstand begabt', 부케나우는 'ihnen geistig überlegene'으로 옮긴다.

477 'sententias amplecti'를 '견해들을 포옹하다'로 옮겼다.

478 "우리가 다섯 번째로Dicimus quinto 말하는 것은"이라는 구절은 《정신지도규칙》의 판본들에 따라 상이하다. 그래서 번역자들은 '다섯 번째로', 또는 '여덟 번째로'로 옮긴다. 머독, 마리옹, 부케나우는 'Eighthly', 'Nous disons huitèmement', 'Wir behaupten achten'과 같이 '여덟 번째로'로, 반면에 브룬슈빅과 슈프링마이어는 'Nous disons', 'cinquièmement', 'Wir sagen fünftens'와 같이 '다섯 번째로'로 옮긴다.

479 이하 내용이 주어져 있지 않지만, 이것은 제13규칙에서 자세히 고찰된다.

480 "우리 규정들의 연쇄", "단순 명제들", "문제들"의 원어는 "praeceptorum nostrorum catenatio", "propositiones simplices",

"quaestiones"이다.

481 "단순 명제들에 대해, (…) 탐구될 수 없기 때문이다"의 원어는
"Ad propositiones simplices non alia praecepta tradimus, quam
quae vim cognoscendi praeparant ad objecta quaevis distinctius
intuenda et sagacius perscrutanda, quoniam hae sponte
occurrere debent , nec quaeri possunt"이다. '명민하게 탐색하
도록', '저절로'로 옮긴 'ad sagacius perscrutanda', 'sponte'를 머
독은 'for a more discerning examination', 'spontaneously', 마리
옹은 'à scruter fort adroitement', 'd'eux-mêmes', 브룬슈빅은 'à
examiner avec plus de sagacité', 'd'elles-mêmes', 슈프링마이어
는 'mit größerem Spürsinn zu durchforschen', 'von selbst', 부케
나우는 'klüger zu erforschen', 'von selbst'로 옮긴다.

482 "이성의 사용"의 원어는 "rationis usus"이다.

483 데카르트는《정신지도규칙》제1장(제1~12규칙)을 마치면서
이 논문의 전체 내용을 소개하고 있다. 제1장은 '단순 명제들'
에 관한 것이고, 제2장(제13~24규칙)과 제3장(제25~36규칙)
은 '문제의 해결'에 관한 것이지만, 제2장은 '완전하게 이해되
는perfecte intelliguntur' 문제들에, 제3장은 '완전하게 이해되지 못
하는non perfecte intelliguntur' 문제들에 할애된다.

484 'sine consilio'를 '의도 없이'로 옮겼다.

485 "이는 (…) 위함이다"의 원어는 "tum ut nulla dicere cogamur,
quae sequentium cognitionem praesupponunt, tum ut illa
priora doceamus, quibus etiam ad ingenia excolenda prius
incumbendum esse sentimus"이다. 'sequentium', 'ad ingenia
excolenda', 'sentire'를 '뒤따르는 것들의', '정신을 함양하기 위

해', '느끼다'로 옮겼다.

486 "즉, 구하는 것이 나타날 때, (…) 입증되어야 하는지이다"의 원
어는 "nempe, quibus signis id quod quaeritur possit cognosci,
cum occurret, quid sit praecise, ex quo illud deducere debeamus,
et quomodo probandum sit, illa ab invicem ita penderem ut
unum nulla ratione possit mutari, alio immutato"이다. 'signum'
을 '표식'으로 옮겼다. "이것, 즉 이것으로부터 우리가 구하는
것을 연역해야 하는 것이 정확하게 무엇인지"의 원어는 "quid
sit praecise, ex quo illud deducere debeamus"이다. 이것을 브
룬슈빅은 'quel est precisement le terme à partir dequel nous
devons le déduire'로 옮긴다.

487 "하나의 어떤 것"의 원어는 "unum quid"이다. 이것을 마리옹은
'un 〈terme〉 unique(하나의 〈항〉)', 브룬슈빅은 'une conclusion
unique(하나의 결론)'로 읽는다. "정신의 능력"의 원어는 "ingenii
capacitas"이다. 'artificiose evolvere'를 '기예로 풀어내다'로 옮
겼다.

제13규칙

488 원어는 "Si quaesitionem perfecte intelligamus, illa est ab omni
superfluo conceptu abstrahenda, ad simplicissimam revocanda,
et in quam minimas partes cum enumeratione dividenda"이
다. 'ab omni superfluo conceptu'를 '모든 불필요한 표상에
서', 'abstrahere'를 '추상하다'로, 'simplicissimus'를 '가장 단순

한 것'으로 옮겼다. 이것들을 머독은 'from every superfluous conception', 'abstract', 'simplest terms', 마리옹은 'de toute conception superflue', 'abstraire', 'une ⟨question⟩ tres simple', 브룬슈빅은 'de toute représentation superflue', 'abstraire', 'forme la plus simple', 슈프링마이어는 'von jedem überflüssigen Begriff', 'ablösen', 'einfachste Form', 부케나우는 'von jeder überflüssigen Vorstellung', 'loslösen', 'einfachste Fragestellung'으로 옮긴다. '열거로'로 옮긴 'cum enumeratione'를 머독은 'by means of an enumeration', 마리옹은 'sans omettre de les dénombrer', 브룬슈빅은 'dont on fera l'énumération', 슈프링마이어는 'in einer Aufzählung', 부케나우는 'vermöge der Aufzählung'으로 옮긴다.

489 "그리고 우리는 (…) 요구한다는 것이다"의 원어는 "Atque in hoc uno Dialecticos imitamur, quod, sicut illi ad syllogismorum formas tradendas eorundem terminos sive materiam cognitam esse supponunt, ita etiam nos hic praerequirimus, quaestionem esse perfecte intellectam"이다. 변증론자들의 삼단논법에 대한 데카르트의 입장은 이미 제10규칙에서 제시된 바 있다. '항들 혹은 질료'로 옮긴 'terminos sive materiam'에서 'sive(혹은)'를 브룬슈빅은 'c'est-à-dire(다시 말해)'로 옮긴다. 'praerequirere'를 '미리 요구하다'로 옮겼다.

490 "양단항들", "중간항"의 원어는 "duo extrema", "medium"이다.

491 'quaerere'를 '구하다'로 옮겼다.

492 'omnimode', 'velle'를 '모든 점에서', '요구하다'로 옮겼다. 이것들을 머독은 'in every respect', 'want', 마리옹은 'en toute

manière', 'vouloir', 브룬슈빅은 'entièrement', 'vouloir', 슈프링마이어는 'vollständig', 'fordern', 부케나우는 'eindeutig', 'verlangen'으로 옮긴다.

493 'experimentum'을 '실험', 'petere'를 '묻다'로 옮겼다. 길버트William Gilbert(1540~1603)는 1600년에 《자석에 관하여De Magnete》를 발표해 자기학magnetism 연구에 결정적 영향을 준 영국의 자연학자이다.

494 불완전한 문제quaestio imperfecta를 완전한 문제quaestio perfecta로 환원시키는 방식이 《정신지도규칙》 제3부의 고찰 대상이다.

495 "그리고 또한, (…) 드러난다"의 원어는 "et apparet etiam, quo modo haec regula possit observari, ad difficultatem bene intellectam ab omni superfluo conceptu abstrahendam, eoque reducendam, ut non amplius cogitemus nos circa hoc vel illud sujectum versari, sed tantum in genere circa magnitudines quasdam inter se componendas"이다. '어려움'으로 옮긴 'difficultas'를 머독은 'problem'으로 옮긴다. '주제'로 옮긴 'subjectum'을 머독은 'subject-matter', 마리옹은 'sujet', 브룬슈빅은 'objet', 슈프링마이어는 'objekt', 부케나우는 'Gegenstand'로 옮긴다. 하노버판을 따르는 아당 타네리 판에는 'componendas'가 있지만, 암스테르담판에는 'comparandas'로 되어 있다. 이에 따라 번역자들은 달리 옮긴다. 이 책은 암스테르담판을 따라 'comparare(비교하다)'로 옮겼다. 머독, 마리옹, 슈프링마이어 또한 'comparison', 'comparer', 'vergleichen'으로, 반면 브룬슈빅과 부케나우는 'componere(composer, zusammenstellen)'으로 옮긴다.

496 "가장 단순한 것으로"의 원어는 "ad simplicissimam"이다. 이것을 머독은 'to the simplest terms', 마리옹은 'à une très simple', 브룬슈빅은 'à sa forme la plus simple', 슈프링마이어는 'auf ihre einfachste Form', 부케나우는 'auf ihre einfachste Fassung'으로 옮긴다.

497 '충분한 열거로'로 옮긴 'sufficienti enumeratione'를 마리옹 또한 'par un dénombrement entier'로, 반면 머독은 'in a sufficient enumeration', 브룬슈빅은 'dans une énumération suffisante', 슈프링마이어는 'in einer hinreichenden Aufzählung', 부케나우는 'in zureichender Aufzählung'로 옮긴다.

498 '불필요한 표상들 제거', '단순화', '분할'을 의미할 것이다.

499 이에 대해 브룬슈빅은 다음과 같이 주해한다. 《정신지도규칙》 1부에 제시된 규칙들(제5규칙, 제6규칙, 제7규칙)을 통해 제시된 일반적 원리들은, '문제가 어떤 것이든 상관없이n'imprtie quel probleme', 문제해결을 위해 지성에 부과된다. 실로, 그것들을 통해 문제가 방정식으로 대체된다. 그러나 두 가지 경우가 나타날 수 있다: 하나는, 실행될 연역이 복잡하기 때문에, 이미 구한 방정식을 '푸는resoudre' 것에 주된 어려움이 있는 경우이다, 다른 하나는, 필요한 모든 자료를 방법적으로 수집하기 어렵기 때문에, 그리고 이 자료들을 방정식 안으로 가져오려면 어떤 선행적인 처리를 거쳐야 하기 때문에, 방정식을 '세우는etablir' 것에 주된 어려움이 있는 경우이다. 그래서 제2부와 제3부는 이 두 가지 유형의 난관을, 기획된 설계도 안에서, 각각 극복하는 것을 임무직분으로 갖는다."(브룬슈빅, 161쪽, 각주 1 참조)

500 "그런데 우리는 (…) 이해한다"의 원어는 "Intelligimus autem

per quaestiones, illa omnia in quibus reperitur verum vel falsum"
이다.

501 "우리는 이미, (…) 말했다"의 원어는 "Jamjam diximus, in solo intuitu rerum, sive simplicium, sive copulatarum, falsitatem esse non posse"이다. 'copulatarum(copulare)'을 '연결된'으로 옮겼다. 이것들 머독은 'conjoined', 마리옹은 'composées ensemble', 브룬슈빅은 'combinées', 슈프링마이어는 'verbunden', 부케나우는 'zusammengesetzt'로 옮긴다.

502 'delibare'를 '숙고하다'로 옮겼다. 이것을 머독은 'decide', 마리옹과 브룬슈빅은 'délibérer', 슈프링마이어는 'erwägen', 부케나우는 'wollen'으로 옮긴다.

503 "다른 이들이 우리에게 하는 요청들만을"의 원어는 "illas petitiones tantum, quae ab aliis fiunt"이다. 이것을 머독은 'just the puzzles, which others set', 마리옹은 'les demandes, que d'autres nous font', 브룬슈빅은 'les interrogations formulées par autrui', 슈프링마이어는 'nur jene Fragen, die von anderen gestellt werden', 부케나우는 'nur diejenigen Forderungen, die von anderen gestellt werden'로 옮긴다.

504 "또한 소크라테스의 무지, 아니 오히려 의심은, (…) 문제가 되었다"의 원어는 "aed de ipsa etiam ignorantia, sive potius dubitatione Socratis quaestio fuit, cum primum ad illam conversus Socrates coepit inquirere, an verum esset se de omibus dubitare, atque hoc ipsum asseruit"이다. 'hoc ipsum asserere'를 '바로 그것을 긍정하다'로 옮겼다. 이것을 머독은 'his answer was affirmative', 마리옹은 'assura cela même', 브룬슈

빅은 'répondit affirmativement', 슈프링마이어는 'eben dies feststellte', 부케나우는 'eben dieses bejahte'로 옮긴다.

505 이것과 거의 유사한 문장이 제12규칙에서 미완의 문장(이 책, 487쪽, 주해 479 참조)으로 주어져 있다.

506 'oratio'를 '말', 'verbum'을 '단어'로 옮겼다. 이것들을 머독은 'language', 'word', 마리옹은 'discours', 'mot', 브룬슈빅은 'expression', 'mot', 슈프링마이어와 부케나우는 'Rede', 'Wort'로 옮긴다.

507 "문제는 이름에 관한 것이다"의 원어는 "de nomine quaestio est"이다.

508 "위대한 정신"의 원어는 "majoris ingenium"이다. 'male sentire'를 '나쁜 감정을 가지다'로 의역했다. 이것을 마리옹 또한 'avoir une pietre sentiment'로, 브룬슈빅은 'avoir mauvaise opinion'으로 옮긴다.

509 "만일 그들이 (…) 부른다면"의 원어는 "si quando, ex. gr., *superficiem corporis ambientis vocant locum*"이다. 원문에서 이탤릭체로 강조된 "*superficiem corporis ambientis*"와 "*vocant locum*"을 한글의 가독성을 고려해 **"둘러싸인 물체의 표면"**, **"장소"**와 같이 볼드체로 표기했다.

510 "내적 자리"의 원어는 "ubi intrinsecum"이다. 이것을 머독은 'intrinsic place', 마리옹은 'endroit intrinsèques', 브룬슈빅은 'emplacement intrinsèque', 슈프링마이어는 'das inner liche Wo', 부케나우는 'innerliche Ort'로 옮긴다. 스콜라철학자들이 외적 자리lieu extrinsèque를 '어떤 물체를 둘러싸고 있는 물체의 표면la superficie du corps entourant le corps considéré'으로, 내적 자리를 '어

떤 물체가 차지하고 있고, 그것이 자리를 옮겼을 때 동시에 옮겨지는 공간l'espace que le corps considéré occupe lui-même, et qu'il emperte avec lui si on le déplace'을 내적 자리로 정의한 것을 암시한다(알키에, 162쪽, 주석 3 참조).

511 '본성natura'을 수식하는 세 개의 관형사 절을 줄표(——) 안에 넣었다. 그래서 이때 '이것'은 모두 '본성'을 가리킨다. '외적 공간의 부분들'로 옮긴 'partes spatii exterioris'에서, 암스테르담판과 하노버판 모두 'exterioris'가 아니라 'extensi'로 되어 있다. 이것을 아당 타네리 판은 'exterioris'로 교정한다. 이에 대해 머독은 아당 타네리 판의 교정이 '불필요'했다고 지적하면서, 'extended'로 옮긴다(머독, 53쪽, 각주 2 참조). 슈프링마이어와 부케나우 또한 'ausgedehnt'로, 반면 마리옹과 브룬슈빅은 아당 타네리 판과 마찬가지로 'externe', 'extérieur'로 옮긴다. 'ubi intrinsecum'을 '내적 자리'로 옮겼다. 이것을 머독은 'intrinsic place'로 옮기면서, "스콜라 자연학에서 '내적' 장소'intrinsic' place는 물체가 점하는 공간the space which a body occupies"이라고 주해한다(머독, 53쪽, 각주 3 참조). 마리옹은 'endroit intrinsèque', 브룬슈빅은 'emplacement intrinsèque', 슈프링마이어는 'das innerliche Wo', 부케나우는 'innerlichen Ort'로 옮긴다. 브룬슈빅은 이에 대해 다음과 같이 주해한다. "'어떤 물체를' 둘러싸는 entourant '물체의 표면'으로 정의된 '외적 장소lieu extrinsèque'와 대비해서, 스콜라철학자들은 '내적 장소lieu intrinsèque'를 '어떤 물체가 점유하는, 그리고 그것이 자리를 옮길 경우, 동시에 가져가는 공간'이라고 정의했다."(브룬슈빅, 158쪽, 각주 1 참조)

512 아당 타네리 판에는 '……'로 끝나고 있지만, 각주로 암스테르

담판과 하노버판에는 'reliqua desunt(나머지는 빠져 있다)'로 되어 있음을 밝힌다.

513 'investigare'를 '탐구하다', 'internoscere'를 '식별하다'로 옮겼다. "방랑하는 정신을 그 명제들의 해결에 들이댄다"의 원어는 "ad illarum solutionem vagum ingenium applicent"이다.

514 "정신의 눈"의 원어는 "mentis acies"이다.

515 "인간의 정신"의 원어는 "humana ingenia"이다.

516 'falli'를 '속다'로 옮겼다. 이것을 머독은 'go wrong', 마리옹은 'se tromper', 브룬슈빅은 'tomber en erreurs', 슈프링마이어는 'werden getäuscht', 부케나우는 'sich täuschen'을 옮긴다.

517 'plura et strictiora, quam data sint'를 '주어진 것들보다 더 많이 그리고 더 좁게'로 의역했다. 이것을 머독은 'more than the data, and not to take the data in too narrow a sense', 마리옹은 'les données plus nombreuses et plus strictes, qu'elles ne sont', 브룬슈빅은 'les données plus nombreuses et plus précises qu'elles ne sont en realité', 슈프링마이어는 'engere und mehr Bedingungen, als gegeben sind', 부케나우는 'mehr und Bestimmteres, als gegeben ist'로 옮긴다.

518 "그리고 정신을 (…) 요청들에서"의 원어는 "aliisque petitionibus artificiose inventis ad ingenia circumvenienda"이다. 'circumvenire'를 '꾀다'로 옮겼다. 이 구절을 머독은 'in the case of (…) other enigmas ingeniously cotrived to tax our wits', 마리옹은 'dans (…) autres demandes trouvées avec art pour circonvenir les esprits', 브룬슈빅은 'dans (…) autres problèmes artificiellement inventés pour embarrasser l'esprit', 슈브링마

이어는 'bei (…) anderen Fragen, die listig erdacht wurden, um die Erkenntniskraft zu hintergehen', 부케나우는 'bei (…) dem anderen kunstvoll erfundenen Fragen, die den Geist verwirren sollen'로 옮긴다.

519 "일어나듯이"의 원어는 "ut contingit"이다. 마리옹 또한 'comme il arrive'로 직역하는 반면, 다른 역자들은 '여기서 다음 경우가 그렇듯이' 등으로 의역한다.

520 "사유", "우리 정신", "인식"의 원어는 "cogitatio", "mens nostra", "cognitio"이다. 이것들을 머독은 'thought', 'our mind', 'thinking', 마리옹은 'pensée', 'notre esprit', 'connaître', 브룬슈빅은 'idée', 'notre esprit', 'songer', 슈프링마이어는 'Gedanke', 'unser Denken', 'Gedanke', 부케나우는 'Gedanke', 'unser Geist', 'Gedanke'로 옮긴다.

521 데카르트의 텍스트에서 매우 드물게 사용되는 'gratis'를 '무료로, 거저, 공짜로'의 원의미를 살려 '그냥'으로 옮겼다. 이것을 머독은 'freely', 마리옹은 'l'opinion gratuite', 브룬슈빅은 'arbitrairement', 슈프링마이어는 'grundlos', 부케나우는 'ohne weiteres'로 옮긴다.

522 'omissione peccamus'를 종교적 뉘앙스를 지닌 '우리는 누락의 죄를 범한다'로 옮겼다. 이것을 머독은 'it is a sin of omission', 마리옹과 브룬슈빅은 'c'est par omission que nous pechons', 슈프링마이어는 'einer Unterlassung machen wir uns schuldig', 부케나우는 'wir machen eine Fehler durch Auslassen'으로 옮긴다.

523 "자연적 영속 운동", "인간 재간에 의해 만들어진"의 원어는 "motus perpetuus naturalis", "ab humana industira factus"이

다. 후자를 마리옹은 'produit par l'industrie humaine', 브룬슈빅은 'artificiellement créé par l'homme', 슈프링마이어는 'von Menschenhand erzeugte', 부케나우는 'durch menschlichen Fleiß'로 옮긴다.

524 'arte'를 '기예로'로 옮겼다. 이것을 머독은 'artficial', 마리옹은 'par l'art', 브룬슈빅은 'artificiellement', 슈프링마이어는 'künstlich', 부케나우는 'durch Kunst'로 옮긴다.

525 'omittere'를 '제쳐놓다'로 옮겼다. 이것을 머독은 'put aside', 마리옹은 'omettre', 브룬슈빅은 'laisser de côté', 슈프링마이어는 'übergehen', 부케나우는 'auslassen'으로 옮긴다. "명제에서"의 원어는 "ex propositione"이다. 이것을 두 독일 역자들은 'aus der Proposition', 'aus dem Satze'로 직역하는 반면, 두 프랑스 역자들은 'de ce qui est proposé', 'du problème proposé'로 의역한다.

526 'res'를 '주제'로 의역했고, 'nudus'를 '노출된'으로 직역했다. 이 것들을 머독은 'issue', 'bare', 마리옹은 'affaire', 'nu', 브룬슈빅은 'sujet', 'nu', 슈프링마이어와 부케나우는 'Sache, nackt'로 옮긴다.

527 "명제 안에"의 원어는 "in propositione"이다. 이것을 슈프링마이어만이 'in der Proposition'으로 직역하고, 부케나우는 앞서와는 달리 'in Problem'으로, 머독은 'in the problem', 마리옹은 'dans ce qu'on propose', 브룬슈빅은 'dans le problème proposé'로 옮긴다.

제14규칙

528 원어는 "Eadem est ad extensionem realem corporum transferenda, et tota per nudas figuras imaginationi proponenda: ita enim longe distinctius ab intellectu percipietur"이다. 'eadem'를 'das Gesagte'로 옮기는 부케나우를 제외하고, 모두 'problem', 'question'으로 옮긴다. '물체들의 실재적 연장으로 옮겨져야 한다'로 옮긴 'est ad extensionem realem corporum transferenda'를 머독은 'should be re-expressed in terms of the real extension of bodies', 마리옹은 'faut transporter aussi à l'étendue réelle des corps', 브룬슈빅은 'doit être en même temps transposée dans l'étendue réelle des corps', 슈프링마이어는 'muß dann auf die wirkliche Ausdehung von Körpern übertragen', 부케나우는 'muß auf die relae Ausdehnung der Körper übertragen'으로 옮긴다. 'per nudas figuras'를 '벌거벗은 도형들을 통해'로 옮겼고, 이것을 머독은 'by means of bare figures', 마리옹은 'à l'aide de figures nues', 브룬슈빅은 'à l'aide de figures schématiques', 슈프링마이어는 'durch nackte Figuren', 부케나우는 'durch bloße Figuren'으로 옮긴다. 'imaginationi proponenda'를 '상상력에 표현되어야 한다'로 옮겼고, 이것을 머독은 'should be pictured in our imagination', 마리옹은 'faut poser devant l'imagination', 브룬슈빅은 'doit être représentée à limagination', 슈프링마이어는 'der Einbildungskraft vorgelegt werden muß', 부케나우는 'für die sinnliche Anschauung dargestellt werden muß'로 옮긴다.

529 "알려지지 않은 (…) 미친다는 점이다"의 원어는 "quoties unum quid ignotum ex aliquo alio jam ante cognitio deducitur, non idcirco novum aliquod genus entis invenire, sed tantum extendi totam hanc cognitionem ad hoc, ut percipiamus rem quaesitam participare hoc vel illo modo naturam eorum quae in propositione data sunt"이다. 제1장(제1~12규칙)에서 상상력은 지성의 인식에 도움이 되기도 하고, 방해가 되기도 한다고 언급하고, 이제 제2장에서, 즉 문제를 수학적 방식으로 해결하고자 할 때는 상상력의 도움이 적극적으로 요구된다. 지성의 추상이 이루어지면, 문제는 실재적 연장 및 간략한 도형으로 전환되어 상상력에 표현되어야 하고, 이로써 지성에 의해 판명하게 인식될 수 있다는 것이다. 그러나 '새로운 존재자' 혹은 '철학적 실재자'를 발견하기 위해 이런 방식을 사용하는 것이 아니라, 문제 안에 주어진 자료를 활용해서 알려진 것에서 알려지지 않은 것, 즉 구하는 것을 연역하기 위함이다.

530 데카르트가 《성찰》에서가 가끔 사용하는 'haurire'를 '길어올리다'로 옮겼다. 이것을 머독은 'derive', 마리옹과 브룬슈빅은 'tirer', 슈프링마이어와 부케나우는 'schöpfen'로 옮긴다.

531 "다른 색들과의 유사성에 따라"의 원어는 "ex aliorum similitudine"이다. 이것을 마리옹은 "d'après la ressemblance des autres', 브룬슈빅은 'à partir de l'analogie que lui offrent les autres'로 옮긴다. '유사성에 따라' 혹은 '유비를 통해'라는 말은 이미 종종 언급된 표현이고, 직관이나 단순 연역의 대상이 아니라면, 오직 '비교를 통해' 대상을 인식할 수 있다는 것과 연관된다.

532 'ratiocinando'를 '추리를 통해'로 옮겼다. 이것을 머독은 'by reasoning', 마리옹은 'par raisonnement', 브룬슈빅은 'par le raisonnement', 슈프링마이어는 'durch schlußfolgerndes Denken', 부케나우는 'vernunftgemäß'로 옮긴다.

533 "오히려 (…) 있어야 할 것이다"의 원어는 "sed vel novo aliquo sensu instructos esse operteret, vel mente divina"인데, 의미상 '이를 위해'를 추가했다. 그래서 모든 역자들이 나름대로 의역 한다. 머독은 'in oder to do that', 마리옹은 '왜냐하면car', 브룬 슈빅은 '이것에 이르기 위해서는pour y parvenir', 슈프링마이어는 '이를 위해dazu', 부케나우는 '왜냐하면 이를 위해denn dazu'를 덧 붙인다. "새로운 어떤 감각", "신적 정신"의 원어는 "novo aliquo sensu", "mente divina"이다.

534 "그러나 인간정신이 (…) 믿을 것이다"의 원어는 "quidquid autem hac in re ab humano ingenio praestari potest, nos adeptos esse credemus, si illam jam notorum entium sive naturarum mixturam, quae eosdem, qui in magnete apparent, effectus producat, distinctissime percipiamus"이다. "인간 정신"의 원어 는 "humano ingenio"이고, 'hac in re'를 '이 분야에서'로 옮겼다. 그러므로 자석이 산출하는 결과에 대한 인식은 알려지지 않은 '새로운 존재자'의 인식이 아니라 '이미 알려진 존재자entia jam nota' 혹은 단순 본성들 간의 복합 방식의 인식에 의존하고 있다 는 것이다. 데카르트는 이런 입장을 이미 제12규칙에서 자세히 제시한 바 있다.
"인간의 모든 지식omnem humanam scientiam은, 우리가 어떤 식으 로 이 단순 본성들이 다른 사물들의 복합에 동시에 협력하는지를 판명하게 보는 것, 이 하나에 성립한다는 점이다. 이것을 눈여겨 보아두는 것은 매우 유익하다. 왜냐하면 조사할 어떤 어려움이 제시될 때마다, 거의 모든 이들은 어떤 사유들에 정신을 내주어야 하는지를 주저하면서, 그리고 이전에 그들에게 알려지지 않은 존재자의 어떤 새로운 유novum aliquod genus entis가 탐구되어야 한다고 여기면서 문턱에 걸려 있기 때문이다. 예를 들어, 자석의 본성이 무엇인지 묻는 경우, 이것이 힘들고 어렵다고 예측하기 때문에 — 그들은 곧장, 영혼을 모든 명증적인 것들에서 떼어놓고, 그것을 가능한 한 가장 어려운 것들로 향하게 하고, 또 어쩌다, 많은 원인들의 빈 공간을 헤매고 다니는 동안, 새로운 어떤 것을 발견하게 될지를 막연히 지켜본다. 반면, 단순하고 그 자체로 알려지는 어떤 본성들로 구성되지 않은 것은 어떠한 것도 자석 안에서 인식될 수 없다고 사유하는 자는 무엇을 해야 하는지에 주저하지 않을 것이다. 그는 먼저 이 돌에 대해 가질 수 있는 모든 경험들을 세심히 모으고, 그다음에 이 경험들로부터, 그가 자석 안에서 경험한 모든 결과들을 산출하는 데 필요한 단순 본성들 간의 혼합naturarum simplicium mixtura이 어떠한 것인지를 연역하려고 노력한다. 이것이 일단 발견되었다면, 그는 과감하게, 인간에 의해 그리고 주어진 경험들로부터 발견될 수 있는 만큼, 자석의 참된 본성을 지각했다고 단언할 수 있다."(이 책, 191~192쪽) 그러므로 자석의 자력은 미지의 '새로운 종류의 존재자들' 혹은 '은폐된 성질들qualitas occultas'에 의존하는 것이 아니라, 경험을 통해 지각되는 물질적 단순 본성들 간의 상호 합성의 결과일 뿐이라는 것이다. '은폐된 성질들'은 원칙적으로 인간의 경험에 주어지지 않는 것이며, 따라서 그것들을 인식하기 위해서는 '어떤 새로운 감각novo aliquo sensu이나 신적인 정신mente divina'이 요구된다는 것이다.

535 'Et quidem'를 '게다가'로 옮겼다. 이것을 머독은 'Indeen', 마리 옹은 'Et certes', 브룬슈빅은 'Il est vrai aussi que', 슈프링마이어 는 'Und zwar', 부케나우는 'Nun'으로 옮긴다.

536 'subject'를 '주체'로 옮겼다. 이것을 머독은 'subject', 마리옹 과 브룬슈빅은 'subjet', 부케나우는 'Subjekt'로, 반면 슈프링마 이어는 'Gegenstand'로 옮긴다. 머독은 주해에서, "I.e. subjects of which attributes are predicated-the sense which 'subject' generally bears in the Rules"(머독, 57쪽, 각주 2)라고 말한다.

537 "공통 관념", "단순한 비교를 통해"의 원어는 "idea communis", "per simplicem comparationem"이다. '주어진 어떤 것과'로 옮 긴 'cuidam dato'를 마리옹은 'à quelque terme donné', 브룬슈빅 은 'à l'une de celles qui sont données'로 옮긴다.

538 "유리된 하나의 사물에 대한", "일반적으로", "표상하다"의 원 어는 "unius rei solutariae", "omnino", "concipere"이다. 이것을 머독은 'of a single, solitary thing', 'whatever', 'think', 마리옹 은 '〈pris〉 d'une chose unique', 'absolument', 'concevoir', 브룬슈 빅은 'd'une chose isolée', 'd'une facon générale', 'comprendre', 슈프링마이어는 'eines vereinzelten Sachverhaltes', 'überhaupt', 'vorstellen', 부케나우는 'eines Einzeldings', 'überhaupt', 'überzeugen'으로 옮긴다.

539 "그리고 분명 (…) 준비하는 것에 있다"의 원어는 "Et quidem tota fere rationis humanae industria in hac operatione praeparanda consistit"이다. "인간 이성의 재간의 거의 전체"의

원어는 "tota fere rationis humanae industria"이다. 여기서 '준비될 작용'은 연역(열거 혹은 귀납) 작용을 의미한다. 앞 문장에서, 단순하고 순수한 직관을 통한per simplicem et purum intuitum 인식 외의 모든 인식은 두 개 이상의 것을 서로 비교함으로써 획득된다고 말한다.

540 "왜냐하면, (…) 필요하기 때문이다"의 원어는 "quando enim aperta est et simplex, nullo artis adjumento, sed solius naturae lumine est opus ad veritatem, quae per illam habetur, intuendam"이다. '직관(혹은 단순 연역)'과 '열거(혹은 복합 연역)', '기예의 도움'과 '자연의 빛'이 대비된다.

541 "비교들은 (…) 불린다는 점이다"의 원어는 "Notandumque est, comparationes dici tantum simplices et apertas, quoties quaesitum et datum aequaliter participant quandam naturam"이다. 브룬슈빅은 '구하는 항le terme cherché'과 '주어진 항le terme donné'으로 옮긴다.

542 "그러나 그 밖의 (…) 요한다는 점이다"의 원어는 "caeteras autem omnes non aliam ob causam praeparatione indigere, quam quia natura illa communis non aequaliter est in utraque, sed secundum alias quasdam habitudines sive proportiones, in quibus involvitur"이다. "공통 본성"의 원어는 "natura communis"이다. '다른 어떤 관계 혹은 비례에 따라'로 옮긴 'secundum alias quasdam habitudines sive proportiones'를 머독은 'by way of other relations or proportions', 마리옹은 'selon certaines autres façons ou proportions', 브룬슈빅은 'selon d'autres rapports ou proportions', 슈프링마이어는 'gemäß

jeweils anderen Verhältnissen oder Proportionen', 부케나우는 'gemäß anderen Verhältnissen oder Proportionen'으로 옮긴다.

543 "그리고 (…) 놓여 있다는 점이다"의 원어는 "et praecipuam partem humanae industriae non in alio collocari, quam in proportionibus istis eo reducendis, ut aequalitas inter quaesitum, et aliquid quod ist cognitum, clare videatur"이다. 구하는 항과 주어진 항 혹은 알려진 항 간에 방정식을 설정하고, 그것을 해결하는 것이 여기서 말하는 준비praeparatio나 환원reductio이다.

544 "크기라는 용어 아래 포괄된다"의 원어는 "per magnitudinis vocabulum comprehendi"이다. 슈프링마이어와 부케나우는 'subjectum'을 'subject, sujet(주체)'가 아니라 'Gegenstand(대상)'로 옮긴다. '전념하다'로 옮긴 'versari'를 머독은 'have to deal with', 슈프링마이어는 'haben zu tun'으로 옮긴다.

545 "그러나 우리가 (…) 사용하기 위해"의 원어는 "Ut vero aliquid etiam tunc imaginemur, nec intellectu puro utamur, sed speciebus in phantasia depict adjuto"이다. '순수한' 지성과 '상상력 안에 그려진 상들species의 도움을 받는' 지성이 대비된다.

546 "마지막으로 유의해야 하는 것은, (…) 말해지지 않는다는 점이다"의 원어는 "notandum est denique, nihil dici de magnitudinibus in genere, quod non etiam ad quamlibet in specie possit referri"이다. 'magnitudines in genere'를 '크기들 일반'으로 옮겼지만, 이것은 '임의의 크기와 개별적으로'로 옮긴 'quamlibet in specie'와 대비된다는 점에서, 그리고 다음 문장에서 또한 '크기들 일반'이 '우리 상상력 안에서 그려지는 크기 종'으로 옮긴 'magnitudinis speciem, quae in

imaginatione pingetur'과 대비된다는 점에서 '크기 유'를 의미할 수 있다. 그럼에도 역자들은 이것들을 다음과 같이 번역한다. 'de magnidudinibus in genere'를 머독은 'to magnitudes in general', 마리옹과 브룬슈빅은 'des grandeurs en général', 슈프링마이어는 'von Größen im allgemeinen'으로, 부케나우는 'im allgemeinen von den Größen'으로 옮긴다. 'ad quamlibet in specie'를 머독은 'to any species of magnitude'로, 마리옹은 'spécialement a n'importe laquelle', 브룬슈빅은 'à l'une quelconque d'entre elles en particulier', 슈프링마이어는 'auf jede beliebige Größe im besonderen', 부케나우는 'auf jede beliebige im besonderen'으로 옮긴다. 'ad magnitudinis speciem'을 머독은 'to species of magnitude', 마리옹은 'à espèce de grandeur', 브룬슈빅은 'dans l'espèce de grandeur', 슈프링마이어는 'auf diejenige Größenart', 부케나우는 'auf die Art der Größe'로 동일하게 '크기 종으로'로 옮긴다.

'말해지다'로 직역한 'dici'는 'dicere'의 수동형이다. 이것을 머독은 'can be ascribed'로 의역하고, 마리옹은 'on dire', 브룬슈빅은 'se dit'로 직역하며, 슈프링마이어는 'ausgesagt wird', 부케나우는 'behauptet wird'로 옮기면서, 'dicere'를 'aussagen', 'behaupten'으로 읽는다.

547 "만일 (…) 옮긴다면"의 원어는 "si transferamus illa, quae de magnitudinibus in genere dici intelligemus, ad illam magnitudinis speciem, quae omnium facillime et distinctissime in imaginatione nostra pingetur"이다. 'dici'를 앞 문장에서와 마찬가지로 '말해지다'로 옮겼다. 이것을, 앞 문장과는 달리, 머

독은 'hold for', 마리옹은 'pouvoir être dit', 브룬슈빅은 'comme affirmable', 슈프링마이어는 'gültig für', 부케나우는 'aussagen'으로 옮긴다.

548 "거기서 (…) 표상했다"의 원어는 "ubi phantasiam ipsam cum ideis in illa existentibus nihil aliud esse concepimus, quam verum corpus reale extensum et figuratum"이다.

549 "어떤 유비를 통해서", "초과"의 원어는 "per analogiam quandam", "excessus"이다.

550 "그러므로 유효한 (…) 포함하지 않는다는 것이다"의 원어는 "Maneat ergo ratum et fixum, quaestiones perfecte determinatas vix ullam difficultatem continere praeter illam, quae consistit in proportionibus in aequalitatibus evolvendis"이다. '그러므로 유효한 그리고 고정된 것으로 남아 있을 것'으로 옮긴 'Maneat ergo ratum et fixum'을 머독은 'Let us then take it as firmly settled', 마리옹은 'Que reste donc décidément établi', 브룬슈빅은 'Concluons donc avec assurance et résolution' 슈프링마이어는 'Es bleibe also enschieden und gesichert', 부케나우는 'Es bleibe also so viel gesichert und fest'로 상이하게 옮긴다. 'aequalitas'를 '등식', evolvere'를 '풀어내다'로 옮겼다. 후자를 머독은 'expressing', 마리옹과 브룬슈빅은 'développer', 슈프링마이어는 'Entwicklung', 부케나우는 'enthüllen'으로 옮긴다.

551 "나는, 아마도 (…) 전제하지 않을 것이다"의 원어는 "Nihilque supponam ex istis disciplinis, nisi forte quaedam per se nota et unicuique obvia"이다. 'quaedam'을 '어떤 것들'로 옮겼다. 이것을 머독은 'certain facts', 마리옹은 'quelques 〈elements〉', 브룬

슈빅은 'quelques notions', 슈프링마이어는 'einiges', 부케나우
는 'etwas'로 옮긴다.

552 "삐뚤어진 그리고 잘못 고안된 여러 원리들에 의해"의 원어는
"plurimis obliquis et male conceptis principiis"이다. 이것을 머
독은 'by many vague and ill-conceived principles', 마리옹은 'par
plusieurs principes peu droits et mal conçus', 브룬슈빅은 'par
une foule de principes ambigus et mal conçus', 슈프링마이어
는 'durch sehr vile schiefe und untrichtig gafaßte Prinzipien', 부
케나우는 'durch eine sehr größe Anzahl von zweideutigen und
schlecht erfaßten Prinzipien'으로 옮긴다.

553 "우리가 연장을 (…) 모든 것으로 이해한다"의 원어는 "Per
extensionem intelligimus illud omne quod habet longitudinem,
latitudinem, et profunditatem, non inquirentes, sive sit verum
corpus, sive spatium tantum"이다.

554 "그럼에도 배운 자들은 (…) 어둠들을 발견한다"의 원어는
"Quia tamen saepe litterati tam acutis utuntur distinctionibus,
ut lumen naturale dissipent, et tenebras inveniant etiam in illis
quae a rusticis nunquam ignorantur"이다. 'quia', 이유 문장
이지만, 주문장이 길어 끊어서 번역했다. '어둠들'로 직역한
'tenebras'를 마리옹은 'obscurités'로 옮긴다. 데카르트가 스콜
라철학자들을 비판하면서 종종 사용하는 'acutus distinctio'을
'예리한 구별'로 옮겼다. 데카르트는《자연의 빛에 의한 진리 탐
구》에서 다음과 같이 말한다. "확실히 이것은 교수가 되고 싶
은 자 혹은 학교에서 논쟁하고 싶은 자의 일입니다. 그러나 사
물들을 그 자체로 조사하기를 원하고, 그것들을 생각하는 대로

판단하는 자는 누구나 의심이 무엇이고, 사유가 무엇이고, 현존이 무엇인지를—이것들에 주의를 기울일 때마다—충분히 인식하기에 넉넉한 빛이 그에게 있지 않을 만큼 하찮은 지력을 가질 수는 없으며, 또 그가 그 구별들distinctiones을 배워야 하는 것도 아닙니다."(이현복, 175~176쪽)

555 "여기서 연장은 (…) 인정하지 않는다는 점이다"의 원어는 "hic per extensionem non distinctum quid et ab ipso subjecto separatum designari, neque in universum nos agnoscere eiusmodi entia philosophica, quae revera sub imaginationem non cadunt"이다.

556 "이 표상을 위해", "잘못 판단하는 지성만을"의 원어는 "ad hunc conceptum", "solo intellectu male judicante"이다. 이것들을 마리옹은 'pour cette conception', 'du seul entendement qui jugerait mal', 브룬슈빅은 'pour parvenir à cette représentation', 'de l'entendement seul qui se trompe dans son jugement'로 옮긴다.

557 "왜냐하면 그는 (…) 알아차릴 것이기 때문이다"의 원어는 "advertet enim, se eandem non percipere omni subjecto destitutam, sed omnino aliter imaginari quam iudicet; adeo ut illa entia abstracta (quidquid credat intellectus de rei veritate) nunquam tamen in phantasia a subjectis separata formentur"이다. 'omne subjecto destitutam'을 '모든 주체 없이'로 옮겼다. 이것을 머독은 'in isolation from every suject', 마리옹은 'privée de tout sujet', 브룬슈빅은 'dégagée de tout sujet', 슈프링마이어는 'bar jeden Subjekts', 부케나우는 'getrennt von jedem Subjekt'로

옮긴다.

558 'loquendi forma'를 '말투'로 옮겼다.

559 **"연장은 장소를 점한다, 물체는 연장을 가진다, 연장은 물체가 아니다"**의 원어는 *"extensio occupat locum, corpus habet extensionem, et extensio non est corpus"*이다.

560 "애매함"의 원어는 "ambiguitas"이다.

561 'significare'를 '의미하다'로 옮겼다. 이것을 머독은 'convey', 마리옹은 'signifier', 브룬슈빅은 'designer', 슈프링마이어와 부케나우는 'bezeichnen'으로 옮긴다.

562 **"혼이 있는 것은 장소를 점한다"**의 원어는 *"animatum occupat locum"*이다.

563 "이는 사물의 측면에서 (…) 다른 것이 아니다"의 원어는 "nec aliud est a parte rei, quam si decerem: *corpus est extensum*; vel potius: *extensum est extensum*"이다. 'a parte rei'를 '사물의 측면에서'로 옮겼다. 이것을 머독은 'So far as the fact of the matter is concerned', 마리옹은 'de la part de la chose', 브룬슈빅은 'objectivement', 슈프링마이어는 'Der Sache nach', 부케나우는 'der Sache nach'로 옮긴다.

564 "이것은 (…) 사정이 다르다"의 원어는 "Quod peculiare est istis entibus, quae in alio tantum sunt, nec unquam sine subjecto concipi possint, aliterque contingit in illis, quae a subjectis relaiter distinguuntur"이다. 이것은《철학의 원리》제1부 51항 이하에서 설명되는 세 가지 구별 방식, 즉 '실재적 구별distinctio realis', '양태적 구별distinctio modalis' 및 '이성적 혹은 개념적 상이성distinctio rationis'에 관한 것을 암시한다. 여기에서 문제가 되는

것은, 연장과 연장적 사물 혹은 연장적 실체 간의 구별은 '이성적 혹은 개념적 구별'로 간주된다. 즉, 연장은 연장적 실체인 물체의 (주요) 속성attributum이고, 연장은 물체 안에서만 존재할 수 있다. 반면 물체는 연장을 통하지 않고는 인식될 수 없다. 그렇지만 베드로와 부는 서로 분리되어 존재할 수 있다. 부가 베드로 안에만 존재하는 것은 아니고, 또 베드로가 부를 통해서만 인식되는 것도 아니다. 오히려 부는 베드로에게 우연히 부가된 성질, 즉 우연적 성질accidentia일 뿐이다.

565 "그리고 이 의미에서 (⋯) 수행된다"의 원어는 "atque in hac significatione nulla illi peculiaris idea in phantasia correspondet, sed tota haec enuntiatio ab intellectu puro perficitur, qui solus habet facultatem ejusmodi entia abstracta separandi"이다. 'peculiaris idea'를 '특유한 관념', 'enuntiatio'를 '언표'로 옮겼다. 이것들을 머독은 'specific idea', 'expression', 마리옹은 'idée particulière', 'énonciation', 브룬슈빅은 'idée, qui lui soit propre', 'assertion', 슈프링마이어와 부케나우는 'besondere Idee', 'Aussage'로 옮긴다.

566 'erroris occasio', 'comprehendere', 'repraesentare'를 '오류의 동기', '포착하다', '재현하다'로 옮겼다. 이것들을 머독은 'ssource of error', 'grasp', 'represent', 마리옹은 'occasion d'erreur', 'comprendre', représenter', 브룬슈빅은 'occasion de se tormper', 'comprendre', 'représenter', 슈프링마이어는 'verführen zum Irrtum', 'erfassen', 'vorstellen', 부케나우는 'Veranlassung zum Irrtum', 'erfassen', 'vostellen'으로 옮긴다.

567 "이러한 관념은 (⋯) 걸려든다"의 원어는 "qualis idea cum

necessario involvat corporis conceptum, si dicant extensionem ita conceptam non esse corpus, imprudenter implicantur in eo, quod idem simul sit corpus et non corpus"이다. 'implicantur in eo'를 '것에 걸려든다'로 직역했다. 이것을 머독은 'they are unwittingly ensnared into saying', 마리옹은 'ils se contredisent en ce', 브룬슈빅은 'se trouver engagés dans cette contradiction', 슈프링마이어는 'so geraten sie in die Verwirrung', 부케나우는 'so verstricken sie sich in den Satz'로 옮긴다.

568 "이를테면, (…) 등을 말하는 경우이다"의 원어는 "ut cum dicitur: *extensio, vel figura non est corpus; numerus non est res numerata; superficies est terminus corporis, linea suerficiei, punctum lineae; unitas non est quantitas*, etc"이다. 'terminus'를 '한계'로 옮겼다. 이것을 머독은 'limit', 마리옹은 'terme', 브룬슈빅은 'limite', 슈프링마이어와 부케나우는 'Grenze'로 옮긴다.

569 "비록 이것들이 참이더라도"의 원어는 "ut sint verae"이다. 이것을 머독은 'if they are to be true', 마리옹은 'encore qu'elles soient vraies', 브룬슈빅은 'pour être vraies', 슈프링마이어는 'so richtig sie auch sein mögen', 부케나우는 'so wahr sie auch sein mögen'으로 옮긴다.

570 "그리고 세심하게 (…) 이용해야 한다는 점이다"의 원어는 "Notandumque est diligenter, in omnibus aliis propositionibus, in quibus haec nomina, quamvis significationem eandem retineant, dicanturque eodem modo a subjectis abstracta, nihil tamen excludunt vel negant, a quo non realiter distinguantur" 이다. 'a subjectis abstracta'를 '주체들에서 추상된 것으로'로 옮

겼다. 이것을 머독은 'in abstraction from subjects', 마리옹은 'abstraits de leurs sujets', 브룬슈빅은 'séparés par abstraction de leurs sujets', 부케나우는 'als von den Subjekten abstrahiert'로, 반면 슈프링마이어는 'von abstrakten Gegenständen'올 옮긴다. "실재적으로"의 원어는 "realiter"이다.

571 'designare', 'expressus/exprimere'를 '가리키다', '표현된/표현하다'로 옮겼다.

572 "많은 단위들을 통해 측정 가능한", "이 주체의 다수에 대해서만", "우리의 표상에서"의 원어는 "per multas unitates mensurabile", "ad cujus solam mutitudinem", "a nostro conceptu"이다.

573 "경이로운 신비들과 순전히 하찮은 것들"의 원어는 "mira mysteria et meras nugas"이다.

574 "이것이 형태를 지닌다는 관점에서만 표상된"의 원어는 "sub hac tantum raione concepto, quid sit figuratum"이다. 이것을 머독은 'conceived simply with repect to its having a shape', 마리옹은 'conçu seulement sous la raison, qu'il est figuré', 브룬슈빅은 'conçu sous ce rapport seulement qu'il est figuré', 슈프링마이어는 'der bloß unter dem Gesichtspunkt seiner Figur betrachtet', 부케나우는 'das wir nur insofern denken, als es gestaltet ist'로 옮긴다.

575 'omittere'를 '무시하다'로 옮겼다.

576 "필사자들의 정신"의 원어는 "mortalium ingenia"이다.

577 'ex cujus fluxu'를 '선의 흐름에서'로 옮겼다. 이것을 머독은 'whose[선의] flowing motion', 마리옹은 'la course', 브룬슈빅은

'le mouvement', 슈프링마이어는 'aus deren Fließen', 부케나우는 'aus deren fließender Bewegung'으로 옮긴다.

578 'de industria'를 '일부러'로 옮겼다. 이것을 머독은 'deliberately', 브룬슈빅은 'de propos délibéré', 슈프링마이어는 'geflissentlich', 부케나우는 'mit Absicht'로, 반면 마리옹은 'par un biais industrieux'로 옮긴다.

579 "차원", "단위", "형태"의 원어는 "dimensio", "unitas", "figura" 이다.

580 "우리는 차원을 (…) 이해한다"의 원어는 "Per dimensionem nihil aliud intelligimus, quam modum et rationem, secundum quam aliquod subjectum consideratur esse mensurabile"이다. 'modus', 'ratio'를 '방식', '비례'로 옮겼다. 이것들을 머독은 'mode', 'aspect', 마리옹은 'mode', 'raison', 브룬슈빅은 'mode', 'rapport', 슈프링마이어는 'Bestimmung', 'Beziehung', 부케나우는 'Art', 'Weise'로 상이하게 옮긴다.

581 'ponderare'를 '저울에 무게를 달다'라는 의미의 '계량하다'로 옮겼다. 이것들 머독은 'weigh', 마리옹과 브룬슈빅은 'peser', 슈프링마이어와 부케나우는 'wiegen'으로 옮긴다.

582 "왜냐하면 (…) 본래 차원—이에 따라 우리가 사물들을 세는—이다"의 원어는 "Nam divisio ipsa in plures partes aequales, svie sit realis, sive intellectualis tantum, est proprie dimensio secundum quam res numeramus"이다. 'numerare'를 '세다', 'intellectualis'를 '지적'으로 옮겼다.

583 "그리고 수를 (…) 때문이다"의 원어는 "et modus ille, qui numerum facit, proprie dicitur esse species dimensionis, quamvis

sit aliqua diversitas in significatione nominis"이다. 'modus ille, qui numerum facit'를 '수를 계산하는 이 방식'으로 옮겼다. 이것을 머독은 'the mode which gives rise to number', 마리옹은 'ce mode même qui fait le nombre', 브룬슈빅은 'cette mensuration qui constitue le nombre', 슈프링마이어는 'jene Bestimmung, welche die Zahl erzeugt', 부케나우는 'der Modus, der die Zahl zustandebringt'로 옮긴다.

584 "실로, (···) 그것을 잰다고 말한다"의 원어는 "si enim consideramus partes in ordine ad totum, tunc numerare dicimur; si contra totum spectamus ut in partes distributum, illud metimur"이다. 'metiri'를 '재다'로 옮겼다. 이것을 머독은 'measure', 마리옹과 브룬슈빅은 'mesurer', 슈프링마이어와 부케나우는 'messen'으로 옮긴다. 이 문장 전체를 머독은 'If we consider the order of the parts in relation to the whole, we are then said to be counting; if on the other hand we regard the whole as being divided up into parts, we are measuring it', 마리옹은 'Si en effect nous considérons les parties dans leur ordre au tout, alors nous sommes dits nombrer; si au contraire nous envisageons le tout comme distribué dans ses parties, nous le mesurons', 브룬슈빅은 'Si en effet nous considérons les parties en ordre, en allant vers le tout, on dit alors que nous comptons; si au contraire nous considérons le tout en tant qu'il se devise en parties, nous le mesurons', 슈프링마이어는 'wenn wir nämlich die Teile im Verhältnis zum Ganzen betrachten, dann sagt man, das wir zählen, wenn wir umgekehrt das Ganze als in Teile

geteilt ansehen, dann messen wir es', 부케나우는 'Betrachten wir nämlich die Teile in Rücksicht auf das Ganze, so bezeichnen wir dies als 'zählen', betrachten wir dagegen das Ganze als in die Teile geteilt, so 'messen' wir es'로 옮긴다.

585 'rebus dimensis'를 '재어진 사물들에'로 옮겼다. 이것에 대한 역자들의 번역은 두 가지로 나뉜다. 마리옹은 'aux choses mesurées', 슈프링마이어 또한 'den ausgemessenen Gegenständen'으로, 반면 머독은 'to the things which possess them', 브룬슈빅은 'aux choses don't elles sont les dimensions', 부케나우는 'zu den Dingen selbst, denen Dimensionen zu kommen'으로 옮긴다.

586 "주체들 (⋯) 경우이든"의 원어는 "sive habeant fundamentum reale in ipsis subjectis, sive ex arbitrio mentis nostrae fuerint excogitatae"이다.

587 "차원의 관점 아래에서"의 원어는 "sub ratione dimensionis"이다. 이것을 머독은 'from the point of view of dimension', 마리옹은 'en raison de leur dimension', 브룬슈빅은 'suus le rapport de la dimension', 슈프링마이어와 부케나우는 'unter dem Gesichspunkt der Dimension'으로 옮긴다.

588 "양적인 종들", "입체"의 원어는 "species quantitatis", "corpus"이다. 이것을 머독은 'species of quantity', 'solid', 마리옹은 'especes de quantité', 'corps', 브룬슈빅은 'especes de quantité' 'volume', 슈프링마이어는 'Größenarten', 'Körper', 부케나우는 'Arten der Quantität', 'Körper'로 옮긴다.

589 "실로"의 원어는 데카르트가 즐겨 사용하는 'realiter'가 아니

라 "vere"이다. 이것을 머독은 'really', 마리옹은 'vraiment', 브룬슈빅은 'réellement', 슈프링마이어는 'wirklich', 부케나우는 'wahrhaft'로 옮긴다. '표상 아래 떨어지다'로 옮긴 'cadere sub conceptum'을 마리옹은 'tomber sous la conception', 마리옹은 'tomber sous la représentation'으로 옮긴다.

590 "그러나 그것들이 (…) 고찰되는 경우"의 원어는 "si vero considerentur simpliciter, ut per intellectum abstractae"이다.

591 "지나가는 길에", "물체의 차원들", "명목적으로", "다르다"의 원어는 "obiter", "corporum dimensiones", "nomine", "discrepare"이다. 이것을 머독은 'incidentally', 'dimensions of body', 'nominal difference', 마리옹은 'en chemin', 'dimensions des corps', 'de nom', 'différer', 브룬슈빅은 'au passage', 'dimensions des corps', 'nominalement', 'se distinguer', 슈프링마이어는 'im Vorbeigehen', 'Dimensionen von Körpern', 'unterscheiden', 부케나우는 'nebenbei', 'Dimensionen des Körpers', 'dem Namen nach', 'abweichen'으로 옮긴다.

592 "입체"의 원어는 "solidum"이다. 이것을 머독은 'solid', 마리옹은 번역하지 않으며, 브룬슈빅은 'solide', 슈프링마이어는 'dreidimensionale Gebilde', 부케나우는 'dreidimensionale Körper'로 옮긴다.

593 'noscere'를 '알아보다'로 옮겼다.

594 "왜냐하면 (…) 해당하기 때문이다"의 원어는 "artis enim est ita illas in quam plurimas distinguere, ut nonnisi ad paucissimas simul, sed tamen successive ad omnes, advertamus"이다. '기예에 해당하다', '그것들을 가능한 한 많은 것들로 나누다'로 옮

긴 'artis est', 'illas in quam plurimas distinguere'를 머독은 'it is part of the method', 'disinguish as many dimensions as possible', 마리옹은 'c'est ⟨un effect⟩ de l'art', 'le distinguer en autant que l'on pourra', 브룬슈빅은 'c'est l'une des règles de la méthode', 'les distinguer en autant de dimensions élémentaires que possible', 슈프링마이어는 'es ist eine Sache der Geschiklichkeit', 'sie in möglichst viele einteilen', 부케나우는 'es besteht die Kunst darin', 'sie in so viele als nur möglich trennen'으로 옮긴다.

595 "단위는, 우리가 위에서, (⋯) 공통 본성이다"의 원어는 "Unitas est natura illa communis, quam supra diximus debere aequaliter participari a illis omnibus, quae inter se comparantur"이다. 이것은 제14규칙의 첫 문단에서 언급된다.

596 'pro illa'를 '그 자리에'로 옮겼다. 이것을 머독은 번역하지 않으며, 마리옹은 'à sa place', 브룬슈빅은 'pour en faire office', 슈프링마이어는 'an ihrer Stelle', 부케나우는 'statt ihrer'로 옮긴다.

597 "공통 척도"의 원어는 "communis mensura"이다.

598 'in ipsis extremis'를 '그 양단들 안에'로 옮겼다. 머독, 마리옹, 브룬슈빅은 '양단항들 안에'로 옮긴다.

599 "점의 흐름으로부터"의 원어는 "ex ejus fluxu"이다. 마리옹은 'à partir de sa course', 브룬슈빅은 'à partir de son mouvement', 슈프링마이어는 'vermittels dessen Fließens', 부케나우는 'aus seiner fließenden Bewegung'으로 옮긴다.

600 "그리고 남아 있는 것은, 이 자리에서 (⋯) 남아 있을 것이다"의 원어는 "superestque hoc in loco admonendum, ex innumeris illarum speciebus diversis, nos illis tantum hic usuros, quibus

facillime omnes habitudinum sive proportionum differentiae exprimuntur"이다. '관계들의habitudinum, 혹은 비율들의 proportionum 모든 차이들을 가장 쉽게 표현하는exprimere 것들만'으로 옮긴 'illis tantum hic usuros, quibus facillime omnes habitudinum sive proportionum differentiae exprimuntur'을 머독은 'only those which most readily express all the various relations or proportions', 마리옹은 'celles seulement, qui expriment le plus aisement toutes les différences entre les façons ou proportions', 브룬슈빅은 'celles qui expriment le plus facilement toutes les différences de rapports ou de proportions', 슈프링마이어는 'diejenigen, durch die am leichtesten alle Unterschiede von Verhältnissen oder Proportionen ausgedrückt werden', 부케나우는 'die, wodurch sich in der einfachsten Weise alle Verschiedenheiten der Verhältnisse oder Proportionen ausdrücken lassen'으로 옮긴다.

601 "대수들과 크기들"의 원어는 "multitudines et magnitudines"이다. 이것을 머독은 'sets and magnitudes', 마리옹과 브룬슈빅은 'les multiplicités et les grandeurs', 슈프링마이어와 부케나우는 'Vielheiten und Größen'으로 옮긴다.

602 "가계"의 원어는 "prosapia"이다.

603 "불가분의"의 원어는 "indivisus"이다.

604 "동일한 (⋯) 점이다"의 원어는 "omnes habitudines, quae inter entia ejusdem generis esse possunt, ad duo capita esse referendas, nempe ad ordinem, vel ad mensuram"이다. 마리옹은 'habitudines'를 'façons', 'ad ordinem, vel ad mensuram'을 'à

l'ordre et à la mesure'로 옮긴다.

605 'ordinatas', 'mente'를 '순서대로 배열된', '정신으로'로 옮겼다. 이것들을 머독은 'ordered', 'in our mind', 마리옹은 'disposées selon l'ordre', 'par l'esprit', 브룬슈빅은 'disposées selon l'ordre', 'de la pensée', 슈프링마이어는 'geordneten', 'in Gedanken', 부케나우는 'geordneten', 'im Geiste'로 옮긴다.

606 '삼자의 매개 없이'로 옮긴 'non mediante tertio'를 머독은 'not by way of an intermediary third term', 마리옹은 'sans l'entremise d'un troisième terme', 브룬슈빅은 'sans l'intermédiaire d'un troisième terme'으로 옮기면서, '삼자'를 '제3항'으로 옮긴다.

607 'de quibus ⟨mensuris⟩ evolvendis'를 '척도들의 전개에 대해'로 옮겼다. 이것을 마리옹은 'de developpement de celles-ci ⟨mesures⟩', 슈프링마이어는 'von deren ⟨Maßen⟩ Entwicklung', 부케나우는 'mit deren Zustandekommen'으로 옮긴다.

608 "연속 크기들", "적용된"의 원어는 "magnitudines continuas", "assumptitiae"이다. 후자를 머독은 'adopted', 마리옹은 'empruntée', 브룬슈빅은 'd'emprunt', 슈프링마이어와 부케나우는 'angenommenen'으로 옮긴다.

609 아당 타네리 판 본문에는 "pertinebat"로 되어 있으나, 그 각주에서 'pertineat'로 읽을 것을 제안한다. 그래서 후자를 옮겼다.

610 'inspectio', 'in hoc pregressu'를 '통관', '이 진행에'로 옮겼다. 이것들을 머독은 'scrutinizing', 'in this progressive ordering', 마리옹은 'inspection', 'en ce progrès', 브룬슈빅은 'considération', 'en ce progrès', 슈프링마이어는 'Einsicht', 'in diesem Vorgehen', 부케나우는 'Erforschung', 'auf diesem Fortschritt'로 옮긴다.

611 "직선의 그리고 직사각형의 표면들"의 원어는 "superficies rectilineas et rectangulas"이다.

612 "바로 이 도형들을 통해", "대수 혹은 수"의 원어는 "per easdem figuras", "mutitudinem sive numerum"이다. 전자를 슈프링마이어는 'mit diesen Gestalten', 부케나우는 'durch eben diese Figuren'으로 옮긴다.

제15규칙

613 원어는 "Juvat etiam plerumque has figuras describere et sensibus exhibere externis, ut hac ratione facilius nostra cogitation retineatur attenta"이다. 'describere'를 '묘사하다'로, 'exhibere'를 '현시하다'로 옮겼다. 이것들을 머독은 'draw', 'display', 마리옹은 'décrire', 'faire voir', 브룬슈빅은 'dessiner', 'présenter', 슈프링마이어와 부케나우는 'zeichen', 'darstellen'으로 옮긴다.

614 "그러나 어떤 식으로 (…) 명증하다"의 원어는 "Quomodo autem illae pingendae sint, ut distinctus, dum oculis ipsis proponentur. illarum species in imaginatione noatra formentur, per se est evidens"이다. 'pingere'를 '그리다', 'oculis ipsis proponere'를 '눈에 제시하다'로 옮겼다. 후자를 마리옹은 'mettre sous nos yeux', 브룬슈빅은 'présenter aux yeux', 슈프링마이어는 'konkret vor Augen stellen', 부케나우는 'unseren Augen darbieten'으로 옮긴다.

615 'attendere', 'considere', 'spectare'를 '주목하다', '고려하다', '여

기다'로 옮겼다. 이것들을 머독은 'think', 'regard', 'view', 마리옹은 'prêter attention', 'considérer', 'envisager', 브룬슈빅은 'considérer', 'prendre', 'avoir égard', 슈브링마이어는 'unsere Aufmerksamkeit richten', 'betrachten', 'darauf sehen', 부케나우는 'betracten', 'ansehen', 'berücksichtigen'으로 옮긴다.

616 'omnimode'를 '모든 면에서', 'infinitarum dimensionum capax'를 '무한한 차원이 가능한'으로 옮겼다.

617 '명제의'로 옮긴 'propostionis'를 브룬슈빅은 'd'un problème proposé'로 옮긴다.

618 '(in)commensurabilis'를 '공약 (불)가능한'으로 옮겼다.

619 아당 타네리 판의 본문에는 'illam(그것을)'으로 되어 있다. 그리고 그 각주에서 암스테르담판과 하노버판에는 'lineam(선을)'으로 되어 있는 것을 'illam'으로 교정했다고 밝힌다(AT-X, 454쪽 참조). 마리옹은 이에 대한 긴 주해에서, 아당 타네리 판의 'illam'이 의미하는 것이 '크기$_{magnitudinem}$'일 것이라고 보고, 이런 해독 또한 틀린 것은 아니라고 하면서도, 몇 가지 근거로 암스테르담판과 하노버판의 'lineam'으로 읽는다. 그래서 이것을 마리옹은 'la ligne', 머독은 'a line', 슈프링마이어와 부케나우는 'die Linie'로, 반면 브룬슈빅은 인칭대명사 'la'로 옮기면서 '크기$_{grandeur}$'로 읽는다.

제16규칙

620 원어는 "Quae vero praesentem mentis attentionem non

requirunt, etiamsi ad conclusionem necessaria sint, illa melius
est per brevissimas notas designare quam per integras figuras:
ita enim memoria non poterit falli, nec tamen interim cogitatio
distrahetur ad haec retinenda, dum aliis deducendis incumbit"
이다. '그러나'로 옮긴 'vero'를 머독, 마리옹, 브룬슈빅은 번역
하지 않고, 슈프링마이어와 부케나우는 'dagegen'으로 옮긴다.
'정신의 현재의 주의'로 옮긴 'praesentem mentis attentionem'
에서 'praesens'를 머독은 'immediat', 마리옹은 'qui y soit
présent', 브룬슈빅은 'immédiate', 슈프링마이어와 부케나우
는 'gegenwärtig'로 옮긴다. 'nota', 'integra'를 '부호', '온전한'
으로 옮겼다. 이것들을 머독은 'symbol', 'complete', 마리옹은
'chiffre', 'complet', 브룬슈빅은 'signe', 'complet', 슈프링마이어
는 'Zeichen', 'ganz', 부케나우는 'Bemerkung', 'vollständig'로 옮
긴다.

621 "눈의 직관이든 정신의 직관이든"의 원어는 "sive oculorum, sive
mentis intuitu"이다. "contemplare"를 "주시하다'로 옮겼다.

622 "이 목적으로 기억은 자연에 의해 설정된 것으로 보인다"의 원
어는 "in quem finem memoria videtur a natura instituta"이다.
데카르트가 드물게 사용하는 'a natura instituta'를 '자연의 의해
설정된'으로 옮겼다. 이것을 머독은 'ordained by nature', 마리
옹은 'institué de la Nature', 브룬슈빅은 'la nature a institué', 슈
프링마이어가 'die Natur hat eingerichtet', 부케나우는 'von der
Natur eingerichtet'로 옮긴다.

623 'labilis', 'renovare'를 '사라져버리는', '되살리다'로 옮겼다. '표
기법 사용'으로 옮긴 'schribendi usus'을 머독은 'practice of

writing', 마리옹과 브룬슈빅은 'l'usage de l'écriture', 슈프링마이어는 'Schriftgebrauch', 부케나우는 'Gebrauch der Schrift'로 옮긴다. 기억의 약함에 대해 제3규칙, 제7규칙 및 제11규칙에서도 언급된다.

624 "오히려 (…) 남겨놓으면서"의 원어는 "sed liberam et totam praesentibus ideis phantasiam relinquentes"이다. 이것을 머독은 'allowing the imagination to devote itself freely and completely to the ideas immediately before it', 마리옹은 'mais abandonnant la fantaisie libre et entière aux idées présentes', 브룬슈빅은 'et nous préserverons tout entière notre fantaisie libre pour les idées présentes', 슈프링마이어는 'sondern die Phantasie ganz und frei den gegenwärtigen Ideen überlassen', 부케나우는 'sondern geben unsere Phantasie frei und ganz den gegenwärtigen Ideen hin'으로 옮긴다.

625 "어려움의 (…) 현시해서"의 원어는 "difficultatis terminos ita puros et nudos exhibebimus"이다. 이것을 머독은 'we shall also be displaying the terms of the problem in such a pure and naked light', 마리옹은 'nous ferons voir les termes de la difficulté si purs et nus', 브룬슈빅은 'nous rendrons manifestes les termes de la difficulté sous une forme si pure et si depouillée', 슈프링마이어는 'die Bestimmungsstücke des Problems so rein und nackt darstellen', 부케나우는 'wir werden de Termini der Schwierigkeit so rein und bloß darstellen'으로 옮긴다.

626 "정신으로", "정신의 능력"의 원어는 "mente", "ingenii capacitas"이다.

627 'numeris inutilibus involvantur'를 '무익한 수들로 가리다'로 옮겼다. 이것을 머독은 'are bogged down with pointless numerical expression', 마리옹은 'embarrasser de nombres inutiles', 브룬슈빅은 's'enveloppent dans des nombres inutiles', 슈프링마이어는 'durch unnütze Zahlen verhüllt werden', 부케나우는 'durch unnütze Zahlen unkenntlich gemacht werden'로 옮긴다.

628 "또한 알아차려야 하는 것은, (…) 이해되어야 하는바"의 원어는 'Advertendum est etiam, per numerum relationum intelligendas esse proportiones illas se continua serie subsequentes'이다. 이것을 머독은 'We should note also that those proportions which form a continuing sequence are to be understood in terms of a number of relations', 마리옹은 'Il faut aussi remarquer, qu'on doit entendre par nombre de relations des proportions se suivant en une série continue', 브룬슈빅은 'Il faut remarquer aussi que c'est par le nombre des relations qu'on doit comprendre les proportions qui se suivent en ordre continu', 슈프링마이어는 'Es ist auch zu beachten, daß unter der Anzahl der Verhältnisse die in kontinuierlicher Reihe aufeinander folgenden Proportionen verstanden werden sollen', 부케나우는 'Es ist sodann anzumerken, daß unter der Anzahl der Relationen die Proportionen zu verstehen sind, die einander in kontinuierlicher Ordnung folgen'으로 옮긴다.

629 "근", "제곱", "세제곱", "네제곱"의 원어는 "radix", "quadratum", "cubum", "biquadratum"이다.

630 "이것들의 모습에 따라 만들어진"의 원어는 "ad harum

similitudinem efficate"이다. 이것을 머독은 'modelled on these', 마리옹은 'forgées a leur ressemblance', 브룬슈빅은 'construites a l'image de celles-ci' 슈프링마이어는 'nach ihrem Vorbild ausgedachte', 부케나우는 'nach ihrer Ähnlichkeit ausgedachten' 으로 옮긴다.

631 "제곱수를 통해서"의 원어는 "per duplicem numerorum usum" 이다. 이것을 머독은 'to the dual function which numbers have', 마리옹은 'par le double usage des nombres', 브룬슈빅은 'de la double fonction de nombres', 슈프링마이어는 'durch den doppelten Gebrauch der Zahlen', 부케나우는 'mit der doppelten Anwendung'으로 옮긴다.

632 "이런 이유에서, 일반항들로 표현된 어려움을 탐구한 후에" 의 원어는 "ac proinde, postquam illam generalibus terminis expressam quaesivimus"이다. 이것을 머독은 'Accordingly, once we have investigated the problem expressed in general terms', 마리옹은 'en suite de quoi, après avoir cherche à l'exprimer par des termes généraux', 브룬슈빅은 'c'est pourquoi, apres avoir cherché à resoudre la difficulté exprimée en termes généraux', 슈프링마이어는 'nachdem wir die Schwierigkeit, in allgemeinen Ausdrücken dargestellt, untersucht haben', 부케나우는 'demnach, nachdem man den mit den allgemeinen Terminis wiedergegebenen Ausdruck untersucht hat'이다.

633 "이는 우리가 일반적으로, (…) 아니다"의 원어는 "non generaliter ex eo quod sit basis rectanguli trianguli, cujus unum latus est ad aliud, ut 3 ad 4"이다. 이것을 머독은 'we shall not

generally recognize this form the fact that it is the hypotenuse of a right-angled triangle, two sides of which are in the ratio of 3 to 4'로 옮긴다.

634 "불필요한 기억이 (…) 않도록 말이다"의 원어는 "ne scilicet aliquam ingenii nostri partem objecti praesentis cognitioni supervacua recordatio surripiat"이다. 'surrpere'를 '벗어나게 하다'로 옮겼다. "우리 정신의"의 원어는 "ingenii nostri"이다.

635 'index'를 '일람표'로 옮겼다. 이것을 머독은 'list', 마리옹과 브룬슈빅은 'table', 슈프링마이어와 부케나우는 'Verzeichnis'로 옮긴다.

제17규칙

636 원어는 "Proposita difficultas directe est percurrenda, abstrahendo ab eo quod quidam eius termini sint cogniti, alii incogniti, et mutuam singulorum ab aliis dependentiam per veros discursus intuendo"이다. 'abstrahere'를 '도외시하다'로, 'discursus'를 '추리'로, 'directe'를 '직접'으로 옮겼다. 이것들을 머독은 'disregard', 'reasoning', 'direct', 마리옹은 'faire abstraction', 'parcours', 'directement', 브룬슈빅은 'abstraction faite de', 'etape', 'en ordre direct', 슈프링마이어는 'absehen', 'Durchdenken', 'direkt', 부케나우는 'absehen', 'Wege', 'direkt'로 옮긴다.

637 'subigere'를 '굴복시키다'로 옮겼다. 이것을 머독은 'deal with',

마리옹은 'soumettre', 브룬슈빅은 'traiter', 슈프링마이어는 'bearbeiten', 부케나우는 'behandeln'으로 옮긴다.

638 이것은 다음 두 방정식을 말한다.

(1) $\dfrac{x}{1} = \dfrac{y}{x} = \dfrac{x}{y} = \cdots\cdots$

(2) $x+y+z+\cdots\cdots = K(기지수)$

공식 (1)로부터 $y=x^2$, $z=x^3$ 등을 끌어낼 수 있다. 그리고 그것들을 각각 공식 (2)에 대입하면 공식 (3)을 얻는다.

(3) $x+x^2+x^3+\cdots\cdots -K=0$

이로부터 공식 (1)의 처음 미지수인 의 값을 구할 수 있다.

639 'methodo', 'tute', 'nulla industria', 'reduici potuisse'를 '방법적으로', '안전하게', '어떠한 재간으로도 (…) 없다', '환원될 수 없었다(직설법, 현재완료형)'로 옮겼다. 이것들을 마리옹은 'avec une méthode', 'en toute sûreté', 'aucun biais d'industrie', 'pourrait réduire'로 옮긴다.

640 "평탄하고 곧바른 어떤 길", "더 어렵고 우회적"의 원어는 "quandam viam planam et directam", "defficiliores et indirectas"이다.

641 "이어진", "연결하다", "우회적 그리고 전도된 순서"의 원어는 "connexus", "conjunere", "ordinem indirectum et praeposterum"이다.

642 "복잡한 문제들", "혼란한 순서에 따라", "뒤얽힌 어려움들 안에서조차", "쉬운 그리고 곧바른 탐구의 길"의 원어는 "quaestiones involutas", "turbato ordine", "etiam in difficultatibus quantumcumque intricatis", "facilem et directam quaerendi viam"이다.

643 제13규칙을 가리킨다.

644 "단계적으로 그리고 참된 추리들을 통해"의 원어는 "gradatim et per veros discursus"이다. 이것을 머독은 'by reasoning soundly step by step', 마리옹은 'par degrés et par des parcours vrais', 브룬슈빅은 'par degrés et selon les étapes véribalbes', 슈프링마이어는 'Schritt für Schritt und durch wirkliches Durchdenken', 부케나우는 'nach und nach und auf dem rechten Wege'로 옮긴다.

제18규칙

645 원어는 "Ad hoc quatuor tantum operationes requiruntur, additio, subtractio, multiplicatio, et divisio, ex quibus duae ultimae saepe hic non sunt absolvendae, tum ne quid temere involvatur, tum quia facilius postea perfici possunt"이다. '사칙 연산'을 의미하는 'quatuor operationes'를 '네 가지 작용들'로 직역했다. 'absolvere'를 '실행하다'로 의역했다. 이것을 머독은 'employ', 마리옹은 'faire', 브룬슈빅은 'effectuer', 슈프링마이어는 'ausführen', 부케나우는 'gebrauchen'으로 의역한다. "나중에"의 원어는 "postea"이다.

646 'Doctoris imperitia'를 '박사들의 미숙'으로 옮겼다. 이것을 머독은 'imexperience in the teacher', 마리옹은 'ignorance du Docteur', 브룬슈빅은 'maladresse du professeur', 슈프링마이어는 'Unerfahrenheit des Lehrers', 부케나우는 'Unwissenheit der Gelehrten'으로 옮긴다.

647 "항목들"의 원어는 "capita"이다. 이것을 머독은 'heads', 마리옹은 'chefs', 브룬슈빅은 'rubriques', 슈프링마이어는 'Titel', 부케나우는 'Hauptoperationen'으로 옮긴다.

648 "즉"의 원어는 "Nempe"이다. 이것을 머독은 번역하지 않고, 마리옹은 'Savoir', 브룬슈빅은 'De fait', 슈프링마이어와 부케나우는 'nämlich'로 옮긴다.

649 "그 부분에 대한 전체의 초과"의 원어는 "excessum totius supra eandem partem"이다. 머독은 이것을 'the extent to which the whole exceeds the part', 마리옹은 'l'excédent du tout sur cette partie-là', 브룬슈빅은 'l'excédent du tout sur cette même partie', 슈프링마이어는 'Überschuß des Ganzen über diesen Teil', 부케나우는 'das Überragen des Ganzen über den gesuchten Teil'로 옮긴다.

650 "그리고 다른 어떠한 방식으로도 (…) 연역될 수 없다"의 원어는 "neque pluribus modis aliqua magnitudo ex aliis absolute sumptis, et in quibus aliquo modo contineatur, potest deduci'이다. 이것을 머독은 'there is no other possible way of deriving one magnitude from other magnitudes', taken in an absolute sense, which somehow contain it', 마리옹은 'et en aucune autre manière une grandeur quelconque ne peut être déduite de certaines autres prises absolument', 브룬슈빅은 'et il n'existe pas d'autres moyens de déduire une grandeur à partir de plusieurs autres prises absolument, et dans lesquelles elle se trouve contenue d'une manière ou d'une autre', 슈프링마이어는 'Und auf mehr Weisen kann eine Größe aus anderen, wenn man diese

absolut nimmt und jene in diesen in irgendeiner Weise enthalten ist, nicht deduziert werden', 부케나우는 'Es gibt nun keine andere Art und Weise mehr, wie eine Größe aus anderen, absolut genommenen, in denen außerdem sie in bestimmter Weise enthalten ist, abgeleitet werden kann'으로 옮긴다.

651 'directe', 'indirecte'를 '곧바로', '우회적으로'로 옮겼다. "관계 혹은 관련"의 원어는 "relatio sive habitudo"이다. 이것을 머독은 'relation or connection', 마리옹은 'relation ou façon', 브룬 슈빅은 'rapport ou relation', 슈프링마이어는 'Beziehung oder Verhältnis', 부케나우는 'Relation oder Verhältnis'로 상이하게 옮긴다.

652 아당 타네리 판은 암스테르담판과 하노버판에 'proposito(명제)'로 되어 있는 것을 'proportion(비례)'로 교정한다. 이에 대해 머독은 아당과 타네리의 교정이 불필요했다고 지적하고(머독, 72쪽, 각주 2 참조), 'propositio'를 고수하면서도, 이것을 'the problem in question'으로 읽는다. 슈프링마이어와 부케나우의 독역 역시 '명제', 즉 'Proposition', 'Satz'로 옮긴다. 반면, 마리옹 과 브룬슈빅의 불역은 'proportion(비례)'으로 옮긴다.

653 방정식 $\frac{1}{a} = \frac{a}{x}$ 혹은 $\frac{1}{a} = \frac{a}{b} = \frac{b}{x}$ (1차 방정식)인 경우다.

654 방정식 $\frac{1}{x} = \frac{1}{a}$ 혹은 $\frac{1}{x} = \frac{x}{y} = \frac{y}{a}$ (2차, 3차, …… 방정식)인 경우다.

655 이런 경우, 'direct', 'indirect'를 '직접적', '간접적'으로 옮겼다.

656 "왜냐하면, 단위가 (…) 단계에 있다"의 원어는 "Nam si dicatur, ut unitas ad a vel ad 5 datam, ita b sive 7 data ad quaesitam, quae est ab vel 35, tunc a et b sunt in secundo gradu, et ab, quae producitur ex illis, in tertio"이다. $\frac{1}{a} = \frac{b}{x}$, $x = ab$인 경우다.

657   $\frac{1}{c} = \frac{ab}{x}$인 경우다.

658   $\frac{1}{a} = \frac{a}{a^2} = \frac{a^2}{a^3} = \frac{a^3}{a^4}$인 경우다.

659   "그러나 이제, (…) 간접적이다"의 원어는 "Jam vero si dicatur, ut unitas ad a vel 5 datum divisorem, ita B vel 7 quaesita ad ab vel 35 datum dividendum, tunc est ordo turbatus et indirectus" 이다.

660   $\frac{1}{a} = \frac{B}{ab}$인 경우다. 이때 제16규칙에서 약속한 대로 대문자는 알려지지 않은 크기를, 소문자는 알려진 크기를 가리킨다.

661   $\frac{1}{A} = \frac{A}{a^2}$; $\frac{1}{A} = \frac{A^2}{a^3}$ 인 경우다.

662   "실로, 이 예들의 의미는, (…) 어투이다"의 원어는 "Idem enim est horum exemplorum sensus, ac si diceretur extrahendam esse radicem quadratam ex sive 25, vel cubicam ex sive ex 125, et sic de caeteris; qui mos loquendi est apud Logistas usitatus"이다.

663   "이것들은"의 원어는 "illam"이다. 이것을 브룬슈빅은 'ces opérations'로 옮긴다.

664   "사용 혹은 실천"의 원어는 "usus sive praxis"이다.

665   "만일 덧셈이나 뺄셈을 행해야 한다면, (…) 표상한다"의 원어는 "Si additio vel subtractio faciendae sint, concipimus subjectum sub ratione lineae, sive sub ratione magnitudinis extensae, in qua sola longitudo est spectanda"이다.

666   "피제수의 (…) 점이다"의 원어는 "terminum dividendum et alios omnes semper concipiendos esse ut lineas in serie continue proportionalium existentes, quarum prima est unitas, et ultima est magnitudo dividenda"이다. 'lineas in serie continue proportionalium existentes'을 '연속 비례의 계열 안에 현존하

는 선들'로 옮겼다. 이것을 머독은 'lines which form a series of continued proportionals', 마리옹은 'lignes existant dans une suite de proportions continue', 브룬슈빅은 'lignes qui forment une série en proportion continue', 슈프링마이어는 'Linien in der Reihe der in kontinuierlicher Proportion stehenden Größen', 부케나우는 'Linien, die einander in einer Reihe kontinuierlich Proportionaler folgen'으로 옮긴다.

667 "그리고 지금은, 우리가 (⋯) 충분한데"의 원어는 "et jam monuisse sufficit, nos supponere tales operationes hic nondum absolvi"이다. 제18규칙의 제목에 들어있는 'absolvere'를 '실행하다'로 의역했고, 여기서도 그렇게 옮겼다. 이와 마찬가지로 모독과 슈프링마이어 또한 'have do with', 'ausführen'으로 의역한다. 반면 마리옹, 브룬슈빅, 부케나우는, 그 제목에서와는 달리, 'résoudre', 'erledigen'으로 직역한다.

668 "상상력의 간접적 그리고 반성적 운동들을 통해"의 원어는 "per motus imaginationis indirectos et reflexos"이다.

669 "다른 작용들에 관해서는, (⋯) 실행될 수 있다"의 원어는 "Quod attinet ad alias operationes, facillime quidem absolvi possunt eo modo, quo illas concipiendas esse diximus"이다. 'absolvere'를 마찬가지로 '실행하다'로 옮겼다. 슈프링마이어 또한 'ausfuhren'으로 옮긴다. 그러나 앞 문장에서와는 달리 머독은 'dispose of', 브룬슈빅은 'effectuer'로 옮기고, 마리옹과 부케나우는 동일하게 'résoudre', 'erledigen'으로 옮긴다.

670 'in discursu'를 '작용 중에'로 옮겼다. 이것을 머독은 'in the course of the operation', 마리옹은 'en cours', 브룬슈빅은 'au

cours du raisonnement', 슈프링마이어는 'im weiteren Verlauf der Überlegung', 부케나우는 'im Laufe der Operation'로 옮긴다.

671 "혹은 어떤 덧셈이나 (…) 경우가 있기 때문이다"의 원어는 "vel idem rectangulum aut linea ex aliqua additione aut subratione producta mox concipienda est ut aliud quoddam rectangulum supra lineam designatam, per quam est dividendum"이다. 'supra'를 머독은, 'drawn above', 마리옹은 '⟨construit⟩ sur', 브룬슈빅은 'construit sur'로 의역한다. 이 문장을 머독은 'Or again, the same rectangle, or a line resulting from an addition or subtraction, has to be conceived as a different rectangle drawn above the line which has been designated as its divisor'로 옮긴다.

672 "다른 직사각형 — 이것의 변이 가리켜진 — 으로"의 원어는 "in aliud rectangulum, cujus latus sit designatum"이다. 이것을 머독은 'into another rectangle, on side of which is specified', 브룬슈빅은 'en un autre rectangle de côté désigné', 슈프링마이어는 'in ein anderes Rechteck, dessen Seite gegeben ist', 부케나우는 'in ein anderes Rechteck, dessen Seite angegeben wird'로 옮긴다.

673 "주어진 다른 직사각형과 동등한 직사각형을 주어진 변 위에 그린다"의 원어는 "dato rectangulo aliud aequale construere supra datum latus"이다.

제19규칙

674 원어는 "Per hanc ratiocinandi methodum quaerendae sunt tot magnitudines duobus modis differentibus expressae, quot ad difficultatem directe percurrendam terminos incognitos pro cognitis supponimus: ita enim tot comparationes inter duo aequalia habebuntur"이다. '두 개의 등식들 간의 비교들을 그만큼 많이'로 옮긴 'comparationes inter duo aequalia'를 머독은 'as many comparisons between two equal terms', 마리옹은 'autant de comparaisons entre deux ⟨termes⟩ égaux', 브룬슈빅은 'en nombre égal, des comparaison entre deux termes égaux', 슈프링마이어는 'ebensoviele Vergleiche zwischen zweierlei Gleichem', 부케나우는 'ebensoviele Vergleichungen zwischen zwei gleichen Größen'으로 옮긴다.

제20규칙

675 원어는 "Inventis aequationibus, operationes, quas omisimus, sunt perficiendae, multiplicatione nunquam utendo, quoties divisioni erit locus"이다. 'quoties divisioni erit locus'를 '나눗셈이 알맞을 곳에 번번이'로 의역했다. 이것을 머독은 'wenn division is in order', 마리옹은 'chaque fois qu'il j aura lieu de diviser', 브룬슈빅은 'chaque fois que ce sera l'occasion de faire une division', 슈프링마이어는 'wenn eine Division am Platze

ist', 부케나우는 'so oft für die Division Raum ist'로 옮긴다.

제21규칙

676 원어는 "Si plures sint eiusmodi aequationes, sunt omnes ad unicam reducendae, nempe ad illam, cuius termini pauciores gradus occupabunt in serie magnitudinum continue proportionalium, secundum quam iidem ordine disponendi" 이다.

《철학의 원리》 프랑스어판 서문 — 편지.*

책을 번역한 이에게 보내는 편지
이것은 책의 서문으로 쓰일 수 있음

삼가 아룁니다.

　당신이 무척 공들여 번역한 내 원리들[1]의 프랑스어 번역본은 아주 깔끔하고 아주 완벽해서, 그 책은 앞으로 라틴어보다는 프랑스어로 더 많이 읽히고 더 잘 이해될 것으로 기대합니다. 나는 다만 그 책의 제목이 글로 조금도 키워지지 않은 여러 사람들, 또는 배운 철학이 만족스럽지 못해 철학에 대해 나쁜 의견을 갖고 있는 여러 사람들에게 반감을 사지나 않을까 염려하고 있습니다. 그래서 내가 그 번역본에 서문을 붙여, 이 책의 주제가 어떤 것이고, 내가 어떤 의도로 그것을 썼으며, 그로부터 어떤 이로움을 끌어낼 수 있는지를 그들에게 표명하면 좋겠다는 생각을 갖게 되었습니다. 그러나 그런 것들에 대해서는 다른 누구보다 내가 더 잘 알고 있을 것이기 때문에 그 서문을 쓰는 것은 내 몫이겠으나, 내가 나 자신으로

1　1644년 라틴어로 출간된 《철학의 원리*Principia philosophiae*》.

부터 얻어낼 수 있는 것은 거기서 다루어야 할 것으로 보이는 주요 사항들을 요약해서 여기에 내놓는 것 말고는 아무것도 없습니다. 당신이 적절하다고 판단하는 부분을 대중에게 알리는 것에 대해서는 당신 재량에 맡기겠습니다.

　나는 우선 여기서, 가장 통속적인 것들로부터 시작해서 철학이 무엇인지 설명하려 했을 것입니다. 이를테면, 철학이라는 이 말은 지혜의 공부l'étude de la sagesse를 의미한다는 것, 그리고 사람들은 지혜를 일 처리에서의 현명함la prudence dans les affaires만이 아니라, 그들의 삶의 인도를 위해서도 그들의 건강 유지와 모든 기술의 발명을 위해서도 인간이 알 수 있는 모든 것에 대한 완전한 인식une parfaite connaissance de toutes les choses que l'homme pout savior으로 이해하고 있다는 것입니다. 그리고 이 인식이 그러하기 위해서는, 그것이 필히 제일원인들로부터des premières causes 연역되어야 하며, 그래서 그것을 획득하려고 공부하기 위해서는, 이것이 본래 철학함philosopher으로 명명되는 것인바, 그 제일원인들, 즉 원리들les principes의 탐구로부터 시작해야 한다는 것입니다. 그리고 이 원리들은 두 가지 조건을 갖추어야 합니다. 하나는, 인간 정신이 그것들을 고찰하려고 주의를 집중할 때 그것들의 진리를 의심할 수 없을 정도로, 그것들은 명석하고 명증해야 한다는 것입니다. 다른 하나는, 다른 모든 사물들의 인식이 그 원리들에 의존해야 한다는 것, 그래서 그 원리들은 다른 모든 사물들 없이 인식될 수 있지만, 역으로 다른 모든 사물들은 그것들 없이는 인식될 수 없다는 것입니다. 그런 후에, 행해지는 모든 연역의 연쇄에서 아주 명백하지 않은 것은 아무것도 없을 정도로, 그 원리들로부터, 이것들에 의존하는 사물들의 인식을 연역해내려고 노력해야 한다는 것입니다. 실제로, 오직 신만이 완벽하게 지혜롭습니다. 다시 말해, 모든 사물들의 진리에 대한 완전한 인식을 가지고 있습니다. 그러나 사람들이 말할 수 있는 것은, 인간들은, 보다 중요한 진리들의 인식을 더 혹은 덜 갖는 것에 따라, 지혜를 더 혹은 덜 가지고 있습니다. 그리고 이 점에서 모든 학자들이 동의하지 않는 것은 아무것도 없다고 나는 믿고 있습니다.

이어서 나는 이 철학의 유익함l'utilité de cette philosophie을 고찰했을 것이고, 철학은 인간 정신이 알 수 있는 모든 것에 미치기 때문에, 가장 미개하고 야만적인 이들로부터 우리를 구별시켜주는 것은 오직 철학뿐임을 믿어야 한다는 것을, 그리고 각 나라에서 사람들이 더 많이 철학을 할수록 그만큼 더 개화되고 문명화된 나라임을 믿어야 한다는 것을, 그래서 참된 철학자들을 갖는 것이 한 국가에서 있을 수 있는 가장 커다란 선le plus grand bien임을 보여주었을 것입니다. 그리고 그것 외에 각 개인은 이런 공부에 전념하는 사람들과 함께 산다는 것만으로도 유익한데, 그 스스로 그것에 전념한다는 것은 비할 나위 없이 더 좋습니다. 이를테면, 자기 눈으로 스스로 인도하고, 같은 식으로 색들과 빛의 아름다움을 즐기는 것이 눈을 감고 다른 이의 인도를 따르는 것보다 의심의 여지 없이 훨씬 더 좋습니다. 그러나 이 후자가 눈을 감은 채 오직 홀로 스스로 인도하는 것보다 그래도 더 좋습니다. 철학함이 없이 산다는 것은 바로 결코 눈을 뜨려고 노력함이 없이 감은 눈을 가지고 있는 것입니다. 그리고 우리 시각이 발견하는 모든 것을 보는 즐거움은 사람들이 철학을 통해 찾아내는 것들의 인식이 주는 만족la satisfaction에 전혀 비할 바가 아닙니다. 그리고 끝으로, 우리 걸음을 안내하기 위해 우리 눈을 사용하는 것보다, 우리 풍습을 지도하고 이 삶에서 우리를 인도하기 위해 그 공부는 더 필요한 것입니다. 보존하기 위해서만 몸뚱이를 가지고 있는 짐승들은 끊임없이 몸을 부양해주는 것을 찾는 데만 혈안이 되어 있습니다. 그러나 그 주된 부분이 정신인 인간은 그의 참된 양식인 지혜 탐구la recherche de la sagesse에 주된 관심을 두어야 합니다. 그리고 내가 또한 확신하는 바는, 만약 진리 탐구에 성공할 것이라는 희망을 가지고 있었다면, 그리고 그것을 얼마나 해낼 수 있는지를 알고 있었다면, 그 탐구에서 실패하지 않았을 사람들이 많이 있다는 것입니다. 보다 커다란 다른 어떤 선이 무엇에 있는지는 모른다고 해도, 그것을 바라기 위해 때때로 감각 대상에서 벗어나지 못할 정도로 그것에 심하게 매여 있을 만큼 고결하지 않은 영혼은 결코 없습니다. 운la fortune의 혜택을 가장 많이 입고, 건강과 명예 그리고 부를 풍족히 갖고 있는 자들이 다른 이들보다 그 욕망에서 더 벗어나 있는 것은 아닙니다. 그 반대로, 그들이 소유하고 있는 모든 것들보다 더 막강한 다른 선을 가장 열렬하게 갈망하는 자들이 바로 그들이라고 나는 확신합니다. 하지만 신앙의 빛la lumière de la foi 없이 자연적 이성la raison naturelle을 통해 올바로 고찰된 최상의 선이란 그것의 제일원인들에 의한 진리 인식, 즉 지혜와 다름없으며, 그 지혜의 공부가 바로 철학입니다. 그리고 이것들 모두는 전적으로 참이기 때문에, 그것들이 제대로 상술된다면 설득하기 어려운 것은 아닙니다.

그러나 사람들이 그것들을 믿지 못하는 것은 경험 때문입니다. 철학자임을 공언하는 자들이 종종 그런 공부를 해본 적이 없는 다른 이들보다 덜 지혜롭고 덜 이성적임을 보여주는 경험 말입니다. 그래서 나는 여기서, 사람들이 지금 갖고 있는 모든 지식la science이 무엇으로 이루어져 있고, 그들이 도달한 지혜의 단계들les degrés de sagesse이 어떤 것들인지를 요약해서 설명했을 것입니다. 그 첫째는 그 스스로 아주 명석해서 성찰 없이sams méditation 획득될 수 있는 개념들les notiones만 담고 있습니다. 그 둘째는 감각 경험이 알려주는 모든 것을 포함합니다. 그 셋째는 다른 사람들과의 대화가 우리에게 가르쳐주는 것을 포함합니다. 그 넷째로, 그것들에 추가될 수 있는 것이 독서입니다. 그러나 모든 책이 아니라, 특별히 우리에게 좋은 가르침들을 줄 수 있는 인물들이 쓴 책에 대한 독서입니다. 왜냐하면 그것은 우리가 그 저자들과 나누는 일종의 대화이기 때문입니다. 그리고 사람들이 관습적으로 가지고 있는 모든 지혜는, 내가 보기에, 이 네 가지 수단ces quatre moyens만으로 획득됩니다. 내가 신적 계시la révélation divine를 이 대열에 넣지 않는 이유는, 그것이 우리를 단계적으로 인도하는 것이 아니라, 우리를 단번에 무오류의 믿음une croyance infaillible으로 끌어올리기 때문입니다. 그런데 어느 시대에나 위대한 인물들이 있었습니다. 그들은 지혜에 도달하기 위해 저 네 가지보다 비할 데 없이 더 높고 더 확실한 다섯째 단계를 찾아내려고 노력한 자들입니다. 그 단계는 제일원인들과 참된 원리들les vrais principes을 탐구하는 것이며, 이것들로부터 사람들은 알 수 있는 모든 것에 대한 근거들les raisons을 연역해낼 수 있는 것입니다. 그리고 특히 이런 작업을 한 자들이 바로 철학자들philosophes로 명명되었던 사람들입니다. 그럼에도 불구하고 그런 계획을 달성한 사람들이 현재까지 있었는지에 대해서는 나는 전혀 알지 못합니다. 우리가 그 글들을 가지고 있는 최초의 그리고 가장 주요한 철학자는 플라톤과 아리스토텔레스입니다. 이들 간의 차이는 오직 플라톤은, 그의 스승인 소크라테스를 따르면서, 확실한 것은 여전히 하나도 찾아낼 수 없었음을 진솔하게 고백했다는 것, 그리고 이를 위해 몇몇 원리들을 상상하고, 이것들을 통해 다른 사물들을 설명하려고 애쓰면서, 그에게 그럴듯한 것으로 보인 것들을 쓰는 데 만족한 반면, 아리스토텔레스는 그만큼 솔직하지 못했다는 것입니다. 그리고 아리스토텔레스가 20년 동안 플라톤의 제자로 있었고, 플라톤의 원리들 외에 다른 것은 전혀 갖지 못했지만, 그럼에도 그는 그것들을 말하는 방식을 완전히 바꾸어버렸고, 이제껏 그 원리들을 참되고 확실한 것으로 평가한 모습이 한 번도 없었음에도, 그 원리들을 그러한 것으로 제시했습니다. 그렇긴 하지만 이 인물은 앞의 네 가지 수단을 통해 획득할 수 있는 대단한 정신과 대단한 지혜를 갖고 있었으며, 이것들은 그들에게 대단한 권위를 주었습니다. 그래서 그를 추종하는 자들은 더 나은 어떤 것을 탐구하기보다는 그들의 의견을 따르는 것에 그쳤습니다. 그들의 제자들이 서로 벌인 주된 논쟁은 모든 것을 의심해야 하는지, 아니면 확실한 어떤 것이 있는지를 아는 것에 있었습니다. 이것은 그들 모두를 괴상한 오류로 이끌고 갔습니다. 의심 쪽에 있던 이들은 의심을 삶의 행위들에까지 확장시켰고, 따라서 스스로를 이끄는 데 사용되는 현명함을 무시하고 말았습니다. 확실성을 옹호한 이들은, 그것이 감각들에 의존해야 한다고 가정하면서, 감각들을 전적으로 신뢰하고 있었고, 그런 점에서 에피쿠로스가, 천문학의 모든 추리들에 맞서, 태양은 보이는 것보다 크지 않다고 감히 단언했다고까지 전해지고 있습니다. 진리란 사람들이 지지하는 두 의견들 중간에 있는 것이라서, 각자가 열성적으로 반박할수록 그만큼 더 진리에서 멀어진다는 것은 그 논쟁들 대부분에서 알아차릴 수 있는 잘못입니다. 그러나 의심 쪽에 너무 기울어진 자들의 오류는 오래 살아남지 못했고, 다른 이들의 오류는 감각들이 많은 경우에 우리를 속인다는 것이 인정되면서 약간은 교정되었습니다. 그렇지만 확실함la certitucle이란, 지성이 명증한 지각을 가지고 있을 때, 지성 안에만 있는 것이지 감각 안에 있는 것이 아님을 보여줌으로써, 그리고 지혜의 처음 네 단계들을 통해 획득되는 인식을 가지고 있는 동안은, 삶의 인도와 연관된 것에서는 참된 것으로 보이는 것들을 의심해서는 안 되지만, 어떤 근거의 명증성으로 인해 견해를 바꾸도록 강요되고 있는데도 바꿀 수 없을 정도로 참된 것으로 보이는 것들을 확실한 것으로 여겨서도 안 된다는 것을 보여줌으로써, 그 오류를 완전히 제거했는지는 나는 조금도 알지 못합니다. 이런 진리를 인식하지 못해서, 아니면 그것을 인식했다고 해도 사용하지 못해서, 지난 수 세기 전부터 철학자가 되려는 자들 대부분은 맹목적으로 아리스토텔레스를 따랐습니다. 그래서 그들은 아리스토텔레스가 이 세상에 다시 태어난다면, 그의 의견으로 인정하지 않을 상이한 의견들을 그에게 귀속시켜 그의 글의 의미를 자주 변질시켰던 것입니다. 그리고 그를 따르지 않았던 자들은, (그중에는 훌륭한 정신들이 여럿 있었던바) 그들이 젊어서 아리스토텔레스의 의견에 물들지 않을 수 없었습니다. (왜냐하면 그것이 학교에서 가르치는 유일한 것입니다) 그들이 참된 원리들의 인식에 이를 수 없을 정도로 그렇게 그들을 사로잡고 있었기 때문입니다. 내가 그들 모두를 존중하고는 있지만, 또 내가 그들을 비난해서 나를 괘씸하게 여기게 하고 싶지는 않지만, 나는 내 말의 증거를 제시할 수 있는데, 나는 그들 누구도 부인할 것이라 믿지 않습니다. 그 증거는 그들이 조금도 완전하게 인식하지 못한 어떤 것을 그들 모두가 원리로 가정하고 있다는 것입니다. 예를 들어, 그들 중에 지상의 물체들 안에 무게를 가정하지 않은 그 누구도 나는 알지 못합니다. 그러나 무겁다고 불리는 물체들이 지구 중심 쪽으로 떨어진다는 것을 경험이 우리에게 제법 분명하게 보여준다고 해도, 무게라고 불리는 것의 본성이, 다시 말해 물체들을 그와 같이 떨어지게 하는 원인 혹은 원리의 본성이 어떠한 것인지를 우리가 인식하는 것은 전혀 아니며, 우리는 그것을 다른 데서 배워야 합니다. 사람들은 진공과 원자들에 대해서도, 뜨거움과 차가움에 대해서도, 건조함과 습함과 소금에 대해서도, 유황과 수은에 대해서도, 그리고 어떤 이들이 그들의 원리로 가정한 그와 유사한 모든 것들에 대해서도 같은 것을 말할 수 있습니다. 그런데 사람들이 전혀 명증하지 않은 원리로부터 연역해내는 모든 결론들 역시, 비록 그것들이 원리에서 명증하게 연역되었다고 해도 명증적일 수는 없습니다. 이로부터 따라 나오는 것은, 그들이 그런 원리들에 근거를 두었던 모든 추론들les raisonnements은 어떤 것에 대해서도 확실한 인식을 그들에게 줄 수 없으며, 따라서 그들을 지혜 탐구에서 한 걸음도 앞으로 나아가게 할 수도 없다는 것입니다. 그리고 그들이 참된 어떤 것을 찾아냈다면, 그것은 위에서 말한 네 가지 수단 중 어떤 것들에 의해서만 일어났던 것입니다. 그럼에도 불구하고 나는 그들 각자가 바랄 수 있는 명예를 조금도 깎아내리고 싶지 않습니다. 나는 다만 공부를 전혀 하지 않은 이들을 위로하기 위해 말을 하지 않을 수 없습니다. 사람들은, 여행을 할 때와 완전히 똑같이, 가려는 곳과 반대 방향으로 가는 동안, 더 멀리 그리고 더 빨리 걸어갈수록 가려던 곳에서 그만큼 더 멀리 떨어지고, 그래서 나중에 바른길le droit chemin로 들어서게 된다고 해도 전에 전혀 걸어가지 않았을 경우만큼 바로 그곳에 도착할 수 없다고 말입니다. 그렇기 때문에, 사람들이 나쁜 원리들les maurais principes을 가지고 있을 때, 이 원리들을 더 계발하고, 이것이 제대로 철학하는 것이라고 생각하면서, 보다 정성껏 그것들로부터 상이한 결론들을 끌어내려고 전념할수록, 그만큼 더 진리 인식과 지혜에서 멀어집니다. 이로부터, 오늘날까지 철학으로 불린 모든 것을 가장 적게 배운 이들이 참된 것을 가장 잘 배울 수 있다고 결론지어야 합니다.

이런 것들을 주지시킨 후에, 나는 인간의 삶에서 최상의 선le souverain bien이 있는 지혜의 가장 높은 단계에 이르게 해주는 참된 원리들이 내가 이 책에서 내놓은 것들임을 입증하는 데 도움이 되는 근거들을 여기에 제시하려고 했을 것입니다. 이를 위해 두 가지만으로 충분한데, 첫째는 그 원리들이 아주 명석하다는 것입니다. 둘째는 사람들은 그 원리들에서 다른 모든 것들을 연역해낼 수 있다는 것입니다. 왜냐하면 그 원리들에서 요구되는 것은 이 두 가지 조건밖에 없기 때문입니다. 그런데 나는 그 원리들이 아주 명석très claires하다는 것을 쉽게 입증합니다. 우선, 내가 그것들을 찾아낸 방식으로부터, 즉 내가 조금이라도 의심할 동기를 마주칠 수 있었던 모든 것을 내던졌다는 점에서 그것들이 아주 명석하다는 것을 입증합니다. 왜냐하면 사람들이 그 원리들의 고찰에 전념할 때, 그런 식으로 내던져질 수 없는 것들은 인간 정신이 인식할 수 있는 가장 명증les plus évidentes하고 가장 명석하다는 것이 확실하기 때문입니다. 그렇게 해서, 모든 것에 대해 의심하고자 하는 자는 그럼에도, 그가 의심하는 동안, 그가 존재한다는 것을 의심할 수 없다는 것, 그리고 그 자신에 대해서는 의심할 수 없지만 나머지 모든 것에 대해 의심하면서, 이와 같이 추리하는 이것은 우리가 우리 신체라고 말하는 것이 아니라 우리 영혼 혹은 우리 사유notre âme ou notre pensée라고 부르는 것임을 고찰하고는, 나는 이 사유의 존재 혹은 현존l'être ou l'existence de cette pensée을 제일원리le premier principe로 삼았고, 이로부터 다음의 것들을 아주 명석하게 연역했습니다. 즉, 세계에 있는 모든 것의 작자auteur인 신이 존재한다는 것, 모든 진리의 근원 la source인 신은, 우리 지성이 매우 명석하고 매우 판명한 지각을 갖고 있는 것들에 대한 판단에서 속을tromper 수 있는 그러한 본성으로 우리 지성을 전혀 창조하지 않았다는 것입니다. 이것이 바로 거기에서 비물질적인 혹은 형이상학적인 사물들les choses immatérielles ou métapuysiques과 관련해서 내가 사용하는 모든 원리들입니다. 이 원리들로부터 나는 물체적인 혹은 자연학적인 사물들의des choses coporelles ou physiques 원리들을 아주 명석하게 연역했습니다. 즉, 다양한 형태를 갖고 다양한 방식으로 움직이는, 길이와 폭 그리고 높이로 연장된 물체들이 존재한다는 것입니다. 바로 여기에 내가 다른 사물들의 진리를 연역한 모든 원리들의 합이 있습니다. 그 원리들의 명석성을 입증하는 또 다른 근거는, 그것들은 언제 어느 때나 알려져 있었고, 심지어 모든 사람들에게 참되고 의심될 수 없는 것들로 받아들여져 왔다는 것입니다. 어떤 이들에 의해 의심되어온 신의 현존만은 예외인데, 이는 그들이 너무 많은 것을 감각들의 지각들에게 돌리고 있기 때문에, 또 신은 볼 수도 만질 수도 없기 때문입니다. 그러나 내가 내 원리들 안에 넣은 그 모든 진리들이 언제 어느 때나 모든 세상 사람들에게 알려진 것이라 해도, 그럼에도 불구하고 그것들을 철학의 원리들les principes de la philosophie로, 다시 말해 사람들이 그것들로부터 세상에 있는 다른 모든 사물들의 인식을 연역해낼 수 있는 그러한 것들로 인정한 자는 내가 알기로는 현재까지 아무도 없습니다. 이 때문에 이 원리들이 그러한 것들임을 입증하는 것이 여기 나에게 남아 있습니다. 그리고 그것은 경험을 통해 보여주는 것, 다시 말해 독자들이 이 책을 읽도록 권하는 것이 가장 좋을 듯합니다. 왜냐하면 내가 이 책에서 모든 것을 다루지 못했고,

또 이것이 불가능하다고 해도, 내가 다룰 기회를 가진 모든 원리들에 대해서, 그것들을 주의해서 읽는 자들은 인간 정신으로 미칠 수 있는 가장 높은 모든 인식들toues les plus hautes connaissances에 도달하기 위해서 내가 제공한 원리들 외에 다른 것은 탐구할 필요가 없다는 것을 확신할 이유를 가질 정도로 설명한 것으로 생각하기 때문입니다. 만일 그들이 내 글들을 읽고 난 후에 수고스럽더라도 얼마나 다양한 문제들이 거기서 설명되고 있는지를 살펴본다면, 그리고 또 다른 이들의 글들을 두루 통람하면서 내 원리와 다른 원리로 같은 문제를 설명하기 위해 제공할 수 있었던 근거들이 얼마나 적고 그럴듯한 것들vraisemblables인지를 본다면, 특히 그럴 것입니다. 그리고 그들이 그것을 보다 쉽게 시도하기 위해, 내 의견들에 물든 자들은 전혀 그렇지 않은 자들보다 훨씬 덜 힘들게 다른 이들의 글을 이해할 것이고, 그 정당한 가치를 알게 될 것이라고 나는 그들에게 말할 수 있었을 것입니다. 그것은 고대철학을 더 공부할수록 참된 것을 제대로 배우는 데 그만큼 덜 알맞은 습관을 갖게 된다고 내가 고대철학으로 입문한 자들에게 말한 것과는 완전히 반대되는 것입니다.

나는 또한 이 책을 읽는 방식과 관련된 조언을 한마디 추가했을 것입니다. 내가 원하는 바는, 먼저 이 책 전체를 소설처럼 통람하고, 주의하려고 크게 애쓰지 말고 거기서 마주칠 수 있는 어려움들에 멈추지 말라는 것입니다. 이렇게 해서만 내가 다룬 주제들이 어떠한 것들인지를 대략 알 수 있을 것입니다. 그런 후에, 내 주제들이 검토할 만한 가치가 있다고 여겨지고, 그 원인들을 인식하려는 호기심이 생겨 다시 한번 읽는다면, 내 근거들의 연쇄la suite를 알아차릴 수 있을 것입니다. 그러나 그 연쇄를 도처에서 충분히 인식할 수 없거나, 그 전체를 이해하지 못한다고 해서, 다시 물러나서는 안 됩니다. 그저 어려움이 발견된 자리에 펜으로 줄을 그어 표시하고, 마지막까지 중단 없이 계속 읽어야만 합니다. 그런 다음, 세 번째로 책을 잡는다면, 전에 표시한 어려움들의 대부분에 대한 해결을 찾아낼 것이라고, 또 어떤 어려움들이 여전히 남는다면, 다시 읽어서 마침내 그것들에 대한 해결을 찾아낼 것이라고 나는 감히 믿습니다.

나는 여러 정신들의 재능le naturel de plusieurs esprits을 조사하면서, 필요한 만큼 끌어주기만 한다면, 좋은 감각들bons sentiments이 될 수 없을 만큼, 심지어 가장 고귀한 모든 지식들toutes les plus hautes sciences을 획득하지 못할 만큼, 그렇게 거칠고 그렇게 굼뜬 정신은 거의 없다는 것을 주목했습니다. 그리고 이런 것은 또한 이성적으로 입증될 수 있습니다. 왜냐하면, 그 원리들은 명석하고, 또 모든 것은 이것들로부터 아주 명증적인 추론들을 통해서만 연역해야 하므로, 사람들은 이것들에 의존하는 것들을 이해하기에 충분한 정신을 언제나 가지고 있기 때문입니다. 그러나, 어느 누구도 완전히 벗어나지 못하는, 그렇지만 나쁜 학문들을 가장 많이 공부한 자들에게 가장 해를 끼치는 선입견의 방해 이외에, 거의 늘 일어나는 것은, 중간 정도의 정신을 가진 자들은 능력이 없다고 생각하기 때문에 공부를 소홀히 하고, 보다 불타는 다른 이들은 너무 서두르며, 그 결과 그들은 종종 명증하지 않은 원리들을 받아들이고, 이것들로부터 불확실한 결론들을 끌어낸다는 것입니다. 바로 이 때문에 나는 자신의 힘을 너무 불신하는 자들에게 보장하고 싶은 것은, 그들이 수고스럽더라도 내 글을 조사한다면, 여기서 완전히 이해될 수 없는 것은 아무것도 없다는 것입니다. 그리고 다른 이들에게도 알리고 싶은 것은, 가장 탁월한 정신들조차도, 내가 거기에 포함하려고 의도한 모든 것들을 알아차리기 위해서는 많은 시간과 주의가 필요하다는 것입니다.

자신을 교육하기 위해 취해야 하는 것으로 보이는 내 글을 출판할 때, 내가 어떤 목표but를 가졌는지를 제대로 이해시키기 위해, 사람들이, 내가 보기에, 스스로 교육하기 위해 지켜야 하는 순서를 여기에 설명하려고 했을 것입니다. 우선, 위에서 설명한 네 가지 수단들을 통해 획득할 수 있는 통속적이고 불완전한 지식la connaissance vulgaire et imparfaite만을 여전히 가지고 있는 사람은, 모든 것에 앞서, 그의 삶의 행동들을 지도하기에 충분할 하나의 도덕une morale을 스스로 만들도록 노력해야 합니다. 왜냐하면 그 행동들은 지체를 조금도 용납하지 않으며, 또 우리는 무엇보다도 잘 살도록de bien vivre 노력해야 하기 때문입니다. 그런 후에, 그는 또한 논리학la logique을 공부해야 합니다. 하지만 강단의 논리학이 아닙니다. 왜냐하면 그것은, 엄밀히 말해, 알고 있는 것들을 다른 사람에게 이해시키는, 혹은 심지어 알지 못하는 것에 대해 많은 이야기를 판단 없이 말하는 수단들을 가르치는 하나의 변증술une dialectique일 뿐이고, 그래서 양식le bon sens을 늘리기는커녕 타락시키기 때문입니다. 그러나 공부해야 하는 논리학은 모르는 진리를 발견하기 위해 이성을 잘 인도하는bien conduire sa raison pour, découvrir les vérités qu'on ignore 것을 가르치는 논리학입니다. 이것은 사용에 크게 의존하기 때문에, 수학 문제들처럼 쉽고 단순한 문제들에 그 규칙들을 실제로 적용해서 오랫동안 연습하는 것이 좋습니다. 나아가 이런 문제들에서 진리를 찾아내는 데 어느 정도 습관habitude이 들여졌을 때, 진지하게 참된 철학la vraie philosophie에 전념하기 시작해야 합니다. 그것의 첫째 부분은 형이상학la métaphysique입니다. 그것은 인식의 원리들les principes de la connaissance을 포함하고, 이것들 가운데 신의 주요 속성들에 대한, 우리 영혼의 비물질성l'immatérialité de nos âmes 그리고 우리 안에 있는 명석하고 단순한 모든 개념들에 대한 설명이 있습니다. 둘째 부분은 자연학la physique입니다. 이것 안에서 사람들은 물질적인 사물들의 참된 원리들을 찾아낸 다음, 일반적으로, 전 우주가 어떻게 구성되어 있는지를 조사합니다. 나아가, 개별적으로, 이 지구의 본성 그리고 지구 주위에서 가장 흔히 발견되는 모든 물체들의 본성, 이를테면 공기, 물, 불, 자석 및 다른 광물들의 본성이 어떠한 것인지를 조사합니다. 이어서, 개별적으로, 식물, 동물 그리고 무엇보다도 인간의 본성을 조사하는 것 또한 필요한데, 이는 사람들이 나중에 그들에게 유익한 다른 학문들을 찾아낼 수 있도록 하기 위해서입니다. 이렇게 해서 철학 전체는 한 그루의 나무와 같습니다. 그 뿌리는 형이상학이고, 줄기는 자연학이며, 줄기에서 나오는 가지들은 다른 모든 학문들이고, 이것은 세 주요 학문들, 즉 의학la médecine, 기계학la mécanique 및 도덕la morale으로 귀착됩니다. 내가 이해하는 도덕은, 다른 학문들의 인식 전체를 전제하면서, 지혜의 마지막 단계인 가장 높고 가장 완전한 도덕la plus haute et la plus parfaite morale입니다.

그런데 그 열매는 나무의 뿌리나 줄기가 아니라 오직 가지들 끝들에서 거두는 것처럼, 철학의 주된 유익함은 그 부분들의 끝들에 달려 있고, 그것을 철학의 마지막 부분들에서만 배울 수 있습니다. 그러나, 내가 이 학문들 거의 모두를 모르고 있다고 해도, 항상 대중에 봉사하려는 내 열의가 원인이 되어 나는 10년 혹은 12년 전에 내가 습득했다고 여기는 것들에 대한 몇몇 에세이를 인쇄에 부쳤습니다. 이 에세이의 첫째 부분은, 이성을 잘 인도하고 학문들에서 진리를 찾기 위한 방법에 관한 서설un discours touchant la Méthode pour bien conduire sa raison et chercher la vérité dans les sciences이었습니다. 나는 여기서 논리학의 주요 규칙들, 그리고 사람들이 아직 더 나은 것을 전혀 알지 못하고 있는 동안 임시로 따를 수 있는 불완전한 도덕une morale imparfaite에 관한 주요 규칙들을 요약해서 내놓았습니다. 그다른 부분들은 세 개의 논고로서, 하나는《굴절광학La Dioptrique》, 다른 하나는《기상학La Météores》 그리고 마지막은《기하학La Géométrie》이었습니다.《굴절광학》을 통해 내가 보여주려고 의도한 것은, 사람들은 굴절광학의 수단으로 삶에 유익한 기술의 인식에까지 도달하기에 충분할 정도로, 철학에서 앞으로 나아갈 수 있다는 것입니다. 왜냐하면 내가 그곳에서 설명한 망원경의 발명은 일찍이 탐구된 적이 없는 가장 어려운 것들 중 하나이기 때문입니다.《기상학》을 통해 나는 내가 계발한 철학과 학교에서 같은 주제를 다루면서 관례적으로 가르치는 철학 간의 차이를 사람들이 알아보길 원했습니다. 끝으로,《기하학》을 통해, 나는 전에 모르던 여러 가지 것들을 내가 찾아냈다는 것을 보여주려고 했고, 이리하여 사람들이 거기서 다른 여러 가지 것들을 여전히 발견할 수 있다는 것을 믿을 기회를 주려고 했는데, 이는 그런 식으로 모든 사람들을 진리 탐구로 자극하기 위함이었습니다. 그때 이후, 나는 여러 사람들이 형이상학의 토대들les fondements de la métaphysique을 이해하는 데 가졌을 어려움을 예견하면서, 그 주된 논점들을《성찰》이라는 책에서 설명하려고 노력했습니다. 그 책은 그렇게 크지는 않지만, 아주 학식 있는 여러 사람들이 그들 나름의 이유에서 나에게 보내온 반박들과 내가 그들에게 한 답변들로 양이 늘어나고, 그 주제도 많이 명확해졌습니다. 그다음에 마침내, 앞의 논고들로 인해 독자의 정신이《철학의 원리》를 받아들일 만큼 충분히 준비되었다고 내가 여겼을 때, 나는 또한 그것을 출판했습니다. 나는 그것을 네 부분으로 나눴습니다. 그 첫째는 인식의 원리들les principes de la connaissance을 포함하고, 이것은 제일철학 혹은 형이상학la première philosophie ou bien la métaphysique이라고 명명할 수 있는 것입니다. 그래서 이것을 제대로 이해하기 위해서는 내가 같은 주제로 썼던《성찰》을 미리 읽어보는 것이 적절할 것입니다. 다른 세 부분들은 자연학에서 가장 일반적인 모든 것을 포함합니다. 즉, 자연의 제일법칙les premières lois들 혹은 원리들에 대한 설명, 그리고 천공들, 항성들, 행성들, 유성들 및 일반적으로généralement 우주 전체를 구성하는 방식을 포함합니다. 나아가 특수하게는en particulier 이 지구의 본성, 그리고 지구 주위 도처에서 가장 흔히 발견될 수 있는 물체들인 공기, 물, 불, 자석의 본성, 그리고 이런 물체들에서 알아차릴 수 있는 모든 성질들의 본성, 이를테면 빛, 열, 무게 및 이와 유사한 것들의 본성에 대한 설명을 포함합니다. 그런 방식으로 내가 쓴 마지막 것들에 선행해야 하는 것들 중 어떤 것도 빠뜨리지 않은 채, 순서에 따라par ordre 철학 전체를 설명해나가기 시작한 것으로 나는 생각합니다. 그러나 이 계획을 그 끝에까지 끌고 가기 위해서는, 그다음에 나는 지상에 있는 더 특수한 다른 물체들, 즉 광물에 대해, 식물에 대해, 동물에 대해 그리고 특히 인간에 대해 각각의 본성을 같은 방식으로 설명해야 했습니다. 나아가, 마침내, 의학에 대해, 도덕에 대해, 기계학에 대해 정확하게 다루어야 했습니다. 그것이 바로 내가 인류에게 철학 전체의 체계un corps de philosophie tout entier를 주기 위해 해야 했던 것입니다. 그리고 나는 여전히 내가 그렇게 늙었다고는 조금도 느끼지 않으며, 내 힘을 조금도 불신하지 않고, 남아 있는 것에 대한 인식에서 내가 그렇게 멀리 있다고 생각하지 않습니다. 그래서 만일 내가 내 추리들을 받쳐주고 정당화시키는 데 필요한 모든 실험들toutes les expériences을 행할 편의를 가지고 있었다면, 나는 내 계획을 완수하려고 감히 시도했을 것입니다. 그러나 그러려면 막대한 비용이 필요하고, 나 같은 개인은 공공의 지원이 없다면 감당할 수 없다는 것을 보면서, 또 내가 그런 지원을 기대해야만 하는 이유를 알지 못한 채, 앞으로는 내 개인의 지도를 위해 공부하는 것으로 만족해야 한다고, 그리고 후손은 내가 이제부터 그들을 위해 일하지 않는다고 해도 나를 용서해줄 것으로 믿고 있습니다.

그럼에도 불구하고, 사람들이 내가 어떤 점에서 이미 후손에게 봉사했다고 생각하는지를 알 수 있도록, 사람들이 내 원리들로부터 끌어낼 수 있을 것으로 내가 확신하는 열매들이 어떤 것들인지를 여기서 말해볼 것입니다. 첫째는 전에 모르던 여러 진리들을 내 원리들에서 찾아낼 때 갖게 될 충족감la satisfaction입니다. 왜냐하면 진리는 거짓들과 위선들보다 덜 경탄스럽고 더 소박하게 보이기 때문에, 이것들만큼 자주 우리 상상을 건드리지는 않지만, 그럼에도 진리가 주는 만족le contentement은 언제나 더 오래가고 더 견고하기 때문입니다. 두 번째 열매는 사람들이 그 원리들을 공부하면서 마주치게 되는 모든 것에 대해 더 잘 판단하고, 그래서 더 지혜롭게 되는 것에 조금씩 익숙해질s'accoutumera 것이라는 점입니다. 이런 점에서 그 원리들은 통상적인 철학la philosophie commune의 원리와는 반대의 효과를 가질 것입니다. 왜냐하면 사람들이 현학자로 부르는 자들에게서 통상적인 철학은, 그들이 그것을 결코 배우지 않은 경우보다, 그들의 이성 능력을 떨어뜨리고 있음을 쉽게 알아차릴 수 있기 때문입니다. 셋째는 그 원리들이 포함하는 진리들은 아주 명석하고 아주 확실한 것이라서 논쟁의 모든 여지를 제거할 것이고, 이리하여 정신들로 하여금 부드러움과 화합을 맞이하도록 준비시킬 것이라는 점입니다. 이와는 정반대로 강단의 논쟁들은, 이것을 배우는 자들을 부지불식간에 더 꼬치꼬치 따지게 만들고 더 고집스럽게 만들면서, 아마도 지금 세상을 선동하는 이단과 불화의 첫 번째 원인일 것입니다. 그 원리들의 마지막이자 주된 열매는, 사람들이 그 원리들을 계발하여 내가 전혀 설명하지 않은 여러 진리들을 발견할 수 있을 것이라는 점입니다. 이리하여 조금씩 서로서로 전해주면서 시간과 더불어 철학 전체에 대한 완전한 인식une parfaite connaissance을 획득할 수 있을 것이며, 지혜의 가장 높은 단계le plus haut degré de la sagesse로 올라갈 수 있을 것이라는 점입니다. 왜냐하면 모든 기예들les arts이 처음에는 조잡하고 불완전하지만 참된 어떤 것을 포함하고, 실험이 그 효과를 보여주고 있으므로, 사용함으로써 조금씩 완전해지는 것을 보게 되는 것처럼, 철학에서 참된 원리들을 갖고 있을 때, 이것들을 따르면서 이따금 다른 진리들을 마주치지 않을 수 없기 때문입니다. 그리고 사람들이 아리스토텔레스의 원리들을 따라온 몇 세기 이래, 그 원리들로 이루어진 진보가 조금도 알려진 바가 없다는 말보다 그 원리들의 오류를 더 잘 입증하는 것은 없을 것입니다.

심지어 제법 견고한 토대들을 갖고 있으면서도 그 위에 확실한 것은 아무것도 세울 수 없을 만큼, 하는 일에서 성급하고 거의 신중치 못한 정신들이 있다는 것을 나는 잘 알고 있습니다. 그리고 그것은 가장 재빠르게 책을 만드는 자들에게는 일상적이기 때문에, 만약 사람들이 그들의 글들을 내 글로 받아들이거나 내 의견으로 가득 찬 것으로 받아들인다면, 그들은 내가 한 모든 것을 순식간에 못 쓰게 만들 수 있다는 것을, 그리고 내가 몰아내려고 그렇게 정성을 들였던 불확실함과 의심을 내 철학하는 방식에 끌어들일 수 있다는 것을 나는 잘 알고 있습니다. 나는 최근에 어떤 인물[2]에게서 그런 경험을 했는데, 그는 사람들이 나를 따르기를 원하는 것으로 철석같이 믿고 있던 자들 중 하나였고, 그는 심지어, 내가 내 의견으로 기꺼이 인정하고 싶지 않은 어떠한 의견도 그가 갖고 있다고 믿지 않았을 만큼, 내가 그의 정신을 신뢰하고 있었다고 어떤 곳[3]에 쓰기까지 했던 그 인물이었습니다. 실로, 그는 지난해에 《자연학의 토대*Fundamenta Physicae*》라는 제목으로 책을 출판했는데, 여기서 자연학 그리고 의학과 관련하여 그는 내 글들에서, 내가 발표한 글들에서도, 또한 그의 수중에 들어간 동물의 본성과 관련된 다른 미완성 글에서도 끌어내지 않은 것은 하나도 내놓지 않은 것으로 보인다고 해도, 그는 잘못 베껴 쓰고 순서를 바꿔버리며, 자연학 전체가 근거해야 하는 형이상학의 몇몇 진리들을 부정했습니다. 이 때문에, 나는 그것을 완전히 부인하지 않을 수 없고, 또 내가 이 자리에서 독자들에게 당부하지 않을 수 없는 것은, 내 글에서 명확하게 발견하지 못한다면, 어떠한 의견도 결코 내 의견으로 여기지 말라는 것, 그리고 참된 원리들로부터 아주 명석하게 연역되는 것을 보지 못한다면, 내 글들에서나 다른 어느 곳에서나 어떠한 것도 참된

---

2   레기우스Henricus Regius를 말한다. 위트레흐트대학의 의학 교수인 레기우스는 데카르트와 아주 긴밀한 관계를 유지했던 데카르트 철학의 추종자였지만, 나중에 두 사람은 견해 차이로 결별했다.

3   데카르트가 보에티우스Gisbertus Voetius에게 보낸 편지를 말한다.

것으로 받아들이지 말라는 것입니다.

　나는 또한 그 원리들에서 연역될 수 있는 모든 진리들이 그렇게 연역되려면 몇 세기가 지나야 한다는 것도 잘 알고 있습니다. 왜냐하면 찾아내야 할 것으로 남아 있는 대부분의 진리들은 몇몇 특수한 실험들에 의존하는데, 이것들은 결코 우연히 마주치는 것이 아니라 매우 똑똑한 사람들이 비용을 들여 세심하게 해야 하는 것이기 때문입니다. 그리고 실험을 제대로 활용하는 솜씨를 갖고 있는 사람들이 동시에 실험을 행하는 능력을 갖기란 어렵기 때문이고, 또 가장 훌륭한 정신들 대부분은, 현재까지 통용된 철학에서 알게 된 오류들로 인해 철학 전체에 대해 아주 나쁜 의견들을 품고 있어서, 더 나은 것을 탐구하는 데 전념할 수 없을 것이기 때문입니다. 그러나, 만일 마침내 그들이 그 원리들과 다른 이들의 모든 원리들 사이에서 보게 되는 차이가, 그리고 그 원리들로부터 연역해낼 수 있는 진리의 커다란 연쇄가 이 진리들의 탐구를 계속하는 것이 얼마나 중요한지를, 그 진리가 지혜의 어떤 단계에까지, 삶의 어떤 완전성에까지, 어떤 행복에까지 인도할 수 있는지를 그들에게 알려준다면, 이토록 유익한 연구에 전념하려 하지 않는 자는 아무도 없을 것으로, 혹은 적어도 성과를 내면서 전념하는 자들을 모든 능력을 다해 혜택을 주고 도와주려고 하지 않는 자는 아무도 없을 것으로 나는 감히 믿고 있습니다. 나는 우리 자손들이 그 성공을 보길 소망합니다. 등등.

일러스트

르네 데카르트의 초상화(1647년경).

데카르트: 확신의 철학[1]

1. 들어가는 말

근대인은 좋든 싫든 자신의 힘으로 삶을 모색해야 했다. 이것은 개인의 취향이 아니라 역사의 필연이었다. 명상적 삶vita contemplativa이 아니라 활동적 삶vita activa이 시대의 요구였다. 은총의 빛lumen gratiae이 아니라 이성의 빛lumen rationis에 주목했다. 이성의 자율과 역량을 믿었다. 오늘 삶의 불안과 내일의 두려움에 떨었지만, 그럴수록 이성을 신뢰했고 서로 연대했다. 신 없는 두려움을 이성의 힘으로 극복하려 했다. 이성으로 인식하려 했고, 이성으로 행동하려 했다. 자신을 이해하면 두려움과 절망에서 벗어날 수 있으리라 믿었고, 세상을 이해하면 희망과 확신의 삶을 살 수 있다고 믿었다. 신의 가호가 사라진 어둠의 시대에 진정 이것에 인간의 복된 삶이 있다고 믿었다. 데카르트가 그랬다.

---

[1]   이 글은 《철학논집》(제40권)에 실린 논문을 수정 보완한 것이다.

희망l'espérance과 두려움la crainte, 확신la persuasion, l'assurance과 의심la doute, la suspicion, 안도la sécurité와 절망la désespoir, 결단la résolution과 우유부단l'irrésolution, 자기만족la satisfaction de soi-même과 후회le repentir, 이것이 데카르트 철학의 주요 개념들이었다. 데카르트는 이것들로 자신이 설정한 철학의 이념을 보여주려 했다. 이들 가운데 하나인 확신 개념을 중심으로 삼아 그의 철학이 지향했던 바를 재구성하는 것이 이 글의 목표다. 논의 전개는 욕망, 데카르트적 철학의 알파이자 오메가인 '극도의 욕망extrême désir'에서, 그리고 이 욕망 성취에 필히 요구되는 '데카르트적 결단들cartesian résolutions'에서 시작할 것이다.[2]

2   확신 개념을 중심어로 삼은 이유, 욕망 개념을 출발어로 삼은 이유를 소략하면 이렇다. 우선 희망과 두려움, 안도(혹은 확신)과 절망은 반대 감정이다. 그리고 안도(혹은 확신)는 희망의 극한 상태이고, 절망은 두려움의 극한 상태이다. 이렇게 이 네 감정은 상호 연결되어 있으며, 이 연결고리 역할을 하는 것이 욕망이다. 또한 절망과 대비되는 정념으로서의 안도 혹은 확신 이외에 데카르트는 주지하듯이, 의심과 대비되는 인식으로서의 '확고한 믿음' 혹은 확신 개념을 인식론에서, 회의론을 제압하는 과정에서 가장 전면에 내세운다. 나아가 확신과 의심은 스피노자와 달리 데카르트가 매우 주목했던 결단과 우유부단 개념과 긴밀히 연결되고, 후자는 다시 기쁨과 슬픔의 정념인 자기만족과 후회의 정념으로 이어지며, 그래서 마침내 행복과 불행의 삶으로 귀착된다.
   확신 개념을 이 글의 중심으로 삼은 것은 대략 이런 관점에서 데카르트적 철학의 목표를 읽고 있기 때문이다. 이런 관점은 스피노자 철학의 독해에서도 거의 그대로 유지될 수 있다고 생각한다. 스피노자 철학에서 두려움의 정념에 특히 초점을 맞출 경우에, 희망과 두려움, 안도(혹은 확신)과 절망이 한 사이클을 이루고 있다는 점에 주목할 때 그렇다. 이 사이클을 주목하면서 스피노자 철학을 독해한 대표적인 인물이 마트롱Alexandre Matheron이다(마트롱, 김문수·김은주 옮김, 《스피노자 철학에서 개인과 공동체Individu et communauté》, 그린비, 2006). 확신 개념을 중심으로 이 사이클을 정립하려 할 때, 데카르트와 스피노자 간에 적지 않은 내용적 간극도 있지만, 적어도 형식상으로는 상당한 유사성을 보인다. 그래서 이 사이클은 두 철학자의 관계를 해명하는 데에도 나름 유용한 방편이 될 수 있다.

2. 욕망과 결단들

데카르트의 자전적 에세이이자 그의 저서 중 최초로 출판된 저서인 《방법서설》에 따르면, 소년 데카르트는 '삶에 유익한utile à la vie' 확실한 인식에 대한 열망을 가졌다. 그래서 학교 공부를 열심히 했지만, 남은 거라곤 의심과 오류들뿐이었다. 아무런 '이득le profit'이 없었다. 철학의 경우는 더 심했다. 의심스럽지 않은 것이 아무것도 없었다. 철학에 대한 희망은 이렇게 절망으로 이어졌다. 학교 공부에 대한 '극도의 욕망'을 미련 없이 접었다. 우유부단irrésolution하지 않았다. 9년 동안 머무른 친숙한 학교를 떠나기로 결단résolution했다. "그 때문에 나는 내 스승들의 구속에서 해방될 수 있는 나이가 되자마자 글공부를 완전히 떠났다. 그리고 나 자신에서en moi- meme 혹은 세상이라는 커다란 책 안에서dans le grand livre du monde 발견될 수 있을 학문 외에 다른 것은 더 이상 찾지 말자고 결단하면서 (…) 그리고 내게 나타난 것들에 대해, 이것들로부터 어떤 이익quelque profit을 끌어낼 수 있는지를 어디서나 반성하면서 내 남은 청춘을 보냈다."(이 책, 27~28쪽)[3] '학교 안에서' 얻지 못한 '이득'을 '자신 안에서', '세상 안에서' 찾기를 희망했다. 20세의 데카르트는 세상이라는 커다란 책 속으로 들어갔고, 나름 수확이 있었다. "내가 거

---

3   이하 데카르트 저작의 인용은 국역본을 사용했다. 《정신지도규칙》, 《방법서설》은 이 책을 인용했고, 《성찰》, 《자연의 빛에 의한 진리 탐구》는 《제일철학에 관한 성찰》(이현복 옮김, 문예출판사, 2021)을, 《철학의 원리》는 《철학의 원리》(원석영 옮김, 아카넷, 2002), 〈성찰, 학자들의 반박과 데카르트의 답변〉은 《성찰 1》과 《성찰 2》(원석영 옮김, 나남, 2012), 《정념론》은 《정념론》(김선영 옮김, 문예출판사, 2013)을 사용했고, 필요할 경우 약간 수정했다.

기서 얻은 가장 큰 이득은 (…) 선례와 관습에 의해서만 나를 설득해온 어떠한 것도 너무 확고하게 믿어서는croire trop fermement 안 된다는 것을 배웠다는 것"(이 책, 28~29쪽)이다. 이것은 결코 적지 않은 배움이었다. "이런 식으로 나는 우리 자연의 빛을 흐리게 할 수 있는 이성에 귀를 덜 기울이게 만드는 많은 오류들로부터 조금씩 해방되었다."(이 책, 29쪽)

그러나 저잣거리에 계속 있을 수는 없었다. 세상의 책에서도 확실하고 유용한 지식을 찾을 수 없었다. 오히려 이 책이 "우리를 설득하는 것은 어떤 확실한 인식보다는 바로 관습과 선례"(이 책, 35쪽)였고, 이것이 세상을 떠나야 할 이유였다. 그가 진정 열망했던 것은 다음이었다. "언제나 내 행동들에서 분명히 보기 위해 그리고 이 삶에서 확신을 가지고avec assurance 걸어가기 위해 참된 것을 거짓된 것에서 구별하는 것을 배우려는 극도의 욕망unextrême désir을 가지고 있었다."(이 책, 28쪽)[4] 그가 언제 어디서나 열망했던 것은 '참을 거짓에서 구별'하여 '삶에 유익한 확실한 지식'을 얻어 '확신에 찬 삶을 살아가는 것'이었다. 하지만 세상은 이 열망과 거리가 멀었다. 이때 역시 망설이지 않았다. 23세의 데카르트는 새로운 공부 길로 나서기로 결단했다. 마침내 '나 자신 안에서'의 공부였다. "세상이라는 책에서 (…) 몇 년을 보낸 후, 어느 날 나 자신에서 공부하자고, 내가 따라야 할 길들을 선택하는 데 내 정신의 모든 힘을 바

4　학교에서 확실한 지식을 배우려는 '극도의 욕망'은 거짓된 것에서 참된 것의 구별을 배우려는 '극도의 욕망'으로 변용되고 있다. 확실하고 참된 지식에 대한 '극도의' 욕망은 결국 삶을, 그것도 '확신을 갖고' 이 삶을 영위하려는 '최상의' 욕망을 위한 하나의 방편이라는 것, 이것이 이 글이 갖는 주요 논조 가운데 하나다.

치자고 결단résolution했다"(이 책, 29쪽). 이 결단이 마지막 결단이기를 원했고, 이 원이 마침내 이루어지길 희망했다. 이전 공부가 밖에서의 공부였다면, 지금의 공부는 온전히 자기 안에서 이루어지는 성찰의 공부였다. 이를 위해 두 가지를 과감히 제거했다. 선례와 관습의 보고인 조국 프랑스와 선입견의 전형인 책이었다.

첫 번째 성찰의 자리는 한 난로방이었다. 여기서 상호 불가분의 끈으로 연결된 완전한 지식의 총체로서 철학을 구상했다. 새로운 학문은 기존의 학문들을 헐고 새로 지어야 한다고 생각했다. 그래서 전에 내 믿음 안에 받아들인 모든 의견들을 던지겠다고 결단했다. 던진 다음, 이성의 안내에 따라 다시 받아들이는 것이 최상의 시도라고 생각했다. 이로써 "젊어서 확신해버린 원리들에만 의거했던 경우보다, 내 삶을 훨씬 더 잘 인도하게 될 것이라고 굳게 믿었다crus fermement"(이 책, 33쪽). 의혹의 여지가 있는 것은 무엇이든지 의심하겠다는 결단, 그의 세 번째 결단 역시 앞의 두 '극도의 욕망'과 다르지 않았다. '이 삶을 더 잘 살고 싶다'는 열망의 소산이었다. 그러나 그것은 결코 아무나 할 수 있는 것이 아니었고, 아무나 해서도 안 되는 '아주 위험한' 것이었다.

이 세상은 두 부류의 사람이 있었다. 자만해서 성급하게 판단을 내리는 사람, 겸손해서 남의 의견을 따르는 사람이 있었다. 그는 후자 쪽의 인간에 가깝다고 생각했다. 그러나 학교와 세상 공부에서 확인한 바가 있었다. 마땅히 따를 만한 사람이 없다는 것이었다. 그래서 스스로 자신의 삶을 이끌지 않으면 안 되는 불가피한 상황이 주어졌다. 이것이 데카르트가 학교 공부와 세상 공부를 거치면서 마침내 마주한 상황이었다. 그래서 그는 열망과 결단으로 점철된 방랑의 청년 시절을 보낸 후, 오직 자기 이성의 안내에 따라 '어둠 속을 홀로 걸어가는 사람'을 자처했다. "그러나, 나는 어둠 속을 홀로 걸어가는 사람처럼, 아주 천천히 가자고, 모든 것에 신중해지자고, 그래서 아주 조금밖에 나아가지 못한다 해도, 적어도 넘어지는 것만은 제대로 경계하자고 결심했다."(이 책, 36쪽)

어둠 속에서 두려움이 희망을 압도했을 것이다. 그러나 낙담한 채 그대로 있을 수는 없었다. 자기 보존의 욕구가, 아니 확신을 갖고 잘 살고자 하는 '최상의 욕망'이 그를 희망의 길로 몰았을 것이다. 하지만 인도할 안내자가 없었다. '길이요 진리요 생명이신 하느님'은 그의 철학 길에 애당초 없었다. 감각도, 욕구도, 스승도 더 이상 신뢰할 수 없었다. 의지할 건 단 하나, 내 안에서 희미하게 흔들리는 이성의 빛이었다. 어둠의 두려움에서 구원해줄 이는 감각과 충동과 교육에 의해 한참 빛바랜 이성뿐이었다. 초라한 이성의 희미한 불빛에 따라 '아주 천천히' 빛의 세계로 나가자는 결단, 어둠 속을 걸어가는 자가 할 수 있는 건 이것밖에 없었다. 두려운 마음에 서둘지 말고 '매사에 신중을 기하자d'use de circonspection en toutes choses'는 결단, 홀로 가는 자가 할 수 있는 건 이것뿐이었다. 언젠가는 두려움에서 벗어날 수 있다는 희망, 이 끈만큼은 결단코 놓을 수 없는 현실이었다.

3. 방편들

데카르트에게 이성은 '참된 것을 거짓된 것에서 구별하는 능력'이었다. 모든 사람이 동등하게 그런 능력을 갖고 있다고 믿고 싶었다. 데카르트는 그와 같은 말로 《방법서설》을 시작했다. 나아가 '잘 판단'하는 능력인 이성을 '잘 사용'해야 한다고 강조했다. 이성의 올바른 사용은 진리의 길로 나아가는 수단이었고, 진리 탐구의 길은 잘 사는 길로 나아가는 방편이었다. 전능하고 진실한 신이 인간 정신에게 부여한 능력인 이성은 본래 유능한 것이었다. 그러나 인간은 몸으로 세상에 나왔고, 살면서 수많은 유혹과 선입견에 노출될 수밖에 없었다. 지상의 이성은 혼탁해졌다. 세상의 인간이 갖는 피할 수 없는 숙명이었다. 진리의 길에서 무엇보다 시급한 건 흐려진 이성의 빛을 온전히 하고, 약해진 이성의 힘을 강하게 하는 것이었다. 어둠의 길을 신중히 천천히 가자고 다짐한 결의자가, 모든 것을 의심하겠다고 각오한 결단자가 이성의 올바른 인도를 가장 우선시한 것은 극히 당연한 일이었다. "나는 이성에 의해 도입됨이 없이 예전에 내 믿음에 슬그머니 스며들어 있을 의견들 어느 것도 처음부터 완전히 내던지려 한 것은 전혀 아니었고, 그에 앞서 (…) 내 정신이 해낼 수 있는 모든 것의 인식에 이르기 위한 참된 방법la vraie méthode을 찾는 데 충분한 시간을 들이려고 했다."(이 책, 36쪽) 그래서 앞의 '극도의 열망', '최상의 열망'은 모두 '모든 사물의 인식에 도달하게 해주는 참된 방법'에 의해 성취될 것이었다. '참된 방법'은 '확실하고 쉬운 규칙들'이었다. 난로방의 청년은 이것을 네 가지 규칙으로, 이른바 '명증성의 규칙', '분해의 규칙', '복합의 규칙' 그리고 '열거의 규칙'으로 정립했다. 그리고 이 규칙들을 연습하면서

'이 삶에서 이보다 더 달콤하고 더 순결한 것'은 없을 정도로 '극도의 만족감extrême contentement'을 갖게 되었고, 철학의 길을 선택하는 결정적인 계기가 되었다. 어둠 속의 결단자가 방법론자를 거쳐 철학자로 거듭하는 순간이었다.

어둠 속을 걸어가는 결단자에게 테세우스의 끈이 필요했을 것이다. 이 끈을 건네준 이는 아리아드네가 아니었다. '자연에 의해 인간 정신에 새겨진 몇몇 원초적인 진리의 씨앗'[5]을 지니는 자기 정신이었다. 정신 안에서 여전히 살아 숨 쉬는 진리의 씨앗을 정성스레 가꾸었고, 마침내 일련의 세련된 규칙들로 정립해 한 손에 거머쥐었다. "이 방법이 나를 가장 만족시킨 점은, 이 방법을 통해 내가 모든 것에서, 완전히는 아니더라도 적어도 내 능력에 있는 한 내 이성을 가장 잘 사용하고 있음을 확신했다는 것이다."(이 책, 41쪽) "방법을 사용하기 시작한 이래 (…) 나에게는 충분히 중요하게 보이지만, 다른 사람들은 보통 모르는 몇몇 진리들을 그 방법을 통해 날마다 발견하면서, 내가 그것에서 갖게 된 충족감la satisfaction은 나머지 모든 것들이 나를 전혀 건드리지 못할 정도로 내 정신을 가득 채웠다."(이 책, 48~49쪽) 참된 방법으로 결단자의 이성은 더욱 빛났고, 나날이 새롭고 중요한 진리들을 발견했으며, 정신은 극도의 만족으로 충만했다. 그는 자신의 이성을 신뢰했고, 자신을 믿었으며, 그래서 '확신을 갖고' 걸어갔다. 어둠의 끝에 다시 어둠이 있을

---

5 "그러나 내가 확신하는 바는, 인간 정신에 자연적으로 박혀 있는 진리들의 어떤 최초 씨앗들은 우리가 매일 읽고 듣는 수없이 다양한 오류들로 인해 우리 안에서 말살되고 있지만, 저 거칠고 순박한 고대에서는 큰 힘을 가졌다는 점"(《정신지도규칙》, 이 책, 131쪽)이다.

것이라는 두려움보다는, 빛의 세상이 기다리고 있을 것이라는 희망을 가졌다. 걸을수록 희망의 강도는 점점 더 증가할 것이고, 증가할수록 희망은 확신으로 전환될 것이었다. 그래서 결단자가 늘 품었던 '확신을 갖고 잘 살고자 하는 욕망'은 두려움에서 희망으로, 희망에서 확신으로 변형될 것이었다.[6]

　결단자의 손에는 참된 방법이 들려 있었다. 그러나 이것만으로 빛의 희망으로 전환될 게 아니었다. 모든 것을 부수겠다는 결의 역시 두렵기는 마찬가지였다. 그래서 마련해야 할 것이 또 하나 있었다. 이전 것을 모두 헐고 새것을 짓기까지 머무를 공간이었다. "이성이 내 판단들에서 결단을 내리지 못하게 하는irrésolu 동안, 내가

6　"욕망하는 것을 얻어낼 징후가 많은 것은 우리 안에 희망l'Espérance을 일으키고, 조금만 나타나는 것은 (…) 두려움la Crainte을 일으킨다. 희망이 극에 달하면 그 본성이 바뀌는데, 이는 안도Sécurité 혹은 확신Assurance이라고 불린다. 반대로 두려움의 극한은 절망Désespoir이 된다"(《정념론》58항). 같은 말이지만, "희망은 욕망하는 것이 도래할 것이라고 확신하는 영혼의 경향이고, (…) 그리고 두려움은 그것이 도래하지 않을 것이라 확신하는 영혼의 다른 경향이다"(165항), "그리고 이 정념들 가운데 하나는 다른 하나에 자리를 넘겨주지 않는 욕망을 결코 수반하지 않는다. 왜냐하면 희망이 두려움을 완전하게 쫓아버릴 정도로 아주 강할 때 희망은 본성을 바꾸게 되고 안도나 확신이라 불리기 때문이다. (…) 그렇지만 희망이 들어설 모든 공간을 제거할 정도로 아주 극에 있을 때, 이것은 절망으로 변한다"(167항). 정념으로서의 확신은 안도와 동의어로 사용된다. 그러나 앞의 주석 2에서 언급했듯이, 인식으로서의 확신은 의심과 대비되는 것으로, 강하고 확고한 믿음을 의미한다. 물론 어떤 믿음이 아무리 강하고 확고하더라도, 그것이 주관적인 것인지 아니면 객관적인 것인지를 판가름해주지는 못한다. 주관적인 확신도 강하고 확고할 수 있겠기 때문이다. 해서, 여기서 확신은 타당한 근거에 의해 지지되는 확신, 즉 확실성을 의미한다. 데카르트에게 이 근거는 결국 선하고 전능한 신이었다. 인식으로서의 확신과 정념으로서의 확신이 구별되지만, 흥미로운 것은 데카르트가 이 둘은 함께 묶고 있다는 것이다. 확실성으로서의 확신은 안도로서의 확신의 가능성의 조건이라는 점이다. 이 글에서 강조하고 싶은 것들 가운데 또 하나가 이것이다.

결코 내 행동들에서 결단을 내리지 못하는 상태에 있지 않도록, 그럼에도 여전히 내가 가급적 가장 행복하게 살아갈 수 있도록 세 개 혹은 네 개의 준칙들로만 이루어진 하나의 임시 도덕을 만들었는데……"(이 책, 43쪽) 그것이 이른바 '잠정적인 도덕une morale par provision 준칙'이었다. 이것은 어둠의 결단자가 이성의 안내를 받기 전까지 좀 더 편히 살기 위해 마련한 규칙이었다.

첫째 준칙은 자기가 속한 공동체의 법, 풍습, 종교의 가르침에 따라, 그리고 가장 양식 있는 사람들의 가장 온건한 의견에 따라 행동을 지도하자는 것이었다. 《방법서설》의 저자는 이 준칙이 우리가 잘못했을 때 '참된 길'에서 가장 덜 벗어나게 해준다고 생각했다. 둘째 준칙은 "내 행동들에서 내가 할 수 있는 한 가장 확고le plus ferme하고 가장 결단le plus résolu적인 태도를 취하자는 것이었고, 가장 의심스러운 의견이라도 내가 일단 따르기로 결정했을 때는 아주 확실한 경우 못지않게 변함없이 따르자는 것"(이 책, 45쪽)이었다. 이 준칙의 유용성은, "그런 약하고 흔들리는faibles et chancelants 정신들의 양심을 휘젓곤 하는 모든 후회les repentirs와 가책les remords에서 나를 해방시킬 수 있었다"(이 책, 46~47쪽)는 데 있었다.[7]

셋째 준칙은 운명보다는 자신을 이기고, 세계의 질서보다는 자

---

7 이것은 다소 의외다. 뒤에서 보게 될 것처럼, 한편으로 모든 후회와 양심의 가책에서 벗어날 수 있는 자는 어둠 속에서 '불완전하고 통상적인 지식'을 갖고 있는 자들, 즉 '약하고 흔들리는 정신들'이 아니라, 빛 속에서 '완전한 지식'을 갖고 있는 자들, 즉 '강하고 확고한 정신들'이기 때문이다. 다른 한편으로 잠정적인 도덕 준칙은 오직 불완전하고 통상적인 지식만을 갖고 있는 사람들의 일상적 삶을 임시로 지도하기 위해 마련된 것이기 때문이다. 물론 이 준칙에서 데카르트의 방점은 '형이상학적 확실성une certitude metaphysique'과 대비된 '도덕적 확신une assurance morale'에 있었을 것이다.

신의 욕망을 바꾸려고 노력하자는 것이었다. 우리가 완전히 지배할 수 있는 것은 우리 생각들nos pensées밖에 없다는 것, 그래서 우리 외부에 있는 모든 선들tous les bien에 대해 '최선을 다했음에도' 이루지 못한 것들이 있다면, 그것들은 우리에게 '절대적으로 불가능한 absolument impossible' 것으로 여기자는 것이었다. 이 준칙의 효용성은 다음에 있었다. "내가 획득할 수 없는 것은 앞으로 아무것도 욕망하지 않기 위해, 그리고 그렇게 나를 만족하게 하기 위해 이 준칙만으로 충분하다고 여겼다."(이 책, 47쪽) 이 준칙은 자기만족의 가능성의 조건을 규정하는 것이었고, 그래서 이것은 다음으로 이어졌다. "잘 행하기 위해서는 잘 판단하는 것으로 충분하고, 또 가장 잘 행하기 위해서도 (…) 가장 잘 판단하는 것으로 충분하기 때문이다. 그리고 그렇다는 것을 확신할 때 사람들은 만족하지 않을 수 없는 것이다."(이 책, 49쪽) 욕망한 선이 성취되지 않았을 때 후회 없이, 만족하기 위해서는 '최선을 다했다'는 것을 주목하는 것으로 충분했다면, 그리고 '최선의 판단'이 '행동의 최선'을 가능케 하는 조건이라면, 이는 '확신을 가지고 이 삶을 잘 살아가기 위해 참된 것을 거짓된 것에서 구별할 수 있기를 늘 극도로 욕망했다'는 데카르트 일생의 열망과 크게 다르지 않을 것이다.[8]

---

8 1645년 8월 4일 엘리자베스에게 보낸 편지에서 데카르트는 행복이 '정신의 완전한 충족'과 '내적 만족'에 있다고 보았다. 그래서 행복하게 사는 것은 완전하게 충족되고 만족된 정신을 갖는 것과 다름 아니라고 생각했다. 또한 행복한 삶을 만들어 주는 것, 즉 우리에게 최상의 충족으로 줄 수 있는 것으로 그는 두 가지를 꼽았다. 하나는 덕이나 지혜처럼 '우리에게 의존하는 것'과 건강이나 부 혹은 명예처럼 '우리에게 의존하지 않는 것'이다. 나아가 그는 하나를 더 설명했다. "각자는 다른 것들로부터 아무것도 기대함이 없이 자기 자신에 의해 스스로 만족할 수 있는데, 오직 내가 《방법서설》에서 제시한 도덕의 세 규칙들과 연관되어 있는 세 가지를 지키

이것들이 23세의 데카르트가 자기 안에서 자기 자신과 나눈 난로방의 상념들이었다. 그는 또다시 새로운 길을 찾아 떠났다. 그 후 9년 동안 세상에서 연출되는 희극 속에서 배우보다는 관객으로 있고자 했다. 20세의 그가 세상이라는 커다란 책에서 공부를 할 때와는 상황이 많이 달랐다. 그때 얻은 이득은 '선례와 관습을 통해 확신하게 된 것은 너무 굳게 믿어서는 안 된다'는 것이었지만, 지금의 이득은 그것과 차원이 달랐다. "그리고 각각의 사안에서, 그것을 수상쩍게 할 수 있는 것에 대해 그리고 우리가 착각할 계기를 줄 수 있는 것에 대해 특히 반성하면서, 전에 내 정신에 슬그머니 스며들어 있을 모든 오류들을 그동안 내 정신에서 뿌리째 뽑아버렸다. 그렇다고 해서 내가 의심하기 위해서만 의심하고, 늘 우유부단한 모습을 보이는affectent d'être toujours irrésolus 회의주의자들을 모방한 것은 아니었다. 왜냐하면 그와 반대로 내 모든 의도가 향한 것은 나를 확신 시키는à m'assurer 것에만, 바위나 찰흙을 찾아내기 위해 무른 흙이나 모래를 내던지는 것에만 있었기 때문이다."(이 책, 50쪽) 지금의 결단자가 할 것은 신앙의 진리를 제외한 모든 의견들을 의심할 근거들raisons de douter을 찾는 일이었다. 그래서 그것들이 확실한 것이 아님을 보이면서 의견들 전체를 허무는 일이었다. 여기까지 결단자는 철저히 회의론자였다. 그러나 그는 이것을 인정하지 않았다. '의심하기 위해 의심하는 자'도, '늘 우유부단한 태도를 취하는 자'도 아니라는 것이었다.

잘 알려져 있듯이, 데카르트는 다시 부활한 섹스투스 엠피리쿠스Sextus Empiricus, 몽테뉴 그리고 샤롱의 회의론이 풍미했던 시대에 살았다.[9] 하나의 사물에는 하나의 진리만이 있고, 그 진리를 인간 정신이 인식할 수 있다고 믿었던 그는 회의론을 용납할 수 없었

다. 그래서 회의라는 방법으로 회의론을 제압하려 했다. 그래서 '회

기만 한다면 각자가 다른 것들로부터 아무것도 기대함이 없이 자기 자신으로부터 스스로 만족해질 수 있다"는 것이다. 그래서 다음의 세 규칙들은 《방법서설》의 잠 정적인 도덕 규칙들과 같은 것이 아니라 '연관된 것들'이고, 또 그런 한에서만, 그 것들은 행복한 삶에 대한 '확정적인' 규칙들로 간주될 수 있는 것들이다. 첫 번째 는 '삶의 모든 상황에서 무엇을 해야 하고 하지 말아야 하는지를 인식하기 위해 자 신의 정신을 가능한 한 가장 잘 사용하도록 항상 노력해야 한다는 것'이고, 두 번째 는 '이성이 자신에게 권하는 모든 것을 실행하려는 확고하고 굳건한 결단을 가져 야 하며, 자신의 정념들 혹은 욕구들이 그 방향을 바꾸지 못하게 해야 한다. 그리고 내가 덕으로 간주되어야 한다고 믿고 있는 것이 바로 이 결단의 확고함이다.' 세 번 째는 '가능한 한 이성에 따라 이렇게 행동하고 있는 동안 자신이 전혀 갖고 있지 못 한 모든 선들은 또한 전적으로 자기 능력 밖에 있다고 생각하는 것이다. 왜냐하면 우리가 만족하는 것을 방해할 수 있는 것은 욕망 그리고 아쉬움 혹은 후회 이외에 는 없기 때문이다. 그러나 만일 우리 이성이 우리에게 명한 모든 것을 우리가 항상 행한다면 우리는 후회할 어떤 것도 결코 갖지 않을 것인데, 설령 사건들이 나중에 우리가 잘못한 것으로 우리에게 보여준다고 해도, 그것은 전혀 우리 잘못으로 인 한 것이 아니기 때문이다.' 이 세 가지 규칙을 제시한 후 다음을 추가했다. '우리가 최선이라고 판단한 모든 것들을 실행하기 위한 결단과 덕을 우리는 결코 결여하고 있지 않다는 것, 그래서 오직 덕만이 이 삶에서 우리를 충족하게 만들기에 충분하 다는 것은 우리 의식이 우리에게 증언하고 있는 것으로 족하다. 그러나 그럼에도 지성에 의해 비추어지지 않는다면 덕은 잘못할 수 있기 때문에, 달리 말해 잘 하려 는 의지와 결단은 우리를 나쁜 것들로 데려가기 때문에, 우리가 이것들을 좋은 것 들로 믿는다면 이로부터 오는 만족은 견고하지 않을 것이다. 그리고 사람들은 보 통 이런 덕을 쾌락, 욕구 및 정념들과 대립시키기 때문에 덕을 실행하기란 매우 어 렵다. 반면에 이성의 올바른 사용은 선에 대한 참된 인식을 제공하면서 덕이 잘못 될 수 있는 것을 방지하며, 심지어 적법한 쾌락과 덕을 일치시키면서 덕의 사용을 아주 쉽게 하고, 우리 본성의 조건을 우리에게 인식시켜주면서 인간의 가장 큰 행 복은 이성의 올바른 사용에 의존하고, 이로써 이것의 획득에 기여하는 공부는 사 람들이 가질 수 있는 가장 유용한, 또한 의심의 여지 없이 가장 즐겁고 달콤한 일임 을 고백해야 할 정도로 우리 욕망들을 제한한다.' 이런 의미에서 데카르트에게 '잘 하려는 의지와 결단'은 행복한 삶을 가능케 하는 덕이다. 그러나 그것들은 이성의 안내를 받을 때 비로소 완전해지고, 이때 비로소 견고한 만족이 가능할 터, 그래서 데카르트는 인간의 행복한 삶은 결국 이성의 올바른 사용에 기인한다고 생각한다.

9   "회의주의학파가 이미 오래전에 소멸되었다고 믿어서는 안 된다. 회의주의학파는

의론자들을 모방하지 않았다'고 말했을 때, 아니 오히려 '반대로au contraire'라고 강조했을 때 그가 원했던 것은 바로 그것이었다. 그러나 이때 그가 사용한 어법에는 두 가지 주목할 만한 것이 있다. 하나는, '바위를 발견하기 위해 모래를 거부하는 자'만이 아니라 '스스로를 확신하는 자'로 자신을 규정했다는 점이다. 이는 곧 그에게 회의론자란 '스스로 확신하지 못하는 자'를 의미했을 것이다. 자신에 대한 확신이 없는 자는 당연히 세상에 대한 확신을 갖지 못할 터, 그래서 회의론자는 세상을 늘 의심할 것이다. 반면 자신의 능력을 확신하는 자는 세상에 대한 확신을 가질 것이다. 그래서 자신에 대한 불신은 세상에 대한 의심으로, 자신에 대한 확신은 세상에 대한 확신으로 이어질 것이다. 다른 하나는 회의론자를 '언제나 우유부단한 태도를 취하는 자'로 규정했다는 점이다. '우유부단'은 데카르트의 철학이 경계했던 것들 중 가장 대표적인 것이었다. 이에 반해 가장 선호했던 것들 가운데 하나가 '결단'이었다.[10] 앞에서 보았

오늘날 그 어느 때보다도 융성하다. 그리고 다른 사람들보다 뛰어난 능력을 가지고 있다고 믿는 사람들 거의 다가 일반 철학에서 자신들을 만족시키는 것을 발견하지 못하기 때문에 그리고 그보다 더 참된 철학을 보지 못하기 때문에, 회의주의를 자신들의 피난처로 삼는다."(〈성찰, 학자들의 반박과 데카르트의 답변〉,《성찰 2》, 138~139쪽) 회의주의가 데카르트주의자들에게, 스피노자는 물론 영국 경험론자들에게도 가장 명시적인 공격 대상이자 피해갈 수 없는 중심 담론이었다는 것은 두말할 여지가 없다.

10 확신과 의심은 인식의 차원에서, 결단과 우유부단은 행위의 차원에서 대립 개념이다. 데카르트가 회의론자들을 이렇게 규정하고, 이를 극복하려 했다는 점에서 전자 못지않게 후자 역시 데카르트 철학 전체에서 강조되어야 할 부분이다. 그리고 이 인식과 행위는 서로 밀접하게 연계되어 있다는 것 또한 주목되어야 할 부분이다. 데카르트 철학에서 이처럼 중시된 우유부단이라는 두려움의 정념이 스피노자의 정념 목록에 들어 있지 않을 정도로 그에게서 간과되고 있다는 점에서도 특히 그렇다.

듯이, 잠정적 도덕 준칙에서의 '여행자의 비유', 엘리자베스에게 보낸 편지에서 '단호하고 확고한 결단'은 만족한 삶의 보증수표였다. "영혼의 고유한 무기라고 부르는 것은, 영혼이 이것들에 따라 자기 삶의 행동들을 이끌기로 결단했던résolu 좋은 것과 나쁜 것의 인식에 대한 단호하고 확고한 판단들des jugements fermes et déterminés"(《정념론》 48항)이라고 말한 그의 출판된 마지막 저서《정념론》에서도 다르지 않았다. 또 그런 이유에서《방법서설》 제4부에서, "나는 사유한다, 그러므로 나는 존재한다는 이 진리는 너무나 확고하고 너무나 확실"한 것이라고 말한 다음 바로, 이 진리가 "회의주의자들의 가장 과도한 모든 억측들도 흔들 수 없다는 것"이라고 말했을 것이다.[11] 그러므로 의식적으로든 무의식적으로든, 이론의 영역이든 실천의 영역이든 데카르트의 뇌리에는 늘 회의론이 따라다녔고, 이것에서 늘 벗어나려 했다. 이런 의도에서 의심에는 확신을, 우유부단에는 결단을 대비시켰을 것이다. 이에 따라 회의론자를 '자신을 불신하고, 세상의 것들을 의심하며, 우유부단한 태도를 취하는 자'로, 반면 자신을 '스스로를 신뢰하고 참된 판단으로 확고하고 단호한 태도를 취하는 자'로 간주했을 것이다. 그리고 이런 확신과 결단의 철학을 통해 그는 의심과 우유부단의 철학인 회의주의를 극복하려고, 아니 역으로, 회의론을 극복하면서 확신과 결단의 철학을 제시하려 했을 것이다.

---

11 여기서 사용된 데카르트의 어법 역시 우연이 아닐 것이다. 그는 코키토 명제가 명석판명하다든가, 명증적이라든가, 참이라고 말하지 않았다. 그가 이때 선택한 용어는 확고ferme와 확실 혹은 확신assurée이었다. 물론 이것은 회의론자들의 억측도 그것을 '흔들l'ebranler' 수 없다는 것과 연계되어 있다.

4. 의심 근거와 확신 근거

32세의 데카르트는 네덜란드의 한 마을에 칩거했다. 23세 때 속단과 편견의 두려움 때문에 미루었던 철학의 토대를 정초하는 작업이 이때 이루어졌다. 시작은 '내 믿음 안에 있는 것은 모두 던지겠다'는 의심의 결의였다. 이를 위해 '의심의 원칙'을 세웠다. 조금이라도 의심스러운 것은 모두 거짓으로 간주하고, 한 번이라도 우리를 속인 것은 전적으로 신뢰하지 말아야 한다는 것이었다. 의견들의 토대를 이루는 원리들ipsa principia, 즉 감각과 이성을 검사했다. 이를 위해 가능한 모든 '의심의 근거들'을 동원했다.

감각의 신뢰성은 너무나 쉽게 무너졌다. "내가 지금까지 극히 참된 것으로 인정한 것은 무엇이든 감각들로부터, 혹은 감각들을 통해서 받아들인 것이다. 그러나 나는 감각들이 가끔 속인다internum fallere는 것을 포착했고……"(《성찰》, 37쪽)[12] 의심의 원칙에 따라 감각은 이제 사기꾼이었다. 사기꾼이 말하는 것은 '모두' 거짓말로 간주해야 했다. 감각적 지식의 진리성을 의심하는 근거, 더 강한 근거가 또 있었다. 꿈의 가설이었다. "당신은 희극에서 '나는 깨어 있는가, 아니면 잠자고 있는가'라는 놀라운 외침을 들어본 적이 없습니까? 어떻게 당신은 당신의 삶이 계속되는 꿈이 아님을, 또 당신이 당신의 감각들을 통해 안다고 생각하는 모든 것이 자고 있을 때와 마찬가지로 지금 거짓이 아님을 확신할 수 있습니까?"(《자연의 빛에 의한 진리 탐구》, 157쪽)

---

12 한마디로, "우리 감각들이 가끔 우리를 속인다nos sens nous trompent quelquefois"(이 책, 54쪽)는 것이다.

또 다른 인식 원리인 이성을 조사했다. 진리의 탐구자가 믿고 의지할 데라곤 잘 판단하는 능력인 이성뿐이었다. 그래서 이성적 지식을 결코 의심할 수는 없을 것 같았다.[13] 그러나 확실한 것은 아무것도 없다고 결단한 지금, 상황은 많이 달랐다. 우선 아주 단순한 수학적인 셈을 할 때, '이성이 가끔 우리를 속인다'는 것 역시 일상의 경험이 보여주었다.[14] 의심의 원칙에 따라 이성은 이제 사기꾼이었다. 이성이 우리에게 말하는 것은 '모두' 거짓말로 간주해야 했다. 이성의 신뢰성에 대한 의심은 이것으로 충분했을 것이었다. 그러나 의심의 결의자는 여기서 멈추지 않았다. 감각적 지식의 경우에 '꿈의 가설'을 가져왔듯이, 이성적 지식의 경우엔 '악령 혹은 악신의 가설'을 들고 왔다. "산술적인 또는 기하학적인 것들에서 매우 단순하고 쉬운 것, 예를 들어 둘과 셋을 더하면 다섯이라는 것, 혹은 이와 유사한 것들을 고찰하고 있었을 때, 내가 적어도 이것들이 참임을 긍정할 만큼 충분히 명료하게 직관하지 않았다고? 분명히, 나는 나중에 그것들에 대해 의심할 수 있다고causam dubitandum 판단했는데, 그 이유는 다름 아니라 혹시 어떤 신이 극히 명백하게 보

---

13 "가장 단순하고 극히 일반적인 것들만을 다루고, 이것들이 자연 안에 있는지 없는지에 대해서는 거의 고려하지 않는 이런 종류의 다른 학문들은 확실하고 의심할 수 없는 어떤 것을 포함한다고 말이다. 왜냐하면 내가 깨어 있든 잠들어 있든, 둘과 셋이 합해지면 다섯이고, 사각형은 네 개보다 더 많은 변을 갖지 않으므로, 이처럼 명료한 진리들이 거짓의 의혹을 받는 일은 있을 수 없는 것으로 보이기 때문이다"(《성찰》, 40쪽).

14 "내가 다른 이들이 자신은 극히 완전히 안다고 여기는 것에서 가끔 오류를 범한다고 판단하는 것과 마찬가지로, 내가 둘과 셋을 더할 때마다, 혹은 사각형의 변을 셀 때마다, 혹은 더 쉬운 다른 어떤 것을 꾸며낼 수 있다면, 그것을 할 때마다, 내가 속게끔 만들지 않았다는 것을 나는 어디로부터 아는가?"(《성찰》, 40쪽)

이는 것들에서조차 기만당하는deciperer 그러한 본성talem naturam을 나에게 부여했을 수도 있다는 것이 정신에 떠올랐기 때문이다."(《성찰》, 58~59쪽) 지금의 의심 근거는 앞의 것들과 근원적으로 달랐다. 악령 혹은 악신의 가설은 '내 본성'과 '내 기원의 작자'를 문제 삼았다.[15] '나를 만든 자가 내 본성(이성)이 명증적인 것을 인식할 때조차도 속도록 내 본성(이성)을 만들었을 수도 있다'는 것이었다.[16] 아주 단순하고 명증적인 것들을 인식할 때 이성이 갖는 확신, 악마의 가설은 이 확신을 노렸고 흔들었다. 이성은 '속는 본성'을 타고났다는 것, 그래서 이성은 '천부적인' 사기꾼이었다.[17]

이제 우리가 갖고 있는 모든 의견들의 토대인 감각과 이성은 우리를 속이는 사기꾼이 되었다. 그래서 감각적 사물의 진리성도 이성적 사물의 진리성도 모두 의심되었다. "그러면 무엇이 참일 것인가? 아마도 이것 하나, 아무것도 확실하지 않다는 것이리라."(《성

---

15 물론 '내 감각의 기만성'도 일상의 경험이 아니라 '내 기원의 작자meae auctor originis'와 연관해서 보여줄 수 있었겠지만, 데카르트는 그렇게 하지 않았다. 굳이 그럴 필요가 없었을 것이다. "그러나 나 자신과 내 기원의 작자를 더 잘 알기 시작하는 지금, 나는 물론 내가 감각으로부터 얻는 것으로 보이는 모든 것을 경솔하게 인정해서는 안되지만, 그렇다고 그 모든 것을 의심해서도 안된다고 생각한다."(《성찰》, 110쪽)

16 데카르트가 악령 혹은 악신의 가설에서 가장 잘 사용한 표현은 아마도, "내가 극히 명증하게 지각한다고 여기는 것들에서 가끔 속게끔me ut interdum fallar 자연에 의해 만들어졌다"(《성찰》, 100쪽)는 것, "나에게 극히 참된 것으로 나타난 것들에서조차 본성적으로natura ut fallerer 속게끔 되어 있지 못하게 하는 것을 아무것도 보지 못했다"(《성찰》, 109쪽)는 것이다. '속는 나' 혹은 '속는 본성'을 구체적으로 이성 혹은 지성으로 언급한 것은 피코에게 보낸 편지에서였다. 선신은 "우리 지성이 아주 명석판명한 지각을 갖고 있는 사물들에 내리는 판단에서 속을 수 있는 그런 본성으로 우리 지성notre entendement de telle nature qu'il se puisse tromper au jugement을 결코 만들지 않았다"(《철학의 원리》, 532쪽).

찰》, 45쪽) 진리 발견에 대한 희망으로 출발했지만, 끝은 절망이었다. '확실한 것은 아무것도 없다'는 허망한 확인뿐이었다. 낙관이 비관으로, 희망이 절망으로, 확신이 의심으로 변했다. 묻혔던 두려움이 다시 다가올 것이었다.

다행히도 모든 것이 불확실하다는 인식이 의심의 끝이 아니었다. 의심의 두려움은 실체 없는 두려움이었다. 진리 탐구자의 의심은 두려움이 아니라 희망과 확신을 기약하는 것이었다. 의심 안에 확신이 함축되어 있었다. 《방법서설》의 저자는 "나는 생각한다, 그러므로 나는 존재한다"는 것을 '확고ferme하고 확실한assurée' 것으로 간주했다. 《성찰》의 저자는 "나는 존재한다, 나는 현존한다"는 것을 '확실certum하고 흔들리지 않는inconcussum' 것으로 간주했다. 그래서 코키토 명제는 어떤 의심의 근거로도 흔들 수 없는 확고한 것이고, 그 어떤 근거로도 의심할 수 없는 확실한 것이며, 이것의 진리성을 의심하는 자의 확신은 절대적이었다. 이 명제의 확실, 확고 그리고 확신의 강도는 의심의 강도에 비례할 것이다. 의심이 과하면 그것의 확신도 넘칠 것이다. 제1원리가 발견된 후에는 터무니없는 가설이라고 엄한 취급을 받았지만, 악마의 가설을 끌어들였을 때 데카르트가 의도한 것도 이것이었을 것이다. 자기 존재를 의심하는 자아의 확신이 전능한 악마의 간교한 농간으로도 흔들 수 없을 만큼 견고한 것이라면 회의론자들의 주장 정도는 가볍게 물리칠

---

17 이런 사기꾼은 사기를 치면서도 자신이 사기를 치고 있다는 것을 모르는 사기꾼이다. 자신이 거짓이 아니라 진짜를 말하고 있다고 확신하는 사기꾼이다. 그래서 악신이 이성을 그렇게 만들었다면, 이성은 우리에게 거짓을 말하면서도 참을 말하고 있다고 믿고 있으며, 이런 의미에서 이성은 우리를 속이는 것뿐만 아니라 자기 자신도 속임을 당하고 있다. 이것이 악령 혹은 악신의 가설의 진면목이라고 생각한다.

수 있을 것이었다.

　절망과 두려움에 빠졌던 진리의 탐구자는 코키토 명제를 계기로 희망가를 다시 부를 것이었다. 그러나 이것도 그리 오래갈 것은 아니었다. 의심의 전투에서 진리의 탐구자가 얻은 전리품은 오직 사유하는 자아가 있다는 것뿐이었다. 그리고 다른 모든 것을 잃었다. 꿈과 악신이 내 모든 것을 순식간에 초토화시켰다. 외부 세상에 대한 확신도 잃었고, 내 안의 것들에 대한 신뢰도 무참히 무너졌다. 악신이 버티고 있는 한, 진리의 탐구자가 참이라고 확신하는 것은 사유하는 자기 존재밖에 없었다. "이 의심의 근거를 제거하기 위해 나는 기회가 나타나자마자 바로 신이 존재하는지, 그리고 존재한다면 기만자decepter일 수 있는지를 조사해야 한다. 왜냐하면 이것을 모르는 한, 나는 내가 언젠가 다른 어떠한 것에 대해 전적으로 확신할 수 있을 것 같지 않기 때문이다."(《성찰》, 59~60쪽) 존재하는 신이 기만자라면, 그래서 이성을 포함한 내 모든 것이 기만자라면, 사유 존재가 아닌 다른 것들에 대해서는 '결코 완벽하게 확신할 수 없을plane certus esse unquam posse' 것이었다. 역으로, 신이 존재한다면 그리고 그가 진실한 자라면, 그래서 내 모든 것들이 진리라면, 나는 '다른 모든 것들에 대해', 그것도 '완벽하게' 확신할 수 있을 것이었다. 따라서 다른 모든 것들에 대한 '나의 확신'은 전적으로 전능한 선한 신에게 달려 있을 것이었다.

　이런 이유에서 진리의 탐구자는 그리도 허둥지둥 선신의 존재를 증명했을 것이다. 때로는 선험적인 방식으로, 때로는 후험적인 방식으로 절대 완전한 신의 존재를 증명했다. 그리고 기만과 속임은 악의이고, 이는 곧 불완전성의 징표이기 때문에, 완전한 신은 사기치고 농간부리는 악신일 수 없음을 밝혔다.[18] 그래서 선신은 '속는 본성'을, '속고 속이는' 이성 능력을 우리에게 부여하지 않았음을 확신했다.[19] 따라서 이성은 본성적으로 기만자일 수 없음을 확신했다. 이성은 신뢰할 만한 능력이고, 이성의 확실성 역시 의심할 수 없는 것임을 확신했다. 마침내 '이성이 명석판명하게 인식하는 것은 모두 참'임을 확신했다. 그래서 이성이 명석판명하게 인식하는 것이 혹시 거짓이지 않을까 하는 두려움에서 벗어날 수 있었다. 신은 이제 그에게 만물의 창조자이자 진리의 근원이었다.

'이성이 명석판명하게 인식한 것은 모두 참'이라는 진리의 규칙은 사실 코기토 명제에서 확보된 것이었다. 그러나 이 규칙은 악신이 사라지고 선신이 등장할 때까지 사용할 수 없는 '무용한' 규칙이었다. 우리 안에 있는 모든 것을 부여한 이가 선신임이 증명된 지금에서야 마음 놓고 적용할 수 있었다. 진리의 탐구자는 이제 이성이 명석판명하게 인식한 것들을 '아무런 기만의 두려움 없이absque ullo deceptionis metu',[20] 거짓의 의혹suspicio falsitatis 없이 진리로 간주해도 될

---

18 "속임수나 기만 안에는 어떤 불완전성이 발견되니 말이다. (…) 속이기를 원한다는 것은 의심의 여지 없이 악의나 무능을 증시하는 것이고, 따라서 그것은 신에게는 해당되지 않는다."(《성찰》, 81쪽)

19 "나는 내 안에 있는 나머지 모든 것과 마찬가지로 신에게서 받은 것이 확실한 어떤 판단능력이 내 안에 있다는 것을 경험한다. 그리고 신은 나를 속이기를 원하지 않으므로, 그는 그 능력을, 내가 그것을 제대로 사용하는 동안, 언제고 오류를 범할 수 있는 그러한 것으로 주지 않았다는 것은 분명하다."(《성찰》, 81쪽)

20 "이와 같은 오류에 빠지지 않기 위해, 우리가 기만에 대한 어떠한 두려움 없이 사물의 인식에 이르게 해줄 수 있는 우리의 모든 지성 활동들이 여기서 점검된다. 그것은 단지 두 가지, 즉 직관과 연역만이 인정된다."(이 책, 122~123쪽) 형이상학 텍스트와는 달리 《정신지도규칙》에서는 악신과 선신이 등장하지 않는다. 지성의 직관과 연역이 아닌 다른 방식으로 사물을 인식할 경우, 기만과 오류에 빠질 위험이 있다는 것, 즉 인식 주체는 오류의 두려움을 피할 수 없다는 것이다.

것이었다.²¹ '잘 판단하고, 참을 거짓에서 구별하는 능력'인 이성
이 가장 먼저 복권되었다.²² 그래서 이제 이성은 자신이 명석판명
하게 인식한 것이 참임을 확신해도 좋을 것이었다. 이성의 자기 확
신의 근거가 선신에 의해 이렇게 마련되었다.²³ 이것이 바로 데카

---

21 이로써 사기꾼 신과 사기꾼 이성에 의해 '거짓의 의혹'을 받았던 지성적인 사물들,
순수수학의 대상들에 대한 진리들이 다시 인정된다(《성찰》, 100쪽 참조).

22 이는 물론 이성에게만 국한되지 않는다. 신이 감각, 기억, 상상 등 인간 정신에게
부여한 모든 능력은 좋은 것이다. 이성보다 먼저 의심되었던 감각의 권리 역시 곧
복권될 것이다.

23 1640년 레기우스에게 보낸 편지에서 말했다. "나는 이 두 가지(지식과 확신)를 다
음과 같이 구별한다. 의심할 수 있는 근거가 여전히 남아 있을 때 갖게 되는 것이
확신persuasio이고, 지식scientia이란 더 강한 논증에 의해서도 흔들릴 수 없을 정도
로 강한 논증에 근거하고 있는 확신이다. 신에 대한 지식을 갖고 있지 않다면 어느
누구도 이것을 가질 수 없다." 데카르트의 통상적인 어법에서 볼 때, 이는 사실 확
신과 지식이 아니라 의견opinio과 지식 간의 구별이다. 의견은 의심의 여지가 있는
앎이고, 지식은 확실한 앎이기 때문이다. 그런데 이 편지에서 데카르트는 다른 근
거에 의해 흔들릴 수 있는 확신과 그렇지 않은 확신을 나누고, 후자만이 선신에 근
거한 확신이기 때문에, 이것만을 지식이라 명하고 있다. 사실 데카르트가 '확신'을
가장 구체적으로 주제화한 곳은 《성찰》에 대한 '제2반박과 답변'에서였다. 여기서
그는 말했다. '결코 제거될 수 없을 정도로 강한 확신', 즉 '굳고 변함없는 확신firma
& immutabilis persuasio'은 '가장 완전한 확실성perfectissima certitudo'과 동일하다.
우리가 애매모호하게 지각하는 것들에 대해서는 결코 그런 확신을 가질 수 없다.
또 아무리 명석하게 지각되는 것들이라도, 그것들이 단지 우리가 오직 감각을 통
해 지각하는 것들에 대해서는 그런 확신을 가질 수 없다. 그렇다면 우리 지성에 의
해 명석하게 지각되는 것들만이 남는데, 이것들 중의 하나인, '참이라고 믿지 않으
면 결코 생각조차 할 수 없을 정도로 아주 분명하고 아주 단순한 것들'은 결코 의
심할 수 없는 것들이며, 이것들이 가장 완전한 확실성 혹은 굳고 변함없는 강한 확
신이며, 그래서 이것들은 선신을 요청하지 않는 진리들이다. 또 지성에 의해 아주
명석하게 지각되는 또 다른 것들이 있는데, 기억을 전제로 하는 인식인 바, 이것
들이 선신을 요청하는, 즉 신을 알아야만 굳고 변함없는 확신을 가질 수 있는 것들
이다(《성찰 1》, 91~94쪽 참조). 김은주는 라틴어 persuasio를 여러 정황을 고려해
'납득'으로 번역하고 있지만, 여기서는 원석영의 번역어를 따랐다(김은주, 〈데카

르트가 끊임없이 강조한 것이었고, 회의론자의 자기 불신과 무신론자의 지식[24]과 결정적으로 다른 점이었다. "이렇게 해서 나는 모든 지식의 확실성과 진리성은 오직 참된 신에 대한 인식에만 의존한다는 것을 똑똑히 본다. 그런 만큼 신을 인식하기 전에 나는 다른 어떤 것에 대해서도 완전히 알 수 없었다."(《성찰》, 101~102쪽) 선신은 이성의 권리를 다시 유효화했고, 이성에게 적법한 활동 공간을 마련해 주었다. 그 결과 이성의 명석판명한 인식이 참임을 보증해주었다.[25] 그리고 만일 유한한 인간 이성이 모든 것을 판명하게 인식할 수 없다면, 그렇게 인식하지 않은 것에 대해서는 판단을 보류하는 것, 이 또한 오류를 피하는 길이고, 슬기롭게 오류의 두려움에서 벗어나는 길이었다. 명석판명하게 인식한 것에 대해서만 동의하는 능력, 애매모호하게 인식한 것에 대해서는 동의를 보류하는 능력 모두 전능하고 선한 신이 우리에게 준 것이었다. 이 판단 능력을 부지런히 연마해 '오류를 범하지 않는 습관을 획득하는 habitum quemdam non errandi acquire' 것에 '인간의 가장 크고 주요한 완전

르트 '순환논증'의 형이상학적 쟁점),《철학연구》(제106집), 2014, 77~105쪽, 특히 주석 8 참조).

24 "무신론자의 지식과 관련해서 그 지식이 불변하지 않다는 것 혹은 확실하지 않다는 것을 증명하기란 쉬운 일입니다. 이미 내가 말했듯이, 그가 작은 능력의 창조자를 자신의 기원으로 삼으면 삼을수록, 자신이 자기 자신에게 가장 명백하게 드러나는 것과 관련해서조차 속을 수 있을 정도로 불완전한 본성을 가졌는지 의심하게 될 더 큰 계기를 갖게 됩니다. 그리고 그가 자신이 참되고 속일 줄 모르는 신에 의해 창조되었는지 알지 못하면, 그는 그런 의심에서 결코 벗어날 수 없습니다."(《성찰 1》, 422쪽)

25 명석판명한 지각은 어떤 것aliquid이고, 그래서 이것은 무로부터 나올 수 없으며, 그 작자는 속임과는 모순되는 최고 완전한 신이어야 하고, 따라서 명석판명하게 인식된 것은 참이라는 것이다(《성찰》, 90쪽 참조).

성maxima & praecipua hominis perfectio'이 있었다.[26]

진리의 탐구자는 이성적 인식에서 기만과 오류의 두려움에서 벗어나 진리 인식과 확신으로 나아가는 길을 찾았다. 그래서 이제 남은 것은 감각적 인식에서의 오류였다. "그러나 나머지 것들에 대해 말하자면, 그것들은 태양이 이러한 크기 또는 이러한 모양이라는 것 등과 같이 단지 특수한 것들이거나, 아니면 빛, 소리, 고통 및 이와 유사한 것들과 같이 덜 명석하게 이해되는 것들이다."(《성찰》, 113쪽) 달리 말해, '감각적 파악이란 많은 경우에 아주 애매하고 모호하기' 때문에 그것들이 우리에게 보여주는 것은 '아주 의심스럽고 불확실한 것'이었다.[27] 그러나 감각의 기만과 두려움에서 벗어나는 길 또한 알고 보면 그리 어렵지 않았을 것이었다. 단적으로, 감각 능력 역시 선한 신이 우리에게 부여한 것이었고, 따라서 그것은 본래 사기꾼일 수 없었다. 그것이 종종 오류를 범할 수는 있지만, 선한 신은 이때도 '이를 교정하는 다른 능력aliqua facultas ad illam emendandam'을 부여했을 것이었다.[28] "바로 이 사실로부터 나는 이런

---

26 그래서 참과 거짓을 성찰하는 네 번째 날의 결론은 다음과 같았다. "나는 오늘 내가 결코 속지 않기 위해 무엇을 경계해야 하는지를 배웠을 뿐 아니라, 동시에 또한 진리에 도달하기 위해ut assequar veritatem 무엇을 해야 하는지도 배웠다. 왜냐하면 내가 완전하게 이해하는 모든 것에 충분한 주의를 기울이기만 한다면, 그리고 그것을 혼동되고 모호하게 포착하는 나머지 것에서 분리하기만 한다면, 나는 틀림없이 진리에 도달할 것이기 때문이다. 나는 이제부터 바로 이것에 세심한 주의를 기울일 것이다."(《성찰》, 90~91쪽)

27 이것은 외적 감각의 판단sensuum externorum judicia뿐만 아니라 내적internorum 감각의 판단에 모두 해당되며, 이 두 판단에서 감각은 우리를 속일 수 있다(《성찰》, 77~78쪽, 109~110쪽 참조).

28 이를테면 태양의 크기에 대한 감각의 그릇된 판단은 천문학자들의 이성적 근거에 의해 교정될 수 있을 것이다.

것들에서도 진리에 이르는 확실한 희망spem veritatis assequendae을 갖게 된다"(《성찰》, 113쪽)는 것이었다. 이성에서처럼 감각에서도 엿보이는 데카르트의 낙관주의였다. 이것의 토대는 물론 전능하고 선한 신이었다. 그리고 감각의 지각은 '물체의 본질'에 대해서는 애매모호한 것만 알려주지만, '인간에게 무엇이 이롭고 해로운지를 정신에게 보여주기 위해' 선신이 우리에게 준 것이기 때문에 이런 한에서는 충분히 명석판명한 것이었다. 그러므로 모든 감각들은 신체의 이로움과 연관되어 있는 것에 대해서는 거짓된 것보다는 참된 것을 훨씬 자주 지시indicare하기 때문에 이를 위해 하나의 감각만이 아니라 여러 감각들을 사용할 수 있고, 또 필요할 경우 기억과 지성까지도 동원해 신체에 이로운 감각들을 가려낼 수 있을 것이었다. 이로써 감각의 기만과 오류에 대해 두려움에서 벗어나고 감각의 유용성에 대해 확신할 수 있을 것이었다.[29]

전능한 선신이 증명되자 악마의 가설은 바로 사라졌다. 생시와 꿈의 차이가 확실치 않다는 이유로 도입된 꿈의 가설 역시 큰 어려

---

29 여섯 번째 성찰, 즉《성찰》전체를 그는 다음의 말로 마무리했다. "이 고찰은 내가 나의 본성natura mea이 노출되기 쉬운 모든 오류를 깨닫게 하는 것만이 아니라, 그 오류들을 쉽게 교정emendare하거나 피할 수 있게vitare facile 하는 데에도 많은 도움을 준다. 실로 분명, 나는 모든 감각이 신체의 이익과 관련된 것에 대해 거짓보다는 참을 훨씬 더 자주 지시한다indicare는 것을 알고 있으므로, 그리고 나는 어떤 동일한 것을 조사하기 위해 거의 언제나 이 감각들 대부분을, 그래서 현재를 과거와 연결하는 기억을, 그리고 이제 오류의 모든 원인을 통견한 지성을 사용할 수 있으므로, 나는 더 이상 감각들이 날마다 나에게 현시하는 것이 거짓이 아닐까 두려워할 필요가 없고, 오히려 지난 며칠간의 과장된 의심들, 특히 내가 깨어 있음과 구별하지 않던 꿈에 관한 극도의 의심을 우스운 것으로 내쫓아야 한다."(《성찰》, 122~123쪽)

움 없이 제거될 수 있었다.[30] '의심의 근거'의 정점은 악신이었고, '확신의 근거'의 보루는 선신이었다. 이성은 사물들에 대한 완전한 지식을 제공해주었고, 감각은 신체 보존에 유용한 지식을 알려주었다. 그러나 감각적 사물들의 진리rerum sensiblium veritas가 오직 이성의 명석판명한 인식과 감각의 지각에만 의존하는 것은 아니었다. '자연적 충동impetus naturales'이나 '자연적 본능intstinct naturales'에 의한 믿음도 물질적 사물들의 진리 인식에 한몫을 차지할 것이었다. 자연적 본능을 논의할 때 데카르트의 어법은 상당히 독특했다. 우선 그는 '자연적 본능에 의한 믿음'을 '나는 자연으로부터 그렇게 가르쳐졌다me ita doctum esse a natura'라는, 그래서 '자연으로부터의 가르침'이라는 표현을 사용했다. 그는 또 자연의 가르침을 처음엔 거의 부정적인 의미로 사용했다. "이전에 감각적 사물들에 대한 진리를 나에게 확신시킨 근거들에 관해 말하자면, 이것에 답하는 것은 어렵지 않았다. 왜냐하면 자연은 이성이 제지한 많은 것들로 나를 몰아가는 것으로 보였으므로, 자연이 가르친a natura docentur 것들을 크게 신뢰해서는 안 된다고 여겼기 때문이었다."(《성찰》, 110쪽)

건전했던 이성과 감각이 악신을 만나면서 타락했던 반면, 말썽꾸러기였던 자연적 본능은 선신을 만나면서 건전해졌다. "나 자신과 내 기원의 작자를 더 잘 알기 시작하는 지금, (…) 모든 것을 경솔

---

30 또한 감각적 사물을 단번에 허구로 만들었던 꿈의 가설도 악마의 가설과 마찬가지로 도입은 창대했지만 끝은 미미했다. 전에는 생시와 꿈의 차이를 알 수 없었지만, 지금은 그 차이가 분명하다는 것이었다. "기억은 결코 몽상들을 삶의 여타 모든 활동과 결부시키지 못하지만, 깨어 있을 때 나타나는 것에 대해서는 그렇게 한다는 점에서 깨어 있음과 꿈 사이에 큰 차이가 있음을 알아차리기 때문이다."(《성찰》, 123쪽)

하게 인정해서는 안 되지만, 그렇다고 그 모든 것을 의심해서도 안 된다고 생각한다."(《성찰》, 110쪽) 그래서 "자연이 가르치는 모든 것이 참된 어떤 것aliquid veritatis을 지닌다는 것은 실로 의심스러운 일이 아니다. 왜냐하면 내가 지금 이해하는 자연은, 일반적으로 볼 경우, 신 자신이거나, 아니면 신이 설정한 피조물들의 질서체계와 다름없고, 또 특수하게 나의 자연은 신이 나에게 부여한 모든 것의 결합체와 다름없"(《성찰》, 113쪽)다고 생각했기 때문이었다. 데카르트는 신이 나에게 부여한 결합체complexio로서의 '나의 자연mea natura'을 다시 세 가지로 나누었다. 첫 번째는 정신에게만 속하는 자연, 자연의 빛이었다. 두 번째는 신체에게만 속하는 자연이었고, 세 번째가 신이 정신과 신체의 합성체로서의 인간에게 부여한 자연이었다. 지금 논의 대상은, 즉 '나에게 참된 어떤 것을 가르쳐주는 자연'은 합성체로서의 자연, 자연적 본능으로서의 자연이었다. 데카르트는 신의 선성을 근거로 자연의 가르침 혹은 자연적 본능의 믿음에 '참된 어떤 것aliquid veritatis'이 있다고 생각했다. 이것은 이성의 '명석판명한 인식'이나 감각의 '좋은 지시'와는 다른 것이었다. 자연적 본능은 이성 능력과 감각 능력과는 출신 성분이 다른 능력이었고,[31] 그것은 이들 능력으로는 접근이 불가한 앎을, 일상의 삶에서 가장 원초

---

31 1639년의 한 편지에서 데카르트는 자연적 본능l'instinct naturlae을 두 가지로 구분했다. 하나는 정신에게 속하는 지성적인 본능으로서 자연의 빛 혹은 정신의 직관 intuitus mentis이고, 다른 하나는 신체의 보존과 육체적 쾌락을 위한 '자연의 어떤 충동une certaine impulsion de la naturale'이다. 전자는 늘 신뢰해야 하지만, 후자는 항상 따라야 하는 것은 아니다. 그래서 항상 따라야 하는 것은 아니지만, 따라야 할 때도 있을 것이다. 특정한 분야에서 '독보적인 믿음'을 제공하는 자, 자연적 충동 혹은 본능일 것이다.

적이고 유용한 앎을 제공해주었다.[32]

　보았듯이, 진리의 탐구자가 사유하는 자아 존재라는 절대 확실한 진리의 일점을 발견한 다음 가장 경계했던 것이 오류의 두려움이었다. 이 오류의 원인은 의지 능력과 지성 능력 간의 불일치에 있었다. 판단의 오류는 신이 정신에게 '오류를 범하는 능력facultas errandi'을 부여해서 일어나는 정신의 '본성적인 혹은 자연적인 오류'가 아니었다. 그것은 이성의 판단 능력을 '잘못 사용'해서 일어나는 오류였고, '잘 사용'하면 일어나지 않을 오류였다. 따라서 오류라는 병은 타고난 선천적인 질병이 아니었다. 그러므로 판단의 오류는 신의 선성과는 무관한 것이었다. 본래적인 유한한 정신에, 그것도 그릇된 사용에 기인하는 오류였다. 다른 한편, 오류라는 질병의 원인을 발견했다는 것은 곧 그 병에 대한 처방이 가능함을 의미했다. 적극적인 치유책은 지성이 가능한 한 모든 방법을 동원해 가능한 한 모든 사물들을 명석판명하게 인식하는 것이었다. 이것

32　다음이 자연이 가르쳐주는docere 것들이다. '내가 허기나 갈증을 느낄 때 음식과 물을 필요로 하는 신체를 갖고 있다는 것', '내 정신이 신체와 일체를 이루고 있다는 것', '어떤 것은 추구하고 어떤 것은 피해야 할 많은 물체들이 내 신체 주변에 많이 있다는 것', '다양한 감각적 지각들이 비롯되는 물체 속에는 이와 유사하지는 않지만, 이에 상응하는 다양한 것들이 있다는 것', '나는 주변의 물체로부터 이롭거나 해로운 방식으로 자극을 받는다는 것'. 이것은 오류의 주요 원인인 '섣불리 판단 내리는 어떤 습관consuetudo quadam inconsiderate judicandi'과 당연히 달랐다. 뜨거운 물체 속에는 뜨거움의 관념과 전적으로 유사한 어떤 것이 있다고 판단하는 것, 멀리 떨어져 있는 물체가 내 감각에 나타나는 그대로의 크기나 모양을 갖고 있다고 판단하는 것 등이 그런 것이었다(《성찰》, 114쪽 이하 참조). 앞의 본능과 뒤의 습관 간의 본질적인 차이는 참된 근거의 유무에 있다. 후자와 달리 전자는 선신이 보증하고 있다. 그래서 전자는 근거 있는 확실한 믿음, 후자는 근거 없는 맹목적인 믿음이다. 전자는 객관적인 확신, 후자는 주관적인 확신일 것이다.

은 오랜 시간과 훈련이 요구되는 장기 치료법일 터, 이보다 단기 치유책은 지성이 판명하게 인식하지 않은 것에 대해 의지가 판단을 보류하는 것이었다. 오류의 질병에 대한 이런 장단기 처방책은 '원칙적으로' 유한한 정신이 오류를 피하면서 오류에 대한 두려움에서 벗어나게 해주는 것과 동시에, 진리 인식에 대한 희망과 확신을 최대한 갖게 해줄 것이었다.

그러나 데카르트는 신이 정신과 신체의 복합체, 즉 인간에게 부여한 자연의 오류를 설명하는 데 여섯 번째 성찰의 상당한 지면을 할애했다. "신의 선성에도 불구하고 어떤 이유로 내 판단이 거짓인 일이 일어나는지를 충분히 통견했다. 그러나 여기서, 자연이 나에게 추구할 것으로 혹은 기피할 것으로 현시하는 것과 관련해서, 그리고 또한 내가 오류를 포착했던 것으로 보이는 내적 감각들과 관련해서도 새로운 어려움이 나타난다."(《성찰》, 116쪽). 데카르트는 이 '어려움'을 몇 단계를 거쳐 설명했다. 우선 '어떤 사람'이 음식물의 맛에 속아 이 안에 든 독까지 먹어버린 경우, 그의 자연은 좋은 맛만 욕구했을 뿐 들어 있는지 알지 못한 독을 욕구한 것이 아니었다. 그래서 '그의 자연은 타락한 것이 아니라 그저 전지하지 않다'는 것만 의미할 뿐이었다. 이에 비해 '어떤 환자'가 물을 마시면 몸에 나쁘다는 것을 알면서도 마시는 경우, 그의 자연은 그것을 알면서 욕구했다. 그래서 '그의 자연이 타락했다'고 말할 수 있었다.

데카르트는 여기서 조심스러웠다. 잠시 멈춘 채 몇 가지 예상되는 반론을 가져왔다. 첫째, 선한 신이 '속는 자연'을 주었다는 것은 모순처럼 들린다는 것이었다. 둘째, 처음부터 잘못 만들어진 시계가 시간을 정확히 가리키지 못한다고 해도 이 시계 역시 정상적인 시계 못지않게 자연의 모든 법칙을 정확히 지키고 있듯이, 수종병자의 신체가 물을 마시면 병은 악화되겠지만, 신체의 메마름은 갈증의 감각을 자극하고 물을 마시게 하는 그의 신체 구조는 건강한 신체가 목이 마르면 건강을 유지하기 위해 물을 마시는 것 못지않게 '지극히 자연스러운' 것이고, 따라서 그의 자연이 타락한 것으로 볼 수 없다는 것이다. 물론 목적론적 관점에서 보면 수종병자의 신체는 '그의 자연에서 벗어나 있다'고 말할 수 있겠지만, 그것은 그저 '외적인 명칭'에 불과할 뿐, 실제로 그의 신체가 그의 자연에서 벗어나 있는 것은 아니라는 것이다. 데카르트는 이 두 가지 반론 가운데 두 번째만 수용하고 첫 번째는 무시했다. 그래서 수종병자의 '신체의 관점'에서만 본다면, 그의 신체가 물을 마실 필요가 없음에도 목이 말라 있다는 이유로 그의 자연이 타락했다고 말한다면, 이때의 자연은 목적론적 관점에서 바라본 그저 외적 명칭denominatio extrinseca에 불과하고, 실제로 그의 신체는 '지극히 자연스러운 것'이지만, "합성된 것, 즉 이런 신체와 합일된 정신과 관련해서는, 음료가 자신에게 해를 끼치는 경우 갈증이 있다는 것은 순수한 명칭 pura denominatio이 아니라 자연의 진정한 오류verus error naturae"(《성찰》, 118쪽)라는 것이다. 그래서 데카르트는 수종병자가 해가 됨에도 갈증을 느끼는 것을 '그의 자연이 진정 타락해 있다'는 것의 증거로 간주했다.

이것은 신의 선성과 '모순'되는, 데카르트로서는 적잖이 부담되는 주장이었다. 그래서 그는 바로 '신이 선함에도 불구하고 이렇게 이해된 자연이 속는 것을 신은 왜 막지 않았는지'에 대한 고찰로 넘어갔다. 이를 위해 자연학, 특히 인간 신체의 생리학적 지식들에 주목했다. 그러고는 "신의 광대한 선성에도 불구하고, 정신과 신체로 합성된 것으로서 인간의 본성은 가끔 속지 않을 수 없다"(《성찰》, 122쪽)는 것을 확인했다. 하지만 그는 낙담하지 않았다. "음료가 신체의 건강에 기여하기 때문이 아니라, 수종병자에게서 일어나듯이, 어떤 반대의 원인에 의해 생긴다면, 그 메마름이 후자의 경우에 속이는 것이, 반대로 신체가 좋은 상태에 있을 때 항상 속이는 경우보다 훨씬 더 좋은 것이다. 그리고 그 밖의 경우에도 마찬가지다."(《성찰》, 122쪽) 자연의 타락 문제는 수종병자의 신체에서처럼 특수한 경우로 한정될 것이었다. 신이 이렇게 '종종 속는 자연'을 방치했지만, 선한 신은 또한 그것을 최대한 방지하고 교정하는 능력을 제공해주었다. 유한하고 불완전한 인간이 이 삶에서 할 것은, 주어진 능력을 온전히 사용해 그 자연의 본래적인 약함을 최대한 극복하고, 최선을 다해 기만과 오류의 두려움에서 벗어나는 것에 있다고 데카르트는 생각했을 것이다.

데카르트는 지혜의 탐구인 철학을 한 그루의 나무에 비유했다. 뿌리는 형이상학으로, 줄기는 자연학으로, 가지는 의학, 기계학 그리고 도덕학이었다. 그래서 그는 학문의 원리들을 형이상학에서 찾았다. 그 원리는 세 가지였다. '사유하는 정신이 있다', '만물의 창조자이자 진리의 근원인 신이 있다', '신은 아주 명석판명한 지각을 갖고 있는 사물들에 내리는 판단에서 속을 수 있는 그러한 본성으로 우리 이성을 결코 만들지 않았다.' 이것들이 원리인 한, 그 진리성은 의심될 수 없고, 다른 지식들을 가능케 할 것이다. 제1원인들의 확실성에서 형이상학적 확실성과 도덕적 확실성을, 같은 말이지만 형이상학적 원리들에서 이성적 지식들과 감각적 지식들을 끌어냈다.[33]

데카르트는 지혜의 탐구인 철학을 한 그루의 나무에 비유했다. 뿌리는 형이상학으로, 줄기는 자연학으로, 가지는 의학, 기계학 그리고 도덕이었다. 그래서 그는 학문의 원리들을 형이상학에서 찾았다. 그 원리는 세 가지였다. '사유하는 정신이 있다', '만물의 창조자이자 진리의 근원인 신이 있다', '신은 아주 명석판명한 지각을 갖고 있는 사물들에 내리는 판단에서 속을 수 있는 그런 본성으로 우리 이성을 결코 만들지 않았다.' 이것들이 원리인 한, 그 진리성은 의심될 수 없고, 다른 지식들을 가능케 할 것이다. 제1원인들의 확실성에서 형이상학적 확실성과 도덕적 확실성을, 같은 말이지만 형이상학적 원리들에서 이성적 지식들과 감각적 지식들을 끌어냈다. 그래서 지혜를 삶의 최고선으로 규정한 데카르트는 마지막 출판작 《정념론》의 마지막 항을 '삶의 모든 좋은 것과 나쁜 것은 오

직 정념에 의존한다'고, 그러나 '정념의 주인은 지혜'라고 갈음한
것이다.[34]

　정념은 진리의 탐구자가 가장 희망해야 할 것이고, 또 가장 두려
워해야 할 것이다. 삶을 가장 행복하게 만드는 것이 정념에 있을
것이고, 삶을 가장 불행하게 만드는 것도 정념에 있을 것이다. 삶
의 희망과 두려움, 행과 불행이 가장 심하게 교차하고 요동치는 곳
이 바로 정념이다. 정념의 원인을 정확히 알고, 올바로 사용하는
것이 중요했다. 판단의 오류와 두려움에서 벗어나게 해주었던 것

33　저자는 《철학의 원리》 제1부를 제외한 제2~4부에서 자연학 일반 및 개별 자연학
　　을 제시했다. 이 모든 설명을 마친 다음 저자는 강조했다. 자신이 이 책에서 자연
　　물에 대해 설명한 것들이 '적어도' 도덕적으로 확실하고(제4부 205항), 또 어떤
　　것들은 도덕적으로 확실한 것 '이상으로', '절대적으로 혹은 형이상학적으로' 확실
　　한 것들도 있다는 것이다(제4부 206항). 그 첫째는 수학적 증명들이고, 물질적인
　　사물들이 존재한다는 것이다. 또 형이상학적 원리들로부터 단계적으로 연역된 것
　　들이 그런 것이다. 그런데 이 모든 것들이 도덕적 확실성을 넘어 형이상학적인 확
　　실성을 가질 수 있는 까닭은 그것들이 형이상학적 토대에 근거하고 있기 때문이
　　다. 이 토대는 다름 아닌, "신은 최고선이고 속이지 않기 때문에, 그가 참과 거짓을
　　구별할 수 있도록 우리에게 부여한 능력을 올바로 사용하는 한 이 능력에 의해 판
　　명하게 지각한 것들에서 우리는 오류를 범할 수 없다"는 것이다. 이 원리는 형이
　　상학적 원리 세 가지 중 하나였고, 악마의 가설 이래 사유하는 자아 존재 이외 '다
　　른 모든 것들에 대한 완벽한 확신'을 갖기 위한 조건이었다. 이 조건이 여기서 자
　　연과학적 지식들의 토대로 사용되고 있다는 것을, 그래서 그로부터 연역된 지식
　　들은 형이상학적 확실성을 가진다는 것이었다. 이것이 《철학의 원리》라는 장대한
　　텍스트를 끝내면서 던진 데카르트의 말이다.

34　"정념에 의해 크게 감동받을 수 있는 사람들은 삶에서 가장 큰 감미로움을 맛볼
　　수 있다. 또한 정념을 제대로 사용할 줄 모른다거나 행운이 그들을 따라주지 않는
　　다면 가장 쓴맛을 볼 수 있다. 이런 면에서 지혜는 아주 유용하다. 지혜는 우리가
　　정념의 주인이 되도록 하고, 정념을 여러 기술로 유익하게 사용하도록 가르침으
　　로써 정념이 일으키는 나쁜 것에 잘 견딜 수 있게 하고, 나아가 모든 정념에서 기
　　쁨마저 이끌어낸다."(《정념론》, 212항)

과 비슷한 치유책이 정념에게도 필요할 것이다. 그래서《정념론》
의 저자는 이 책을 끝내면서 '정념들에 대한 일반적 치유책Un remède
général contre les Passions'을 제시했다. "정념들 모두를 인식하고 있는 지
금, 우리는 이전보다는 훨씬 덜 정념들을 두려워de les craindre할 동기
를 갖고 있다. 왜냐하면 우리는 정념들이 그 본성상 모두 좋은 것임
을, 그것들의 잘못된 사용leurs mauvais usages이나 그것들의 지나침leurs
excès 이외에 피할 것이 아무것도 없음을 알고 있기 때문이다. 이것
들에 대해 내가 제시한 치유책들les remèdes은 각자가 신중하게 실행
하기만 한다면 충분한 것이다."(《정념론》, 211항) 이성도, 감각도, 정
념도, 이것이 선한 신의 선물인 한 그 자체로 좋은 것들이지만, 문
제는 잘못된 사용에 있었다. 그리고 이성의 오용, 감각의 오용, 정
념의 오용에 대한 두려움에서 벗어나게 해주는 것은 결국은 지혜
였다.[35] 지혜로운 인간은 완전한 지식과 슬기로움으로[36] 이런 두려
움에서 벗어난 인간일 것이고, 지혜로운 삶은 두려움과 상극인 확

---

35 《정념론》의 저자는 '관대함la générosité'이라는 카드를 꺼냈다. 그는 이것을 '다른
모든 덕의 열쇠이자 정념의 모든 무절제에 대한 일반적인 치유책'으로 간주, 지
혜의 주요 부분으로 삼았다. 그것 역시 '확고하고 굳건한 결단'과 불가분의 관계
에 있었다. "참된 관대함이란 (⋯) 한편으로는 자신에게 진정 속하는 것은 자기
의지의 자유로운 성향 이외에 아무것도 없다는 것을 인식하는 것에, 다른 한편으
로는 자신의 의지를 잘 사용하겠다는 확고하고 굳건한 결단une ferme & constante
resolution de'en bein user, 즉 최선이라고 판단하는 모든 것을 시도하고 실행하기 위
한 의지를 결코 결여하고 있지 않다는 것을 자신 안에서 느끼는 것에 있다."(《정념
론》, 153항)
36 주지하듯이, 데카르트는 지혜를 일상 삶에서의 슬기로움la prudence, 인간이 인식
가능한 모든 사물들에 대한 완전한 지식une parfaite connaissance으로 규정했다.

신에 찬 삶일 것이다.[37]

《정념론》의 저자에게 인생의 가장 쓴맛은 후회le repentir에 있었고, 가장 단맛은 자기만족la satisfaction de soi-même에 있었다. 이 둘은 상극의 정념이었다. 이것들이 정념들 가운데 '가장' 쓰고 달콤한 이유는 그 원인이 '오직 자신에게' 있기 때문이었다. 그는 습관으로서의 자기만족과 정념으로서의 자기만족을 구별했다. 전자는 '지속적으로 덕을 따르는 이들이 늘 갖는 것으로 양심의 평온과 평정'이고, 후자는 '좋은 것이라 생각되는 어떤 행동을 방금 했을 때 새롭게 얻는 기쁨'이었다. 반면에 후회는 '자신이 어떤 나쁜 행위를 했다고 믿는 데서 오는 슬픔'이었다. 가장 몹쓸 정념이지만, 전혀 쓸모없는 것도 아니었다. 한 행동이 정말 나쁜 것이라고 확실하게 인식할 경우 후회는 다음엔 그러지 말라고 자극할 것이었다. 그러나 약한 정신들les esprits foibles은 자신이 한 행동들이 나쁘다고 확실히 알지도 못하면서도 종종 후회한다. 그들은 그저 자신이 한 행동이 '두렵다'는 이유만으로 '나쁜' 짓을 저질렀다고 확신한다. 그러나 그들은, 숲 속에서 길 잃은 여행객이 방향을 못 정한 채 우왕좌왕하는 것처럼, 설령 반대로 했다고 해도 마찬가지로 후회했을 것이다. 후회의 경우, 문제는 약한 정신에 있었다. 그래서 후회의 치유책은 우유부단과 똑같았다. 영혼을 가장 흔드는 후회는 지혜의 탐구자가 가장 멀리할 정념이었고, 영혼을 가장 고요히 하는 자기만족은 가장 가까이할 정념이었다. 지혜는 자기만족에 이르는 방안을 제시할 것이고, 후회에서 벗어날 처방을 제시할 것이다.

---

37 앞에 언급했듯이, 희망의 상극이 절망이고, 두려움의 상극은 안도 혹은 확신이다 (《정념론》, 58항).

후회는 약한 정신에게 따라붙는 정념이었다. 후회하는 삶은 약한 정신이 갖는 가장 불만의 삶이고 가장 불행의 삶이었다. '가장 약한 정신들'은 다름 아닌 의지가 단호하고 확고하게 어떤 판단을 따르기로 결단하지 못하고 현재의 정념에 지속적으로 끌려가도록 내버려두는 영혼이었다. 반면에 '가장 강한 정신들les âmes les plus fortes'은 '그 의지가 가장 쉽게 정념을 정복하고 정념을 동반하는 몸의 운동을 멈추게 할 수 있는'(《정념론》, 48항) 영혼이었다. '영혼의 고유한 무기'인 '단호하고 확고한 판단들les jugemens fermes & déterminez'을 들고 정념과 싸우는 영혼이었다. 또 강한 영혼은 진리 인식에 근거를 둔 영혼인 반면, 약한 영혼은 잘못된 견해를 따르는 영혼이었다.[38] 그래서 단호한résolu 정신은 자기만족의 삶을, 우유부단한 irrésolu 정신은 후회의 삶을 걸을 것이었다.

《방법서설》의 저자가 '모든 것을 던지겠다'고 결단하고 가장 먼저 언급한 이들이 '의심하기 위해 의심하고 우유부단한 태도를 취하는' 회의론자들이었다. 그러고는 자신의 확신과 결단의 철학은 의심과 우유부단의 회의론과 상극이라고 강조했다.《정념론》의 저자도 우유부단l'Irrésolution을 주목했고, 상대적으로 자세히 설명했다. "우유부단은 일종의 두려움이고, (⋯) 영혼이 할 수 있는 여러 행위들 사이에서 주저함으로써 영혼을 붙잡고, 이로써 영혼이 어떤 것도 실행하지 못하게 하는 원인이다. (⋯) 이 두려움은 어떤 사

---

38 "그럼에도 어떤 잘못된 견해에서 비롯되는 결단과 진리의 인식에만 근거한 결단 사이에는 커다란 차이가 있다. 후자를 따른다면 결코 아쉬움도 후회도 없지만, 항상 전자를 따랐다가 거기서 오류를 발견하게 되면 아쉬워하고 후회하게 된다."(《정념론》, 49항)

람들에게는 아주 일반적이고 강해서, 취하거나 내버려두어야 할 한 가지만 있을 뿐 선택할 것이 전혀 없음에도 그들을 사로잡고 다른 선택을 위해 쓸데없이 머뭇거리게 만든다. 그러므로 그것은 잘하려는 너무 큰 욕망에서 비롯되는, 명석판명한 개념들이 아니라 혼란된 것만 잔뜩 가진 지성의 약함une foiblesse de l'entendement에서 비롯되는 우유부단의 지나침un excès d'Irrésolution이다"(《정념론》, 170항). 숙고의 수준을 넘어 우유부단의 '지나침'은 욕심이 과한 정신, 모호한 인식만을 가진 약한 정신에서 야기되는 두려움의 정념이었다. 이 두려움은 다시 만사를 의심하게 하고, 의심은 다시 우유부단의 지나침을 초래할 것이었다. 두려움, 의심, 우유부단으로 이어지는 삶은 전형적인 약한 정신의 삶이었고, 그가 보기엔 '무신론적 회의론자들'[39]의 삶과 다름없는 것이었다.

데카르트는 우유부단과 후회 그리고 양심의 가책le remords에 대한 치유책을 하나로 묶었다. 이것들의 원인이 동일하기 때문에 하나의 처방책으로 치유가 가능하다고 생각했을 것이었다. 이것들의 치유책은, "현전하는 모든것과 관련해서 확실하고 단호한 판단들des jugements certains et déterminés을 형성하는 것에, 최선이라고 판단한 것을 행할 때, 설령 그 판단이 혹시 아주 나쁜 것이라 해도, 언제나 자신의 의무를 다하고 있다고 믿는 것에 익숙해지는 것이다"(《정념론》, 170항). 생애 마지막으로 출판된 저작에서 저자가 한 이 말은

---

[39] 데카르트의 철학이 가장 날을 세웠던 이론이 회의론와 무신론이었을 것이다. 그의 입장에서 보면, 대개의 회의론자는 무신론자였고, 무신론자는 회의론자일 수밖에 없었다. 그래서 그는 이 둘을 묶어 '무신론적 회의론자'라고 부르면서 그 오류들을 늘 비판했다. (특히 《성찰 1》, 138쪽 이하 참조.)

출판된 그의 첫 저작《방법서설》제3부에서 했던 말과 크게 다르지 않을 것이었다.

6. 나가는 말

신의 은총과 구원이 보장되지 않는 이 삶에서 데카르트가 믿고 의지했던 것은 자기 자신, 인간이었다. 주어져 있는 자신의 모든 역량을 찾고 계발해 지금 여기서 행복한 삶을 모색했다. 이 삶은 다름 아닌 내적으로 만족스러운 삶이었고, 이 만족감은 삶의 확신에서 비롯될 것이었다. 확신에 찬 삶, 달리 말해 우유부단하지 않은 결단의 삶은 데카르트의 철학이 줄곧 추구한 완벽한 삶의 전형이었다.

데카르트는 지행합일론자였다. 잘 행동하기 위해서는 잘 판단하면 족하다고 생각했다. 잘 판단한다는 것은 참된 것을 거짓된 것에서 구별한다는 것을 의미했다. 참된 인식은 확실한 인식을 뜻했다. 그래서 그는 청년 시절부터 '삶에 유용한 확실한 인식'에 대한 극도의 욕망을 가졌다. 확실한 인식은 확실한 행동을 보장할 것이고, 이로써 확신에 찬 삶, 만족스러운 삶, 복된 삶은 이 땅에서 자기 스스로 영위할 수 있을 것이기 때문이었다.

인식의 영역에서 확신은 의심의 극복을, 정념의 영역에서 그것은 두려움을 넘어 희망한 것들이 성취될 수 있다는 안도감, 안심을 의미했다. 그래서 확신에 찬 삶은 두려움에서 벗어난, 결코 우유부단하지 않는 삶, 후회하지 않는 삶, 자기 만족하는 삶이었다. 이런 데카르트의 삶의 철학은 자유로운 삶, 구원의 삶, 지복의 삶을 모색한 스피노자의 그것과 크게 다르지 않을 것이었다. 적어도 이런 점에서, '두려움은 중세의 무기였고, 확신은 근대의 무기였다'는 주장은 결코 무리가 아니었다.

데카르트: 방법과 도덕

1. 철학과 방법

내 글을 출판할 때, 내가 어떤 목표를 가졌는지를 제대로 이해시키기 위해, 사람들이, 내가 보기에, 스스로 교육하기 위해 지켜야하는 순서를 여기에 설명하려고 했을 것입니다. (…) 통속적이고불완전한 지식만을 여전히 가지고 있는 사람은, 모든 것에 앞서, 그의 삶의 행동들을 지도하기에 충분할 하나의 도덕을 스스로 만들도록 노력해야 합니다. (…) 그런 후에, 그는 또한 논리학을 공부해야 합니다. 하지만 강단의 논리학이 아닙니다. 왜냐하면 그것은, 엄밀히 말해, 알고 있는 것들을 다른 사람에게 이해시키는, 혹은 심지어 알지 못하는 것에 대해 많은 이야기를 판단 없이 말하는 수단들을 가르치는 하나의 변증술일 뿐이고, 그래서 양식을 늘리기는커녕 타락시키기 때문입니다. 그러나 공부해야 하는 논리학은 모르는 진리를 발견하기 위해 이성을 잘 인도하는 것을 가르치는 논리학입니다. 이것은 사용에 크게 의존하기 때문에, 수학문제들처럼 쉽고 단순한 문제들에 그 규칙들을 실제로 적용해서 오랫동안 연습하는 것이 좋습니다. 나아가 이런 문제들에서 진리를 찾아내는 데 어느 정도 습관이 들여졌을 때, 진지하게 참된 철학에 전념하기 시작해야 합니다.[1]

앞의 인용문은《철학의 원리》의 프랑스어 번역판 서문용으로 데카르트가 피코 신부에게 보낸 편지의 일부로서, 학문을 습득하는 과정에서 준수해야 할 '순서'를 설명하고 있다. 그 첫째는, 아직 완전한 지식 혹은 참된 지식을 획득하지 못한 사람들은 자신의 품행을 지도할 수 있는 '잠정적' 도덕 규칙을 설정해야 한다는 것이고, 둘째는 강단 논리학이 아니라 새로운 지식을 발견하게 해주는 '참된' 논리학을 발굴해야 한다는 것이며, 셋째는 이 발견의 논리학을 통해서 '참된' 철학, 즉 지혜의 탐구를 시작해야 한다는 것이다.

《방법서설》과《정신지도규칙》(이하《규칙》)에 대해 논의하는 이 자리에서, 왜 앞의 데카르트 말을 인용하고 있는지는 아주 분명하다. 인간의 역량으로 인식할 수 있는 대상들(학문들)을 탐구할 때도 순서가 있다는 말은《방법서설》의 전체 내용과 상응하고, 나아가 새로운 지식을 발견하게 해주는 방법은《방법서설》의 제2부와《규칙》의 전체 내용과 다름없기 때문이다. 모두 제6부로 구성된《방법서설》의 제1부는 기존 학문들에 대한 고찰을, 제2부는 방법을, 제3부는 도덕 규칙을, 제4부는 형이상학을, 제5부는 자연학을,

---

1 1644년에 라틴어로 출간된《철학의 원리》는 데카르트의 절친한 친구였던 피코 신부에 의해 번역된 프랑스어 번역판이 1647년에 출간되었다. 데카르트는 이 프랑스어 번역판을 읽어본 후에 이 책의 서문으로 사용되기를 기대하면서 피코 신부에게 장문의 편지를 보낸 바 있다(이 책, 551쪽 참조).

데카르트가 태어난 집.

제6부는 집필 동기가 각각의 내용이다. 그래서 제2부는 '참된' 논리학에 대해, 제3부는 '잠정적' 도덕 규칙에 대해, 제4부와 제5부는 보편학으로서의 '참된' 철학에 관해 논의하고 있는 셈이다. 그리고 《규칙》에 들어 있는 모든 규칙은 진리 인식을 위해 정신을 지도하는 데카르트적 논리학의 구체적인 내용물이다. 따라서《방법서설》과《규칙》의 공통분모는 방법론에 귀착된다.

《방법서설》은 1637년에 데카르트가 최초로 출간한 책이고, 그것도 일상인을 위해 프랑스어로 쓰인 일종의 자서전적 고백론이다. 데카르트 자신이 말하고 있듯이, 그 책은 갈릴레이의 재판으로 인해 출간을 보류한《세계 혹은 빛에 관한 논고》의 축소판이자, 제반 기존 학문에 대한 평가, '새로운' 학문의 출현을 암시하는 책이다.

반면에, 《규칙》은 데카르트 생전에 출간되지 않은 미완의 논고이다. 이 책의 집필 연도에 대해서는 논란이 많지만, 라플레슈를 졸업하고 "세상이라는 큰 책" 속에서 방랑의 세월을 보내고 난 다음 네덜란드에 정착한 1628년부터 1629년까지로 추정되고 있다.

《방법서설》의 원제목은 《이성을 잘 인도하고, 학문들에서 진리를 찾기 위한 방법서설, 그리고 이 방법에 관한 에세이들인 굴절광학, 기상학 및 기하학》이다. 그리고 《규칙》의 원본을 직접 본 바이예Adrien Baillet의 번역에 따르면, 그 책의 제목은 《진리 탐구를 위한 정신지도규칙Règles pour la direction de l'Esprit dans la recherche de la Vérité》이다.[2] 데카르트에게 종종 이성과 정신이 유사한 의미로 사용되고 있다면, "이성을 잘 인도하는 것"과 "정신을 지도하는 것"은 크게 다르지 않고, 따라서 이 두 책은 모두 동일한 목표를 지향하는 것으로 볼 수 있다. 그리고 이제 이성 혹은 정신을 잘 인도하고 지도하는 이유는 진리를 탐구하기 위함이다. 또 진리 혹은 참된 지식을 탐구하는 이유는 지혜롭게, 즉 행복하게 잘 살기 위함이다. 그리고 철학함이 지혜의 사랑과 다름없다면, 참된 철학은 바로 이성의 올바른 지도에 달려 있다. 바로 여기에서 철학과 방법의 불가분성이 드러난다. 방법 없는 철학함은 맹목적이고, 지혜 없는 방법은 공

---

2 《규칙》하노버판의 제목은 《진리 탐구에 관한 규칙들Regulae de inguirenda veritate》이고, 원판을 소지하고 있었던 클레르슬리에Claude Clerselier에 따르면, 《진리 탐구에 관한 데카르트의 이야기Discours de Mons. Des Cartes de la recherche de la Vérité》이다. 그렇다면 벡L. J. Beck이 생각하듯이, 《방법서설》의 원제목인 《이성을 잘 인도하고, 학문들에서 진리를 찾기 위한 방법서설》은 이런 제목들의 합성물로 보아도 무방할 것이다(L. J. Beck, *The Methode of Descartes: A Study of the 'Regulae'*, Clarendon Press, Oxford, 1952, 12쪽, 주석 1 참조).

허할 뿐이다. 맹목적인 철학함, 공허한 방법은 데카르트가 가장 신랄하게 비판하는 대목이고, 이 비판은 당대 철학자들을 겨냥하고 있다.

《방법서설》에서 데카르트는 "아주 느리게 걷는 이들이 늘 곧은 길을 따라간다면 뛰어가되 곧은길에서 벗어나는 이들보다 훨씬 더 앞으로 나아갈 수 있다"[3]고 말한다. 앞의 피코 신부에게 보낸 편지에 들어 있는 말을 빌리자면, 아무리 조잡하고 우둔한 정신의 소유자라도 올바르게 지도되기만 하면 거의 대부분의 사람들은 좋은 의견을 받아들일 수 있으며, 나아가 최고의 지식 일체를 획득할 수도 있는 것이다. 그러므로 아무리 둔한 정신을 갖고 있더라도 방법에 의해 올바로 지도받기만 하면 확실한 지식을 획득할 수 있는 반면, 방법이 없이 그저 학문을 탐구하는 사람은 결코 진리를 인식할 수 없다는 것이 데카르트의 입장이다.

그의 이런 주장은 이미 《규칙》, 즉 "진리를 탐구하기 위해서는 방법이 필요하다"는 제4규칙에서 피력되어 있다.

> 필사자들은 맹목적 호기심에 사로잡혀, 희망의 어떠한 근거도 없이 단지 찾는 것이 거기에 놓여 있는지를 시험해보기 위해 정신을 종종 미지의 길로 인도한다. 이는 어떤 이가 보물을 발견하려는 어리석은 욕망에 불타, 혹시라도 여행자가 잃어버린 어떤 것을 발견할지를 알아보기 위해 계속 거리를 배회하는 경우와 같다. (…) 물론 그들이 헤매다가 이따금 요행히 참된 어떤 것을 발견한다는

---

3 이 책, 18쪽.

것을 부정하지 않는다. 그렇지만 그렇다고 해서 그들이 더 재간이 있다는 것을 인정하는 것이 아니라, 그들은 그저 운이 더 좋았을 뿐이다. 그리고 사물의 진리를 방법 없이 탐구하는 것보다 그럴 생각을 아예 하지 않는 편이 훨씬 더 낫다. 왜냐하면 이런 유의 순서 없는 연구들과 모호한 성찰들은 자연의 빛을 혼란에 빠뜨리고 정신을 맹목적으로 만든다는 것이 극히 확실하기 때문이다. 그리고 어둠 속을 걷는 데 익숙한 자는 누구든 시력이 약해져서 나중에는 환한 빛을 견딜 수 없게 된다. (…) 우리는 글공부에 전혀 힘쓰지 않은 이들이 계속 강단에 있는 자들보다 마주치는 것들에 대해 훨씬 더 견고하고 훨씬 더 명석하게 판단한다는 것을 매우 자주 보기 때문이다.[4]

그러므로 데카르트는 방법과 기예ars에 의한 진리 탐구와 운fortuna에 의한 탐구를 구별하면서 전자를 강조한다. 그런데 방법을 통해 사물의 진리를 탐구하기 전에 우선 해야 할 것은, 방법을 통해 정신을 훈련시키는 것이다. 즉, 선입견과 편견에 의해 물들어 있는 정신을 정화하는 작업, 나아가 사물을 명석판명하게 인식할 수 있도록 정신의 역량을 증대 혹은 확장하는 작업이다. 그런데 참된 방법은 이것을 할 수 있는 반면, 운에 의한 진리 탐구는 자연의 빛을 흐리게 하고, 정신을 맹목적으로 만들어준다. 이런《규칙》의 표현은 다음의《방법서설》의 말과 상통한다. "선례와 관습에 의해서만 나를 설득해온 어떠한 것도 너무 확고하게 믿어서는 안 된다는 것을 배

---

4   이 책, 126~127쪽.

웠다는 것이고, 이런 식으로 나는 우리 자연의 빛을 흐리게 할 수 있는, 이성에 귀를 덜 기울이게 만드는 많은 오류들부터 조금씩 해방되었다는 것이다."[5] 나아가 "그 방법 덕분에 내 인식을 단계적으로 증대시킬, 그리고 그것을 내 평범한 정신과 내 짧은 삶으로도 기대해볼 만한 가장 높은 곳까지 조금씩 끌어올릴 수단을 갖게 된 것으로 보인다. 왜냐하면 나는 이미 이 방법으로 다음과 같은 열매들을, (…) 거두었기 때문이다."[6] 그러므로 이제 데카르트는《규칙》에서 방법을 단적으로 규정한다. "방법은 확실하고 쉬운 규칙들이고, 이 규칙들을 정확히 따르는 자는 누구든 결코 거짓인 어떤 것도 참으로 추정하지 않을 것이고, 정신의 노력을 무익하게 소모함이 없이 언제나 단계적으로 지식을 늘리면서, 그에게 가능한 모든 것에 대한 참된 인식에 도달할 것이다."[7]

그렇다면 데카르트의 방법은 새로운 진리를 발견하게 하는 논리학이다. 피코에게 보낸 편지에서도 나타났듯이, 이 논리학은 강단 논리학, 즉 '정당화 논리학'이 아니라 '발견의 논리학'이다. 기존의 강단 논리학을 신랄하게 비판하는 이유에 대해,《방법서설》에서는 "논리학에서 그 삼단논법과 다른 지침들 대부분은 모르는 것을 배워 알게 하는 것이 아니라, 오히려 아는 것을 남에게 설명하는 것에 소용되고 있다는 것이며, 심지어 룰루스의 기예처럼 모르는 것을, 판단 없이 말하는 것에 소용되고 있다는 것"[8]이기 때문이

5　이 책, 28~29쪽.
6　이 책, 19~20쪽.
7　이 책, 127쪽.
8　이 책, 37쪽.

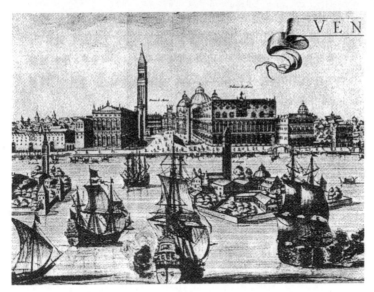

데카르트는 세상이라는 커다란 책에서 학문을 탐구하고자
많은 나라를 여행하던 중에 이탈리아 베니스를 방문했다.

라고 말하고,《규칙》에서는 "그렇지만 이 토론 기예가 진리 인식에
전혀 기여하지 못한다는 것이 더욱더 명증하게 드러나게 하기 위
해 알아차려야 하는 것은, 만일 변증론자들이 먼저 삼단논법의 질
료를 갖지 않았다면, 다시 말해, 삼단논법에서 연역되는 이 동일한
진리를 이미 전에 인식하지 않았다면, 그들은 기예를 통해 어떠한
삼단논법도 형성할 수 없다는 점이다. 이로부터 분명한 것은, 그들
자신이 이러한 형식으로부터 새로운 어떠한 것도 지각하지 못한
다는 것, 그래서 통상적 변증론은 사물의 진리를 탐구하기를 원하
는 이들에게 전적으로 무익하다는 것, 오히려 그것은 단지 때때로
이미 알려진 근거들을 보다 쉽게 다른 이들에게 설명하는 데에만
유익하다는 것, 따라서 그것은 철학에서 수사학으로 옮겨져야 한

다"[9]고 주장한다는 점에서 그렇다.

물론 기존의 강단 논리학이 새로운 정보를 제공하지 못한다는 데카르트의 주장이 얼마나 타당한지에 대해서는 논란의 여지가 있지만, 데카르트는 기존의 논리학과 기하학자들의 해석 및 대수의 장점을 취합해 발견의 논리학을 창안한다. 이 논리학의 핵심이 바로《방법서설》제2부에서 제시되는 그 유명한 네 가지 규칙이다. 첫째는 "내가 명증하게 참이라고 인식하지 않은 어떠한 것도 결코 참으로 받아들이지 않는 것, 다시 말해, 속단과 편견을 세심히 피하는 것, 그리고 내가 의심할 어떠한 동기도 갖지 않을 만큼 명석하고 판명하게 내 정신에 나타나는 것 외에는 아무것도 내 판단에 포함시키지 않는 것"이며, 둘째는 "내가 조사한 어려움들 각각을, 가능한 만큼 그리고 그 어려움들을 가장 잘 해결하기 위해 요구되는 만큼, 작은 부분들로 나누는 것"이며, 셋째는 "가장 단순하고 가장 쉽게 인식되는 대상들에서 시작해 조금씩, 단계적으로, 가장 복합된 대상들의 인식에까지 올라가기 위해 내 사유들을 순서에 따라 인도하는 것. 그리고 심지어 자연적으로 전혀 서로 잇따르지 않는 대상들 사이에서도 순서를 가정하면서 내 사유들을 인도하는 것"이며, 넷째는 "내가 아무것도 빠뜨리지 않았다고 확신할 정도로 완전한 열거와 전반적인 점검을 어디서나 하는 것"이다. 일반적으로 첫째 규칙은 '명증성의 규칙'으로, 둘째 규칙은 '분해의 규칙'으로, 셋째 규칙은 '복합의 규칙'으로, 넷째 규칙은 '열거의 규칙'으로 명명될 수 있다.

9 이 책, 168쪽.

이 네 가지 규칙은《규칙》에 그대로 들어 있다. 진리 혹은 지식의 척도를 지시하는 '명증성의 규칙'은《규칙》의 제2규칙에 나타난다. "지력이 확실하고 의심될 수 없는 인식을 획득하기에 충분하다고 보이는 대상들에만 종사해야 한다"는 제2규칙에서 "모든 지식은 확실하고 명증적인 인식"[10]으로 규정한다. 명증적 인식만이 더 이상 의심할 수 없는 확실한 지식이고, 그래서 이때 회의론적 입장은 물론 상대론적 입장도 사라지게 된다. "왜냐하면 어떤 이의 근거가 확실하고 명증하다면, 그는 그것을 다른 이에게 제시할 수 있을 것이고, 그래서 마침내 그의 지성 또한 설득시킬 것이기 때문이다."[11] 그래서 명증적으로 인식된 것만이 완전한 지식이고, 이것은 개연적인 추측과 대립되며, 명증적 인식은 오직 지성의 두 활동인 직관과 연역에 의해서만 가능하다.

분해와 복합의 규칙은《규칙》의 제5규칙의 제목에서 설명된다. 즉, "방법 전체는 우리가 어떤 진리를 발견하기 위해 정신의 눈을 돌려야 하는 것들의 순서와 배열에 있다. 그리고 만일 우리가 단계적으로 복잡하고 모호한 명제들을 보다 단순한 것들로 환원한다면, 그리고 그다음에 모든 것 가운데 가장 단순한 것들에 대한 직관에서부터 동일한 단계를 통해 다른 모든 것들에 대한 인식으로 오르려고 시도한다면, 우리는 이 방법을 정확히 따를 것이다." 데카르트는 이 규칙에 "인간의 재간 전체의 총합이 들어 있"다고 말한다. 단순한 것 혹은 단순 명제 혹은 단순 본성은 환원의 귀착점이고, 이 귀착점은 더 이상 의심될 수 없는 명증적인 직관의 대상이

---

10   이 책, 115쪽.
11   이 책, 116쪽.

며, 이 토대로부터 단계적으로 확실한 연역을 통해 복잡한 것, 복합 명제로 나아가는 것이 인간의 역량으로 도달할 수 있는 진리 인식이라는 것이다.

열거의 규칙은《규칙》의 제7규칙의 제목에서 제시된다. 즉, "지식을 완전하게 하기 위해, 우리 계획에 속하는 모든 것을 그리고 각각을, 연속적인 그리고 어디에서도 중단되지 않는 사유 운동으로 검토해야 하고, 충분한 그리고 순서 잡힌 열거 안에서 포괄해야 한다." 데카르트는 이때 열거를 "제시된 어떤 문제와 연관되는 모든 것에 대한 세심하고 정확한 탐사이고, 그래서 우리는 이것으로부터 우리가 잘못해서 빠뜨린 것은 아무것도 없다고 확실하게 그리고 명증하게 결론짓는"[12] 것으로 규정한다. 나아가 그는 열거를 "단순한 직관을 제외한 다른 모든 입증 유형들보다 더 확실하게 진리를 결론짓게 해주는 것으로 이해한다"[13]고 강조하고, "우리가 어떤 것 하나를 많은 것들 그리고 동떨어진 것들에서 추론한다면, 우리 지성의 능력은 종종 이 모든 것을 한 번의 직관으로 포괄할 수 있을 만큼 크지 않다. 이 경우, 지성은 이 작용의 확실성으로 족해야 한다. 마찬가지로, 우리는 보다 긴 어떤 사슬의 모든 고리들을 눈의 한 번의 직관으로 구별할 수 없다. 그러나 그럼에도 불구하고, 만일 우리가 고리들 각각이 가장 가까운 고리들과 연결되어 있는지를 보았다면, 이는 우리가 또한 어떻게 마지막 고리가 처음 고리와 연결되어 있는지를 살펴보았다고 말하기에 충분할 것"[14]이라고

---

12 이 책, 146쪽.
13 이 책, 147쪽.
14 이 책, 147쪽.

말한다.

《방법서설》에서는 앞의 네 가지 규칙이 아주 짧게 언급되는 반면,《규칙》에서는 상당히 자세하게 설명한다. 이런 사정은 이 두 책의 특성을 살펴보면 금방 드러난다. 후자가 오직 방법만을 대상으로 하는 반면, 전자는 그 외에도 다른 많은 내용을 포함하기 때문이다. 그래서 방법에 대한 논의는《방법서설》보다는《규칙》에서 훨씬 자세하게 개진한다. 규칙을 그저 제시하는 수준이 아니라, 그것을 통해 정신의 역량을 증대시키는 일, 나아가 문제에 대한 구체적인 해결 방식까지도 설명된다. 따라서 데카르트적 방법의 정체를 해명하기 위해서는《규칙》의 내용에 대한 검토가 불가피할 것이다.

2. 직관, 연역 그리고 열거

집필 당시 《규칙》은 원래 3장으로 계획되어 있었다. 그 각 장은 각각 열두 가지 규칙들을 담고 있었다. 지금 우리에게 주어진 텍스트는 제1장(제1~12규칙)과 제2장(제13~21규칙)뿐이다. 제2장의 마지막 세 규칙은 본문 없이 제목만이 있다. 그래서 《규칙》은 미완의 논고이다. 제1장에서는 '정신을 훈련시키는' 예비적 방법에 대해, 제2장은 '완전하게 이해된 문제'의 해결 방식에 대해, 제3장은 '불완전하게 이해된 문제'의 해결 방식에 대해 논하려고 했던 것이 이 책의 원래 의도였다.

앞에서도 말했듯이, 데카르트에게 방법의 유용성은 두 가지 측면에서 바라볼 수 있다. 첫째, 방법은 정신을 지도해준다. 다시 말해 정신의 역량을 최대한 늘려준다. 둘째, 방법은 최대한의 역량을 가진 정신으로 하여금 사물에 대한 진리를 인식하도록 해준다. 그러므로 데카르트는 일차적으로 자신의 방법이 어떻게 정신을 훈련시키는지를 설명한다. 그래서 "학업의 목표는 나타나는 모든 것들에 대해 견고하고 참된 판단을 내리도록 정신을 지도하는 것이어야 한다"라는 것이 《규칙》의 첫 번째 규칙으로 설정된다. "견고하고 참된 판단을 내리도록 정신을 지도하는 것"이 바로 학적 탐구의 목표이고, 이것을 가능케 하는 것이 바로 방법적 규칙이다.

그러나 제반 학문들이 각각 다른 대상을 탐구한다고 해도, 그것에 각각 다른 고유한 탐구 방법들이 있는 것은 아니다. 방법은 오직 하나일 뿐이고, 동일한 방법에 의해 상이한 학문이 모두 적절하게 탐구될 수 있다. "왜냐하면 모든 학문들은 아무리 많은 주제들에 적용된다고 해도 항상 하나의 동일한 것으로 남아 있는, 또 그 주제

프롱드 난의 캐리커처.
데카르트는 1648년,
마지막으로 프랑스를 방문하였으나,
프롱드 난으로 혼란스러웠던
프랑스에 도착하자마자 네덜란드에서
누린 평온한 생활을 그리워했다.

들로부터, 태양의 빛이 이 빛에 의해 비춰지는 사물들의 다양성으로부터 받아들이는 것보다 더 큰 차이를 받아들이지 않는 인간적 지혜와 다름없기에, 정신을 그 어떤 한계 안에 가둘 필요가 없기 때문이다."[15] 그러므로 제반 학문은 고립되어 독자적으로 있는 것이 아니라, 서로 유기적 관계를 맺고 있다. 하나의 지식은 다른 지식과 연결되어 있으며, 그래서 모든 지식을 함께 고찰하는 것이 보다 정확하고 많은 지식을 획득할 수 있다.

이와 같은 학문의 통일성 혹은 단일성에 대한 주장은 인간 정신의 단일성에 의거한다. 단일한 정신에 의해 탐구되는 학문은 일종의 나무처럼 서로 연관되어 있다. 그리고 방법도 역시 마찬가지로 단일하다. 방법 또한 단일한 인간 정신의 산물이기 때문이다. 따라

---

15 이 책, 111~112쪽.

서 단일한 정신, 단일한 방법, 단일한 학문이라는 도식이 그려진다. 그런데 학문이란 지식의 체계와 다름없다. 그리고 명증적이고 확실한 인식만이 지식일 뿐이다. 명증적 인식은 단순한 인식으로 환원된다. 단순한 인식은 단순한 능력의 산물이다. 인간 정신에서 가장 단순한 능력은 바로 직관intuitio이다. 그리고 직관에 의해서 또 다른 지성의 능력인 연역deductio이 성립한다. 지성의 직관과 연역의 대상이 되는 것만을 고찰할 때, 오류의 그늘에서 벗어날 수 있다. 그 대상은 일차적으로 수학적 대상이다. 그래서 데카르트는 순서와 척도를, 비율 일반을 고찰하는 수학인 보편수학을 방법의 전형으로 설정한다.[16]

가장 단순한 능력인 직관은 "변동하는 감각의 믿음이나 그릇되게 엮어내는 상상력의 기만적 판단이 아니라 순수하고 주의 깊은 정신의 쉽고 판명한 파악이고, 그래서 우리가 이해하는 것에 대해 앞으로 어떠한 의심도 남지 않는 것이다. 혹은, 직관은 오직 이성

---

16 "단지 모든 것들―이 안에서 어떤 순서 혹은 척도가 조사되는―만이 수학과 관련 된다는 점, 그리고 그러한 척도가 수들, 혹은 도형들, 혹은 별들, 혹은 소리들 혹은 다른 임의의 대상들 안에서 구해져야 하는지는 문제가 되지 않는다는 것이다. 따 라서 어떤 특수한 질료에 지정됨이 없이, 순서와 척도에 관해 탐구될 수 있는 것을 모두 설명하는 어떤 일반적 학문이 있어야 한다는 것, 그리고 이 학문은 다른 데서 빌려온 단어가 아니라, 이미 오래되어 낯설지 않고 또 관용적으로 받아들이는 보 편수학으로 명명되는데, 이는 이것 안에 다른 학문들이 수학의 부분들로 불리는 이유들이 모두 포함되기 때문이다."(이 책, 134쪽). 그리고 "그 학문들은, 그 대상 들이 다르긴 해도, 이것들에서 발견되는 상이한 관계들 혹은 비례들만을 고찰한 다는 점에서, 그 모두가 일치하고 있음을 보고서, 나는 그 비례들만을 일반적으로 조사하고, 내가 그 비례들을 보다 쉽게 인식하는 데 도움이 될 만한 주제들 안에서 만 그것들을 가정하는 것, 또한 심지어 그 비례들을 그 주제들에만 국한하지 않고, 나중에 그것들에 어울리는 다른 모든 주제들에도 그만큼 더 잘 적용할 수 있도록 하는 것이 더 가치가 있겠다고 생각했다."(이 책, 39쪽)

의 빛에서만 생기는 순수하고 주의 깊은 정신의 의심할 여지 없는 파악과 같은 것이고, 이것은, 우리가 위에서 유의했듯이, 마찬가지로 인간에 의해 잘못 행해질 수 없는 연역보다 더 단순하기 때문에 더 확실하다."[17] 그래서 직관 작용은 오직 순수지성에서만 비롯된다. 그것은 물질적인 것에 의존하는 감각이나 상상력과는 다른 오직 정신의 작용이다. 그래서 그것은 물질적인 것에서 벗어나 있으며, 그래서 순수하다. 나아가 직관은 주의를 집중하는 정신의 산물이고, 흐릿하고 막연한 정신이 아니라 대상을 또렷하고 명확하게 바라보는 정신의 능력이다. 직관은 단순하다. 단순하고 판명한 파악 작용인 직관에 의한 인식은 투명한 인식이다. 그 전체가 한눈에 모두 통찰되는 총체적 인식이다. 그래서 직관에서 오류가 생길 수 없다.

반면에, 어떤 하나를 다른 하나로부터 필연적으로 도출하는 작용인 연역 작용은 직관보다 덜 단순하다. 연역의 대상은 복합된 것이다. 복합된 것은 단계를 갖고 있다. 단계를 가진 것은 직관에 의해 통찰되기가 쉽지 않다. 각각의 추론 단계를 기억해야 한다. 연약한 기억에 의존하는 연역은 오류에 빠질 수 있다. 이런 오류를 방지하기 위해서는, 가능한 한 연역의 단계를 한눈에 볼 수 있게 해야 한다. 다시 말해, 연역을 직관으로 환원시켜야 한다. 이를 위해서는 궁극적으로 정신의 직관 능력의 범위를 넓혀야 한다. "이런 이유에서 나는, 거의 어떠한 부분도 기억에 남겨놓지 않고 그 전체를 동시에 직관한다고 보일 만큼, 처음 것에서 마지막 것까지 신속하게 넘

<hr>

17 이 책, 123쪽.

어가는 것을 습득할 때까지, 그 각각을 동시에 직관하고, 다른 것들로 넘어가는 어떤 상상력의 연속적 운동으로 그 모든 관계를 몇 번 통람할 것이다. 왜냐하면, 이런 식으로, 기억의 짐을 덜어주는 동안, 정신의 느림 또한 교정되고, 그 능력이 어느 정도는 확장되기 때문이다."[18]

그러므로 제3규칙의 제목에서 말하는 바와 같이 "우리가 명석하게 그리고 명증하게 직관할 수 있거나 확실하게 연역할 수 있는 것을 탐구해야 한다. 지식은 달리 획득되지 않기 때문이다." 명증적 직관과 확실한 연역은 모두 지성의 작용이고, 이 작용을 수행할 때만 오류에 대한 두려움에서 벗어날 수 있다. 데카르트는 직관의 대상으로 "자기가 현존한다는 것, 자기가 사유한다는 것, 삼각형은 세 변으로만 한정된다는 것, 원은 단일한 면으로 한정된다는 것 및 이와 유사한 것들"[19]을 제시한다. 그리고 직관은 "임의의 추론과정에도 요구된다. 예를 들어, 2+2는 3+1과 같다는 귀결이 있다면, 2+2는 4이고, 3+1 또한 4라는 것만이 직관되는 것이 아니라, 이외에도, 이 두 명제들로부터 저 세 번째 명제가 필연적으로 결론지어진다는 것이 직관되어야 하기 때문이다."[20] 심지어 "정신의 직관은, 어느 때는 그 모든 단순 본성들에, 어느 때는 이것들의 상호 필연적 결합들을 인지하는 것에, 마지막으로 지성이 정확하게, 자기 자신 안에, 아니면 판타지 안에 있다고 경험하는 나머지 모든 것들

18 이 책, 145~146쪽.
19 이 책, 123쪽.
20 이 책, 123~124쪽.

에 미친다"²¹는 것이다.

여기서 데카르트는 왜 자신이 직관 이외에 추론을 지식의 조건으로 추가했는지에 대해 자문한다. 그에 따르면, "그 자체가 명증하지 않더라도, 그 각각을 명료하게 직관하는 사유의 연속된 그리고 어디에서도 단절되지 않는 운동을 통해 참된 그리고 알려진 원리들로부터 연역되기만 한다면 확실하게 알려지기 때문이다. 이와 다르지 않게, 우리는 어떤 긴 사슬의 마지막 고리가 첫째 고리와 연결되어 있다는 것을 인식하는바, 비록 우리가 하나의 동일한 눈의 직관으로 그 연결이 의존하는 모든 중간 고리들을 주시하지 못하더라도, 그 모든 것을 연달아 검토했고, 각각의 고리들이 처음부터 끝까지 가장 가까운 고리에 매여 있다는 것을 기억하기만 한다면 말이다."²² 그렇다면 연역적 추론이 지식의 가능 조건일 수 있는 까닭은, 그 각각의 추론 단계가 직관적으로 통찰되었고, 이미 직관된 단계는 기억 속에 내장되어 있기 때문이다. 제3규칙에서 데카르트는 이런 관점에 따라 직관과 연역을 명확히 구별한다. 다시말해, "연역에서는 운동 혹은 어떤 연달음이 포착되지만, 직관에서는 그렇지 않다는 사실로부터 정신의 직관을 확실한 연역과 구별한다. 그리고 이뿐만 아니라, 직관에 필요한 현재적 명증성이 연역에는 필요치 않고, 오히려 연역은 자신의 확실성을 모종의 방식으로 기억에서 빌리기 때문이다. 이것들로부터 결론지어지는 것은, 제일원리들로부터 직접적으로 결론지어지는 명제들은, 상이한 고찰방식에 따라, 때로는 직관을 통해, 때로는 연역을 통해 인식된다

---

21 이 책, 190쪽.
22 이 책, 124쪽.

암스테르담에서 데카르트가 거주했던 집.

고, 그러나 제일원리들 자체는 직관을 통해서만 인식된다고, 그리
고 반대로, 멀리 떨어져 있는 결론들은 연역을 통해서가 아니면 인
식되지 않는다고 말해질 수 있다는 것이다."[23]

　이제 분명해진다. 데카르트에게 참된 원리, 제일원리, 단순 명제
등은 직관적으로 통찰된다. 즉, 그 전체가 한 번에 직관되며, 그것
은 현재적 명증성을 지닌다. 반면, 이런 원리나 명제들로부터 멀리
떨어져 있는 명제들은 연역적으로 추론된다. 그사이에는 많은 다
른 명제들이 있을 것이기 때문에, 그 추론은 연속적으로 혹은 단계

23　이 책, 124~125쪽.

적으로 이루어지지만, 그 각각의 단계는 직관적으로 파악된다. 그렇지만 앞의 단계에 대한 직관적 인식은 나중 단계를 직관할 때 기억 속에 보존되어 있어야 한다. 따라서 이런 추론적 인식은 직관뿐만 아니라 기억을 요구한다. 그런데 기억은 종종 오류를 유발하기 때문에, 기억적 인식에는 오류의 가능성이 있다. 이런 가능성을 가능한 한 배제하기 위해서는 추론의 과정을 기억에 의존시키지 말고, 직관에 의해서 통찰되도록 해야 한다. 단절되지 않는 사유 운동에 의해 혹은 상상력의 운동에 의해 추론 전 과정을 한 번에 통람할 수 있도록 만들어야 한다는 바로 여기에 데카르트적 방법의 핵심이 있다.

그런데 제일원리로부터 '직접' 혹은 '곧바로' 연역되는 명제에 대한 데카르트의 설명은 아직 불투명하다. 제일원리에서 직접 연역되는 명제는 '관점에 따라' 직관에 의해, 또 연역에 의해 인식된다고 말하기 때문이다. 그렇다면 '관점에 따라'라는 것은 무엇을 의미하는가? 데카르트는 이것을 제11규칙에서야 비로소 설명한다. "앞에서 제3규칙과 제7규칙을 위해 정신의 직관에 대해 말한 것들을 보다 분명하게 개진할 기회가 바로 여기에 있다. 왜냐하면 우리는 한 곳에서 직관을 연역과 대립시킨 반면, 다른 곳에서는 우리가 다수의 그리고 동떨어진 사물들로부터 추려진 추리라고 정의한 열거에만 대립시켰지만, 같은 곳에서 우리는 다른 사물로부터 한 사물의 단순 연역은 직관을 통해 행해진다고 말했기 때문이다."[24] 앞에서 보았듯이, 데카르트는 제3규칙에서 직관과 연역을 구별했다. 그

24 이 책, 169쪽.

런데 열거가 설명되는 제7규칙에서는 제일원리로부터 직접적으로 추론되는 것은 연역이 아니라 직관에 의해 인식된다고 말하면서, 연역을 직관으로 환원시킨다. 즉, '단순' 연역은 단계를 지닌 혹은 기억에 의존하는 추론이 아니라, 한 번의 통찰로 현재적 명증성을 지니고 있다는 것이다. 그러므로 단순 연역은 직관의 조건을 충족시키기 때문에, 그것은 이미 직관으로 환원되어 있다는 것이다. 그러나 '어떤 하나를 명증적으로 직관된 다른 하나에서 추론하는' 단순한 연역이 아니라, '어떤 하나를 분산된 다수의 것에서 추론하는' 복잡한 연역은 여전히 기억에 의존할 수밖에 없다. 왜냐하면 "우리 지성의 능력은 종종 이 모든 것을 한 번의 직관으로 포괄할 수 있을 만큼 크지 않"[25]기 때문이다. 이 복잡한 연역을 데카르트는 제7규칙에서 "열거 혹은 귀납enumeratio sive inductio"으로 명명한다.

그래서 제3규칙에서 직관을 연역과 대립시키고, 제7규칙에서는 그것을 열거와 대립시킨 이유를 제11규칙에서 다시 한번 설명한다. "그와 같이 해야만 했는데, 왜냐하면 우리가 정신의 직관에 두 가지를 요구하기 때문이다. 즉, 명제가 명석판명하게 이해된다는 것, 그다음에 또한 전체가 동시에 이해되고, 차례로 이해되지 않는다는 것이다. 그러나 우리가, 제3규칙에서처럼, 행해지는 것으로서 연역에 대해 사유할 경우, 연역은 전체가 동시에 행해지는 것으로 보이지 않고, 오히려 하나를 다른 것에서 추론하는 우리 정신의 어떤 운동을 포함한다. 그리고 이 때문에 우리는 거기서 연역을 직관과 권리 측면에서 구별했다. 그러나 우리가, 제7규칙을 위해 말

---

25   이 책, 147쪽.

한 것에서처럼, 이미 행해진 것으로서 연역에 주의할 경우, 그때 연역은 더 이상 운동이 아니라, 오히려 운동의 종료를 가리킨다. 그리고 이 때문에 우리는 연역이 단순하고 명료할 때, 그것은 직관을 통해 보인다고, 그러나 연역이 다중적이고 복잡할 때는 그렇지 않다고 가정한다. 이 후자에 우리는 열거 혹은 귀납이라는 이름을 부여했는데, 이는 그때 그 전체가 동시에 지성에 의해 파악될 수 없고, 오히려 그 확실성은 어떤 식으로 기억 — 이것 안에서 열거된 부분들 각각에 대한 판단들이, 그 모든 부분들로부터 하나의 어떤 것을 추리기 위해 파지되어야 하는 — 에 의존하기 때문이다."[26] 그래서 제3규칙에서 말했던 것, 즉 명증적 단순 명제에서 직접 추론되는 명제는 '관점에 따라' 직관에 의해 혹은 연역에 의해 연역된다는 말의 의미가 드러난다. 직접적인 단순 연역 역시 과정과 연속을 갖기 때문에 직관일 수 없지만, 그 연역 과정이 이미 행해져서 그 자체가 명증적으로 직관되었다면, 연역은 직관으로 환원되었고, 따라서 직관에 의해 통찰된 것으로 볼 수 있다는 것이다. 그렇다면 이제 연역은 단순한 연역과 복잡한 연역으로 나누어질 수 있고, 전자는 직관으로, 후자는 열거 혹은 귀납으로 간주되고 있는 셈이다.

직관 그 자체나 직관으로 환원되는 단순 연역으로 파악될 수 있는 지식은 그리 많지 않고, 또 그렇게 유용한 것도 아니다. "이것 외에도 우리는 여기서 지식을 완전하게 하기 위해 열거가 요구된다고 말한다. 왜냐하면 다른 규정들이 다수의 문제들을 해결하는 데 도움이 되기는 하지만, 우리는 열거의 도움으로, 우리가 주의를 기

---

26 이 책, 169~170쪽.

울이는 문제가 어떠한 것이든, 그것에 대해 언제나 참되고 확실한 판단을 내리는 것이, 따라서 어떠한 것도 전적으로 우리를 벗어나지 않고, 오히려, 우리가 보기에, 모든 것에 관해 어떤 것을 아는 것이 가능하기 때문이다."[27] 이 열거의 규칙은《방법서설》에서는 "아무것도 빠뜨리지 않았다고 확신할 정도로 완전한 열거와 전반적인 점검을 어디서나 하는 것"으로 정리된다. 그래서 이때 열거란 주어질 수 있는 모든 자료를 매거하는 것으로 규정된다.《규칙》에서도 "열거 혹은 귀납은 제시된 어떤 문제와 연관되는 모든 것에 대한 세심하고 정확한 탐사이고, 그래서 우리는 이것으로부터 우리가 잘못해서 빠뜨린 것은 아무것도 없다고 확실하게 그리고 명증하게 결론짓는다"[28]라고 규정된다.

그러나《규칙》에서 열거 혹은 귀납은 자료에 대한 전반적인 검사뿐만 아니라, "어떤 것을 알게 해주는" 활동도 의미하며, 이 후자의 활동이 바로 복잡한 연역과 동일시되는 것이다.

이것 외에 유의해야 하는 것은, 충분한 열거 혹은 귀납을 우리는, 단순한 직관을 제외한 다른 모든 입증 유형들보다 더 확실하게 진리를 결론짓게 해주는 것으로 이해한다는 점이다. (…) 왜냐하면 우리가 어떤 하나를 다른 것들에서 직접적으로 연역한 것은 무엇이든, 만일 추리가 명증했다면, 그것은 이미 참된 직관으로 환원되었기 때문이다. 그러나 만일 우리가 어떤 것 하나를 많은 것들 그리고 동떨어진 것들에서 추론한다면, 우리 지성의 능력은 종종

27 이 책, 146쪽.
28 이 책, 146쪽.

이 모든 것을 한 번의 직관으로 포괄할 수 있을 만큼 크지 않다. 이 경우, 지성은 이 작용의 확실성으로 족해야 한다. 마찬가지로, 우리는 보다 긴 어떤 사슬의 모든 고리들을 눈의 한 번의 직관으로 구별할 수 없다. 그러나 그럼에도 불구하고, 만일 우리가 고리들 각각이 가장 가까운 고리들과 연결되어 있는지를 보았다면, 이는 우리가 또한 어떻게 마지막 고리가 처음 고리와 연결되어 있는지를 살펴보았다고 말하기에 충분할 것이다.[29]

그리고 앞에서 말했듯이, 열거만이 문제에 대해 올바르고 확실한 판단을 내릴 수 있도록 해준다면, 그리고 학적 연구의 목표가 확실하고 견고한 판단을 내릴 수 있도록 정신을 지도하는 것에 있다면, 데카르트의 방법론에서 열거가 차지하는 위상을 짐작할 수 있다. 물론 직관이나 단순 연역에 의해 파악되는 명제들로부터 열거의 활동이 시작되고, 그래서 직관적 인식의 중요성이 간과되어서도 안 되지만, 인간의 지식을 구성하는 것은 대부분 복잡한 연역인 열거를 통해 획득된다는 측면에서 그것의 중요성을 말할 수 있다는 것이다.

《규칙》의 제1장(제1~12규칙)의 내용을 정리하자면 다음과 같다. 제1규칙은 학적 탐구의 목표에 대해, 제2규칙은 확실한 인식의 대상(즉, 수학적 대상)에 대해, 제3규칙은 지식의 조건(직관과 연역)에 대해, 제4규칙은 방법의 정의와 기원에 대해, 제5규칙은 대상들의 순서와 배열(분해와 복합)에 대해, 제6규칙은 단순한 것과 복합

---

29 이 책, 147쪽.

적인 것(절대적인 것과 상대적인 것)에 대해, 제7규칙은 열거에 대해 설명하고 있고, 제8규칙은 앞의 규칙들에 대한 전반적인 결과를 논의한다. 그리고 제9규칙은 직관 능력인 통찰성perspicaces에 대해, 제10규칙은 연역 능력인 명민성sagacitas에 대해, 제11규칙은 직관 능력과 연역 능력의 상호 보완 작용에 대해 설명한다. 마지막으로 제12규칙에서는 앞의 규칙들 전체에 대한 결론이 논의된다. 그렇다면 그 제1장은 주로 정신의 역량을 증대시키는 방법, 또 증대된 정신에 의해 사물의 진리를 인식하는 길을 보여준다. 그래서 순서를 중시하는 학문 혹은 기예들을 고찰하고, 이로써 명찰성, 특히 명민성을 증대시키는 것이고, 나아가 다시 순서와 배열에 따라 사물들을 고찰한다면, 인간이 도달할 수 있는 진리 모두를 발견할 수 있다는 것이다.

3. 단순한 것과 합성적인 것

데카르트적 진리 인식에서 가장 핵심적인 것은 분해와 복합의 규칙이다. 즉, 복잡하고 모호한 것을 단계적으로 보다 더 단순한 명제로 환원 혹은 분해한 다음에, 가장 단순한 것에 대한 직관에서 동일한 단계로 더 복잡한 것에 대한 인식으로 나아간다는 규칙이다. 이것은《규칙》의 제5규칙에 해당한다. 그다음 제6규칙의 제목은, "가장 단순한 사물들을 복잡한 사물들과 구별하고 순서대로 추적하기 위해서, 우리는 여기서 우리가 어떤 진리들을 다른 어떤 진리들로부터 곧바로 연역한 사물들의 각 계열 안에서 어떤 것이 최고로 단순한지, 그리고 어떻게 그 밖의 모든 것들이 그것에서 더, 혹은 덜, 혹은 동등하게 떨어지는지를 관찰해야 한다"는 것이다. 데카르트에게 지식의 최종 근거는 명증적인, 그래서 의심의 여지가 없는 직관이다. 직관의 대상은 가장 단순한 것이고, 이것에서 연역은 시작된다. 그렇다면 직관적으로 통찰되는 가장 단순한 것의 정체를 드러내는 것이 데카르트에게 무엇보다도 중요하다.

데카르트는 제6규칙에서 절대적인 것과 상대적인 것을 구별하면서, 전자를 가장 단순한 것 혹은 가장 쉬운 것으로 부른다. 절대적인 것은 "다른 어떤 것에 의존해서가 아니라, 경험 자체 안에서, 혹은 우리 안에 놓여 있는 어떤 빛에 의해 직관될 수 있는"[30] 것인 반면, 상대적인 것은 절대적인 것에서 연역되는 한에서만 인식될 수 있는 것이다. 그리고 "이는 직접적으로 그리고 바로 이어서, 아

---

30 이 책, 140쪽.

니면 오직 둘, 셋 혹은 그 이상의 상이한 결론들의 매개를 통해서
다. 이 결론들의 수 또한, 이것들이 최초의 그리고 최고로 단순한
명제로부터 더 많은, 혹은 더 적은 단계로 떨어져 있는지를 인식하
기 위해, 유의해야 한다."[31] 그렇다면 직관의 대상인 가장 단순한
것은 가장 절대적인 것이고, 가장 단순한 제일명제이다. 그리고 이
것으로부터 연역되는 결론이 상대적인 것이고, 복합된 것이다.

그리고 제8규칙에 따르면, "영혼이 할 수 있는 것에 대해 항상 불
확실한 상태에 있지 않도록, 또 영혼이 그릇되게 그리고 무모하게
수고하는 일이 없도록, 사물들을 개별적으로 인식할 채비를 하기
전에, 우리는, 인간 이성이 도대체 어떤 것들의 인식을 해낼 수 있
는지를, 일생에 한 번은 세심히 탐구했어야 한다."[32] 이를 위해, "인
간 인식이 무엇이고, 또 그것이 어디까지 미치는지를 탐구하는 것
보다 더 유익한 것은 아무것도 있을 수 없다. (…) 이것은 진리를 조
금이라도 사랑하는 자라면 누구든 일생에 한 번은 행해야 하는 것
이다. 왜냐하면 이 문제에 대한 탐구 안에 지식의 참된 도구들과 방
법 전체가 들어 있기 때문이다."[33]《방법서설》, 특히《성찰》에서
제기된 이 물음은 다시 인식 주체와 인식 대상으로 분해되어 고찰
된다. 진리 인식을 위해, 가장 단순한 것에서 출발해야 한다면, 인
식 주체에서 가장 단순한 것이 무엇이고, 인식 대상에서 가장 단순
한 것이 무엇인가?

데카르트는 제8규칙과 제12규칙에서 이 문제를 자세히 다룬다.

31 이 책, 140~141쪽.
32 이 책, 156쪽.
33 이 책, 157쪽.

제8규칙에 따르면, "우리 안에서 알아차리는 것은, 지성만이 지식을 취할 수 있다는 것이다. 그러나 그것은 다른 세 능력들, 즉 상상력, 감각 및 기억으로부터 도움을 받을 수 있고, 혹은 방해를 받을 수 있다는 것이다."[34] 그러므로 인식 주체는 지성, 상상력, 기억, 감각으로 나누어지고, 지식의 주체는 지성으로 설정된다. 물론 이때 지성의 인식은 다른 능력으로부터 도움과 방해를 받는다. 도움은 지성이 물질적 사물을 고찰할 때 받으며, 방해는 지적 사물을 탐구할 때 받는다. 이런 주장은 제12규칙의 제목으로 등장한다. "마지막으로, 지성, 상상력, 감각 그리고 기억의 모든 도움 수단들을 이용해야 한다. 이는 단순 명제들을 직관하기 위함이고, 어떤 때는 구하는 것들을 인지하기 위해, 그것들을 알려진 것들과 규정대로 비교하기 위함이고, 어떤 때는 인간 재간의 어떠한 부분도 소홀히 하지 않기 위해, 서로 비교되어야 하는 것들을 발견하기 위함이다." 인식의 주체에서 가장 단순한 것은 지성이다. 지성의 활동 중에서도 직관이 연역보다 더 단순하다. 그래서 지성의 직관이 가장 단순하고, 이것이 인식 주체의 측면에서 진리 인식의 최종 근거가 된다.

인식 대상은 다시 다음과 같이 분해되어 열거된다. "첫째, 자발적으로 쉽게 만날 수 있는 것, 그다음에 어떤 식으로 어떤 하나가 다른 것들로부터 인식되는지, 끝으로 도대체 어떤 것이 임의의 어떤 것들로부터 연역되는지를 조사하는 것으로 충분하다."[35] 자발적으로 드러나는 것이 직관의 대상인 단순한 것이고, 연역된 것이 복합적인 것이다. 제8규칙에 따르면, "우리는 그것들을 최고로 단

---

34 이 책, 158쪽.
35 이 책, 173쪽.

1649년, 스웨덴의 여왕 크리스티나의 초청으로 스톡홀름으로 건너간 데카르트는
하루에 다섯 시간 씩 크리스티나 여왕에게 강의를 했다.

순한 본성들과 복잡한 것들 혹은 복합적인 것들로 나눈다. 단순한
것들 중에는 영적인 것들, 혹은 물체적인 것들, 혹은 이 둘 모두에
관계되는 것들 외에 아무것도 있을 수 없다. 끝으로 복합적인 것들
중에서, 어떤 것들은, 지성이, 이것들에 대해 어떤 것을 결정하기로
판단하기 전에, 그러한 것들임을 경험한다. 그러나 다른 것들은 지
성에 의해 복합된다. 이 모든 것은 제12명제에서 보다 길게 개진될
것인데, 여기서 지성에 의해 복합되는 후자에서만 오류가 있을 수
있다는 것이 증명될 것이다. 이 때문에 우리는 후자를 다시 다음의
것들로 구별한다. 하나는, 극히 단순한 그리고 그 자체로 알려진 본
성들에서 연역되는 것들이고, 이에 대해 우리는 다음 책 전체에서
다룰 것이다. 다른 하나는, 우리가 사물의 측면에서 복합되어 있음
을 경험하는 다른 것들 또한 전제하는 것들이다. 우리는 이것들을
개진하는 데 세 번째 책 전체를 할애할 것이다."[36]

제8규칙에서 약속한 대로, 제12규칙에서 단순한 것과 복합적인 것이 자세히 설명되고 있다. 제12규칙에서 데카르트는 "단순 사물들의 개념들을 이것들로부터 복합된 것들과 신중하게 구별하기 위해, 그리고 또 이 양자 어디에 거짓이 있을 수 있는지를 — 우리가 경계하기 위해 — 그리고 도대체 어떤 것들을 확실하게 인식할 수 있는지를 — 우리가 이것들에만 몰두하기 위해 — 보기 위해, 이곳에서, 위에서처럼, 아마도 모든 이들에게서 승인되지 않는 어떤 명제들을 받아들여야 한다"[37]고 말하면서, "지성의 견지에서 단순하다고 말해지는"[38] 것들을 순전히 지성적인 것이거나, 순전히 물질적인 것이거나, 아니면 공통적인 것으로 다시 분해한다. 순전히 지적인 것들은 "타고난 어떤 빛을 통해 그리고 물질적 상들의 어떠한 도움도 없이 지성에 의해 인식되는 것" 혹은 '타고난 이성만으로도 충분히 쉽게 인식할 수' 있는 것으로, 순전히 물질적인 것은 "물체들 안에서가 아니면 존재하지 않는다고 인식되는 것"으로, 끝으로 공통적인 것은 "때로는 물질적인 것들에, 때로는 영적인 것들에 차별 없이 귀속되는 것"으로 각각 규정된다. 이런 단순한 것 혹은 단순 본성은 "그 자체로 알려지고" 혹은 "자발적으로 드러나는 것"이기 때문에 그 어떠한 거짓도 결코 포함하지 않는다.[39]

---

36 이 책, 159~160쪽.

37 이 책, 181쪽.

38 데카르트는 이때 '단순한 것'은 '사물의 측면에서a parte rei'가 아니라 '지성의 관점에서respectu intellectu' 단순한 것이라고 강조한다. 사물의 측면에서 각각의 부분이 한 사물 안에서만 공존할 수 있다고 하더라도, 지성의 관점에서 그 부분들은 분해되어 인식될 수 있다는 것이다.

39 이 책, 184쪽 참조.

제12규칙에서 단순 본성들의 존재 방식 및 인식 방식에 대해 이와 같이 언급하고 난 다음에, 데카르트는 단순 본성들 간의 결합 혹은 복합 방식에 대해, 즉 필연적 결합과 우연적 결합에 대해 설명한다. 필연적 결합은 "하나가 다른 하나의 표상 안에 어떤 혼란된 방식으로 내포되어 있어서, 만일 우리가 그것들이 서로 떨어져 있다고 판단한다면, 어느 하나도 판명하게 표상할 수 없는 경우이다."[40] 반면에 그 통일이 분리될 수 없는 관계로 결합되어 있지 않은 경우는 우연적 결합이다. 이런 필연적 혹은 우연적 결합 방식에 의해 복합된 것은 "그것들이 그러한 것들이라고 우리가 경험하기 때문이거나, 아니면 우리 자신이 그것들을 복합하기 때문"[41]에 우리에게 인식된다. 그리고 이미 그렇게 결합되어 있음을 우리가 경험하는 복합물에서는 오류가 발생하지 않고, 오직 우리 스스로 복합한 것에만 오류의 가능성이 존재한다.

그런데 우리 스스로가 복합한 것은 충동, 추측 및 연역을 통해 이루어진다.[42] 충동에 의한 합성은 "우월한 어떤 힘에 의해, 혹은 자기 고유의 자유에 의해, 혹은 판타지의 상태에 의해" 이루어진다. 그러나 이것은 학문의 영역에 속하지 않는다는 이유로, 즉 신비의 영역에 속하기 때문에 학적 탐구의 대상에서 제거된다. 그리고 추측에 의한 합성은 명확한 근거도 없는, 사태에 대한 개연적인 짐작이다. 데카르트는 여기서 추측된 것을 개연적인 것으로만 간주하고 참된 것으로 주장하지 않는다면, 오류를 범하지 않을 것이라고 말하고

40   이 책, 184~185쪽.
41   이 책, 186쪽.
42   이 책, 188쪽 참조.

있다. 그렇지만 그가 주장하는 이론 전체의 관점에서 본다면, 오류는 오직 추측된 사태에서만 일어날 수 있다. 대부분의 사람들은 선입견과 관습에 의해 그저 추측된 것을 확실한 것인 양 주장하고 있고, 또 바로 이런 태도는 데카르트가 가장 경계하는 부분이기 때문이다. 끝으로 연역에 의한 복합은 어떤 사태로부터 다른 어떤 사태를 끌어내는 것이다. 여기서 한 사태가 다른 사태와 우연적으로 결합되어 있다면, 그 도출 과정이 필연적이지 않다면, 그 연역은 잘못된 것이고, 따라서 이때 우리는 오류를 범한다. 그러나 그 과정이 필연적이라면, 그 두 사태가 필연적으로 결합되어 있음을 직관할 수있다면, 오류는 발생하지 않는다. 그래서 확실한 연역은 바로 필연적 결합 방식을 가리키고, 이것은 직관의 명증성의 다음 자리를 차지한다.

이렇게 해서 데카르트는 단순한 것과 복합된 것을 설명하면서 진리 인식이 어떻게 가능한지를 보여준다. 정리한다면, 인식의 주체에서 가장 단순한 것은 지성의 직관이다. 모든 인식 작용은 직관으로 환원되어야 하고, 직관에서 출발해야 한다. 인식의 대상에서 가장 단순한 것은 세 가지 단순 본성들이고, 이것들만이 좁은 의미의 직관의 대상이다. 모든 대상은 단순 본성들로 환원되어야 하고, 이것들로부터 필연적 연역에 의해 복합되어야 한다. 그래서 명증적 직관과 확실한 연역만이 엄밀한 의미에서 지식을 제공할 수 있다는 것이 제12규칙의 첫 번째 산물이다. "이 모든 것에서 첫 번째로 귀결되는 것은, 우리가 처음에 단지 혼란하게 그리고 거칠게 보여줄 수 있었던 것을 판명하게 그리고, 내가 생각하듯이, 충분한 열거를 통해 개진했다는 점이다. 즉 명증적 직관과 필연적 연역 외에 진리의 확실한 인식에 이르는 어떠한 길도 인간에게 열려 있지 않다는

것이다."[43] 이와 같은 데카르트의 주장에서 우리는 단순성의 이상
이 그의 진리 탐구에서 어떤 역할을 하는지를 엿볼 수 있다.

---

43 이 책, 189~190쪽.

4. 불완전한 도덕과 완전한 도덕

데카르트는《방법서설》제3부에서 행위를 지도하는 준칙을 제시한다. 이 준칙을 제시하는 이유에 대해, "이성이 내 판단들에서 결단을 내리지 못하게 하는 동안, 내가 결코 내 행동들에서 결단을 내리지 못하는 상태에 있지 않도록, 그럼에도 여전히 내가 가급적 가장 행복하게 살아갈 수 있도록"[44]이라고 말한다. 그런데 이런 준칙은 이성적 판단이 주어지지 않았을 때 따라야 하는 것이고, 그래서 그것은 단지 '잠정적으로par provision' 혹은 '임시로'만 설정된 삶의 준칙이다.

데카르트에서, 지혜의 추구인 철학의 마지막 단계는 도덕이다. 나무의 비유에서 잘 나타나 있듯이, 도덕은 다른 학문의 지식을 사실 전제하고 있다. 이런 도덕은 "극히 완전한 도덕la plus haute & la plus parfaite Morale"이다. 반면에 확실한 지식을 전제하지 않는 도덕학은 "불완전한 도덕une Morale imparfait"이고, 그것은 "일상적이고 불완전한 지식"에 의해 확립된 것이다. 이 불완전한 도덕은 이성이 올바로 사용되기 전에, 지식이 획득되기 전에 임시방편으로 설정된 것이다. 그리고 그것은 "임시 도덕une Morale par provision"이다.

임시 도덕의 첫 번째 준칙은, "내 나라의 법과 관습에 복종하고, 유년기부터 신이 나에게 교화의 은총을 베푼 종교를 확고히 견지하며, 다른 모든 것들에서는 내가 함께 살아가야 할 이들 가운데 가장 사려 깊은 이들이 실천에서 보통 받아들이는 가장 온건한 그리

---

44   이 책, 43쪽.

고 지나침에서 가장 멀리 있는 의견들을 따르면서 나를 다스리자는 것"[45]이었다. 온건한 의견은 실행하기가 용이할 뿐만 아니라, 가장 좋은 것으로 보이고, 또한 극단적인 것보다는 온건한 것을 택했을 경우가 올바른 길에서 덜 벗어날 것이기 때문이다.

두 번째 준칙은, "내 행동들에서 내가 할 수 있는 한 가장 확고하고 가장 결단적인 태도를 취하자는 것이었고, 가장 의심스러운 의견이라도 일단 따르기로 결정했을 때는 아주 확실한 경우 못지않게 변함없이 따르자는 것"[46]이다. 처음에는 어떤 것을 좋은 것으로 여기고 행하다가, 나중에는 그것을 나쁜 것으로 여겨 행하지 않는 사람들, 즉 약하고 우유부단한 사람들이 갖는 후회와 양심의 가책에서 벗어날 수 있기 때문이다.

세 번째 준칙은, "운보다는 나를 이기려고, 세계의 질서보다는 내 욕망들을 바꾸려고 늘 애쓰자는 것이었다. 그리고 일반적으로, 전적으로 우리 능력에 있는 것은 우리 사유들 외에 아무것도 없다고 믿는 것에 익숙해지자는 것"[47]이다. 이로써 우리는 획득할 수 없는 것을 앞으로도 바라지 않을 것이며, 따라서 우리는 허무감에서 벗어날 수 있기 때문이다.

데카르트는 《방법서설》에서 이와 같은 잠정적 도덕 준칙을 제시하고, 나중에 피코의 편지에서 완전한 혹은 최종적인 도덕에 대해 언급하면서 지혜의 결실을 종국적으로 거둘 수 있는 단계가 바로 도덕이라고 말하고 있음에도 불구하고, 그는 완전한 도덕을 제시

---

45 이 책, 43쪽.
46 이 책, 45쪽.
47 이 책, 47쪽.

데카르트가 태어난 투렌의 1592년 지도.

하지 않는다. 단지 그가 인간의 행복한 삶에 관해 엘리자베스와 서
간 대화를 나누는 과정에서 다시 저 세 가지 도덕 준칙과 상응하는
규칙들을 제시할 뿐이다.[48]

첫째 준칙은, 현실적인 삶을 살아가는 데 있어 우리가 무엇을 행
해야 하고, 행하지 말아야 하는지를 알기 위해서는 가능한 한 정신
을 잘 사용해야 한다는 것이다. 둘째 준칙은, 정념이나 욕구에 좌우
됨이 없이 이성이 우리에게 명하는 것을 수행할 것이라는 확고 부

---

48   이에 대해서는, AT-IV, 265~266쪽 참조.

단한 결의를 가져야 한다는 것이다. 덕은 바로 이런 확고한 결의에 있기 때문이다. 셋째 준칙은, 이성에 따라 우리 자신을 인도하는 동안 우리가 소유하지 못한 선들은 우리 역량 밖에 있다고 생각해서, 그것을 바라지 않는 습관을 지녀야 한다. 왜냐하면 욕구와 후회는 만족한 삶을 방해하기 때문이다. 이성이 명하는 것을 행한다면, 비록 이것이 나중에 틀린 것으로 나타날지라도, 그것은 우리의 잘못이 아니기에 결코 후회하는 일이 없을 것이기 때문이다.

《방법서설》의 준칙과 위의 준칙을 비교해보면, 첫 번째 준칙에서 두드러진 차이가 보인다.《방법서설》의 준칙은 국가의 법과 관습을 존중하고 온건한 견해를 따른다는 것인 반면에, 엘리자베스에게 보낸 편지에서는 행동의 실천 여부를 알기 위해서는 정신을 잘 사용해야 한다는 것이다. 그리고 나머지 두 준칙은 크게 다르지 않지만, 후자에는 "이성이 명하는 것"에 따라 행위를 지도해야 한다는 것이 추가된다. 엘리자베스와의 대화 안에 있는 준칙들이 완전한 도덕을 지칭하는지는 여전히 문제가 있지만, 정신과 이성에 따라 행위를 지도한다는 것은《방법서설》의 준칙과 분명한 차이가 있다. 정신을 올바로 사용하고, 이성의 목소리를 경청할 수 있는 것은 방법의 지도에 의해서만 가능할 것이기 때문에, 이와 같은 준칙에 따라 행위를 한다는 것은 그저 상식과 관습에 따라 행위를 지도하는 것하고는 다른 것이다.

방법에 의해 도야된 양식bon sens 혹은 올바른 이성ratio recta을 통해 인간은 이론적 지식과 실천적 지식의 총체인 지혜를 획득할 수 있다는 것이 데카르트의 지론이다. 이런 의미에서의 지혜는 학문의 통일성에 의존하고, 이 통일성의 근거는 방법 및 나아가 정신의 단일성이다. 이성을 올바로 사용하는 자 혹은 이성이 명하는 대로 행하는 자, 즉 강하고 좋은 정신의 소유자, 덕과 지혜의 소유자는 행복한 삶을 영위할 수 있다. 데카르트에게 행복한 삶은 극히 평안하고 만족스러운 정신을 갖는 것이다. 그래서 최고선은 어떤 최고 가치의 대상이 아니라 행복의 정복에 기여하는 획득 가능한 모든 완전성을 소유하는 정신, 즉 지혜로운 정신이다. 그래서 인간 삶의 최고선은 지혜다.

새로운 진리를 발견하도록 해주는 진정한 논리학인 참된 방법 la vraie Méthode은 이성을 계발시킨다. 그리고 참된 지식은 좋은 정신 혹은 올바른 이성에 의해서만 획득되며, 이런 지식으로 충만된 정신은 앎과 행위, 이론과 실천 사이에서 방황하지 않는다. 앎이 곧 행위이고, 행위가 곧 앎이다. 이런 상태를 구현하는 것이 데카르트가 소망한 "참된 철학la vraie Philosophie"일 것이다. 그가 《방법서설》을 저술했을 때, 이 책의 원제목으로 생각한, "우리 본성을 보다 높은 단계로 승화시킬 수 있는 보편학에 관한 기획Le projet d'une science universelle qui puisse élever notre son plus haut degré" 속에 이미 방법과 지혜 간의 상호 연관성이 그대로 드러난다.

1596년

3월 31일, 브르타뉴 지방고등법원 평정관인 조아킴 데카르트Joachim Descartes의 셋째 아들로 프랑스 중서부 투렌의 라 에La Haye(1802년부터 La Haye-Descartes로 지명이 바뀜)에서 태어나다.

1597년(1세)

5월 13일에 어머니를 여의고, 외할머니와 유모의 보살핌을 받으며 자라나다.

1600년(4세)

우주는 무한이라고 말한 브루노Giordano Bruno 화형당하다.

1606년(10세)

예수회에서 창설한 라플레슈La Flèche 왕립학교에 입학하다.

1610년(14세)

갈릴레이Galileo Galilei가 천체 망원경으로 목성의 위성을 발견하다. 앙리 4세Henri Ⅳ가 암살당하다.

1614년(18세)

라플레슈를 졸업하고, 푸아티에대학에 입학해 법학과 의학을 배우다.

1616년(20세)

푸아티에대학에서 법학사 학위를 받다. 이후 "세상이라는 커다란 책" 속으로 여행의 길을 떠나다.

1618년(22세)

네덜란드로 가서 모리스 드 나소Maurice de Nassau 군대에 들어가다. 네덜란드의 의학자이자 수학자인 이사크 베이크만Isaac Beeckman 과 만나 음악과 수학적 자연학에 대해 관심을 갖다. 《음악개론 *Compendium Musicae*》을 집필해 베이크만에게 헌정하다.

1619년(23세)

30년 전쟁이 일어났다는 소식을 접한 후 독일의 구교 군인 바이에른 휘하에 들어가다. 프랑크푸르트에서 페르디난트 2세Ferdinand Ⅱ 의 대관식을 관람하다. 11월 10일 울름Ulm 근교의 작은 마을에서 "놀라운 학문의 기초를 발견"하는 영감을 받다. 세 번의 꿈을 통해 보편학의 정립에 대한 자신감을 얻다.

1620년(24세)

군대를 떠나 다시 네덜란드로 돌아가다. 베이컨Francis Bacon의《노붐 오르가눔Novum Organum》이 출간되다.

1622년(26세)

프랑스로 돌아가 재산을 정리하다.

1623년(27세)

이탈리아로 여행을 떠나다. 파스칼Blaise Pascal이 태어나다.

1625년(29세)

2년 동안 파리에 머물면서 메르센Marin Mersenne 신부 및 그의 동료와 교제하다.

1627년(31세)

오라토리오 수도회의 창립자인 베륄Pierre de Bèrulle 추기경을 만나 자신이 구상한 새로운 철학에 대해 담화를 나누고 격려를 받다.

1628년(32세)

1701년에야 비로소 출간된 방법론적 저작《정신지도규칙Regulae ad directionem ingenii》을 집필하다. 네덜란드로 이주하다.

1629년(33세)

네덜란드에 정착해《형이상학 논고Traité de métaphysique》를 집필하다.

1630년(34세)

메르센 신부와 서신 대화를 하면서 "영원한 진리의 창조"에 대한 입장을 정리하다. 케플러Johannes Kepler가 죽다.

1631년(35세)

해석기하학에 대한 연구를 본격적으로 시작하고, 굴절광학이나 해부학 등에 관한 문제에 몰두하다.

1632년(36세)

윌리엄 하비William Harvey의 《동물의 심장과 혈액 운동에 관한 해부학적 연구Exercitatio anatomica de Motu Cordis et Sanguinis in Animalibus》를 접하다. 스피노자Baruch Spinoza와 로크John Locke가 태어나다.

1633년(37세)

《세계 혹은 빛에 관한 논고Le Monde, ou Traité de la lumière》를 집필하다. 갈릴레이의 유죄 판결로 인해 출간을 보류하다(1664년 출간).

1635년(39세)

딸 프랑신Francine이 태어나다.

1636년(40세)

《방법서설Discours de la méthode》을 프랑스어로 집필하다.

1637년(41세)

《굴절광학La Dioptrique》, 《기하학La Géométrie》 및 《기상학La

Météores》과 더불어《방법서설》을 익명으로 출간해, 당대 학자들 사이에서 논란을 일으키다.

1640년(44세)

다섯 살의 딸 프랑신과 아버지 조아킴이 죽다.《제일철학에 관한 성찰*Meditationes de prima philosophia*》을 탈고하다. 원고를 루뱅대학의 신학자인 카테루스Johan Caterus에게 보내 반론을 받고, 이어 파리의 메르센 신부에게 보내 홉스Thomas Hobbes, 아르노Antoine Arnauld, 가상디Pierre Gassendi 등으로부터 반론을 받다.

1641년(45세)

반론과 답변을 포함한《성찰》이 파리에서 출간되다. 데카르트가 직접 감수한 프랑스어 번역판이 1647년에 출간되다. 위트레흐트 대학 학장인 보에티우스Gisbertus Voetius가 데카르트를 무신론자라고 공박하다.

1642년(46세)

보에티우스가 데카르트에 관한 강의를 금지하고, 제자의 이름으로 데카르트의 철학을 반박하는 팸플릿을 돌리다. 데카르트는 이에 맞서 〈보에티우스에게 보내는 공개서한Epistola ad celeberrimum virum D. Gisberyum Voetium〉을 작성하다. 부르댕Pierre Bourdin 신부의《성찰》에 대한 일곱 번째 반론과 이에 대한 답변이 추가된《성찰》의 정본이 암스테르담에서 출간되다.

1643년(47세)

엘리자베스 왕녀와 서신 왕래가 시작되다.

1644년(48세)

자신의 철학을 집대성한《철학의 원리*Principia philosophiae*》가 암스테르담에서 출간되다(피코Claude Picot 신부에 의한 프랑스어 번역본이 1647년에 출간되고, 철학에 대한 입장을 담은 편지가 프랑스어 번역본의 서문으로 추가되다).

1645년(49세)

엘리자베스 왕녀의 요청으로《정념론*Les passions de l'âme*》의 집필을 계획하다.

1647년(51세)

레이던대학의 신학자들이 데카르트의 철학을 불경한 펠라기우스Pelagius주의자라고 비난하다. 파스칼과 만나 진공에 대해 담화를 나누다. 자신의 추종자인 레기우스Henricus Regius와 의견 차이로 결별하다.

1648년(52세)

평생의 학문 동지였던 메르센 신부의 임종을 파리에서 지켜보다. 《인간론*Traité de l'homme*》을 탈고하다(1664년 출간). 레기우스의 〈인간 정신 혹은 이성적 영혼에 대한 설명, 여기서 그것이 무엇이고, 무엇일 수 있는지가 설명됨〉에 대한 반박문인 〈1647년 말에 네덜란드에서 출판된, 어떤 프로그램에 대한 주석Notae in programma, sub finem Anni 1647 in Belgio editum〉을 작성하다. 버만Frans Burman과 장시간에 걸쳐 철학적인 대화를 나누다.

1649년(53세)

스웨덴 여왕 크리스티나Christina의 계속된 초청으로 스톡홀름으로 떠나다. 도착 직전에 《정념론》이 암스테르담에서 출간되다. 1640년 후반에 대화 단편집인 《자연의 빛에 의한 진리 탐구La Recherche de la vérité par la lumière naturelle》를 집필하다.

1650년(54세)

2월 11일, 스웨덴 스톡홀름에서 폐렴으로 죽다.

참고문헌

Étienne Gilson, *Discours de la méthode: texte et commentaire*, J. VRIN, Paris, 1947.

L. J. Beck, *The Method of Descartes: A Study of the 'Regulae'*, Clarendon Press, Oxford, 1952.

René Descartes, Artur Buchenau (übersetzt u. hrsg.), *Regeln zur Leitung des Geistes. Die Erforschung der Wahrheit durch das natürliche Licht*, Felix Meiner Verlag, Leipzig, 1948.

_____, Lüder Gäbe (tr.), *R. Descartes: Von der Methode des richtigen Vernunftgebrauchs und der wissenschaftlichen Forschung, Französisch-Deutsch.*, Felix Meiner Verlag, Hamburg, 1960.

_____, Ferdinand Alquié (éd.), *Decartes: Œuvres philosophiques*, Tome I, Classiques Garnier, Paris, 1963.

_____, Heinrich Springmeyer · Lüder Gäbe · Hans Günter Zekl (übersetzt u. hrsg.), *Descartes: Regeln zur Ausrichtung der Erkenntniskraft, Lateinisch-Deutsch*, Felix Meiner Verlag, Hamburg, 1973.

_____, Jean-Luc Marion (tr. et notes), *Règles utiles et claires pour la direction de l'esprit en la recherche de la vérité*, Springer Science & Business Media, 1977.

_____, John Cottingham·Dugald Murdoch (tr.), *The Philosophical Writings of Descartes: Volume 1*, Cambridge University Press, 1985.

_____, Jacques Brunschwig (tr. et notes), *Règles Pour La Direction de L'Esprit*, Livre de Poche, 2002.

ルネ デカルト 著, 野田又夫 譯,《精神指導の規則（改訳）》, 岩波文庫, 1997.

옮긴이 이현복

오스트리아 인스부르크대학교 철학박사. 독일 괴팅겐대학교 및 베를린 공과대학 철학과 객원교수. 현재 한양대학교 철학과 교수. 저서로는 《Der Begriff der Natur in der Cartesianischen Philosophie》(Innsbruck, 1990), 《인간 본성에 관한 철학 이야기》(공저, 2007), 《확신과 불신: 소크라테스의 변론 입문》(2018)이 있으며, 역서로는 《포스트모던적 조건》(1992), 《지식인의 종언》(1993), 《제일철학에 관한 성찰》(2021)이 있다. 주요 논문으로는 〈자연의 빛과 자연적 본능〉, 〈근대 철학에 있어 본유원리에 대한 논쟁〉, 〈데카르트의 형이상학은 신의 현존과 영혼의 불멸성을 증명하는가〉, 〈스피노자의 자유의 윤리학에서 미신의 위상〉, 〈데카르트 철학에서 '자연의 빛에 의한 진리 탐구'의 위상〉 등이 있다.

방법서설
정신지도규칙

제1판	1쇄 발행	1997년	9월	30일
제3판	1쇄 발행	2022년	5월	30일
제3판	4쇄 발행	2024년	8월	30일

지은이　　　　르네 데카르트
옮긴이　　　　이현복
펴낸곳　　　　(주)문예출판사
펴낸이　　　　전준배
출판등록　　　2004.02.11. 제2013-000357호
　　　　　　　(1966.12.2. 제1-134호)
주소　　　　　04001 서울시 마포구 월드컵북로 21
전화　　　　　393-5681
팩스　　　　　393-5685
홈페이지　　　www.moonye.com
블로그　　　　blog.naver.com/imoonye
페이스북　　　www.facebook.com/moonyepublishing
이메일　　　　info@moonye.com
ISBN　　　　978-89-310-2275-9 04080
　　　　　　　978-89-310-2274-2 (세트)

잘못 만든 책은 구입하신 서점에서 바꿔드립니다.

☆문예출판사® 　　상표등록 제40-0833187호, 제41-0200044호